고졸 채용

NCS

고졸 채용 직업기초능력평가

초판 인쇄 2020년 8월 3일
3쇄 발행 2022년 2월 9일

편 저 자 | 취업적성연구소
발 행 처 | ㈜서원각
등록번호 | 1999-1A-107호
주 소 | 경기도 고양시 일산서구 덕산로 88-45(가좌동)
교재주문 | 031-923-2051
팩 스 | 031-923-3815
교재문의 | 카카오톡 플러스 친구[서원각]
영상문의 | 070-4233-2505
홈페이지 | www.goseowon.com
책임편집 | 정상민
디 자 인 | 이규희

Preface.

시작하기 전에,

N

우리나라 기업들은 1960년대 이후 현재까지 비약적인 발전을 이루었다. 이렇게 급속한 성장을 이룰 수 있었던 배경에는 우리나라 국민들의 근면성 및 도전정신이 있었다. 그러나 빠르게 변화하는 세계 경제의 환경에 적응하기 위해서는 근면성과 도전정신 이외에 또 다른 성장 요인이 필요하다.

최근 많은 공사·공단에서는 기존의 직무 관련성에 대한 고려 없이 인·적성, 지식 중심으로 치러지던 필기전형을 탈피하고, 산업현장에서 직무를 수행하기 위해 요구되는 능력을 산업부문별·수준별로 체계화 및 표준화한 NCS를 기반으로 하여 채용공고 단계에서 제시되는 '직무 설명자료' 상의 직업기초능력과 직무수행능력을 측정하기 위한 직업기초능력평가, 직무수행능력평가 등을 도입하고 있다.

이러한 사회적 변화에 따라 본서는 NCS 직업기초능력평가에 대한 중요 핵심이론과 핵심예상문제를 수록하여 수험생들의 이해를 돕고 빠르게 문제에 적응할 수 있도록 하였다. 또한 NCS 모의고사를 통해 NCS 실전 대비가 가능하도록 하였다.

신념을 가지고 도전하는 사람은 반드시 그 꿈을 이룰 수 있습니다. 처음에 품은 신념과 열정이 취업 성공의 그 날까지 빛바래지 않도록 서원각이 수험생 여러분을 응원합니다.

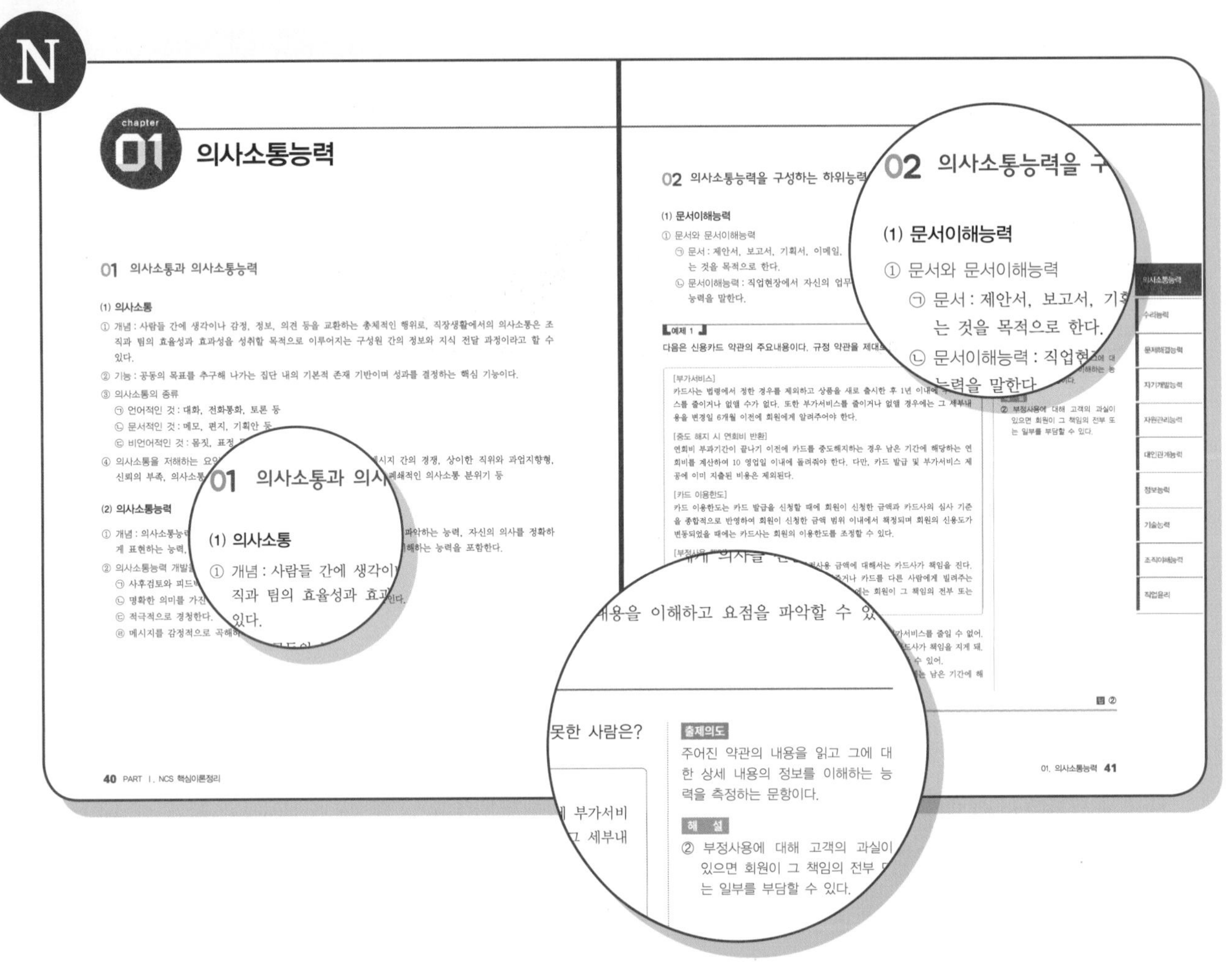

NCS 핵심이론정리

NCS 기반 직업기초능력의 10개 영역에 대해 핵심적으로 알아야 할 이론을 체계적으로 정리하여 단기간에 학습할 수 있도록 하였습니다.

NCS 핵심예상문제

NCS 기반 직업기초능력의 10개 영역에 대해 출제가 예상되는 핵심적인 문제들로 구성하여 문제 유형을 파악할 수 있도록 하였습니다.

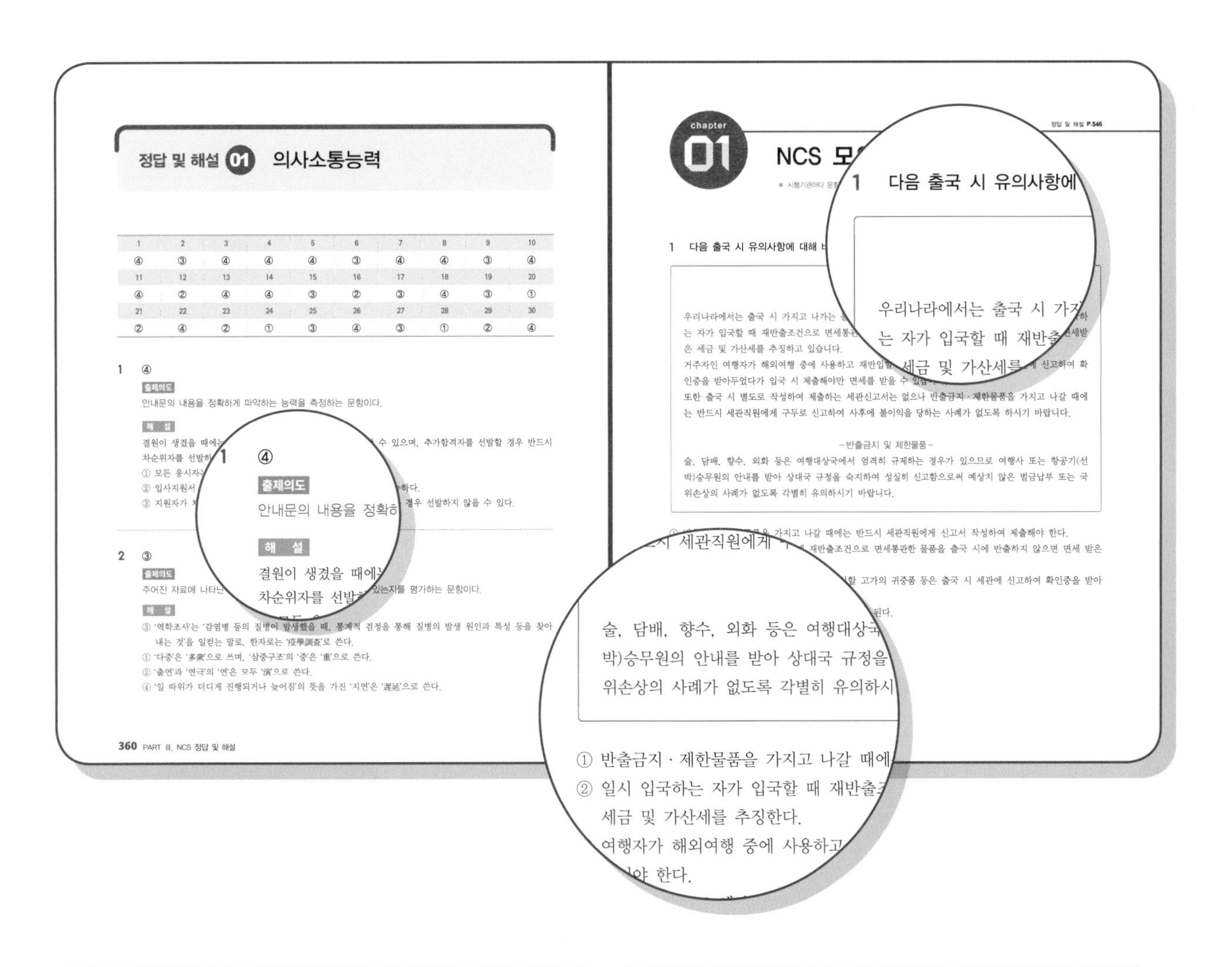

NCS 정답 및 해설

각 영역의 문제에 대한 출제의도와 함께 자세한 해설을 달아 문제를 완벽하게 분석할 수 있도록 하였습니다.

NCS 모의고사

시행기관마다 문항수와 시간의 차이가 있지만 모의고사 100문항을 수록하여 실전에 대비할 수 있도록 하였습니다.

Contents.

01 NCS 핵심이론정리

02 NCS 핵심예상문제

03 NCS 정답 및 해설

04 NCS 모의고사

05 부록

Planner.

1순위 기업	2순위 기업	3순위 기업
기 업 명 : 시험 접수 : / ~ / 지원 분야 : 필기 시험 : / 필기 영역 : 1차 면접 : / 2차 면접 : /	기 업 명 : 시험 접수 : / ~ / 지원 분야 : 필기 시험 : / 필기 영역 : 1차 면접 : / 2차 면접 : /	기 업 명 : 시험 접수 : / ~ / 지원 분야 : 필기 시험 : / 필기 영역 : 1차 면접 : / 2차 면접 : /

Study Tip.

	내용	Check!
01	**목표를 확실히** NCS 준비기간을 줄이는 가장 효율적인 방법은 목표를 확실히 하는 것이다. 전체 목표, 오늘의 목표를 분명하게 세우고 이에 맞춰 공부습관을 기르도록 하자!	□
02	**꾸준히, 반복 학습** 매일 꾸준히 공부하는 것이 중요하다. 또한 한 번 풀고 정답 확인만 하는 것이 아니라 정답도 오답도 다시 풀어보자! 유형별 문항당 몇 분이 소요되는지도 확인하여 NCS에 대한 감을 유지하자!	□
03	**해설지와 대조하기** 오답만 확인하지 말고 정답인 문제까지 확인하여 풀이 방법을 확인하도록 하자! 어느 부분에서 어떤 풀이가 효율적인지 확인하여 내 것으로 만든다면 문제풀이는 더욱 수월해질 것이다.	□
04	**모든 영역 파헤치자** 물론 채용공고에 명시되어 있는 영역이 제일 중요하다. 그러나 10개 영역이 구분되지 않고 종합적으로 출제되는 경우도 더러 있다. NCS 전반을 이해하기 위해서는 모든 영역을 공부하는 것이 좋다.	□

25일 Plan

1일	2일	3일	4일	5일
( )월( )일( )요일 ( )시( )분~( )시( )분	( )월( )일( )요일 ( )시( )분~( )시( )분	( )월( )일( )요일 ( )시( )분~( )시( )분	( )월( )일( )요일 ( )시( )분~( )시( )분	( )월( )일( )요일 ( )시( )분~( )시( )분
채용전형확인 NCS 분류 & 학습모듈 & 채용전형 숙지	**의사소통능력** 핵심이론정리 & 예제문제	**의사소통능력** 핵심예상문제 & 오답노트	**수리능력** 핵심이론정리 & 예제문제	**수리능력** 핵심예상문제 & 오답노트
6일	**7일**	**8일**	**9일**	**10일**
( )월( )일( )요일 ( )시( )분~( )시( )분	( )월( )일( )요일 ( )시( )분~( )시( )분	( )월( )일( )요일 ( )시( )분~( )시( )분	( )월( )일( )요일 ( )시( )분~( )시( )분	( )월( )일( )요일 ( )시( )분~( )시( )분
문제해결능력 핵심이론정리 & 예제문제	**문제해결능력** 핵심예상문제 & 오답노트	**자기개발능력** 핵심이론정리 & 예제문제	**자기개발능력** 핵심예상문제 & 오답노트	**자원관리능력** 핵심이론정리 & 예제문제
11일	**12일**	**13일**	**14일**	**15일**
( )월( )일( )요일 ( )시( )분~( )시( )분	( )월( )일( )요일 ( )시( )분~( )시( )분	( )월( )일( )요일 ( )시( )분~( )시( )분	( )월( )일( )요일 ( )시( )분~( )시( )분	( )월( )일( )요일 ( )시( )분~( )시( )분
자원관리능력 핵심예상문제 & 오답노트	**대인관계능력** 핵심이론정리 & 예제문제	**대인관계능력** 핵심예상문제 & 오답노트	**정보능력** 핵심이론정리 & 예제문제	**정보능력** 핵심예상문제 & 오답노트
16일	**17일**	**18일**	**19일**	**20일**
( )월( )일( )요일 ( )시( )분~( )시( )분	( )월( )일( )요일 ( )시( )분~( )시( )분	( )월( )일( )요일 ( )시( )분~( )시( )분	( )월( )일( )요일 ( )시( )분~( )시( )분	( )월( )일( )요일 ( )시( )분~( )시( )분
기술능력 핵심이론정리 & 예제문제	**기술능력** 핵심예상문제 & 오답노트	**조직이해능력** 핵심이론정리 & 예제문제	**조직이해능력** 핵심예상문제 & 오답노트	**직업능력** 핵심이론정리 & 예제문제
21일	**22일**	**23일**	**24일**	**25일**
( )월( )일( )요일 ( )시( )분~( )시( )분	( )월( )일( )요일 ( )시( )분~( )시( )분	( )월( )일( )요일 ( )시( )분~( )시( )분	( )월( )일( )요일 ( )시( )분~( )시( )분	( )월( )일( )요일 ( )시( )분~( )시( )분
직업능력 핵심예상문제 & 오답노트	**NCS 모의고사** 문제풀이 & 오답노트	**기출문제분석** 문제풀이 & 오답노트	**오답노트정리** 핵심예상문제 & NCS모의고사 & 기출문제분석	**최종마무리** 핵심이론 & 오답노트

15일 Plan

1일	2일	3일	4일	5일
( )월( )일( )요일 ( )시( )분~( )시( )분	( )월( )일( )요일 ( )시( )분~( )시( )분	( )월( )일( )요일 ( )시( )분~( )시( )분	( )월( )일( )요일 ( )시( )분~( )시( )분	( )월( )일( )요일 ( )시( )분~( )시( )분
채용전형확인 NCS 분류 & 학습모듈 & 채용전형 숙지	**의사소통능력** 핵심이론정리 & 예제문제 & 핵심예상문제 & 오답노트	**수리능력** 핵심이론정리 & 예제문제 & 핵심예상문제 & 오답노트	**문제해결능력** 핵심이론정리 & 예제문제 & 핵심예상문제 & 오답노트	**자기개발능력** 핵심이론정리 & 예제문제 & 핵심예상문제 & 오답노트
6일	**7일**	**8일**	**9일**	**10일**
( )월( )일( )요일 ( )시( )분~( )시( )분	( )월( )일( )요일 ( )시( )분~( )시( )분	( )월( )일( )요일 ( )시( )분~( )시( )분	( )월( )일( )요일 ( )시( )분~( )시( )분	( )월( )일( )요일 ( )시( )분~( )시( )분
자원관리능력 핵심이론정리 & 예제문제 & 핵심예상문제 & 오답노트	**대인관계능력** 핵심이론정리 & 예제문제 & 핵심예상문제 & 오답노트	**정보능력** 핵심이론정리 & 예제문제 & 핵심예상문제 & 오답노트	**기술능력** 핵심이론정리 & 예제문제 & 핵심예상문제 & 오답노트	**조직이해능력** 핵심이론정리 & 예제문제 & 핵심예상문제 & 오답노트
11일	**12일**	**13일**	**14일**	**15일**
( )월( )일( )요일 ( )시( )분~( )시( )분	( )월( )일( )요일 ( )시( )분~( )시( )분	( )월( )일( )요일 ( )시( )분~( )시( )분	( )월( )일( )요일 ( )시( )분~( )시( )분	( )월( )일( )요일 ( )시( )분~( )시( )분
직업윤리능력 핵심이론정리 & 예제문제 & 핵심예상문제 & 오답노트	**NCS 모의고사** 문제풀이 & 오답노트	**기출문제분석** 문제풀이 & 오답노트	**오답노트정리** 핵심예상문제 & NCS모의고사 & 기출문제분석	**최종마무리** 핵심이론 & 오답노트

Information.

● NCS(국가직무능력표준) 소개

국가직무능력표준(NCS, national competency standards)은 산업현장에서 직무를 수행하기 위해 요구되는 지식·기술·소양 등의 내용을 국가가 산업부문별·수준별로 체계화한 것으로 산업현장의 직무를 성공적으로 수행하기 위해 필요한 능력(지식, 기술, 태도)을 국가적 차원에서 표준화한 것을 의미한다.

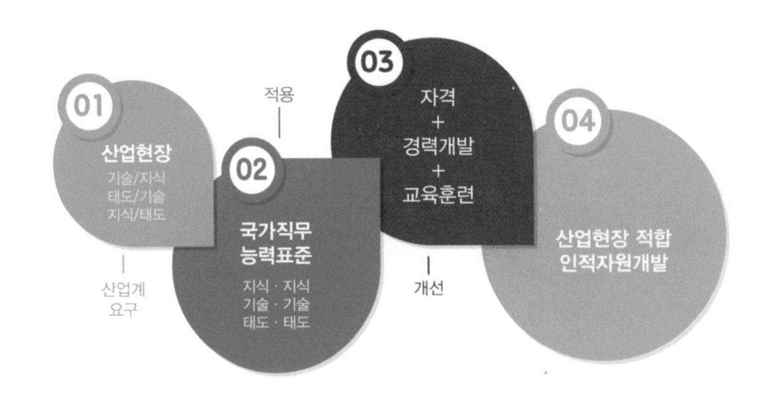

NCS 특성

01 한 사람의 근로자가 해당 직업 내에서 소관 업무를 성공적으로 수행하기 위하여 요구되는 실제적인 수행능력을 의미한다.

㉠ 직무수행능력 평가를 위한 최종 결과의 내용 반영

㉡ 최종 결과는 '무엇을 하여야 한다.' 보다는 '무엇을 할 수 있다.' 는 형식으로 제시

02 해당 직무를 수행하기 위한 모든 종류의 수행능력을 포괄하여 제시한다.

작업능력	작업관리 능력	돌발상황 대처능력	미래지향적 능력
특정업무를 수행하기 위해 요구되는 능력	다양한 다른 작업을 계획하고 조직화하는 능력	일상적인 업무가 마비되거나 예상치 못한 일이 발생했을 때 대처하는 능력	해당 산업관련 기술적 및 환경적 변화를 예측하여 상황에 대처하는 능력

03 모듈(Module)형태의 구성

㉠ 한 직업 내에서 근로자가 수행하는 개별 역할인 직무능력을 능력단위(unit)화하여 개발

㉡ 국가직무능력표준은 여러 개의 능력단위 집합으로 구성

04 산업계 단체가 주도적으로 참여하여 개발

㉠ 해당분야 산업별 인적자원개발협의체(SC), 관련 단체 등이 참여하여 국가직무능력표준 개발

㉡ 산업현장에서 우수한 성과를 내고 있는 근로자 또는 전문가가 국가직무능력표준 개발 단계마다 참여

N

NCS 활용영역

01 국가직무능력표준은 산업현장의 직무수요를 체계적으로 분석하여 제시함으로써 '일–교육·훈련–자격' 을 연결하는 고리, 즉 인적자원개발의 핵심 토대로 기능

02 국가직무능력표준은 교육훈련기관의 교육훈련과정, 직업능력개발 훈련기준 및 교재 개발 등에 활용되어 산업수요 맞춤형 인력양성에 기여한다. 또한 근로자를 대상으로 경력개발경로 개발, 직무기술서, 채용·배치·승진 체크리스트, 자가진단도구로 활용 가능하다.

03 한국산업인력공단에서는 국가직무능력표준을 교육훈련과정, 훈련기준, 자격종목 설계, 출제기준 등 제·개정 시 활용한다.

04 한국직업능력개발원에서는 국가직무능력표준을 활용하여 전문대학 및 마이스터고·특성화고 교과과정을 개편한다.

구분		활용콘텐츠
산업현장	근로자	평생경력개발경로, 자가진단도구
	기업	직무기술서, 채용 · 배치 · 승진 체크리스트
교육훈련기관		교육훈련과정, 훈련기준, 교육훈련교재
자격시험기관		자격종목 설계, 출제기준, 시험문항, 시험방법

N

Information.

NCS 분류체계

01 국가직무능력표준의 분류체계는 직무의 유형(Type)을 중심으로 국가직무능력표준의 단계적 구성을 나타내는 것으로 국가직무능력표준 개발의 전체적인 로드맵을 제시

02 한국고용직업분류(KECO:Korean Employment Classification of Occupations) 등을 참고하여 분류하였으며 '대분류(24)→중분류(80)→소분류(257)→세분류(1,022개)' 의 순으로 구성

* 분류체계 마련을 위해 직업분류, 산업분류 및 자격분류 전문가, 해당산업 분야 전문가 대상 의견수렴 방법을 통해 직종구조분석 시행

03 세부 분류기준

분류	분류기준
대분류	직능유형이 유사한 분야(한국고용직업분류 참조)
중분류	• 대분류 내에서 직능유형이 유사한 분야 • 대분류 내에서 산업이 유사한 분야 • 대분류 내에서 노동시장이 독립적으로 형성되거나 경력개발경로가 유사한 분야 • 중분류 수준에서 산업별 인적자원개발협의체(SC)가 존재하는 분야
소분류	• 중분류 내에서 직능유형이 유사한 분야 • 소분류 수준에서 산업별 인적자원개발협의체(SC)가 존재하는 분야
세분류	• 소분류 내에서 직능유형이 유사한 분야 • 한국고용직업분류의 직업 중 대표 직무

N

NCS 학습모듈

01 개념

국가직무능력표준(NCS, national competency standards)이 현장의 '직무 요구서' 라고 한다면, NCS 학습모듈은 NCS의 능력단위를 교육훈련에서 학습할 수 있도록 구성한 '교수 · 학습 자료' 이다. NCS 학습모듈은 구체적 직무를 학습할 수 있도록 이론 및 실습과 관련된 내용을 상세하게 제시하고 있다.

능력단위 구성 내용	능력단위 구성 내용	학습모듈 구성 내용
–수행준거 –지식, 기술, 태도 –적용범위 · 작업상황 –평가지침	–수행준거 –지식, 기술, 태도 –적용범위 · 작업상황 –평가지침	–학습목표 –학습내용 –교수 · 학습방법 –평가 및 피드백 운영

02 특징

㉠ NCS 학습모듈은 산업계에서 요구하는 직무능력을 교육훈련 현장에 활용할 수 있도록 성취목표와 학습의 방향을 명확히 제시하는 가이드라인의 역할을 한다.

㉡ NCS 학습모듈은 특성화고, 마이스터고, 전문대학, 4년제 대학교의 교육기관 및 훈련기관, 직장교육기관 등에서 표준교재로 활용할 수 있으며 교육과정 개편 시에도 유용하게 참고할 수 있다.

03 구성

학습	학습내용	교수 · 학습방법	평가
해당 NCS 능력단위 요소의 명칭을 사용하여 제시한 것이다.학습은 크게 학습내용, 교수·학습방법, 평가로 구성되며 해당 NCS 능력단위의 능력단위 요소별 지식, 기술, 태도 등을 토대로 학습내용을 제시한 것이다.	학습내용은 학습목표, 필요지식, 수행내용으로 구성하였으며수행내용은재료·자료,기기(장비·공구),안전·유의사항, 수행순서, 수행tip으로 구성한 것이다.학습모듈의 학습내용은 업무의 표준화된 프로세스에 기반을 두고 학습내용을 구성하였으며, 실제 산업현장에서 이루어지는업무활동을 다양한 방식으로 학습내용에 반영한 것이다.	학습목표를 성취하기 위한 교수자와 학습자 간, 학습자와 학습자 간의 상호작용이 활발하게 일어날 수 있도록 교수자의 활동 및 교수전략, 학습자의 활동을 제시한 것이다.	평가는 해당 학습모듈의 학습 정도를 확인할 수 있는 평가준거, 평가방법, 평가결과의 피드백 방법을 제시한 것이다.

Information.

● 직업기초능력

의사소통능력

01 정의

업무를 수행함에 있어 글과 말을 읽고 들음으로써 다른 사람이 뜻한 바를 파악하고 자기가 뜻한 바를 글과 말을 통해 정확하게 쓰거나 말하는 능력이다.

02 구조

하위능력	정의	세부요소
문서이해능력	업무를 수행함에 있어 다른 사람이 작성한 글을 읽고 그 내용을 이해하는 능력	· 문서 정보 확인 및 획득 · 문서 정보 이해 및 수집 · 문서 정보 평가
문서작성능력	업무를 수행함에 있어 자기가 뜻한 바를 글로 나타내는 능력	· 작성 문서의 정보 확인 및 조직 · 목적과 상황에 맞는 문서 작성 · 작성한 문서 교정 및 평가
경청능력	업무를 수행함에 있어 다른 사람의 말을 듣고 그 내용을 이해하는 능력	· 음성 정보와 매체 정보 듣기 · 음성 정보와 매체 정보 내용 이해 · 음성 정보와 매체 정보에 대한 반응과 평가
의사표현능력	업무를 수행함에 있어 자기가 뜻한 바를 말로 나타내는 능력	· 목적과 상황에 맞는 정보 조직 · 목적과 상황에 맞게 전달 · 대화에 대한 피드백과 평가
기초 외국어 능력	업무를 수행함에 있어 외국어로 의사소통할 수 있는 능력	· 외국어 듣기 · 일상생활의 회화 활용

N

수리능력

01 정의

업무를 수행함에 있어 사칙연산, 통계, 확률의 의미를 정확하게 이해하고 이를 업무에 적용하는 능력이다.

02 구조

하위능력	정의	세부요소
기초연산능력	업무를 수행함에 있어 기초적인 사칙연산과 계산을 하는 능력	• 과제 해결을 위한 연산 방법 선택 • 연산 방법에 따라 연산 수행 • 연산 결과와 방법에 대한 평가
기초통계능력	업무를 수행함에 있어 필요한 기초 수준의 백분율, 평균, 확률과 같은 통계 능력	• 과제 해결을 위한 통계 기법 선택 • 통계 기법에 따라 연산 수행 • 통계 결과와 기법에 대한 평가
도표분석능력	업무를 수행함에 있어 도표(그림, 표, 그래프 등)가 갖는 의미를 해석하는 능력	• 도표에서 제시된 정보 인식 • 정보의 적절한 해석 • 해석한 정보의 업무 적용
도표작성능력	업무를 수행함에 있어 필요한 도표(그림, 표, 그래프 등)를 작성하는 능력	• 도표 제시방법 선택 • 도표를 이용한 정보 제시 • 제시 결과 평가

문제해결능력

01 정의

업무를 수행함에 있어 문제 상황이 발생하였을 경우, 창조적이고 논리적인 사고를 통해 이를 올바르게 인식하고 적절히 해결하는 능력이다.

02 구조

하위능력	정의	세부요소
사고력	업무와 관련된 문제를 인식하고 해결함에 있어 창조적, 논리적, 비판적으로 생각하는 능력	• 창의적 사고 / • 논리적 사고 / • 비판적 사고
문제처리능력	업무와 관련된 문제의 특성을 파악하고 대안을 제시, 적용하고 그 결과를 평가하여 피드백하는 능력	• 문제 인식 / • 대안 선택 / • 대안 적용 / • 대안 평가

Information.

자기개발능력

01 정의

업무를 추진하는데 스스로를 관리하고 개발하는 능력이다.

02 구조

하위능력	정의	세부요소
자아인식능력	자신의 흥미, 적성, 특성 등을 이해하고 이를 바탕으로 자신에게 필요한 것을 이해하는 능력	• 자기이해 • 자신의 능력 표현 • 자신의 능력발휘 방법 인식
자기개발능력	업무에 필요한 자질을 지닐 수 있도록 스스로를 관리하는 능력	• 개인의 목표 정립(동기화) • 자기통제 • 자기관리 규칙의 주도적인 실천
경력개발능력	끊임없는 자기 개발을 위해서 동기를 갖고 학습하는 능력	• 삶과 직업세계에 대한 이해 • 경력개발 계획 수립 • 경력전략의 개발 및 실행

자원관리능력

01 정의

업무를 수행하는데 시간, 자본, 재료 및 시설, 인적자원 등의 자원 가운데 무엇이 얼마나 필요한지를 확인하고 이용 가능한 자원을 최대한 수집하여 실제 업무에 어떻게 활용할 것인지를 계획하고, 계획대로 업무수행에 이를 할당하는 능력이다.

02 구조

하위능력	정의	세부요소
시간관리능력	업무수행에 필요한 시간자원이 얼마나 필요한지를 확인하고, 이용 가능한 시간자원을 최대한 수집하여 실제 업무에 어떻게 활용할 것인지를 계획하고 할당하는 능력	• 시간자원 확인 • 시간자원 확보 • 시간자원 활용계획 수립 • 시간자원 할당
예산관리능력	업무수행에 필요한 자본자원이 얼마나 필요한지를 확인하고, 이용 가능한 자본자원을 최대한 수집하여 실제 업무에 어떻게 활용할 것인지를 계획하고 할당하는 능력	• 예산 확인 • 예산 할당
물적자원관리	업무수행에 필요한 재료 및 시설자원이 얼마나 필요한지를 확인하고, 이용 가능한 재료 및 시설자원을 최대한 수집하여 실제 업무에 어떻게 활용할 것인지를 계획하고 할당하는 능력	• 물적자원 확인 • 물적자원 할당
인적자원관리 능력	업무수행에 필요한 인적자원이 얼마나 필요한지를 확인하고, 이용 가능한 인적자원을 최대한 수집하여 실제 업무에 어떻게 활용할 것인지를 계획하고 할당하는 능력	• 인적자원 확인 • 인적자원 할당

N

대인관계능력

01 정의

업무를 수행함에 있어 접촉하게 되는 사람들과 문제를 일으키지 않고 원만하게 지내는 능력이다.

02 구조

하위능력	정의	세부요소
팀워크능력	다양한 배경을 가진 사람들과 함께 업무를 수행하는 능력	• 적극적 참여 • 업무 공유 • 팀 구성원으로서의 책임감
리더십능력	업무를 수행함에 있어 다른 사람을 이끄는 능력	• 동기화시키기 • 논리적인 의견 표현 • 신뢰감 구축
갈등관리능력	업무를 수행함에 있어 관련된 사람들 사이에 갈등이 발생하였을 경우 이를 원만히 조절하는 능력	• 타인의 생각 및 감정 이해 • 타인에 대한 배려 • 피드백 제공 및 받기
협상능력	업무를 수행함에 있어 다른 사람과 협상하는 능력	• 다양한 의견 수렴 • 협상 가능한 실질적 목표 구축 • 최선의 타협방법 찾기
고객서비스능력	고객의 요구를 만족시키는 자세로 업무를 수행하는 능력	• 고객의 불만 및 욕구 이해 • 매너 있고 신뢰감 있는 대화법 • 고객 불만에 대한 해결책 제공

정보능력

01 정의

업무와 관련된 정보를 수집하고, 이를 분석하여 의미 있는 정보를 찾아내며, 의미 있는 정보를 업무수행에 적절하도록 조직하고, 조직된 정보를 관리하며, 업무수행에 이러한 정보를 활용하고, 이러한 제 과정에 컴퓨터를 사용하는 능력이다.

02 구조

하위능력	정의	세부요소
컴퓨터 활용 능력	업무와 관련된 정보를 수집, 분석, 조직, 관리, 활용하는데 있어 컴퓨터를 사용하는 능력	• 컴퓨터 이론 • 인터넷 사용 • 소프트웨어 사용
정보처리능력	업무와 관련된 문제의 특성을 파악하고 대안을 제시, 적용하고 그 결과를 평가하여 피드백하는 능력	• 정보 수집 • 정보 분석 • 정보 관리 • 정보 활용

N

Information.

기술능력

01 정의

업무를 수행함에 있어 도구, 장치 등을 포함하여 필요한 기술에는 어떠한 것들이 있는지 이해하고, 실제로 업무를 수행함에 있어 적절한 기술을 선택하여 적용하는 능력이다.

02 구조

하위능력	정의	세부요소
기술이해능력	업무수행에 필요한 기술적 원리를 올바르게 이해하는 능력	• 기술의 원리와 절차 이해 • 기술 활용 결과 예측 • 활용 가능한 자원 및 여건 이해
기술선택능력	도구, 장치를 포함하여 업무수행에 필요한 기술을 선택하는 능력	• 기술 비교, 검토 • 최적의 기술 선택
기술적용능력	업무수행에 필요한 기술을 업무수행에 실제로 적용하는 능력	• 기술의 효과적 활용 • 기술 적용 결과 평가 • 기술 유지와 조정

조직이해능력

01 정의

업무를 원활하게 수행하기 위해 국제적인 추세를 포함하여 조직의 체제와 경영에 대해 이해하는 능력이다.

02 구조

하위능력	정의	세부요소
국제감각	주어진 업무에 관한 국제적인 추세를 이해하는 능력	• 국제적인 동향 이해 • 국제적인 시각으로 업무 추진 • 국제적 상황 변화에 대처
조직체제 이해능력	업무수행과 관련하여 조직의 체제를 올바르게 이해하는 능력	• 조직의 구조 이해 • 조직의 규칙과 절차 파악 • 조직 간의 관계 이해
업무이해능력	사업이나 조직의 경영에 대해 이해하는 능력	• 조직의 방향성 예측 • 경영조정(조직의 방향성을 바로잡기에 필요한 행위 하기) • 생산성 향상 방법
업무이해능력	조직의 업무를 이해하는 능력	• 업무의 우선순위 파악 • 업무활동 조직 및 계획 • 업무수행의 결과 평가

N

직업윤리

01 정의

업무를 수행함에 있어 원만한 직업생활을 위해 필요한 태도, 매너, 올바른 직업관이다.

02 구조

하위능력	정의	세부요소
근로 윤리	업무에 대한 존중을 바탕으로 근면하고 성실하고 정직하게 업무에 임하는 자세	• 근면성 • 정직성 • 성실성
공동체 윤리	인간 존중을 바탕으로 봉사하며, 책임 있고, 규칙을 준수하며 예의 바른 태도로 업무에 임하는 자세	• 봉사정신 • 책임의식 • 준법성 • 직장예절

N

Information.

● 블라인드 채용

01 블라인드채용의 개념

- 채용과정(서류 · 필기 · 면접)에서 편견이 개입되어 불합리한 차별을 야기할 수 있는 출신지, 가족관계, 학력, 외모 등의 항목을 걷어내고 지원자의 실력(직무능력)을 평가하여 인재를 채용
- 블라인드 채용은 차별적인 평가요소를 제거하고, 직무능력을 중심으로 평가하는 것

02 블라인드채용의 필요성

- 기존 채용제도의 불공정 해소

–기업의 불공정 채용관행에 관한 사회적 불신해소
–차별적 채용은 기업 경쟁력 저해요소라는 인식유도
–직무중심 인재선발을 통한 공정한 채용제도 구축

- 직무중심 채용을 통한 사회적 비용 감소 필요

–직무 관련한 채용을 통한 지원자의 취업준비 비용감소
–기업 역시 직무재교육, 조기퇴사율 등 감소를 통한 채용 비용 감소실현
–불공정 채용관행에 의한 사회적 불신 해소

03 블라인드채용의 특징

- 블라인드 채용은 지원자를 평가하지 않는다는 것은 아니다.

→ 직무능력중심 평가+차별요소 제외=블라인드 채용

- 블라인드 채용의 평가요소(평가항목, 평가기준)는 직무를 수행하는 데 필요한 역량이다.

→ 평가기준=직무수행에 필요한 직무능력

04 블라인드채용의 특징

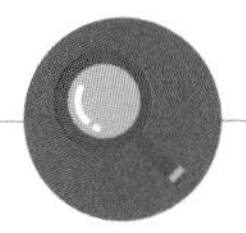

Step01. 분석
Anlysis

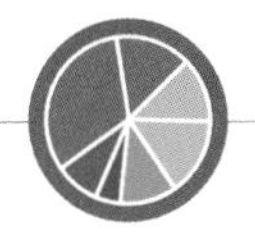

Step02. 설계
Design

Step03. 개발
Development

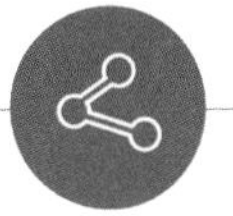

Step04. 실행
Implement

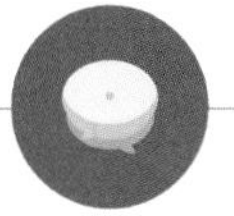

Step05. 평가
Evaluation

01 분석단계	02 설계단계	03 개발단계	04 실험단계	05 평가단계
1. 채용대상 직무 NCS분류에서 확인하기 2. 채용대상 직무관련 능력단위 확인하기 요구능력단위 도출→필수KSA 도출→관련자격도출	3. 채용프로세스설정하기(선발법선정및 적용단계 결정) 4. 채용프로세스별선발기준 설정하기	5. 블라인드채용 공고문 개발하기 6. 블라인드채용 서류전형 개발하기 7. 블라인드채용 필기전형 개발하기 8. 블라인드채용 면접전형 개발하기 9. 인사담당자 및 면접관 교육하기	10. 필기평가 시행하기 11. 면접평가 시행하기 12. 합격자 선정하기	13. 블라인드채용 과정 평가하기 14. 블라인드채용 성과 평가하기

05 블라인드채용 평가요소

- 직무에 필요한 직무능력을 토대로 차별적 요소를 제외한 평가요소 도출 · 정의
- NCS(국가직무능력표준) 활용 → NCS에 제시된 직무별 능력단위 세부내용, 능력단위 요소의 K · S · A를 기반으로 평가요소 도출
- 기업의 인재상 · 채용직무에 대한 내부자료 → 직무기술서, 직무명세서를 통해 지원자에게 사전안내

N

Information.

● 특성화고, 마이스터고 소개

특성화고	소질과 적성 및 능력이 유사한 학생을 대상으로 특성분야의 인재양성을 목적으로 하는 교육 또는 현장실습 등 체험위주의 교육을 전문적으로 실시하는 학교이다.
마이스터고	공식명칭은 '산업수요 맞춤형 고등학교' 이며 유망분야의 특화된 산업수요와 연계하여 예비 마이스터를 양성하는 특수목적고이다. 마이스터고는 첫 졸업생부터 4년 연속으로 취업률이 90%가 넘는다.

특성화고, 마이스터고에 진학하면 좋은 학생 유형

N

특성화고, 마이스터고에 학생의 성장 경로

체계적인 국가 지원

특성화고 · 마이스터고만 졸업해도 취업이 보장될 수 있도록 고졸채용 및 고졸 취업자 지원이 확대

주요 공공기관
고졸 채용기관

SOC	고용보건복지	금융	농림수산환경	문화예술외교법무	산업진흥정보화	에너지
국가철도공단	건강보험심사 평가원	신용보증기금	국립공원공단	㈜강원랜드	소상공인시장 진흥공단	한국가스공사
도로교통공단	공무원연금공단	예금보험공사	한국농수산식품 유통공사	서울올림픽기념 국민체육진흥공단	한국산업단지공단	㈜한국가스기술공사
부산항만공사	국민건강보험공단	주택도시보증공사	한국환경공단	한국소비자원		한국가스안전공사
주식회사 에스알	국민연금공단	중소기업은행				한국남동발전㈜
울산항만공사	사립학교교직원 연금공단	한국산업은행				한국남부발전㈜
인천항만공사	한국산업안전 보건공단	한구수출입은행				한국동서발전㈜
제주국제자유도시 개발공사	한국산업인력공단	한국조폐공사				한국서부발전㈜
한국교통안전공단	한국장애인고용공단	한국주택금융공사				한국석유공사
한국국토정보공사						한국석유관리원
한국도로공사						한국수력원자력㈜
한국수자원공사						한국에너지공단
한국철도공사						한국전기안전공사
한국토지주택공사						한국전력공사
						한국전력기술 주식회사
						한국중부발전㈜
						한국지역난방공사
						한전KPS㈜
						한전원자력연료 주식회사

● 건강보험심사평가원

<table>
<tr><td>모집분야</td><td>행정직, 전산직</td><td>근무지</td><td>원주</td></tr>
<tr><td>모집인원</td><td>• 전일제 : 5명
• 시간제 : 해당없음</td><td>연봉(신입)</td><td>• 전일제 : 6급을(1호봉) 3,400만원
• 시간제 : 해당없음</td></tr>
<tr><td>전형절차</td><td colspan="3">
<table>
<tr><th colspan="2">구분</th><th>평가기준</th><th>전형일정</th></tr>
<tr><td>1</td><td>원서접수</td><td>채용홈페이지 온라인 접수</td><td>2022년 2분기</td></tr>
<tr><td>2</td><td>서류전형</td><td>지원 자격 충족여부 검증, 우대사항 가점</td><td>2022년 2분기</td></tr>
<tr><td>3</td><td>필기전형</td><td>NCS 직업기초능력평가, 직무수행능력평가</td><td>2022년 2분기</td></tr>
<tr><td>4</td><td>면접전형</td><td>실무면접(직무능력면접) 등</td><td>2022년 2분기</td></tr>
<tr><td>5</td><td>서류확인 등</td><td>증빙서류 확인 및 신원조회</td><td>2022년 3분기</td></tr>
</table>
</td></tr>
<tr><td>제출서류</td><td colspan="3">• (공통) 입사지원서 및 자기소개서
• (해당자) 입사지원서에 기재한 교육사항 · 자격사항 · 경력사항 등의 증빙서류
• (해당자) 우대사항 증빙서류</td></tr>
<tr><td>우대사항</td><td colspan="3">취업지원대상자, 장애인, 기초생활수급자, 지역인재, 직무 관련 자격증 소지자 등</td></tr>
<tr><td>기타</td><td colspan="3">※ 위 사항은 변동될 수 있으므로 세부사항은 공고 참조</td></tr>
</table>

● 공무원연금공단

<table>
<tr><td>모집분야</td><td>사무일반</td><td>근무지</td><td>제주(본사) 및 지부</td></tr>
<tr><td>모집인원</td><td>• 전일제 : 신입 0명
• 시간제 : 해당사항 없음</td><td>연봉(신입)</td><td>• 전일제 : 약 28,980천원 수준
• 시간제 : 해당사항 없음</td></tr>
<tr><td>전형절차</td><td colspan="3">
<table>
<tr><th colspan="2">구분</th><th>평가기준</th><th>전형일정</th></tr>
<tr><td>1</td><td>원서접수</td><td>채용홈페이지 온라인 접수</td><td>2022년 3월</td></tr>
<tr><td>2</td><td>서류전형</td><td>자격증, 학업성적, 자기소개서 적부심사</td><td>2022년 4월</td></tr>
<tr><td>3</td><td>필기전형</td><td>NCS 직업기초능력평가, 인성검사</td><td>2022년 5월</td></tr>
<tr><td>4</td><td>면접전형</td><td>집단토론면접, PT면접(직무능력면접), 인성 · 경험면접</td><td>2022년 6월</td></tr>
<tr><td>5</td><td>건강검진 및 신원조회</td><td>건강검진, 채용 결격사유 조회(적부심사)</td><td>2022년 6월</td></tr>
</table>
</td></tr>
<tr><td>제출서류</td><td colspan="3">• (공통) 입사지원서 및 자기소개서
• (해당자) 입사지원서에 기재한 어학 · 교육사항 · 자격사항 · 경력사항 등의 증빙서류
• (해당자) 우대사항 증빙서류
※ 모집부문별 필수 자격요건에 따라 상기 제출서류 외의 증빙서류를 요구할 수 있습니다.</td></tr>
<tr><td>우대사항</td><td colspan="3">• 취업지원대상자, 장애인, 사회배려계층(기초생활수급자, 경력단절여성, 다문화가족구성원, 북한이탈주민), 비수도권지역인재, 이전지역 인재, 공단우수 청년인턴 등
• 우대자격증 : 지원분야 직무관련 자격증</td></tr>
<tr><td>기타</td><td colspan="3">자기소개서의 경우 불성실 기재자(기재내용이 없거나 특정문자 반복 기재, 질문에 전혀 상관없는 내용 작성, 허용글자수의 30% 미만 기재, 기관명 오류 등)
인성검사 부적격자의 경우 필기시험 결과에 관계없이 불합격 처리</td></tr>
</table>

● 국가철도공단

모집분야	일반(분야별 직렬은 추후 결정)	근무지	대전(본사) 및 지역본부
모집인원	• 전일제 : 신입 7명 • 시간제 : 해당없음	연봉(신입)	• 전일제 : 약 33,470천원 수준(성과급 포함) • 시간제 : 해당없음

전형절차

구분		평가기준	전형일정
1	원서접수	채용홈페이지 온라인 접수	2022년 하반기
2	서류전형	지원 자격 충족여부 검증, 지원서 및 가점 등 평가	2022년 하반기
3	필기전형	NCS 직업기초능력평가, 직무수행능력평가, 인성검사	2022년 하반기
4	면접전형	면접시험(NCS 기반)	2022년 하반기
5	건강검진 및 신원조회	채용신체검사 결과, 채용 결격사유 조회(적부심사)	2022년 하반기

구분	내용
제출서류	• (공통) 입사지원서 및 자기소개서 • (해당자) 입사지원서에 기재한 자격사항 · 경력사항 등의 증빙서류 • (해당자) 가점(장애인, 자격증, 어학성적 등) 우대사항 증빙서류
우대사항	• 취업지원대상자, 장애인 등 사회배려계층, 공단 청년 인턴 경력자 등 • 우대자격증 : 지원분야 직무관련 자격증, 한국사, 공인어학성적 등 • 이전지역인재 채용목표제, 양성평등 채용목표제 시행
기타	※ 상기 모집인원 및 전형일정은 기관 사정에 의해 변경될 수 있습니다.

● 국립공원공단

모집분야	공원행정(8급), 레인저(8급)	근무지	전국 국립공원 사무소(연구원, 탐방원, 사무국 포함)
모집인원	• 전일제 : 신입 5명 • 시간제 : 해당사항 없음	연봉(신입)	• 전일제 : 약 32,000천원 수준 • 시간제 : 해당없음

전형절차

구분		평가기준	전형일정
1	원서접수	채용홈페이지 온라인 접수	2022년 2분기
2	서류전형	지원 자격 충족여부 검증, 자격증 및 우대사항 가점	2022년 2분기
3	필기전형	NCS 직업기초능력평가	2022년 2분기
4	면접전형	경험 · 상황면접	2022년 2분기
5	신원조회	채용 결격사유 조회(적부심사)	2022년 2분기

구분	내용
제출서류	• (공통) 입사지원서 • (해당자) 입사지원서에 기재한 교육사항 · 자격사항 · 경력사항 등의 증빙서류 • (해당자) 우대사항 증빙서류 ※ 모집부문별 필수 자격요건에 따라 상기 제출서류 외의 증빙서류를 요구할 수 있습니다.
우대사항	• 취업지원대상자, 장애인, 저소득층, 북한이탈주민, 다문화가족 • 이전지역인재(전국, 북부 지역 지원 시) • [한국사] 한국사능력검정시험
기타	모집인원 및 전형일정은 기관 사정에 의해 변경될 수 있습니다.

● 국민건강보험공단

모집분야	행정직(6급나)	근무지	본부, 지역본부 및 지사(출장소 포함)
모집인원	• 전일제: 90명 • 시간제: 해당없음	연봉(신입)	• 전일제: 약 34,506천원 • 시간제: 근무시간에 비례

전형절차

구분		평가기준	전형일정
1	원서접수	채용홈페이지 온라인 접수	상반기 3월, 하반기 8월
2	서류전형	지원 자격 충족여부 검증, 직무능력중심 정량 및 정성평가	상반기 4월, 하반기 9월
3	인성검사	온라인 인성검사	상반기 5월, 하반기 10월
4	면접전형	인성 및 직무능력면접	상반기 6월, 하반기 11월
5	수습임용	채용 결격사유 조회, 임용후보자 등록	상반기 7월, 하반기 12월

구분	내용
제출서류	• (공통) 온라인 입사지원서 및 자기소개서 • (증빙서류 제출시) 입사지원서에 기재한 자격사항 · 교육사항 · 우대사항 등의 증빙서류 ※ 필요시 상기 제출서류 외의 증빙서류를 요구할 수 있습니다.
우대사항	취업지원대상자, 장애인, 기초생활수급자, 한부모가족, 다문화가족, 북한이탈주민, 이전지역인재, 우리공단 및 타공공기관 청년인턴 경력자, 우대 면허(자격증) 소지자
기타	1) 상기 모집인원은 연간 채용예정인원이며, 상 · 하반기로 나누어 채용할 예정입니다. 2) 채용인원, 전형절차 및 일정 등은 변경될 수 있으며, 정확한 채용세부사항은 추후 공고문을 확인하시기 바랍니다.

● 공민연금공단

모집분야	사무직	근무지	전주(본사) 및 전국 지사
모집인원	• 전일제: 신입 20명 • 시간제: 해당사항 없음	연봉(신입)	• 전일제: 약 34,170천원 수준 • 시간제: 해당없음

전형절차

구분		평가기준	전형일정
1	원서접수	채용홈페이지 온라인 접수	2022년 8월
2	서류전형	평가항목별(자기소개서, 교육사항, 자격사항)정성 · 정량 평가 및 우대사항 가점	2022년 9월
3	필기전형	직업기초능력평가, 인성검사(필기시험 당일 오프라인 실시)	2022년 10월
4	증빙서류 등록 · 심사	입사지원서에 기재한 지원자격 및 우대사항 적용 적정여부 확인 등	2022년 11월
5	면접전형	집단토론 · 발표 면접, 경험 · 상황면접	2022년 12월

구분	내용
제출서류	• (공통) 입사지원서 및 자기소개서 • (해당자) 입사지원서에 기재한 교육사항 · 자격사항 · 경력사항 등의 증빙서류, 우대사항 증빙서류 등 ※ 필기시험 합격자 및 인성검사 적격판정자(면접 대상자)를 대상으로 필기전형 합격자 발표 후 온라인 등록
우대사항	• 취업지원대상자, 장애인, 저소득층, 북한이탈주민, 다문화가족 • 이전지역 인재 • 공단 청년인턴 경험자(2021년 우리 공단에서 90일 이상 근무) 등
기타	

● 주택도시보증공사

모집분야	일반행정사무 등	근무지	부산(본사) 및 전국지사
모집인원	• 전일제 : 신입 11명 • 시간제 : 해당없음	연봉(신입)	• 전일제 : 약 32,449천원 수준 • 시간제 : 해당없음

전형절차

구분		평가기준	전형일정
1	원서접수	채용홈페이지 온라인 접수	2022년 1월
2	서류전형	지원 자격 충족여부 검증, 우대사항 가점	2022년 2월
3	필기전형	NCS 직업기초능력평가	2022년 2월
4	면접전형	NCS기반 역량면접(직무, PT, 인성), 직무심층면접	2022년 3월
5	신원조회	채용 결격사유 조회(적부심사)	2022년 4월

제출서류	• (공통) 입사지원서 및 자기소개서 • (해당자) 입사지원서에 기재한 교육사항 · 자격사항 · 경력사항 등의 증빙서류 • (해당자) 우대사항 증빙서류 ※ 모집부문별 필수 자격요건에 따라 상기 제출서류 외의 증빙서류를 요구할 수 있습니다.
우대사항	• 장애인, 저소득층, 북한이탈주민, 다문화가족, 취업보호대상자 • 비수도권 · 이전지역인재 • 직무관련 자격증 보유자 및 한국사능력검정시험 2급 이상 자격 소지자 등
기타	※ 상기 모집인원 및 전형일정은 기관 사정에 의해 변경될 수 있습니다.

● 한국가스공사

모집분야	기술직	근무지	본사 및 전국지사
모집인원	• 전일제 : 신입 6명 • 시간제 : 해당사항 없음	연봉(신입)	• 전일제 : 약 41,280천원 수준 • 시간제 : 해당사항 없음

전형절차

구분		평가기준	전형일정
1	원서접수	채용홈페이지 온라인 접수	2022년 8월
2	서류전형	지원 자격 충족여부 검증	2022년 9월
3	필기전형	인성검사, NCS 직업기초능력평가, 직무수행능력평가	2022년 9월
4	면접전형	직업기초면접, 직무(PT)면접	2022년 10월
5	신원조회	신원조회, 서류진위여부확인	2022년 11월

제출서류	• (공통) 입사지원서 및 자기소개서 온라인 활용 • (해당자) 입사지원서에 기재한 자격사항 등의 증빙서류 ※ 모집부문별 필수 자격요건에 따라 상기 제출서류 외의 증빙서류를 요구할 수 있습니다.
우대사항	• 취업지원대상자, 장애인, 저소득층, 북한이탈주민, 다문화가족, 경력단절 여성 등 • 우대자격증 : 지원분야 직무관련 자격증
기타	※ 상기 모집인원 및 전형일정은 기관 사정에 의해 변경될 수 있습니다.

● ㈜한국가스기술공사

모집분야	기술직	근무지	대전(본사) 및 전국지사
모집인원	• 전일제 : 14명 • 시간제 : 해당없음	연봉(신입)	• 전일제 : 약 31,339천원 • 시간제 : 해당없음

전형절차

구분		평가기준	전형일정
1	원서접수	입사지원 홈페이지 온라인 접수	2022년 5월
2	서류전형	지원 자격 및 부실기재사항 검토	2022년 5월
3	필기전형	직업기초능력 및 직무전공	2022년 6월
4	면접전형	토론면접 및 인성면접	2022년 7월
5	증빙서류확인	입사지원 내역 진위 여부 검증 등	2022년 7월

※ 하반기는 10월~11월 채용공고

제출서류	• (공통) 입사지원서 및 자기소개서 • (해당자) 입사지원서에 기재한 교육사항 · 자격사항 · 경력사항 등의 증빙서류 • (해당자) 우대사항 증빙서류 ※ 모집부문별 필수 자격요건에 따라 상기 제출서류 외의 증빙서류를 요구할 수 있습니다. ※ 입사지원서 및 자기소개서를 제외한 기타 증빙서류는 면접 당일날 제출
우대사항	취업지원대상자, 장애인, 한국사능력검정 시험 2급 이상, 우리공사 체험형인턴 수료자, 어학점수, 직무분야별 자격증 소지자, 산학협력 맞춤형 기술인재 양성교육 수료자, 특성하고 · 마이스터고 졸업자 ※ 위 사항은 채용계획 확정시에 달라질 수 있음
기타	

● 한국교통안전공단

모집분야	행정(사무), 기술(자동차검사 등)	근무지	감천(본사) 및 전국 지역본부(검사소), 체험교육센터 및 자동차안전연구원 등
모집인원	• 전일제 : 신입 5명 • 시간제 : 해당없음	연봉(신입)	• 전일제 : 약 31,838천원 수준 • 시간제 : 해당없음

전형절차

구분		평가기준	전형일정
1	원서접수	채용홈페이지 온라인 접수	2022년 2분기
2	서류전형	지원자격 충족여부 검증, 정량평가 및 정성평가 진행	2022년 2분기
3	필기전형	NCS 직업기초능력평가, 직무수행능력평가	2022년 2분기
4	면접전형	인성검사, 토론면접, PT면접, 경험면접(상황 및 인성)	2022년 2분기
5	건강검진 및 신원조회	건강검진 채용 결격사유 조회(적부검사)	2022년 2분기

제출서류	• (공통) 입사지원서, 자기소개서 및 경력기술서 • (해당자) 입사지원서에 기재한 교육사 · 사항 · 경력사항 등의 증빙서류 • (해당자) 장애인, 취업지원대상자 등 우대사항 증빙서류 등 • (해당자) 공공기관 청년인턴 수료증 등
우대사항	• 취업지원대상자, 장애인, 공공기관 청년인턴 및 공단 근무경력자, 이전지역인재, 다문화가족, 저소득층, 1년 이상 공단 상근 근로자(기간제 제외) • 우대자격증 : 지원분야 직무관련 가점 자격증
기타	※ 상기 모집인원 및 전형일정은 기관 사정에 의해 변경될 수 있습니다.

● 한국국토정보공사

<table>
<tr><td>모집분야</td><td>지적측량</td><td>근무지</td><td>전국</td></tr>
<tr><td>모집인원</td><td>• 전일제 : 신입 20명
• 시간제 : 해당없음</td><td>연봉(신입)</td><td>• 전일제 : 약 39,980천원 수준
• 시간제 : 해당없음</td></tr>
<tr><td>전형절차</td><td colspan="3">
<table>
<tr><th colspan="2">구분</th><th>평가기준</th><th>전형일정</th></tr>
<tr><td>1</td><td>원서접수</td><td>채용홈페이지 온라인 접수, 역량기반 지원서 접수</td><td>2022년 3월</td></tr>
<tr><td>2</td><td>필기전형</td><td>NCS 직업기초능력평가, 직무지식검사</td><td>2022년 4월</td></tr>
<tr><td>3</td><td>면접전형</td><td>경험면접, 상황면접</td><td>2022년 5월</td></tr>
<tr><td>4</td><td>채용형인턴</td><td>업무수행능력, 근무자세, 발전가능성 등 종합적으로 평가</td><td>2022년 6월</td></tr>
</table>
</td></tr>
<tr><td>제출서류</td><td colspan="3">• (필수) 역량기반 입사지원서, 지적자격증(지적측량 분야에 한함)
• (해당자) 가점 자격증 사본, 우대항목(보훈, 장애, 이전지역인재)</td></tr>
<tr><td>우대사항</td><td colspan="3">• (채용우대제도) 이전지역(전북)인재 채용목표제, 양성평등 채용목표제, 고졸/장애인/보훈 채용할당제 실시</td></tr>
<tr><td>기타</td><td colspan="3">• (직무능력중심 블라인드 채용) 입사지원서에 사진, 성별, 나이, 학교, 전공, 어학성적 미기재, 별도의 서류전형 없이 지원서 필수기재사항 작성하여 제출 시 필기전형(1차) 기회 제공, 면접 심사위원에게 지원자 개인정보 미제공
• (가점사항) 취업지원대상자(보훈, 저소득층, 장애인), 직무관련 자격, 공사 및 공무원(지적업무) 경력
※ 상기 모집인원 및 전형일정은 기관 사정에 의해 변경될 수 있습니다.</td></tr>
</table>

● 한국남동발전㈜

<table>
<tr><td>모집분야</td><td>기계, 전기, 화학</td><td>근무지</td><td>진주(본사), 사천, 인천, 분당, 강릉, 여수 등</td></tr>
<tr><td>모집인원</td><td>• 전일제 : 신입 12명
• 시간제 : 해당사항 없음</td><td>연봉(신입)</td><td>• 전일제 : 약 35,000천원 수준
• 시간제 : 해당사항 없음</td></tr>
<tr><td>전형절차</td><td colspan="3">
<table>
<tr><th colspan="2">구분</th><th>평가기준</th><th>전형일정</th></tr>
<tr><td>1</td><td>원서접수</td><td>채용홈페이지 온라인 접수</td><td>2022년 9월</td></tr>
<tr><td>2</td><td>서류전형</td><td>지원 자격 충족여부 검증, 자기소개서 검증(적부)</td><td>2022년 9월</td></tr>
<tr><td>3</td><td>필기전형</td><td>직무능력검사, 인성검사</td><td>2022년 10월</td></tr>
<tr><td>4</td><td>면접전형</td><td>직무면접, 종합면접</td><td>2022년 10월</td></tr>
<tr><td>5</td><td>신체검사 및 신원조회</td><td>채용 결격사유 조회</td><td>2022년 11월</td></tr>
</table>
</td></tr>
<tr><td>제출서류</td><td colspan="3">• (공통) 입사지원서 및 자기소개서
• (해당자) 입사지원서에 기재한 자격사항 · 가점사항 등의 증빙서류
• (해당자) 우대사항 증빙서류</td></tr>
<tr><td>우대사항</td><td colspan="3">• 취업지원대상자, 장애인, 발전소주변지역 주민, 이전지역인재 등
• 우대자격증(직무 및 고급 자격증)</td></tr>
<tr><td>기타</td><td colspan="3">※ 상기 모집인원 및 전형일정은 기관 사정에 의해 변경될 수 있습니다.</td></tr>
</table>

한국남부발전㈜

모집분야	기계, 전기	근무지	본사(부산) 및 사업소(하동, 삼척 등)
모집인원	• 전일제 : 신입 8명 • 시간제 : 해당사항 없음	연봉(신입)	• 전일제 : 약 40,000천원 • 시간제 : 해당사항 없음

전형절차

구분		평가기준	전형일정
1	원서접수	채용홈페이지 온라인 접수	2022년 하반기
2	서류전형	직무능력기반 지원서 심사(30배수 선발)	
3	필기전형	직업능력평가(NCS), 전공, 한국사, 영어, 인성평가(3배수 선발)	
4	1차 면접전형	PT면접, 토론면접, 실무역량면접(2배수 선발)	
	2차 면접전형	인성 조직적합성 평가	
5	신체검사, 비위면직자 및 신원조회	건강검진 결과, 채용 결격사유 조회(적부심사)	

제출서류	• (공통) 입사지원서 및 자기소개서, 학자금대출/장학금 신청증명서 등 • (해당자) 입사지원서에 기재한 교육사항 · 자격사항 · 경력사항 등의 증빙서류 ※ 모집부문별 필수 자격요건에 따라 상기 제출서류 외의 증빙서류를 요구할 수 있습니다.
우대사항	취업지원대상자, 장애인, 저소득층, 비수도권지역인재, 당사 체험형인턴 수료자, 발전소주변지역 주민 또는 자녀 등
기타	전공, 연령, 자격증, 어학성적 등 지원자격 제한 없음(단, 고졸의 경우 학력 등 일부 자격제한 적용) ※ 전문학사 이상의 학위취득자 또는 졸업예정자는 지원 불가(수업연한 마지막 학기 재학 또는 졸업유예자 지원불가)

한국농수산식품유통공사

모집분야	미정	근무지	나주(본사), 지역본부, 사업소 등
모집인원	• 전일제 : 미정 • 시간제 : 해당없음	연봉(신입)	• 약 29,000천원 수준(6급) • 시간제 : 근무시간에 비례

전형절차

구분		평가기준	전형일정
1	서류접수	채용홈페이지 온라인 접수	2022년
2	서류전형	지원자격 충족여부 검증, 입사지원서 평가, 우대사항 가점 등	2022년
3	필기전형	NCS 직업기초능력평가, 직무수행능력평가, 직업성격검사	2022년
4	면접전형	면접	2022년
5	건강검진 등	건강검진, 채용 결격사유 조회(적부심사)	2022년

제출서류	• (공통) 입사지원서 및 자기소개서 • (해당자) 우대사항 증빙서류 ※ 모집부문별 필수 자격요건에 따라 상기 제출서류 외의 증빙서류를 요구할 수 있습니다.
우대사항	• 취업지원대상자, 장애인 등 공고상 우대사항 적용 예정 ※ 구체적인 우대사항은 채용공고를 통해 안내될 예정입니다.
기타	

한국도로공사

모집분야	행정직, 기술직	근무지	감천(본사) 및 전국
모집인원	• 전일제 : 미정 • 시간제 : 해당없음	연봉(신입)	• 전일제 : 약 30,000천원 수준 • 시간제 : 해당없음

전형절차

구분		평가기준	전형일정
1	원서접수	채용홈페이지 온라인 접수	미정
2	서류전형	지원자격 충족여부 검증, 우대사항 가점	미정
3	필기전형	NCS 직업기초능력평가	미정
4	면접전형	직무면접, 인성면접, 인성검사	미정
5	채용형인턴	건강검진, 채용 결격사유 조회(적부심사)	미정

제출서류	• (공통) 입사지원서 및 자기소개서 • (해당자) 입사지원서에 기재한 어학 및 자격사항 등의 증빙서류 • (해당자) 우대사항 증빙서류 ※ 모집부문별 필수 자격요건에 따라 상기 제출서류 외의 증빙서류를 요구할 수 있습니다.
우대사항	• 취업지원대상자, 장애인, 가점자격증 보유자, 우리공사 체험형 인턴 우수 수료자 등 필기전형 가점 부여
기타	※ 상기 채용계획은 기관 사정에 의해 변경될 수 있습니다.

한국동서발전㈜

모집분야	발전기계, 발전전기	근무지	울산(본사), 당진 등 전국 사업소
모집인원	• 전일제 : 신입 3명 • 시간제 : 해당사항 없음	연봉(신입)	• 전일제 : 약 35,000천원 수준 • 시간제 : 해당사항 없음

전형절차

구분		평가기준	전형일정
1	원서접수	채용홈페이지 온라인 접수	2022년 7월
2	서류전형	입사지원서 및 지원자격 충족여부 검증(자격증 심사 후 30배수 선발 예정)	2022년 7~8월
3	필기전형	NCS 직업기초능력평가, 직무수행능력평가, 인성검사	2022년 8~9월
4	면접전형	직무구술면접, 직무PT토론면접, 인성면접(경영진면접)	2022년 8~9월
5	건강검진 및 신원조회	건강검진, 채용 결격사유 조회(적부심사)	2022년 10월

제출서류	• (공통) 입사지원서 및 자기소개서 • (해당자) 입사지원서에 기재한 자격사항 · 경력사항 등의 일체의 증빙서류 • (해당자) 우대사항 증빙서류 ※ 모집부문별 필수 자격요건에 따라 상기 제출서류 외의 증빙서류를 요구 가능
우대사항	• (채용가점) 취업지원대상자, 장애인, 기초생활수급자, 차상위계층, 발전소주변지역인재, 북한이탈주민, 의사상자, 당사 3개월 이상 인턴근무자 등 • (채용목표제) 본사이전 지역인재, 비수도권 지역인재, 양성평등
기타	특이사항 없음

한국서부발전㈜

모집분야	기계, 전기	근무지	태안(본사 및 사업소), 인천, 평택, 군산, 김포 등
모집인원	• 전일제 : 신입 약 10명 • 시간제 : 해당사항 없음	연봉(신입)	• 전일제 : 약 40,024천원 • 시간제 : 해당사항 없음

전형절차

구분		평가기준	전형일정
1	원서접수	채용홈페이지 온라인 접수	하반기 채용 예정
2	서류전형	입사지원서(100점) ※ 입사지원서 불성실 기재자 제외	
3	필기전형	NCS 직업기초능력평가(100점), 직무지식평가(100점), 인성검사(적 · 부)	
4	면접전형	개별인터뷰(60점), 직무상황(그룹)면접(40점)	
5	건강검진 및 신원조회	건강검진 및 신원조회, 채용 결격사유 조회(적부심사)	

구분	내용
제출서류	• (공통) 입사지원서 및 자기소개서 • (해당자) 우대사항 증빙서류 ※ 모집부문별 필수 자격요건에 따라 상기 제출서류 외의 증빙서류를 요구할 수 있습니다.
우대사항	발전소주변지역 주민, 취업지원(보훈)대상자, 장애인, 사회배려계층(저소득층, 북한이탈주민, 다문화가족), 고급자격증 소지자, 당사체험형 인턴 우수 수료자
기타	※ 상기 채용계획은 기관 사정에 의해 변경될 수 있습니다.

한국수자원공사

모집분야	시설, 사무	근무지	대전(본사) 및 전국지사
모집인원	• 전일제 : 신입 3명 • 시간제 : 해당없음	연봉(신입)	• 전일제 : 약 27,535천원 수준(성과급 별도) • 시간제 : 해당없음

전형절차

구분		평가기준	전형일정
1	원서접수	채용홈페이지 온라인 접수	2022년 3분기
2	필기전형	NCS 직업기초능력평가, 직무능력평가	2022년 3분기
3	면접전형	직무PT면접, 경험역량면접	2022년 3분기
4	합격자 결정	입사 및 연수	2022년 3분기

구분	내용
제출서류	• NCS 기반 자기소개서 및 교육, 경력, 경험기술서 • 자격 및 우대사항 관련 증명 서류 등
우대사항	• 취업지원대상자, 장애인, 선발 분야 관련 산업기사 이상 자격증 소지자
기타	[필수자격] 관련 분야 기능사 이상 자격증 소지자 등 ※ 상기 인원, 일정, 자격 사항 등은 기관 사정에 의해 변경될 수 있습니다.

● 한국에너지공단

<table>
<tr><td>모집분야</td><td>기술행정</td><td>근무지</td><td>울산광역시(본사)</td></tr>
<tr><td>모집인원</td><td>• 전일제 : 신입 3명
• 시간제 : 해당사항 없음</td><td>연봉(신입)</td><td>• 전일제 : 약 24,912천원 수준
• 시간제 : 해당사항 없음</td></tr>
<tr><td>전형절차</td><td colspan="3">

구분		평가기준	전형일정
1	원서접수	채용홈페이지 온라인 접수	2022년 하반기(예정)
2	서류전형	지원자격 충족여부 검증, 우대사항 가점	2022년 하반기(예정)
3	필기전형	NCS 직업기초능력평가, 직무수행능력평가, 인성검사	2022년 하반기(예정)
4	면접전형	상황면접(문제해결능력면접), 경험면접(역량면접)	2022년 하반기(예정)
5	최종합격자 발표	채용과정 심의위원회 운영 및 지원자 제출서류 적 · 부 조회	2022년 하반기(예정)

</td></tr>
<tr><td>제출서류</td><td colspan="3">• (공통) 입사지원서 및 자기소개서
• (해당자) 입사지원서에 기재한 자격사항 등의 증빙서류
• (해당자) 우대사항 증빙서류
※ 모집부문별 필수 자격요건에 따라 상기 제출서류 외의 증빙서류를 요구할 수 있습니다.</td></tr>
<tr><td>우대사항</td><td colspan="3">취업지원대상자, 장애인, 청년, 전문자격 및 고급기술자격 보유자, 공단 청년 인턴 수료자, 공단 공무직으로 근무하는 응시자, 사회형평인재(이전지역인재, 다문화가족 등) 등</td></tr>
<tr><td>기타</td><td colspan="3">서류전형에서는 직무전문기술자격(기사, 산업기사, 전문자격증 등), 사무자동화(컴퓨터 활용능력), 한국사능력을 평가하며, 이후 필기 · 면접전형에서는 반영하지 않습니다.</td></tr>
</table>

● 한국전력공사

<table>
<tr><td>모집분야</td><td>사무, 기술(전기, ICT 등)</td><td>근무지</td><td>본사(나주) 및 전국 사업소</td></tr>
<tr><td>모집인원</td><td>• 전일제 : 신입 113명
• 시간제 : 해당사항 없음</td><td>연봉(신입)</td><td>• 전일제 : 약 33,670천원 수준
• 시간제 : 해당사항 없음</td></tr>
<tr><td>전형절차</td><td colspan="3">

구분		평가기준	전형일정
1	원서접수	채용홈페이지 온라인 접수	2022년 3분기
2	서류전형	직무능력기반 자기소개서(적 · 부)	2022년 3분기
3	필기전형	NCS 직무능력검사, 인재상 · 핵심가치 등 적합도	2022년 3분기
4	직무면접	직무면접 점수, 직무능력검사 점수	2022년 3분기
5	종합면접	종합 면접 점수	2022년 3분기
6	신체검사 및 신원조회	채용신체검사, 채용 결격사유 조회(적부심사)	2022년 3분기

</td></tr>
<tr><td>제출서류</td><td colspan="3">• (공통) 입사지원서 및 자기소개서, 공인외국어 성적증명서
• (해당자) 자격증 사본, 취업지원대상자 증명서, 장애인증명서, 기초생활수급자 증명서 등
※ 모집부문별 필수 자격요건에 따라 상기 제출서류 외의 증빙서류를 요구 가능</td></tr>
<tr><td>우대사항</td><td colspan="3">취업지원대상자(국가보훈), 장애인, 한전 고졸 채용형인턴 정규직 제외자 등</td></tr>
<tr><td>기타</td><td colspan="3">고졸 학력만 제시하여 합격된 대졸자 및 대학 졸업예정자가 사후 적발될 경우, 당사 취업규칙에 의거 합격취소 및 직권해임 가능
※ 상기 모집인원 및 전형일정은 당사의 사정에 의해 변경될 수 있습니다.</td></tr>
</table>

● 한국조폐공사

<table>
<tr><td>모집분야</td><td>기술직 등</td><td>근무지</td><td>대전(본사, ID본부, 기술연구원), 경북 경산(화폐본부), 충남 부여(제지본부)</td></tr>
<tr><td>모집인원</td><td>• 전일제 : 신입직원(채용형인턴) 8명
• 시간제 : 해당없음</td><td>연봉(신입)</td><td>• 전일제 : 약 30,894천원
• 시간제 : 해당없음</td></tr>
<tr><td>전형절차</td><td colspan="3">
<table>
<tr><td colspan="2">구분</td><td>평가기준</td><td>전형일정</td></tr>
<tr><td>1</td><td>원서접수</td><td>채용홈페이지 온라인 접수</td><td rowspan="5">2022년 하반기</td></tr>
<tr><td>2</td><td>서류전형</td><td>전형요소별 점수, 우대사항 가점</td></tr>
<tr><td>3</td><td>필기전형</td><td>NCS 직업기초능력평가 및 인성검사</td></tr>
<tr><td>4</td><td>면접전형</td><td>직무역량 및 조직적합성 면접</td></tr>
<tr><td>5</td><td>건강검진</td><td>채용 결격사유 조회(적부심사)</td></tr>
</table>
</td></tr>
<tr><td>제출서류</td><td colspan="3">• (공통) 입사지원서 및 자기소개서, 고등학교 전학년 내신등급 확인서 등
• (해당자) 입사지원서에 기재한 자격사항, 영어성적 등의 증빙서류
• (해당자) 우대사항 증빙서류</td></tr>
<tr><td>우대사항</td><td colspan="3">• 취업지원대상자, 장애인, 국민기초생활보장 수급자, 이전지역인재 등
• 공인 영어성적 보유자, 해당분야 직무자격 보유자, 한국사능력검정 1급 자격 보유자</td></tr>
<tr><td>기타</td><td colspan="3">※ 상기 모집인원 및 전형절차 등은 공사 경영여건에 따라 변경 가능</td></tr>
</table>

● 한국주택금융공사

<table>
<tr><td>모집분야</td><td>일반행정</td><td>근무지</td><td>본사(부산) 및 전국지사</td></tr>
<tr><td>모집인원</td><td>• 전일제 : 신입 3명 내외
• 시간제 : 해당없음</td><td>연봉(신입)</td><td>• 전일제 : 약 30,000천원 수준
• 시간제 : 해당없음</td></tr>
<tr><td>전형절차</td><td colspan="3">
<table>
<tr><td colspan="2">구분</td><td>평가기준</td><td>전형일정</td></tr>
<tr><td>1</td><td>원서접수</td><td>채용홈페이지 온라인 접수</td><td>2022년 2분기</td></tr>
<tr><td>2</td><td>서류전형</td><td>지원자격 충족여부 검증(적부심사)</td><td>2022년 3분기</td></tr>
<tr><td>3</td><td>필기전형</td><td>NCS 직업기초능력평가, 금융경영경제상식</td><td>2022년 3분기</td></tr>
<tr><td>4</td><td>면접전형</td><td>1차면접 : PT · 심층 · 상황면접, 2차면접 : 공사 인재상 부합도 검증</td><td>2022년 3분기</td></tr>
<tr><td>5</td><td>신체검사</td><td>신체검사 후 입사</td><td>2022년 3분기</td></tr>
</table>
</td></tr>
<tr><td>제출서류</td><td colspan="3">• (공통) 입사지원서 및 자기소개서
• (해당자) 입사지원서에 기재한 교육사항 · 자격사항, 경력사항 등의 증빙서류
• (해당자) 우대사항 증빙서류
※ 모집부문별 필수 자격요건에 따라 상기 제출서류 외의 증빙서류를 요구할 수 있습니다.</td></tr>
<tr><td>우대사항</td><td colspan="3">취업지원대상자, 장애인, 사회배려계층(기초생활수급자 등), 비수도권지역인재, 이전지역인재, 공사 우수인턴 등</td></tr>
<tr><td>기타</td><td colspan="3">증 · 결원 발생 규모에 따라 채용 규모, 전형별 평가기준 등이 변경될 수 있습니다.</td></tr>
</table>

● 한국중부발전㈜

모집분야	발전기계, 발전전기	근무지	서울, 인천, 보령, 서천, 제주, 세종 등
모집인원	• 전일제 : 신입 10명 • 시간제 : 해당없음	연봉(신입)	• 전일제 : 약 37,786천원 수준(성과급 별도) • 시간제 : 해당없음
전형절차	• 2022년 하반기 4직급(대졸, 고졸) 채용 –모집분야 : 발전기계, 발전전기(변동가능) –전형일정 : 모집(8월)~입사(11월) 예정(세부계획 미확정 및 변동 가능)		
제출서류	• (공통) 입사지원서 및 자기소개서, 신원조회 서류, 병적증명서(군필 또는 면제 남성에 한함) • (해당자) 우대사항 증빙서류 ※ 모집부문별 필수 자격요건에 따라 상기 제출서류 외의 증빙서류를 요구할 수 있습니다.		
우대사항	취업지원대상자, 장애인, 기초생활수급자, 북한이탈주민, 다문화가족, 발전소 주변지역 주민, 당사 채용형 인턴 수료자, 당사 체험형 인턴 우수 수료자, 전문자격증 소지자, 기사자격증 소지자, 비수도권 지역인재		
기타	(기본자격) 학력, 전공, 연령, 자격증, 외국어 제한없음 (병역) 기피사실이 없는 자(최종합격자 발표일 이전 전역 가능한 자) (채용목표제) 본사 이전지역 인재 채용목표(2022년 기준 30%), 양성평등 채용목표(20%)		

● 한전KPS㈜

모집분야	기술(기계, 전기 등)	근무지	본사(나주) 및 전국 사업소
모집인원	• 전일제 : 신입 44명 • 시간제 : 해당사항 없음	연봉(신입)	• 전일제 : 약 35,791천원 수준(성과급 등 제외) • 시간제 : 해당사항 없음
전형절차	(아래 표 참조)		

구분		평가기준	전형일정
1	원서접수	채용홈페이지 온라인 접수	2022년 3월
2	서류전형	지원 자격 충족여부 검증, 우대사항 가점	2022년 3~4월
3	필기전형	NCS 직업기초능력평가, 직무수행능력평가	2022년 4월
4	면접전형, 인성검사 및 신체검사	개별면접, 인성검사, 신체검사	2022년 5월
5	최종합격자 발표	자격진위여부, 채용 결격사유 검증	2022년 6월

※ 하반기 채용시 9월부터 같은 방식으로 진행

제출서류	• (공통) 입사지원서 및 자기소개서 • (해당자) 취업지원대상자 증명서, 장애인증명서, 기초생활수급자 증명서 또는 차상위계층확인서, 이전지역인재 학력관련 증명서, 자격증 사본 등
우대사항	국가보훈대상자, 장애인, 이전지역인재, 저소득층, 다문화가족의 자녀, 북한이탈주민, 고급자격증 보유자
기타	[자격사항] 관련분야 기능사 이사 자격증 보유 [블라인드채용] 입사지원서에 사진, 성별, 나이, 학교, 전공 등 개인정보를 미기재하여, 면접심사위원에게 지원자 개인정보 미제공 ※ 세부사항 추후 채용공고 참고

● 한국철도공사

모집분야	사무 및 기술	근무지	전국
모집인원	• 전일제 : 200명 • 시간제 : 해당없음	연봉(신입)	• 전일제 : 약 33,328천원 수준 • 시간제 : 해당없음

전형절차

구분		평가기준	전형일정
1	원서접수	채용홈페이지 온라인 접수	2022년 8월
2	서류전형	지원 자격 충족여부 검증, 우대사항 가점	2022년 8월
3	필기전형	NCS 직업기초능력평가, 직무수행능력평가	2022년 9월
4	면접전형	직무능력면접, 인성검사	2022년 11월
5	신체검사 및 신원조회	신체검사, 철도적성검사, 채용 결격사유 조회	2022년 12월

구분	내용
제출서류	• (공통) 학교장추천서, 입사지원서 및 자기소개서 • (해당자) 입사지원서에 기재한 자격사항, 지역인재(최종학력 기준) 등의 증빙서류 • (해당자) 우대사항 증빙서류(취업지원대상, 장애인, 체험형인턴) ※ 모집부문별 필수 자격요건에 따라 상기 제출서류 외의 증빙서류를 요구할 수 있습니다.
우대사항	• 취업지원대상자, 장애인, 공사 체험형인턴 수료성적 우수자 • 우대자격증 : 직무공통 및 해당직무의 기능사 이상 자격증 소지자(최대 2개)
기타	※ 상기 모집인원 및 전형절차 등은 공사 경영여건에 따라 변경 가능

● 한국환경공단

모집분야	일반직 8급(사무㈜기술)	근무지	본사(인천) 및 전국
모집인원	• 전일제 : 신입 8명 • 시간제 : 해당없음	연봉(신입)	• 전일제 : 약 30,037천원 수준 • 시간제 : 해당없음

전형절차

구분		평가기준	전형일정
1	원서접수	채용홈페이지 온라인 접수	2022년 2분기 ~ 2022년 3분기
2	서류전형	공통자격, 전문자격, 어학사항 등 계량평가 및 입사지원서(자기소개서 포함) 검증	
3	필기전형	NCS 직업기초능력평가, 인성검사(적 · 부)	
4	면접전형	직무수행능력(PT) 및 긱업기초능력(인성)	
5	건강검진 및 신원조회	건강검진, 채용 결격사유 조회(적부심사)	

구분	내용
제출서류	• (공통) 입사지원서 및 자기소개서 • (해당자) 입사지원서에 기재한 교육사항 · 자격사항, 경력사항 등의 증빙서류 • (해당자) 공통자격, 전문자격, 어학사항, 기타자격 등 증빙서류 ※ 모집부문별 필수 자격요건에 따라 상기 제출서류 외의 증빙서류 요구할 수 있습니다.
우대사항	취업지원대상자, 의사상자 및 유가족, 장애인, 사회적 약자(저소득층, 북한이탈주민, 다문화 가정 자녀, 경력단절 여성 등), 공단 근무 경력자(체험형 인턴 수료자 등)
기타	※ 기관 경영사정에 따라 모집인원, 전형절차 및 일정 등은 변동 가능

PART

NCS 핵심이론정리

NCS 기반 직업기초능력의 10개 영역에 대해 핵심적으로 알아야 할 이론을
체계적으로 정리하여, 단기간에 학습할 수 있도록 하였습니다.

NCS 핵심이론정리

01 의사소통능력
02 수리능력
03 문제해결능력
04 자기개발능력
05 자원관리능력
06 대인관계능력
07 정보능력
08 기술능력
09 조직이해능력
10 직업윤리

chapter 01

의사소통능력

01 의사소통과 의사소통능력

(1) 의사소통

① 개념 : 사람들 간에 생각이나 감정, 정보, 의견 등을 교환하는 총체적인 행위로, 직장생활에서의 의사소통은 조직과 팀의 효율성과 효과성을 성취할 목적으로 이루어지는 구성원 간의 정보와 지식 전달 과정이라고 할 수 있다.

② 기능 : 공동의 목표를 추구해 나가는 집단 내의 기본적 존재 기반이며 성과를 결정하는 핵심 기능이다.

③ 의사소통의 종류
- ㉠ 언어적인 것 : 대화, 전화통화, 토론 등
- ㉡ 문서적인 것 : 메모, 편지, 기획안 등
- ㉢ 비언어적인 것 : 몸짓, 표정 등

④ 의사소통을 저해하는 요인 : 정보의 과다, 메시지의 복잡성 및 메시지 간의 경쟁, 상이한 직위와 과업지향형, 신뢰의 부족, 의사소통을 위한 구조상의 권한, 잘못된 매체의 선택, 폐쇄적인 의사소통 분위기 등

(2) 의사소통능력

① 개념 : 의사소통능력은 직장생활에서 문서나 상대방이 하는 말의 의미를 파악하는 능력, 자신의 의사를 정확하게 표현하는 능력, 간단한 외국어 자료를 읽거나 외국인의 의사표시를 이해하는 능력을 포함한다.

② 의사소통능력 개발을 위한 방법
- ㉠ 사후검토와 피드백을 활용한다.
- ㉡ 명확한 의미를 가진 이해하기 쉬운 단어를 선택하여 이해도를 높인다.
- ㉢ 적극적으로 경청한다.
- ㉣ 메시지를 감정적으로 곡해하지 않는다.

02 의사소통능력을 구성하는 하위능력

(1) 문서이해능력

① 문서와 문서이해능력

㉠ 문서 : 제안서, 보고서, 기획서, 이메일, 팩스 등 문자로 구성된 것으로 상대방에게 의사를 전달하여 설득하는 것을 목적으로 한다.

㉡ 문서이해능력 : 직업현장에서 자신의 업무와 관련된 문서를 읽고, 내용을 이해하고 요점을 파악할 수 있는 능력을 말한다.

예제 1

다음은 신용카드 약관의 주요내용이다. 규정 약관을 제대로 이해하지 못한 사람은?

[부가서비스]
카드사는 법령에서 정한 경우를 제외하고 상품을 새로 출시한 후 1년 이내에 부가서비스를 줄이거나 없앨 수가 없다. 또한 부가서비스를 줄이거나 없앨 경우에는 그 세부내용을 변경일 6개월 이전에 회원에게 알려주어야 한다.

[중도 해지 시 연회비 반환]
연회비 부과기간이 끝나기 이전에 카드를 중도해지하는 경우 남은 기간에 해당하는 연회비를 계산하여 10 영업일 이내에 돌려줘야 한다. 다만, 카드 발급 및 부가서비스 제공에 이미 지출된 비용은 제외된다.

[카드 이용한도]
카드 이용한도는 카드 발급을 신청할 때에 회원이 신청한 금액과 카드사의 심사 기준을 종합적으로 반영하여 회원이 신청한 금액 범위 이내에서 책정되며 회원의 신용도가 변동되었을 때에는 카드사는 회원의 이용한도를 조정할 수 있다.

[부정사용 책임]
카드 위조 및 변조로 인하여 발생된 부정사용 금액에 대해서는 카드사가 책임을 진다. 다만, 회원이 비밀번호를 다른 사람에게 알려주거나 카드를 다른 사람에게 빌려주는 등의 중대한 과실로 인해 부정사용이 발생하는 경우에는 회원이 그 책임의 전부 또는 일부를 부담할 수 있다.

① 혜수 : 카드사는 법령에서 정한 경우를 제외하고는 1년 이내에 부가서비스를 줄일 수 없어.
② 진성 : 카드 위조 및 변조로 인하여 발생된 부정사용 금액은 일괄 카드사가 책임을 지게 돼.
③ 영훈 : 회원의 신용도가 변경되었을 때 카드사가 이용한도를 조정할 수 있어.
④ 영호 : 연회비 부과기간이 끝나기 이전에 카드를 중도해지하는 경우에는 남은 기간에 해당하는 연회비를 카드사는 돌려줘야 해.

출제의도
주어진 약관의 내용을 읽고 그에 대한 상세 내용의 정보를 이해하는 능력을 측정하는 문항이다.

해 설
② 부정사용에 대해 고객의 과실이 있으면 회원이 그 책임의 전부 또는 일부를 부담할 수 있다.

답 ②

② 문서의 종류

㉠ 공문서 : 정부기관에서 공무를 집행하기 위해 작성하는 문서로, 단체 또는 일반회사에서 정부기관을 상대로 사업을 진행할 때 작성하는 문서도 포함된다. 엄격한 규격과 양식이 특징이다.

㉡ 기획서 : 아이디어를 바탕으로 기획한 프로젝트에 대해 상대방에게 전달하여 시행하도록 설득하는 문서이다.

㉢ 기안서 : 업무에 대한 협조를 구하거나 의견을 전달할 때 작성하는 사내 공문서이다.

㉣ 보고서 : 특정한 업무에 관한 현황이나 진행 상황, 연구 · 검토 결과 등을 보고하고자 할 때 작성하는 문서이다.

㉤ 설명서 : 상품의 특성이나 작동 방법 등을 소비자에게 설명하기 위해 작성하는 문서이다.

㉥ 보도자료 : 정부기관이나 기업체 등이 언론을 상대로 자신들의 정보를 기사화 되도록 하기 위해 보내는 자료이다.

㉦ 자기소개서 : 개인이 자신의 성장과정이나, 입사 동기, 포부 등에 대해 구체적으로 기술하여 자신을 소개하는 문서이다.

㉧ 비즈니스 레터(E-mail) : 사업상의 이유로 고객에게 보내는 편지다.

㉨ 비즈니스 메모 : 업무상 확인해야 할 일을 메모형식으로 작성하여 전달하는 글이다.

③ 문서이해의 절차 : 문서의 목적 이해→문서 작성 배경 · 주제 파악→정보 확인 및 현안문제 파악→문서 작성자의 의도 파악 및 자신에게 요구되는 행동 분석→목적 달성을 위해 취해야 할 행동 고려→문서 작성자의 의도를 도표나 그림 등으로 요약 · 정리

(2) 문서작성능력

① 작성되는 문서에는 대상과 목적, 시기, 기대효과 등이 포함되어야 한다.

② 문서작성의 구성요소

㉠ 짜임새 있는 골격, 이해하기 쉬운 구조

㉡ 객관적이고 논리적인 내용

㉢ 명료하고 설득력 있는 문장

㉣ 세련되고 인상적인 레이아웃

예제 2

다음은 들은 내용을 구조적으로 정리하는 방법이다. 순서에 맞게 배열하면?

㉠ 관련 있는 내용끼리 묶는다.
㉡ 묶은 내용에 적절한 이름을 붙인다.
㉢ 전체 내용을 이해하기 쉽게 구조화한다.
㉣ 중복된 내용이나 덜 중요한 내용을 삭제한다.

① ㉠㉡㉢㉣ ② ㉠㉡㉣㉢
③ ㉡㉠㉢㉣ ④ ㉡㉠㉣㉢

출제의도

음성정보는 문자정보와는 달리 쉽게 잊혀 지기 때문에 음성정보를 구조화 시키는 방법을 묻는 문항이다.

해 설

내용을 구조적으로 정리하는 방법은 '㉠ 관련 있는 내용끼리 묶는다. → ㉡ 묶은 내용에 적절한 이름을 붙인다. → ㉣ 중복된 내용이나 덜 중요한 내용을 삭제한다. → ㉢ 전체 내용을 이해하기 쉽게 구조화한다.'가 적절하다.

답 ②

③ 문서의 종류에 따른 작성방법

㉠ 공문서

- 육하원칙이 드러나도록 써야 한다.
- 날짜는 반드시 연도와 월, 일을 함께 언급하며, 날짜 다음에 괄호를 사용할 때는 마침표를 찍지 않는다.
- 대외문서이며, 장기간 보관되기 때문에 정확하게 기술해야 한다.
- 내용이 복잡할 경우 '-다음-', '-아래-'와 같은 항목을 만들어 구분한다.
- 한 장에 담아내는 것을 원칙으로 하며, 마지막엔 반드시 '끝'자로 마무리 한다.

㉡ 설명서

- 정확하고 간결하게 작성한다.
- 이해하기 어려운 전문용어의 사용은 삼가고, 복잡한 내용은 도표화 한다.
- 명령문보다는 평서문을 사용하고, 동어 반복보다는 다양한 표현을 구사하는 것이 바람직하다.

㉢ 기획서

- 상대를 설득하여 기획서가 채택되는 것이 목적이므로 상대가 요구하는 것이 무엇인지 고려하여 작성하며, 기획의 핵심을 잘 전달하였는지 확인한다.
- 분량이 많을 경우 전체 내용을 한눈에 파악할 수 있도록 목차구성을 신중히 한다.
- 효과적인 내용 전달을 위한 표나 그래프를 적절히 활용하고 산뜻한 느낌을 줄 수 있도록 한다.
- 인용한 자료의 출처 및 내용이 정확해야 하며 제출 전 충분히 검토한다.

㉣ 보고서

- 도출하고자 한 핵심내용을 구체적이고 간결하게 작성한다.
- 내용이 복잡할 경우 도표나 그림을 활용하고, 참고자료는 정확하게 제시한다.
- 제출하기 전에 최종점검을 하며 질의를 받을 것에 대비한다.

예제 3

다음 중 공문서 작성에 대한 설명으로 가장 적절하지 못한 것은?

① 공문서나 유가증권 등에 금액을 표시할 때에는 한글로 기재하고 그 옆에 괄호를 넣어 숫자로 표기한다.
② 날짜는 숫자로 표기하되 년, 월, 일의 글자는 생략하고 그 자리에 온점(.)을 찍어 표시한다.
③ 첨부물이 있는 경우에는 붙임 표시문 끝에 1자 띄우고 "끝."이라고 표시한다.
④ 공문서의 본문이 끝났을 경우에는 1자를 띄우고 "끝."이라고 표시한다.

출제의도
업무를 할 때 필요한 공문서 작성법을 잘 알고 있는지를 측정하는 문항이다.

해 설
공문서 금액 표시
아라비아 숫자로 쓰고, 숫자 다음에 괄호를 하여 한글로 기재한다.
예) 123,456원의 표시 : 금 123,456
(금 일십이만삼천사백오십육원)

답 ①

④ 문서작성의 원칙
- ㉠ 문장은 짧고 간결하게 작성한다. → 간결체 사용
- ㉡ 상대방이 이해하기 쉽게 쓴다.
- ㉢ 불필요한 한자의 사용을 자제한다.
- ㉣ 문장은 긍정문의 형식을 사용한다.
- ㉤ 간단한 표제를 붙인다.
- ㉥ 문서의 핵심내용을 먼저 쓰도록 한다. → 두괄식 구성

⑤ 문서작성 시 주의사항
- ㉠ 육하원칙에 의해 작성한다.
- ㉡ 문서 작성시기가 중요하다.
- ㉢ 한 사안은 한 장의 용지에 작성한다.
- ㉣ 반드시 필요한 자료만 첨부한다.
- ㉤ 금액, 수량, 일자 등은 기재에 정확성을 기한다.
- ㉥ 경어나 단어사용 등 표현에 신경 쓴다.
- ㉦ 문서작성 후 반드시 최종적으로 검토한다.

⑥ 효과적인 문서작성 요령
- ㉠ 내용이해 : 전달하고자 하는 내용과 핵심을 정확하게 이해해야 한다.
- ㉡ 목표설정 : 전달하고자 하는 목표를 분명하게 설정한다.
- ㉢ 구성 : 내용 전달 및 설득에 효과적인 구성과 형식을 고려한다.
- ㉣ 자료수집 : 목표를 뒷받침할 자료를 수집한다.
- ㉤ 핵심전달 : 단락별 핵심을 하위목차로 요약한다.
- ㉥ 대상파악 : 대상에 대한 이해와 분석을 통해 철저히 파악한다.
- ㉦ 보충설명 : 예상되는 질문을 정리하여 구체적인 답변을 준비한다.
- ㉧ 문서표현의 시각화 : 그래프, 그림, 사진 등을 적절히 사용하여 이해를 돕는다.

(3) 경청능력

① 경청의 중요성 : 경청은 다른 사람의 말을 주의 깊게 들으며 공감하는 능력으로 경청을 통해 상대방을 한 개인으로 존중하고 성실한 마음으로 대하게 되며, 상대방의 입장에 공감하고 이해하게 된다.

② 경청을 방해하는 습관 : 짐작하기, 대답할 말 준비하기, 걸러내기, 판단하기, 다른 생각하기, 조언하기, 언쟁하기, 옳아야만 하기, 슬쩍 넘어가기, 비위 맞추기 등

③ 효과적인 경청방법

㉠ 준비하기 : 강연이나 프레젠테이션 이전에 나누어주는 자료를 읽어 미리 주제를 파악하고 등장하는 용어를 익혀둔다.

㉡ 주의 집중 : 말하는 사람의 모든 것에 집중해서 적극적으로 듣는다.

㉢ 예측하기 : 다음에 무엇을 말할 것인가를 추측하려고 노력한다.

㉣ 나와 관련짓기 : 상대방이 전달하고자 하는 메시지를 나의 경험과 관련지어 생각해 본다.

㉤ 질문하기 : 질문은 듣는 행위를 적극적으로 하게 만들고 집중력을 높인다.

㉥ 요약하기 : 주기적으로 상대방이 전달하려는 내용을 요약한다.

㉦ 반응하기 : 피드백을 통해 의사소통을 점검한다.

예제 4

다음은 면접스터디 중 일어난 대화이다. 민아의 고민을 해소하기 위한 조언으로 가장 적절한 것은?

지섭 : 민아씨, 어디 아파요? 표정이 안 좋아 보여요.
민아 : 제가 원서 넣은 공단이 내일 면접이어서요. 그동안 스터디를 통해서 면접 연습을 많이 했는데도 벌써부터 긴장이 되네요.
지섭 : 민아씨는 자기 의견도 명확히 피력할 줄 알고 조리 있게 설명을 잘 하시니 걱정 안하셔도 될 것 같아요. 아, 손에 꽉 쥐고 계신 건 뭔가요?
민아 : 아, 제가 예상 답변을 정리해서 모아둔거에요. 내용은 거의 외웠는데 이렇게 쥐고 있지 않으면 불안해서..
지섭 : 그 정도로 준비를 철저히 하셨으면 걱정할 이유 없을 것 같아요.
민아 : 그래도 압박면접이거나 예상치 못한 질문이 들어오면 어떻게 하죠?
지섭 : ________________

① 시선을 적절히 처리하면서 부드러운 어투로 말하는 연습을 해보는 건 어때요?
② 공식적인 자리인 만큼 옷차림을 신경 쓰는 게 좋을 것 같아요.
③ 당황하지 말고 질문자의 의도를 잘 파악해서 침착하게 대답하면 되지 않을까요?
④ 예상 질문에 대한 답변을 좀 더 정확하게 외워보는 건 어떨까요?

출제의도

상대방이 하는 말을 듣고 질문 의도에 따라 올바르게 답하는 능력을 측정하는 문항이다.

해 설

민아는 압박질문이나 예상치 못한 질문에 대해 걱정을 하고 있으므로 침착하게 대응하라고 조언을 해주는 것이 좋다.

답 ③

(4) 의사표현능력

① 의사표현의 개념과 종류

㉠ 개념 : 화자가 자신의 생각과 감정을 청자에게 음성언어나 신체언어로 표현하는 행위이다.

㉡ 종류

- 공식적 말하기 : 사전에 준비된 내용을 대중을 대상으로 말하는 것으로 연설, 토의, 토론 등이 있다.
- 의례적 말하기 : 사회 · 문화적 행사에서와 같이 절차에 따라 하는 말하기로 식사, 주례, 회의 등이 있다.
- 친교적 말하기 : 친근한 사람들 사이에서 자연스럽게 주고받는 대화 등을 말한다.

② 의사표현의 방해요인

㉠ 연단공포증 : 연단에 섰을 때 가슴이 두근거리거나 땀이 나고 얼굴이 달아오르는 등의 현상으로 충분한 분석과 준비, 더 많은 말하기 기회 등을 통해 극복할 수 있다.

㉡ 말 : 말의 장단, 고저, 발음, 속도, 쉼 등을 포함한다.

㉢ 음성 : 목소리와 관련된 것으로 음색, 고저, 명료도, 완급 등을 의미한다.

㉣ 몸짓 : 비언어적 요소로 화자의 외모, 표정, 동작 등이다.

㉤ 유머 : 말하기 상황에 따른 적절한 유머를 구사할 수 있어야 한다.

③ 상황과 대상에 따른 의사표현법

㉠ 잘못을 지적할 때 : 모호한 표현을 삼가고 확실하게 지적하며, 당장 꾸짖고 있는 내용에만 한정한다.

㉡ 칭찬할 때 : 자칫 아부로 여겨질 수 있으므로 센스 있는 칭찬이 필요하다.

㉢ 부탁할 때 : 먼저 상대방의 사정을 듣고 응하기 쉽게 구체적으로 부탁하며 거절을 당해도 싫은 내색을 하지 않는다.

㉣ 요구를 거절할 때 : 먼저 사과하고 응해줄 수 없는 이유를 설명한다.

㉤ 명령할 때 : 강압적인 말투보다는 'ㅇㅇ을 이렇게 해주는 것이 어떻겠습니까?'와 같은 식으로 부드럽게 표현하는 것이 효과적이다.

㉥ 설득할 때 : 일방적으로 강요하기보다는 먼저 양보해서 이익을 공유하겠다는 의지를 보여주는 것이 좋다.

㉦ 충고할 때 : 충고는 가장 최후의 방법이다. 반드시 충고가 필요한 상황이라면 예화를 들어 비유적으로 깨우쳐주는 것이 바람직하다.

㉧ 질책할 때 : 샌드위치 화법(칭찬의 말 + 질책의 말 + 격려의 말)을 사용하여 청자의 반발을 최소화 한다.

예제 5

당신은 팀장님께 업무 지시내용을 수행하고 결과물을 보고 드렸다. 하지만 팀장님께서는 "최대리 업무를 이렇게 처리하면 어떡하나? 누락된 부분이 있지 않은가."라고 말하였다. 이에 대해 당신이 행할 수 있는 가장 부적절한 대처 자세는?

① "죄송합니다. 제가 잘 모르는 부분이라 이수혁 과장님께 부탁을 했는데 과장님께서 실수를 하신 것 같습니다."
② "주의를 기울이지 못해 죄송합니다. 어느 부분을 수정보완하면 될까요?"
③ "지시하신 내용을 제가 충분히 이해하지 못하였습니다. 내용을 다시 한 번 여쭤보아도 되겠습니까?"
④ "부족한 내용을 보완하는 자료를 취합하기 위해서 하루정도가 더 소요될 것 같습니다. 언제까지 재작성하여 드리면 될까요?"

출제의도
상사가 잘못을 지적하는 상황에서 어떻게 대처해야 하는지를 묻는 문항이다.

해 설
상사가 부탁한 지시사항을 다른 사람에게 부탁하는 것은 옳지 못하며 설사 그렇다고 해도 그 일의 과오에 대해 책임을 전가하는 것은 지양해야 할 자세이다.

답 ①

④ 원활한 의사표현을 위한 지침
- ㉠ 올바른 화법을 위해 독서를 하라.
- ㉡ 좋은 청중이 되라.
- ㉢ 칭찬을 아끼지 마라.
- ㉣ 공감하고, 긍정적으로 보이게 하라.
- ㉤ 겸손은 최고의 미덕임을 잊지 마라.
- ㉥ 과감하게 공개하라.
- ㉦ 뒷말을 숨기지 마라.
- ㉧ 첫마디 말을 준비하라.
- ㉨ 이성과 감성의 조화를 꾀하라.
- ㉩ 대화의 룰을 지켜라.
- ㉪ 문장을 완전하게 말하라.

⑤ 설득력 있는 의사표현을 위한 지침
- ㉠ 'Yes'를 유도하여 미리 설득 분위기를 조성하라.
- ㉡ 대비 효과로 분발심을 불러 일으켜라.
- ㉢ 침묵을 지키는 사람의 참여도를 높여라.
- ㉣ 여운을 남기는 말로 상대방의 감정을 누그러뜨려라.
- ㉤ 하던 말을 갑자기 멈춤으로써 상대방의 주의를 끌어라.
- ㉥ 호칭을 바꿔서 심리적 간격을 좁혀라.
- ㉦ 끄집어 말하여 자존심을 건드려라.
- ㉧ 정보전달 공식을 이용하여 설득하라.
- ㉨ 상대방의 불평이 가져올 결과를 강조하라.
- ㉩ 권위 있는 사람의 말이나 작품을 인용하라.
- ㉪ 약점을 보여 주어 심리적 거리를 좁혀라.
- ㉫ 이상과 현실의 구체적 차이를 확인시켜라.

ⓟ 자신의 잘못도 솔직하게 인정하라.
ⓗ 집단의 요구를 거절하려면 개개인의 의견을 물어라.
ⓐ 동조 심리를 이용하여 설득하라.
ⓑ 지금까지의 노고를 치하한 뒤 새로운 요구를 하라.
ⓒ 담당자가 대변자 역할을 하도록 하여 윗사람을 설득하게 하라.
ⓓ 겉치레 양보로 기선을 제압하라.
ⓔ 변명의 여지를 만들어 주고 설득하라.
ⓕ 혼자 말하는 척하면서 상대의 잘못을 지적하라.

(5) 기초외국어능력

① 기초외국어능력의 개념과 필요성
 ㉠ 개념 : 기초외국어능력은 외국어로 된 간단한 자료를 이해하거나, 외국인과의 전화응대와 간단한 대화 등 외국인의 의사표현을 이해하고, 자신의 의사를 기초외국어로 표현할 수 있는 능력이다.
 ㉡ 필요성 : 국제화 · 세계화 시대에 다른 나라와의 무역을 위해 우리의 언어가 아닌 국제적인 통용어를 사용하거나 그들의 언어로 의사소통을 해야 하는 경우가 생길 수 있다.

② 외국인과의 의사소통에서 피해야 할 행동
 ㉠ 상대를 볼 때 흘겨보거나, 노려보거나, 아예 보지 않는 행동
 ㉡ 팔이나 다리를 꼬는 행동
 ㉢ 표정이 없는 것
 ㉣ 다리를 흔들거나 펜을 돌리는 행동
 ㉤ 맞장구를 치지 않거나 고개를 끄덕이지 않는 행동
 ㉥ 생각 없이 메모하는 행동
 ㉦ 자료만 들여다보는 행동
 ㉧ 바르지 못한 자세로 앉는 행동
 ㉨ 한숨, 하품, 신음소리를 내는 행동
 ㉩ 다른 일을 하며 듣는 행동
 ㉪ 상대방에게 이름이나 호칭을 어떻게 부를지 묻지 않고 마음대로 부르는 행동

③ 기초외국어능력 향상을 위한 공부법
 ㉠ 외국어공부의 목적부터 정하라.
 ㉡ 매일 30분씩 눈과 손과 입에 밸 정도로 반복하라.
 ㉢ 실수를 두려워하지 말고 기회가 있을 때마다 외국어로 말하라.
 ㉣ 외국어 잡지나 원서와 친해져라.
 ㉤ 소홀해지지 않도록 라이벌을 정하고 공부하라.
 ㉥ 업무와 관련된 주요 용어의 외국어는 꼭 알아두자.
 ㉦ 출퇴근 시간에 외국어 방송을 보거나, 듣는 것만으로도 귀가 트인다.
 ㉧ 어린이가 단어를 배우듯 외국어 단어를 암기할 때 그림카드를 사용해 보라.
 ㉨ 가능하면 외국인 친구를 사귀고 대화를 자주 나눠 보라.

chapter 02

수리능력

01 직장생활과 수리능력

(1) 기초직업능력으로서의 수리능력

① 개념 : 직장생활에서 요구되는 사칙연산과 기초적인 통계를 이해하고 도표의 의미를 파악하거나 도표를 이용해서 결과를 효과적으로 제시하는 능력을 말한다.

② 수리능력은 크게 기초연산능력, 기초통계능력, 도표분석능력, 도표작성능력으로 구성된다.

㉠ 기초연산능력 : 직장생활에서 필요한 기초적인 사칙연산과 계산방법을 이해하고 활용할 수 있는 능력

㉡ 기초통계능력 : 평균, 합계, 빈도 등 직장생활에서 자주 사용되는 기초적인 통계기법을 활용하여 자료의 특성과 경향성을 파악하는 능력

㉢ 도표분석능력 : 그래프, 그림 등 도표의 의미를 파악하고 필요한 정보를 해석하는 능력

㉣ 도표작성능력 : 도표를 이용하여 결과를 효과적으로 제시하는 능력

(2) 업무수행에서 수리능력이 활용되는 경우

① 업무상 계산을 수행하고 결과를 정리하는 경우

② 업무비용을 측정하는 경우

③ 고객과 소비자의 정보를 조사하고 결과를 종합하는 경우

④ 조직의 예산안을 작성하는 경우

⑤ 업무수행 경비를 제시해야 하는 경우

⑥ 다른 상품과 가격비교를 하는 경우

⑦ 연간 상품 판매실적을 제시하는 경우

⑧ 업무비용을 다른 조직과 비교해야 하는 경우

⑨ 상품판매를 위한 지역조사를 실시해야 하는 경우

⑩ 업무수행과정에서 도표로 주어진 자료를 해석하는 경우

⑪ 도표로 제시된 업무비용을 측정하는 경우

예제 1

다음 자료를 보고 주어진 상황에 대한 물음에 답하시오.

〈근로소득에 대한 간이 세액표〉

월 급여액(천 원) [비과세 및 학자금 제외]		공제대상 가족 수				
이상	미만	1	2	3	4	5
2,500	2,520	38,960	29,280	16,940	13,570	10,190
2,520	2,540	40,670	29,960	17,360	13,990	10,610
2,540	2,560	42,380	30,640	17,790	14,410	11,040
2,560	2,580	44,090	31,330	18,210	14,840	11,460
2,580	2,600	45,800	32,680	18,640	15,260	11,890
2,600	2,620	47,520	34,390	19,240	15,680	12,310
2,620	2,640	49,230	36,100	19,900	16,110	12,730
2,640	2,660	50,940	37,810	20,560	16,530	13,160
2,660	2,680	52,650	39,530	21,220	16,960	13,580
2,680	2,700	54,360	41,240	21,880	17,380	14,010
2,700	2,720	56,070	42,950	22,540	17,800	14,430
2,720	2,740	57,780	44,660	23,200	18,230	14,850
2,740	2,760	59,500	46,370	23,860	18,650	15,280

※ 갑근세는 제시되어 있는 간이 세액표에 따름
※ 주민세=갑근세의 10%
※ 국민연금=급여액의 4.50%
※ 고용보험=국민연금의 10%
※ 건강보험=급여액의 2.90%
※ 교육지원금=분기별 100,000원(매 분기별 첫 달에 지급)

박○○ 사원의 5월 급여내역이 다음과 같고 전월과 동일하게 근무하였으나, 특별수당은 없고 차량지원금으로 100,000원을 받게 된다면, 6월에 받게 되는 급여는 얼마인가? (단, 원 단위 절삭)

(주) 서원플랜테크 5월 급여내역			
성명	박○○	지급일	5월 12일
기본급여	2,240,000	갑근세	39,530
직무수당	400,000	주민세	3,950
명절 상여금		고용보험	11,970
특별수당	20,000	국민연금	119,700
차량지원금		건강보험	77,140
교육지원		기타	
급여계	2,660,000	공제합계	252,290
지급총액			2,407,710

① 2,443,910　　② 2,453,910
③ 2,463,910　　④ 2,473,910

출제의도

업무상 계산을 수행하거나 결과를 정리하고 업무비용을 측정하는 능력을 평가하기 위한 문제로서, 주어진 자료에서 문제를 해결하는 데에 필요한 부분을 빠르고 정확하게 찾아내는 것이 중요하다.

해 설

기본급여	2,240,000	갑근세	46,370
직무수당	400,000	주민세	4,630
명절상여금		고용보험	12,330
특별수당		국민연금	123,300
차량지원금	100,000	건강보험	79,460
교육지원		기타	
급여계	2,740,000	공제합계	266,090
지급총액			2,473,910

답 ④

(3) 수리능력의 중요성

① 수학적 사고를 통한 문제해결

② 직업세계의 변화에의 적응

③ 실용적 가치의 구현

(4) 단위환산표

구분	단위환산
길이	1cm = 10mm, 1m = 100cm, 1km = 1,000m
넓이	$1cm^2 = 100mm^2$, $1m^2 = 10,000cm^2$, $1km^2 = 1,000,000m^2$
부피	$1cm^3 = 1,000mm^3$, $1m^3 = 1,000,000cm^3$, $1km^3 = 1,000,000,000m^3$
들이	$1m\ell = 1cm^3$, $1d\ell = 100cm^3$, $1L = 1,000cm^3 = 10d\ell$
무게	1kg = 1,000g, 1t = 1,000kg = 1,000,000g
시간	1분 = 60초, 1시간 = 60분 = 3,600초
할푼리	1푼 = 0.1할, 1리 = 0.01할, 1모 = 0.001할

예제 2

둘레의 길이가 4.4km인 정사각형 모양의 공원이 있다. 이 공원의 넓이는 몇 a인가?

① 12,100a ② 1,210a

③ 121a ④ 12.1a

출제의도

길이, 넓이, 부피, 들이, 무게, 시간, 속도 등 단위에 대한 기본적인 환산 능력을 평가하는 문제로서, 소수점 계산이 필요하며, 자릿수를 읽고 구분할 줄 알아야 한다.

해 설

공원의 한 변의 길이는

$4.4 \div 4 = 1.1(km)$이고

$1km^2 = 10000a$이므로

공원의 넓이는

$1.1km \times 1.1km = 1.21km^2$

$= 12100a$

답 ①

02 수리능력을 구성하는 하위능력

(1) 기초연산능력

① 사칙연산 : 수에 관한 덧셈, 뺄셈, 곱셈, 나눗셈의 네 종류의 계산법으로 업무를 원활하게 수행하기 위해서는 기본적인 사칙연산뿐만 아니라 다단계의 복잡한 사칙연산까지도 수행할 수 있어야 한다.

② 검산 : 연산의 결과를 확인하는 과정으로 대표적인 검산방법으로 역연산과 구거법이 있다.

㉠ 역연산 : 덧셈은 뺄셈으로, 뺄셈은 덧셈으로, 곱셈은 나눗셈으로, 나눗셈은 곱셈으로 확인하는 방법이다.

㉡ 구거법 : 원래의 수와 각 자리 수의 합이 9로 나눈 나머지가 같다는 원리를 이용한 것으로 9를 버리고 남은 수로 계산하는 것이다.

예제 3

다음 식을 바르게 계산한 것은?

$$1+\frac{2}{3}+\frac{1}{2}-\frac{3}{4}$$

① $\frac{13}{12}$ ② $\frac{15}{12}$

③ $\frac{17}{12}$ ④ $\frac{19}{12}$

출제의도

직장생활에서 필요한 기초적인 사칙연산과 계산방법을 이해하고 활용할 수 있는 능력을 평가하는 문제로서, 분수의 계산과 통분에 대한 기본적인 이해가 필요하다.

해 설

$\frac{12}{12}+\frac{8}{12}+\frac{6}{12}-\frac{9}{12}=\frac{17}{12}$

답 ③

(2) 기초통계능력

① 업무수행과 통계

㉠ 통계의 의미 : 통계란 집단현상에 대한 구체적인 양적 기술을 반영하는 숫자이다.

㉡ 업무수행에 통계를 활용함으로써 얻을 수 있는 이점

- 많은 수량적 자료를 처리가능하고 쉽게 이해할 수 있는 형태로 축소
- 표본을 통해 연구대상 집단의 특성을 유추
- 의사결정의 보조수단
- 관찰 가능한 자료를 통해 논리적으로 결론을 추출 · 검증

㉢ 기본적인 통계치

- 빈도와 빈도분포 : 빈도란 어떤 사건이 일어나거나 증상이 나타나는 정도를 의미하며, 빈도분포란 빈도를 표나 그래프로 종합적으로 표시하는 것이다.
- 평균 : 모든 사례의 수치를 합한 후 총 사례 수로 나눈 값이다.
- 백분율 : 전체의 수량을 100으로 하여 생각하는 수량이 그중 몇이 되는가를 퍼센트로 나타낸 것이다.

② 통계기법

㉠ 범위와 평균

- 범위 : 분포의 흩어진 정도를 가장 간단히 알아보는 방법으로 최곳값에서 최젓값을 뺀 값을 의미한다.
- 평균 : 집단의 특성을 요약하기 위해 가장 자주 활용하는 값으로 모든 사례의 수치를 합한 후 총 사례 수로 나눈 값이다.
- 관찰값이 1, 3, 5, 7, 9일 경우 범위는 $9-1=8$이 되고, 평균은 $\frac{1+3+5+7+9}{5}=5$가 된다.

㉡ 분산과 표준편차

- 분산 : 관찰값의 흩어진 정도로, 각 관찰값과 평균값의 차의 제곱의 평균이다.
- 표준편차 : 평균으로부터 얼마나 떨어져 있는가를 나타내는 개념으로 분산값의 제곱근 값이다.
- 관찰값이 1, 2, 3이고 평균이 2인 집단의 분산은 $\frac{(1-2)^2+(2-2)^2+(3-2)^2}{3}=\frac{2}{3}$이고 표준편차는 분산값의 제곱근 값인 $\sqrt{\frac{2}{3}}$이다.

③ 통계자료의 해석

㉠ 다섯숫자요약

- 최솟값 : 원자료 중 값의 크기가 가장 작은 값
- 최댓값 : 원자료 중 값의 크기가 가장 큰 값
- 중앙값 : 최솟값부터 최댓값까지 크기에 의하여 배열했을 때 중앙에 위치하는 사례의 값
- 하위 25%값 · 상위 25%값 : 원자료를 크기 순으로 배열하여 4등분한 값

㉡ 평균값과 중앙값 : 평균값과 중앙값은 그 개념이 다르기 때문에 명확하게 제시해야 한다.

예제 4

인터넷 쇼핑몰에서 회원가입을 하고 디지털캠코더를 구매하려고 한다. 다음은 구입하고자 하는 모델에 대하여 인터넷 쇼핑몰 세 곳의 가격과 조건을 제시한 표이다. 표에 있는 모든 혜택을 적용하였을 때 디지털캠코더의 배송비를 포함한 실제 구매가격을 바르게 비교한 것은?

구분	A 쇼핑몰	B 쇼핑몰	C 쇼핑몰
정상가격	129,000원	131,000원	130,000원
회원혜택	7,000원 할인	3,500원 할인	7% 할인
할인쿠폰	5% 쿠폰	3% 쿠폰	5,000원
중복할인여부	불가	가능	불가
배송비	2,000원	무료	2,500원

① A<B<C　② B<C<A
③ C<A<B　④ C<B<A

출제의도
직장생활에서 자주 사용되는 기초적인 통계기법을 활용하여 자료의 특성과 경향성을 파악하는 능력이 요구되는 문제이다.

해 설
㉠ A 쇼핑몰
- 회원혜택을 선택한 경우 : 129,000 − 7,000 + 2,000 = 124,000(원)
- 5% 할인쿠폰을 선택한 경우 : 129,000×0.95+2,000=124,550

㉡ B 쇼핑몰 : 131,000×0.97−3,500 =123,570

㉢ C 쇼핑몰
- 회원혜택을 선택한 경우 : 130,000×0.93+2,500 =123,400
- 5,000원 할인쿠폰을 선택한 경우 : 130,000−5,000+2,500=127,500

∴ C<B<A

답 ④

(3) 도표분석능력

① 도표의 종류
　㉠ 목적별 : 관리(계획 및 통제), 해설(분석), 보고
　㉡ 용도별 : 경과 그래프, 내역 그래프, 비교 그래프, 분포 그래프, 상관 그래프, 계산 그래프
　㉢ 형상별 : 선 그래프, 막대 그래프, 원 그래프, 점 그래프, 층별 그래프, 레이더 차트

② 도표의 활용
　㉠ 선 그래프

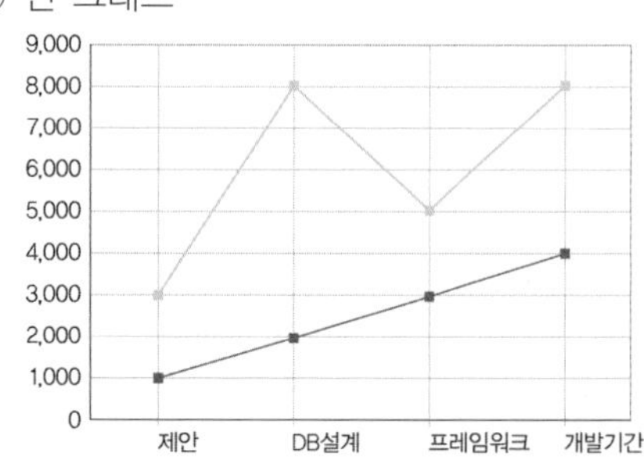

- 주로 시간의 경과에 따라 수량에 의한 변화 상황(시계열 변화)을 절선의 기울기로 나타내는 그래프이다.
- 경과, 비교, 분포를 비롯하여 상관관계 등을 나타낼 때 쓰인다.

㉡ 막대 그래프

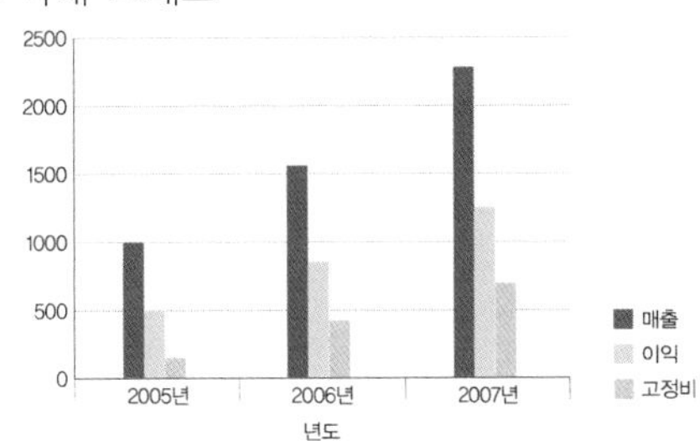

- 비교하고자 하는 수량을 막대 길이로 표시하고 그 길이를 통해 수량 간의 대소관계를 나타내는 그래프이다.
- 내역, 비교, 경과, 도수 등을 표시하는 용도로 쓰인다.

㉢ 원 그래프

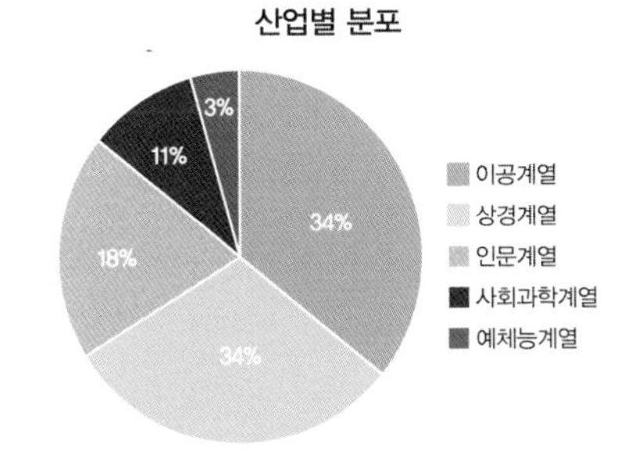

- 내역이나 내용의 구성비를 원을 분할하여 나타낸 그래프이다.
- 전체에 대해 부분이 차지하는 비율을 표시하는 용도로 쓰인다.

㉣ 점 그래프

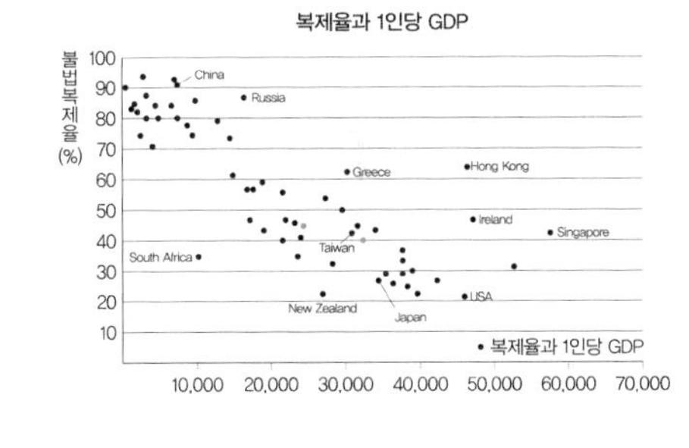

- 종축과 횡축에 2요소를 두고 보고자 하는 것이 어떤 위치에 있는가를 나타내는 그래프이다.
- 지역분포를 비롯하여 도시, 기방, 기업, 상품 등의 평가나 위치·성격을 표시하는데 쓰인다.

㉤ 층별 그래프

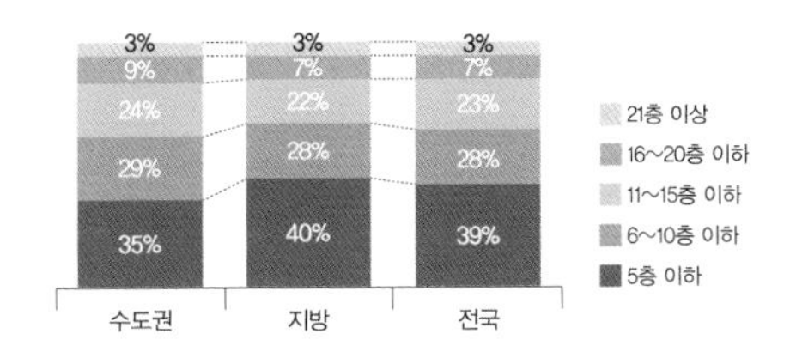

- 선 그래프의 변형으로 연속내역 봉 그래프라고 할 수 있다. 선과 선 사이의 크기로 데이터 변화를 나타낸다.
- 합계와 부분의 크기를 백분율로 나타내고 시간적 변화를 보고자 할 때나 합계와 각 부분의 크기를 실수로 나타내고 시간적 변화를 보고자 할 때 쓰인다.

ⓑ 레이더 차트(거미줄 그래프)

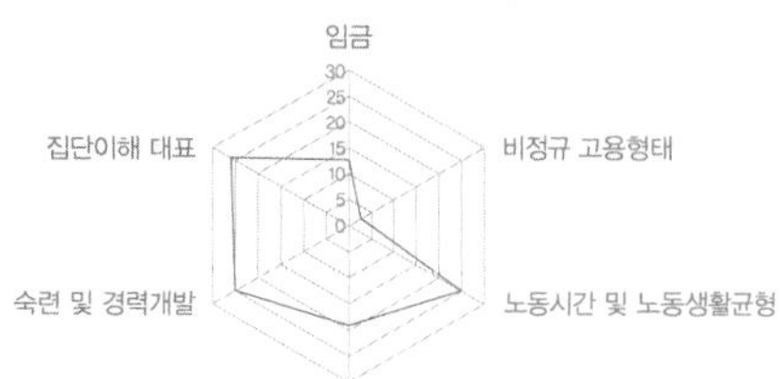

- 원 그래프의 일종으로 비교하는 수량을 직경, 또는 반경으로 나누어 원의 중심에서의 거리에 따라 각 수량의 관계를 나타내는 그래프이다.
- 비교하거나 경과를 나타내는 용도로 쓰인다.

③ 도표 해석상의 유의사항

㉠ 요구되는 지식의 수준을 넓힌다.

㉡ 도표에 제시된 자료의 의미를 정확히 숙지한다.

㉢ 도표로부터 알 수 있는 것과 없는 것을 구별한다.

㉣ 총량의 증가와 비율의 증가를 구분한다.

㉤ 백분위수와 사분위수를 정확히 이해하고 있어야 한다.

예제 5

다음 표는 2009 ~ 2010년 지역별 직장인들의 자기개발에 관해 조사한 내용을 정리한 것이다. 이에 대한 분석으로 옳은 것은?

(단위 : %)

연도	2009				2010			
구분 \ 지역	자기개발 하고 있음	자기개발 비용 부담 주체			자기개발 하고 있음	자기개발 비용 부담 주체		
		직장 100%	본인 100%	직장50% + 본인50%		직장 100%	본인 100%	직장50% + 본인50%
충청도	36.8	8.5	88.5	3.1	45.9	9.0	65.5	24.5
제주도	57.4	8.3	89.1	2.9	68.5	7.9	68.3	23.8
경기도	58.2	12	86.3	2.6	71.0	7.5	74.0	18.5
서울시	60.6	13.4	84.2	2.4	72.7	11.0	73.7	15.3
경상도	40.5	10.7	86.1	3.2	51.0	13.6	74.9	11.6

① 2009년과 2010년 모두 자기개발 비용을 본인이 100% 부담하는 사람의 수는 응답자의 절반 이상이다.

② 자기개발을 하고 있다고 응답한 사람의 수는 2009년과 2010년 모두 서울시가 가장 많다.

③ 자기개발 비용을 직장과 본인이 각각 절반씩 부담하는 사람의 비율은 2009년과 2010년 모두 서울시가 가장 높다.

④ 2009년과 2010년 모두 자기개발을 하고 있다고 응답한 비율이 가장 높은 지역에서 자기개발비용을 직장이 100% 부담한다고 응답한 사람의 비율이 가장 높다.

출제의도

그래프, 그림, 도표 등 주어진 자료를 이해하고 의미를 파악하여 필요한 정보를 해석하는 능력을 평가하는 문제이다.

해 설

② 지역별 인원수가 제시되어 있지 않으므로, 각 지역별 응답자 수는 알 수 없다.

③ 2009년에는 경상도에서, 2010년에는 충청도에서 가장 높은 비율을 보인다.

④ 2009년과 2010년 모두 '자기 개발을 하고 있다'고 응답한 비율이 가장 높은 지역은 서울시이며, 2010년의 경우 자기개발 비용을 직장이 100% 부담한다고 응답한 사람의 비율이 가장 높은 지역은 경상도이다.

답 ①

(4) 도표작성능력

① 도표작성 절차

㉠ 어떠한 도표로 작성할 것인지를 결정

㉡ 가로축과 세로축에 나타낼 것을 결정

㉢ 한 눈금의 크기를 결정

㉣ 자료의 내용을 가로축과 세로축이 만나는 곳에 표현

㉤ 표현한 점들을 선분으로 연결

㉥ 도표의 제목을 표기

② 도표작성 시 유의사항

㉠ 선 그래프 작성 시 유의점

- 세로축에 수량, 가로축에 명칭구분을 제시한다.
- 선의 높이에 따라 수치를 파악하는 경우가 많으므로 세로축의 눈금을 가로축보다 크게 하는 것이 효과적이다.
- 선이 두 종류 이상일 경우 반드시 그 명칭을 기입한다.

㉡ 막대 그래프 작성 시 유의점

- 막대 수가 많을 경우에는 눈금선을 기입하는 것이 알아보기 쉽다.
- 막대의 폭은 모두 같게 하여야 한다.

㉢ 원 그래프 작성 시 유의점

- 정각 12시의 선을 기점으로 오른쪽으로 그리는 것이 보통이다.
- 분할선은 구성비율이 큰 순서로 그린다.

㉣ 층별 그래프 작성 시 유의점

- 눈금은 선 그래프나 막대 그래프보다 적게 하고 눈금선은 넣지 않는다.
- 층별로 색이나 모양이 완전히 다른 것이어야 한다.
- 같은 항목은 옆에 있는 층과 선으로 연결하여 보기 쉽도록 한다.

chapter 03 문제해결능력

01 문제와 문제해결

(1) 문제의 정의와 분류

① 정의 : 문제란 업무를 수행함에 있어서 답을 요구하는 질문이나 의논하여 해결해야 되는 사항이다.

② 문제의 분류

구분	창의적 문제	분석적 문제
문제제시 방법	현재 문제가 없더라도 보다 나은 방법을 찾기 위한 문제 탐구 → 문제 자체가 명확하지 않음	현재의 문제점이나 미래의 문제로 예견될 것에 대한 문제 탐구 → 문제 자체가 명확함
해결방법	창의력에 의한 많은 아이디어의 작성을 통해 해결	분석, 논리, 귀납과 같은 논리적 방법을 통해 해결
해답 수	해답의 수가 많으며, 많은 답 가운데 보다 나은 것을 선택	답의 수가 적으며 한정되어 있음
주요특징	주관적, 직관적, 감각적, 정성적, 개별적, 특수성	객관적, 논리적, 정량적, 이성적, 일반적, 공통성

(2) 업무수행과정에서 발생하는 문제 유형

① 발생형 문제(보이는 문제) : 현재 직면하여 해결하기 위해 고민하는 문제이다. 원인이 내재되어 있기 때문에 원인지향적인 문제라고도 한다.

㉠ 일탈문제 : 어떤 기준을 일탈함으로써 생기는 문제

㉡ 미달문제 : 어떤 기준에 미달하여 생기는 문제

② 탐색형 문제(찾는 문제) : 현재의 상황을 개선하거나 효율을 높이기 위한 문제이다. 방치할 경우 큰 손실이 따르거나 해결할 수 없는 문제로 나타나게 된다.

㉠ 잠재문제 : 문제가 잠재되어 있어 인식하지 못하다가 확대되어 해결이 어려운 문제

㉡ 예측문제 : 현재로는 문제가 없으나 현 상태의 진행 상황을 예측하여 찾아야 앞으로 일어날 수 있는 문제가 보이는 문제

㉢ 발견문제 : 현재로서는 담당 업무에 문제가 없으나 선진기업의 업무 방법 등 보다 좋은 제도나 기법을 발견하여 개선시킬 수 있는 문제

③ 설정형 문제(미래 문제) : 장래의 경영전략을 생각하는 것으로 앞으로 어떻게 할 것인가 하는 문제이다. 문제해결에 창조적인 노력이 요구되어 창조적 문제라고도 한다.

예제 1

D회사 신입사원으로 입사한 귀하는 신입사원 교육에서 업무수행과정에서 발생하는 문제 유형 중 설정형 문제를 하나씩 찾아오라는 지시를 받았다. 이에 대해 귀하는 교육받은 내용을 다시 복습하려고 한다. 설정형 문제에 해당하는 것은?

① 현재 직면하여 해결하기 위해 고민하는 문제
② 현재의 상황을 개선하거나 효율을 높이기 위한 문제
③ 앞으로 어떻게 할 것인가 하는 문제
④ 원인이 내재되어 있는 원인지향적인 문제

출제의도
업무수행 중 문제가 발생하였을 때 문제 유형을 구분하는 능력을 측정하는 문항이다.

해 설
업무수행과정에서 발생하는 문제 유형으로는 발생형 문제, 탐색형 문제, 설정형 문제가 있으며 ①④는 발생형 문제이며 ②는 탐색형 문제, ③이 설정형 문제이다.

답 ③

(3) 문제해결

① 정의 : 목표와 현상을 분석하고 이 결과를 토대로 과제를 도출하여 최적의 해결책을 찾아 실행 · 평가해 가는 활동이다.

② 문제해결에 필요한 기본적 사고
  ㉠ 전략적 사고 : 문제와 해결방안이 상위 시스템과 어떻게 연결되어 있는지를 생각한다.
  ㉡ 분석적 사고 : 전체를 각각의 요소로 나누어 그 의미를 도출하고 우선순위를 부여하여 구체적인 문제해결방법을 실행한다.
  ㉢ 발상의 전환 : 인식의 틀을 전환하여 새로운 관점으로 바라보는 사고를 지향한다.
  ㉣ 내 · 외부자원의 활용 : 기술, 재료, 사람 등 필요한 자원을 효과적으로 활용한다.

③ 문제해결의 장애요소
  ㉠ 문제를 철저하게 분석하지 않는 경우
  ㉡ 고정관념에 얽매이는 경우
  ㉢ 쉽게 떠오르는 단순한 정보에 의지하는 경우
  ㉣ 너무 많은 자료를 수집하려고 노력하는 경우

④ 문제해결방법
  ㉠ 소프트 어프로치 : 문제해결을 위해서 직접적인 표현보다는 무언가를 시사하거나 암시를 통하여 의사를 전달하여 문제해결을 도모하고자 한다.
  ㉡ 하드 어프로치 : 상이한 문화적 토양을 가지고 있는 구성원을 가정하고, 서로의 생각을 직설적으로 주장하고 논쟁이나 협상을 통해 서로의 의견을 조정해 가는 방법이다.
  ㉢ 퍼실리테이션(facilitation) : 촉진을 의미하며 어떤 그룹이나 집단이 의사결정을 잘 하도록 도와주는 일을 의미한다.

02 문제해결능력을 구성하는 하위능력

(1) 사고력

① 창의적 사고 : 개인이 가지고 있는 경험과 지식을 통해 새로운 가치 있는 아이디어를 산출하는 사고능력이다.

㉠ 창의적 사고의 특징

- 정보와 정보의 조합
- 사회나 개인에게 새로운 가치 창출
- 창조적인 가능성

예제 2

M사 홍보팀에서 근무하고 있는 귀하는 입사 5년차로 창의적인 기획안을 제출하기로 유명하다. S부장은 이번 신입사원 교육 때 귀하에게 창의적인 사고란 무엇인지 교육을 맡아달라고 부탁하였다. 창의적인 사고에 대한 귀하의 설명으로 옳지 않은 것은?

① 창의적인 사고는 새롭고 유용한 아이디어를 생산해 내는 정신적인 과정이다.
② 창의적인 사고는 특별한 사람들만이 할 수 있는 대단한 능력이다.
③ 창의적인 사고는 기존의 정보들을 특정한 요구조건에 맞거나 유용하도록 새롭게 조합시킨 것이다.
④ 창의적인 사고는 통상적인 것이 아니라 기발하거나, 신기하며 독창적인 것이다.

출제의도
창의적 사고에 대한 개념을 정확히 파악하고 있는지를 묻는 문항이다.

해 설
흔히 사람들은 창의적인 사고에 대해 특별한 사람들만이 할 수 있는 대단한 능력이라고 생각하지만 그리 대단한 능력이 아니며 이미 알고 있는 경험과 지식을 해체하여 다시 새로운 정보로 결합하여 가치 있는 아이디어를 산출하는 사고라고 할 수 있다.

답 ②

㉡ 발산적 사고 : 창의적 사고를 위해 필요한 것으로 자유연상법, 강제연상법, 비교발상법 등을 통해 개발할 수 있다.

구분	내용
자유연상법	생각나는 대로 자유롭게 발상 ex) 브레인스토밍
강제연상법	각종 힌트에 강제적으로 연결 지어 발상 ex) 체크리스트
비교발상법	주제의 본질과 닮은 것을 힌트로 발상 ex) NM법, Synectics

CHECK POINT 브레인스토밍

㉠ 진행방법
- 주제를 구체적이고 명확하게 정한다.
- 구성원의 얼굴을 볼 수 있는 좌석 배치와 큰 용지를 준비한다.
- 구성원들의 다양한 의견을 도출할 수 있는 사람을 리더로 선출한다.
- 구성원은 다양한 분야의 사람들로 5~8명 정도로 구성한다.
- 발언은 누구나 자유롭게 할 수 있도록 하며, 모든 발언 내용을 기록한다.
- 아이디어에 대한 평가는 비판해서는 안 된다.

㉡ 4대 원칙
- 비판엄금(Support) : 평가 단계 이전에 결코 비판이나 판단을 해서는 안 되며 평가는 나중까지 유보한다.
- 자유분방(Silly) : 무엇이든 자유롭게 말하고 이런 바보 같은 소리를 해서는 안 된다는 등의 생각은 하지 않아야 한다.
- 질보다 양(Speed) : 질에는 관계없이 가능한 많은 아이디어들을 생성해내도록 격려한다.
- 결합과 개선(Synergy) : 다른 사람의 아이디어에 자극되어 보다 좋은 생각이 떠오르고, 서로 조합하면 재미있는 아이디어가 될 것 같은 생각이 들면 즉시 조합시킨다.

② 논리적 사고 : 사고의 전개에 있어 전후의 관계가 일치하고 있는가를 살피고 아이디어를 평가하는 사고능력이다.

㉠ 논리적 사고를 위한 5가지 요소 : 생각하는 습관, 상대 논리의 구조화, 구체적인 생각, 타인에 대한 이해, 설득

㉡ 논리적 사고 개발 방법
- 피라미드 구조 : 하위의 사실이나 현상부터 사고하여 상위의 주장을 만들어가는 방법
- so what기법 : '그래서 무엇이지?'하고 자문자답하여 주어진 정보로부터 가치 있는 정보를 이끌어 내는 사고 기법

③ 비판적 사고 : 어떤 주제나 주장에 대해서 적극적으로 분석하고 종합하며 평가하는 능동적인 사고이다.

㉠ 비판적 사고 개발 태도 : 비판적 사고를 개발하기 위해서는 지적 호기심, 객관성, 개방성, 융통성, 지적 회의성, 지적 정직성, 체계성, 지속성, 결단성, 다른 관점에 대한 존중과 같은 태도가 요구된다.

㉡ 비판적 사고를 위한 태도
- 문제의식 : 비판적인 사고를 위해서 가장 먼저 필요한 것은 바로 문제의식이다. 자신이 지니고 있는 문제와 목적을 확실하고 정확하게 파악하는 것이 비판적인 사고의 시작이다.
- 고정관념 타파 : 지각의 폭을 넓히는 일은 정보에 대한 개방성을 가지고 편견을 갖지 않는 것으로 고정관념을 타파하는 일이 중요하다.

(2) 문제처리능력과 문제해결절차

① 문제처리능력 : 목표와 현상을 분석하고 이를 토대로 문제를 도출하여 최적의 해결책을 찾아 실행 · 평가하는 능력이다.

② 문제해결절차 : 문제 인식 → 문제 도출 → 원인 분석 → 해결안 개발 → 실행 및 평가

㉠ 문제 인식 : 문제해결과정 중 'waht'을 결정하는 단계로 환경 분석 → 주요 과제 도출 → 과제 선정의 절차를 통해 수행된다.

- 3C 분석 : 환경 분석 방법의 하나로 사업환경을 구성하고 있는 요소인 자사(Company), 경쟁사(Competitor), 고객(Customer)을 분석하는 것이다.

예제 3

L사에서 주력 상품으로 밀고 있는 TV의 판매 이익이 감소하고 있는 상황에서 귀하는 B부장으로부터 3C분석을 통해 해결방안을 강구해 오라는 지시를 받았다. 다음 중 3C에 해당하지 않는 것은?

① Customer ② Company

③ Competitor ④ Content

출제의도

3C의 개념과 구성요소를 정확히 숙지하고 있는지를 측정하는 문항이다.

해 설

3C 분석에서 사업 환경을 구성하고 있는 요소인 자사(Company), 경쟁사(Competitor), 고객을 3C(Customer)라고 한다. 3C 분석에서 고객 분석에서는 '고객은 자사의 상품 · 서비스에 만족하고 있는지'를, 자사 분석에서는 '자사가 세운 달성목표와 현상 간에 차이가 없는지'를 경쟁사 분석에서는 '경쟁기업의 우수한 점과 자사의 현상과 차이가 없는지'에 대한 질문을 통해서 환경을 분석하게 된다.

답 ④

- SWOT 분석 : 기업내부의 강점과 약점, 외부환경의 기회와 위협요인을 분석 · 평가하여 문제해결 방안을 개발하는 방법이다.

		내부환경요인	
		강점(Strengths)	약점(Weaknesses)
외부환경요인	기회(Opportunities)	**SO** 내부강점과 외부기회 요인을 극대화	**WO** 외부기회를 이용하여 내부약점을 강점으로 전환
	위협(Threat)	**ST** 외부위협을 최소화하기 위해 내부강점을 극대화	**WT** 내부약점과 외부위협을 최소화

ⓛ 문제 도출 : 선정된 문제를 분석하여 해결해야 할 것이 무엇인지를 명확히 하는 단계로, 문제 구조 파악→핵심 문제 선정 단계를 거쳐 수행된다.

- Logic Tree : 문제의 원인을 파고들거나 해결책을 구체화할 때 제한된 시간 안에서 넓이와 깊이를 추구하는 데 도움이 되는 기술로 주요 과제를 나무모양으로 분해 · 정리하는 기술이다.

ⓒ 원인 분석 : 문제 도출 후 파악된 핵심 문제에 대한 분석을 통해 근본 원인을 찾는 단계로 Issue 분석→Data 분석→원인 파악의 절차로 진행된다.

ⓔ 해결안 개발 : 원인이 밝혀지면 이를 효과적으로 해결할 수 있는 다양한 해결안을 개발하고 최선의 해결안을 선택하는 것이 필요하다.

ⓜ 실행 및 평가 : 해결안 개발을 통해 만들어진 실행계획을 실제 상황에 적용하는 활동으로 실행계획 수립→실행→Follow-up의 절차로 진행된다.

예제 4

C사는 최근 국내 매출이 지속적으로 하락하고 있어 사내 분위기가 심상치 않다. 이에 대해 Y부장은 이 문제를 극복하고자 문제처리 팀을 구성하여 해결방안을 모색하도록 지시하였다. 문제처리 팀의 문제해결 절차를 올바른 순서로 나열한 것은?

① 문제 인식→원인 분석→해결안 개발→문제 도출→실행 및 평가
② 문제 도출→문제 인식→해결안 개발→원인 분석→실행 및 평가
③ 문제 인식→원인 분석→문제 도출→해결안 개발→실행 및 평가
④ 문제 인식→문제 도출→원인 분석→해결안 개발 →실행 및 평가

출제의도

실제 업무 상황에서 문제가 일어났을 때 해결 절차를 알고 있는지를 측정하는 문항이다.

해 설

일반적인 문제해결절차는 '문제 인식→문제 도출→원인 분석→해결안 개발 →실행 및 평가'로 이루어진다.

답 ④

자기개발능력

01 자기개발

(1) 자기개발과 자기개발능력

① 개념

㉠ 자기개발 : 자신의 능력, 적성 및 특성 등에 있어서 강점과 약점을 확인하고 강점은 강화시키고 약점은 관리하여 성장을 위한 기회로 활용하는 것이다.

㉡ 자기개발능력 : 직업인으로서 자신의 능력, 적성, 특성 등을 이해하고 목표성취를 위해 스스로를 관리하며 개발해나가는 능력을 말한다.

② 자기개발의 필요성

㉠ 직장생활에서의 자기개발은 효과적으로 업무를 처리하기 위하여, 즉 업무의 성과를 향상시키기 위하여 이루어진다.

㉡ 변화하는 환경에 적응하기 위해서 자기개발은 이루어진다.

㉢ 자기개발은 주변 사람들과 긍정적인 인간관계를 형성하기 위해서도 필요하다.

㉣ 자기개발은 자신이 달성하고자 하는 목표를 성취하기 위해서 해야 한다.

㉤ 개인적으로 보람된 삶을 살기 위해서 자기개발을 한다.

③ 자기개발의 특징 및 구성

㉠ 특징

- 자기개발에서 개발의 주체는 타인이 아니라 자기이다.
- 자기개발은 개별적인 과정으로 자기개발을 통해 지향하는 바와 선호하는 방법 등이 사람마다 다르다.
- 자기개발은 평생에 걸쳐서 이루어지는 과정이다.
- 자기개발은 일과 관련하여 이루어지는 활동이다.
- 자기개발은 생활 가운데 이루어져야 한다.
- 자기개발은 모든 사람이 해야 하는 것이다.

㉡ 구성 : 자기개발은 자기인식, 자기관리, 경력개발로 이루어진다.

- 자기인식 : 직업생활과 관련하여 자신의 가치, 신념, 흥미, 적성, 성격 등 자신이 누구인지 아는 것
- 자기관리 : 자신을 이해하고 목표를 성취하기 위해 자신의 행동 및 업무수행을 관리하고 조정하는 것
- 경력개발 : 개인의 경력목표와 전략을 수립하고 실행하며 피드백 하는 과정

④ 자기개발 실패요인
㉠ 인간의 욕구와 감정이 작용하기 때문이다.
㉡ 제한적으로 사고하기 때문이다.
㉢ 문화적인 장애에 부딪히기 때문이다.
㉣ 자기개발 방법을 잘 모르기 때문이다.

예제 1

자기개발을 할 때에는 인간의 욕구와 감정이 작용하여 자기개발에 대한 태도를 형성하기도 한다. 다음은 어느 회사에 근무하는 사원들이 자신의 욕구를 표현한 것이다. 다음 중 가장 상위의 욕구를 가진 사람은?

① K씨 : 나 너무 피곤해. 일찍 퇴근해서 잠이나 푹 잤으면 좋겠어.
② S씨 : 이번에 팀장으로 승진한 만큼 팀원들이 나를 존경해줬으면 좋겠어.
③ A씨 : 나는 직장 동료들과 좀 친하게 지내고 싶어.
④ H씨 : 나는 내 분야에서 내 꿈을 펼치고야 말겠어.

출제의도
자기개발 태도에 영향을 미치는 욕구와 관련하여 매슬로우의 욕구 5단계를 구분할 수 있는지를 측정하는 문항이다.

해 설
① 생리적 욕구
② 존경의 욕구
③ 사회적 욕구
④ 자기실현의 욕구

답 ④

⑤ 자기개발 설계 전략
㉠ 장단기 목표 수립 : 장기목표(5~20년), 단기목표(1~3년)
㉡ 인간관계 고려
㉢ 현재의 직무 고려
㉣ 구체적인 방법으로 계획

⑥ 자기개발 계획 수립이 어려운 이유
㉠ 자기정보의 부족 : 자신의 흥미, 장점, 가치, 라이프스타일을 충분히 이해하지 못함
㉡ 내부 작업정보 부족 : 회사 내의 경력기회 및 직무 가능성에 대해 충분히 알지 못함
㉢ 외부 작업정보 부족 : 다른 직업이나 회사 밖의 기회에 대해 충분히 알지 못함
㉣ 의사결정시 자신감의 부족 : 자기개발과 관련된 결정을 내릴 때 자신감 부족
㉤ 일상생활의 요구사항 : 개인의 자기개발 목표와 일상생활(가정) 간 갈등
㉥ 주변상황의 제약 : 재정적 문제, 연령, 시간 등

(2) 개인브랜드

① 개인을 브랜드화하기 위한 전략(차별성)

㉠ 친근감 : 편안하고 친숙한 느낌

㉡ 열정 : 가지고 싶은 강한 욕구

㉢ 책임감 : 관계 지속에 대한 약속

② 자기 브랜드 PR방법

㉠ 블로그를 이용하라.

㉡ 인적네트워크를 활용하라.

㉢ 자신만의 명함을 만들어라.

㉣ 경력 포트폴리오를 만들어라.

02 자기개발능력을 구성하는 하위능력

(1) 자아인식능력

① 자아인식과 자아 구성 요소

㉠ 자아인식 : 다양한 방법을 활용하여 자신이 어떤 분야에 흥미가 있고, 어떤 능력의 소유자이며, 어떤 행동을 좋아하는지를 종합적으로 분석하는 것이다.

㉡ 자아의 구성 요소

구분	내용
내면적 자아	• 자신의 내면을 구성하는 요소 • 측정하기 어려운 특징을 가짐 • 적성, 흥미, 성격, 가치관 등
외면적 자아	• 자신의 외면을 구성하는 요소 • 외모, 나이 등

② 조해리의 창(Johari's Window) : 조셉과 해리라는 두 심리학자에 의해 만들어졌으며 자신과 다른 사람의 두 가지 관점을 통해 파악해보는 자기인식 또는 자기이해의 모델이다.

	내가 아는 나	내가 모르는 나
타인이 아는 나	공개된 자아 Open Self	눈먼 자아 Blind Self
타인이 모르는 나	숨겨진 자아 Hidden Self	아무도 모르는 자아 Unknown Self

예제 2

M회사 편집부에서 근무하는 X대리는 평소에 자신의 능력이 뛰어나고 일의 분배를 공평하게 하는 동시에 사람 관리를 잘하여 사원들이 자신을 잘 따른다고 믿고 있으나, 사원들은 X대리가 독단적으로 일을 결정하며 고집적인 모습을 가지고 있다고 생각하고 있다. X대리는 다른 사람으로부터 이러한 사실을 전해 듣고는 내가 생각하는 나와 타인이 생각하는 내가 다르다는 것을 알았다. 이에 대해 X대리는 조해리의 창을 이용하여 자신을 인식하고자 한다. 이에 대한 설명으로 알맞지 않은 것은?

① '내가 아는 나'와 '타인이 아는 나'를 통해 '공개된 자아'를 알아볼 수 있다.
② 조해리의 창을 통해보면 자신을 공개된 자아, 눈먼 자아, 숨겨진 자아, 아무도 모르는 자아로 나누어 볼 수 있다.
③ 조해리의 창은 자신과 다른 사람의 두 가지 관점을 통해 파악해 보는 자기인식 모델이다.
④ 타인은 나를 알지만 내가 모르는 경우에는 '숨겨진 자아'라고 한다.

출제의도
자기인식 또는 자기 이해 모델인 조해리의 창의 내용을 알고 있는지를 측정하는 문항이다.

해 설
조해리의 창을 통해보면 자신을 공개된 자아, 눈먼 자아, 숨겨진 자아, 아무도 모르는 자아로 나누어 볼 수 있으며, 타인은 나를 알지만 내가 모르는 나인 경우에는 '눈먼 자아'이다.

답 ④

③ 흥미와 적성
  ㉠ 흥미 : 일에 대한 관심이나 재미
  ㉡ 적성 : 개인이 잠재적으로 가지고 있는 재능, 개인이 보다 쉽게 잘 할 수 있는 일

CHECK POINT 흥미나 적성을 개발하는 노력
- 마인드컨트롤을 해라.
- 조금씩 성취감을 느껴라.
- 기업의 문화 및 풍토를 고려해라.

④ 성찰의 필요성
  ㉠ 다른 일을 하는데 노하우가 축적된다.
  ㉡ 성장의 기회가 된다.
  ㉢ 신뢰감을 형성할 수 있다.
  ㉣ 창의적인 사고를 가능하게 한다.

(2) 자기관리능력

① 개념 : 자기관리는 자신을 이해하고, 목표를 성취하기 위해 자신의 행동 및 업무수행을 관리하고 조정하는 것을 말한다.

② 자기관리 절차

과정		내용
1단계	비전 및 목적 정립	• 자신에게 가장 중요한 것 파악 • 가치관, 원칙, 삶의 목적 정립 • 삶의 의미 파악
2단계	과제 발견	• 현재 주어진 역할 및 능력 • 역할에 따른 활동목표 • 우선순위 설정
3단계	일정 수립	• 하루, 주간, 월간 계획 수립
4단계	수행	• 수행과 관련된 요소분석 • 수행방법 찾기
5단계	반성 및 피드백	• 수행결과 분석 • 피드백

예제 3

I회사에 근무하는 L씨는 성실하게 자기 업무를 수행하는 걸로 소문이 나있다. L씨 책상은 깨끗하게 정리되어 있으며 좌우명도 책상에 붙여놓고 실천하도록 노력한다. L씨는 다른 누구보다도 자기관리가 철저하여 자기 일을 수행하고 나면 반드시 반성하고 피드백 시간을 가진다. L씨가 반성과 피드백하면서 하는 질문으로 가장 알맞지 않은 것은?

① 우선순위에 맞게, 계획대로 수행하였는가?
② 일을 수행하면서 어떤 목표를 성취하였는가?
③ 의사결정을 함에 있어서 어떻게 결정을 내리고 행동했는가?
④ 현재 변화되어야 할 것은 없는가?

출제의도

자기관리 5단계의 내용을 파악하고 그를 토대로 각 단계에서의 질문들을 적절히 할 수 있는지를 측정하는 문항이다.

해 설

④는 자기관리의 2단계인 과제 발견에서 해야 할 질문이다. 과제 발견 단계에서는 비전과 목표가 정립되면 현재 자신의 역할 및 능력을 다음 질문을 통해 검토하고, 할 일을 조정하여 자신이 수행해야 할 역할들을 도출한다.

답 ④

③ 업무수행 성과를 높이기 위한 행동전략
  ㉠ 자기자본이익률(ROE)을 높인다.
  ㉡ 일을 미루지 않는다.
  ㉢ 업무를 묶어서 처리한다.
  ㉣ 다른 사람과 다른 방식으로 일한다.

ⓜ 회사와 팀의 업무 지침을 따른다.
ⓗ 역할 모델을 설정한다.

④ 합리적인 의사결정 과정 : 문제의 근원 파악 → 의사결정 기준 및 가중치 결정 → 의사결정에 필요한 정보 수집 → 가능한 모든 대안 탐색 → 각 대안을 분석 · 평가 → 최적안 선택 → 결과 평가 및 피드백

(3) 경력개발능력

① 개념 : 경력개발은 개인이 경력목표와 전략을 수립하고 실행하며 피드백 하는 과정으로, 개인은 한 조직의 구성원으로서 조직과 함께 상호작용하며 자신의 경력을 개발해 나간다.

② 경력개발의 구성
㉠ 경력계획 : 자신과 상황을 인식하고 경력 관련 목표를 설정하여 그 목표를 달성하기 위한 과정이다.
㉡ 경력관리 : 경력계획에 따라 준비하고 실행하며 피드백하는 과정이다.

③ 경력개발의 필요성

구분	내용
환경변화	• 지식정보의 빠른 변화 • 인력난 심화 • 삶의 질 추구 • 중견사원 이직증가
조직요구	• 경영전략 변화 • 승진적체 • 직무환경 변화 • 능력주의 문화
개인요구	• 발달단계에 따른 가치관 · 신념 변화 • 전문성 축적 및 성장 요구 증가 • 개인의 고용시장 가치 증대

④ 개인의 경력단계
㉠ 직업선택(0~25세) : 자신에게 적합한 직업이 무엇인지를 탐색하고 이를 선택한 후, 필요한 능력을 키우는 과정
㉡ 조직입사(18~25세) : 학교 졸업 후 자신이 선택한 경력분야에서 원하는 조직의 일자리를 얻으며 직무를 선택하는 과정
㉢ 경력초기(25~40세) : 업무의 내용을 파악하고 조직의 규칙이나 규범 · 분위기를 알고 적응해 나가는 과정
㉣ 경력중기(40~55세) : 자신이 그동안 성취한 것을 재평가하고 생산성을 그대로 유지하는 단계
㉤ 경력말기(55세~퇴직) : 자신의 가치를 지속적으로 유지하는 동시에 퇴직을 고려하는 단계

예제 4

다음은 어떤 사람의 경력단계이다. 이 사람의 첫 번째 경력 말기는 몇 세부터 몇 세까지인가?

20세	전문대 유통학과 입학
21세	군 입대
23세	군 제대 후 학교 복학
24세	유통학과에 별 뜻이 없고, 조리사가 되고 싶어 조리학원 다니기 시작
25세	유통학과 겨우 졸업, 한식 조리사 자격증 취득
26세	조리사로 취업
30세	일식 조리사 자격증 취득
35세	양식 조리사 자격증 취득
50세	자신의 조리사 생활을 되돌아보고 자신만의 식당을 창업을 하기로 하고 퇴직 준비기간을 가짐
53세	퇴직
55세	음식업 창업
70세	퇴직

① 24~25세 ② 26~30세
③ 50~53세 ④ 70세

출제의도

평생에 걸친 경력단계의 내용을 파악하고 실제로 한 사람의 인생을 경력단계에 따라 구분할 수 있는지를 평가하는 문항이다.

해 설

이 사람은 50세에 자신의 조리사 생활을 되돌아보고 퇴직을 생각하면서 창업을 준비하였고 53세에 퇴직하였다.

답 ③

⑤ 경력개발 과정

과정		내용
1단계	직무정보 탐색	• 관심 직무에서 요구하는 능력 • 고용이나 승진전망 • 직무만족도 등
2단계	자신과 환경 이해	• 자신의 능력, 흥미, 적성, 가치관 • 직무관련 환경의 기회와 장애요인
3단계	경력목표 설정	• 장기목표 수립 : 5~7년 • 단기목표 수립 : 2~3년
4단계	경력개발 전략수립	• 현재 직무의 성공적 수행 • 역량 강화 • 인적 네트워크 강화
5단계	실행 및 평가	• 실행 • 경력목표, 전략의 수정

예제 5

경력목표를 설정하는 데 도움이 될 수 있도록 하는 탐색의 방법에는 자기탐색과 환경탐색이 있다. 인사팀에서 근무하는 W가 환경탐색의 방법으로 탐색하려고 할 때 가장 거리가 먼 것은?

① 자격정보 사이트인 Q-Net에 접속해 본다.
② 주변 지인과 대화한 것을 메모해 본다.
③ 자신만의 일기를 쓰고 성찰의 과정을 거친다.
④ 회사의 연간 보고서를 훑어본다.

출제의도

탐색의 방법에 관한 내용을 숙지하고 자기탐색과 환경탐색을 구분할 수 있는지를 평가하는 문항이다.

해 설

경력개발 과정 중 '자신과 환경이해'의 2단계에서는 경력목표를 설정하는 데 도움이 될 수 있도록 자신의 능력, 흥미, 적성, 가치관 등을 파악하고 직무와 관련된 주변 환경의 기회와 장애요인에 대하여 정확하게 분석한다. 탐색의 방법에는 자기탐색과 환경탐색이 있으며 ③의 방법은 자기탐색에 관한 방법에 해당한다.

답 ③

chapter 05

자원관리능력

01 자원과 자원관리

(1) 자원

① 자원의 종류 : 시간, 돈, 물적자원, 인적자원

② 자원의 낭비요인 : 비계획적 행동, 편리성 추구, 자원에 대한 인식 부재, 노하우 부족

(2) 자원관리 기본 과정

① 필요한 자원의 종류와 양 확인

② 이용 가능한 자원 수집하기

③ 자원 활용 계획 세우기

④ 계획대로 수행하기

예제 1

당신은 A출판사 교육훈련 담당자이다. 조직의 효율성을 높이기 위해 전사적인 시간관리에 대한 교육을 실시하기로 하였지만 바쁜 일정 상 직원들을 집합교육에 동원할 수 있는 시간은 제한적이다. 다음 중 귀하가 최우선의 교육 대상으로 삼아야 하는 것은 어느 부분인가?

구분	긴급한 일	긴급하지 않은 일
중요한 일	제1사분면	제2사분면
중요하지 않은 일	제3사분면	제4사분면

출제의도

주어진 일들을 중요도와 긴급도에 따른 시간관리 매트릭스에서 우선순위를 구분할 수 있는가를 측정하는 문항이다.

① 중요하고 긴급한 일로 위기사항이나 급박한 문제, 기간이 정해진 프로젝트 등이 해당되는 제1사분면
② 긴급하지는 않지만 중요한 일로 인간관계구축이나 새로운 기회의 발굴, 중장기 계획 등이 포함되는 제2사분면
③ 긴급하지만 중요하지 않은 일로 잠깐의 급한 질문, 일부 보고서, 눈 앞의 급박한 사항이 해당되는 제3사분면
④ 중요하지 않고 긴급하지 않은 일로 하찮은 일이나 시간낭비거리, 즐거운 활동 등이 포함되는 제4사분면

해 설
교육훈련에서 최우선 교육대상으로 삼아야 하는 것은 긴급하지 않지만 중요한 일이다. 이를 긴급하지 않다고 해서 뒤로 미루다보면 급박하게 처리해야하는 업무가 증가하여 효율적인 시간관리가 어려워진다.

구분	긴급한 일	긴급하지 않은 일
중요한 일	위기사항, 급박한 문제, 기간이 정해진 프로젝트	인간관계구축, 새로운 기회의 발굴, 중장기계획
중요하지 않은 일	잠깐의 급한 질문, 일부 보고서, 눈앞의 급박한 사항	하찮은 일, 우편물, 전화, 시간낭비거리, 즐거운 활동

답 ②

02 자원관리능력을 구성하는 하위능력

(1) 시간관리능력

① 시간의 특성
㉠ 시간은 매일 주어지는 기적이다.
㉡ 시간은 똑같은 속도로 흐른다.
㉢ 시간의 흐름은 멈추게 할 수 없다.
㉣ 시간은 꾸거나 저축할 수 없다.
㉤ 시간은 사용하기에 따라 가치가 달라진다.

② 시간관리의 효과
㉠ 생산성 향상
㉡ 가격 인상
㉢ 위험 감소
㉣ 시장 점유율 증가

③ 시간계획

㉠ 개념 : 시간 자원을 최대한 활용하기 위하여 가장 많이 반복되는 일에 가장 많은 시간을 분배하고, 최단시간에 최선의 목표를 달성하는 것을 의미한다.

㉡ 60 : 40의 Rule

계획된 행동 (60%)	계획 외의 행동 (20%)	자발적 행동 (20%)
총 시간		

예제 2

유아용품 홍보팀의 사원 은이씨는 일산 킨텍스에서 열리는 유아용품박람회에 참여하고자 한다. 당일 회의 후 출발해야 하며 회의 종료 시간은 오후 3시이다.

장소	일시
일산 킨텍스 제2전시장	2016. 1. 20(금) PM 15:00~19:00 * 입장가능시간은 종료 2시간 전 까지

오시는 길

지하철 : 4호선 대화역(도보 30분 거리)

버스 : 8109번, 8407번(도보 5분 거리)

• 회사에서 버스정류장 및 지하철역까지 소요시간

출발지	도착지	소요시간	
회사	×× 정류장	도보	15분
		택시	5분
	지하철역	도보	30분
		택시	10분

• 일산 킨텍스 가는 길

교통편	출발지	도착지	소요시간
지하철	강남역	대화역	1시간 25분
버스	×× 정류장	일산 킨텍스 정류장	1시간 45분

위의 제시 상황을 보고 은이씨가 선택할 교통편으로 가장 적절한 것은?

① 도보 – 지하철
② 도보 – 버스
③ 택시 – 지하철
④ 택시 – 버스

출제의도

주어진 여러 시간정보를 수집하여 실제 업무 상황에서 시간자원을 어떻게 활용할 것인지 계획하고 할당하는 능력을 측정하는 문항이다.

해 설

④ 택시로 버스정류장까지 이동해서 버스를 타고 가게 되면 택시(5분), 버스(1시간 45분), 도보(5분)으로 1시간 55분이 걸린다.

① 도보–지하철 : 도보(30분), 지하철(1시간 25분), 도보(30분)이므로 총 2시간 25분이 걸린다.

② 도보–버스 : 도보(15분), 버스(1시간 45분), 도보(5분)이므로 총 2시간 5분이 걸린다.

③ 택시–지하철 : 택시(10분), 지하철(1시간 25분), 도보(30분)이므로 총 2시간 5분이 걸린다.

답 ④

(2) 예산관리능력

① 예산과 예산관리

㉠ 예산 : 필요한 비용을 미리 헤아려 계산하는 것이나 그 비용

㉡ 예산관리 : 활동이나 사업에 소요되는 비용을 산정하고, 예산을 편성하는 것뿐만 아니라 예산을 통제하는 것 모두를 포함한다.

② 예산의 구성요소

비용	직접비용	재료비, 원료와 장비, 시설비, 여행(출장) 및 잡비, 인건비 등
	간접비용	보험료, 건물관리비, 광고비, 통신비, 사무비품비, 각종 공과금 등

③ 예산수립 과정 : 필요한 과업 및 활동 구명 → 우선순위 결정 → 예산 배정

예제 3

당신은 가을 체육대회에서 총무를 맡으라는 지시를 받았다. 다음과 같은 계획에 따라 예산을 진행하였으나 확보된 예산이 생각보다 적게 되어 불가피하게 비용항목을 줄여야 한다. 다음 중 귀하가 비용 항목을 없애기에 가장 적절한 것은 무엇인가?

〈○○산업공단 춘계 1차 워크숍〉

1. 해당부서 : 인사관리팀, 영업팀, 재무팀
2. 일　　정 : 2016년 4월 21일~23일(2박 3일)
3. 장　　소 : 강원도 속초 ○○연수원
4. 행사내용 : 바다열차탑승, 체육대회, 친교의 밤 행사, 기타

① 숙식비　② 식비
③ 교통비　④ 기념품비

출제의도

업무에 소요되는 예산 중 꼭 필요한 것과 예산을 감축해야할 때 삭제 또는 감축이 가능한 것을 구분해내는 능력을 묻는 문항이다.

해 설

한정된 예산을 가지고 과업을 수행할 때에는 중요도를 기준으로 예산을 사용한다. 위와 같이 불가피하게 비용 항목을 줄여야 한다면 기본적인 항목인 숙박비, 식비, 교통비는 유지되어야 하기에 항목을 없애기 가장 적절한 정답은 ④번이 된다.

답 ④

(3) 물적관리능력

① 물적자원의 종류

㉠ 자연자원 : 자연상태 그대로의 자원 ex) 석탄, 석유 등

㉡ 인공자원 : 인위적으로 가공한 자원 ex) 시설, 장비 등

② 물적자원관리 : 물적자원을 효과적으로 관리할 경우 경쟁력 향상이 향상되어 과제 및 사업의 성공으로 이어지며, 관리가 부족할 경우 경제적 손실로 인해 과제 및 사업의 실패 가능성이 커진다.

③ 물적자원 활용의 방해요인

㉠ 보관 장소의 파악 문제

㉡ 훼손

㉢ 분실

④ 물적자원관리 과정

과정	내용	
사용 물품과 보관 물품의 구분	• 반복 작업 방지	• 물품활용의 편리성
동일 및 유사 물품으로의 분류	• 동일성의 원칙	• 유사성의 원칙
물품 특성에 맞는 보관 장소 선정	• 물품의 형상	• 물품의 소재

예제 4

S호텔의 외식사업부 소속인 K씨는 예약일정 관리를 담당하고 있다. 아래의 예약일정과 정보를 보고 K씨의 판단으로 옳지 않은 것은?

〈S호텔 일식 뷔페 1월 ROOM 예약 일정〉

* 예약 : ROOM 이름(시작시간)

SUN	MON	TUE	WED	THU	FRI	SAT
					1	2
					백합(16)	장미(11) 백합(15)
3	4	5	6	7	8	9
라일락(15)		백향목(10) 백합(15)	장미(10) 백향목(17)	백합(11) 라일락(18)	백향목(15)	장미(10) 라일락(15)

ROOM 구분	수용가능인원	최소투입인력	연회장 이용시간
백합	20	3	2시간
장미	30	5	3시간
라일락	25	4	2시간
백향목	40	8	3시간

- 오후 9시에 모든 업무를 종료함
- 한 타임 끝난 후 1시간씩 세팅 및 정리
- 동 시간 대 서빙 투입인력은 총 10명을 넘을 수 없음

안녕하세요, 1월 첫째 주 또는 둘째 주에 신년회 행사를 위해 ROOM을 예약하려고 하는데요, 저희 동호회의 총 인원은 27명이고 오후 8시쯤 마무리하려고 합니다. 신정과 주말, 월요일은 피하고 싶습니다. 예약이 가능할까요?

① 인원을 고려했을 때 장미ROOM과 백향목ROOM이 적합하겠군.
② 만약 2명이 안 온다면 예약 가능한 ROOM이 늘어나겠구나.
③ 조건을 고려했을 때 예약 가능한 ROOM은 5일 장미ROOM뿐이겠구나.
④ 오후 5시부터 8시까지 가능한 ROOM을 찾아야해.

출제의도

주어진 정보와 일정표를 토대로 이용 가능한 물적자원을 확보하여 이를 정확하게 안내할 수 있는 능력을 측정하는 문항이다. 고객이 제공한 정보를 정확하게 파악하고 그 조건 안에서 가능한 자원을 제공할 수 있어야 한다.

해 설

③ 조건을 고려했을 때 5일 장미ROOM과 7일 장미ROOM이 예약 가능하다.
① 참석 인원이 27명이므로 30명 수용 가능한 장미ROOM과 40명 수용 가능한 백향목ROOM 두 곳이 적합하다.
② 만약 2명이 안 온다면 총 참석인원 25명이므로 라일락ROOM, 장미ROOM, 백향목ROOM이 예약 가능하다.
④ 오후 8시에 마무리하려고 계획하고 있으므로 적절하다.

답 ③

(4) 인적자원관리능력

① 인맥 : 가족, 친구, 직장동료 등 자신과 직접적인 관계에 있는 사람들인 핵심인맥과 핵심인맥들로부터 알게 된 파생인맥이 존재한다.

② 인적자원의 특성 : 능동성, 개발가능성, 전략적 자원

③ 인력배치의 원칙

㉠ 적재적소주의 : 팀의 효율성을 높이기 위해 팀원의 능력이나 성격 등과 가장 적합한 위치에 배치하여 팀원 개개인의 능력을 최대로 발휘해 줄 것을 기대하는 것

㉡ 능력주의 : 개인에게 능력을 발휘할 수 있는 기회와 장소를 부여하고 그 성과를 바르게 평가하며 평가된 능력과 실적에 대해 그에 상응하는 보상을 주는 원칙

㉢ 균형주의 : 모든 팀원에 대한 적재적소를 고려

④ 인력배치의 유형

㉠ 양적 배치 : 부문의 작업량과 조업도, 여유 또는 부족 인원을 감안하여 소요인원을 결정하여 배치하는 것

㉡ 질적 배치 : 적재적소의 배치

㉢ 적성 배치 : 팀원의 적성 및 흥미에 따라 배치하는 것

예제 5

최근 조직개편 및 연봉협상 과정에서 직원들의 불만이 높아지고 있다. 온갖 루머가 난무한 가운데 인사팀원인 당신에게 사내 게시판의 직원 불만사항에 대한 진위여부를 파악하고 대안을 세우라는 팀장의 지시를 받았다. 다음 중 당신이 조치를 취해야 하는 직원은 누구인가?

① 사원 A는 팀장으로부터 업무 성과가 탁월하다는 평가를 받았는데도 조직개편으로 인한 부서 통합으로 인해 승진을 못한 것이 불만이다.

② 사원 B는 회사가 예년에 비해 높은 영업 이익을 얻었는데도 불구하고 연봉 인상에 인색한 것이 불만이다.

③ 사원 C는 회사가 급여 정책을 변경해서 고정급 비율을 낮추고 기본급과 인센티브를 지급하는 제도로 바꾼 것이 불만이다.

④ 사원 D는 입사 동기인 동료가 자신보다 업무 실적이 좋지 않고 불성실한 근무태도를 가지고 있는데, 팀장과의 친분으로 인해 자신보다 높은 평가를 받은 것이 불만이다.

출제의도

주어진 직원들의 정보를 통해 시급하게 진위여부를 가리고 조치하여 인력배치를 해야 하는 사항을 확인하는 문제이다.

해 설

사원 A, B, C는 각각 조직 정책에 대한 불만이기에 논의를 통해 조직적으로 대처하는 것이 옳지만, 사원 D는 팀장의 독단적인 전횡에 대한 불만이기 때문에 조사하여 시급히 조치할 필요가 있다. 따라서 가장 적절한 답은 ④번이 된다.

답 ④

대인관계능력

01 직장생활에서의 대인관계

(1) 대인관계능력

① 의미 : 직장생활에서 협조적인 관계를 유지하고, 조직구성원들에게 도움을 줄 수 있으며, 조직내부 및 외부의 갈등을 원만히 해결하고 고객의 요구를 충족시켜줄 수 있는 능력이다.

② 인간관계를 형성할 때 가장 중요한 것은 자신의 내면이다.

예제 1

인간관계를 형성하는데 있어 가장 중요한 것은?

① 외적 성격 위주의 사고
② 이해득실 위주의 만남
③ 자신의 내면
④ 피상적인 인간관계 기법

출제의도
인간관계형성에 있어서 가장 중요한 요소가 무엇인지 묻는 문제다.

해 설
③ 인간관계를 형성하는데 있어서 가장 중요한 것은 자신의 내면이고 이때 필요한 기술이나 기법 등은 자신의 내면에서 자연스럽게 우러나와야 한다.

답 ③

(2) 대인관계 향상 방법

① 감정은행계좌 : 인간관계에서 구축하는 신뢰의 정도

② 감정은행계좌를 적립하기 위한 6가지 주요 예입 수단
- ㉠ 상대방에 대한 이해심
- ㉡ 사소한 일에 대한 관심
- ㉢ 약속의 이행
- ㉣ 기대의 명확화
- ㉤ 언행일치
- ㉥ 진지한 사과

02 대인관계능력을 구성하는 하위능력

(1) 팀워크능력

① 팀워크의 의미

㉠ 팀워크와 응집력

- 팀워크 : 팀 구성원이 공동의 목적을 달성하기 위해 상호 관계성을 가지고 협력하여 일을 해 나가는 것
- 응집력 : 사람들로 하여금 집단에 머물도록 만들고 그 집단의 멤버로서 계속 남아있기를 원하게 만드는 힘

예제 2

A회사에서는 격주로 사원 소식지 '우리가족'을 발행하고 있다. 이번 호의 특집 테마는 팀워크에 대한 것으로, 좋은 사례를 모으고 있다. 다음 중 팀워크의 사례로 가장 적절하지 않은 것은 무엇인가?

① 팀원들의 개성과 장점을 살려 사내 직원 연극대회에서 대상을 받을 수 있었던 사례
② 팀장의 갑작스러운 부재 상황에서 팀원들이 서로 역할을 분담하고 소통을 긴밀하게 하면서 팀의 당초 목표를 원만하게 달성할 수 있었던 사례
③ 자재 조달의 차질로 인해 납기 준수가 어려웠던 상황을 팀원들이 똘똘 뭉쳐 헌신적으로 일한 결과 주문 받은 물품을 성공적으로 납품할 수 있었던 사례
④ 팀의 분위기가 편안하고 인간적이어서 주기적인 직무순환 시기가 도래해도 다른 부서로 가고 싶어 하지 않는 사례

출제의도

팀워크와 응집력에 대한 문제로 각 용어에 대한 정의를 알고 이를 실제 사례를 통해 구분할 수 있어야 한다.

해 설

④ 응집력에 대한 사례에 해당한다.

답 ④

㉡ 팀워크의 유형

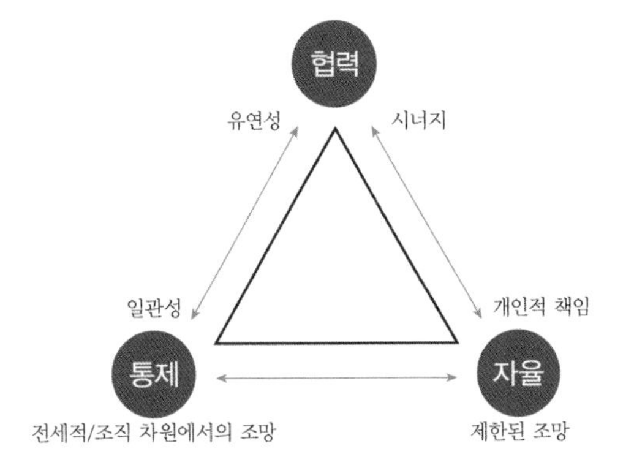

② 효과적인 팀의 특성

㉠ 팀의 사명과 목표를 명확하게 기술한다.
㉡ 창조적으로 운영된다.
㉢ 결과에 초점을 맞춘다.
㉣ 역할과 책임을 명료화시킨다.
㉤ 조직화가 잘 되어 있다.

ⓗ 개인의 강점을 활용한다.
ⓢ 리더십 역량을 공유하며 구성원 상호간에 지원을 아끼지 않는다.
ⓞ 팀 풍토를 발전시킨다.
ⓙ 의견의 불일치를 건설적으로 해결한다.
ⓒ 개방적으로 의사소통한다.
ⓚ 객관적인 결정을 내린다.
ⓣ 팀 자체의 효과성을 평가한다.

③ 팀워크 촉진 방법
㉠ 동료 피드백 장려하기
㉡ 갈등 해결하기
㉢ 창의력 조성을 위해 협력하기
㉣ 참여적으로 의사결정하기

④ 멤버십의 의미
㉠ 멤버십은 조직의 구성원으로서의 자격과 지위를 갖는 것으로 훌륭한 멤버십은 팔로워십(followership)의 역할을 충실하게 수행하는 것이다.
㉡ 멤버십 유형 : 독립적 사고와 적극적 실천에 따른 구분

구분	소외형	순응형	실무형	수동형	주도형
자아상	• 자립적인 사람 • 일부러 반대의견 제시 • 조직의 양심	• 기쁜 마음으로 과업 수행 • 팀플레이를 함 • 리더나 조직을 믿고 헌신함	• 조직의 운영방침에 민감 • 사건을 균형 잡힌 시각으로 봄 • 규정과 규칙에 따라 행동함	• 판단, 사고를 리더에 의존 • 지시가 있어야 행동	• 스스로 생각하고 건설적 비판을 하며 자기 나름의 개성이 있고 혁신적·창조적 • 솔선수범하고 주인의식을 가지며 적극적으로 참여하고 자발적, 기대 이상의 성과를 내려고 노력
동료/리더의 시각	• 냉소적 • 부정적 • 고집이 셈	• 아이디어가 없음 • 인기 없는 일은 하지 않음 • 조직을 위해 자신과 가족의 요구를 양보함	• 개인의 이익을 극대화하기 위한 흥정에 능함 • 적당한 열의와 평범한 수완으로 업무 수행	• 하는 일이 없음 • 제 몫을 하지 못 함 • 업무 수행에는 감독이 반드시 필요	
조직에 대한 자신의 느낌	• 자신을 인정 안 해줌 • 적절한 보상이 없음 • 불공정하고 문제가 있음	• 기존 질서를 따르는 것이 중요 • 리더의 의견을 거스르는 것은 어려운 일임 • 획일적인 태도 행동에 익숙함	• 규정준수를 강조 • 명령과 계획의 빈번한 변경 • 리더와 부하 간의 비인간적 풍토	• 조직이 나의 아이디어를 원치 않음 • 노력과 공헌을 해도 아무 소용이 없음 • 리더는 항상 자기 마음대로 함	

⑤ 팀워크 촉진 방법
　㉠ 동료 피드백 장려하기
　㉡ 갈등 해결하기
　㉢ 창의력 조성을 위해 협력하기
　㉣ 참여적으로 의사결정하기

(2) 리더십능력

① 리더십의 의미 : 리더십이란 조직의 공통된 목적을 달성하기 위하여 개인이 조직원들에게 영향을 미치는 과정이다.
　㉠ 리더십 발휘 구도 : 산업 사회에서는 상사가 하급자에게 리더십을 발휘하는 수직적 구조였다면 정보 사회로 오면서 하급자뿐만 아니라 동료나 상사에게까지도 발휘하는 정방위적 구조로 바뀌었다.
　㉡ 리더와 관리자

리더	관리자
• 새로운 상황 창조자 • 혁신지향적 • 내일에 초점을 둠. • 사람의 마음에 불을 지핀다. • 사람을 중시 • 정신적 • 계산된 리스크를 취한다. • '무엇을 할까'를 생각한다.	• 상황에 수동적 • 유지지향적 둠. • 오늘에 초점을 둠. • 사람을 관리한다. • 체제나 기구를 중시 • 기계적 • 리스크를 회피한다. • '어떻게 할까'를 생각한다.

예제 3

리더에 대한 설명으로 옳지 않은 것은?

① 사람을 중시한다.
② 오늘에 초점을 둔다.
③ 혁신지향적이다.
④ 새로운 상황 창조자이다.

출제의도
리더와 관리자에 대한 문제로 각각에 대해 완벽하게 구분할 수 있어야 한다.

해　설
② 리더는 내일에 초점을 둔다.

답 ②

② 리더십 유형
　㉠ 독재자 유형 : 정책의사결정과 대부분의 핵심정보를 그들 스스로에게만 국한하여 소유하고 고수하려는 경향이 있다. 통제 없이 방만한 상태, 가시적인 성과물이 안 보일 때 효과적이다.

㉡ 민주주의에 근접한 유형 : 그룹에 정보를 잘 전달하려고 노력하고 전체 그룹의 구성원 모두를 목표방향으로 설정에 참여하게 함으로써 구성원들에게 확신을 심어주려고 노력한다. 혁신적이고 탁월한 부하직원들을 거느리고 있을 때 효과적이다.

㉢ 파트너십 유형 : 리더와 집단 구성원 사이의 구분이 희미하고 리더가 조직에서 한 구성원이 되기도 한다. 소규모 조직에서 경험, 재능을 소유한 조직원이 있을 때 효과적으로 활용할 수 있다.

㉣ 변혁적 리더십 유형 : 개개인과 팀이 유지해 온 업무수행 상태를 뛰어넘어 전체 조직이나 팀원들에게 변화를 가져오는 원동력이 된다. 조직에 있어 획기적인 변화가 요구될 때 활용할 수 있다.

③ 동기부여 방법

㉠ 긍정적 강화법을 활용한다.

㉡ 새로운 도전의 기회를 부여한다.

㉢ 창의적인 문제해결법을 찾는다.

㉣ 책임감으로 철저히 무장한다.

㉤ 몇 가지 코칭을 한다.

㉥ 변화를 두려워하지 않는다.

㉦ 지속적으로 교육한다.

④ 코칭

㉠ 코칭은 조직의 지속적인 성장과 성공을 만들어내는 리더의 능력으로 직원들의 능력을 신뢰하며 확신하고 있다는 사실에 기초한다.

㉡ 코칭의 기본 원칙

- 관리는 만병통치약이 아니다.
- 권한을 위임한다.
- 훌륭한 코치는 뛰어난 경청자이다.
- 목표를 정하는 것이 가장 중요하다.

⑤ 임파워먼트 : 조직성원들을 신뢰하고 그들의 잠재력을 믿으며 그 잠재력의 개발을 통해 High Performance 조직이 되도록 하는 일련의 행위이다.

㉠ 임파워먼트의 이점(High Performance 조직의 이점)

- 나는 매우 중요한 일을 하고 있으며, 이 일은 다른 사람이 하는 일보다 훨씬 중요한 일이다.
- 일의 과정과 결과에 나의 영향력이 크게 작용했다.
- 나는 정말로 도전하고 있고 나는 계속해서 성장하고 있다.
- 우리 조직에서는 아이디어가 존중되고 있다.
- 내가 하는 일은 항상 재미가 있다.
- 우리 조직의 구성원들은 모두 대단한 사람들이며, 다 같이 협력해서 승리하고 있다.

㉡ 임파워먼트의 충족 기준
- 여건의 조건 : 사람들이 자유롭게 참여하고 기여할 수 있는 여건 조성
- 재능과 에너지의 극대화
- 명확하고 의미 있는 목적에 초점

㉢ 높은 성과를 내는 임파워먼트 환경의 특징
- 도전적이고 흥미 있는 일
- 학습과 성장의 기회
- 높은 성과와 지속적인 개선을 가져오는 요인들에 대한 통제
- 성과에 대한 지식
- 긍정적인 인간관계
- 개인들이 공헌하며 만족한다는 느낌
- 상부로부터의 지원

㉣ 임파워먼트의 장애요인
- 개인 차원 : 주어진 일을 해내는 역량의 결여, 동기의 결여, 결의의 부족, 책임감 부족, 의존성
- 대인 차원 : 다른 사람과의 성실성 결여, 약속 불이행, 성과를 제한하는 조직의 규범, 갈등처리 능력 부족, 승패의 태도
- 관리 차원 : 통제적 리더십 스타일, 효과적 리더십 발휘 능력 결여, 경험 부족, 정책 및 기획의 실행 능력 결여, 비전의 효과적 전달능력 결여
- 조직 차원 : 공감대 형성이 없는 구조와 시스템, 제한된 정책과 절차

⑥ 변화관리의 3단계 : 변화 이해 → 변화 인식 → 변화 수용

(3) 갈등관리능력

① 갈등의 의미 및 원인

㉠ 갈등이란 상호 간의 의견차이 때문에 생기는 것으로 당사가 간에 가치, 규범, 이해, 아이디어, 목표 등이 서로 불일치하여 충돌하는 상태를 의미한다.

㉡ 갈등을 확인할 수 있는 단서
- 지나치게 감정적으로 논평과 제안을 하는 것
- 타인의 의견발표가 끝나기도 전에 타인의 의견에 대해 공격하는 것
- 핵심을 이해하지 못한데 대해 서로 비난하는 것
- 편을 가르고 타협하기를 거부하는 것
- 개인적인 수준에서 미묘한 방식으로 서로를 공격하는 것

㉢ 갈등을 증폭시키는 원인 : 적대적 행동, 입장 고수, 감정적 관여 등

② 실제로 존재하는 갈등 파악

㉠ 갈등의 두 가지 쟁점

핵심 문제	감정적 문제
• 역할 모호성 • 방법에 대한 불일치 • 목표에 대한 불일치 • 절차에 대한 불일치 • 책임에 대한 불일치 • 가치에 대한 불일치 • 사실에 대한 불일치	• 공존할 수 없는 개인적 스타일 • 통제나 권력 확보를 위한 싸움 • 자존심에 대한 위협 • 질투 • 분노

예제 4

갈등의 두 가지 쟁점 중 감정적 문제에 대한 설명으로 적절하지 않은 것은?

① 공존할 수 없는 개인적 스타일
② 역할 모호성
③ 통제나 권력 확보를 위한 싸움
④ 자존심에 대한 위협

출제의도

갈등의 두 가지 쟁점인 핵심문제와 감정적 문제에 대해 묻는 문제로 이 두 가지 쟁점을 구분할 수 있는 능력이 필요하다.

해 설

② 갈등의 두 가지 쟁점 중 핵심 문제에 대한 설명이다.

답 ②

㉡ 갈등의 두 가지 유형

- 불필요한 갈등 : 개개인이 저마다 문제를 다르게 인식하거나 정보가 부족한 경우, 편견 때문에 발생한 의견 불일치로 적대적 감정이 생길 때 불필요한 갈등이 일어난다.
- 해결할 수 있는 갈등 : 목표와 욕망, 가치, 문제를 바라보는 시각과 이해하는 시각이 다를 경우에 일어날 수 있는 갈등이다.

③ 갈등해결 방법

㉠ 다른 사람들의 입장을 이해한다.
㉡ 사람들이 당황하는 모습을 자세하게 살핀다.
㉢ 어려운 문제는 피하지 말고 맞선다.
㉣ 자신의 의견을 명확하게 밝히고 지속적으로 강화한다.
㉤ 사람들과 눈을 자주 마주친다.
㉥ 마음을 열어놓고 적극적으로 경청한다.
㉦ 타협하려 애쓴다.

ⓞ 어느 한쪽으로 치우치지 않는다.
ⓩ 논쟁하고 싶은 유혹을 떨쳐낸다.
ⓒ 존중하는 자세로 사람들을 대한다.

④ 윈-윈(Win-Win) 갈등 관리법 : 갈등과 관련된 모든 사람으로부터 의견을 받아서 문제의 본질적인 해결책을 얻고자 하는 방법이다.

⑤ 갈등을 최소화하기 위한 기본원칙
㉠ 먼저 다른 팀원의 말을 경청하고 나서 어떻게 반응할 것인가를 결정한다.
㉡ 모든 사람이 거의 대부분의 문제에 대해 나름의 의견을 가지고 있다는 점을 인식한다.
㉢ 의견의 차이를 인정한다.
㉣ 팀 갈등해결 모델을 사용한다.
㉤ 자신이 받기를 원하지 않는 형태로 남에게 작업을 넘겨주지 않는다.
㉥ 다른 사람으로부터 그러한 작업을 넘겨받지 않는다.
㉦ 조금이라도 의심이 날 때에는 분명하게 말해 줄 것을 요구한다.
㉧ 가정하는 것은 위험하다.
㉨ 자신의 책임이 어디서부터 어디까지인지를 명확히 하고 다른 팀원의 책임과 어떻게 조화되는지를 명확히 한다.
㉩ 자신이 알고 있는 바를 알 필요가 있는 사람들을 새롭게 파악한다.
㉪ 다른 팀원과 불일치하는 쟁점이나 사항이 있다면 다른 사람이 아닌 당사자에게 직접 말한다.

(4) 협상능력

① 협상의 의미
㉠ 의사소통 차원 : 이해당사자들이 자신들의 욕구를 충족시키기 위해 상대방으로부터 최선의 것을 얻어내려 설득하는 커뮤니케이션 과정
㉡ 갈등해결 차원 : 갈등관계에 있는 이해당사자들이 대화를 통해서 갈등을 해결하고자 하는 상호작용과정
㉢ 지식과 노력 차원 : 우리가 얻고자 하는 것을 가진 사람의 호의를 쟁취하기 위한 것에 관한 지식이며 노력의 분야
㉣ 의사결정 차원 : 선호가 서로 다른 협상 당사자들이 합의에 도달하기 위해 공동으로 의사결정 하는 과정
㉤ 교섭 차원 : 둘 이상의 이해당사자들이 여러 대안들 가운데서 이해당사자들 모두가 수용 가능한 대안을 찾기 위한 의사결정과정

② 협상 과정

단계	내용
협상 시작	• 협상 당사자들 사이에 상호 친근감을 쌓음 • 간접적인 방법으로 협상의사를 전달함 • 상대방의 협상의지를 확인함 • 협상진행을 위한 체제를 짬
상호 이해	• 갈등문제의 진행상황과 현재의 상황을 점검함 • 적극적으로 경청하고 자기주장을 제시함 • 협상을 위한 협상대상 안건을 결정함
실질 이해	• 겉으로 주장하는 것과 실제로 원하는 것을 구분하여 실제로 원하는 것을 찾아 냄 • 분할과 통합 기법을 활용하여 이해관계를 분석함
해결 대안	• 협상 안건마다 대안들을 평가함 • 개발한 대안들을 평가함 • 최선의 대안에 대해서 합의하고 선택함 • 대안 이행을 위한 실행계획을 수립함
합의 문서	• 합의문을 작성함 • 합의문상의 합의내용, 용어 등을 재점검함 • 합의문에 서명함

③ 협상전략

㉠ 협력전략 : 협상 참여자들이 협동과 통합으로 문제를 해결하고자 하는 협력적 문제해결전략

㉡ 유화전략 : 양보전략으로 상대방이 제시하는 것을 일방적으로 수용하여 협상의 가능성을 높이려는 전략이다. 순응전략, 화해전략, 수용전략이라고도 한다.

㉢ 회피전략 : 무행동전략으로 협상으로부터 철수하는 철수전략이다. 협상을 피하거나 잠정적으로 중단한다.

㉣ 강압전략 : 경쟁전략으로 자신이 상대방보다 힘에 있어서 우위를 점유하고 있을 때 자신의 이익을 극대화하기 위한 공격적 전략이다.

④ 상대방 설득 방법의 종류

㉠ See-Feel-Change 전략 : 시각화를 통해 직접 보고 스스로가 느끼게 하여 변화시켜 설득에 성공하는 전략

㉡ 상대방 이해 전략 : 상대방에 대한 이해를 바탕으로 갈등해결을 용이하게 하는 전략

㉢ 호혜관계 형성 전략 : 혜택들을 주고받은 호혜관계 형성을 통해 협상을 용이하게 하는 전략

㉣ 헌신과 일관성 전략 : 협상 당사자간에 기대하는 바에 일관성 있게 헌신적으로 부응하여 행동함으로서 협상을 용이하게 하는 전략

㉤ 사회적 입증 전략 : 과학적인 논리보다 동료나 사람들의 행동에 의해서 상대방을 설득하는 전략
㉥ 연결전략 : 갈등 문제와 갈등관리자를 연결시키는 것이 아니라 갈등을 야기한 사람과 관리자를 연결시킴으로서 협상을 용이하게 하는 전략
㉦ 권위전략 : 직위나 전문성, 외모 등을 활용하여 협상을 용이하게 하는 전략
㉧ 희소성 해결 전략 : 인적, 물적 자원 등의 희소성을 해결함으로서 협상과정상의 갈등해결을 용이하게 하는 전략
㉨ 반항심 극복 전략 : 억압하면 할수록 더욱 반항하게 될 가능성이 높아지므로 이를 피함으로서 협상을 용이하게 하는 전략

(5) 고객서비스능력

① 고객서비스의 의미 : 고객서비스란 다양한 고객의 요구를 파악하고 대응법을 마련하여 고객에게 양질의 서비스를 제공하는 것을 말한다.

② 고객의 불만표현 유형 및 대응방안

불만표현 유형	대응방안
거만형	• 정중하게 대하는 것이 좋다. • 자신의 과시욕이 채워지도록 뽐내게 내버려 둔다. • 의외로 단순한 면이 있으므로 일단 호감을 얻게 되면 득이 될 경우도 있다.
의심형	• 분명한 증거나 근거를 제시하여 스스로 확신을 갖도록 유도한다. • 때로는 책임자로 하여금 응대하는 것도 좋다.
트집형	• 이야기를 경청하고 맞장구를 치며 추켜세우고 설득해 가는 방법이 효과적이다. • '손님의 말씀이 맞습니다.' 하고 고객의 지적이 옳음을 표시한 후 '저도 그렇게 생각하고 있습니다만……' 하고 설득한다. • 잠자코 고객의 의견을 경청하고 사과를 하는 응대가 바람직하다.
빨리빨리형	• '글쎄요.', '아마' 하는 식으로 애매한 화법을 사용하지 않는다. • 만사를 시원스럽게 처리하는 모습을 보이면 응대하기 쉽다.

③ 고객 불만처리 프로세스

단계	내용
경청	• 고객의 항의를 경청하고 끝까지 듣는다. • 선입관을 버리고 문제를 파악한다.
감사와 공감표시	• 일부러 시간을 내서 해결의 기회를 준 것에 감사를 표시한다. • 고객의 항의에 공감을 표시한다.
사과	• 고객의 이야기를 듣고 문제점에 대해 인정하고, 잘못된 부분에 대해 사과한다.
해결약속	• 고객이 불만을 느낀 상황에 대해 관심과 공감을 보이며, 문제의 빠른 해결을 약속한다.
정보파악	• 문제해결을 위해 꼭 필요한 질문만 하여 정보를 얻는다. • 최선의 해결방법을 찾기 어려우면 고객에게 어떻게 해주면 만족스러운지를 묻는다.
신속처리	• 잘못된 부분을 신속하게 시정한다.
처리확인과 사과	• 불만처리 후 고객에게 처리 결과에 만족하는지를 물어본다.
피드백	• 고객 불만 사례를 회사 및 전 직원에게 알려 다시는 동일한 문제가 발생하지 않도록 한다.

④ 고객만족 조사

㉠ 목적 : 고객의 주요 요구를 파악하여 가장 중요한 고객요구를 도출하고 자사가 가지고 있는 자원을 토대로 경영 프로세스의 개선에 활용함으로써 경쟁력을 증대시키는 것이다.

㉡ 고객만족 조사계획에서 수행되어야 할 것

- 조사 분야 및 대상 결정
- 조사목적 설정 : 전체적 경향의 파악, 고객에 대한 개별대응 및 고객과의 관계유지 파악, 평가목적, 개선목적
- 조사방법 및 횟수
- 조사결과 활용 계획

예제 5

고객중심 기업의 특징으로 옳지 않은 것은?

① 고객이 정보, 제품, 서비스 등에 쉽게 접근할 수 있도록 한다.
② 보다 나은 서비스를 제공할 수 있도록 기업정책을 수립한다.
③ 고객 만족에 중점을 둔다.
④ 기업이 행한 서비스에 대한 평가는 한번으로 끝낸다.

출제의도

고객서비스능력에 대한 포괄적인 문제로 실제 고객중심 기업의 입장에서 생각해 보면 쉽게 풀 수 있는 문제다.

해 설

④ 기업이 행한 서비스에 대한 평가는 수시로 이루어져야 한다.

답 ④

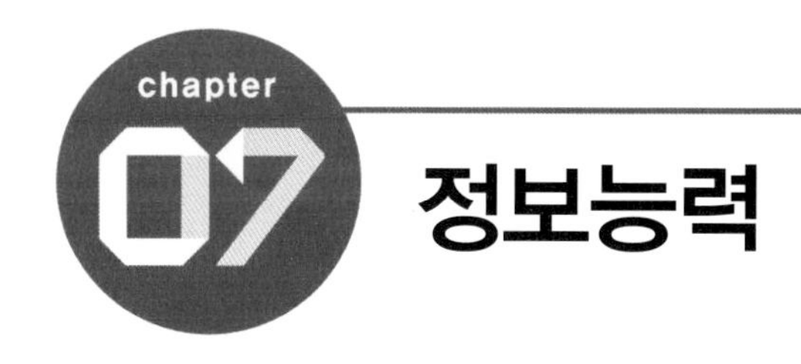

정보능력

01 정보화사회와 정보능력

(1) 정보와 정보화사회

① 자료 · 정보 · 지식

구분	특징
자료 (Data)	객관적 실제의 반영이며, 그것을 전달할 수 있도록 기호화한 것
정보 (Information)	자료를 특정한 목적과 문제해결에 도움이 되도록 가공한 것
지식 (Knowledge)	정보를 집적하고 체계화하여 장래의 일반적인 사항에 대비해 보편성을 갖도록 한 것

② 정보화사회 : 필요로 하는 정보가 사회의 중심이 되는 사회

(2) 업무수행과 정보능력

① 컴퓨터의 활용 분야

㉠ 기업 경영 분야에서의 활용 : 판매, 회계, 재무, 인사 및 조직관리, 금융 업무 등

㉡ 행정 분야에서의 활용 : 민원처리, 각종 행정 통계 등

㉢ 산업 분야에서의 활용 : 공장 자동화, 산업용 로봇, 판매시점관리시스템(POS) 등

㉣ 기타 분야에서의 활용 : 교육, 연구소, 출판, 가정, 도서관, 예술 분야 등

② 정보처리과정

㉠ 정보 활용 절차 : 기획 → 수집 → 관리 → 활용

㉡ 5W2H : 정보 활용의 전략적 기획

- WHAT(무엇을) : 정보의 입수대상을 명확히 한다.
- WHERE(어디에서) : 정보의 소스(정보원)를 파악한다.
- WHEN(언제) : 정보의 요구(수집)시점을 고려한다.
- WHY(왜, 무엇을 위해, 동기) : 정보의 필요목적을 염두에 둔다.
- WHO(누가) : 정보활동의 주체를 확정한다.
- HOW(어떻게) : 정보의 수집방법을 검토한다.
- HOW MUCH(얼마나) : 정보수집의 비용성(효용성)을 중시한다.

예제 1

5W2H는 정보를 전략적으로 수집 · 활용할 때 주로 사용하는 방법이다. 5W2H에 대한 설명으로 옳지 않은 것은?

① WHAT : 정보의 수집방법을 검토한다.
② WHERE : 정보의 소스(정보원)를 파악한다.
③ WHEN : 정보의 요구(수집)시점을 고려한다.
④ HOW : 정보의 수집방법을 검토한다.

출제의도

방대한 정보들 중 꼭 필요한 정보와 수집 방법 등을 전략적으로 기획하고 정보수집이 이루어질 때 효과적인 정보 수집이 가능해진다. 5W2H는 이러한 전략적 정보 활용 기획의 방법으로 그 개념을 이해하고 있는지를 묻는 질문이다.

해 설

5W2H의 'WHAT'은 정보의 입수대상을 명확히 하는 것이다. 정보의 수집방법을 검토하는 것은 HOW(어떻게)에 해당되는 내용이다.

답 ①

(3) 사이버공간에서 지켜야 할 예절

① 인터넷의 역기능
- ㉠ 불건전 정보의 유통
- ㉡ 개인 정보 유출
- ㉢ 사이버 성폭력
- ㉣ 사이버 언어폭력
- ㉤ 언어 훼손
- ㉥ 인터넷 중독
- ㉦ 불건전한 교제
- ㉧ 저작권 침해

② 네티켓(netiquette) : 네트워크(network) + 에티켓(etiquette)

(4) 정보의 유출에 따른 피해사례

① 개인정보의 종류
- ㉠ 일반 정보 : 이름, 주민등록번호, 운전면허정보, 주소, 전화번호, 생년월일, 출생지, 본적지, 성별, 국적 등
- ㉡ 가족 정보 : 가족의 이름, 직업, 생년월일, 주민등록번호, 출생지 등
- ㉢ 교육 및 훈련 정보 : 최종학력, 성적, 기술자격증/전문면허증, 이수훈련 프로그램, 서클 활동, 상벌사항, 성격/행태보고 등

㉣ 병역 정보 : 군번 및 계급, 제대유형, 주특기, 근무부대 등
㉤ 부동산 및 동산 정보 : 소유주택 및 토지, 자동차, 저축현황, 현금카드, 주식 및 채권, 수집품, 고가의 예술품 등
㉥ 소득 정보 : 연봉, 소득의 원천, 소득세 지불 현황 등
㉦ 기타 수익 정보 : 보험가입현황, 수익자, 회사의 판공비 등
㉧ 신용 정보 : 대부상황, 저당, 신용카드, 담보설정 여부 등
㉨ 고용 정보 : 고용주, 회사주소, 상관의 이름, 직무수행 평가 기록, 훈련기록, 상벌기록 등
㉩ 법적 정보 : 전과기록, 구속기록, 이혼기록 등
㉪ 의료 정보 : 가족병력기록, 과거 의료기록, 신체장애, 혈액형 등
㉫ 조직 정보 : 노조가입, 정당가입, 클럽회원, 종교단체 활동 등
㉬ 습관 및 취미 정보 : 흡연/음주량, 여가활동, 도박성향, 비디오 대여기록 등

② 개인정보 유출방지 방법
㉠ 회원 가입 시 이용 약관을 읽는다.
㉡ 이용 목적에 부합하는 정보를 요구하는지 확인한다.
㉢ 비밀번호는 정기적으로 교체한다.
㉣ 정체불명의 사이트는 멀리한다.
㉤ 가입 해지 시 정보 파기 여부를 확인한다.
㉥ 남들이 쉽게 유추할 수 있는 비밀번호는 자제한다.

02 정보능력을 구성하는 하위능력

(1) 컴퓨터활용능력

① 인터넷 서비스 활용
㉠ 전자우편(E-mail) 서비스 : 정보 통신망을 이용하여 다른 사용자들과 편지나 여러 정보를 주고받는 통신 방법
㉡ 인터넷 디스크/웹 하드 : 웹 서버에 대용량의 저장 기능을 갖추고 사용자가 개인용 컴퓨터의 하드디스크와 같은 기능을 인터넷을 통하여 이용할 수 있게 하는 서비스
㉢ 메신저 : 인터넷에서 실시간으로 메시지와 데이터를 주고받을 수 있는 소프트웨어
㉣ 전자상거래 : 인터넷을 통해 상품을 사고팔거나 재화나 용역을 거래하는 사이버 비즈니스

② 정보검색 : 여러 곳에 분산되어 있는 수많은 정보 중에서 특정 목적에 적합한 정보만을 신속하고 정확하게 찾아내어 수집, 분류, 축적하는 과정
㉠ 검색엔진의 유형
- 키워드 검색 방식 : 찾고자 하는 정보와 관련된 핵심적인 언어인 키워드를 직접 입력하여 이를 검색 엔진에 보내어 검색 엔진이 키워드와 관련된 정보를 찾는 방식

- 주제별 검색 방식 : 인터넷상에 존재하는 웹 문서들을 주제별, 계층별로 정리하여 데이터베이스를 구축한 후 이용하는 방식
- 통합형 검색방식 : 사용자가 입력하는 검색어들이 연계된 다른 검색 엔진에게 보내고 이를 통하여 얻어진 검색 결과를 사용자에게 보여주는 방식

㉡ 정보 검색 연산자

기호	연산자	검색조건
*, &	AND	두 단어가 모두 포함된 문서를 검색
|	OR	두 단어가 모두 포함되거나 두 단어 중에서 하나만 포함된 문서를 검색
−, !	NOT	'−' 기호나 '!' 기호 다음에 오는 단어는 포함하지 않는 문서를 검색
~, near	인접검색	앞/뒤의 단어가 가깝게 있는 문서를 검색

③ 소프트웨어의 활용

㉠ 워드프로세서
- 특징 : 문서의 내용을 화면으로 확인하면서 쉽게 수정 가능, 문서 작성 후 인쇄 및 저장 가능, 글이나 그림의 입력 및 편집 가능
- 기능 : 입력기능, 표시기능, 저장기능, 편집기능, 인쇄기능 등

㉡ 스프레드시트
- 특징 : 쉽게 계산 수행, 계산 결과를 차트로 표시, 문서를 작성하고 편집 가능
- 기능 : 계산, 수식, 차트, 저장, 편집, 인쇄기능 등

예제 2

귀하는 커피 전문점을 운영하고 있다. 아래와 같이 엑셀 워크시트로 4개 지점의 원두 구매 수량과 단가를 이용하여 금액을 산출하고 있다. 귀하가 다음 중 D3셀에서 사용하고 있는 함수식으로 옳은 것은? (단, 금액 = 수량 × 단가)

	A	B	C	D	E
1	지점	원두	수량(100g)	금액	
2	A	케냐	15	150000	
3	B	콜롬비아	25	175000	
4	C	케냐	30	300000	
5	D	브라질	35	210000	
6					
7		원두	100g당 단가		
8		케냐	10,000		
9		콜롬비아	7,000		
10		브라질	6,000		
11					

① =C3*VLOOKUP(B3, $B$8:$C$10, 1, 1)
② =B3*HLOOKUP(C3, $B$8:$C$10, 2, 0)
③ =C3*VLOOKUP(B3, $B$8:$C$10, 2, 0)
④ =C3*HLOOKUP($B$8:$C$10, 2, B3)

출제의도

본 문항은 엑셀 워크시트 함수의 활용도를 확인하는 문제이다.

해 설

"VLOOKUP(B3,$B$8:$C$10, 2, 0)"의 함수를 해설해보면 B3의 값(콜롬비아)을 B8:C10에서 찾은 후 그 영역의 2번째 열(C열, 100g당 단가)에 있는 값을 나타내는 함수이다. 금액은 "수량 × 단가"으로 나타내므로 D3셀에 사용되는 함수식은 "=C3*VLOOKUP(B3, $B$8 : $C$10, 2, 0)"이다.

※ HLOOKUP과 VLOOKUP
㉠ HLOOKUP : 배열의 첫 행에서 값을 검색하여, 지정한 행의 같은 열에서 데이터를 추출
㉡ VLOOKUP : 배열의 첫 열에서 값을 검색하여, 지정한 열의 같은 행에서 데이터를 추출

답 ③

㉢ 프레젠테이션
- 특징 : 각종 정보를 사용자 또는 대상자에게 쉽게 전달
- 기능 : 저장, 편집, 인쇄, 슬라이드 쇼 기능 등

㉣ 유틸리티 프로그램 : 파일 압축 유틸리티, 바이러스 백신 프로그램

④ 데이터베이스의 필요성

㉠ 데이터의 중복을 줄인다.

㉡ 데이터의 무결성을 높인다.

㉢ 검색을 쉽게 해준다.

㉣ 데이터의 안정성을 높인다.

㉤ 개발기간을 단축한다.

(2) 정보처리능력

① 정보원 : 1차 자료는 원래의 연구성과가 기록된 자료이며, 2차 자료는 1차 자료를 효과적으로 찾아보기 위한 자료 또는 1차 자료에 포함되어 있는 정보를 압축 · 정리한 형태로 제공하는 자료이다.

㉠ 1차 자료 : 단행본, 학술지와 논문, 학술회의자료, 연구보고서, 학위논문, 특허정보, 표준 및 규격자료, 레터, 출판 전 배포자료, 신문, 잡지, 웹 정보자원 등

㉡ 2차 자료 : 사전, 백과사전, 편람, 연감, 서지데이터베이스 등

② 정보분석 및 가공

㉠ 정보분석의 절차 : 분석과제의 발생 → 과제(요구)의 분석 → 조사항목의 선정 → 관련정보의 수집(기존자료 조사/신규자료 조사) → 수집정보의 분류 → 항목별 분석 → 종합 · 결론 → 활용 · 정리

㉡ 가공 : 서열화 및 구조화

③ 정보관리

㉠ 목록을 이용한 정보관리

㉡ 색인을 이용한 정보관리

㉢ 분류를 이용한 정보관리

예제 3

인사팀에서 근무하는 J씨는 회사가 성장함에 따라 직원 수가 급증하기 시작하면서 직원들의 정보관리 방법을 모색하던 중 다음과 같은 A사의 직원 정보관리 방법을 보게 되었다. J씨는 A사가 하고 있는 이 방법을 회사에도 도입하고자 한다. 이 방법은 무엇인가?

> A사의 인사부서에 근무하는 H씨는 직원들의 개인정보를 관리하는 업무를 담당하고 있다. A사에서 근무하는 직원은 수천 명에 달하기 때문에 H씨는 주요 키워드나 주제어를 가지고 직원들의 정보를 구분하여 관리하여, 찾을 때도 쉽고 내용을 수정할 때도 이전보다 훨씬 간편할 수 있도록 했다.

① 목록을 활용한 정보관리
② 색인을 활용한 정보관리
③ 분류를 활용한 정보관리
④ 1 : 1 매칭을 활용한 정보관리

출제의도
본 문항은 정보관리 방법의 개념을 이해하고 있는가를 묻는 문제이다.

해 설
주어진 자료의 A사에서 사용하는 정보관리는 주요 키워드나 주제어를 가지고 정보를 관리하는 방식인 색인을 활용한 정보관리이다. 디지털 파일에 색인을 저장할 경우 추가, 삭제, 변경 등이 쉽다는 점에서 정보관리에 효율적이다.

답 ②

기술능력

01 기술과 기술능력

(1) 기술과 과학

① 노하우(know-how)와 노와이(know-why)

㉠ 노하우 : 특허권을 수반하지 않는 과학자, 엔지니어 등이 가지고 있는 체화된 기술로 경험적이고 반복적인 행위에 의해 얻어진다.

㉡ 노와이 : 기술이 성립하고 작용하는가에 관한 원리적 측면에 중심을 둔 개념으로 이론적인 지식으로서 과학적인 탐구에 의해 얻어진다.

② 기술의 특징

㉠ 하드웨어나 인간에 의해 만들어진 비자연적인 대상, 혹은 그 이상을 의미한다.

㉡ 기술은 노하우(know-how)를 포함한다.

㉢ 기술은 하드웨어를 생산하는 과정이다.

㉣ 기술은 인간의 능력을 확장시키기 위한 하드웨어와 그것의 활용을 뜻한다.

㉤ 기술은 정의 가능한 문제를 해결하기 위해 순서화되고 이해 가능한 노력이다.

③ 기술과 과학 : 기술은 과학과 같이 추상적 이론보다는 실용성, 효용, 디자인을 강조하고 과학은 그 반대로 추상적 이론, 지식을 위한 지식, 본질에 대한 이해를 강조한다.

(2) 기술능력

① 기술능력과 기술교양 : 기술능력은 기술교양의 개념을 보다 구체화시킨 개념으로, 기술교양은 모든 사람들이 광범위한 관점에서 기술의 특성, 기술적 행동, 기술의 힘, 기술의 결과에 대해 어느 정도의 지식을 가지는 것을 의미한다.

② 기술능력이 뛰어난 사람의 특징

㉠ 실질적 해결을 필요로 하는 문제를 인식한다.

㉡ 인식된 문제를 위한 다양한 해결책을 개발하고 평가한다.

㉢ 실제적 문제를 해결하기 위해 지식이나 기타 자원을 선택 · 최적화시키며 적용한다.

㉣ 주어진 한계 속에서 제한된 자원을 가지고 일한다.

㉤ 기술적 해결에 대한 효용성을 평가한다.

㉥ 여러 상황 속에서 기술의 체계와 도구를 사용하고 배울 수 있다.

예제 1

Y그룹 기술연구소에 근무하는 정호는 연구 역량 강화를 위한 업계 워크숍에 참석해 기술 능력이 뛰어난 사람의 특징에 대해 기조 발표를 하려고 한다. 다음 중 정호가 발표에 포함시킬 내용으로 옳지 않은 것은?

① 기술의 체계와 같은 무형의 기술에 대한 능력과는 무관하다.
② 주어진 한계 속에서 제한된 자원을 가지고 일한다.
③ 기술적 해결에 대한 효용성을 평가한다.
④ 실질적 해결을 필요로 하는 문제를 인식한다.

출제의도

기술능력이 뛰어난 사람의 특징에 대해 묻는 문제로 문제의 길이가 길 경우 그 속에 포함된 핵심 어구를 찾는다면 쉽게 풀 수 있는 문제다.

해 설

① 여러 상황 속에서 기술의 체계와 도구를 사용하고 배울 수 있다.

답 ①

③ 새로운 기술능력 습득방법
　㉠ 전문 연수원을 통한 기술과정 연수
　㉡ E-learning을 활용한 기술교육
　㉢ 상급학교 진학을 통한 기술교육
　㉣ OJT를 활용한 기술교육

(3) 분야별 유망 기술 전망

① 전기전자정보공학분야 : 지능형 로봇 분야
② 기계공학분야 : 하이브리드 자동차 기술
③ 건설환경공학분야 : 지속가능한 건축 시스템 기술
④ 화학생명공학분야 : 재생에너지 기술

(4) 지속가능한 기술

① 지속가능한 발전 : 지금 우리의 현재 욕구를 충족시키면서 동시에 후속 세대의 욕구 충족을 침해하지 않는 발전
② 지속가능한 기술
　㉠ 이용 가능한 자원과 에너지를 고려하는 기술
　㉡ 자원이 사용되고 그것이 재생산되는 비율의 조화를 추구하는 기술
　㉢ 자원의 질을 생각하는 기술
　㉣ 자원이 생산적인 방식으로 사용되는가에 주의를 기울이는 기술

(5) 산업재해

① 산업재해란 산업 활동 중의 사고로 인해 사망하거나 부상을 당하고, 또는 유해 물질에 의한 중독 등으로 직업성 질환에 걸리거나 신체적 장애를 가져오는 것을 말한다.

② 산업 재해의 기본적 원인

㉠ 교육적 원인 : 안전 지식의 불충분, 안전 수칙의 오해, 경험이나 훈련의 불충분과 작업관리자의 작업 방법의 교육 불충분, 유해 위험 작업 교육 불충분 등

㉡ 기술적 원인 : 건물 · 기계 장치의 설계 불량, 구조물의 불안정, 재료의 부적합, 생산 공정의 부적당, 점검 · 정비 · 보존의 불량 등

㉢ 작업 관리상 원인 : 안전 관리 조직의 결함, 안전 수칙 미제정, 작업 준비 불충분, 인원 배치 및 작업 지시 부적당 등

예제 2

다음은 철재가 알아낸 산업재해 원인과 관련된 자료이다. 다음 자료에 해당하는 산업재해의 기본적인 원인은 무엇인가?

2015년 산업재해 현황분석 자료에 따른 사망자의 수

(단위 : 명)

사망원인	사망자 수
안전 지식의 불충분	120
안전 수칙의 오해	56
경험이나 훈련의 불충분	73
작업관리자의 작업방법 교육 불충분	28
유해 위험 작업 교육 불충분	91
기타	4

출처 : 고용노동부 2015 산업재해 현황분석

① 정책적 원인 ② 작업 관리상 원인
③ 기술적 원인 ④ 교육적 원인

출제의도

산업재해의 원인은 크게 기본적 원인과 직접적 원인으로 나눌 수 있고 이들 원인은 다시 여러 개의 세부 원인들로 나뉜다. 표에 나와 있는 각각의 원인들이 어디에 속하는지 잘 구분할 수 있어야 한다.

해 설

④ 안전 지식의 불충분, 안전 수칙의 오해, 경험이나 훈련의 불충분, 작업관리자의 작업방법 교육 불충분, 유해 위험 작업 교육 불충분 등은 산업재해의 기본적 원인 중 교육적 원인에 해당한다.

답 ④

③ 산업 재해의 직접적 원인

㉠ 불안전한 행동 : 위험 장소 접근, 안전장치 기능 제거, 보호 장비의 미착용 및 잘못 사용, 운전 중인 기계의 속도 조작, 기계 · 기구의 잘못된 사용, 위험물 취급 부주의, 불안전한 상태 방치, 불안전한 자세와 동장, 감독 및 연락 잘못 등

㉡ 불안전한 상태 : 시설물 자체 결함, 전기 기설물의 누전, 구조물의 불안정, 소방기구의 미확보, 안전 보호 장치 결함, 복장 · 보호구의 결함, 시설물의 배치 및 장소 불량, 작업 환경 결함, 생산 공정의 결함, 경계 표시 설비의 결함 등

④ 산업 재해의 예방 대책

㉠ 안전 관리 조직 : 경영자는 사업장의 안전 목표를 설정하고, 안전 관리 책임자를 선정해야 하며, 안전 관리 책임자는 안전 계획을 수립하고, 이를 시행 · 후원 · 감독해야 한다.

㉡ 사실의 발견 : 사고 조사, 안전 점검, 현장 분석, 작업자의 제안 및 여론 조사, 관찰 및 보고서 연구, 면담 등을 통하여 사실을 발견한다.

㉢ 원인 분석 : 재해의 발생 장소, 재해 형태, 재해 정도, 관련 인원, 직원 감독의 적절성, 공구 및 장비의 상태 등을 정확히 분석한다.

㉣ 시정책의 선정 : 원인 분석을 토대로 적절한 시정책, 즉 기술적 개선, 인사 조정 및 교체, 교육, 설득, 호소, 공학적 조치 등을 선정한다.

㉤ 시정책 적용 및 뒤처리 : 안전에 대한 교육 및 훈련 실시, 안전시설과 장비의 결함 개선, 안전 감독 실시 등의 선정된 시정책을 적용한다.

02 기술능력을 구성하는 하위능력

(1) 기술이해능력

① 기술시스템

㉠ 개념 : 기술시스템은 인공물의 집합체만이 아니라 회사, 투자회사, 법적 제도, 정치, 과학, 자연자원을 모두 포함하는 것이기 때문에, 기술적인 것(the technical)과 사회적인 것(the social)이 결합해서 공존한다.

㉡ 기술시스템의 발전 단계 : 발명 · 개발 · 혁신의 단계 → 기술 이전의 단계 → 기술 경쟁의 단계 → 기술 공고화 단계

② 기술혁신

㉠ 기술혁신의 특성

- 기술혁신은 그 과정 자체가 매우 불확실하고 장기간의 시간을 필요로 한다.
- 기술혁신은 지식 집약적인 활동이다.
- 혁신 과정의 불확실성과 모호함은 기업 내에서 많은 논쟁과 갈등을 유발할 수 있다.
- 기술혁신은 조직의 경계를 넘나드는 특성을 갖고 있다.

ⓛ 기술혁신의 과정과 역할

기술혁신 과정	혁신 활동	필요한 자질과 능력
아이디어 창안	• 아이디어를 창출하고 가능성을 검증 • 일을 수행하는 새로운 방법 고안 • 혁신적인 진보를 위한 탐색	• 각 분야의 전문지식 • 추상화와 개념화 능력 • 새로운 분야의 일을 즐김
챔피언	• 아이디어의 전파 • 혁신을 위한 자원 확보 • 아이디어 실현을 위한 헌신	• 정력적이고 위험을 감수함 • 아이디어의 응용에 관심
프로젝트 관리	• 리더십 발휘 • 프로젝트의 기획 및 조직 • 프로젝트의 효과적인 진행 감독	• 의사결정 능력 • 업무 수행 방법에 대한 지식
정보 수문장	• 조직외부의 정보를 내부 구성원들에게 전달 • 조직 내 정보원 기능	• 높은 수준의 기술적 역량 • 원만한 대인 관계 능력
후원	• 혁신에 대한 격려와 안내 • 불필요한 제약에서 프로젝트 보호 • 혁신에 대한 자원 획득을 지원	• 조직의 주요 의사결정에 대한 영향력

(2) 기술선택능력

① 기술선택 : 기업이 어떤 기술을 외부로부터 도입하거나 자체 개발하여 활용할 것인가를 결정하는 것이다.

㉠ 기술선택을 위한 의사결정

- 상향식 기술선택 : 기업 전체 차원에서 필요한 기술에 대한 체계적인 분석이나 검토 없이 연구자나 엔지니어들이 자율적으로 기술을 선택하는 것
- 하향식 기술선택 : 기술경영진과 기술기획담당자들에 의한 체계적인 분석을 통해 기업이 획득해야 하는 대상기술과 목표기술수준을 결정하는 것

㉡ 기술선택을 위한 절차

외부환경분석
↓
중장기 사업목표 설정 → 사업 전략 수립 → 요구기술 분석 → 기술전략 수립 → 핵심기술 선택
↓
내부 역량 분석

- 외부환경분석 : 수요변화 및 경쟁자 변화, 기술 변화 등 분석
- 중장기 사업목표 설정 : 기업의 장기비전, 중장기 매출목표 및 이익목표 설정
- 내부 역량 분석 : 기술능력, 생산능력, 마케팅/영업능력, 재무능력 등 분석
- 사업 전략 수립 : 사업 영역결정, 경쟁 우위 확보 방안 수립
- 요구기술 분석 : 제품 설계/디자인 기술, 제품 생산공정, 원재료/부품 제조기술 분석
- 기술전략 수립 : 기술획득 방법 결정

의사소통능력
수리능력
문제해결능력
자기개발능력
자원관리능력
대인관계능력
정보능력
기술능력
조직이해능력
직업윤리

㉢ 기술선택을 위한 우선순위 결정
- 제품의 성능이나 원가에 미치는 영향력이 큰 기술
- 기술을 활용한 제품의 매출과 이익 창출 잠재력이 큰 기술
- 쉽게 구할 수 없는 기술
- 기업 간에 모방이 어려운 기술
- 기업이 생산하는 제품 및 서비스에 보다 광범위하게 활용할 수 있는 기술
- 최신 기술로 진부화될 가능성이 적은 기술

예제 3

주현은 건설회사에 근무하면서 프로젝트 관리를 한다. 얼마 전 대규모 프로젝트에 참가한 한 하청업체가 중간 보고회를 열고 다음과 같이 자신들이 이번 프로젝트의 성공적 마무리를 위해 노력하고 있음을 설명하고 있다. 다음 중 총괄 책임자로서 주현이 하청업체의 올바른 추진 방향으로 인정해줘야 하는 부분으로 바르게 묶인 것은?

㉠ 정부 및 환경단체가 요구하는 성과평가의 실천 방안을 연구하여 반영하고 있습니다.
㉡ 이번 프로젝트 성공을 위해 기술적 효용과 함께 환경적 효용도 추구하고 있습니다.
㉢ 오염 예방을 위한 청정 생산기술을 진단하고 컨설팅하면서 협력회사와 연대하고 있습니다.
㉣ 환경영향평가에 대해서는 철저한 사후평가 방식으로 진행하고 있습니다.

① ㉠㉡㉢　② ㉠㉡㉣
③ ㉠㉢㉣　④ ㉡㉢㉣

출제의도
실제 현장에서 사용하는 기술들에 대해 바람직한 평가요소는 무엇인지 묻는 문제다.

해 설
㉣ 환경영향평가에 대해서는 철저한 사전평가 방식으로 진행해야 한다.

답 ①

② 벤치마킹

㉠ 벤치마킹의 종류

기준	종류
비교대상에 따른 분류	• 내부 벤치마킹 : 같은 기업 내의 다른 지역, 타 부서, 국가 간의 유사한 활동을 비교대상으로 함 • 경쟁적 벤치마킹 : 동일 업종에서 고객을 직접적으로 공유하는 경쟁기업을 대상으로 함 • 비경쟁적 벤치마킹 : 제품, 서비스 및 프로세스의 단위 분야에 있어 가장 우수한 실무를 보이는 비경쟁적 기업 내의 유사 분야를 대상으로 함 • 글로벌 벤치마킹 : 프로세스에 있어 최고로 우수한 성과를 보유한 동일업종의 비경쟁적 기업을 대상으로 함
수행방식에 따른 분류	• 직접적 벤치마킹 : 벤치마킹 대상을 직접 방문하여 수행하는 방법 • 간접적 벤치마킹 : 인터넷 및 문서형태의 자료를 통해서 수행하는 방법

㉡ 벤치마킹의 주요 단계

- 범위결정 : 벤치마킹이 필요한 상세 분야를 정의하고 목표와 범위를 결정하며 벤치마킹을 수행할 인력들을 결정
- 측정범위 결정 : 상세분야에 대한 측정항목을 결정하고, 측정항목이 벤치마킹의 목표를 달성하는 데 적정한가를 검토
- 대상 결정 : 비교분석의 대상이 되는 기업/기관들을 결정하고, 대상 후보별 벤치마킹 수행의 타당성을 검토하여 최종적인 대상 및 대상별 수행방식을 결정
- 벤치마킹 : 직접 또는 간접적인 벤치마킹을 진행
- 성과차이 분석 : 벤치마킹 결과를 바탕으로 성과차이를 측정항목별로 분석
- 개선계획 수립 : 성과차이에 대한 원인 분석을 진행하고 개선을 위한 성과목표를 결정하며, 성과목표를 달성하기 위한 개선계획을 수립
- 변화 관리 : 개선목표 달성을 위한 변화사항을 지속적으로 관리하고, 개선 후 변화사항과 예상했던 변화 사항을 비교

③ 매뉴얼 : 매뉴얼의 사전적 의미는 어떤 기계의 조작 방법을 설명해 놓은 사용 지침서이다.

㉠ 매뉴얼의 종류

- 제품 매뉴얼 : 사용자를 위해 제품의 특징이나 기능 설명, 사용방법과 고장 조치방법, 유지 보수 및 A/S, 폐기까지 제품에 관련된 모든 서비스에 대해 소비자가 알아야 할 모든 정보를 제공하는 것
- 업무 매뉴얼 : 어떤 일의 진행 방식, 지켜야할 규칙, 관리상의 절차 등을 일관성 있게 여러 사람이 보고 따라할 수 있도록 표준화하여 설명하는 지침서

㉡ 매뉴얼 작성을 위한 Tip

- 내용이 정확해야 한다.
- 사용자가 알기 쉽게 쉬운 문장으로 쓰여야 한다.
- 사용자의 심리적 배려가 있어야 한다.
- 사용자가 찾고자 하는 정보를 쉽게 찾을 수 있어야 한다.
- 사용하기 쉬어야 한다.

(3) 기술적용능력

① 기술적용

㉠ 기술적용 형태

- 선택한 기술을 그대로 적용한다.
- 선택한 기술을 그대로 적용하되, 불필요한 기술은 과감히 버리고 적용한다.
- 선택한 기술을 분석하고 가공하여 활용한다.

㉡ 기술적용 시 고려 사항
- 기술적용에 따른 비용이 많이 드는가?
- 기술의 수명 주기는 어떻게 되는가?
- 기술의 전략적 중요도는 어떻게 되는가?
- 잠재적으로 응용 가능성이 있는가?

② 기술경영자와 기술관리자

㉠ 기술경영자에게 필요한 능력
- 기술을 기업의 전반적인 전략 목표에 통합시키는 능력
- 빠르고 효과적으로 새로운 기술을 습득하고 기존의 기술에서 탈피하는 능력
- 기술을 효과적으로 평가할 수 있는 능력
- 기술 이전을 효과적으로 할 수 있는 능력
- 새로운 제품개발 시간을 단축할 수 있는 능력
- 크고 복잡하고 서로 다른 분야에 걸쳐 있는 프로젝트를 수행할 수 있는 능력
- 조직 내의 기술 이용을 수행할 수 있는 능력
- 기술 전문 인력을 운용할 수 있는 능력

예제 4

다음은 기술경영자의 어떤 부분을 이야기하고 있는가?

> 어떤 일을 마무리하는 데 있어서 6개월의 시간이 걸린다면 그는 그 일을 한 달 안으로 끝낼 것을 원한다. 그에게 강한 밀어붙임을 경험한 사람들은 그에 대해 비판적인 입장을 취하기도 한다. 그의 직원 중 일부는 그 무게를 이겨내지 못하고, 다른 일부의 직원들은 그것을 스스로 더욱 열심히 할 수 있는 자극제로 사용한다고 말한다.

① 빠르고 효과적으로 새로운 기술을 습득하는 능력
② 기술 이전을 효과적으로 할 수 있는 능력
③ 기술 전문 인력을 운용할 수 있는 능력
④ 조직 내의 기술 이용을 수행할 수 있는 능력

출제의도

해당 사례가 기술경영자에게 필요한 능력 중 무엇에 해당하는 내용인지 묻는 문제로 각 능력에 대해 확실하게 이해하고 있어야 한다.

해 설

③ 기술경영자는 기술 전문 인력을 운용함에 있어 강한 리더십을 발휘하고 직원 스스로 움직일 수 있게 이끌 수 있어야 한다.

답 ③

㉡ 기술관리자에게 필요한 능력
- 기술을 운용하거나 문제 해결을 할 수 있는 능력
- 기술직과 의사소통을 할 수 있는 능력
- 혁신적인 환경을 조성할 수 있는 능력
- 기술적, 사업적, 인간적인 능력을 통합할 수 있는 능력
- 시스템적인 관점
- 공학적 도구나 지원방식에 대한 이해 능력

• 기술이나 추세에 대한 이해 능력
• 기술팀을 통합할 수 있는 능력

③ 네트워크 혁명

㉠ 네트워크 혁명의 3가지 법칙
• 무어의 법칙 : 컴퓨터의 파워가 18개월마다 2배씩 증가한다는 법칙
• 메트칼피의 법칙 : 네트워크의 가치는 사용자 수의 제곱에 비례한다는 법칙
• 카오의 법칙 : 창조성은 네트워크에 접속되어 있는 다양한 지수함수로 비례한다는 법칙

㉡ 네트워크 혁명의 역기능 : 디지털 격차(digital divide), 정보화에 따른 실업의 문제, 인터넷 게임과 채팅 중독, 범죄 및 반사회적인 사이트의 활성화, 정보기술을 이용한 감시 등

예제 5

직표는 J그룹의 기술연구팀에서 근무하고 있는데 하루는 공정 개선 워크숍이 열려 최근 사내에서 이슈로 떠오른 신 제조공법의 도입과 관련해 토론을 벌이고 있다. 신 제조공법 도입으로 인한 이해득실에 대해 의견이 분분한 가운데 직표가 할 수 있는 발언으로 옳지 않은 것은?

① "기술의 수명 주기뿐만 아니라 기술의 전략적 중요성과 잠재적 응용 가능성 등도 따져봐야 합니다."
② "다른 것은 그냥 넘어가도 되지만 기계 교체로 인한 막대한 비용만큼은 철저히 고려해야 합니다."
③ "신 제조공법 도입이 우리 회사의 어떤 시장 전략과 연관되어 있는지 궁금합니다."
④ "신 제조공법의 수명을 어떻게 예상하고 있는지 알고 싶군요."

출제의도
기술적용능력에 대해 포괄적으로 묻는 문제로 신기술 적용 시 중요하게 생각해야 할 요소로는 무엇이 있는지 파악하고 있어야 한다.

해 설
② 기계 교체로 인한 막대한 비용뿐만 아니라 신 기술도입과 관련된 모든 사항에 대해 사전에 철저히 고려해야 한다.

답 ②

의사소통능력
수리능력
문제해결능력
자기개발능력
자원관리능력
대인관계능력
정보능력
기술능력
조직이해능력
직업윤리

조직이해능력

01 조직과 개인

(1) 조직

① 조직과 기업

㉠ 조직 : 두 사람 이상이 공동의 목표를 달성하기 위해 의식적으로 구성된 상호작용과 조정을 행하는 행동의 집합체

㉡ 기업 : 노동, 자본, 물자, 기술 등을 투입하여 제품이나 서비스를 산출하는 기관

② 조직의 유형

기준	구분	예
공식성	공식조직	조직의 규모, 기능, 규정이 조직화된 조직
	비공식조직	인간관계에 따라 형성된 자발적 조직
영리성	영리조직	사기업
	비영리조직	정부조직, 병원, 대학, 시민단체
조직규모	소규모 조직	가족 소유의 상점
	대규모 조직	대기업

(2) 경영

① 경영의 의미 : 경영은 조직의 목적을 달성하기 위한 전략, 관리, 운영활동이다.

② 경영의 구성요소

㉠ 경영목적 : 조직의 목적을 달성하기 위한 방법이나 과정

㉡ 인적자원 : 조직의 구성원 · 인적자원의 배치와 활용

㉢ 자금 : 경영활동에 요구되는 돈 · 경영의 방향과 범위 한정

㉣ 경영전략 : 변화하는 환경에 적응하기 위한 경영활동 체계화

③ 경영자의 역할

대인적 역할	정보적 역할	의사결정적 역할
• 조직의 대표자 • 조직의 리더 • 상징자, 지도자	• 외부환경 모니터 • 변화전달 • 정보전달자	• 문제 조정 • 대외적 협상 주도 • 분쟁조정자, 자원배분자, 협상가

(3) 조직체제 구성요소

① 조직목표 : 전체 조직의 성과, 자원, 시장, 인력개발, 혁신과 변화, 생산성에 대한 목표

② 조직구조 : 조직 내의 부문 사이에 형성된 관계

③ 조직문화 : 조직구성원들 간에 공유하는 생활양식이나 가치

④ 규칙 및 규정 : 조직의 목표나 전략에 따라 수립되어 조직구성원들이 활동범위를 제약하고 일관성을 부여하는 기능

예제 1

주어진 글의 빈칸에 들어갈 말로 가장 적절한 것은?

> 조직이 지속되게 되면 조직구성원들 간 생활양식이나 가치를 공유하게 되는데 이를 조직의 (㉠)라고 한다. 이는 조직구성원들의 사고와 행동에 영향을 미치며 일체감과 정체성을 부여하고 조직이 (㉡)으로 유지되게 한다. 최근 이에 대한 중요성이 부각되면서 긍정적인 방향으로 조성하기 위한 경영층의 노력이 이루어지고 있다.

① ㉠ : 목표, ㉡ : 혁신적　　② ㉠ : 구조, ㉡ : 단계적
③ ㉠ : 문화, ㉡ : 안정적　　④ ㉠ : 규칙, ㉡ : 체계적

출제의도
본 문항은 조직체계의 구성요소들의 개념을 묻는 문제이다.

해 설
조직문화란 조직구성원들 간에 공유하게 되는 생활양식이나 가치를 말한다. 이는 조직구성원들의 사고와 행동에 영향을 미치며 일체감과 정체성을 부여하고 조직이 안정적으로 유지되게 한다.

답 ③

(4) 조직변화의 과정

환경변화 인지 → 조직변화 방향 수립 → 조직변화 실행 → 변화결과 평가

(5) 조직과 개인

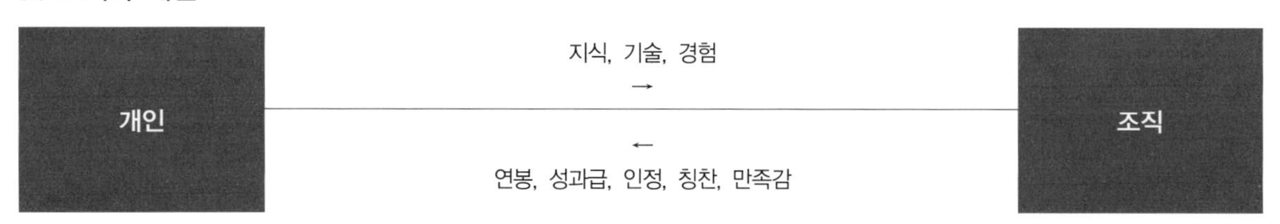

02 조직이해능력을 구성하는 하위능력

(1) 경영이해능력

① 경영 : 경영은 조직의 목적을 달성하기 위한 전략, 관리, 운영활동이다.

㉠ 경영의 구성요소 : 경영목적, 인적자원, 자금, 전략

㉡ 경영의 과정

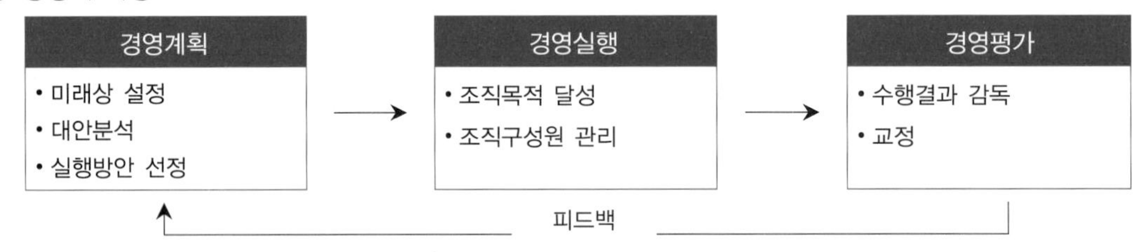

㉢ 경영활동 유형

- 외부경영활동 : 조직외부에서 조직의 효과성을 높이기 위해 이루어지는 활동이다.
- 내부경영활동 : 조직내부에서 인적, 물적 자원 및 생산기술을 관리하는 것이다.

② 의사결정과정

㉠ 의사결정의 과정

- 확인 단계 : 의사결정이 필요한 문제를 인식한다.
- 개발 단계 : 확인된 문제에 대하여 해결방안을 모색하는 단계이다.
- 선택 단계 : 해결방안을 마련하며 실행가능한 해결안을 선택한다.

㉡ 집단의사결정의 특징

- 지식과 정보가 더 많아 효과적인 결정을 할 수 있다.
- 다양한 견해를 가지고 접근할 수 있다.
- 결정된 사항에 대하여 의사결정에 참여한 사람들이 해결책을 수월하게 수용하고, 의사소통의 기회도 향상된다.
- 의견이 불일치하는 경우 의사결정을 내리는데 시간이 많이 소요된다.
- 특정 구성원에 의해 의사결정이 독점될 가능성이 있다.

③ 경영전략

㉠ 경영전략 추진과정

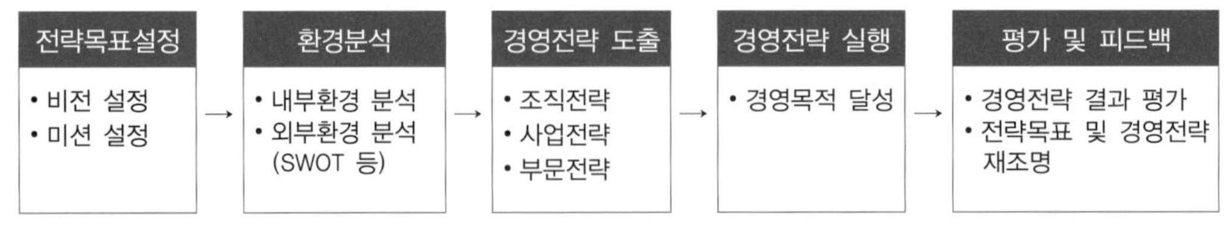

㉡ 마이클 포터의 본원적 경쟁전략

		전략적 우위 요소	
		고객들이 인식하는 제품의 특성	원가우위
전략적 목표	산업전체	차별화	원가우위
	산업의 특정부문	집중화 (차별화 + 집중화)	집중화 (원가우위 + 집중화)

예제 2

다음은 경영전략을 세우는 방법 중 하나인 SWOT에 따른 어느 기업의 분석결과이다. 다음 중 주어진 기업 분석 결과에 대응하는 전략은?

구분	내용
강점(Strength)	• 차별화된 맛과 메뉴 • 폭넓은 네트워크
약점(Weakness)	• 매출의 계절적 변동폭이 큼 • 딱딱한 기업 이미지
기회(Opportunity)	• 소비자의 수요 트랜드 변화 • 가계의 외식 횟수 증가 • 경기회복 가능성
위협(Threat)	• 새로운 경쟁자의 진입 가능성 • 과도한 가계부채

내부환경 \ 외부환경	강점(Strength)	약점(Weakness)
기회 (Opportunity)	① 계절 메뉴 개발을 통한 분기 매출 확보	② 고객의 소비패턴을 반영한 광고를 통한 이미지 쇄신
위협 (Threat)	③ 소비 트렌드 변화를 반영한 시장 세분화 정책	④ 고급화 전략을 통한 매출 확대

출제의도

본 문항은 조직이해능력의 하위능력인 경영관리능력을 측정하는 문제이다. 기업에서 경영전략을 세우는데 많이 사용되는 SWOT분석에 대해 이해하고 주어진 분석표를 통해 가장 적절한 경영전략을 도출할 수 있는지를 확인할 수 있다.

해 설

② 딱딱한 이미지를 현재 소비자의 수요 트렌드라는 환경 변화에 대응하여 바꿀 수 있다.

답 ②

④ 경영참가제도

㉠ 목적

- 경영의 민주성을 제고할 수 있다.
- 공동으로 문제를 해결하고 노사 간의 세력 균형을 이룰 수 있다.
- 경영의 효율성을 제고할 수 있다.
- 노사 간 상호 신뢰를 증진시킬 수 있다.

㉡ 유형

- 경영참가 : 경영자의 권한인 의사결정과정에 근로자 또는 노동조합이 참여하는 것
- 이윤참가 : 조직의 경영성과에 대하여 근로자에게 배분하는 것
- 자본참가 : 근로자가 조직 재산의 소유에 참여하는 것

예제 3

다음은 중국의 H사에서 시행하는 경영참가제도에 대한 기사이다. 밑줄 친 이 제도는 무엇인가?

> H사는 '사람' 중심의 수평적 기업문화가 발달했다. H사는 이 제도의 시행을 통해 직원들이 경영에 간접적으로 참여할 수 있게 하였는데 이에 따라 자연스레 기업에 대한 직원들의 책임 의식도 강화됐다. 참여주주는 8만2471명이다. 모두 H사의 임직원이며, 이 중 창립자인 CEO R은 개인 주주로 총 주식의 1.18%의 지분과 퇴직연금으로 주식총액의 0.21%만을 보유하고 있다.

① 노사협의회제도 ② 이윤분배제도
③ 종업원지주제도 ④ 노동주제도

출제의도

경영참가제도는 조직원이 자신이 속한 조직에서 주인의식을 갖고 조직의 의사결정과정에 참여할 수 있도록 하는 제도이다. 본 문항은 경영참가제도의 유형을 구분해낼 수 있는가를 묻는 질문이다.

해 설

종업원지주제도 … 기업이 자사 종업원에게 특별한 조건과 방법으로 자사 주식을 분양 · 소유하게 하는 제도이다. 이 제도의 목적은 종업원에 대한 근검저축의 장려, 공로에 대한 보수, 자사에의 귀속의식 고취, 자사에의 일체감 조성 등이 있다.

답 ③

(2) 조직체제이해능력

① 조직목표 : 조직이 달성하려는 장래의 상태

㉠ 조직목표의 기능

- 조직이 존재하는 정당성과 합법성 제공
- 조직이 나아갈 방향 제시
- 조직구성원 의사결정의 기준
- 조직구성원 행동수행의 동기유발
- 수행평가 기준
- 조직설계의 기준

㉡ 조직목표의 특징

- 공식적 목표와 실제적 목표가 다를 수 있음
- 다수의 조직목표 추구 가능
- 조직목표 간 위계적 상호관계가 있음
- 가변적 속성
- 조직의 구성요소와 상호관계를 가짐

② 조직구조

㉠ 조직구조의 결정요인 : 전략, 규모, 기술, 환경

㉡ 조직구조의 유형과 특징

유형	특징
기계적 조직	• 구성원들의 업무가 분명하게 규정 • 엄격한 상하 간 위계질서 • 다수의 규칙과 규정 존재
유기적 조직	• 비공식적인 상호의사소통 • 급변하는 환경에 적합한 조직

③ 조직문화

㉠ 조직문화 기능

- 조직구성원들에게 일체감, 정체성 부여
- 조직몰입 향상
- 조직구성원들의 행동지침 : 사회화 및 일탈행동 통제
- 조직의 안정성 유지

㉡ 조직문화 구성요소(7S) : 공유가치(Shared Value), 리더십 스타일(Style), 구성원(Staff), 제도 · 절차(System), 구조(Structure), 전략(Strategy), 스킬(Skill)

④ 조직 내 집단

㉠ 공식적 집단 : 조직에서 의식적으로 만든 집단으로 집단의 목표, 임무가 명확하게 규정되어 있다.

예 임시위원회, 작업팀 등

㉡ 비공식적 집단 : 조직구성원들의 요구에 따라 자발적으로 형성된 집단이다.

예 스터디모임, 봉사활동 동아리, 각종 친목회 등

(3) 업무이해능력

① 업무 : 업무는 상품이나 서비스를 창출하기 위한 생산적인 활동이다.

㉠ 업무의 종류

부서	업무(예)
총무부	주주총회 및 이사회개최 관련 업무, 의전 및 비서업무, 집기비품 및 소모품의 구입과 관리, 사무실 임차 및 관리, 차량 및 통신시설의 운영, 국내외 출장 업무 협조, 복리후생 업무, 법률자문과 소송관리, 사내외 홍보 광고업무
인사부	조직기구의 개편 및 조정, 업무분장 및 조정, 인력수급계획 및 관리, 직무 및 정원의 조정 종합, 노사관리, 평가관리, 상벌관리, 인사발령, 교육체계 수립 및 관리, 임금제도, 복리후생제도 및 지원업무, 복무관리, 퇴직관리
기획부	경영계획 및 전략 수립, 전사기획업무 종합 및 조정, 중장기 사업계획의 종합 및 조정, 경영정보 조사 및 기획보고, 경영진단업무, 종합예산수립 및 실적관리, 단기사업계획 종합 및 조정, 사업계획, 손익추정, 실적관리 및 분석
회계부	회계제도의 유지 및 관리, 재무상태 및 경영실적 보고, 결산 관련 업무, 재무제표분석 및 보고, 법인세, 부가가치세, 국세 지방세 업무자문 및 지원, 보험가입 및 보상업무, 고정자산 관련 업무
영업부	판매 계획, 판매예산의 편성, 시장조사, 광고 선전, 견적 및 계약, 제조지시서의 발행, 외상매출금의 청구 및 회수, 제품의 재고 조절, 거래처로부터의 불만처리, 제품의 애프터서비스, 판매원가 및 판매가격의 조사 검토

예제 4

다음은 I기업의 조직도와 팀장님의 지시사항이다. H씨가 팀장님의 심부름을 수행하기 위해 연락해야 할 부서로 옳은 것은?

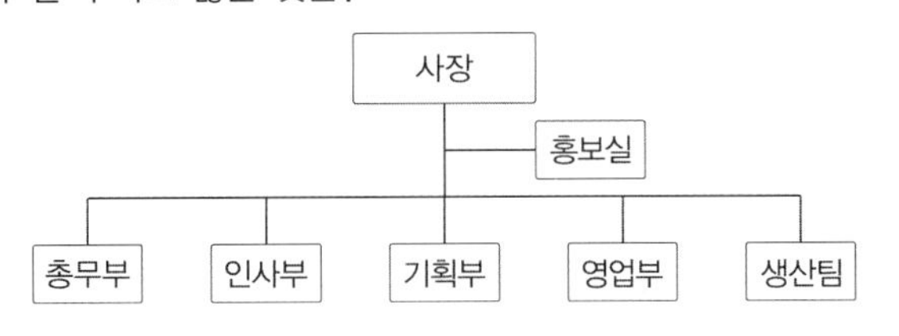

H씨! 내가 지금 너무 바빠서 그러는데 부탁 좀 들어줄래요? 다음 주 중에 사장님 모시고 클라이언트와 만나야 할 일이 있으니까 사장님 일정을 확인해주시구요. 이번 달에 신입사원 교육·훈련계획이 있었던 것 같은데 정확한 시간이랑 날짜를 확인해주세요.

① 총무부, 인사부　　② 총무부, 홍보실
③ 기획부, 총무부　　④ 영업부, 기획부

출제의도
조직도와 부서의 명칭을 보고 개략적인 부서의 소관 업무를 분별할 수 있는지를 묻는 문항이다.

해 설
사장의 일정에 관한 사항은 비서실에서 관리하나 비서실이 없는 회사의 경우 총무부(또는 팀)에서 비서업무를 담당하기도 한다. 또한 신입사원 관리 및 교육은 인사부에서 관리한다.

답 ①

ⓛ 업무의 특성
- 공통된 조직의 목적 지향
- 요구되는 지식, 기술, 도구의 다양성
- 다른 업무와의 관계, 독립성
- 업무수행의 자율성, 재량권

② 업무수행 계획

㉠ 업무지침 확인 : 조직의 업무지침과 나의 업무지침을 확인한다.

㉡ 활용 자원 확인 : 시간, 예산, 기술, 인간관계

㉢ 업무수행 시트 작성
- 간트 차트 : 단계별로 업무의 시작과 끝 시간을 바 형식으로 표현
- 워크 플로 시트 : 일의 흐름을 동적으로 보여줌
- 체크리스트 : 수행수준 달성을 자가점검

CHECK POINT 간트 차트와 플로 차트

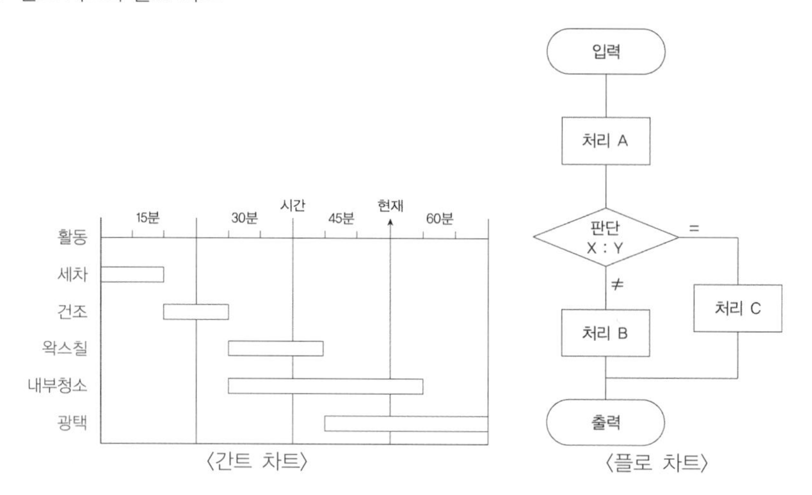

〈간트 차트〉 〈플로 차트〉

예제 5

다음 중 업무수행 시 단계별로 업무를 시작해서 끝나는 데까지 걸리는 시간을 바 형식으로 표시하여 전체 일정 및 단계별로 소요되는 시간과 각 업무활동 사이의 관계를 볼 수 있는 업무수행 시트는?

① 간트 차트
② 워크 플로 차트
③ 체크리스트
④ 퍼트 차트

출제의도

업무수행 계획을 수립할 때 간트 차트, 워크 플로 시트, 체크리스트 등의 수단을 이용하면 효과적으로 계획하고 마지막에 급하게 일을 처리하지 않고 주어진 시간 내에 끝마칠 수 있다. 본 문항은 그러한 수단이 되는 차트들의 이해도를 묻는 문항이다.

해 설

② 일의 절차 처리의 흐름을 표현하기 위해 기호를 써서 도식화한 것
③ 업무를 세부적으로 나누고 각 활동별로 수행수준을 달성했는지를 확인하는 데 효과적
④ 하나의 사업을 수행하는 데 필요한 다수의 세부사업을 단계와 활동으로 세분하여 관련된 계획 공정으로 묶고, 각 활동의 소요시간을 낙관시간, 최가능시간, 비관시간 등 세 가지로 추정하고 이를 평균하여 기대시간을 추정

답 ①

③ 업무 방해요소
ㄱ 다른 사람의 방문, 인터넷, 전화, 메신저 등
ㄴ 갈등관리
ㄷ 스트레스

(4) 국제감각능력

① 세계화와 국제경영

㉠ 세계화 : 3Bs(국경 ; Border, 경계 ; Boundary, 장벽 ; Barrier)가 완화되면서 활동범위가 세계로 확대되는 현상이다.

㉡ 국제경영 : 다국적 내지 초국적 기업이 등장하여 범지구적 시스템과 네트워크 안에서 기업 활동이 이루어지는 것이다.

② 이문화 커뮤니케이션 : 서로 상이한 문화 간 커뮤니케이션으로 직업인이 자신의 일을 수행하는 가운데 문화배경을 달리하는 사람과 커뮤니케이션을 하는 것이 이에 해당한다. 이문화 커뮤니케이션은 언어적 커뮤니케이션과 비언어적 커뮤니케이션으로 구분된다.

③ 국제 동향 파악 방법

㉠ 관련 분야 해외사이트를 방문해 최신 이슈를 확인한다.

㉡ 매일 신문의 국제면을 읽는다.

㉢ 업무와 관련된 국제잡지를 정기구독 한다.

㉣ 고용노동부, 한국산업인력공단, 산업통상자원부, 중소기업청, 상공회의소, 산업별인적자원개발협의체 등의 사이트를 방문해 국제동향을 확인한다.

㉤ 국제학술대회에 참석한다.

㉥ 업무와 관련된 주요 용어의 외국어를 알아둔다.

㉦ 해외서점 사이트를 방문해 최신 서적 목록과 주요 내용을 파악한다.

㉧ 외국인 친구를 사귀고 대화를 자주 나눈다.

④ 대표적인 국제매너

㉠ 미국인과 인사할 때에는 눈이나 얼굴을 보는 것이 좋으며 오른손으로 상대방의 오른손을 힘주어 잡았다가 놓아야 한다.

㉡ 러시아와 라틴아메리카 사람들은 인사할 때에 포옹을 하는 경우가 있는데 이는 친밀함의 표현이므로 자연스럽게 받아주는 것이 좋다.

㉢ 명함은 받으면 꾸기거나 계속 만지지 않고 한 번 보고나서 탁자 위에 보이는 채로 대화하거나 명함집에 넣는다.

㉣ 미국인들은 시간 엄수를 중요하게 생각하므로 약속시간에 늦지 않도록 주의한다.

㉤ 스프를 먹을 때에는 몸쪽에서 바깥쪽으로 숟가락을 사용한다.

㉥ 생선요리는 뒤집어 먹지 않는다.

㉦ 빵은 스프를 먹고 난 후부터 디저트를 먹을 때까지 먹는다.

chapter 10

직업윤리

01 윤리와 직업

(1) 윤리의 의미

① 윤리적 인간 : 공동의 이익을 추구하고 도덕적 가치 신념을 기반으로 형성된다.

② 윤리규범의 형성 : 공동생활과 협력을 필요로 하는 인간생활에서 형성되는 공동행동의 룰을 기반으로 형성된다.

③ 윤리의 의미 : 인간과 인간 사이에서 지켜야 할 도리를 바르게 하는 것으로 인간 사회에 필요한 올바른 질서라고 할 수 있다.

예제 1

윤리에 대한 설명으로 옳지 않은 것은?

① 윤리는 인간과 인간 사이에서 지켜져야 할 도리를 바르게 하는 것으로 볼 수 있다.
② 동양적 사고에서 윤리는 인륜과 동일한 의미이며, 엄격한 규율이나 규범의 의미가 배어 있다.
③ 인간은 윤리를 존중하며 살아야 사회가 질서와 평화를 얻게 되고, 모든 사람이 안심하고 개인적 행복을 얻게 된다.
④ 윤리는 세상에 두 사람 이상이 있으면 존재하며, 반대로 혼자 있을 때도 지켜져야 한다.

출제의도

윤리의 의미와 윤리적 인간, 윤리규범의 형성 등에 대한 기본적인 이해를 평가는 문제이다.

해 설

윤리는 인간과 인간 사이에서 지켜져야 할 도리를 바르게 하는 것으로서 이 세상에 두 사람 이상이 있으면 존재하고 반대로 혼자 있을 때에는 의미가 없는 말이 되기도 한다.

답 ④

(2) 직업의 의미

① 직업은 본인의 자발적 의사에 의한 장기적으로 지속하는 일로, 경제적 보상이 따라야 한다.

② 입신출세론 : 입신양명(立身揚名)이 입신출세(立身出世)로 바뀌면서 현대에 와서는 직업 활동의 결과를 출세에 비중을 두는 경향이 짙어졌다.

③ 3D 기피현상 : 힘들고(Difficult), 더럽고(Dirty), 위험한(Dangerous) 일은 하지 않으려고 하는 현상

(3) 직업윤리

① 직업윤리란 직업인이라면 반드시 지켜야 할 공통적인 윤리규범으로 어느 직장에 다니느냐를 구분하지 않는다.

② 직업윤리와 개인윤리의 조화

㉠ 업무상 행해지는 개인의 판단과 행동이 사회적 파급력이 큰 기업시스템을 통하여 다수의 이해관계자와 관련된다.

㉡ 많은 사람의 고도화 된 협력을 요구하므로 맡은 역할에 대한 책임완수와 투명한 일 처리가 필요하다.

㉢ 규모가 큰 공동 재산·정보 등을 개인이 관리하므로 높은 윤리의식이 요구된다.

㉣ 직장이라는 특수 상황에서 갖는 집단적 인간관계는 가족관계, 친분관계와는 다른 배려가 요구된다.

㉤ 기업은 경쟁을 통하여 사회적 책임을 다하고, 보다 강한 경쟁력을 키우기 위하여 조직원인의 역할과 능력을 꾸준히 향상시켜야 한다.

㉥ 직무에 따른 특수한 상황에서는 개인 차원의 일반 상식과 기준으로는 규제할 수 없는 경우가 많다.

예제 2

직업윤리에 대한 설명으로 옳지 않은 것은?

① 개인윤리를 바탕으로 각자가 직업에 종사하는 과정에서 요구되는 특수한 윤리규범이다.
② 직업에 종사하는 현대인으로서 누구나 공통적으로 지켜야 할 윤리기준을 직업윤리라 한다.
③ 개인윤리의 기본 덕목인 사랑, 자비 등과 공동발전의 추구, 장기적 상호이익 등의 기본은 직업윤리도 동일하다.
④ 직업을 가진 사람이라면 반드시 지켜야 할 윤리규범이며, 중소기업 이상의 직장에 다니느냐에 따라 구분된다.

출제의도
직업윤리의 정의와 내용에 대한 올바른 이해를 요구하는 문제이다.

해 설
직업윤리란 직업을 가진 사람이라면 반드시 지켜야 할 공통적인 윤리규범을 말하는 것으로 어느 직장에 다니느냐를 구분하지 않는다.

답 ④

02 직업윤리를 구성하는 하위능력

(1) 근로윤리

① 근면한 태도

㉠ 근면이란 게으르지 않고 부지런한 것으로 근면하기 위해서는 일에 임할 때 적극적이고 능동적인 자세가 필요하다.

㉡ 근면의 종류

- 외부로부터 강요당한 근면
- 스스로 자진해서 하는 근면

② 정직한 행동
   ㉠ 정직은 신뢰를 형성하고 유지하는 데 기본적이고 필수적인 규범이다.
   ㉡ 정직과 신용을 구축하기 위한 지침
   - 정직과 신뢰의 자산을 매일 조금씩 쌓아가자.
   - 잘못된 것도 정직하게 밝히자.
   - 타협하거나 부정직을 눈감아 주지 말자.
   - 부정직한 관행은 인정하지 말자.

③ 성실한 자세 : 성실은 일관하는 마음과 정성의 덕으로 자신의 일에 최선을 다하고자 하는 마음자세를 가지고 업무에 임하는 것이다.

예제 3

우리 사회에서 정직과 신용을 구축하기 위한 지침으로 볼 수 없는 것은?

① 정직과 신뢰의 자산을 매일 조금씩 쌓아가도록 한다.
② 잘못된 것도 정직하게 밝혀야 한다.
③ 작은 실수는 눈감아 주고 때론 타협을 하여야 한다.
④ 부정직한 관행은 인정하지 말아야 한다.

출제의도
근로윤리 중에서도 정직한 행동과 성실한 자세에 대해 올바르게 이해하고 있는지 평가하는 문제이다.

해 설
타협하거나 부정직한 일에 대해서는 눈감아주지 말아야 한다.

답 ③

(2) 공동체윤리

① 봉사(서비스)의 의미
   ㉠ 직업인에게 봉사란 자신보다 고객의 가치를 최우선으로 하는 서비스 개념이다.
   ㉡ SERVICE의 7가지 의미
   - S(Smile & Speed) : 서비스는 미소와 함께 신속하게 하는 것
   - E(Emotion) : 서비스는 감동을 주는 것
   - R(Respect) : 서비스는 고객을 존중하는 것
   - V(Value) : 서비스는 고객에게 가치를 제공하는 것
   - I(Image) : 서비스는 고객에게 좋은 이미지를 심어 주는 것
   - C(Courtesy) : 서비스는 예의를 갖추고 정중하게 하는 것
   - E(Excellence) : 서비스는 고객에게 탁월하게 제공되어져야 하는 것

   ㉢ 고객접점서비스 : 고객과 서비스 요원 사이에서 15초 동안의 짧은 순간에 이루어지는 서비스로, 이 순간을 진실의 순간(MOT ; Moment of Truth) 또는 결정적 순간이라고 한다.

② 책임의 의미 : 책임은 모든 결과는 나의 선택으로 인한 결과임을 인식하는 태도로, 상황을 회피하지 않고 맞닥뜨려 해결하는 자세가 필요하다.

③ 준법의 의미 : 준법은 민주 시민으로서 기본적으로 지켜야 하는 의무이며 생활 자세이다.

④ 예절의 의미 : 예절은 일정한 생활문화권에서 오랜 생활습관을 통해 하나의 공통된 생활방법으로 정립되어 관습적으로 행해지는 사회계약적 생활규범으로, 언어문화권에 따라 다르고 같은 언어문화권이라도 지방에 따라 다를 수 있다.

⑤ 직장에서의 예절

㉠ 직장에서의 인사예절

• 악수

-악수를 하는 동안에는 상대에게 집중하는 의미로 반드시 눈을 맞추고 미소를 짓는다.
-악수를 할 때는 오른손을 사용하고, 너무 강하게 쥐어짜듯이 잡지 않는다.
-악수는 힘 있게 해야 하지만 상대의 뼈를 부수듯이 손을 잡지 말아야 한다.
-악수는 서로의 이름을 말하고 간단한 인사 몇 마디를 주고받는 정도의 시간 안에 끝내야 한다.

• 소개

-나이 어린 사람을 연장자에게 소개한다.
-내가 속해 있는 회사의 관계자를 타 회사의 관계자에게 소개한다.
-신참자를 고참자에게 소개한다.
-동료임원을 고객, 손님에게 소개한다.
-비임원을 임원에게 소개한다.
-소개받는 사람의 별칭은 그 이름이 비즈니스에서 사용되는 것이 아니라면 사용하지 않는다.
-반드시 성과 이름을 함께 말한다.
-상대방이 항상 사용하는 경우라면, Dr. 또는 Ph.D. 등의 칭호를 함께 언급한다.
-정부 고관의 직급명은 퇴직한 경우라도 항상 사용한다.
-천천히 그리고 명확하게 말한다.
-각각의 관심사와 최근의 성과에 대하여 간단한 언급을 한다.

• 명함 교환

-명함은 반드시 명함 지갑에서 꺼내고 상대방에게 받은 명함도 명함 지갑에 넣는다.
-상대방에게서 명함을 받으면 받은 즉시 호주머니에 넣지 않는다.
-명함은 하위에 있는 사람이 먼저 꺼내는데 상위자에 대해서는 왼손으로 가볍게 받쳐 내는 것이 예의이며, 동위자, 하위자에게는 오른손으로만 쥐고 건넨다.
-명함을 받으면 그대로 집어넣지 말고 명함에 관해서 한두 마디 대화를 건네 본다.
-쌍방이 동시에 명함을 꺼낼 때는 왼손으로 서로 교환하고 오른손으로 옮겨진다.

㉡ 직장에서의 전화예절

• 전화걸기

-전화를 걸기 전에 먼저 준비를 한다. 정보를 얻기 위해 전화를 하는 경우라면 얻고자 하는 내용을 미리 메모하도록 한다.
-전화를 건 이유를 숙지하고 이와 관련하여 대화를 나눌 수 있도록 준비한다.
-전화는 정상적인 업무가 이루어지고 있는 근무 시간에 걸도록 한다.
-당신이 통화를 원하는 상대와 통화할 수 없을 경우에 대비하여 비서나 다른 사람에게 메시지를 남길 수 있도록 준비한다.

-전화는 직접 걸도록 한다.
-전화를 해달라는 메시지를 받았다면 가능한 한 48시간 안에 답해주도록 한다.
• 전화받기
-전화벨이 3~4번 울리기 전에 받는다.
-당신이 누구인지를 즉시 말한다.
-천천히, 명확하게 예의를 갖추고 말한다.
-밝은 목소리로 말한다.
-말을 할 때 상대방의 이름을 함께 사용한다.
-메시지를 받아 적을 수 있도록 펜과 메모지를 곁에 둔다.
-주위의 소음을 최소화한다.
-긍정적인 말로서 전화 통화를 마치고 전화를 건 상대방에게 감사를 표시한다.
• 휴대전화
-당신이 어디에서 휴대전화로 전화를 하든지 간에 상대방에게 통화를 강요하지 않는다.
-상대방이 장거리 요금을 지불하게 되는 휴대전화의 사용은 피한다.
-운전하면서 휴대전화를 하지 않는다.
-친구의 휴대전화를 빌려 달라고 부탁하지 않는다.
-비상시에만 휴대전화를 사용하는 친구에게는 휴대전화로 전화하지 않는다.

ⓒ 직장에서의 E-mail 예절
• E-mail 보내기
-상단에 보내는 사람의 이름을 적는다.
-메시지에는 언제나 제목을 넣도록 한다.
-메시지는 간략하게 만든다.
-요점을 빗나가지 않는 제목을 잡도록 한다.
-올바른 철자와 문법을 사용한다.
• E-mail 답하기
-원래 이-메일의 내용과 관련된 일관성 있는 답을 하도록 한다.
-다른 비즈니스 서신에서와 마찬가지로 화가 난 감정의 표현을 보내는 것은 피한다.
-답장이 어디로, 누구에게로 보내는지 주의한다.

⑥ **성예절을 지키기 위한 자세**: 직장에서 여성의 특징을 살린 한정된 업무를 담당하던 과거와는 달리 여성과 남성이 대등한 동반자 관계로 동등한 역할과 능력발휘를 한다는 인식을 가질 필요가 있다.
㉠ 직장 내에서 여성이 남성과 동등한 지위를 보장 받기 위해서 그만한 책임과 역할을 다해야 하며, 조직은 그에 상응하는 여건을 조성해야 한다.
㉡ 성희롱 문제를 사전에 예방하고 효과적으로 처리하는 방안이 필요한 것이다.
㉢ 남성 위주의 가부장적 문화와 성 역할에 대한 과거의 잘못된 인식을 타파하고 남녀공존의 직장문화를 정착하는 노력이 필요하다.

예제 4

예절에 대한 설명으로 옳지 않은 것은?

① 예절은 일정한 생활문화권에서 오랜 생활습관을 통해 하나의 공통된 생활방식으로 정립되어 관습적으로 행해지는 사회계약적인 생활규범이라 할 수 있다.
② 예절은 언어문화권에 따라 다르나 동일한 언어문화권일 경우에는 모두 동일하다.
③ 무리를 지어 하나의 문화를 형성하여 사는 일정한 지역을 생활문화권이라 하며, 이 문화권에 사는 사람들이 가장 편리하고 바람직한 방법이라고 여겨 그렇게 행하는 생활방법이 예절이다.
④ 예절은 한 나라에서 통일되어야 국민들이 생활하기가 수월하며, 올바른 예절을 지키는 것이 바른 삶을 사는 것이라 할 수 있다.

출제의도
공동체윤리에 속하는 여러 항목 중 예절의 의미와 특성에 대한 이해능력을 평가하는 문제이다.

해 설
예절은 언어문화권에 따라 다르고, 동일한 언어문화권이라도 지방에 따라 다를 수 있다. 예를 들면 우리나라의 경우 서울과 지방에 따라 예절이 조금씩 다르다.

답 ②

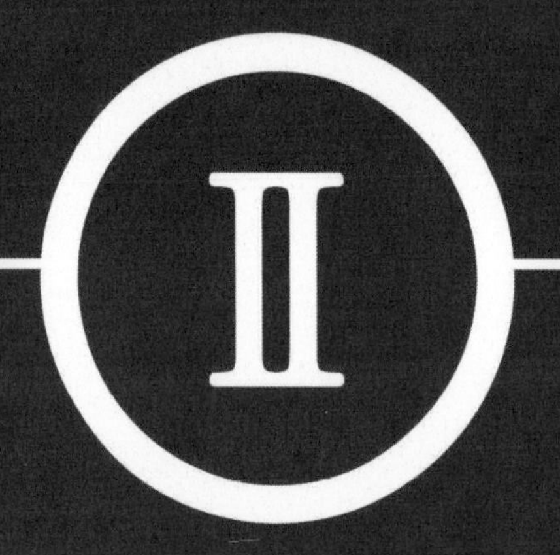

PART

NCS 핵심예상문제

NCS 기반 직업기초능력의 10개 영역에 대해 출제가 예상되는 핵심적인 문제들로 구성하여
문제 유형을 파악할 수 있도록 하였습니다.

NCS 핵심예상문제

01 의사소통능력
02 수리능력
03 문제해결능력
04 자기개발능력
05 자원관리능력
06 대인관계능력
07 정보능력
08 기술능력
09 조직이해능력
10 직업윤리

01 핵심예상문제

의사소통능력

정답 및 해설 p.360

1 다음은 K공사의 신입사원 채용에 관한 안내문의 일부 내용이다. 다음 내용을 근거로 할 때, K공사가 안내문의 내용에 부합되게 취할 수 있는 행동이라고 볼 수 없는 것은?

- 모든 응시자는 1인 1개 분야만 지원할 수 있습니다.
- 응시희망자는 지역제한 등 응시자격을 미리 확인하고 응시원서를 접수하여야 하며, 응시원서의 기재사항 착오 · 누락, 공인어학능력시험 점수 · 자격증 · 장애인 · 취업지원대상자 가산점수 · 가산비율 기재 착오, 연락불능 등으로 발생되는 불이익은 일체 응시자의 책임으로 합니다.
- 입사지원서 작성내용은 추후 증빙서류 제출 및 관계기관에 조회할 예정이며 내용을 허위로 입력한 경우에는 합격이 취소됩니다.
- 응시자는 시험장소 공고문, 답안지 등에서 안내하는 응시자 주의사항에 유의하여야 하며, 이를 준수하지 않을 경우에 본인에게 불이익이 될 수 있습니다.
- 원서접수결과 지원자가 채용예정인원 수와 같거나 미달이더라도 적격자가 없는 경우 선발하지 않을 수 있습니다.
- 시험일정은 사정에 의하여 변경될 수 있으며 변경내용은 7일 전까지 공사 채용홈페이지를 통해 공고할 계획입니다.
- 제출된 서류는 본 채용목적 이외에는 사용하지 않으며, 채용절차의 공정화에 관한 법령에 따라 최종합격자 발표일 이후 180일 이내에 반환청구를 할 수 있습니다.
- 최종합격자 중에서 신규임용후보자 등록을 하지 않거나 관계법령에 의한 신체검사에 불합격한 자 또는 공사 인사규정 제21조에 의한 응시자격 미달자는 신규임용후보자 자격을 상실하고 차순위자를 추가합격자로 선발할 수 있습니다.
- 임용은 교육성적을 포함한 채용시험 성적순으로 순차적으로 임용하되, 장애인 또는 경력자의 경우 성적순위에도 불구하고 우선 임용될 수 있습니다.

※ 공사 인사규정 제22조 제2항에 의거 신규임용후보자의 자격은 임용후보자 등록일로부터 1년으로 하며, 필요에 따라 1년의 범위 안에서 연장될 수 있습니다.

① 동일한 응시자가 기계직과 운영직에 동시 응시를 한 사실이 뒤늦게 발견되어 임의로 기계직 응시 관련 사항 일체를 무효처리하였다.

② 대학 졸업예정자로 채용된 A씨는 마지막 학기 학점이 부족하여 졸업이 미뤄지는 바람에 채용이 취소되었다.

③ 50명 선발이 계획되어 있었고, 45명이 지원을 하였으나 42명만 선발하였다.

④ 최종합격자 중 신규임용후보자 자격을 상실한 자가 있어 불합격자 중 임의의 인원을 추가 선발하였다.

2 다음 글의 밑줄 친 ㉠~㉤의 한자 표기에 대한 설명으로 옳은 것은?

> 서울시는 신종 코로나바이러스 감염증 확산 방지를 위해 ㉠'다중이용시설 동선 추적 조사반'을 구성한다고 밝혔다. 의사출신인 박○○ 서울시 보건의료정책과장은 이날 오후 서울시 유튜브 라이브 방송에 ㉡출연, 코로나바이러스 감염증 관련 대시민 브리핑을 갖고 "시는 2차, 3차 감염발생에 따라 ㉢역학조사를 강화해 조기에 발견하고 관련 정보를 빠르게 제공하려고 한다."라며 이같이 밝혔다. 박 과장은 "확진환자 이동경로공개 ㉣지연에 따라 시민 불안감이 조성된다는 말이 많다."며 "더욱이 다중이용시설의 경우 확인이 어려운 접촉자가 존재할 가능성도 있다."라고 지적했다.

① ㉠ '다중'의 '중'은 '삼중구조'의 '중'과 같은 한자를 쓴다.

② ㉡ '출연'의 '연'은 '연극'의 '연'과 다른 한자를 쓴다.

③ ㉢ '역학'의 '역'에 해당하는 한자는 '歷'과 '易' 모두 아니다.

④ ㉣ '지연'은 '止延'으로 쓴다.

3 **다음은 서원 아파트의 애완동물 사육규정의 일부이다. 다음과 같은 규정을 참고할 때, 거주자들에게 안내되어야 할 사항으로 적절하지 않은 것은?**

> 제4조(애완동물 사육 시 준수사항)
> ① 애완동물은 훈련을 철저히 하며 항상 청결상태를 유지하고, 소음발생 등으로 입주자 등에게 피해를 주지 않아야 한다.
> ② 애완동물의 사육은 규정된 종류의 동물에 한하며, 년 ○회 이상 정기검진을 실시하고 진드기 및 해충기생 등의 예방을 철저히 하여야 한다.
> ③ 애완동물을 동반하여 승강기에 탑승할 경우 반드시 안고 탑승, 타인에게 공포감을 주지 말아야 한다.
> ④ 애완동물과 함께 산책할 경우 반드시 목줄을 사용하여야 하며, 배설물을 수거할 수 있는 장비를 지참하여 즉시 수거하여야 한다.
> ⑤ 애완동물을 동반한 야간 외출 시 손전등을 휴대하여 타인에게 공포감을 주지 않도록 하여야 한다.
> ⑥ 앞, 뒤 베란다 배수관 및 베란다 밖으로 배변처리를 금지한다.
> ⑦ 애완동물과 함께 체육시설, 화단 등 공공시설의 출입은 금지한다.
>
> 제5조(애완동물 사육에 대한 동의)
> ① 애완견동물을 사육하고자 하는 세대에서는 단지 내 애완동물 동호회를 만들거나 가입하여 공공의 이익을 위하여 활동할 수 있다.
> ② 애완동물을 사육하는 세대는 사육 동물의 종류와 마리 수를 관리실에 고지해야 하며 애완동물을 제외한 기타 가축을 사육하고자 하는 세대에서는 반드시 관리실의 동의를 구하여야 한다.
> ③ 애완동물 사육 시 해당동의 라인에서 입주민 다수의 민원(반상회 건의 등)이 있는 세대에는 재발방지를 위하여 서약서를 징구할 수 있으며, 이후 재민원이 발생할 경우 관리규약에 의거하여 애완동물을 사육할 수 없도록 한다.
> ④ 세대 당 애완동물의 사육두수는 ○마리로 제한한다.
>
> 제6조(환경보호)
> ① 애완동물을 사육하는 세대는 동호회에서 정기적으로 실시하는 단지 내 공용부분의 청소에 참여하여야 한다.
> ② 청소는 동호회에서 관리하며, 청소에 참석하지 않는 세대는 동호회 회칙으로 정한 청소비를 납부하여야 한다.

① "애완동물 동호회에 가입하지 않으신 애완동물 사육 세대에서도 공용부분 청소에 참여하셔야 합니다."
② "애완동물을 사육하는 세대는 사육 동물의 종류와 마리 수를 관리실에 반드시 고지하셔야 합니다."
③ "단지 내 주민 체육관에는 애완동물을 데리고 입장하실 수 없으니 착오 없으시기 바랍니다."
④ "애완동물을 동반하고 이동하실 경우, 승강기 이용이 제한되오니 반드시 계단을 이용해 주시기 바랍니다."

4 다음은 ㈜한국에너지에 근무하는 甲이 작성한 에너지 사용량에 대한 보고서의 일부이다. 주어진 내용을 참고할 때, 이 보고서에 포함된 내용이라고 보기 어려운 것은 무엇인가?

에너지의 사용량을 결정하는 매우 중요한 핵심인자는 함께 거주하는 가구원의 수이다. 다음의 표에서 가구원수가 많아질수록 연료비 지출액 역시 함께 증가하는 것을 확인할 수 있다.

• 가구원수에 따른 연료비

가구원수	비율	가구소득(천 원, %)	연료비(원, %)	연료비 비율
1명	17.0%	1,466,381(100.0)	59,360(100.0)	8.18%
2명	26.8%	2,645,290(180.4)	96,433(162.5)	6.67%
3명	23.4%	3,877,247(264.4)	117,963(198.7)	4.36%
4명	25.3%	4,470,861(304.9)	129,287(217.8)	3.73%
5명 이상	7.5%	4,677,671(319.0)	148,456(250.1)	4.01%

하지만 가구원수와 연료비는 비례하여 증가하는 것은 아니며, 특히 1인 가구의 지출액은 3인이나 4인 가구의 절반 수준, 2인 가구와 비교하여서도 61.5% 수준에 그친다. 연료비 지출액이 1인 가구에서 상대적으로 큰 폭으로 떨어지는 이유는 1인 가구의 가구유형에서 찾을 수 있다. 1인 가구의 40.8%가 노인가구이며, 노인가구의 낮은 소득수준이 연료비 지출을 더욱 압박하는 효과를 가져왔을 것이다. 하지만 1인 가구의 연료비 감소폭에 비해 가구소득의 감소폭이 훨씬 크며, 그 결과 1인 가구의 연료비 비율 역시 3인 이상인 가구들에 비해 두 배 가까이 높게 나타난다. 한편, 2인 가구 역시 노인가구의 비율이 21.7%로, 3인 이상 가구 6.8%에 비해 3배 이상 높게 나타난다.

① 가구 소득분위별 연료비 지출 현황
② 가구의 유형별 연료비 지출 현황
③ 가구주 연령대별 연료비 지출 내역
④ 과거 일정 기간 동안의 연료비 증감 내역

5 다음은 포괄수가제도 도입과 그 현황에 대한 보건복지부의 자료이다. 이 자료를 바탕으로 진행된 회의에서 〈보기〉와 같은 발언들이 있었다고 할 때, 잘못된 발언으로 지적을 받았을 사람은 누구인가?

현행 건강보험수가제도는 행위별 수가제를 근간으로 하며, 동 제도는 의료기관의 진찰, 검사, 처치 등 각각의 진료 행위들을 일일이 계산하여 사후적으로 비용을 지불하는 방식이다. 이러한 행위별 수가제는 급격한 진료량 증가와 이에 따른 의료비용 상승 가속화의 요인이 되고 있으며, 그 밖에도 의료서비스 공급 형태의 왜곡, 수가 관리의 어려움, 의료기관의 경영 효율화 유인장치 미비 등 많은 문제점들이 파생되었다.

이에 보건복지부는 행위별 수가제의 문제점을 개선하고 다양한 수가지불제도를 운영하기 위한 방안으로 질병군별 포괄수가제도의 도입을 추진하게 되었다. 이를 위해 1995년 1월에 질병군별(DRG)지불제도 도입 검토협의회를 구성하고, 일부 질병군을 대상으로 희망의료기관에 한하여 1997년부터 질병군별 포괄수가제도 시범사업을 시작하여 2001년까지 제3차 시범사업을 실시하였다.

동 시범사업 실시 및 평가를 통하여 2002년부터 8개 질병군에 대하여 요양기관에서 선택적으로 참여하는 방식으로 본 사업을 실시하였고, 2003년 9월 이후에는 정상 분만을 제외하여 7개 질병군(수정체수술, 편도선수술, 항문수술, 탈장수술, 맹장수술, 자궁수술, 제왕절개 수술)을 선택 적용하였으며, 2012년 7월 병 · 의원급에 당연적용 및 2013년 7월 종합병원급 이상 모든 의료기관을 대상으로 확대 적용하였다.

한편, 7개 질병군 포괄수가제도가 비교적 단순한 수술에 적합한 모형으로 개발되어 중증질환 등 복잡한 수술을 포함하는 전체 질병군으로 확대하기 어렵다는 한계가 있다. 이를 극복하기 위해 2009년 4월부터 국민건강보험공단 일산병원에 입원한 환자를 대상으로 신포괄수가 시범 사업을 실시하여 2011년 7월부터는 지역거점 공공병원으로 시범사업을 확대 실시하고, 2016년 말 기준으로 41개 병원, 559개 질병군을 대상으로 시범사업을 실시하고 있다.

〈보기〉

- 甲 : 포괄수가제는 단순히 부도덕한 의료서비스의 공급만을 개선하기 위한 것은 아닙니다.
- 乙 : 국민건강보험공단은 포괄수가제를 7개 해당 질병군에서 더 확대 적용하기 위한 노력을 하고 있습니다.
- 丙 : 포괄수가제는 이전의 행위별 수가제이던 것을 일부 질병군에 한해 질병군별 수가제로 변경한 제도라고 할 수 있습니다.
- 丁 : 시범사업 기간인 만큼 7개 질병군에 해당되어도 종합병원에서 진료 시에는 포괄수가제 적용 여부를 사전에 확인하여야 합니다.

① 甲　　② 乙　　③ 丙　　④ 丁

6 다음은 ○○은행이 자사 홈페이지에 게시한 입찰 관련 안내문의 일부이다. 다음 입찰 안내문을 보고 알 수 있는 내용으로 적절하지 않은 것은?

가. 용역명 : 「○○은행 을지로 제13지구 도시환경정비사업 건축설계 및 인허가」 용역

나. 용역목적

(1) 건축물 노후화에 따른 업무 환경개선과 시설 기능 개선 및 향상을 도모하고 미래 환경에 대한 최적의 지원 환경 구축과 효율적인 보유 자산 활용을 위해 을지로 제13지구 기존 건축물을 재건축하고자 함.

(2) 을지로 제13지구 도시환경정비사업 건축설계 및 인허가 용역은 건축, 정비계획, 지하철출입구, 관리처분 계획 등을 위한 설계에 대한 축적된 지식과 노하우를 보유한 최적의 설계회사를 선정하는데 목적이 있음.

다. 용역내용

<table>
<tr><th colspan="2">구분</th><th colspan="2">설계개요</th></tr>
<tr><td colspan="2">발주자</td><td colspan="2">○○은행</td></tr>
<tr><td colspan="2">토지 등 소유자</td><td colspan="2">○○은행, ㈜○○홀딩스</td></tr>
<tr><td colspan="2">위치</td><td colspan="2">서울특별시 중구 을지로 xxx</td></tr>
<tr><td rowspan="10">설계 규모</td><td>기간</td><td colspan="2">건축물사용승인 완료 후 1개월까지(계약일로부터 약 67개월)</td></tr>
<tr><td>추정 공사비</td><td colspan="2">약 430억 원(VAT포함)
※ 건축공사비 408억 원, 지하철연결 22억 원(변동가능)</td></tr>
<tr><td>사업 시행면적</td><td colspan="2">2,169.7㎡(656평)
※ 당행(1,494.2㎡) + ㈜○○홀딩스(191.1㎡) + 기부채납(공원)부지(207.4㎡) + 서쪽 보행자도로 조성(271.9㎡) + 도로 xxx번지 일부 5.1㎡ 편입</td></tr>
<tr><td>대지면적</td><td colspan="2">1,685.3㎡(509.8평)
※ 당행(1,494.2㎡ : 452평), ㈜○○홀딩스(191.1㎡ : 57.8평)</td></tr>
<tr><td>연면적</td><td colspan="2">21,165㎡(6,402평) 내외</td></tr>
<tr><td>건물규모</td><td colspan="2">지하 5층, 지상 18층 내외</td></tr>
<tr><td>주요시설</td><td colspan="2">업무시설 및 부대시설</td></tr>
<tr><td rowspan="3">설계내용</td><td>설계</td><td>건축 계획 · 기본 · 실시설계, 지하철출입구 · 공공보행통로 설계 등 정비사업 시행에 필요한 설계</td></tr>
<tr><td>인허가</td><td>건축허가, 정비계획 변경, 도시계획시설(철도) 변경, 실시계획 인가, 사업시행인가, 관리처분계획인가 등 정비사업 시행에 필요한 인허가</td></tr>
<tr><td>기타</td><td>서울교통공사 업무협약, 사후설계 관리업무, 설계 및 인허가를 위한 발주자 또는 인허가청 요청업무 등</td></tr>
</table>

① 건축 및 사업 시행에 필요한 인가, 허가 사항은 모두 낙찰업체의 이행 과제이다.
② 지상, 지하 총 23층 내외의 건축물 설계에 관한 입찰이며, 업무시설 이외의 시설도 포함된다.
③ 응찰 업체는 추정가격 430억 원을 기준으로 가장 근접한 합리적인 가격을 제시하여야 한다.
④ 입찰의 가장 근본적인 목적은 해당 건축물의 노후화에 있다.

7 다음은 폐광지역 개발 지원에 관한 특별법의 일부 내용이다. 한자로 바꾸어 쓴 것으로 옳지 않은 것은?

> 제3조(폐광지역진흥지구의 지정)
> ㉠ 산업통상자원부 장관은 폐광지역 중 다른 산업을 유치하기 곤란한 지역의 경제를 진흥하기 위하여 필요한 경우에는 도지사의 신청을 받아 폐광지역진흥지구(이하 "진흥지구"라 한다)를 지정할 수 있다.
> ㉡ 진흥지구의 지정은 「지역 개발 및 지원에 관한 법률」 제11조에 따른 지역개발사업구역 중 특별한 개발이 필요한 지역으로서 대통령령으로 정하는 요건에 해당하는 지역에 대하여 한다.
> ㉢ 산업통상자원부 장관은 진흥지구를 지정할 때에는 미리 국무회의의 심의를 거쳐야 한다. 지정된 진흥지구를 대통령령으로 정하는 규모 이상으로 변경하는 경우에도 또한 같다.
> ㉣ 산업통상자원부 장관은 진흥지구를 지정하였을 때에는 대통령령으로 정하는 바에 따라 그 내용을 고시하여야 한다.

① 지정 – 指定
② 개발 – 開發
③ 요건 – 要件
④ 고시 – 古時

8 다음 제시된 개요의 결론으로 알맞은 것을 고르면?

> 제목 : 생태 관광
> Ⅰ. 서론 : 생태 관광의 의의와 현황
>
> Ⅱ. 본론
> ㉠ 문제점 분석
> • 생태자원 훼손
> • 지역 주민들의 참여도 부족
> • 수익 위주의 운영
> • 안내 해설 미흡
> ㉡ 개선 방안 제시
> • 인지도 및 관심 증대
> • 지역 주민들의 참여 유도
> • 관련 법규의 재정비
> • 생태관광가이드 육성
>
> Ⅲ. 결론 : (   )

① 자연생태계 훼손 최소화
② 생태 관광의 지속적인 발전
③ 생물자원의 가치 증대
④ 바람직한 생태 관광을 위한 노력 촉구

의사소통능력
수리능력
문제해결능력
자기개발능력
자원관리능력
대인관계능력
정보능력
기술능력
조직이해능력
직업윤리

9 다음 안내사항을 바르게 이해한 것은?

2015년 5월 1일부터 변경되는 "건강보험 임신 · 출산 진료비 지원제도"를 다음과 같이 알려드립니다. 건강보험 임신 · 출산 진료비 지원제도란 임신 및 출산에 관련한 진료비를 지불할 수 있는 이용권(국민행복카드)을 제공하여 출산 친화적 환경을 조성하기 위해 건강보험공단에서 지원하는 제도입니다.

- **지원금액** : 임신 1회당 50만 원(다태아 임신부 70만 원)
- **지원방법** : 지정요양기관에서 이용권 제시 후 결제
- **지원기간** : 이용권 수령일 ~ 분만예정일+60일

가. 시행일 : 2015.5.1.

나. 주요내용

(1) '15.5.1. 신청자부터 건강보험 임신 · 출산 진료비가 국민행복카드로 지원

(2) 건강보험 임신 · 출산 진료비 지원 신청 장소 변경

(3) 지원금 승인코드 일원화(의료기관, 한방기관 : 38코드)

(4) 관련 서식 변경

- 변경서식 : 건강보험 임신 · 출산 진료비 지원 신청 및 확인서(별지 2호 서식)
- 변경내용 : 카드구분 폐지

① 건강보험 임신 · 출산 진료비 지원제도는 연금공단에서 지원하는 제도이다.

② 임신지원금은 모두 동일하게 일괄 50만 원이 지급된다.

③ 지원금 승인코드는 의 · 한방기관 모두 '38'코드로 일원화된다.

④ 지원기간은 이용권 수령일로부터 분만예정일까지이며 신청자에 한해서 기간이 연장된다.

[10~11] 다음은 국내 고속철도인 SRT의 여객운송약관의 일부를 발췌한 것이다. 내용을 읽고 아래의 물음에 답하시오.

제1장 총칙

제2조(정의) 이 약관에서 사용하는 용어의 정의는 다음과 같습니다.

2. "승차권"은 회사와 여객 간 운송계약 체결에 관한 증표를 말합니다. 발행방법 및 형태 등에 따라 다음과 같이 구분하며 스마트폰승차권, 자가 인쇄승차권은 "자가 발권승차권"이라 합니다.
3. "입장권"은 승강장(타는곳)까지 출입하는 고객에게 회사가 발행하는 증표를 말합니다.
4. "역"은 여객을 운송하기 위한 설비를 갖추고 열차가 정차하는 장소를 말합니다. 회사에서 운영하는 전용역과 회사가 한국철도공사(이하 "공사"라 합니다)와 승차권판매위탁계약을 체결하고 승차권 취급 업무를 위탁한 공사의 철도역을 포함합니다.
5. "운임구역(또는 유료구역)"은 승차권 또는 입장권을 소지하고 출입하여야 하는 구역으로 운임경계선 안쪽, 열차를 타는 곳, 열차 내부(입장권은 제외)를 말합니다.
6. "여행시작"이라 함은 철도이용자가 여행을 시작하는 역에서 운임구역에 진입한 때를 말합니다.

제6조(운송의 거절 등)

① 회사는 철도이용자가 다음 각 호에 해당하는 경우에는 운송을 거절하거나 다음 정차 역에 하차시킬 수 있습니다.

1. 「철도안전법」 제42조 및 제43조에 규정한 위해물품 및 위험물을 휴대한 경우
2. 「철도안전법」 제47조 및 제48조에 규정하고 있는 열차 내에서의 금지행위, 철도보호 및 질서유지를 위한 금지행위를 한 경우
3. 「철도안전법」 제48조의 2에 규정하고 있는 보안검색에 따르지 않는 경우
4. 「철도안전법」 제49조에 규정한 회사 직원의 직무상 지시에 따르지 않는 경우
5. 「철도사업법」 제10조에 정한 부가운임의 지급을 거부하는 경우
6. 「감염병의 예방 및 관리에 관한 법률」 또는 정부에서 지정한 타인에게 전염의 우려가 있는 감염병에 감염된 환자 및 의심환자(격리자 포함)인 경우
7. 질병 등으로 혼자 여행하기 어려운 고객이 보호자 또는 의료진과 함께 여행하지 않는 경우
8. 결제한 승차권을 출발시각 5분 전까지 발권 받지 않은 경우
9. 유아가 만 13세 이상의 보호자와 함께 여행하지 않은 경우

제10조(부가운임 등)

① 회사는 철도이용자가 다음 각 호에 해당하는 경우에는 「철도사업법」 제10조에 의하여 승차구간의 기준운임 · 요금(승차 역을 확인할 수 없는 경우에는 승차한 열차의 처음 출발역부터 적용)과 그 기준운임의 30배 이내에 해당하는 부가운임을 징수합니다. 단, 부정승차의 원인이 회사의 귀책사유에 해당하는 경우에는 부가운임을 면제합니다.

1. 승차권을 소지하지 않거나 유효하지 않은 승차권을 소지하여 승차하는 경우 : 기준운임의 0.5배
   가. 시간촉박으로 승차권을 구입하지 않고 무단 승차하였으나, 승무원에게 신고한 경우
   나. 승차권 복사본 및 캡쳐 또는 사진 촬영한 승차권을 소지하고 승차한 경우
   다. 사용기한이 도래하지 않은 다른 열차의 승차권을 가지고 승차한 경우
   라. 정당한 승차권이 아닌 결제내역 등이 있는 인쇄물을 가지고 승차한 경우
   마. 만 4세 이상 어린이가 승차권을 구입하지 않고 승차한 경우
   바. 환승승차권을 구입하지 않고 앞 열차 또는 뒤 열차의 승차권만 가지고 환승구간을 이용한 경우
   사. 자가 인쇄승차권의 승차하는 사람(승차하는 사람이 없는 경우에는 결제한 사람)으로 표시된 이외의 사람이 이용하는 경우
   아. 위의 가목에서 사목 이외의 경우로서, 회사 홈페이지에 게시한 부가운임을 0.5배 받는 사유에 해당하는 경우
2. 할인승차권 등을 대상이 아닌 자가 부정 사용한 경우 : 기준운임의 1.0배
   가. 할인승차권 신분증명서 또는 증빙서류를 미소지하거나 제시하지 않는 경우
   나. 휠체어석 등 이용자격이 제한된 좌석을 이용자격이 없는 사람이 이용하는 경우
   다. 위의 가목에서 나목 이외의 경우로서, 회사 홈페이지에 게시한 부가운임을 1.0배 받는 사유에 해당하는 경우
3. 회사의 승차권 확인을 회피 또는 거부하는 경우 : 기준운임의 2.0배
4. 승차권을 위 · 변조하여 사용하는 등 사안이 중대하고 부정승차의 의도가 있다고 판단된 경우 : 기준운임의 10.0배
   가. 승차권 없이 승차 후 승무원에게 신고하지 않은 상태에서 다음 역의 승차권을 휴대폰 등 모바일 기기를 이용하여 열차 내에서 구입하는 경우
   나. 승차구간이 연속되지 않은 2장의 승차권으로 연속 승차한 경우
   다. 위의 가목에서 나목 이외의 경우로서, 회사 홈페이지에 게시한 부가운임을 10.0배 받는 사유에 해당하는 경우
5. 부정승차로 재차 적발된 경우 : 기준운임의 10.0배
6. 정기 및 단체승차권에 기재된 사항을 속이고 승차한 경우 : 기준운임의 10.0배

10 위 운송약관에서 부가운임에 대한 내용으로 가장 잘못 나타내고 있는 것은?

① 사진 촬영한 승차권을 소지하고 승차한 경우에는 기준운임의 0.5배를 배상하여야 한다.

② 할인승차권 대상이 아닌 사람이 부정 사용하는 경우에는 기준운임의 1.0배를 배상하여야 한다.

③ 승차권 확인을 회피 또는 거부하는 경우에는 기준운임의 2.0배를 배상하여야 한다.

④ 부정승차의 원인이 회사의 귀책사유에 해당하는 경우에도 「철도사업법」 제10조에 따라 승차구간의 기준운임 및 요금과 해당 기준운임의 30배 이내에 해당하는 부가운임을 징수한다.

11 위 운송약관에 대한 내용으로 가장 옳지 않은 사항을 고르면?

① "승차권"은 회사와 여객 간 운송계약 체결에 관한 증표를 의미한다.

② "입장권"은 승강장까지 출입하는 고객에게 회사가 발행하는 증표이다.

③ "여행시작"이라 함은 철도이용자가 여행을 시작하는 역에서 운임구역에 진입한 때를 말한다.

④ "운임구역"은 운임경계선 안쪽, 열차를 타는 곳, 열차 외부를 말한다.

12 가전제품 회사 홍보팀에 근무하는 H는 상사로부터 다음 주에 시작하는 프로모션 관련 자료를 전달받았다. 다음의 자료를 보고 H가 이해한 내용으로 틀린 것은?

> 제목 : △△전자 12월 프로모션 안내
> 당 부서에서는 아래와 같이 12월 프로모션을 기획하였으니 업무에 참고하시기 바랍니다.
>
> -아래-
>
> 1. 기간 : 2015년 12월 1일~12월 31일
> 2. 대상 : 전 구매 고객(구매예약 포함)
> 3. 내용 : 구매 제품별 혜택 상이
>
> | 종류 | 혜택 | 비고 |
> |---|---|---|
> | S-53 | 최대 10만 원 가격 인하 | 내년 시행되는 개별소비세 인하 선(先)적용해 가격 혜택 제공 |
> | Q-12 | 최대 20만 원 가격 인하 | |
> | A-8 (신제품) | 50만 원 상당 백화점 상품권 또는 5년 소모품 무상 교체 서비스 | 2015년 12월 1일 출시 |
> | B-01 | 친환경 프리미엄 농산물 제공 | ◇◇농협과 업무 협업 |
> | P-0 | 12개월 무이자 할부 혜택 | 선수금 30% 납부 시 |
>
> 4. 기타 : 전국 매장 방문 상담 시 구매여부와 관계없이 내년도 탁상 캘린더 증정(5,000부 선착순)
>
> 별첨1. 제품별 판매 가격표 1부
> 별첨2. 금년도 월별 프로모션 진행사항 1부
> 별첨3. 신제품(A-8) 공식 이미지 파일 1부
>
> -끝-

① 이번 행사는 프로모션 기간 내 구매 예약자를 포함한 전 구매 고객을 대상으로 마련되었구나.

② A-8 구매 고객에게는 50만 원 상당의 백화점 상품권 내지는 5년 소모품 무상 교체 이용권을 증정하네.

③ 전국 매장에서는 방문 고객을 대상으로 선착순 5,000부에 한해 탁상 캘린더를 증정하는 이벤트도 진행하는구나.

④ P-0의 구매 고객이 혜택을 명확하게 인지할 수 있게 잔금에 대한 12개월 무이자 할부를 제공해 준다는 것을 강조해야 할 것 같아.

13 다음 공고를 보고 잘못 이해한 것을 고르면?

신입사원 정규채용 공고

분야	인원	응시자격	연령	비고
콘텐츠 기획	5	• 해당분야 유경험자(3년 이상) • 외국어 사이트 운영 경력자 우대 • 외국어(영어/일어) 전공자	제한없음	정규직
제휴마케팅	3	• 해당분야 유경험자(5년 이상) • 웹 프로모션 경력자 우대 • 콘텐츠산업(온라인) 지식 보유자	제한없음	정규직
웹디자인	2	• 응시제한 없음 • 웹디자인 유경험자 우대	제한없음	정규직

● 입사지원서 및 기타 구비서류

(1) 접수방법
- 인터넷(www.seowon.co.kr)을 통해서만 접수(우편 이용 또는 방문접수 불가)
- 채용분야별 복수지원 불가

(2) 입사지원서 접수 시 유의사항
- 입사지원서는 인터넷 접수만 가능함
- 접수 마감일에는 지원자 폭주 및 서버의 네트워크 사정에 따라 접속이 불안정해 질 수 있으니 가급적 마감일 1~2일 전까지 입사지원서 작성바람
- 입사지원서를 작성하여 접수하고 수험번호가 부여된 후 재입력이나 수정은 채용 공고 종료일 18:00까지만 가능하오니, 기재내용 입력에 신중을 기하여 정확하게 입력하기 바람

(3) 구비서류 접수
- 접수방법 : 최종면접 전형 당일 시험장에서만 접수하며, 미제출자는 불합격 처리
  - 최종학력졸업증명서 1부
  - 자격증 사본 1부(해당자에 한함)

● 기타 사항
- 상기 모집분야에 대해 최종 전형결과 적격자가 없는 것으로 판단될 경우, 선발하지 아니 할 수 있으며, 추후 입사지원서의 기재사항이나 제출서류가 허위로 판명될 경우 합격 또는 임용을 취소함
- 최종합격자라도 신체검사에서 불합격 판정을 받거나 공사 인사규정상 채용 결격사유가 발견될 경우 임용을 취소함
- 3개월 인턴 후 평가(70점 이상)에 따라 정식 고용 여부를 결정함

● 문의 및 접수처
- 기타 문의사항은 (주)서원 홈페이지(www.seowon.co.kr) 참고

① 우편 및 방문접수는 불가하며 입사지원은 인터넷 접수만 가능하다.
② 지원서 수정은 마감일 이후 불가능하다.
③ 최종합격자라도 신체검사에서 불합격 판정을 받으면 임용이 취소된다.
④ 3개월 인턴과정을 거치고 나면 별도의 제약 없이 정식 고용된다.

14 다음은 스티븐씨의 한국방문일정이다. 정확하지 않은 것은?

Tues. march. 24, 2016

10:30	Arrive Seoul (KE 086)
12:00 ~ 14:00	Luncheon with Directors at Seoul Branch
14:30 ~ 16:00	Meeting with Suppliers
16:30 ~ 18:00	Tour of Insa-dong
19:00	Depart for Dinner

Wed. march. 25, 2016

8:30	Depart for New York (OZ 222)
11:00	Arrive New York

① 총 2대의 비행기를 이용할 것이다.
② 오후에 인사동을 관광할 것이다.
③ 서울에 도착 후 이사와 오찬을 먹을 것이다.
④ 이틀 동안 서울에 머무를 예정이다.

15 △△연금 신입사원 A가 작성한 홍보대사 모집 공고문 초안을 검토한 B 팀장은 다음 내용을 보고 몇 가지 누락된 사항이 있음을 지적하였다. 다음 중 B 팀장이 누락된 사항으로 지적한 항목으로 보기 어려운 것은?

> 제9기 △△연금 대학생 홍보대사 모집
>
> ○ 지원자격 : 국내 대학 재학생(휴학생 포함)
> - 타 기업(기관) 홍보대사 지원 불가
> - 2차 면접전형 시 재학증명서 제출 필수
>
> ○ 지원방법
> - △△연금 홈페이지(www.nps.co.kr)에서 지원서를 다운로드하여 작성 후 이메일(npcb@nps.co.kr)로 제출
> - 접수마감일(1월 22일) 18:00 도착 분까지 유효
>
> ○ 모집 및 활동 일정
> - 지원기간 : 2019년 1월 16일(수)~1월 22일(화)
> - 1차 합격자 발표 : 2019년 2월 1일(금), 오후 3시(15시) 홈페이지 게시
> - 2차 면접전형일정 : 2019년 2월 7일(목)~8일(금) 중, 면접 기간 개별 안내
> - 최종 합격자 발표 : 2019년 2월 11(월), 오후 3시(15시) 홈페이지 게시
> - 발대식(오리엔테이션) : 2019년 2월 20일(수)~21일(목), 1박 2일
> - 활동기간 : 2019년 3월~8월(약 6개월)
> - 정기회의 : 매월 마지막 또는 첫 주 금요일 오후 1시
>
> ※ 상기 일정은 내부 사정에 따라 변동될 수 있습니다.

① 선발인원　　② 문의처
③ 활동비 지급 내역　　④ 활동에 따른 혜택 및 우대사항

16 **다음은 사내홍보물에 사용하기 위한 인터뷰 내용이다. ㉠~㉣에 대한 설명으로 적절하지 않은 것을 고르면?**

> 지성준 : 안녕하세요. 저번에 인사드렸던 홍보팀 대리 지성준입니다. 바쁘신 데도 이렇게 인터뷰에 응해주셔서 감사합니다. ㉠ 이번 호 사내 홍보물 기사에 참고하려고 하는데 혹시 녹음을 해도 괜찮을까요?
>
> 김혜진: 네, 그렇게 하세요.
>
> 지성준: 그럼 ㉡ 우선 사랑의 도시락 배달이란 무엇이고 어떤 목적을 갖고 있는지 간단히 말씀해주시겠어요?
>
> 김혜진 : 사랑의 도시락 배달은 끼니를 챙겨 드시기 어려운 독거노인분들을 찾아가 사랑의 도시락을 전달하는 일이에요. 이 활동은 공단 이미지를 홍보하는데 기여할 뿐만 아니라 개인적으로는 마음 따뜻해지는 보람을 느끼게 된답니다.
>
> 지성준 : 그렇군요, ㉢ 한번 봉사를 할 때에는 하루에 몇 십 가구를 방문하신다고 들었는데요, 어떻게 그렇게 많은 가구들을 다 방문할 수가 있나요?
>
> 김혜진 : 아, 비결이 있다면 역할을 분담한다는 거예요.
>
> 지성준 : 어떻게 역할을 나누나요?
>
> 김혜진 : 도시락을 포장하는 일, 배달하는 일, 말동무 해드리는 일 등을 팀별로 분산해서 맡으니 효율적으로 운영할 수 있어요.
>
> 지성준 : ㉣ (고개를 끄덕이며) 그런 방법이 있었군요. 마지막으로 이런 봉사활동에 관심 있는 사원들에게 한 마디 해주세요.
>
> 김혜진 : 주중 내내 일을 하고 주말에 또 봉사활동을 가려고 하면 몸은 굉장히 피곤합니다. 하지만 거기에서 오는 보람은 잠깐의 휴식과 비교할 수 없으니 꼭 한번 참석해보시라고 말씀드리고 싶네요.
>
> 지성준 : 네, 그렇군요. 오늘 귀중한 시간을 내어 주셔서 감사합니다.

① ㉠ : 기록을 위한 보조기구를 사용하기 위해서 사전에 허락을 구하고 있다.

② ㉡ : 면담의 목적을 분명히 밝히면서 동의를 구하고 있다.

③ ㉢ : 미리 알고 있던 정보를 바탕으로 질문을 하고 있다.

④ ㉣ : 적절한 비언어적 표현을 사용하며 상대방의 말에 반응하고 있다.

[17~18] 다음은 회의의 일부이다. 물음에 답하시오.

본부장 : 요즘 영업팀 때문에 불편을 호소하는 팀이 많습니다. 오늘 회의는 소음문제에 관한 팀 간의 갈등 해결 방안에 대해서 논의해보려고 하는데요, 먼저 디자인팀에서 말씀해주시죠.

박팀장 : 창의적인 디자인을 만들기 위해서는 고도의 집중력이 필요합니다. 그런데 영업팀의 시끄러운 전화소리 때문에 집중도가 떨어집니다. 이러다가 마감 내에 시안을 완성 할 수 있을까 걱정이 되네요.

서팀장 : 저희 편집팀도 마찬가지입니다. 저희도 원고 마감에 쫓기고 있는데 다들 시끄러운 분위기 때문에 집중할 수 없다는 게 주 의견입니다.

정팀장 : 먼저, 저희 팀의 소음으로 불편을 드려서 죄송합니다. 하지만 저희의 입장도 고려해주셨으면 합니다. 저희가 하는 일이 영업이기 때문에 아무래도 거래처와의 전화업무가 주를 이룹니다. 또한 그 와중에 업무적인 얘기만 하고 전화를 끊을 수 없으니 본의 아니게 사적인 통화도 하게 되고요. 이러한 점을 조금이나마 이해를 해주셨으면 합니다.

본부장 : 세 팀의 고충을 들어봤는데 혹시 해결방안을 생각해 놓으신 것 있나요?

서팀장 : 팀별 자리 이동을 하는 게 어떨까요? 아무래도 영업팀이 디자인팀과 편집팀 사이에 있으니 한 쪽으로 옮겨진다면 좀 더 소음이 줄어들 것 같아요.

박팀장 : 아니면, 전화하실 때만이라도 잠시 회의실로 이동하시는 건 어떨까 싶네요.

정팀장 : 두 팀의 의견을 들어봤는데요, 통화 시 회의실로 이동하는 건은 회의실이 차 있을 수도 있고 또 자리를 빈번히 비우는 것은 보기에 안 좋으니 팀 자리를 이동하는 게 더 좋을 것 같네요.

본부장 : 그럼 일단 옮기는 것으로 결론을 내리고 자리를 어떻게 배치할 지는 다음 회의 때 논의하도록 하죠. 그럼 회의를 마치겠습니다.

17 **위의 회의에서 '본부장'이 수행한 역할로 옳지 않은 것은?**

① 회의를 하게 된 배경과 의제에 대해 설명하고 있다.
② 회의 참여자들의 발언 순서를 안내하고 있다.
③ 각 팀의 의견에 보충설명을 해주고 있다.
④ 다음에 회의할 안건에 대해 미리 제시하고 있다.

18 위의 회의에 대한 분석으로 적절하지 않은 것은?

문제확인	• 디자인팀장은 디자인 업무의 특성을 고려하며 문제제기를 했다. ……………… ㉠ • 영업팀장은 영업팀의 업무적 성격을 고려해서 문제제기를 했다.
해결방안 모색	• 편집팀장은 팀별 자리배치 이동을 해결방안으로 제시하였다. …………………… ㉡ • 디자인팀장은 회의실 통화를 해결방안으로 제시하였다 ………………………………… ㉢ • 영업팀장은 현실적인 이유를 들어 편집팀장의 제안을 거절하였다. ………… ㉣

① ㉠ ② ㉡ ③ ㉢ ④ ㉣

[19~20] 다음 대화를 읽고 물음에 답하시오.

상담원 : 네, (주)애플망고 소비자센터입니다.

고 객 : 제가 최근에 인터넷으로 핸드폰을 구입했는데요, 제품에 문제가 있는 것 같아서요.

상담원 : 아, 어떤 문제가 있으신지 여쭈어 봐도 될까요?

고 객 : 제가 물건을 받고 핸드폰을 사용했는데 통화음질도 안 좋을 뿐더러 통화 연결이 잘 안 되더라고요. 그래서 통신 문제인 줄 알고 통신사 고객센터에 연락해보니 테스트해보더니 통신의 문제는 아니라고 해서요, 제가 보기엔 핸드폰 기종 자체가 통화 음질이 떨어지는 거 같거든요? 그래서 구매한지 5일 정도 지났지만 반품하고 싶은데 가능할까요?

상담원 : 네, 고객님. 「전자상거래 등 소비자보호에 관한 법」에 의거해서 물건 수령 후 7일 이내에 청약철회가 가능합니다. 저희 쪽에 물건을 보내주시면 곧바로 환불처리 해 드리겠습니다.

고 객 : 아, 감사합니다.

상담원 : 행복한 하루 되세요. 상담원 ○○○였습니다.

19 위 대화의 의사소통 유형으로 적절한 것은?

① 대화하는 사람들의 친교와 관계유지를 위한 의사소통이다.

② 화자가 청자의 긍정적 반응을 유도하는 의사소통이다.

③ 일대일 형식의 공식적 의사소통이다.

④ 정보전달적 성격의 비공식적 의사소통이다.

20 위 대화에서 상담원의 말하기 방식으로 적절한 것은?

① 상대방이 알고자 하는 정보를 정확히 제공한다.
② 타협을 통해 문제 해결방안을 찾고자 한다.
③ 주로 비언어적 표현을 활용하여 설명하고 있다.
④ 상대방을 배려하기보다 자신의 의견을 전달하는데 중점을 두고 있다.

21 N은행 상담 직원은 인터넷 뱅킹 관련 고객과 상담을 진행 중이다. 다음과 같은 고객의 말을 듣고 직원이 응답한 〈보기〉의 내용 중, 바람직한 경청의 자세에 입각한 응대 내용이 아닌 것은 어느 것인가?

〈보기〉

고객 : "전 왜 인터넷 뱅킹을 그렇게 많이들 하고 있는지 도무지 이해할 수가 없어요. 돈과 관련된 일은 창구에 와서 직원에게 직접 의뢰를 해야지 어떻게 기계에 의존한다는 거죠? 그러다가 실수나 오작동이라도 하는 날엔 내 돈을 어디 가서 찾는단 말예요? 다른 건 몰라도 돈 문제는 사람이 해결하는 게 맞는 방법이라고 생각해요.

직원 : (   )

① "그렇게 생각하실 수 있습니다. 그럼 고객님께서는 오늘도 창구에서 송금 업무를 보실 거란 말씀이지요?"
② "그러시군요. 그러면 혹시 지금 스마트폰도 사용하지 않으신가요? 인터넷을 이용한 쇼핑 같은 것도 잘 안 하실 것 같은데……."
③ "그럼 고객님, 혹시 인터넷 뱅킹의 편리한 점에 대해서는 알아보신 적 있으신지 여쭤도 될까요?"
④ "물론 고객님 말씀하시는 문제가 충분히 발생할 수 있기는 합니다."

22 〈보기 1〉을 보고 '전력 수급 위기 극복'을 주제로 보고서를 쓰기 위해 〈보기 2〉와 같이 개요를 작성하였다. 개요를 수정한 내용으로 적절하지 않은 것은?

〈보기 1〉

대한민국은 전기 부족 국가로 블랙아웃(Black Out)이 상존한다. 2000년대 들어 두 차례 에너지 세제 개편을 실시한 후 난방유 가격이 오르면서 저렴한 전기로 난방을 하는 가구가 늘어 2010년대 들어서는 겨울철 전기 수요가 여름철을 넘어섰으며 실제 2011년 9월 한국전력은 전기 부족으로 서울 일부 지역을 포함한 지방 중소도시에 순환 정전을 실시했다.

〈보기 2〉

Ⅰ. 블랙아웃 사태 ······ ㉠
Ⅱ. 전력 수급 위기의 원인
 1. 공급측면
  가. 전력의 비효율적 관리
  나. 한국전력의 혁신도시 이전 ······ ㉡
 2. 수요측면
  가. 블랙아웃의 위험성 인식부족
  나. 전력의 효율적 관리구축 ······ ㉢
Ⅲ. 전력 수급 위기의 극복방안
 1. 공급측면
  가. 전력 과소비문화 확대
  나. 발전 시설의 정비 및 확충
 2. 수요측면
  가. 에너지 사용량 강제 감축 할당량 부과
  나. 송전선로 지중화 사업에 대해 홍보 활동 강화 ······ ㉣
Ⅳ. 전력 수급 안정화를 위한 각계각층의 노력 촉구

① ㉠은 〈보기 1〉을 근거로 '블랙아웃의 급증'으로 구체화한다.

② ㉡은 주제와 관련 없는 내용이므로 삭제한다.

③ ㉢은 상위 항목과의 관계를 고려하여 'Ⅲ-1-가'와 위치를 바꾼다.

④ ㉣은 글의 일관성을 고려하여 '혁신도시 이전에 따른 홍보 강화'로 내용을 수정한다.

[23~24] 다음 글을 읽고 물음에 답하시오.

(가) 안녕하세요? 사내 홈페이지 운영의 총책임을 담당하고 있는 전산팀 김수현 팀장입니다. 다름이 아니라 사내 홈페이지의 익명게시판 사용 실태에 대한 말씀을 드리기 위해 이렇게 공지를 올리게 되었습니다.
요즘 ㉠ 익명게시판의 일부 분들의 행동으로 얼굴이 찌푸리는 일들이 많아지고 있습니다. 타부서 비판 및 인신공격은 물론이고 차마 입에 담기 어려운 욕설까지 하고 있습니다. 사내의 활발한 의견 교류 및 정보교환을 위해 만들어진 익명게시판이지만 이렇게 물의를 일으키는 공간이 된다면 더 이상 게시판의 순 목적을 달성할 수 없을 것이라 생각합니다. 그렇기 때문에 전산팀은 ㉡ 내일부터 익명게시판을 폐쇄하겠습니다. 애석한 일입니다만, 회사 내에서 서로 생채기를 내는 일이 더 이상 없어야 하기에 이와 같이 결정했습니다.

(나) 팀장님, 게시판을 폐쇄하시겠다는 공문은 잘 보았습니다. 물론 익명게시판의 활성화로 많은 문제가 양상된 것은 사실이지만 그 결정은 너무 성급한 것 같습니다. 한 번이라도 주의나 경고의 글을 올려 주실 수는 없었나요? 그랬으면 지금보다는 상황이 나아질 수도 있었을 텐데요.
팀장님! 이번 결정이 누구의 뜻에 의한 것인가요? 게시판의 관리는 전산팀에서 맡지만, 그 공간은 우리 회사 사원 모두의 공간이 아닌가요? 저는 홈페이지 폐쇄라는 문제가 전산팀 내에서 쉽게 정할 일이 아니라고 봅니다. 그 공간은 사내의 중요한 정보를 나누는 곳이고 친교를 행사하는 곳입니다. 즉 게시판의 주체는 '우리'라는 것입니다. 그렇기 때문에 이렇게 독단적인 결정은 받아드릴 수 없습니다. 다시 한 번 재고해주시길 바라겠습니다.

23 ㉠의 행동과 맥락이 통하는 속담을 고르면?

① 가는 말이 고와야 오는 말이 곱다.
② 미꾸라지 한 마리가 강물을 흐린다.
③ 콩 심은 데 콩 나고 팥 심은 데 팥 난다.
④ 바늘도둑이 소도둑 된다.

24 ㉡에 대한 반발의 근거로 (나)가 제시한 논거가 아닌 것은?

① 악플러에게도 한 번의 용서의 기회를 주어야 한다.
② 게시판은 회사 사원 모두의 공간이다.
③ 전산팀의 독단적인 결정은 지양되어야 한다.
④ 주의나 경고 없이 폐쇄라는 결정을 한 것은 성급한 결정이다.

25 A회사 신입사원인 甲은 입사 후 과민성대장증후군으로 고생을 하다 사내 의무실에 들러 다음의 약을 처방 받았다. 〈복약설명서〉에 따라 甲이 두 약을 복용할 때 옳은 것은?

1. 약품명 : 가나다정
2. 복용법 및 주의사항

① 식전 15분에 복용하는 것이 가장 좋으나 식전 30분부터 식사 직전까지 복용이 가능합니다.

② 식사를 거르게 될 경우에 복용을 거릅니다.

③ 식이요법과 운동요법을 계속하고, 정기적으로 혈당(혈액 속에 섞여 있는 당분)을 측정해야 합니다.

④ 야뇨(夜尿)를 피하기 위해 최종 복용시간은 오후 6시까지로 합니다.

⑤ 저혈당을 예방하기 위해 사탕 등 혈당을 상승시킬 수 있는 것을 가지고 다닙니다.

1. 약품명 : ABC정
2. 복용법 및 주의사항

① 매 식사 도중 또는 식사 직후에 복용합니다.

② 복용을 잊은 경우 식사 후 1시간 이내에 생각이 났다면 즉시 약을 복용하도록 합니다. 식사 후 1시간이 초과되었다면 다음 식사에 다음 번 분량만을 복용합니다.

③ 씹지 말고 그대로 삼켜서 복용합니다.

④ 정기적인 혈액검사를 통해서 혈중 칼슘, 인의 농도를 확인해야 합니다.

① 식사를 거르게 될 경우 가나다정만 복용한다.

② 두 약을 복용하는 기간 동안 정기적으로 혈액검사를 할 필요는 없다.

③ 저녁식사 전 가나다정을 복용하려면 저녁식사는 늦어도 오후 6시 30분에는 시작해야 한다.

④ ABC정은 식사 중에 다른 음식과 함께 씹어 복용할 수 있다.

26 ○○연구소에 근무하는 K는 '과학과 사회'를 주제로 열린 포럼에 참석하고 돌아와 보고서를 쓰려고 한다. K가 보고서 작성을 위해 포럼에서 논의된 대화를 분석하려고 할 때, 옳지 않은 것은?

> 甲 : 과학자는 사실의 기술에 충실해야지, 과학이 초래하는 사회적 영향과 같은 윤리적 문제에 대해서는 고민할 필요가 없습니다. 윤리적 문제는 윤리학자, 정치인, 시민의 몫입니다.
>
> 乙 : 과학과 사회 사이의 관계에 대해 생각할 때 우리는 다음 두 가지를 고려해야 합니다. 첫째, 우리가 사는 사회는 전문가 사회라는 점입니다. 과학과 관련된 윤리적 문제를 전문적으로 연구하는 윤리학자들이 있습니다. 과학이 초래하는 사회적 문제는 이들에게 맡겨두어야지 전문가도 아닌 과학자가 개입할 필요가 없습니다. 둘째, 과학이 불러올 미래의 윤리적 문제는 과학이론의 미래와 마찬가지로 확실하게 예측하기 어렵다는 점입니다. 이런 상황에서 과학자가 윤리적 문제에 집중하다 보면 신약 개발처럼 과학이 가져다 줄 수 있는 엄청난 혜택을 놓치게 될 위험이 있습니다.
>
> 丙 : 과학윤리에 대해 과학자가 전문성이 없는 것은 사실입니다. 하지만 중요한 것은 과학자들과 윤리학자들이 자주 접촉을 하고 상호이해를 높이면서, 과학의 사회적 영향에 대해 과학자, 윤리학자, 시민이 함께 고민하고 해결책을 모색해 보는 것입니다. 또한 미래에 어떤 새로운 과학이론이 등장할지 그리고 그 이론이 어떤 사회적 영향을 가져올지 미리 알기는 어렵다는 점도 중요합니다. 게다가 연구가 일단 진행된 다음에는 그 방향을 돌리기도 힘듭니다. 그렇기에 연구 초기단계에서 가능한 미래의 위험이나 부작용에 대해 자세히 고찰해 보아야 합니다.
>
> 丁 : 과학의 사회적 영향에 대한 논의 과정에 과학자들의 참여가 필요합니다. 현재의 과학연구가 계속 진행되었을 때, 그것이 인간사회나 생태계에 미칠 영향을 예측하는 것은 결코 만만한 작업이 아닙니다. 그래서 인문학, 사회과학, 자연과학 등 다양한 분야의 전문가들이 함께 소통해야 합니다. 그렇기에 과학자들이 과학과 관련된 윤리적 문제를 도외시해서는 안 된다고 봅니다.

① 甲와 乙는 과학자가 윤리적 문제에 개입하는 것에 부정적이다.
② 乙와 丙는 과학윤리가 과학자의 전문 분야가 아니라고 본다.
③ 乙와 丙는 과학이론이 앞으로 어떻게 전개될지 정확히 예측하기 어렵다고 본다.
④ 乙와 丁는 과학자의 전문성이 과학이 초래하는 사회적 문제 해결에 긍정적 기여를 할 것이라고 본다.

27 K공단의 상수도관리팀 팀장으로 근무하는 A는 새로 도입한 지표생물 관련 자료를 가지고 회의를 하였다. 다음 자료를 바탕으로 지표생물에 대해 제대로 이해하고 있는 팀원을 고르면?

> 식수오염의 방지를 위해서 빠른 시간 내 식수의 분변오염 여부를 밝히고 오염의 정도를 확인하기 위한 목적으로 지표생물의 개념을 도입하였다. 병원성 세균, 바이러스, 원생동물, 기생체 소낭 등과 같은 병원체를 직접 검출하는 것은 비싸고 시간이 많이 걸릴 뿐 아니라 숙달된 기술을 요구하지만, 지표생물을 이용하면 이러한 문제를 많이 해결할 수 있다.
>
> 식수가 분변으로 오염되어 있다면 분변에 있는 병원체 수와 비례하여 존재하는 비병원성 세균을 지표생물로 이용한다. 이에 대표적인 것은 대장균이다. 대장균은 그 기원이 전부 동물의 배설물에 의한 것이므로, 시료에서 대장균의 균체 수가 일정 기준보다 많이 검출되면 그 시료에는 인체에 유해할 만큼의 병원체도 존재한다고 추정할 수 있다. 그러나 온혈동물에게서 배설되는 비슷한 종류의 다른 세균들을 배제하고 대장균만을 측정하기는 어렵다. 그렇기 때문에 대장균이 속해 있는 비슷한 세균군을 모두 검사하여 분변오염 여부를 판단하고, 이 세균군을 총대장균군이라고 한다.
>
> 총대장균군에 포함된 세균이 모두 온혈동물의 분변에서 기원한 것은 아니지만, 온혈동물의 배설물을 통해서도 많은 수가 방출되고 그 수는 병원체의 수에 비례한다. 염소 소독과 같은 수질 정화과정에서도 병원체와 유사한 저항성을 가지므로 식수, 오락 및 휴양 용수의 수질 결정에 좋은 지표이다. 지표생물로 사용하는 또 다른 것은 분변성 연쇄상구균군이다. 이는 대장균을 포함하지는 않지만, 사람과 온혈동물의 장에 흔히 서식하므로 물의 분변오염 여부를 판정하는 데 이용된다. 이들은 잔류성이 높고 장 밖에서는 증식하지 않기 때문에 시료에서도 그 수가 일정하게 유지되어 좋은 상수소독 처리지표로 활용된다.

① 재인 : 온혈동물의 분변에서 기원되는 균은 모두 지표생물이 될 수 있다.

② 준표 : 수질 정화과정에서 총대장균군은 병원체보다 높은 생존율을 보인다.

③ 철수 : 채취된 시료 속의 총대장균군의 세균 수와 병원체 수는 비례하여 존재한다.

④ 승민 : 지표생물을 검출하는 것은 병원체를 직접 검출하는 것보다 숙달된 기술을 필요로 한다.

28 다음은 어느 회사의 홈페이지에 올라와 있는 기업 소개 글이다. 이에 대한 설명으로 틀린 것은?

○○○은 국내 제일의 온라인 전문 교육기관으로 수험생 여러분께 양질의 교육 콘텐츠를 제공하기 위하여 끊임없는 노력을 기울입니다. 21세기가 요구하는 변화의 물결 속에서 새로운 교육문화를 창조하고 합격의 원동력이 되기 위하여, ○○○은 수험생 여러분의 '만족'을 지고(至高)의 가치로 삼았습니다. 처음에 품은 신념과 열정이 합격의 그 날까지 빛바래지 않도록, ○○○이 수험생 여러분과 함께 하겠습니다. 수험생 여러분의 무한한 가능성을 ○○○에서 열어드리겠습니다.

〈핵심가치〉

'신념'을 가지고 '도전'하는 '사람'은 반드시 그 '꿈'을 이룰 수 있습니다.
○○○에서 수험생 여러분의 꿈을 응원합니다.

신념	신념은 모든 일에 '주추'라고 할 수 있습니다. ○○○의 신념은 수험생 여러분이 만족할 수 있는 양질의 교육 서비스 제공을 위해 최선을 다하는 것입니다. 최고의 강사진과 최첨단 이러닝(e-learning) 시스템, 오랜 노하우가 담긴 차별화된 교재 등은 ○○○의 신념을 뒷받침하는 비기(祕技)입니다.
도전	영국의 정치가 윈스턴 처칠은 "성공은 절대 끝이 아니고, 실패는 절대 치명적이지 않다. 중요한 것은 용기이다."라고 말했습니다. 도전은 성공으로 가는 유일한 길이며, 용기 있는 사람만이 할 수 있는 일입니다. ○○○이 수험생 여러분의 용기 있는 도전을 성공으로 연결해 드립니다.
사람	사람은 모든 일에 기본입니다. 매체를 사이에 두고 이루어지는 온라인 강의의 경우, 자칫 면대면으로 이루어지는 수업에 비해 충분한 의사소통이 이루어지지 않을 우려가 있습니다. ○○○에서는 1:1 서비스와 빠른 피드백(feedback)으로 개개인을 위한 맞춤형 교육을 실현합니다.
꿈	누구든 한 번쯤은 자신의 꿈을 위하여 밤잠을 설치던 순간이 있을 것입니다. ○○○은 수험생 여러분이 꿈을 이루기 위하여 쏟은 시간과 노력을 헛된 일로 만들지 않습니다. 쉽지 않기에 더욱 가치 있는 그 길을 수험생 여러분과 함께 걷겠습니다.

① 이 회사에서는 면대면 교육 서비스를 제공한다.
② 한자, 영어 등을 동시에 표기하여 문맥의 이해를 돕는다.
③ 유명인사의 말을 인용하여 전달하고자 하는 내용을 효과적으로 표현하고 있다.
④ 이 회사는 자체 개발 교재를 사용한다.

[29~30] 다음은 ○○보험 정책연구원 M대리가 '제×차 건강과 의료 고위자 과정 모집안내'에 대한 안내 문서를 작성한 것이다. 이를 읽고 이어지는 물음에 답하시오.

〈모집요강〉

구분	내용
수업기간	2019. 4. 1~7. 15(14주)
수업일시	매주 금요일 18시 30분~21시(석식제공)
모집인원	45명
지원자격	• 의료기관의 원장 및 관리책임자 • 정부, 국회 및 정부투자기관의 고위관리자 • 전문기자 및 보건의료계 종사자
접수기간	2019. 3. 8~3. 22(15일간)
접수장소	○○보험 정책연구소(우편, 이메일 접수 가능)
제출서류	• 입학지원서 1부 • 사진 2매(입학지원서 부착 및 별도 1매), 여권사본 1부(해외워크숍 참가 시) ※ 입학지원서 양식은 홈페이지에서 다운로드 가능
합격자 발표	2019. 3. 22(금) 개별통보
수료기준	과정 60% 이상 출석 시 수료증 수여
교육장소	• ○○보험 본사 대회의실(6층) • ○○보험 정책연구소 세미나실(4층)
수강료	• 등록금 : 100만 원 -합격자에 한하여 아래의 계좌로 입금하여 주십시오. -계좌번호 : △△은행 527-000116-0000 ○○보험 정책연구소 ※ 해외연수 비용은 별도(추후 공지)

29 M대리가 작성한 문서를 검토한 선배 S는 문서의 형식과 내용상의 일부 수정사항을 다음과 같이 지적하였다. 다음 중 S의 지적으로 적절하지 않은 것은?

① "날짜를 표기할 때에는 연월일 숫자 다음에 반드시 온점(.)을 찍는 것이 기본 원칙이야."

② "개인정보 수집 및 이용 동의서 작성이 필요한지를 반드시 알려줘야 해."

③ "공문서에 시간을 적을 때에는 24시각제로 표기하되, '시', '분' 등의 말은 빼고 쌍점(:)을 찍어 '18:30'처럼 표기해야 되는 것 잊지 말게."

④ "대외적으로 배포할 안내문을 작성할 때에는 항상 '문의 및 연락처'를 함께 적어야 불편함을 줄일 수 있어."

30 위의 모집요강을 보고 건강과 의료 고위자 과정에 지원하고자 하는 A~D 중 모집요강을 잘못 이해하고 있는 사람은?

① A : 매주 금요일 저녁 저 시간에 수업을 하려면 저녁 시간이 애매한데, 석식을 제공한다니 괜찮네.

② B : 매우 유용한 과정이 될 것 같은데, 후배 중 의학전문기자가 있으니 수강해 보라고 알려줘야겠군.

③ C : 오늘이 접수 마감일인데 방문할 시간이 없으니 이메일로라도 신청해 봐야겠네.

④ D : 나는 수업기간 중 출장 때문에 2주 정도 출석을 못 하니 수료가 어렵겠네.

02 핵심예상문제

수리능력

정답 및 해설 p.370

1 다음은 인천공항의 2018년 6월 항공사별 항공통계이다. 자료를 잘못 분석한 것은?

(단위 : 편, 명, 톤)

항공사	운항		여객		화물	
	도착	출발	도착	출발	도착	출발
대한항공	3,912	3,908	743,083	725,524	51,923	50,722
델타항공	90	90	24,220	23,594	159	694
아시아나항공	2,687	2,676	514,468	504,773	29,220	26,159
에어프랑스	43	43	14,069	14,445	727	751
에어서울	406	406	67,037	67,949	36	53
에어캐나다	60	60	16,885	17,176	630	601
이스타항공	515	514	82,409	84,567	139	53
제주항공	1,305	1,301	224,040	223,959	444	336
진에어	894	893	175,967	177,879	498	422
티웨이항공	672	673	109,497	110,150	106	134
합계	10,584	10,564	1,971,675	1,950,016	83,882	79,925

① 2018년 6월 인천공항에 도착한 대한항공 항공기 수는 같은 기간 인천공항에 도착한 아시아나항공 항공기 수와 제주항공 항공기 수의 합보다 적다.

② 2018년 6월 이스타항공을 이용하여 인천공항에 도착한 여객 수는 같은 기간 인천공항에 도착한 전체 여객 수의 5% 이상이다.

③ 에어프랑스, 에어서울, 에어캐나다를 이용하여 2018년 6월 인천공항에서 출발한 화물의 양은 1,400톤 이상이다.

④ 2018년 6월 제주항공을 이용하여 인천공항에서 출발한 여객 수는 같은 기간 티웨이항공을 이용하여 인천공항에서 출발한 여객 수의 2배 이상이다.

2 ○○전기 A지역본부의 작년 한 해 동안의 송전과 배전 설비 수리 건수는 총 238건이다. 설비를 개선하여 올해의 송전과 배전 설비 수리 건수가 작년보다 각각 40%, 10%씩 감소하였다. 올해 수리 건수의 비가 5 : 3일 경우, 올해의 송전 설비 수리 건수는 몇 건인가?

① 102건 ② 100건 ③ 98건 ④ 95건

3 다음은 X공기업의 팀별 성과급 지급 기준이다. Y팀의 성과평가 결과가 〈보기〉와 같다면 3/4 분기에 지급되는 성과급은?

- 성과급 지급은 성과평가 결과와 연계함
- 성과평가는 유용성, 안전성, 서비스 만족도의 총합으로 평가함. 단, 유용성, 안전성, 서비스 만족도의 가중치를 각각 0.4, 0.4, 0.2로 부여함
- 성과평가 결과를 활용한 성과급 지급 기준

성과평가 점수	성과평가 등급	분기별 성과급 지급액	비고
9.0 이상	A	100만 원	성과평가 등급이 A이면 직전 분기 차감액의 50%를 가산하여 지급
8.0 이상 9.0 미만	B	90만 원(10만 원 차감)	
7.0 이상 8.0 미만	C	80만 원(20만 원 차감)	
7.0 미만	D	40만 원(60만 원 차감)	

〈보기〉

구분	1/4 분기	2/4 분기	3/4 분기	4/4 분기
유용성	8	8	10	8
안전성	8	6	8	8
서비스 만족도	6	8	10	8

① 130만 원 ② 120만 원
③ 110만 원 ④ 100만 원

4 150개의 블록을 각각 일정한 간격으로 세워서 도미노를 만들었다. 블록의 종류는 빨간색과 파란색이 있고, 블록이 넘어질 때 걸리는 시간은 빨간색 블록은 1초에 2개씩, 파란색 블록은 1초에 3개씩 서로 다르다. 제일 앞의 블록부터 시작하여 모든 블록이 연이어 넘어질 때, 150개의 블록이 모두 넘어질 때까지 총 1분이 걸린다고 한다. 빨간색 블록과 파란색 블록은 각각 몇 개인가?

① 빨간색 80개, 파란색 70개
② 빨간색 70개, 파란색 80개
③ 빨간색 65개, 파란색 85개
④ 빨간색 60개, 파란색 90개

5 △△ 인터넷 사이트에 접속하기 위한 비밀번호의 앞 세 자리는 영문으로, 뒤 네 자리는 숫자로 구성되어 있다. △△ 인터넷 사이트에 접속하려 하는데 비밀번호 끝 두 자리가 생각나지 않아서 접속할 수가 없다. 기억하고 있는 사실이 다음과 같을 때, 사이트 접속 비밀번호를 구하면?

㉠ 비밀번호 :

a	b	c	4	2	?	?

㉡ 네 자리 숫자의 합은 15
㉢ 맨 끝자리의 숫자는 그 바로 앞자리 수의 2배

① abc4200　② abc4212　③ abc4224　④ abc4236

6 현재 누나의 통장에는 12,500원, 동생의 통장에는 20,000원이 들어있다. 앞으로 매달 누나는 2,500원씩, 동생은 1,500원씩 저금을 한다면 몇 개월 후부터 누나의 저금액이 동생의 저금액보다 많아지는가?

① 6개월　② 7개월　③ 8개월　④ 9개월

7 철도 레일 생산업체인 '강한 금속'은 A, B 2개의 생산라인에서 레일을 생산한다. 2개의 생산라인을 하루 종일 가동할 경우 3일 동안 525개의 레일을 생산할 수 있으며, A라인만을 가동하여 생산할 경우 90개/일의 레일을 생산할 수 있다. A라인만을 가동하여 5일간 제품을 생산하고 이후 2일은 B라인만을, 다시 추가로 2일간은 A, B라인을 함께 가동하여 생산을 진행한다면, 강한 금속이 생산한 총 레일의 개수는 모두 몇 개인가?

① 940개　② 970개　③ 1,050개　④ 1,120개

의사소통능력
수리능력
문제해결능력
자기개발능력
자원관리능력
대인관계능력
정보능력
기술능력
조직이해능력
직업윤리

8 ○○전기 A지역본부의 작년 한 해 동안의 송전과 배전 설비 수리 건수는 총 238건이다. 설비를 개선하여 올해의 송전과 배전 설비 수리 건수가 작년보다 각각 40%, 10%씩 감소하였다. 올해 수리 건수의 비가 5 : 3일 경우, 올해의 송전 설비 수리 건수는 몇 건인가?

① 102건　② 100건　③ 98건　④ 95건

9 김과장은 회사 워크숍에 참석하기 위해 퇴근 후 목적지까지 승용차를 이용해 움직이려고 한다. 김과장이 A지역(출발지)에서 G지역(목적지)으로 가기 위해 최단거리의 경로를 선택해 도착할 경우의 그 경로(루트)를 구하면? (단, 각 구간별 숫자는 거리(km)를 나타낸다.)

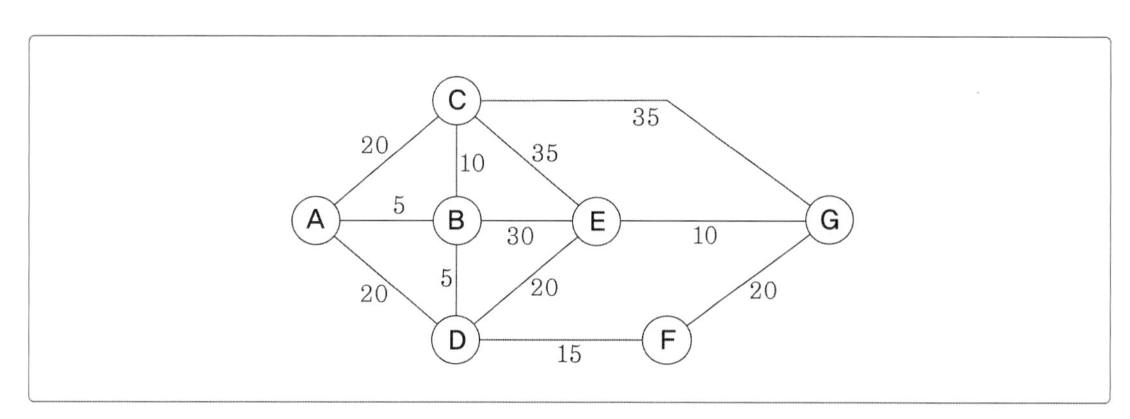

① A − C − G　② A − C − B − E − G
③ A − B − D − E − G　④ A − C − B − D − E − G

10 정원이는 이번 여름휴가에 친구들이랑 걸어서 부산으로 여행을 계획하고 있다. 그러던 중 여러 가지 상황이 변수(날씨, 직장 등)로 작용하여 다른 교통수단을 생각하게 되었다. 이때 아래의 표를 참조하여 보완적 평가방식을 활용해 정원이와 친구들이 부산까지 가는 데 있어 효율적으로 이동이 가능한 교통운송 수단을 고르면 어떤 대안의 선택이 가능하게 되겠는가? (보완적 평가방식 : 각 상표에 있어 어떤 속성의 약점을 다른 속성의 강점에 의해 보완하여 전반적인 평가를 내리는 방식을 말함)

평가의 기준	중요도	교통운송 수단에 관한 평가			
		비행기	기차	고속버스	승용차
경제성	20	4	5	4	3
디자인	30	4	4	5	7
승차감	40	7	5	7	8
속도	50	9	8	5	6

① 비행기
② 기차
③ 고속버스
④ 승용차

11 다음은 ㅁㅁ공사의 2018년도 열 판매량에 대한 자료이다. 이에 대한 설명으로 옳은 것을 고르면?

월별	열(Gcal)				
	주택용	업무용	공공용	냉수용	계
1월	2,473,846	286,021	59,522	8,541	2,827,929
2월	2,068,026	230,144	48,880	7,831	2,354,881
3월	1,357,206	125,591	30,745	9,693	1,523,235
4월	784,247	63,821	13,980	11,350	873,397
5월	452,393	63,493	11,209	19,413	546,508
6월	260,671	93,682	14,657	29,266	398,277
7월	197,904	150,497	24,161	42,638	415,200
8월	127,182	162,563	25,835	46,347	361,926
9월	236,296	77,769	11,691	19,666	345,422
10월	689,807	54,449	12,190	13,936	770,382
11월	1,210,779	107,506	28,310	10,031	1,356,626
12월	2,157,899	238,718	52,081	9,370	2,458,068
계	12,016,257	1,654,254	333,258	228,082	14,231,852

※ 상반기(1~6월), 하반기(7~12월) / 하계(6~8월), 동계(12~2월)

※ 단, 계산 값은 소수점 둘째 자리에서 반올림한다.

① 모든 월에서 업무용 열 판매량은 주택용 열 판매량보다 적다.

② 8월 냉수용 열 판매량의 전월 대비 증가율은 동월(同月) 공공용 열 판매량의 전월 대비 증가율보다 낮다.

③ 상반기의 업무용 열 판매량의 평균 판매량은 하반기의 업무용 열 판매량의 평균 판매량보다 많다.

④ 하계기간 냉수용 열 판매량의 총합은 동계기간 냉수용 열 판매량의 총합의 5배 이상이다.

12 다음은 K전자의 연도별 매출 자료이다. 2017년 1분기의 판관비가 2억 원이며, 매 시기 1천만 원씩 증가하였다고 가정할 때, K전자의 매출 실적에 대한 올바른 설명은 어느 것인가?

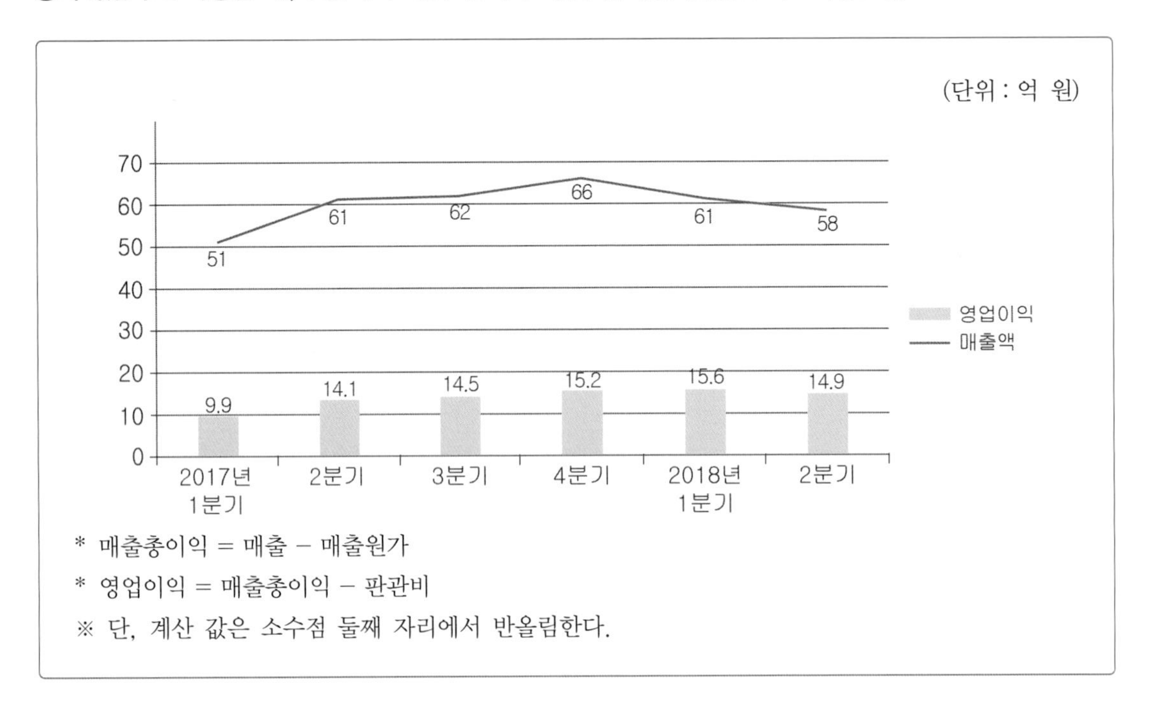

* 매출총이익 = 매출 − 매출원가
* 영업이익 = 매출총이익 − 판관비
※ 단, 계산 값은 소수점 둘째 자리에서 반올림한다.

① 매출원가가 가장 큰 시기의 매출총이익도 가장 크다.
② 매출액 대비 영업이익을 나타내는 영업이익률은 2018년 1분기가 가장 크다.
③ 매출총이익에서 판관비가 차지하는 비중은 2017년 1분기가 가장 크다.
④ 매출원가와 매출총이익의 증감 추이는 영업이익의 증감 추이와 매 시기 동일하다.

13 다음은 소득계층별 저축률 추이를 나타낸 것이다. 자료를 바르게 분석한 것은? (단, 경제성장률은 0보다 크다)

연도 \ 구분	상위 30%	중위 40%	하위 30%
2002	38	22	0
2005	37	20	−4
2008	35	15	−12

㉠ 모든 계층의 소득이 줄어들고 있다.
㉡ 국내총생산 규모가 점차 감소하고 있다.
㉢ 하위 30% 계층의 가계 부채가 증가하고 있다.
㉣ 이자 소득에 있어서 각 계층 간 격차가 심화되고 있다.

① ㉠, ㉡
② ㉠, ㉢
③ ㉡, ㉢
④ ㉢, ㉣

14 다음은 연도별, 상품군별 온라인쇼핑 거래액 구성비를 나타낸 자료이다. 다음 자료에 대한 올바른 설명이 아닌 것은 어느 것인가?

(단위: %)

구분	2017년		2018년			
	2월		1월		2월	
	온라인	모바일	온라인	모바일	온라인	모바일
컴퓨터 및 주변기기	6.3	3.7	5.6	3.5	5.6	3.7
가전 · 전자 · 통신기기	8.8	7.7	9.8	8.7	9.6	8.7
서적	2.2	1.2	2.4	1.9	2.0	1.2
사무 · 문구	0.8	0.5	0.8	0.5	0.9	0.5
의복	12.8	13.5	9.9	10.5	9.3	9.7
신발	1.8	2.1	1.5	1.7	1.6	1.8
가방	2.2	2.7	2.3	2.7	2.4	2.8
음 · 식료품	7.9	9.3	9.2	10.7	10.0	11.1
농축수산물	2.3	2.6	2.8	3.2	3.5	3.6
생활용품	8.7	9.4	8.0	8.4	7.9	8.3
자동차용품	1.1	1.1	0.9	0.9	0.9	0.8
가구	2.9	3.0	2.8	2.9	3.0	3.1
애완용품	0.8	1.0	0.8	0.9	0.7	0.8
여행 및 교통서비스	14.1	12.6	15.1	13.8	13.8	13.1

※ 단, 계산 값은 소수점 둘째 자리에서 반올림한다.

① 2018년 2월의 전년 동기 대비 거래액 비중이 증가한 모바일 상품군은 모두 6가지이다.

② 농축수산물의 2018년 2월 모바일 거래액 비중은 전년 동기 대비 38.5% 증가하였다.

③ 여행 및 교통서비스는 매 시기마다 가장 많은 모바일 거래액 비중을 차지한다.

④ 3개의 비교시기에서 온라인 거래액 비중이 꾸준히 증가한 상품군은 모두 3가지이다.

15 다음 표는 ㈎, ㈏, ㈐ 세 기업의 남자 사원 400명에 대해 현재의 노동 조건에 만족하는가에 관한 설문 조사를 실시한 결과이다. ㉠~㉣ 중에서 옳은 것은 어느 것인가?

구분	불만	어느 쪽도 아니다	만족	계
㈎회사	34	38	50	122
㈏회사	73	11	58	142
㈐회사	71	41	24	136
계	178	90	132	400

㉠ 이 설문 조사에서는 현재의 노동 조건에 대해 불만을 나타낸 사람은 과반수를 넘지 않는다.
㉡ 가장 불만 비율이 높은 기업은 ㈐회사이다.
㉢ 어느 쪽도 아니다라고 회답한 사람이 가장 적은 ㈏회사는 가장 노동조건이 좋은 기업이다.
㉣ 만족이라고 답변한 사람이 가장 많은 ㈏회사가 가장 노동조건이 좋은 회사이다.

① ㉠, ㉡
② ㉠, ㉢
③ ㉡, ㉢
④ ㉢, ㉣

16 당신은 K광물자원공사 연구개발팀에 근무한다. 하루는 상사가 6개 광종의 위험도와 경제성 점수에 관한 자료를 주며 분류기준에 따라 6개 광종을 분류해 오라고 지시하였다. 다음 중 바르게 분류한 것은?

〈분류기준〉

- 비축필요광종 : 위험도와 경제성 점수가 모두 3.0을 초과하는 경우
- 주시광종 : 위험도와 경제성 점수 중 하나는 3.0점 초과, 다른 하나는 2.5점 초과 3.0점 이하인 경우
- 비축제외광종 : 비축필요광종 또는 주시광종에 해당하지 않는 광종

〈6개 광종의 위험도와 경제성 점수〉

항목 \ 광종	금광	은광	동광	연광	아연광	철광
위험도	2.5	4.0	2.5	2.7	3.0	3.5
경제성	3.0	3.5	2.5	2.7	3.5	4.0

① 주시광종으로 분류되는 광종은 2종류이다.

② 비축필요광종으로 분류되는 광종은 은광, 아연광, 철광이다.

③ 모든 광종의 위험도와 경제성 점수가 현재보다 각각 20% 증가하면, 비축필요광종으로 분류되는 광종은 4종류가 된다.

④ 주시광종 분류기준을 위험도와 경제성 점수 중 하나는 3.0점 초과, 다른 하나는 2.5점 이상 3.0점 이하로 변경한다면 금광과 아연광은 주시광종으로 분류된다.

[17~20] 다음은 어느 시험의 통계사항을 나타낸 표이다. 물음에 답하시오. (단, 모든 계산은 소수점 둘째 자리에서 반올림한다.)

구분	접수인원	응시인원	합격자수	합격률
1회		2,468	1,120	57.6
2회	1,808	(가)	605	43.1
3회	2,013	1,422	(나)	34.0
4회	1,148	852	540	(다)
5회	5,057	4,197	1,120	26.7

17 (가)에 들어갈 수로 알맞은 것은?

① 1,301명
② 1,398명
③ 1,404명
④ 1,432명

18 (나)에 들어갈 수로 알맞은 것은?

① 483명
② 513명
③ 527명
④ 673명

19 (다)에 들어갈 수로 알맞은 것은?

① 45.3%
② 52.5%
③ 63.4%
④ 65.8%

20 주어진 표를 바탕으로 만든 그래프로 다음 중 옳지 않은 것은?

① 각 회별 합격률 비교

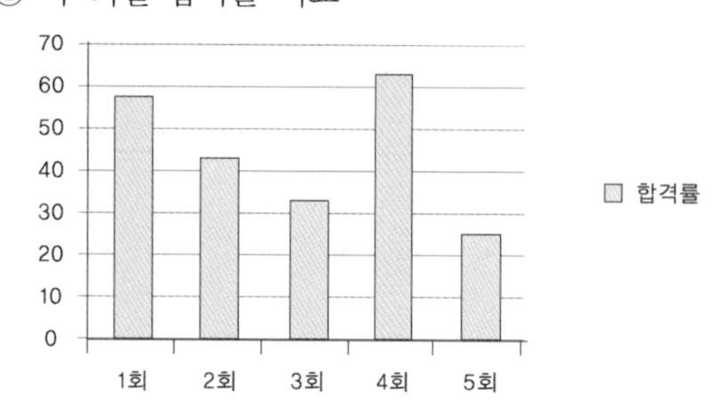

② 각 회별 응시인원과 접수인원 비교

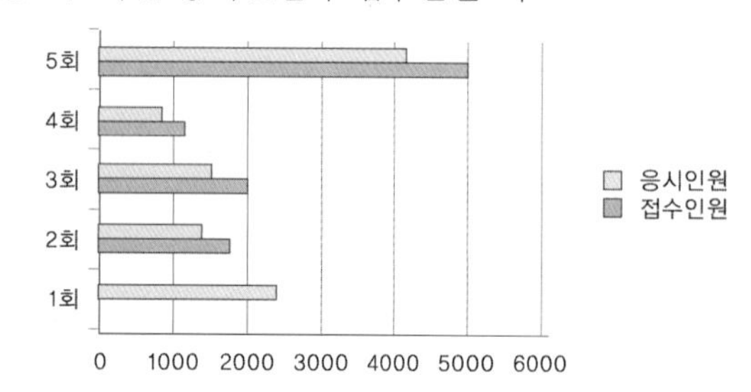

③ 각 회별 응시인원 비교

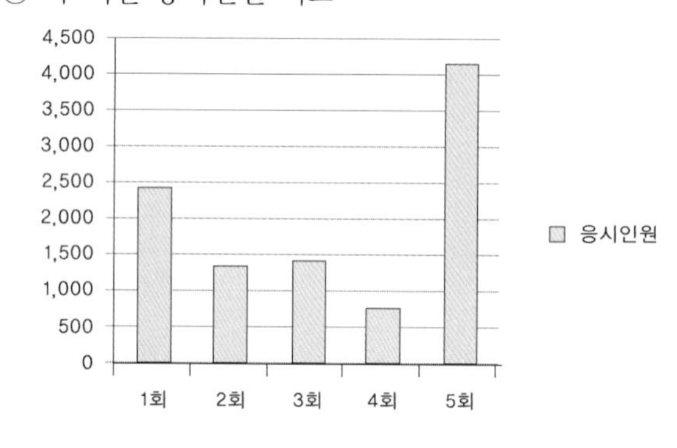

④ 각 회별 합격자수 비교

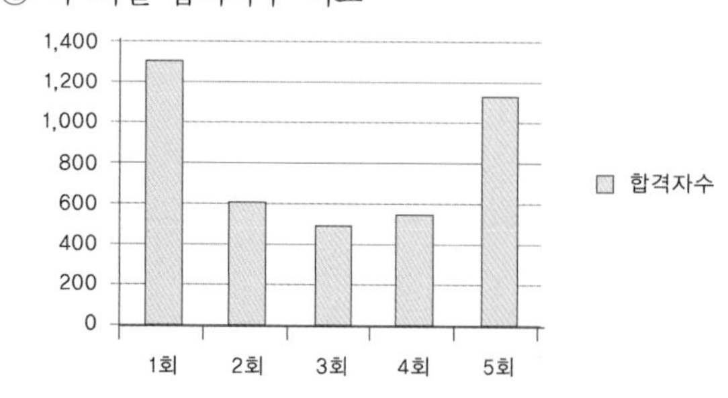

[21~22] 다음은 우리나라의 다문화 신혼부부의 남녀 출신국적별 비중을 나타낸 자료이다. 다음 자료를 보고 이어지는 물음에 답하시오.

• 2017~2018년도 다문화 신혼부부 현황

(단위 : 쌍, %)

남편	2017년	2018년	아내	2017년	2018년
결혼건수	94,962 (100.0)	88,929 (100.0)	결혼건수	94,962 (100.0)	88,929 (100.0)
한국국적	72,514 (76.4)	66,815 (75.1)	한국국적	13,789 (14.5)	13,144 (14.8)
외국국적	22,448 (23.6)	22,114 (24.9)	외국국적	81,173 (85.5)	75,785 (85.2)

• 부부의 출신국적별 구성비

(단위 : %)

남편		2017년	2018년	아내		2017년	2018년
출신 국적별 구성비	중국	44.2	43.4	출신 국적별 구성비	중국	39.1	38.4
	미국	16.9	16.8		베트남	32.3	32.6
	베트남	5.0	6.9		필리핀	8.4	7.8
	일본	7.5	6.5		일본	3.9	4.0
	캐나다	4.8	4.6		캄보디아	3.7	3.4
	대만	2.3	2.3		미국	2.3	2.6
	영국	2.1	2.2		태국	1.8	2.3
	파키스탄	2.2	1.9		우즈벡	1.3	1.4
	호주	1.8	1.7		대만	1.0	1.2
	프랑스	1.1	1.3		몽골	1.0	1.1
	뉴질랜드	1.1	1.1		캐나다	0.7	0.8
	기타	10.9	11.1		기타	4.4	4.6
계		99.9	99.8	계		99.9	100.2

21 **위의 자료를 바르게 해석한 것을 모두 고르면?**

> ㈎ 2018년에는 우리나라 남녀 모두 다문화 배우자와 결혼하는 경우가 전년보다 감소하였다.
> ㈏ 다문화 신혼부부 전체의 수는 2018년에 전년대비 약 6.35%의 증감률을 보여, 증가하였음을 알 수 있다.
> ㈐ 전년대비 2018년에 출신국적별 구성비가 남녀 모두 증가한 나라는 베트남과 기타 국가이다.
> ㈑ 다문화 신혼부부 중, 중국인과 미국인 남편, 중국인과 베트남인 아내는 두 시기 모두 50% 이상의 비중을 차지한다.

① ㈎, ㈐, ㈑
② ㈎, ㈏, ㈑
③ ㈎, ㈏, ㈐
④ ㈏, ㈐, ㈑

22 **다음 중 일본인이 남편인 다문화 신혼부부의 수가 비교 시기 동안 변동된 수치는 얼마인가? (단, 신혼부부의 수는 소수점 이하 절삭하여 정수로 표시함)**

① 246쌍
② 235쌍
③ 230쌍
④ 223쌍

[23~25] 다음 상황과 자료를 보고 물음에 답하시오.

발신인	(주)바디버디 권○○ 대리
수신인	갑, 을, 병, 정
내용	안녕하세요! (주)바디버디 권○○ 대리입니다. 올해 상반기 업계 매출 1위 달성을 기념하여 현재 특별 프로모션이 진행되고 있습니다. 이번 기회가 기업용 안마의자를 합리적인 가격으로 구입하실 수 있는 가장 좋은 시기라고 여겨집니다. 아래에 첨부한 설명서와 견적서를 꼼꼼히 살펴보시고 궁금한 사항에 대해서 언제든 문의하시기 바랍니다.
첨부파일	구매 관련 설명서 #1, #2, 견적서 #3, #4, #5

구매 관련 설명서 #1

구분	리스	현금구입(할부)
기기명의	리스회사	구입자
실 운영자	리스이용자(임대인)	구입자
중도 해약	가능	-
부가가치세	면세 거래	-
기간 만료	반납/매입/재 리스	-

구매 관련 설명서 #2

- 절세 효과 : 개인 사업자 및 법인 사업자는 매년 소득에 대한 세금을 납부합니다. 이때, 신고, 소득에 대한 과세대상금액에서 리스료(리스회사에 매월 불입하는 불입금)전액을 임차료 성격으로서 제외시킬 수 있습니다. (법인세법상 리스료의 비용인정 - 법인세법 제18조에 의거 사업용 자산에 대한 임차료로 보아 필요경비로 인정함.)

적용세율(주민세 포함)			
법인 사업자		개인 사업자	
과세표준구간	적용세율	과세표준구간	적용세율
2억 이하	11.2%	1,200만 원 이하	8.8%
2억 초과	22.4%	1,200만 원 초과~4,600만 원 이하	18.7%
		4,600만 원 초과~8,800만 원 이하	28.6%
		8,800만 원 초과	38.5%

- 법인 사업자 절세 예시

예를 들어, ○○법인의 작년 매출액이 5억 원이고 비용이 2억8천만 원이라면 ○○법인은 수익 2억2천만 원을 과세표준으로 계산시 2,688만 원의 법인세가 부가됩니다.

과세표준 : 2억 이하⇒2억 원×11.2%=2,240만 원
과세표준 : 2억 초과⇒2천만 원×22.4%=448만 원
법인세 총액=2,688만 원

만약 ○○법인이 안마의자 리스를 이용하고 1년간 납부한 총 임대료가 2천만 원이었다면, 수익은 2억 원(⇒2억2천만 원-2천만 원)이 되고, 비용은 3억 원(2억8천만 원+2천만 원)이 됩니다.

이에 따라 수익 2억 원을 과세표준으로 하면 법인세 2,240만 원만 부과되어 448만 원(2,688만 원-2,240만 원=448만 원)의 절세효과를 얻으실 수 있습니다.

이를 통상 리스 약정기간인 3년으로 설정하는 경우 448만 원×3년=1,344만 원의 절세 효과를 얻으실 수 있습니다.

물론 리스 이용료가 크면 클수록 절세효과는 더욱 더 크게 누리실 수 있습니다.

견적서 #3

안마의자	모델명	Body Buddy Royal-7		
	선택사양	STMC-5400	색상	

● 가격/원가 구성

가격사항	기본가격	25,000,000	리스종류(기간)	운용리스(39개월)	
	프로모션	3,000,000	등록명의	리스사	
	탁송료		약정	39개월	
	안마의자 가격(리스 이용금액)	22,000,000	만기처리	반납/구매/재 리스	
초기부담금		2,500,000	월 납입금(리스료)	39회	690,000
메모		리스 이용 프로모션 3,000,000 리스 이용시 연이율 8% 적용 설치일로부터 18개월 미만 해지시 위약금 - 남은 약정금액의 20% 설치일로부터 18개월 이후 해지시 위약금 - 남은 약정금액의 10%			

견적서 #4

안마의자	모델명	Body Buddy Royal-7		
	선택사양	STMC-5400	색상	

● 가격/원가 구성

가격사항	기본가격	25,000,000	할부 기간	39개월	
	프로모션	2,400,000	등록명의	개인	
	탁송료				
	안마의자 가격(할부 이용금액)	22,600,000			
초기부담금		2,500,000	월 납입금(할부금)	39회	590,000
메모	할부 이용 프로모션 2,400,000 할부 이용시 연이율 3% 적용, 선수금 10% 오를 시 할부 연이율 0.5% 하락				

견적서 #5

안마의자	모델명	Body Buddy Royal-7		
	선택사양	STMC-5400	색상	

● 가격/원가 구성

가격사항	기본가격	25,000,000
	프로모션	1,800,000
	탁송료	
	안마의자 가격	23,200,000
메모	일시불 프로모션 1,800,000	

23 개인이 할부로 안마의자를 구입하는 경우 500만 원의 초기비용을 지불하면 연이율은 몇 %가 적용되는가?

① 2.5%　　② 3.0%

③ 3.5%　　④ 4.0%

24 법인사업자가 안마의자를 리스로 이용하다가 20개월이 된 시점에서 약정을 해지한다면 위약금은 얼마인가?

① 1,291,000원
② 1,301,000원
③ 1,311,000원
④ 1,321,000원

25 연 매출 1억 원, 비용 5천5백만 원인 개인사업자가 안마의자를 리스로 이용한다면 1년 동안 리스 비용에 대한 몇 %를 아낄 수 있는가?

① 8.8%
② 11.2%
③ 18.7%
④ 28.6%

[26~28] 주요 전기 요금 제도에 관한 다음 자료를 보고 물음에 답하시오.

▶ 주택용 전력(저압)

주거용 고객(아파트 고객 포함), 계약전력 3kW 이하의 고객

독신자 합숙소(기숙사 포함) 또는 집단거주용 사회복지시설로서 고객이 주택용 전력의 적용을 희망하는 경우 적용

주거용 오피스텔(주택은 아니지만 실제 주거용도로 이용되는 오피스텔) 고객

기본요금(원/호)		전력량 요금(원/kWh)	
100kWh 이하 사용	400	처음 100kWh까지	60
101~200kWh 사용	900	다음 100kWh까지	120
201~300kWh 사용	1,500	다음 100kWh까지	200
301~400kWh 사용	3,600	다음 100kWh까지	300
401~500kWh 사용	7,000	다음 100kWh까지	450
500kWh 초과 사용	12,000	500kWh 초과	700

▶ 주택용 전력(고압)

고압으로 공급받는 가정용 고객에게 적용

기본요금(원/호)		전력량 요금(원/kWh)	
100kWh 이하 사용	400	처음 100kWh까지	55
101~200kWh 사용	700	다음 100kWh까지	100
201~300kWh 사용	1,200	다음 100kWh까지	150
301~400kWh 사용	3,000	다음 100kWh까지	215
401~500kWh 사용	6,000	다음 100kWh까지	320
500kWh 초과 사용	10,000	500kWh 초과	600

▶ 가로등

일반 공중의 편익을 위하여 도로 · 교량 · 공원 등에 조명용으로 설치한 전등이나 교통 신호등 · 도로 표시등 · 해공로(海空路) 표시등 및 기타 이에 준하는 전등(소형기기를 포함)에 적용

구분	기본요금(원/kW)	전력량 요금(원/kWh)
갑(정액등)	W당 35(월 최저요금 1,000원)	
을(종량등)	6,000	80

* 가로등은 공급조건에 따라 가로등(갑), (을)로 구분한다.
가로등(갑)은 사용설비용량이 1kW 미만이거나 현장여건상 전기계기의 설치가 곤란한 교통신호등, 도로표시등, 공원산책로용, 조명용 전등에 한하여 적용하고 정액제로 요금을 계산하며 가로등(을)은 가로등(갑) 이외의 고객에게 적용하며 전기계기를 설치하여 사용전력량에 따라 요금을 계산한다.

〈별첨〉

제5조(설치기준) 가로등 · 보안등의 설치는 다음 각 호의 기준에 따른다.

1. 설치공사는 「전기공사업법」 및 본 규정이 정하는 바에 따라야 한다.
2. 시공업체는 반드시 전기공사업 면허 1 · 2종 업체로 한다.
3. 소요자재는 K.S표시품, 규격품, 승인품을 사용하여야 한다.
4. "등"은 절전형을 사용하여야 하며 지상 5미터 이상에 적합 용량의 것을 사용하며, 광전식이나 자동점멸기를 설치하여야 한다. 단, 부득이한 장소에는 수동스위치를 사용할 수 있다.
6. 가로등의 설치간격은 60미터 이상, 보안등의 설치간격은 4미터 이상으로 한다. 단, 곡선부에는 예외로 한다.

▶ 전기요금 청구액 계산방법

① 기본요금(원 단위 미만 절사)

② 사용량요금(원 단위 미만 절사)

③ 전기요금계=①+②−복지할인

④ 부가가치세(원 단위 미만 4사5입)=③×10%

⑤ 전력산업기반기금(10원 미만 절사)=③×3.7%

⑥ 청구요금 합계(10원 미만 절사)=③+④+⑤

26 주거용 오피스텔에 사는 사람이 4월 20일 정기적으로 전기검침을 하여 작성한 표가 다음과 같을 때, 5월에 납부할 예상 전기요금을 계산하면 얼마인가?

〈전기 검침표〉

월	누적 사용전력량(kW)
2월	3,053
3월	3,504
4월	4,004

※ 매월 20일에 계량기를 확인하여 작성

※ 당월 사용량에 대한 청구 금액은 다음 달에 납입

① 119,340원　② 127,620원

③ 131,830원　④ 136,440원

27 고압의 전력을 공급받는 가정에 사는 사람의 한 달간 전력 사용량이 361kW일 때, 납부해야 할 전기요금은 얼마인가? (단, 원 단위 절삭)

① 52,997원　② 62,230원

③ 68,100원　④ 70,140원

28 가로, 세로의 길이가 1.8km, 1.2km인 직사각형 모양의 호수 둘레를 따라 가로등을 설치하려고 한다. 가로등 하나의 소비전력은 100W이고 하루에 9시간 점등한다. 가로등을 최소간격으로 설치한다고 할 때, 하루 전력사용비용은 얼마인가?

① 3,150,000원　② 3,151,000원

③ 3,152,000원　④ 3,153,000원

[29~30] 다음 자료를 보고 이어지는 물음에 답하시오.

〈지역별, 소득계층별, 점유형태별 최저주거기준 미달가구 비율〉

(단위 : %)

구분		최저주거기준 미달	면적기준 미달	시설기준 미달	침실기준 미달
지역	수도권	51.7	66.8	37.9	60.8
	광역시	18.5	15.5	22.9	11.2
	도지역	29.8	17.7	39.2	28.0
	계	100.0	100.0	100.0	100.0
소득 계층	저소득층	65.4	52.0	89.1	33.4
	중소득층	28.2	38.9	9.4	45.6
	고소득층	6.4	9.1	1.5	21.0
	계	100.0	100.0	100.0	100.0
점유 형태	자가	22.8	14.2	27.2	23.3
	전세	12.0	15.3	6.3	12.5
	월세(보증금 有)	37.5	47.7	21.8	49.7
	월세(보증금 無)	22.4	19.5	37.3	9.2
	무상	5.3	3.3	7.4	5.3
	계	100.0	100.0	100.0	100.0

29 다음 중 위의 자료를 바르게 분석하지 못한 것은?

① 점유형태가 무상인 경우의 미달가구 비율은 네 가지 항목 모두에서 가장 낮다.
② 침실기준 미달 비율은 수도권, 도지역, 광역시 순으로 높다.
③ 지역과 소득계층 면에서는 광역시에 거주하는 고소득층의 면적기준 미달 비율이 가장 낮다.
④ 저소득층은 중소득층보다 침실기준 미달 비율이 더 낮다.

30 광역시의 시설기준 미달가구 비율 대비 수도권의 시설기준 미달가구 비율의 배수와 저소득층의 침실기준 미달가구 비율 대비 중소득층의 침실기준 미달가구 비율의 배수는 각각 얼마인가? (단, 반올림하여 소수 둘째 자리까지 표시함)

① 1.52배, 1.64배
② 1.58배, 1.59배
③ 1.66배, 1.37배
④ 1.72배, 1.28배

03 핵심예상문제

문제해결능력

정답 및 해설 p.382

1 **R공사에서는 신입사원 2명을 채용하기 위하여 서류와 필기 전형을 통과한 갑, 을, 병, 정 네 명의 최종 면접을 실시하려고 한다. 아래 표와 같이 네 개 부서의 팀장이 각각 네 명을 모두 면접하여 최종 선정 우선순위를 결정하였다. 면접 결과에 대한 〈보기〉와 같은 설명 중 적절한 것을 모두 고른 것은?**

	A팀장	B팀장	C팀장	D팀장
최종 선정자 (1/2/3/4순위)	을 / 정 / 갑 / 병	갑 / 을 / 정 / 병	을 / 병 / 정 / 갑	병 / 정 / 갑 / 을

* 우선순위가 높은 사람 순으로 2명을 채용하며, 동점자는 A, B, C, D팀장 순으로 부여한 고순위자로 결정함.
* 팀장별 순위에 대한 가중치는 모두 동일하다.

〈보기〉

㉠ '을' 또는 '정' 중 한 명이 입사를 포기하면 '갑'이 채용된다.
㉡ A팀장이 '을'과 '정'의 순위를 바꿨다면 '갑'이 채용된다.
㉢ B팀장이 '갑'과 '병'의 순위를 바꿨다면 '정'은 채용되지 못한다.

① ㉠
② ㉠, ㉢
③ ㉡, ㉢
④ ㉠, ㉡, ㉢

2 고 대리, 윤 대리, 염 사원, 서 사원 중 1명은 갑작스런 회사의 사정으로 인해 오늘 당직을 서야 한다. 이들은 논의를 통해 당직자를 결정하였으나, 동료인 최 대리에게 다음 〈보기〉와 같이 말하였고, 이 중 1명만이 진실을 말하고, 3명은 거짓말을 하였다. 당직을 서게 될 사람과 진실을 말한 사람을 순서대로 알맞게 나열한 것은 어느 것인가?

〈보기〉

고 대리 : "윤 대리가 당직을 서겠다고 했어."
윤 대리 : "고 대리는 지금 거짓말을 하고 있어."
염 사원 : "저는 오늘 당직을 서지 않습니다, 최 대리님."
서 사원 : "당직을 서는 사람은 윤 대리님입니다."

① 고 대리, 서 사원
② 염 사원, 고 대리
③ 서 사원, 윤 대리
④ 염 사원, 윤 대리

3 **다음 글과 〈설립위치 선정 기준〉을 근거로 판단할 때, A사가 서비스센터를 설립하는 방식과 위치로 옳은 것은?**

- 휴대폰 제조사 A는 B국에 고객서비스를 제공하기 위해 1개의 서비스센터 설립을 추진하려고 한다.
- 설립방식에는 ㈎ 방식과 ㈏ 방식이 있다.
- A사는 {(고객만족도 효과의 현재가치) − (비용의 현재가치)}의 값이 큰 방식을 선택한다.
- 비용에는 규제비용과 로열티비용이 있다.

구분		㈎ 방식	㈏ 방식
고객만족도 효과의 현재가치		5억 원	4.5억 원
비용의 현재가치	규제비용	3억 원 (설립 당해 년도만 발생)	없음
	로열티비용	없음	− 3년간 로열티비용을 지불함 − 로열티비용의 현재가치 환산액 : 설립 당해년도는 2억 원, 그 다음 해부터는 직전년도 로열티비용의 1/2씩 감액한 금액

※ 고객만족도 효과의 현재가치는 설립 당해연도를 기준으로 산정된 결과이다.

〈설립위치 선정 기준〉

- 설립위치로 B국의 甲, 乙, 丙 3곳을 검토 중이며, 각 위치의 특성은 다음과 같다.

위치	유동인구(만 명)	20~30대 비율(%)	교통혼잡성
甲	80	75	3
乙	100	50	1
丙	75	60	2

- A사는 {(유동인구) × (20~30대 비율) / (교통혼잡성)} 값이 큰 곳을 선정한다. 다만 A사는 제품의 특성을 고려하여 20~30대 비율이 50% 이하인 지역은 선정대상에서 제외한다.

설립방식	설립위치
① ㈎	甲
② ㈎	丙
③ ㈏	甲
④ ㈏	乙

4 다음은 A~D국의 유학비용을 항목별로 나타낸 자료이다. 평균 비용이 다섯 국가 중 가장 높은 항목이 한 항목도 없는 국가는 어디인가? (단, '합계'도 항목에 포함함)

구분	학비	숙박비	생활비	합계
A국	100~120만 원	70~90만 원	50~70만 원	220~280만 원
B국	100~120만 원	80~90만 원	30~60만 원	180~250만 원
C국	75~90만 원	40~70만 원	30~40만 원	145~200만 원
D국	130~170만 원	50~70만 원	40~70만 원	220~290만 원

① A국　　② B국
③ C국　　④ D국

5 **다음 조건을 바탕으로 할 때 정 대리가 이번 달 중국 출장 출발일로 정하기에 가장 적절한 날은 언제인가? (전체 일정은 모두 이번 달 안에 속해 있다.)**

- 이번 달은 1일이 월요일인 달이다.
- 3박 4일 일정이며 출발일과 도착일이 모두 휴일이 아니어야 한다.
- 현지에서 복귀하는 비행편은 매주 화, 목요일에만 있다.
- 이번 달 셋째 주 화요일에 있을 부서의 중요한 회의에 반드시 참석해야 하며, 회의 후에 출장을 가려 한다.

① 12일
② 15일
③ 17일
④ 22일

6 G회사에 근무하는 박과장과 김과장은 점심시간을 이용해 과녁 맞추기를 하였다. 다음 〈조건〉에 근거하여 〈점수표〉의 빈칸을 채울 때 박과장과 김과장의 최종점수가 될 수 있는 것은?

〈조건〉

- 과녁에는 0점, 3점, 5점이 그려져 있다.
- 박과장과 김과장은 각각 10개의 화살을 쏘았고, 0점을 맞힌 화살의 개수만 〈점수표〉에 기록이 되어 있다.
- 최종 점수는 각 화살이 맞힌 점수의 합으로 한다.
- 박과장과 김과장이 쏜 화살 중에는 과녁 밖으로 날아간 화살은 없다.
- 박과장과 김과장이 5점을 맞힌 화살의 개수는 동일하다.

〈점수표〉

점수	박과장의 화살 수	김과장의 화살 수
0점	3	2
3점		
5점		

	박과장의 최종점수	김과장의 최종점수
①	25	29
②	26	29
③	27	30
④	28	30

의사소통능력
수리능력
문제해결능력
자기개발능력
자원관리능력
대인관계능력
정보능력
기술능력
조직이해능력
직업윤리

7 O회사에 근무하고 있는 채과장은 거래 업체를 선정하고자 한다. 업체별 현황과 평기기준이 다음과 같을 때, 선정되는 업체는?

〈업체별 현황〉

국가명	시장매력도	정보화수준	접근가능성
	시장규모(억 원)	정보화순위	수출액(백만 원)
A업체	550	106	9,103
B업체	333	62	2,459
C업체	315	91	2,597
D업체	1,706	95	2,777

〈평가기준〉

- 업체별 종합점수는 시장매력도(30점 만점), 정보화수준(30점 만점), 접근가능성(40점 만점)의 합계(100점 만점)로 구하며, 종합점수가 가장 높은 업체가 선정된다.
- 시장매력도 점수는 시장매력도가 가장 높은 업체에 30점, 가장 낮은 업체에 0점, 그 밖의 모든 업체에 15점을 부여한다. 시장규모가 클수록 시장매력도가 높다.
- 정보화수준 점수는 정보화순위가 가장 높은 업체에 30점, 가장 낮은 업체에 0점, 그 밖의 모든 업체에 15점을 부여한다.
- 접근가능성 점수는 접근가능성이 가장 높은 업체에 40점, 가장 낮은 업체에 0점, 그 밖의 모든 국가에 20점을 부여한다. 수출액이 클수록 접근가능성이 높다.

① A　　② B

③ C　　④ D

8 다음은 공공기관을 구분하는 기준이다. 다음 기준에 따라 각 기관을 구분한 결과가 옳지 않은 것은?

〈공공기관의 구분〉

제00조 제1항

공공기관을 공기업·준정부기관과 기타공공기관으로 구분하여 지정한다. 직원 정원이 50인 이상인 공공기관은 공기업 또는 준정부기관으로, 그 외에는 기타공공기관으로 지정한다.

제00조 제2항

제1항의 규정에 따라 공기업과 준정부기관을 지정하는 경우 자체수입액이 총수입액의 2분의 1 이상인 기관은 공기업으로, 그 외에는 준정부기관으로 지정한다.

제00조 제3항

제1항 및 제2항의 규정에 따른 공기업을 다음의 구분에 따라 세분하여 지정한다.

- 시장형 공기업 : 자산규모가 2조 원 이상이고, 총 수입액 중 자체수입액이 100분의 85 이상인 공기업
- 준시장형 공기업 : 시장형 공기업이 아닌 공기업

〈공공기관의 현황〉

공공기관	직원 정원	자산규모	자체수입비율
A	70명	4조 원	90%
B	45명	2조 원	50%
C	65명	1조 원	55%
D	60명	1.5조 원	45%

※ 자체수입비율 : 총 수입액 대비 자체수입액 비율

① A – 시장형 공기업　② B – 기타공공기관

③ C – 준정부기관　④ D – 준정부기관

9 다음 조건에 따라 가영, 세경, 봉숙, 혜진, 분이 5명의 자리를 배정하려고 할 때 1번에 앉는 사람은 누구인가?

- 친한 사람끼리는 바로 옆자리에 배정해야 하고, 친하지 않은 사람끼리는 바로 옆자리에 배정해서는 안 된다.
- 봉숙이와 세경이는 서로 친하지 않다.
- 가영이와 세경이는 서로 친하다.
- 가영이와 봉숙이는 서로 친하다.
- 분이와 봉숙이는 서로 친하지 않다.
- 혜진이는 분이와 친하며, 5번 자리에 앉아야 한다.

1	2	3	4	5
(　　)	(　　)	(　　)	(　　)	혜진

① 가영　　② 세경
③ 봉숙　　④ 분이

10 다음 조건에 따를 때, 선정이의 병명은 무엇인가?

소윤, 홍미, 효진, 선정이가 처방전을 가지고 약국을 방문하였는데, 처방전을 받아 A~D의 약을 조제한 약사는 처방전을 잃어버리고 말았다.

- 약국을 방문한 4명의 병명은 감기, 배탈, 치통, 위염이었다.
- 홍미의 처방전은 B에 해당하는 것이었고, 그녀는 감기나 배탈 환자가 아니었다.
- A는 배탈 환자에 사용되는 약이 아니다.
- D는 위염에 사용되는 약이 포함되어 있다.
- 소윤이는 임신을 한 상태이고, A와 D에는 임산부가 먹으면 안 되는 약이 포함되어 있다.
- 효진이는 감기 환자가 아니었다.

① 감기　　② 배탈
③ 치통　　④ 위염

[11~12] 다음 자료를 보고 이어지는 물음에 답하시오.

건폐율이란 대지에 건축물의 그림자가 덮고 있는 비율을 의미한다. 그러나 건폐율로는 건축물의 평면적인 규모를 가늠할 수 있을 뿐 전체 건축물의 면적(연면적)이나 층수 등의 입체적인 규모는 알 수 없다. 건축물의 입체적인 규모를 가늠할 수 있는 것은 용적률이다. 건폐율과 용적률의 최대 허용치는 토지의 용도지역에 따라 다음과 같은 기준이 적용된다.

<table>
<tr><th colspan="3">용도지역구분</th><th>건폐율</th><th>용적률</th></tr>
<tr><td rowspan="8">도시지역</td><td rowspan="3">일반주거지역</td><td>제1종</td><td rowspan="2">60% 이하</td><td>100%~200%</td></tr>
<tr><td>제2종</td><td>150%~250%</td></tr>
<tr><td>제3종</td><td>50% 이하</td><td>200%~300%</td></tr>
<tr><td colspan="2">준주거지역</td><td>70% 이하</td><td>200%~500%</td></tr>
<tr><td rowspan="4">상업
지역</td><td>중심상업지역</td><td>90% 이하</td><td>400%~1,500%</td></tr>
<tr><td>일반상업지역</td><td>80% 이하</td><td>300%~1,300%</td></tr>
<tr><td>근린상업지역</td><td>70% 이하</td><td>200%~900%</td></tr>
<tr><td>유통상업지역</td><td>80% 이하</td><td>200%~1,100%</td></tr>
</table>

※ 건폐율 = 건축면적 ÷ 대지면적 × 100

※ 용적률 = 지상층 연면적 ÷ 대지면적 × 100

11 A씨는 자신이 소유한 대지에 건물을 지으려고 한다. 대지의 면적이 다음 그림과 같을 때, 허용된 최대 건폐율과 용적률을 적용하여 건물을 짓는다면 건물 한 층의 면적과 층수는 각각 얼마인가? (단, 주차장 및 지하 공간 등은 고려하지 않는다.)

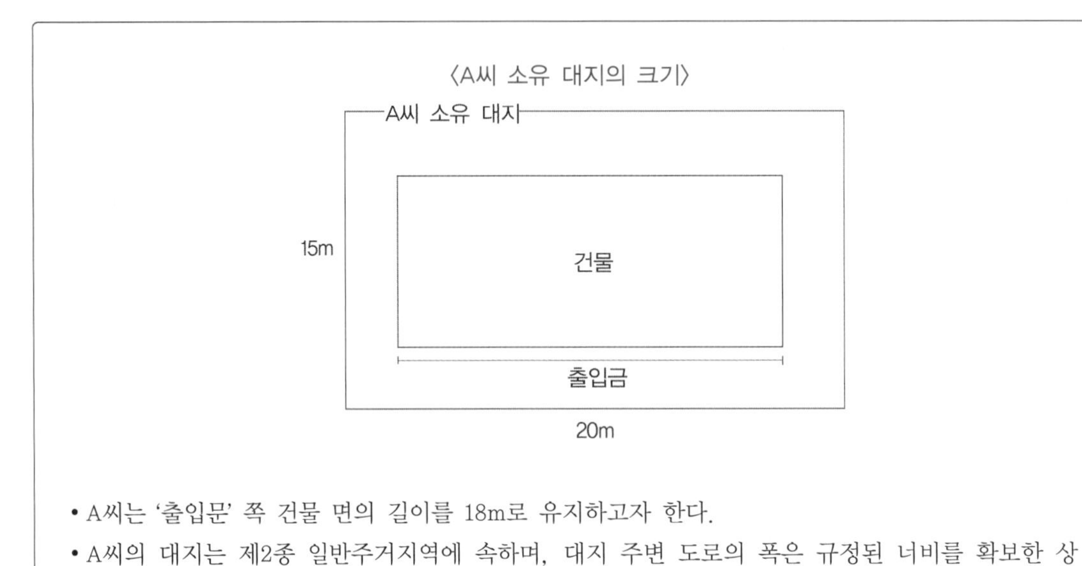

- A씨는 '출입문' 쪽 건물 면의 길이를 18m로 유지하고자 한다.
- A씨의 대지는 제2종 일반주거지역에 속하며, 대지 주변 도로의 폭은 규정된 너비를 확보한 상태라고 가정한다.

① 150㎡, 4층　　② 180㎡, 5층

③ 180㎡, 4층　　④ 150㎡, 5층

12 다음 중 A씨가 소유한 대지 내에 지을 수 있는 건축물의 면적과 층수가 아닌 것은 어느 것인가?

① 100㎡, 7층　　② 140㎡, 6층

③ 150㎡, 5층　　④ 170㎡, 3층

[13~14] S사와 H사는 신제품을 공동개발하여 판매한 총 순이익을 다음과 같은 기준으로 분배하기로 합의하였다. 합의한 기준 및 비용과 순이익이 다음과 같을 때, 물음에 답하시오.

〈분배기준〉

㉠ S사와 H사는 총 순이익에서 각 회사의 제조원가의 5%에 해당하는 금액을 우선 각자 분배받는다(우선분배).

㉡ 총 순이익에서 ㉠의 금액을 제외한 나머지 금액에 대한 분배기준은 연구개발비, 판매관리비, 광고홍보비 중 각 회사에서 가장 많이 든 비용과 가장 적게 든 두 비용의 합으로 결정하며 이 두 비용의 합에 비례하여 분배액을 정하기로 한다(나중분배).

〈비용과 순이익〉

(단위 : 억 원)

구분	S사	H사
제조원가	200	600
연구개발비	100	300
판매관리비	200	200
광고홍보비	250	150
총 순이익	200	

13 다음 중 옳지 않은 것은?

① S사의 분배기준은 연구개발비와 광고홍보비가 된다.

② S사와 H사의 총 순이익분배비는 2 : 3이 된다.

③ 우선분배금액은 H사가 많지만 총 분배금액은 S사가 더 많다.

④ 나중분배의 분배기준을 연구개발비, 판매관리비, 광고홍보비의 합으로 수정한다면 S사에게 이득이다.

14 **S사와 H사 모두 판매관리비를 50억 원 감축했는데도 불구하고 순 이익이 이전과 같았다면 다음 중 맞는 설명은?**

① S사의 총 이익분배금이 증가한다.

② H사의 총 이익분배금이 증가한다.

③ 두 회사의 총 이익분배금은 같다.

④ 두 회사의 총 이익분배금은 이전과 변화가 없다.

15 **○○교육에 다니는 甲은 학술지에 실린 국가별 대학 진학률 관련 자료가 훼손된 것을 발견하였다. ㉠~㉦까지가 명확하지 않은 상황에서 〈보기〉의 내용만을 가지고 그 내용을 추론한다고 할 때, 바르게 나열된 것은?**

㉠	㉡	㉢	㉣	㉤	㉥	㉦	평균
68%	47%	46%	37%	28%	27%	25%	39.7%

〈보기〉

㈎ 스웨덴, 미국, 한국은 평균보다 높은 진학률이다.

㈏ 가장 높은 진학률 국가의 절반에 못 미치는 진학률을 보인 나라는 칠레, 멕시코, 독일이다.

㈐ 한국과 멕시코의 진학률의 합은 스웨덴과 칠레의 진학률의 합보다 20%p 많다.

㈑ 일본보다 진학률이 높은 국가의 수와 낮은 국가의 수는 동일하다.

① 미국 – 한국 – 스웨덴 – 일본 – 멕시코 – 독일 – 칠레

② 스웨덴 – 미국 – 한국 – 일본 – 칠레 – 멕시코 – 독일

③ 한국 – 미국 – 스웨덴 – 일본 – 독일 – 칠레 – 멕시코

④ 한국 – 스웨덴 – 미국 – 일본 – 독일 – 멕시코 – 칠레

16 무역업을 하는 D사가 자사의 경영 환경을 다음과 같이 파악하였을 경우, D사가 취할 수 있는 ST 전략으로 가장 적절한 것은 어느 것인가?

> 우리는 급속도로 출현하는 경쟁자들에게 단기간에 시장점유율 20% 이상 잠식당한 상태이다. 더군다나 우리 제품의 주 구매처인 미국 S사로 물품을 수출하기에는 갈수록 무역규제와 제도적 장치가 불리하게 작용하고 있다. 침체된 경기는 언제 되살아날지 전망조차 하기 힘들다. 시장 자체의 성장 속도는 매우 빨라 새로운 고객군도 가파르게 등장하고 있지만 그만큼 우리의 생산설비도 노후화되어 가고 있으며 종업원들의 고령화 또한 문제점으로 지적되고 있다. S사와의 거래만 지속적으로 유지된다면 우리 경영진의 우수한 역량과 다년간의 경험을 바탕으로 안정적인 거래 채널을 유지할 수 있지만 이는 우리의 연구 개발이 지속적으로 이루어져야 가능한 일이며, 지금과 같이 수익성이 악화 일로로 치닫는 상황에서는 기대하기 어려운 요인으로 지목된다. 우리가 보유한 독점적 기술력과 직원들의 열정만 믿고 낙관적인 기대를 하기에는 시장 상황이 녹록치 않은 것이 냉정한 현실이다.

① 안정적인 공급채널로 수익성 저하를 만회하기 위해 노력한다.
② 새로운 고객군의 등장을 계기로 시장점유율을 극대화할 수 있는 방안을 도출해 본다.
③ 독점 기술과 경영진의 경험을 바탕으로 자사에 불리한 규제를 벗어날 수 있는 새로운 영역을 창출한다.
④ 우수한 경영진의 역량을 통해 직원들의 업무 열정을 제고하여 종업원의 고령화 문제를 해결한다.

17 작업 A부터 작업 E까지 모두 완료해야 끝나는 업무에 대한 조건이 다음과 같을 때 옳지 않은 것은? (단, 모든 작업은 동일 작업장 내에서 행하여진다)

> ㉠ 작업 A는 4명의 인원과 10일의 기간이 소요된다.
> ㉡ 작업 B는 2명의 인원과 20일의 기간이 소요되며, 작업 A가 끝난 후에 시작할 수 있다.
> ㉢ 작업 C는 4명의 인원과 50일의 기간이 소요된다.
> ㉣ 작업 D와 E는 각 작업당 2명의 인원과 20일의 기간이 소요되며, 작업 E는 작업 D가 끝난 후에 시작할 수 있다.
> ㉤ 모든 인력은 작업 A~E까지 모두 동원될 수 있으며 생산력은 모두 같다.
> ㉥ 인건비는 1인당 1일 10만 원이다.
> ㉦ 작업장 사용료는 1일 50만 원이다.

① 업무를 가장 빨리 끝낼 수 있는 최단 기간은 50일이다.
② 최단 기간에 업무를 끝내기 위해 필요한 최소 인력은 10명이다.
③ 작업 가능한 인력이 4명뿐이라면 업무를 끝낼 수 있는 기간은 100일이다.
④ 모든 작업을 끝내는데 드는 최소 비용은 6,100만 원이다.

18 A~H 8명은 모임을 갖기 위해 모두 지하철 1호선 또는 7호선을 타고 이동하여 온수역에서 만났다. 그런데 이들이 이동하는데 다음과 같은 조건을 따랐다고 할 때, A가 1호선을 이용하지 않았다면, 다음 중 가능하지 않은 것은?

> ㉠ 1호선을 이용한 사람은 많아야 3명이다.
> ㉡ A는 D와 같은 호선을 이용하지 않았다.
> ㉢ F는 G와 같은 호선을 이용하지 않았다.
> ㉣ B는 D와 같은 호선을 이용했다.

① B는 지하철 1호선을 탔다.
② C는 지하철 7호선을 탔다.
③ H는 지하철 1호선을 탔다.
④ F는 지하철 1호선을 탔다.

[19~20] 다음은 조류예보 발령기준과 그에 따른 기관별 조치사항 및 유역별 수질검사 기록에 관한 자료이다. 다음 자료를 보고 이어지는 물음에 답하시오.

〈조류예보 발령기준〉

구분	발령기준
조류주의보	• 2회 연속 채취 시 클로로필a 농도 15~25mg/m^3 미만 • 남조류세포 수 500~5,000cells/mL 미만 * 이상의 조건에 모두 해당 시
조류경보	• 2회 연속 채취 시 클로로필a 농도 25mg/m^3 이상 • 남조류세포 수 5,000cells/mL 이상 * 이상의 조건에 모두 해당 시
조류대발생경보	• 2회 연속 채취 시 클로로필a 농도 100mg/m^3 이상 • 남조류세포 수 100만cells/mL 이상 * 이상의 조건에 모두 해당 시
해제	• 2회 연속 채취 시 클로로필a 농도 15mg/m^3 미만 • 남조류세포 수 500cells/mL 미만 * 이상의 조건에 모두 해당 시

〈조류예보 발령에 따른 조치사항〉

관계기관 / 조류예보	물환경연구소장, 보건환경연구원장	수면관리자, 수도사업자	취 · 정수장 관리자	유역 환경청장 또는 시 · 도지사
조류주의보	- 주 1회 이상 시료채취 및 분석 - 발령기관에 대한 시험분석 결과의 신속한 통보	- 취수구와 조류가 심한 지역에 대한 방어막 설치 등 조류제거 조치 실시	- 정수처리 강화(활성탄 처리, 오존처리)	- 조류주의보 발령 - 주변 오염원에 대한 철저한 지도 · 단속
조류경보	- 주 2회 이상 시료채취 및 분석(클로로필a, 남조류세포 수, 취기, 독소) - 발령기관에 대한 시험분석 결과의 신속한 통보	- 취수구와 조류가 심한 지역에 대한 방어막 설치 등 조류제거 조치 실시	- 조류증식 수심 이하로 취수구 이동 - 정수처리 강화(활성탄 처리, 오존처리) - 정수의 독소분석 실시	- 조류경보 발령 및 대중매체를 통한 홍보 - 주변 오염원에 대한 단속 강화 - 수상스키, 수영, 낚시, 취사 등의 활동 자제 권고 - 어패류 어획 · 식용 및 가축방목의 자제 권고

조류대발생 경보	- 주 2회 이상 시료채취 및 분석 (클로로필a, 남조류세포 수, 취기, 독소) - 발령기관에 대한 시험분석 결과의 신속한 통보	- 취수구와 조류 우심지역에 대한 방어막 설치 등 조류 제거 조치 실시 - 황토 등 흡착제 살포, 조류제거선 등을 이용한 조류 제거 조치 실시	- 조류증식 수심 이하로 취수구 이동 - 정수처리 강화 (활성탄 처리, 오존처리) - 정수의 독소분석 실시	- 조류대발생경보 발령 및 대중매체를 통한 홍보 - 주변 오염원에 대한 지속적인 단속 강화 - 수상스키, 수영, 낚시, 취사 등의 활동 금지 - 어패류 어획 · 식용 및 가축방목의 금지
해제	- 발령기관에 대한 시험분석 결과의 신속한 통보			- 각종 경보 해제 및 대중매체를 통한 홍보

〈유역별 수질검사 기록부〉

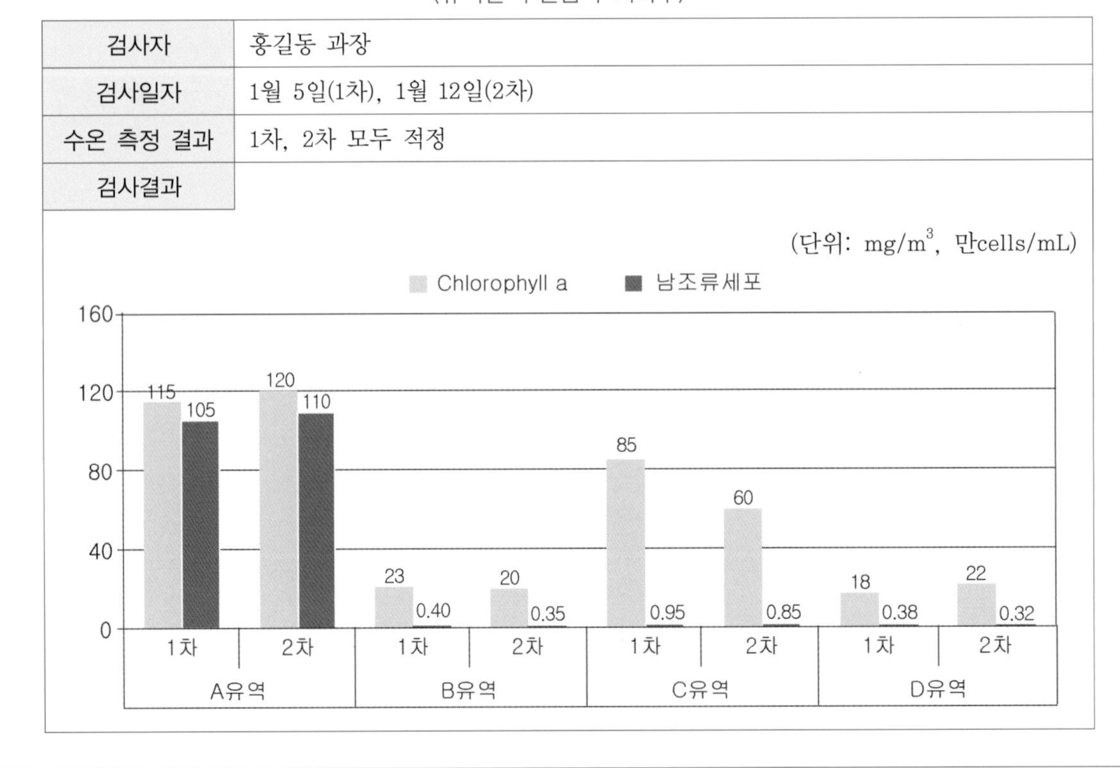

검사자	홍길동 과장
검사일자	1월 5일(1차), 1월 12일(2차)
수온 측정 결과	1차, 2차 모두 적정
검사결과	

(단위: mg/m^3, 만cells/mL)

19 다음 중 조류예보제에 대하여 올바르게 이해한 설명은 어느 것인가?

① C유역에서 남조류세포 수가 폭발적으로 증가할 경우 즉시 조류대발생경보가 내려지게 된다.
② 클로로필a의 농도는 1회 채취 결과만으로도 조류예보 발령의 근거가 될 수 있다.
③ 조류대발생경보 이후 클로로필a와 남조류세포의 수치가 조류주의보 수준으로 감소하면 해제경보를 발령할 수 있다.
④ 조류예보 발령을 위해 필요한 남조류세포 수의 증식량은 조류경보보다 조류대발생경보의 경우가 더 많다.

20 위의 자료를 참고할 때, 각 유역별 조류 상황과 그에 따른 조치사항으로 옳지 않은 것은 어느 것인가?

① D유역에는 조류주의보가 발령되어야 한다.
② D유역은 B유역보다 수질이 양호한 상태이므로 더 낮은 단계의 조류예보가 발령되어야 한다.
③ 수영이나 낚시 등의 활동이 금지되는 유역은 1곳이다.
④ A유역의 수면관리자는 흡착제 살포를 통하여 조류제거 작업을 실시하여야 한다.

[21~22] S공사는 창립 10주년을 기념하기 위하여 A센터 공연장에서 창립기념 행사와 함께 사내 음악회를 대대적으로 열고자 한다. 다음은 행사 진행 담당자인 총무팀 조 대리가 A센터로부터 받은 공연장의 시설 사용료 규정이다. 이를 보고 이어지는 물음에 답하시오.

〈기본시설 사용료〉

시설명	사용목적	사용기준	사용료(원)		비고
			대공연장	아트 홀	
공연장	대중음악 일반행사 기타	오전 1회 (09:00-12:00)	800,000	120,000	1. 토요일 및 공휴일은 30% 가산 2. 미리 공연을 위한 무대 설치 후 본 공연(행사)까지 시설사용을 하지 않을 경우, 2시간 기준 본 공연 기본 사용료의 30% 징수 3. 1회당 시간 초과 시 시간당 대공연장 100,000원, 아트 홀 30,000원 징수 4. 대관료 감면 대상 공연 시 사용료 중 전기·수도료는 감면혜택 없음
		오후 1회 (13:00-17:00)	900,000	170,000	
		야간 1회 (18:00-22:00)	950,000	190,000	
	클래식 연주회 연극 무용 창극 뮤지컬 오페라 등	오전 1회 (09:00-12:00)	750,000	90,000	
		오후 1회 (13:00-17:00)	800,000	140,000	
		야간 1회 (18:00-22:00)	850,000	160,000	
전시실	전시 (1층 및 2층)	1일 (10:00-18:00)	150,000		※ 1일 : 8시간 기준(전기·수도료 포함)이며, 토요일 및 공휴일 사용료는 공연장과 동일 규정 적용

21 **조 대리가 총무팀장에게 시설 사용료 규정에 대하여 보고한 다음 내용 중 규정을 올바르게 이해하지 못한 것은 어느 것인가?**

① "공연 내용에 따라 사용료가 조금 차이가 나고요, 공연을 늦은 시간에 할수록 사용료가 비쌉니다."
② "전시장은 2개 층으로 구분되어 있습니다. 아무래도 가족들을 위한 공간이 될 거라서 그런지 오후 6시까지만 전시가 가능합니다."
③ "전시실을 토요일에 사용하게 된다면 하루에 8시간 사용이 가능하며 사용료가 195,000원이네요."
④ "아무래도 오후에 대공연장에서 열리는 창립기념행사가 가장 중요한 일정일 테니 아침 9시쯤부터 무대 장치를 준비해야겠어요. 2시간이면 준비가 될 거고요, 사용료 견적은 평일이니까 900,000원으로 받았습니다.

22 **조 대리의 보고를 받은 총무팀장은 다음과 같은 지시사항을 전달하였다. 다음 중 팀장의 지시를 받은 조 대리가 판단한 내용으로 적절하지 않은 것은 어느 것인가?**

> "조 대리, 이번 행사는 전 임직원뿐 아니라 외부에서 귀한 분들도 많이 참석을 하게 되니까 준비를 잘 해야 되네. 이틀간 진행될 거고 금요일은 임직원들 위주, 토요일은 가족들과 외부 인사들이 많이 방문할 거야. 금요일엔 창립기념행사가 오후에 있을 거고, 업무 시간 이후 저녁엔 사내 연극 동아리에서 준비한 멋진 공연이 있을 거야. 연극 공연은 조그만 홀에서 진행해도 될 걸세. 그리고 창립기념행사 후에 우수 직원 표창이 좀 길어질 수도 있으니 아예 1시간 정도 더 예약을 해 두게.
> 토요일은 임직원 가족들 사진전이 있을 테니 1개 층에서 전시가 될 수 있도록 준비해 주고, 홍보팀 클래식 기타 연주회가 야간 시간으로 일정이 확정되었으니 그것도 조그만 홀로 미리 예약을 해 두어야 하네."

① '전시를 1개 층만 사용하면 혹시 전시실 사용료가 감액되는지 물어봐야겠군.'
② '와우, 총 시설 사용료가 200만 원을 훌쩍 넘겠군.'
③ '토요일 사진전엔 아이들도 많이 올 텐데 전기 · 수도료를 따로 받지 않으니 그건 좀 낫군.'
④ '사진전 시설 사용료가 연극 동아리 공연 시설 사용료보다 조금 더 비싸군.'

23 원서기업의 자재관리팀에서 근무 중인 직원 진수는 회사 행사 때 사용할 배너를 제작하는 업무를 맡아 이를 진행하려고 한다. 배너와 관련된 정보가 아래와 같을 때 배너를 설치하는데 필요한 총 비용은 얼마인가?

- 다음은 행사 장소를 나타낸 지도이다.

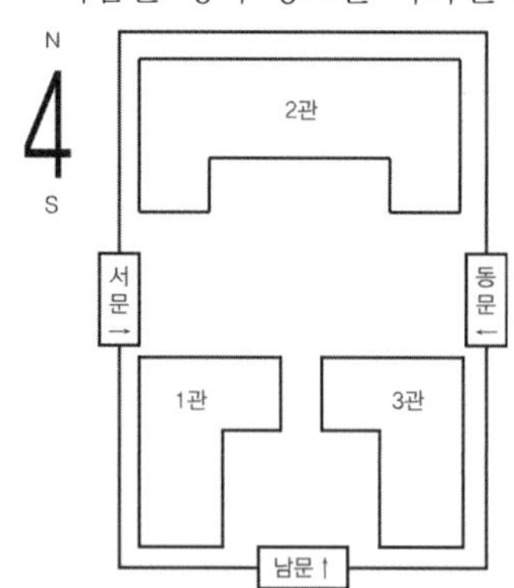

- 행사 장소 : 본 건물 2관

- 배너 설치비용(배너 제작비+배너 거치대)

– 배너 제작비용 : 일반배너 한 장당 25,000원, 고급배너 한 장당 30,000원
– 배너 거치대 : 건물 내부용 20,000원, 건물 외부용 25,000원

(1) 배너를 설치하는 장소 : 동문 · 서문 · 남문 앞에 각 1장, 2관 내부에 2장
(2) 사장님 특별 지시사항 : 실외용은 모두 고급 배너를 사용할 것

① 250,000원
② 255,000원
③ 260,000원
④ 265,000원

24 ○○기관 가, 나, 다, 라 직원 4명은 둥그런 탁자에 둘러앉아 인턴사원 교육 관련 회의를 진행하고 있다. 직원들은 각자 인턴 A, B, C, D를 한 명씩 맡아 교육하고 있다. 아래에 제시된 조건에 따라, 직원과 인턴이 알맞게 짝지어진 한 쌍은?

- B 인턴을 맡고 있는 직원은 다 직원의 왼편에 앉아 있다.
- A 인턴을 맡고 있는 직원 맞은편에는 B 인턴을 맡고 있는 직원이 앉아 있다.
- 라 직원은 다 직원 옆에 앉아 있지 않으나, A 인턴을 맡고 있는 직원 옆에 앉아 있다.
- 나 직원은 가 직원 맞은편에 앉아 있으며, 나 직원의 오른편에는 라 직원이 앉아 있다.
- 시계 6시 방향에는 다 직원이 앉아있으며, 맞은편에는 D 인턴을 맡고 있는 사원이 있다.

① 가 직원 – A 인턴
② 나 직원 – D 인턴
③ 라 직원 – A 인턴
④ 다 직원 – C 인턴

25 서원 그룹의 K부서에서는 자기 부서의 정책을 홍보하기 위해 책자를 제작해 배포하는 프로젝트를 진행하였다. 프로젝트 진행 과정이 다음과 같을 때, 프로젝트 결과에 대한 평가로 항상 옳은 것을 모두 고르면?

이번에 K부서에서는 자기 부서의 정책을 홍보하기 위해 책자를 제작해 배포하였다. 이 홍보 사업에 참여한 K부서의 팀은 A와 B 두 팀이다. 두 팀은 각각 500권의 정책홍보 책자를 제작하였다. 그러나 책자를 어떤 방식으로 배포할 것인지에 대해 두 팀 간에 차이가 있었다. A팀은 자신들이 제작한 K부서의 모든 정책홍보책자를 서울이나 부산에 배포한다는 지침에 따라 배포하였다. 한편, B팀은 자신들이 제작한 K부서 정책홍보책자를 서울에 모두 배포하거나 부산에 모두 배포한다는 지침에 따라 배포하였다. 사업이 진행된 이후 배포된 결과를 살펴보기 위해서 서울과 부산을 조사하였다. 조사를 담당한 한 직원은 A팀이 제작·배포한 K부서 정책홍보책자 중 일부를 서울에서 발견하였다.

한편, 또 다른 직원은 B팀이 제작·배포한 K부서 정책홍보책자 중 일부를 부산에서 발견하였다. 그리고 배포 과정을 검토해 본 결과, 이번에 A팀과 B팀이 제작한 K부서 정책 홍보책자는 모두 배포되었다는 것과, 책자가 배포된 곳과 발견된 곳이 일치한다는 것이 확인되었다.

㉠ 부산에는 500권이 넘는 K부서 정책홍보책자가 배포되었다.
㉡ 서울에 배포된 K부서 정책홍보책자의 수는 부산에 배포된 K부서 정책홍보책자의 수보다 적다.
㉢ A팀이 제작한 K부서 정책홍보책자가 부산에서 발견되었다면, 부산에 배포된 K부서 정책홍보책자의 수가 서울에 배포된 수보다 많다.

① ㉠
② ㉢
③ ㉠, ㉡
④ ㉡, ㉢

26 다음은 나에 대해 SWOT 분석을 한 것이다. 환경 분석결과에 대응하는 가장 적절한 전략은?

강점 (Strengths)	• 맡은 일에 대해 책임과 의무를 다하는 성격 • 높은 학점 취득으로 전공이해도가 높음 • 긍정적인 마인드
약점 (Weaknesses)	• 부족한 외국어 실력 • 남들에 비해 늦은 취업
기회 (Opportunities)	• 스펙을 보지 않는 기업들이 많아짐 • NCS라는 새로운 취업제도가 도입됨
위협 (Threats)	• 취업경쟁이 심화되고 있음 • 해외경험을 중시하는 취업시장의 분위기

	강점(S)	약점(W)
기회(O)	① NCS라는 새로운 취업제도에 긍정적인 마인드로 대처	② 취업경쟁이 심화되고 있지만 타 취업생보다 전공이해도가 높음
위협(T)	③ 늦은 취업이지만 나이나 학력 등의 스펙을 보지 않는 기업이 많아짐	④ 취업경쟁의 심화 속에서도 긍정적인 마인드로 극복해나감

의사소통능력
수리능력
문제해결능력
자기개발능력
자원관리능력
대인관계능력
정보능력
기술능력
조직이해능력
직업윤리

[27~28] 다음 5개의 팀에 인터넷을 연결하기 위해 작업을 하려고 한다. 5개의 팀 사이에 인터넷을 연결하기 위한 시간이 다음과 같을 때 제시된 표를 바탕으로 물음에 답하시오. (단, 가팀과 나팀이 연결되고 나팀과 다팀이 연결되면 가팀과 다팀이 연결된 것으로 간주한다)

구분	가	나	다	라	마
가	–	3	6	1	2
나	3	–	1	2	1
다	6	1	–	3	2
라	1	2	3	–	1
마	2	1	2	1	–

27 가팀과 다팀을 인터넷 연결하기 위해 필요한 최소의 시간은?

① 7시간　② 6시간
③ 5시간　④ 4시간

28 다팀과 마팀을 인터넷 연결하기 위해 필요한 최소의 시간은?

① 1시간　② 2시간
③ 3시간　④ 4시간

[29~30] 다음은 중소기업협회에서 주관한 학술세미나 일정에 관한 것으로 다음 세미나를 준비하는 데 필요한 일, 각각의 일에 걸리는 시간, 일의 순서 관계를 나타낸 표이다. 제시된 표를 바탕으로 물음에 답하시오.

〈세미나 준비 현황〉

구분	작업	작업시간(일)	먼저 행해져야 할 작업
가	세미나 장소 세팅	1	바
나	현수막 제작	2	다, 마
다	세미나 발표자 선정	1	라
라	세미나 기본계획 수립	2	없음
마	세미나 장소 선정	3	라
바	초청자 확인	2	라

29 현수막 제작을 시작하기 위해서는 최소 며칠이 필요하겠는가?

① 3일 ② 4일
③ 5일 ④ 6일

30 세미나 장소 세팅까지 마치는 데 필요한 최대의 시간은?

① 10일 ② 11일
③ 12일 ④ 13일

자기개발능력

정답 및 해설 p.396

1 다음 설명을 참고할 때, 빈 칸 ㉠~㉢에 들어갈 말이 순서대로 올바르게 나열된 것은 어느 것인가?

'개인의 브랜드화'라는 것은 개개인 스스로가, 모든 것이 변화되고 있는 시대에 유연하게 대처할 수 있는 통찰력과 경쟁력을 갖추고 가치가 있음을 증명하는 것이다. 자신을 브랜드화하기 위한 전략으로, 사랑받는 브랜드의 조건을 안다면 이에 따라 자신을 차별적으로 브랜드화하기 위한 전략을 수립할 수 있을 것이다. 사랑받는 브랜드의 요건은 다음과 같은 세 가지가 있다.

(㉠) : 브랜드를 소유하거나 사용해보고 싶다는 동기를 유발하는 욕구이며, 자신을 브랜드화하여 사람들로부터 자신을 찾게 하기 위해서는 다른 사람과 다른 차별성을 가질 필요가 있는 것.

(㉡) : 오랜 기간 관계를 유지한 브랜드에 대한 친숙한 느낌으로, 다른 사람과의 관계를 돈독히 유지하기 위해 노력하고, 자신의 내면을 관리하여 긍정적인 마인드를 가지도록 함으로 해서 생길 수 있는 것.

(㉢) : 소비자가 브랜드와 애정적 관계를 유지하겠다는 약속으로 소비자에게 신뢰감을 주어 지속적인 소비가 가능하도록 하는 것.

① 친근감, 열정, 책임감

② 소유욕, 애정, 믿음

③ 열정, 소유욕, 믿음

④ 열정, 친근감, 책임감

2 '경력개발'에 대한 다음 설명을 참고할 때, 경력개발의 유형이 나머지와 다른 하나는 어느 것인가?

> 개인은 직무가 변화되는 외부적인 상황의 변화나 개인의 기대나 목표가 변화되는 주관적 인식의 변화에 따라 자신의 경력을 개발할 수 있다. 외부적 상황의 변화와 주관적 인식의 변화가 서로 상호작용하는 가운데 경력개발은 추구되기도 한다. 따라서 경력개발은 개인이 경력목표와 전략을 수립하고 실행하며 피드백 하는 과정으로, 개인은 한 조직의 구성원으로서 조직과 함께 상호작용하며 자신의 경력을 개발해나간다.
>
> 경력개발은 자신과 자신의 환경 상황을 인식하고 분석하여 합당한 경력 관련 목표를 설정하는 과정으로써 경력계획과, 경력계획을 준비하고 실행하며 피드백 하는 경력관리로 이루어진다. 경력관리는 규칙적으로 지속적으로 이루어져야 한다. 잘못된 정보나 이에 대한 이해가 부족하여 경력목표를 잘못 설정하는 경우가 있으므로 계속적이고 적극적인 경력관리를 통해 이를 수정해나가야 하며, 환경이나 조직의 변화에 따라 새로운 미션을 수립하고 새로운 경력이동 경로를 만들어나갈 필요가 있다.

① 규칙적이고 지속적으로 이루어져야 한다.
② 나에게 부족한 점을 파악하고 목표를 설정해 본다.
③ 동종업계 대형 거래선과의 거래 경험을 커리어화 한다.
④ 현재나 미래에 요구될만한 강의나 교육 등을 찾아본다.

3 **자아인식에 대한 다음 설명을 참고할 때, 빈 칸에 들어갈 가장 적절한 말은 어느 것인가?**

> 나를 안다는 것은 자신의 가치, 신념, 상정, 태도 등을 아는 것을 넘어서 이것들이 자신의 행동에 어떻게 영향을 미치는가를 아는 개념이다. 한 사람이 직업인으로서 자신이 원하는 직업을 갖고 그 일을 효과적으로 수행하기 위해서는 장기간에 걸친 치밀한 준비와 노력이 필요하며, 자신을 분명하게 아는 것이 선행되어야 이러한 준비와 노력이 적절히 이루어질 수 있다. 즉 직업인으로서 자아인식이란 다양한 방법을 활용하여 자신이 어떤 분야에 흥미가 있고, 어떤 능력의 소유자이며, 어떤 행동을 좋아하는지를 종합적으로 분석하여 이해하는 것이다.
>
> 자기를 지각하고 그 지각된 내용을 체계화시킴으로써 자신을 존중하고 자신을 가치 있다고 여기는 동시에 자신의 한계를 인식하고 이를 더 보완해야 되겠다는 욕구를 가질 수 있도록 해준다. 이러한 자아 인식 노력은 (　　　)을(를) 확인시켜 주며 동시에 자기개발의 토대가 된다.

① 자아존중감

② 자아정체감

③ 자아몰입감

④ 자아도취감

4 **P회사에 입사한지 3개월이 된 신입사원 S씨는 열정이 넘쳐나고 이 회사에서 무엇이든 열심히 하고 싶은 생각을 가지고 있다. 첫 직장인만큼 선배들에게 일도 제대로 배워보고 싶고 이 회사에서 최대한 자기개발을 하여 업무능력도 향상시키고 싶다. 하지만 S씨가 속한 팀은 다른 팀에 비해 성과도 제대로 나지 않는 일만 쌓이고 다른 팀의 프로젝트에 밀려나면서 선배들의 푸념이 많아졌고, 어떤 선배는 '이 팀은 안돼'라는 말을 하기도 하면서 다른 팀이나 회사로 옮기고 싶다고 말을 하는 상황이다. 이러한 상황에서 신입사원 S씨의 자기개발에 어려움을 주는 장애요인은 무엇인가?**

① 신입사원 S씨의 소극적 태도

② 신입사원 S씨의 합리화 경향

③ 팀 내에서의 분위기 등 직장환경

④ 서투른 자기개발 방법

[5~6] 경력개발은 일과 관련되어 일어나는 연속적인 과정으로서, 사람은 일반적으로 평생 동안 경력단계를 거친다고 한다. 일생동안의 경력개발을 다음과 같이 나누어 볼 때, 물음에 답하시오.

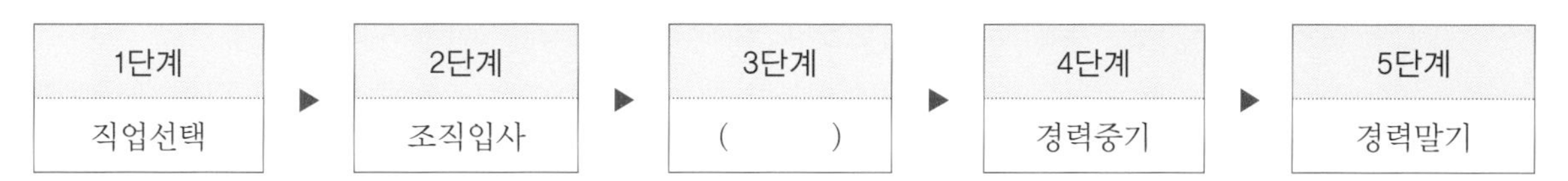

5 Y회사에 다니는 K씨는 위의 경력개발 과정에서 3단계에 해당한다고 한다. 이 단계에서 해야 할 일이 아닌 것은?

① 조직에서 자신의 입지를 확고히 다져나가기 시작한다.
② 자신이 맡은 업무의 내용을 파악한다.
③ 조직의 규칙과 규범을, 분위기를 알고 적응해 나간다.
④ 자신이 그동안 성취한 것들을 재평가한다.

6 다음의 사례에서 B씨는 현재 경력개발 과정의 어느 단계에 해당하는가?

> 통계학과를 졸업한 B씨는 자신의 꼼꼼한 성격과 더불어 분석하는 것을 좋아하는 특성을 파악하여 통계 · 리서치 업계에 종사하기로 하였다. 따라서 이와 관련된 SPSS 등 통계 프로그램 공부를 통해 사회조사분석사1급 자격증을 취득하였다. 또한 리서치 회사에 취직하기 위해 영어 공부, 면접 준비까지 철저히 하여 B씨가 원하는 N리서치 회사에 합격하게 되었다.

① 1단계　　② 2단계
③ 4단계　　④ 5단계

7 U회사에 다니는 H대리는 항상 허둥지둥 바쁘고 정신이 없다. 누가 보더라도 같은 직급의 다른 대리보다 가장 열심히 일하는 것 같은데 팀장한테 질책을 많이 받는다. 어제 저녁에도 어김없이 일을 제때에 못 마쳐 회식에 늦는 바람에 질책을 받았다. H대리에게 필요한 것은 무엇인가?

① 자아인식능력
② 문제해결능력
③ 경력개발능력
④ 자기관리능력

8 K회사에 근무하는 C씨는 해야 할 일들과 역할들이 넘쳐나고 있다. 이에 따라 C씨는 우선순위를 구분하여 다음과 같은 표로 정리하려고 한다. 우선순위 연결로 옳지 않은 것은?

시간관리 매트릭스	긴급×	긴급○
중요○	2순위 계획, 준비해야 할 문제	1순위 제일 먼저 해결해야 할 긴급&중요한 문제
중요×	4순위 하찮은 일	3순위 빨리 해결해야 할 문제

① 1순위 : 마감시간이 임박한 프로젝트
② 2순위 : 자기개발 학습
③ 3순위 : 대인관계 구축
④ 4순위 : 드라마 보기

9 S회사에서 근무하고 있는 K씨는 일한 지 1년이 넘었지만 다른 사람에 비해서 성과가 저조하다는 지적을 받곤 한다. 직장에서 업무 수행성과를 높이는 것이 가장 중요한 자기개발이라고 충고하는 상사 박부장의 의견을 받아들여 K씨는 업무수행 성과를 높이기 위해 행동전략을 짜보기로 한다. 이에 대한 행동전략으로 옳지 않은 것은?

① 일을 미루지 말고 해야 될 일이 있으면 지금 바로 하자.
② 비슷한 속성을 가진 일을 한꺼번에 처리하여 효율성을 높이자.
③ 상사가 일하는 방식을 그대로 따라 해서 속도를 높이자.
④ 회사나 팀의 업무 지침을 기본적으로 지키자.

10 B회사에 근무 중인 U씨는 상사로부터 경력개발을 하라는 지시와 함께 경력개발 계획을 수립하여 올리라는 보고를 받았다. 이에 따라 U씨는 먼저 경력개발이 왜 필요한지에 관해 생각해 보기로 하였다. 경력개발이 필요한 이유에는 환경변화 측면, 조직요구 측면, 개인요구 측면으로 나눌 수 있다는 것을 안 U씨는 보기 좋게 다음 표를 작성하였다. ㉠~㉣ 중에서 분류가 잘못된 것은?

〈경력개발이 필요한 이유〉

구분	내용
환경변화 측면	• 지식정보의 빠른 변화 • 인력난 심화 • ㉠ 삶의 질 • 중견 사원 이직증가
조직요구 측면	• 경영전략 변화 • ㉡ 승진적체 • 직무환경 변화
개인요구 측면	• 발달에 따른 가치관, 신념의 변화 • ㉢ 전문성 축적 및 성장 요구 증가 • 개인의 고용시장 가치 증대 • ㉣ 능력주의 문화

① ㉠　② ㉡
③ ㉢　④ ㉣

11 ◇◇회사에서 3년차로 근무하고 있는 소영씨는 자기개발이 필요하다는 생각은 하고 있지만 자기개발을 어떻게 해야 할지, 자신이 뭘 원하는지, 무엇이 부족한지에 관해 잘 몰라서 어디서부터 어떻게 시작해야 할 지 난감한 상황이다. 그래서 소영씨는 상사에게 상담을 요청하였고 상사는 소영씨에게 자기 자신부터 파악해 보라는 얘기를 들었다. 이 말을 들은 소영씨는 '내가 아는 나를 확인'하기 위해 여러 질문들을 해보았다. 소영씨가 자기 자신에게 한 질문 중에서 적절하지 않은 질문은?

① 내가 생각하는 바람직한 상사는 어떻게 행동하는가?
② 동료가 나에게 말했던 나에 대한 첫 느낌은 무엇이었나?
③ 내가 관심을 가지는 일은 무엇인가?
④ 나의 성격이나 업무수행에 있어서 장단점은 무엇일까?

12 다음의 사례를 읽고 이 글이 궁극적으로 말하고자 하는 것으로 가장 적절한 것은?

> 스펜서 존슨이 지은 「누가 내 치즈를 옮겼을까」라는 책을 보면 생쥐 스니프와 스커리, 꼬마인간 허와 헴이 나온다. 이들은 미로 속을 헤맨 끝에 치즈가 가득 찬 창고를 찾아낸다. 생쥐들은 매일 창고를 점검했지만, 꼬마인간들은 맛있는 치즈를 먹는 즐거움에 빠져 정신없이 지낸다. 창고가 비어버리자 생쥐들은 현실을 인정하고 곧 새로운 치즈를 찾아 나서지만, 허와 헴은 깜짝 놀라 "누가 내 치즈를 옮겼을까?"라고 소리친다. 허는 사태분석이나 기다림이 부질없다고 생각하고 새로운 치즈를 찾아 떠나지만, 헴은 "난 늙었다. 길을 잃고 헤매기 싫다. 여기 남아서 문제의 원인을 끝까지 파헤치겠다."라고 우긴다. 새 치즈를 발견하는 일은 많은 고난과 역경을 이겨내야 했지만, 허는 마침내 새로운 치즈를 발견하게 되고, 헴은 아무 것도 얻지 못한다.

① 힘든 일보다는 편한 삶을 누리는 방법을 제시하고 있다.
② 자신의 물건은 스스로 잘 지켜야 한다는 내용을 담고 있다.
③ 환경의 변화에 따른 자기개발의 중요성에 대해 말하고 있다.
④ 어려운 일이 있을수록 목표를 최대한으로 낮추어서 불가능하다는 것을 인지했을 때 포기해야 함을 나타내고 있다.

13 다음 각각의 사례를 읽고 매슬로우의 욕구이론을 적용했을 시에 각 사례들을 통해서 공통적으로 추론 가능한 것을 고르면?

㉠ 고대 그리스 잠언에 "노인은 두 번째로 아이가 된다."라는 말이 있다. 우리는 아이가 상징하는 '시작'이란 키워드에 주목해보려 한다. 어떤 것을 시작한다는 것은 새로운 것을 향한 순수한 동기, 모험심에서 비롯될 터. 일반적인 나이인 60세를 은퇴의 기준으로 보았을 때에 100세 시대 60대의 도전은 새로운 삶의 이유이자 세 번째 스무 살의 또 다른 표식이다. 20대보다 더 화끈한 도전정신으로 무장한 중년들의 특별한 도전기를 통해 나만의 설레는 노년을 대비해보는 건 어떨까.

㉡ 최근 40~50대 중년들 중 다가올 노년을 인생의 '엔드(end)'가 아닌 '앤드(and)'로 준비하는 사람들이 늘고 있다. 통계청 자료에 따르면 우리나라는 2018년에 고령사회, 2026년에는 초고령사회에 진입할 것으로 예견되어 100세 시대가 코앞으로 다가왔다고 할 수 있다. 100세 시대에서 노년의 기대수명은 짧게는 20~30년에서 길게는 40~50년에 이른다.

㉢ 요즘 청년들보다 더 과감하게 새로운 모험에 뛰어드는 중년들의 사례도 쉽게 찾아볼 수 있다. 간혹, 이들의 패기 넘치는 도전기는 또래 중년을 포함, 청년들에게 귀감이 되기도 한다. 그 중 대표적인 예가 익스트림 아웃도어 스포츠다. 대다수가 직장생활의 은퇴를 앞두고 있거나 또는 자녀들을 다 키우고 가정생활에 지친 50~60대들로 고산 암벽등반, 사막 트레킹, 모터사이클 바이크 등 젊은 세대도 쉽게 도전하기 힘든 스릴만점 취미활동에 중년들의 발걸음이 이어지고 있다.

㉣ 서울 강서구에 사는 송○○(53, 여) 씨는 올가을 평생 기억에 남을 추억을 만들었다. 전 세계 트레킹 마니아들의 성지 중 하나로 꼽히는 페루 트레킹 코스를 다소 특별한 계기를 통해 경험한 것이다. 사실, 불과 3년 전까지만 해도 송 씨는 페루 트레킹은커녕 여유시간이 생길 때면 남편과 함께 여행을 즐기는 중년 여성이었다. 그러던 중, 우연한 기회에 산을 오르면서 등산이 주는 '성취감'에 빠져들었다. 좀 더 도전의식이 생긴 그는 아웃도어 브랜드 블랙야크가 주최하는 산 탐방 프로그램 '명산40 도전'에 참여하기 시작했다.

㉤ "은퇴 후 시작한 농장 운영에 도움이 될까 해서 약용식물 발효식품 교실을 참여하던 중 흥미가 생겨 요리교실까지 참여하게 됐습니다. 그 과정에서 요리하는 아내의 노고도 알게 됐고, 앞으로 가족과 함께 행복한 노년을 보내기 위해서는 남자도 요리를 할 줄 알아야겠다고 생각했어요. 이제는 종종 아이들이 제가 만든 음식이 엄마가 만든 것보다 맛있다고 칭찬해주기도 한답니다. 아울러, 요리교실을 통해 만난 사람들과의 교류도 무척 즐거웠어요. 요리가 제 삶의 새로운 큰 원동력이 된 셈이죠."

㉥ 한국 숲 해설가협회 차○○(56) 상임대표는 노년의 삶을 대비하며 숲 해설가에 입문하기 시작했다. 아직도 중소기업 회장직을 역임할 정도로 왕성하게 사회활동을 하고 있는 차 대표지만 그도 종종 죽음에 대한 두려움이나 인생의 공허함을 느꼈다고 한다. 그러던 중 우연한 기회에 숲 해설 관련 수업을 접한 그는 서서히 숲의 매력에 젖었다고 했다.

① 성상, 자아실현 등을 통해 자신의 잠재 가능성을 실현하려는 욕구로 볼 수 있다.
② 인간의 가장 기본적인 욕구를 의미하며 의식주 및 성적 욕구 등으로 파악할 수 있다.
③ 안전과 보호, 경제적 안정, 질서 등에 대한 것으로 일종의 자기 보전적인 욕구를 말한다.
④ 인간은 사회적 동물로서 여러 집단에 소속되고 싶고 그러한 집단으로부터 받아들여지기를 원하는 욕구이다.

14 **아래의 내용을 읽고 A 부장이 사내에서 인정받고 성공한 사람이라고 평가받을 수 있는 요소로 보기 가장 어려운 것을 고르면?**

> 한 제과업체의 영업부에서 근무하고 있는 A 부장은 이 회사에서 가장 젊은 나이에 부장으로 승진한 유명인사다. 회사 내에는 한동안 A 부장의 부장 승진을 두고 낙하산 인사라느니 여러 가지 말이 많았었지만, A 부장의 일하는 모습을 알고 있는 사람들은 그가 부장으로 승진할 만한 충분한 이유가 있다고 생각한다.
> 이렇듯 A 부장은 철저하게 계획을 세우고 행동하는 사람으로 무슨 일을 하든지 장단기 계획을 수립하고, 자신의 인생계획에 있어서도 자신이 쌓아야 할 직무지식이나 인간관계에 대한 장단기 플랜을 가지고 있다.
> 또한 A 부장은 인간관계가 좋기로 유명하다. 한 번 그와 관계를 맺은 사람은 그를 신뢰하고 지속적으로 관계를 맺으려고 한다. 부하직원을 대할 때에도 명령하달식의 관계가 아니라 부하직원의 의사를 존중해주려고 노력한다.
> 그리고 A 부장은 계획을 세우는 데 그치거나, 인간관계만을 쌓아서 이를 통해 쉽게 일하려는 사람이 아니라 자신의 일도 열심히 하는 사람이다. A 부장은 영업부서에서 이루어지는 모든 일에 대해서 사전에 잘 알고 있음에도 불구하고 끊임없이 관련 서적을 읽고 자신의 업무수행 성과를 향상하기 위해 노력하고 있다.

① 장단기의 계획을 수립하였다.
② 직무지식 및 인간관계에 대한 장단기 플랜을 가지고 있었다.
③ 명확한 명령하달식의 관계를 유지하였다.
④ 인간관계를 고려하였다.

15 다음 글은 자기개발에 관련한 내용들이다. 이를 읽고 각 내용에 대한 설명으로 가장 올바르지 않은 것을 고르면?

㉠ 21세기는 브랜드 시대다. 운동화를 살 때 소비자는 '나이키'와 '아디다스' 등을, 전자제품을 살 때는 '삼성전자', 'LG전자' 등을 연상한다. 비즈니스맨도 마찬가지다. 자신의 이름 석 자는 물론, 회사에서 만들어내는 제품 또는 프로젝트 수행 능력 등으로 당신은 하나의 브랜드로 평가받고 있다.

인사 · 인재 컨설팅 전문 기업 아인스 파트너의 신경수 대표는 "21세기 직장에서 생존하려면 자영업자처럼 생각하고, 자영업자처럼 행동해야한다."라며 "회사에 다니고 있지만 실질적으로는 회사에 당신의 노동을 납품하고 그 대가를 받는 업자라고 여겨야 한다."라고 말했다.

★ 자신의 브랜드를 론칭(launching)하라 = 어느 직장에 소속될 것인가를 결정하는 것이 아닌 어떤 직업을 가질 것인가를 결정하는 사회이다. '나'는 직장인이 아니라 '프로 직업인'인 것이다. 때문에 자신이 가장 자신 있게 할 줄 아는 분야를 파악해 자신만이 가지고 있는 무기를 개발해야 한다. 브랜드를 론칭할 때 가장 좋은 것은 그 분야에서 유일한 사람이 되는 것이다.

★ 브랜드를 PR하라 = 아무리 훌륭한 제품이라도 알리지 않으면 소비자는 알 수 없다. 치열한 경쟁사회에서 '나'라는 브랜드가 아무리 차별성을 가지고 있다 하더라도 그것을 드러내지 않으면 아무도 알아주지 않는다.

★ 브랜드를 탄탄하게 하기 위해 투자하라 = 경쟁자 중에서 선택되기 위해서는 그 분야에서 '고수'가 되어야 한다. 직장에서 인정을 받는 사람들의 공통점을 보면 최소한 자신이 담당하고 있는 업무만큼은 다른 이들이 달려와 조언을 구할 만큼 깊은 지식을 가지고 있다. 학문적인 지식뿐만 아니라 본인이 경험한 다양한 사례 연구를 통하여 살아 있는 현장 경험을 풍부하게 보유하고 있다.

㉡ 보험회사에 다니는 J 과장은 이번 달 초에 원대한 목표를 수립하였다. 자신의 모든 역량을 총동원하여 이번 분기 보험 판매 왕이 되기로 결심한 것이다. 그런데 한 달이 다 되어 가도록 성과가 없어서 자기 자신에 대한 실망감이 이만저만이 아니다. 보험을 판매하려고 해도 주변에 아는 사람도 별로 없고... 다른 사람 앞에서 얘기한다는 게 너무 수줍기도 하고.... 자신의 보험 상품을 잘 알고 있다는 자신감에 출발하였지만 날마다 허탕만 치고 아침부터 밤까지 발품만 팔고 있다. 사실 J 과장은 판매라는 직업이 자신에게 맞지 않는다는 생각을 오래전부터 해왔지만 이미 정한 직업이기 때문에 이제 와서 되돌릴 수도 없고... 많은 고민에 빠지게 되었다.

㉢ 장님들이 코끼리를 만진 우화는 너무나 유명하다. 다리를 만져 본 장님은 "코끼리는 큰 나무통과 같은 것이야."라고 말했다고 한다. 이 외에 배를 만져 보는 자, 겨드랑이를 만져 보는 자, 등을 만지는 자, 귀를 잡아보는 자, 머리를 더듬어 보는 자, 이빨을 만져 보는 자, 코를 잡아 보는 자, 각 사람들은 가지각색으로 코끼리를 다르게 설명하였다.

"빗자루와 같은 것이다.", "아니다. 코끼리는 굵은 지팡이와 닮았다."

"무어라고, 코끼리는 북과 같다.", "아니, 넓은 벽과 닮았습니다."

의사소통능력
수리능력
문제해결능력
자기개발능력
자원관리능력
대인관계능력
정보능력
기술능력
조직이해능력
직업윤리

"높은 책상과 같은 겁니다.", "뿔과 같은 겁니다."
심지어 코끼리의 코를 잡은 자는 이렇게 얘기했다고 한다.
"모두 틀렸습니다. 코끼리는 큰 새끼줄과 닮았습니다."

㉣ 같은 제약회사에서 일하는 A, B, C 세 사람은 열심히 일을 하고 있다. 요즘 들어 업무량이 많아졌기 때문에, 하루 종일 열심히 일을 해도 배당되는 업무량을 달성하기가 쉽지 않다. 그러나 일을 하는 태도에 있어서는 차이를 보이고 있다.
A씨는 오늘도 불평이다. "왜 이렇게 더워?", "도대체 집에는 언제 가면되는 거야?", "뭐야? 몇 번씩 실험을 해야 돼?", "정말 내가 그만두지 못해서 다닌다. 다녀."
B씨는 묵묵히 자신의 일을 하지만 그렇게 즐거워 보이지는 않는다. "회사는 돈을 버는 수단이지. 열심히 일해서 돈을 많이 벌고, 그 돈을 여가생활에 쓰면 되는 거 아냐?", "나는 주말을 기다려. 주말에는 수상스키를 타러 가야지."
C씨는 뭐가 그렇게 좋은지 오늘도 싱글벙글이다. "이번 신상품 개발에 내가 낸 제안이 받아들여졌어. 너무 신나지 않아?", "아. 이렇게 하면 졸리지 않은 코감기 약이 나올 수 있겠는걸? 한 번 더 실험해 봐야겠다."

① ㉠의 경우 직업인으로서 자기개발 및 이미지 구축을 통해 브랜드화 되어야 한다는 것을 강조하고 있다.
② ㉡의 경우 자신을 제대로 파악하지 못하여 스스로의 목표를 제대로 달성하지 못함을 알 수 있다.
③ ㉢의 경우 사물 및 현상 등을 주관적으로 인지하기 위해 한 가지 방향으로 살펴보는 노력이 요구됨을 의미한다.
④ ㉣의 경우 서로 다른 태도를 가지게 된 데에는 이에 대한 흥미나 적성이 다르기 때문임을 알고, 따라서 직장 생활 중에 자신의 흥미와 적성을 개발하는 노력이 필요함을 알 수 있다.

16 사람은 스스로의 감정을 제대로 관리하지 못해 일을 그르치는 경우가 종종 발생하곤 한다. 이를 기반으로 다음의 사례를 통해 알 수 있는 내용을 고르면?

> 직장인 10명 중 9명이 직무스트레스에 시달리는 것으로 나타났다. 취업전문 업체 잡코리아가 직장인 1,103명을 대상으로 '직무스트레스 현황'에 대해 조사한 결과, 응답자의 91.1%가 현재 '직장생활을 하면서 직무로 인해 스트레스를 받고 있다'고 답했다. 특히 이들 응답자의 84.7%가 현재 자신이 받고 있는 직무스트레스가 '심각한 수준'이라고 답했고, 이들 중 58.1%는 '매우 심각한 수준'이라고 답했다. 또한, 응답자 가운데 33.9%는 직무스트레스로 인해 회사를 그만둔 적이 있다고 답했고, 이들 중 19.6%는 병원치료까지 받은 것으로 나타났다.
> 직무스트레스의 주된 원인은 과도한 업무량(24.1%) 때문이라는 응답이 가장 많았으며, 그 다음으로는 아래와 같다.
> ▲ 미래에 대한 불확실한 비전(18.8%)
> ▲ 업무책임감(18.7%)
> ▲ 상사와의 관계(14.2%)
> ▲ 조직에서 모호한 자신의 위치(6.6%)
> ▲ 업적성과에 따라 이뤄지지 않는 급여 · 임금인상(5.5%)
> ▲ 동료 · 부하직원과의 대인관계(3.3%) 등이 뒤를 이었다.

① 가능한 대안을 찾아보고 이를 분석하여 최상의 대안을 선택하는 합리적인 의사결정이 중요함을 알 수 있다.
② 직장인들이 많은 업무스트레스에 시달리고 있음을 내용을 통해 긍정적인 마음을 지니고 스트레스를 줄일 필요가 있음을 암시하고 있다.
③ 직장인 개개인이 자신의 업무수행 성과를 높이기 위해서 무조건적으로 노력해야 됨을 알 수 있다.
④ 인내심이 인생의 성취능력을 좌우한다는 것을 강조하고 있다.

17 B회사에서 근무하는 오팀장은 최근에 중요한 결정을 해야 하는 상황에 직면하였다. 오팀장은 합리적 의사결정 과정을 참고하여 의사결정을 하려 하는데, 이 과정의 순서로 옳은 것은?

> ㉠ 가능한 모든 대안을 탐색한다.
> ㉡ 문제의 근원을 파악한다.
> ㉢ 각 대안을 분석 및 평가한다.
> ㉣ 의사결정 결과를 평가하고 피드백한다.
> ㉤ 의사결정 기준과 가중치를 정한다.
> ㉥ 최적 안을 선택한다.
> ㉦ 의사결정에 필요한 정보를 수집한다.

① ㉡→㉥→㉠→㉤→㉢→㉦→㉣
② ㉡→㉤→㉦→㉠→㉢→㉥→㉣
③ ㉡→㉦→㉤→㉠→㉥→㉢→㉣
④ ㉤→㉦→㉠→㉢→㉥→㉡→㉣

18 C회사에 근무하는 L씨는 주변으로부터 경력개발은 자신과 환경과의 상호작용을 통해서 이루어진다는 말을 듣고는, 경력개발을 위해 우선 자기탐색을 하고자 한다. 자기탐색의 방법으로 옳지 않은 것은?

① 전문기관을 방문하여 전문가와 면담해본다.
② 표준화된 검사를 통해 검사결과를 참고한다.
③ 자기인식관련 워크숍에 참여해본다.
④ 특정직무와 직업에 대한 설명 자료를 참고한다.

19 M회사에 근무하는 J씨는 주기적으로 자기개발에 관한 교육을 받고 있다. 자기개발의 특징에 관한 교육 내용 중 J씨가 받아들이기 힘든 것은?

① 자기개발은 개별적인 과정으로서 자기개발을 통해 지향하는 바와 선호하는 방법 등이 사람마다 다릅니다.

② 자기개발은 일시적으로 이루어지는 과정입니다.

③ 자기개발은 일과 관련하여 이루어지는 활동입니다.

④ 자기개발은 모든 사람이 해야 하는 활동입니다.

20 청년실업의 증가 속에서 어렵게 H회사에 입사한 신입사원 정씨는 평생에 걸친 경력개발을 위하여 최근 경력개발과 관련된 이슈들을 알아보고 있다. 다음 괄호 안에 들어갈 이슈는 무엇인가?

> 평생직장이라는 말은 사라진지 오래이며, 평생 동안 여러 개의 직업 경력을 가지는 사람도 증가하고 있다. 따라서 개인 각자가 자아실현, 생활향상 또는 직업적 지식, 기술의 획득 등을 목적으로 생애에 걸쳐서 자주적, 주체적으로 학습을 계속할 수 있는 ( )가 도래하였으며, 개인이 현재 가지고 있는 능력보다 개인의 학습하는 능력과 이에 대한 자기개발 노력이 더욱 중요시되고 있다.

① 평생학습사회
② 자아실현사회
③ 동기부여사회
④ 평생창업사회

21 경력목표를 수립한 R씨는 경력개발 전략을 수립하려는데 어려움을 겪고 있다. 상사에게 도움을 요청한 결과 상사는 자신이 예전에 했던 경력개발 전략을 알려주었다. 경력개발 전략으로 알맞지 않은 것은?

① 현 직무를 기반으로 성장할 수 있도록 성공적으로 직무를 수행한다.

② 자신의 역량을 개발하기 위하여 교육프로그램에 참가한다.

③ 자신을 알리고 다른 사람과 상호작용할 수 있는 기회를 늘린다.

④ 직장 외 장소에서 새벽에나 저녁시간을 이용하여 경력개발을 한다.

22 Y회사에서 근무하는 W씨는 경력개발을 하고자 경력개발 수행 단계를 알아보고 1단계부터 수행하려고 한다. 제1단계에서 해야 할 일로 옳은 것은?

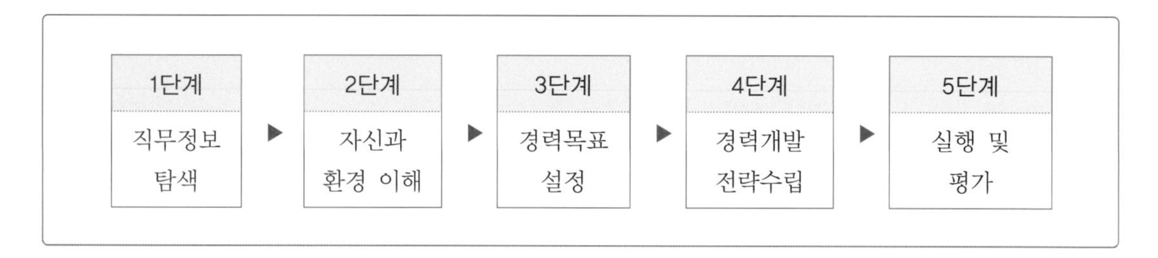

① 보수나 업무 조건(환경)은 어떠한지 알아본다.
② 자신이 선호하는 작업환경에서 향후 5~7년의 목표를 수립한다.
③ 자신이 수립한 전략이 경력목표를 달성하기에 충분한지를 검토한다.
④ 자신의 능력, 흥미, 적성, 가치관 등을 파악한다.

23 D회사에 근무하는 G대리는 회사 내에서 존재감이 별로 없는 평범한 대리로 알려져 있다. 반면에 G대리의 상사 K과장은 자기 자신을 브랜드로 확립하여 다른 회사에서 K과장을 데려가기 위해서 스카우트 제의도 많이 들어온다. 이를 본 G대리는 K과장에게 자기브랜드 실천 전략을 알려달라고 한다. K과장의 충고로 알맞지 않은 것은?

① 자신의 전문서비스를 만들어 낼 기초를 쌓아봐.
② 여러 경험이 중요하니 이곳에서 1년, 저곳에서 1년으로 직업을 옮겨 다녀봐.
③ 자신을 마케팅 하는 데 적극적으로 행동해봐.
④ 항상 10년 앞을 보고 살아야 해. 이제부터 미래를 준비하도록 해.

24 흥미와 적성을 개발하기 위한 방법 중에 다음 사례에서 N씨가 한 방법은 무엇인가?

N씨는 최근 회사에서 갑작스런 팀 이동으로 인해 예전에 했던 일과는 다른 새로운 일을 맡게 되었다. N씨는 현재 하는 일이 자신의 흥미나 적성과는 맞지 않는다는 생각이 들었지만 여태까지 다니던 회사를 그만 둘 수 없었기 때문에 흥미나 적성을 개발하는 노력을 하기 시작하였다. 우선, N씨는 '나는 이 일을 잘할 수 있다.', '나는 지금 주어진 일이 적성에 맞는다.'고 자기 암시를 하면서 자신감을 찾아가고 있다.

① 마인드 컨트롤
② 성취감
③ 성찰
④ 자기비판

25 O씨는 자신이 누구인지를 잘 알고 있다고 생각했지만, 남들이 얘기하는 자신의 모습과 내가 알고 있는 나의 모습이 너무나도 달라서 충격을 받았다. 때문에 자아인식을 위해 객관적인 다음의 방법을 사용해 보고자 한다. 다음에서 설명하는 방법은 무엇인가?

이 방법은 객관적으로 자아특성을 다른 사람과 비교해볼 수 있는 척도를 제공한다. 이 방법을 활용하여 자신을 발견하는 일은 자신의 진로를 설계하고, 직업을 구하며, 자신에게 맞는 일을 찾아가는 데 도움을 줄 수 있다.

① 자기브랜드 확립
② 타인과의 커뮤니케이션
③ 표준화된 검사 도구
④ 경력개발

[26~27] 다음은 자기관리의 단계를 나타낸 것이다. 이를 보고 물음에 답하시오.

1단계		2단계		3단계		4단계		5단계
비전 및 목적 정립	▶	과제 발견	▶	일정 수립	▶	수행	▶	반성 및 피드백

26 U회사에 갓 입사한 신입사원 H씨는 입사 후 첫 직장이라 자기관리 하는 것에 서툴다. 이에 반해 H씨의 상사 D대리는 철저한 자기관리로 차분하게 일을 처리하는 성격이다. 이를 부러워한 H씨는 D대리의 자기관리능력을 본받고자 D대리를 관찰한 결과 자기관리에도 단계별 절차가 있다는 것을 깨달았다. 이에 H씨는 1단계부터 실행해 보려고 한다. 1단계 비전 및 목적을 정립하기 위하여 필요한 질문으로 옳지 않은 것은?

① 나의 가치관은 무엇인가?
② 나에게 가장 중요한 것은 무엇인가?
③ 내 삶의 목적은 어디에 있는가?
④ 일을 수행하는 동안 어떤 문제에 직면했는가?

27 다음 P씨의 사례는 자기관리의 무슨 단계에 해당하는가?

> P씨는 현재 자신의 역할 및 능력을 다음 질문을 통해 검토하고, 할 일을 조정하여 자신이 수행해야 될 역할들을 도출하였다.
> • 자신이 현재 수행하고 있는 역할과 능력은 무엇인가?
> • 역할들 간에 상충되는 것은 없는가?
> • 현재 변화되어야 할 것은 없는가?

① 2단계 ② 3단계
③ 4단계 ④ 5단계

28 다음은 경력개발 교육을 받고 있는 A씨가 노트에 메모한 내용이다. ㉠에 들어갈 적절한 용어로 알맞은 것은?

> 경력개발은 자신과 상황을 인식하고 경력 관련 목표를 설정하여 그 목표를 달성하기 위한 과정인 경력계획과, 이에 따라서 경력계획을 준비하고 실행하며 피드백하는 (㉠)로 이루어진다.

① 자기관리　② 경력관리
③ 인력관리　④ 지원관리

29 S씨가 다니고 있는 V회사는 지난해부터 수요일을 야근, 회식, 회의가 없는 3무(無)데이로 정해 놓는 반면 회사 주축을 이루는 40~50대 가장들에게 가족부양을 위한 시간적 · 공간적 제약을 해소시켜주기 위해 유연근무제도를 채택하고 있다. 이에 따라 S씨 뿐만 아니라 그의 동료들은 일과 생활을 모두 잘 해내고 있다고 느끼고 있다. 이와 관련된 용어는 무엇인가?

① CRM　② TQM
③ WLB　④ ERP

30 다음 사례의 甲의 행동은 경력개발 어느 단계에 해당하는가?

> 재테크 전문가가 되고 싶은 甲은 현재 직장에 계속 다니면서 CFP 취득을 위해 저녁시간을 이용하여 학원 강의를 듣기도 하면서 자신의 회사에서 일하는 재테크 전문가들의 소모임에 참여하여 자격증 시험에 대한 정보를 얻고 있다.

① 자신과 환경이해　② 경력목표 설정
③ 경력개발 전략 수립　④ 실행 및 평가

자원관리능력

정답 및 해설 p.407

1 다음은 서원이가 작성한 A, B, C, D 네 개 핸드폰의 제품별 사양과 사양에 대한 점수표이다. 다음 표를 본 소정이가 〈보기〉와 같은 상황에서 선택하기에 가장 적절한 제품과 가장 적절하지 않은 제품은 각각 어느 것인가?

구분	A	B	C	D
크기	153.2×76.1×7.6	154.4×76×7.8	154.4×75.8×6.9	139.2×68.5×8.9
무게	171g	181g	165g	150g
RAM	4GB	3GB	4GB	3GB
저장공간	64GB	64GB	32GB	32GB
카메라	16Mp	16Mp	8Mp	16Mp
배터리	3,000mAh	3,000mAh	3,000mAh	3,000mAh
가격	653,000원	616,000원	599,000원	549,000원

〈사양별 점수표〉

구분				
무게	160g 이하	161~180g	181~200g	200g 이상
	20점	18점	16점	14점
RAM	3GB		4GB	
	15점		20점	
저장 공간	32GB		64GB	
	18점		20점	
카메라	8Mp		16Mp	
	8점		20점	
가격	550,000원 미만	550,000~600,000원 미만	600,000~650,000원 미만	650,000원 이상
	20점	18점	16점	14점

〈보기〉

"나도 이번에 핸드폰을 바꾸려 하는데, 내가 가장 중요하게 생각하는 조건은 저장 공간이야. 그 다음으로는 무게가 가벼웠으면 좋겠고, 다음 카메라 기능이 좋은 걸 원하지. 음... 다른 기능은 전혀 고려하지 않지만, 저장 공간, 무게, 카메라 기능에 각각 가중치를 30%, 20%, 10% 추가 부여하는 정도라고 볼 수 있어."

① A제품과 D제품
② B제품과 C제품
③ A제품과 C제품
④ B제품과 A제품

2 **다음 네 명의 임원들은 회의 참석차 한국으로 출장을 오고자 한다. 이들의 현지 이동 일정과 이동 시간을 참고할 때, 한국에 도착하는 시간이 빠른 순서대로 올바르게 나열한 것은 어느 것인가?**

구분	출발국가	출발시각(현지시간)	소요시간
H상무	네덜란드	12월 12일 17:20	13시간
P전무	미국 동부	12월 12일 08:30	14시간
E전무	미국 서부	12월 12일 09:15	11시간
M이사	터키	12월 12일 22:30	9시간

* 현지시간 기준 한국은 네덜란드보다 8시간, 미국 동부보다 14시간, 미국 서부보다 16시간, 터키보다 6시간이 빠르다. 예를 들어, 한국이 11월 11일 20시일 경우 네덜란드는 11월 11일 12시가 된다.

① P전무 – E전무 – M이사 – H상무
② E전무 – P전무 – H상무 – M이사
③ E전무 – P전무 – M이사 – H상무
④ E전무 – M이사 – P전무 – H상무

3 길동이는 크리스마스를 맞아 그동안 카드 사용 실적에 따라 적립해 온 마일리지를 이용해 국내 여행(편도)을 가려고 한다. 길동이의 카드 사용 실적과 마일리지 관련 내역이 다음과 같을 때의 상황에 대한 올바른 설명은 어느 것인가?

〈카드 적립 혜택〉

- 연간 결제금액이 300만 원 이하 : 10,000원당 30마일리지
- 연간 결제금액이 600만 원 이하 : 10,000원당 40마일리지
- 연간 결제금액이 800만 원 이하 : 10,000원당 50마일리지
- 연간 결제금액이 1,000만 원 이하 : 10,000원당 70마일리지

* 마일리지 사용 시점으로부터 3년 전까지의 카드 실적을 기준으로 함.

〈길동이의 카드 사용 내역〉

- 재작년 결제 금액 : 월 평균 45만 원
- 작년 결제 금액 : 월 평균 65만 원

〈마일리지 이용 가능 구간〉

목적지	일반석	프레스티지석	일등석
울산	70,000	90,000	95,000
광주	80,000	100,000	120,000
부산	85,000	110,000	125,000
제주	90,000	115,000	130,000

① 올해 카드 결제 금액이 월 평균 80만 원이라면, 일등석을 이용하여 제주로 갈 수 있다.

② 올해 카드 결제 금액이 월 평균 60만 원이라면, 일등석을 이용하여 광주로 갈 수 없다.

③ 올해에 카드 결제 금액이 전무해도 일반석을 이용하여 울산으로 갈 수 있다.

④ 올해 카드 결제 금액이 월 평균 70만 원이라면 프레스티지석을 이용하여 제주로 갈 수 없다.

4 다음 글과 〈조건〉을 근거로 판단할 때, 중국으로 출장 가는 사람으로 짝지어진 것은?

C회사에서는 업무상 외국 출장이 잦은 편이다. 인사부 A씨는 매달 출장 갈 직원들을 정하는 업무를 맡고 있다. 이번 달에는 총 4국가로 출장을 가야 하며 인원은 다음과 같다.

미국	영국	중국	일본
1명	4명	3명	4명

출장을 갈 직원은 이과장, 김과장, 신과장, 류과장, 임과장, 장과장, 최과장이 있으며, 개인별 출장 가능한 국가는 다음과 같다.

국가 \ 직원	이과장	김과장	신과장	류과장	임과장	장과장	최과장
미국	○	×	○	×	×	×	×
영국	○	×	○	○	○	×	×
중국	×	○	○	○	○	×	○
일본	×	×	○	×	○	○	○

※ ○ : 출장 가능, × : 출장 불가능

※ 어떤 출장도 일정이 겹치진 않는다.

〈조건〉

• 한 사람이 두 국가까지만 출장 갈 수 있다.
• 모든 사람은 한 국가 이상 출장을 가야 한다.

① 김과장, 최과장, 류과장　　② 김과장, 신과장, 류과장
③ 신과장, 류과장, 임과장　　④ 김과장, 임과장, 최과장

의사소통능력
수리능력
문제해결능력
자기개발능력
자원관리능력
대인관계능력
정보능력
기술능력
조직이해능력
직업윤리

5 다음은 신입사원 A가 2017년 1월에 현금으로 지출한 생활비 내역이다. 만약 A가 카드회사에서 권유한 A~C카드 중 하나를 발급받아 2017년 2월에도 1월과 동일하게 발급받은 카드로만 생활비를 지출하였다면 예상청구액이 가장 적은 카드는 무엇인가?

〈신입사원 A의 2017년 1월 생활비 지출내역〉

<table>
<tr><th>분류</th><th colspan="2">세부항목</th><th>금액(만원)</th></tr>
<tr><td rowspan="3">교통비</td><td colspan="2">버스 · 지하철 요금</td><td>8</td></tr>
<tr><td colspan="2">택시 요금</td><td>2</td></tr>
<tr><td colspan="2">KTX 요금</td><td>10</td></tr>
<tr><td rowspan="5">식비</td><td rowspan="2">외식비</td><td>평일</td><td>10</td></tr>
<tr><td>주말</td><td>5</td></tr>
<tr><td colspan="2">카페 지출액</td><td>5</td></tr>
<tr><td rowspan="2">식료품 구입비</td><td>대형마트</td><td>5</td></tr>
<tr><td>재래시장</td><td>5</td></tr>
<tr><td rowspan="2">의류구입비</td><td colspan="2">온라인</td><td>15</td></tr>
<tr><td colspan="2">오프라인</td><td>15</td></tr>
<tr><td rowspan="3">여가 및
자기계발비</td><td colspan="2">영화관람료(1만원/회 × 2회)</td><td>2</td></tr>
<tr><td colspan="2">도서구입비
(2만원/권 × 1권, 1만 5천원/권 × 2권, 1만원/권 × 3권)</td><td>8</td></tr>
<tr><td colspan="2">학원 수강료</td><td>20</td></tr>
</table>

〈신용카드별 할인혜택〉

A신용카드	• 버스 · 지하철, KTX 요금 20% 할인(단, 할인액의 한도는 월 2만원) • 외식비 주말 결제액 5% 할인 • 학원 수강료 15% 할인 • 최대 총 할인한도액 없음 • 연회비 1만 5천원이 발급 시 부과되어 합산됨
B신용카드	• 버스 · 지하철, KTX 요금 10% 할인(단, 할인액의 한도는 월 1만원) • 온라인 의류구입비 10% 할인 • 도서구입비 권당 3천원 할인(단, 권당 가격이 1만 2천원 이상인 경우에만 적용) • 최대 총 할인한도액은 월 3만원 • 연회비 없음
C신용카드	• 버스 · 지하철, 택시 요금 10% 할인(단, 할인액의 한도는 월 1만원) • 카페 지출액 10% 할인 • 재래시장 식료품 구입비 10% 할인 • 영화관람료 회당 2천원 할인(월 최대 2회) • 최대 총 할인한도액은 월 4만원 • 연회비 없음

① A
② B
③ C
④ 세 카드의 예상청구액이 모두 동일하다.

6 Z회사는 오늘을 포함하여 30일 동안에 자동차를 생산할 계획이며 Z회사의 하루 최대투입가능 근로자 수는 100명이다. 다음 〈공정표〉에 근거할 때 Z회사가 벌어들일 수 있는 최대 수익은 얼마인가? (단, 작업은 오늘부터 개시되며 각 근로자는 자신이 투입된 자동차의 생산이 끝나야만 다른 자동차의 생산에 투입될 수 있고 1일 필요 근로자 수 이상의 근로자가 투입되더라도 자동차당 생산 소요기간은 변하지 않는다)

〈공정표〉

자동차	소요기간	1일 필요 근로자 수	수익
A	5일	20명	15억 원
B	10일	30명	20억 원
C	10일	50명	40억 원
D	15일	40명	35억 원
E	15일	60명	45억 원
F	20일	70명	85억 원

① 150억 원
② 155억 원
③ 160억 원
④ 165억 원

[7~8] 다음 예제를 보고 물음에 답하시오.

〈프로젝트의 단위활동〉

활동	직전 선행활동	활동시간(일)
A	–	3
B	–	5
C	A	3
D	B	2
E	C, D	4

〈프로젝트의 PERT 네트워크〉

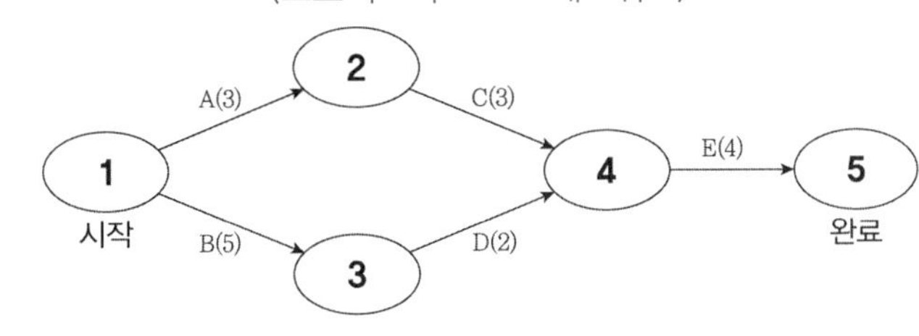

이 프로젝트의 단위활동과 PERT 네트워크를 보면

- A와 B활동은 직전 선행활동이 없으므로 동시에 시작할 수 있다.
- A활동 이후에 C활동을 하고, B활동 이후에 D활동을 하며, C와 D활동이 끝난 후 E활동을 하므로 한 눈에 볼 수 있는 표로 나타내면 다음과 같다.

<table>
<tr><td>A(3일)</td><td colspan="2">C(3일)</td><td></td><td rowspan="2">E(4일)</td></tr>
<tr><td colspan="2">B(5일)</td><td colspan="2">D(2일)</td></tr>
</table>

∴ 이 프로젝트를 끝내는 데는 최소한 11일이 걸린다.

7 R회사에 근무하는 J대리는 Z프로젝트의 진행을 맡고 있다. J대리는 이 프로젝트를 효율적으로 끝내기 위해 위의 예제를 참고하여 일의 흐름도를 다음과 같이 작성하였다. 이 프로젝트를 끝내는 데 최소한 며칠이 걸리겠는가?

〈Z프로젝트의 단위활동〉

활동	직전 선행활동	활동시간(일)
A	–	7
B	–	5
C	A	4
D	B	2
E	B	4
F	C, D	3
G	C, D, E	2
H	F, G	2

〈Z프로젝트의 PERT 네트워크〉

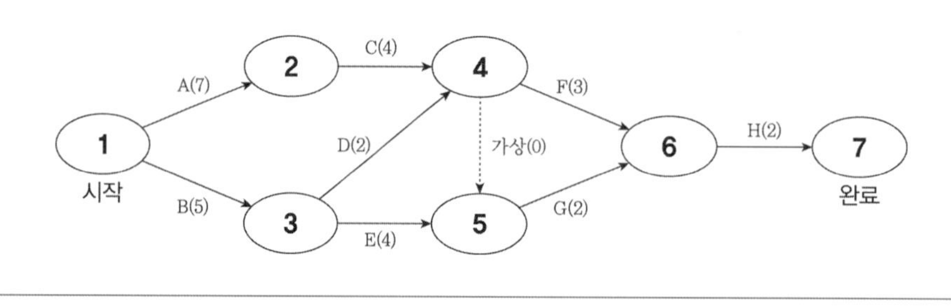

① 15일 ② 16일
③ 17일 ④ 18일

8 위의 문제에서 A활동을 7일에서 3일로 단축시킨다면 전체 일정은 며칠이 단축되겠는가?

① 1일 ② 2일
③ 3일 ④ 4일

9 다음은 S렌터카 업체에서 홍보하고 있는 4가지 차종에 대한 장기 렌트 가격을 비교한 자료이다. 30개월 장기 렌트 후 차량의 소유권이 사용자에게 주어질 경우, 총 렌터카 사용료가 차량 가격보다 더 싼 차종은 어느 것인가?

차종	차량 가격(원)	초기 납입금 20%(원)	월 사용료(원)
A종	27,500,000	5,500,000	750,000
B종	20,400,000	4,080,000	537,000
C종	25,850,000	5,170,000	751,600
D종	15,750,000	3,150,000	480,300

① A종
② B종
③ C종
④ D종

10 H사는 에너지 사용량을 줄이기 위해 절감 항목을 책정하여 실천하고자 한다. 절감 항목당 절감 비용과 복수 실천 시의 절감률이 다음 표와 같을 때, 총 절감액이 가장 큰 것은?

〈활동별 절감 비용〉

구분	절감 비용
㉠ 퇴근 시 전력 차단하기	22,000원
㉡ 물 아껴 쓰기	18,000원
㉢ 점심시간 불끄기	21,000원
㉣ 이면지 사용하기	20,000원
㉤ 계단 오르기	25,000원
㉥ 냉난방 온도 조절하기	18,000원

〈복수 실천 시의 절감률〉

구분	절감 비율
㉠+㉢+㉣	15%
㉠+㉡+㉢	25%
㉡+㉢+㉣	15%
㉡+㉢+㉤	20%
㉢+㉤+㉥	10%
㉢+㉣+㉥	20%

① ㉠+㉢+㉣

② ㉠+㉡+㉢

③ ㉡+㉢+㉣

④ ㉡+㉢+㉤

[11~12] 甲과 乙은 산양우유를 생산하여 판매하는 ○○목장에서 일한다. 다음을 바탕으로 물음에 답하시오.

- ○○목장은 A~D의 4개 구역으로 이루어져 있으며 산양들은 자유롭게 다른 구역을 넘나들 수 있지만 목장을 벗어나지 않는다.
- 甲과 乙은 산양을 잘 관리하기 위해 구역별 산양의 수를 파악하고 있어야 하는데, 산양들이 계속 구역을 넘나들기 때문에 산양의 수를 정확히 헤아리는 데 어려움을 겪고 있다.
- 고민 끝에 甲과 乙은 시간별로 산양의 수를 기록하되, 甲은 특정 시간 특정 구역의 산양의 수만을 기록하고, 乙은 산양이 구역을 넘나들 때마다 그 시간과 그때 이동한 산양의 수를 기록하기로 하였다.
- 甲과 乙이 같은 날 오전 9시부터 오전 10시 15분까지 작성한 기록표는 다음과 같으며, ㉠~㉣을 제외한 모든 기록은 정확하다.

甲의 기록표			乙의 기록표		
시간	구역	산양 수	시간	구역 이동	산양 수
09:10	A	17마리	09:08	B→A	3마리
09:22	D	21마리	09:15	B→D	2마리
09:30	B	8마리	09:18	C→A	5마리
09:45	C	11마리	09:32	D→C	1마리
09:58	D	㉠ 21마리	09:48	A→C	4마리
10:04	A	㉡ 18마리	09:50	D→B	1마리
10:10	B	㉢ 12마리	09:52	C→D	3마리
10:15	C	㉣ 10마리	10:05	C→B	2마리

- 구역 이동 외의 산양의 수 변화는 고려하지 않는다.

11 ㉠~㉣ 중 옳게 기록된 것만을 고른 것은?

① ㉠, ㉡ ② ㉠, ㉢
③ ㉡, ㉢ ④ ㉡, ㉣

12 ○○목장에서 키우는 산양의 총 마리 수는?

① 58마리 ② 59마리
③ 60마리 ④ 61마리

13 철수와 영희는 서로 간 운송업을 동업의 형식으로 하고 있다. 그런데 이들 기업은 2.5톤 트럭으로 운송하고 있다. 누적실제차량수가 400대, 누적실제가동차량수가 340대, 누적주행거리가 40,000km, 누적실제주행거리가 30,000km, 표준연간차량의 적하일수는 233일, 표준연간일수는 365일, 2.5톤 트럭의 기준용적은 10㎥, 1회 운행당 평균용적은 8㎥이다. 위와 같은 조건이 제시된 상황에서 적재율, 실제가동률, 실차율을 각각 구하면?

① 적재율 80%, 실제가동률 85%, 실차율 75%
② 적재율 85%, 실제가동률 65%, 실차율 80%
③ 적재율 80%, 실제가동률 85%, 실차율 65%
④ 적재율 80%, 실제가동률 65%, 실차율 75%

14 J회사 관리부에서 근무하는 L씨는 소모품 구매를 담당하고 있다. 2015년 5월 중에 다음 조건 하에서 A4용지와 토너를 살 때, 총 비용이 가장 적게 드는 경우는? (단, 2015년 5월 1일에는 A4용지와 토너는 남아 있다고 가정하며, 다 썼다는 말이 없으면 그 소모품들은 남아있다고 가정한다)

- A4용지 100장 한 묶음의 정가는 1만 원, 토너는 2만 원이다. (A4용지는 100장 단위로 구매함)
- J회사와 거래하는 ◇◇오피스는 매달 15일에 전 품목 20% 할인 행사를 한다.
- ◇◇오피스에서는 5월 5일에 A사 카드를 사용하면 정가의 10%를 할인해 준다.
- 총 비용이란 소모품 구매가격과 체감비용(소모품을 다 써서 느끼는 불편)을 합한 것이다.
- 체감비용은 A4용지와 토너 모두 하루에 500원이다.
- 체감비용을 계산할 때, 소모품을 다 쓴 당일은 포함하고 구매한 날은 포함하지 않는다.
- 소모품을 다 쓴 당일에 구매하면 체감비용은 없으며, 소모품이 남은 상태에서 새 제품을 구입할 때도 체감비용은 없다.

① 3일에 A4용지만 다 써서, 5일에 A사 카드로 A4용지와 토너를 살 경우
② 13일에 토너만 다 써서 당일 토너를 사고, 15일에 A4용지를 살 경우
③ 10일에 A4용지와 토너를 다 써서 15일에 A4용지와 토너를 같이 살 경우
④ 3일에 A4용지만 다 써서 당일 A4용지를 사고, 13일에 토너를 다 써서 15일에 토너만 살 경우

15 인사팀에 신입사원 민기씨는 회사에서 NCS채용 도입을 위한 정보를 얻기 위해 NCS기반 능력중심채용 설명회를 다녀오려고 한다. 민기씨는 오늘 오후 1시까지 김대리님께 보고서를 작성해서 드리고 30분 동안 피드백을 받기로 했다. 오전 중에 정리를 마치려면 시간이 빠듯할 것 같다. 다음에 제시된 설명회 자료와 교통편을 보고 민기씨가 생각한 것으로 틀린 것은?

최근 이슈가 되고 있는 공공기관의 NCS 기반 능력중심 채용에 관한 기업들의 궁금증 해소를 위하여 붙임과 같이 설명회를 개최하오니 많은 관심 부탁드립니다.
감사합니다.

-붙임-

설명회 장소	일시	비고
서울고용노동청(5층) 컨벤션홀	2015. 11. 13(금) PM 15:00~17:00	설명회의 원활한 진행을 위해 설명회시작 15분 뒤부터는 입장을 제한합니다.

오시는 길
지하철 : 2호선 을지로입구역 4번 출구(도보 10분 거리)
버스 : 149, 152번 ○○센터(도보 5분 거리)

• 회사에서 버스정류장 및 지하철역까지 소요시간

출발지	도착지	소요시간	
회사	×× 정류장	도보	30분
		택시	10분
	지하철역	도보	20분
		택시	5분

• 서울고용노동청 가는 길

교통편	출발지	도착지	소요시간
지하철	잠실역	을지로입구역	1시간(환승포함)
버스	×× 정류장	○○센터 정류장	50분(정체 시 1시간 10분)

① 택시를 타지 않아도 버스를 타고 가면 늦지 않게 설명회에 갈 수 있다.
② 어떤 방법으로 이동하더라도 설명회에 입장은 가능하다.
③ 택시를 타지 않아도 지하철을 타고 가면 늦지 않게 설명회에 갈 수 있다.
④ 정체가 되지 않는다면 버스를 타고 가는 것이 지하철보다 빠르게 갈 수 있다.

[16~18] 다음 주어진 자료들은 H회사의 집화터미널에서 갑~무 지역 영업점까지의 이동경로와 영업용 자동차의 종류와 연비, 분기별 연료공급가격이다. 자료를 보고 물음에 답하시오.

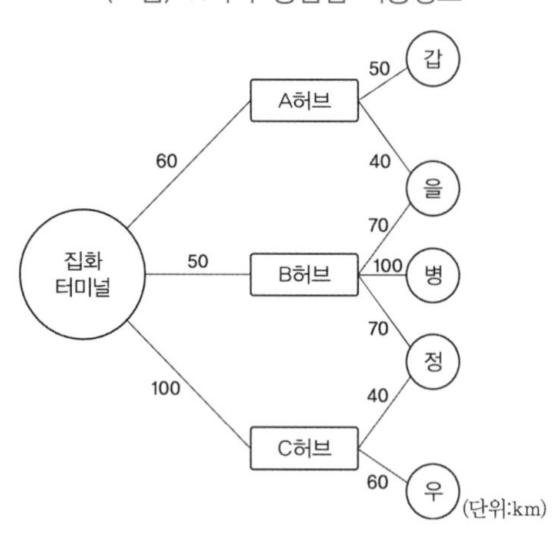

※ 물류 오배송 시 같은 허브에 연결된 지역이면 허브만 거쳐서 이동하고, 같은 허브에 연결된 지역이 아니라면 집화터미널로 다시 돌아가 확인 후 이동한다.

〈표 1〉 H회사 영업용 자동차의 종류와 연비

(단위 : km/L)

차종	연비
X(휘발유)	15
Y(경유)	20

※ 집화터미널-허브 간 이동은 X차량, 허브-지역 간 이동은 Y차량으로 이동한다.

〈표 2〉 분기별 연료공급가격

(단위 : 천 원/L)

	휘발유	경유
1분기	1.5	1.2
2분기	2.1	1.8
3분기	1.8	1.5
4분기	1.5	1.3

16 1분기에 물류 이동 계획은 갑 지역 5번, 정 지역 5번이다. 1분기의 연료비는 총 얼마인가? (단, 모든 이동은 연료비가 가장 적게 드는 방향으로 이동한다)

① 82,000원　　② 91,000원

③ 107,000원　　④ 116,000원

17 2분기에 정 지역에 가야할 물류가 무 지역으로 오배송되었다. 연료비 손해는 얼마인가? (단, 모든 이동은 연료비가 가장 적게 드는 방향으로 이동한다)

① 7,200원　　② 9,000원

③ 10,800원　　④ 15,100원

18 연료비 10만 원 예산으로 3분기에 을 지역으로 물류 이동을 하려고 한다. 총 몇 회의 왕복이 가능한가?

① 3회　　② 4회

③ 5회　　④ 6회

[19~20] 푸르미펜션을 운영하고 있는 K씨는 P씨에게 예약 문의전화를 받았다. 아래의 예약일정과 정보를 보고 K씨가 P씨에게 안내할 사항으로 옳은 것을 고르시오.

〈푸르미펜션 1월 예약 일정〉

일	월	화	수	목	금	토
					1	2
					• 매 가능 • 난 가능 • 국 완료 • 죽 가능	• 매 가능 • 난 완료 • 국 완료 • 죽 가능
3	4	5	6	7	8	9
• 매 완료 • 난 가능 • 국 완료 • 죽 가능	• 매 가능 • 난 가능 • 국 가능 • 죽 가능	• 매 가능 • 난 가능 • 국 가능 • 죽 가능	• 매 가능 • 난 가능 • 국 가능 • 죽 가능	• 매 가능 • 난 가능 • 국 가능 • 죽 가능	• 매 완료 • 난 가능 • 국 완료 • 죽 완료	• 매 완료 • 난 가능 • 국 완료 • 죽 완료
10	11	12	13	14	15	16
• 매 가능 • 난 완료 • 국 완료 • 죽 가능	• 매 가능 • 난 가능 • 국 가능 • 죽 가능	• 매 가능 • 난 가능 • 국 가능 • 죽 가능	• 매 가능 • 난 가능 • 국 가능 • 죽 가능	• 매 가능 • 난 가능 • 국 가능 • 죽 가능	• 매 가능 • 난 완료 • 국 완료 • 죽 가능	• 매 가능 • 난 완료 • 국 완료 • 죽 가능

※ 완료 : 예약완료, 가능 : 예약가능

〈푸르미펜션 이용요금〉

(단위 : 만 원)

객실명	인원		이용요금			
			비수기		성수기	
	기준	최대	주중	주말	주중	주말
매	12	18	23	28	28	32
난	12	18	25	30	30	35
국	15	20	26	32	32	37
죽	30	35	30	34	34	40

※ 주말 : 금-토, 토-일, 공휴일 전날-당일

성수기 : 7~8월, 12~1월

※ 기준인원초과 시 1인당 추가 금액 : 10,000원

K씨 : 감사합니다. 푸르미펜션입니다.

P씨 : 안녕하세요. 회사 워크숍 때문에 예약문의를 좀 하려고 하는데요. 1월 8~9일이나 15~16일에 "국"실에 예약이 가능할까요? 웬만하면 8~9일로 예약하고 싶은데⋯.

K씨 : 인원이 몇 명이시죠?

P씨 : 일단 15명 정도이고요 추가적으로 3명 정도 더 올 수도 있습니다.

K씨 : ____㉠____

P씨 : 기준 인원이 12명으로 되어있던데 너무 좁지는 않겠습니까?

K씨 : 두 방 모두 "국"실보다 방 하나가 적긴 하지만 총 면적은 비슷합니다. 하지만 화장실 등의 이용이 조금 불편하실 수는 있겠군요. 흠⋯. 8~9일로 예약하시면 비수기 가격으로 해드리겠습니다.

P씨 : 아, 그렇군요. 그럼 8~9일로 예약 하겠습니다. 그럼 가격은 어떻게 됩니까?

K씨 : ____㉡____ 인원이 더 늘어나게 되시면 1인당 10,000원씩 추가로 결재하시면 됩니다. 일단 10만 원만 홈페이지의 계좌로 입금하셔서 예약 완료하시고 차액은 당일에 오셔서 카드나 현금으로 계산하시면 됩니다.

19 ㉠에 들어갈 K씨의 말로 가장 알맞은 것은?

① 죄송합니다만 1월 8~9일, 15~16일 모두 예약이 모두 차서 이용 가능한 방이 없습니다.

② 1월 8~9일이나 15~16일에는 "국"실 예약이 모두 차서 예약이 어렵습니다. 15명이시면 1월 8~9일에는 "난"실, 15~16일에는 "매"실에 예약이 가능하신데 어떻게 하시겠습니까?

③ 1월 8~9일에는 "국"실 예약 가능하시고 15~16일에는 예약이 완료되었습니다. 15명이시면 15~16일에는 "매"실에 예약이 가능하신데 어떻게 하시겠습니까?

④ 1월 8~9일에는 "국"실 예약이 완료되었고 15~16일에는 예약 가능하십니다. 15명이시면 8~9일에는 "난"실에 예약이 가능하신데 어떻게 하시겠습니까?

20 ㉡에 들어갈 K씨의 말로 가장 알맞은 것은?

① 그럼 1월 8~9일로 "난"실 예약 도와드리겠습니다. 15인일 경우 기본 30만 원에 추가 3인 하셔서 총 33만 원입니다.

② 그럼 1월 8~9일로 "난"실 예약 도와드리겠습니다. 15인일 경우 기본 35만 원에 추가 3인 하셔서 총 38만 원입니다.

③ 그럼 1월 8~9일로 "매"실 예약 도와드리겠습니다. 15인일 경우 기본 28만 원에 추가 3인 하셔서 총 31만 원입니다.

④ 그럼 1월 8~9일로 "매"실 예약 도와드리겠습니다. 15인일 경우 기본 32만 원에 추가 3인 하셔서 총 35만 원입니다.

[21~22] 다음은 A병동 11월 근무 일정표 초안이다. A병동은 1~4조로 구성되어있으며 3교대로 돌아간다. 주어진 정보를 보고 물음에 답하시오.

	일	월	화	수	목	금	토
	1	2	3	4	5	6	7
오전	1조	1조	1조	1조	1조	2조	2조
오후	2조	2조	2조	3조	3조	3조	3조
야간	3조	4조	4조	4조	4조	4조	1조
	8	9	10	11	12	13	14
오전	2조	2조	2조	3조	3조	3조	3조
오후	3조	4조	4조	4조	4조	4조	1조
야간	1조	1조	1조	1조	2조	2조	2조
	15	16	17	18	19	20	21
오전	3조	4조	4조	4조	4조	4조	1조
오후	1조	1조	1조	1조	2조	2조	2조
야간	2조	2조	3조	3조	3조	3조	3조
	22	23	24	25	26	27	28
오전	1조	1조	1조	1조	2조	2조	2조
오후	2조	2조	3조	3조	3조	3조	3조
야간	4조	4조	4조	4조	4조	1조	1조
	29	30					
오전	2조	2조					
오후	4조	4조					
야간	1조	1조					

- 1조 : 나경원(조장), 임채민, 조은혜, 이가희, 김가은
- 2조 : 김태희(조장), 이샘물, 이가야, 정민지, 김민경
- 3조 : 우채원(조장), 황보경, 최희경, 김희원, 노혜은
- 4조 : 전혜민(조장), 고명원, 박수진, 김경민, 탁정은

※ 한 조의 일원이 개인 사유로 근무가 어려울 경우 당일 오프인 조의 일원(조장 제외) 중 1인이 대체 근무를 한다.

※ 대체근무의 경우 오전근무 직후 오후근무 또는 오후근무 직후 야간근무는 가능하나 야간근무 직후 오전근무는 불가능하다.

※ 대체근무가 어려운 경우 휴무자가 포함된 조의 조장이 휴무자의 업무를 대행한다.

21 다음은 직원들의 휴무 일정이다. 배정된 대체근무자로 적절하지 못한 사람은?

휴무일자	휴무 예정자	대체 근무 예정자
11월 3일	임채민	① 노혜은
11월 12일	황보경	② 이가희
11월 17일	우채원	③ 이샘물
11월 30일	고명원	④ 최희경

22 다음은 직원들의 휴무 일정이다. 배정된 대체근무자로 적절하지 못한 사람은?

휴무일자	휴무 예정자	대체 근무 예정자
11월 7일	노혜은	① 탁정은
11월 10일	이샘물	② 최희경
11월 20일	김희원	③ 임채민
11월 29일	탁정은	④ 김희원

23 A씨와 B씨는 함께 내일 있을 시장동향 설명회에 발표할 준비를 함께하게 되었다. 우선 오전 동안 자료를 수집하고 오후 1시에 함께 회의하여 PPT작업과 도표로 작성해야 할 자료 등을 정리하고 각자 다음과 같은 업무를 나눠서 하려고 한다. 회의를 제외한 모든 업무는 혼자서 할 수 있는 일이고, 발표원고 작성은 PPT가 모두 작성되어야 시작할 수 있다. 각 영역당 소요시간이 다음과 같을 때 옳지 않은 것은? (단, 두 사람은 가장 빨리 작업을 끝낼 수 있는 방법을 선택한다)

업무	소요시간
회의	1시간
PPT 작성	2시간
PPT 검토	2시간
발표원고 작성	3시간
도표 작성	3시간

① 7시까지 발표 준비를 마칠 수 있다.

② 두 사람은 같은 시간에 준비를 마칠 수 있다.

③ A가 도표작성 능력이 떨어지고 두 사람의 PPT 활용 능력이 비슷하다면 발표원고는 A가 작성하게 된다.

④ 도표를 작성한 사람이 발표원고를 작성한다.

[24~25] 사무용 비품 재고 현황을 파악하기 위해서 다음과 같이 표로 나타내었다. 다음 물음에 답하시오.

〈사무용 비품 재고 현황〉

품목	수량	단위당 가격
믹스커피	1BOX(100개입)	15,000
과자	2BOX(20개입)	1,800
서류봉투	78장	700
가위	3개	3,000
물티슈	1개	2,500
휴지	2롤	18,000
나무젓가락	15묶음	2,000
종이컵	3묶음	1,200
형광펜	23자루	500
테이프	5개	2,500
볼펜	12자루	1,600
수정액	5개	5,000

24 다음 중 가장 먼저 구매해야 할 비품은 무엇인가?

① 수정액
② 물티슈
③ 종이컵
④ 믹스커피

25 비품 예산이 3만 원 남았다고 할 때, 예산 안에 살 수 없는 것은 무엇인가?

① 믹스커피 1BOX+수정액 2개
② 형광펜 30자루+서류봉투 10장
③ 나무젓가락 10묶음+볼펜 8자루
④ 휴지 1롤+물티슈 3개

26 다음에서 제시되는 인적자원개발의 의미를 참고할 때, 올바른 설명으로 볼 수 없는 것은 어느 것인가?

> 인적자원개발은 행동의 변화를 통해 개인의 능력과 조직성과 향상을 통해 조직목표 달성 등의 다양한 목적이 제시되고 있다. 현행 「인적자원개발기본법」에서는 국가, 지방자치단체, 교육기관, 연구기관, 기업 등이 인적자원의 양성과 활용 및 배분을 통해 사회적 규범과 네트워크를 형성하는 모든 제반 활동으로 정의하고 있다. 이는 생산성 증대뿐만 아니라 직업준비교육, 직업능력개발을 위한 지속적인 교육에서 더 나아가 평생교육을 통한 국민들의 질적 생활을 향상시키는 데 그 목적을 두고 있다고 할 수 있다. 인적자원정책이라는 것은 미시적으로는 개인차원에서부터 거시적으로는 세계적으로 중요한 정책이며, 그 대상도 개인차원(학습자, 근로자, 중고령자 등), 기업차원, 지역차원 등으로 구분하여 볼 수 있다. 인력자원의 양성정책은 학교 및 교육훈련 기관 등의 교육기관을 통해 학습 받은 학습자를 기업이나 기타 조직에서 활용하는 것을 말한다.

① 인적자원개발의 개념은 교육, 개발훈련 등과 같이 추상적이고 복합적이다.
② 인적자원개발의 방법은 개인의 경력개발을 중심으로 전개되고 있다.
③ 인적자원개발은 가정, 학교, 기업, 국가 등 모든 조직에 확대 적용되고 있다.
④ 인적자원개발의 수혜자는 다양한 영역으로 구성되어 있다.

27 N사 기획팀에서는 해외 거래처와의 중요한 계약을 성사시키기 위해 이를 담당할 사내 TF팀 인원을 보강하고자 한다. 다음 상황을 참고할 때, 반드시 선발해야 할 2명의 직원은 누구인가?

기획팀은 TF팀에 추가로 필요한 직원 2명을 보강해야 한다. 계약실무, 협상, 시장조사, 현장교육 등 4가지 업무는 새롭게 선발될 2명의 직원이 분담하여 모두 수행해야 한다.
4가지 업무를 수행하기 위해 필수적으로 갖추어야 할 자질은 다음과 같다.

업무	필요 자질
계약실무	스페인어, 국제 감각
협상	스페인어, 설득력
시장조사	설득력, 비판적 사고
현장교육	국제 감각, 의사 전달력

* 기획팀에서 1차로 선발한 직원은 오 대리, 최 사원, 남 대리, 조 사원 4명이며, 이들은 모두 3가지씩의 '필요 자질'을 갖추고 있다.
* 의사 전달력은 남 대리를 제외한 나머지 3명이 모두 갖추고 있다.
* 조 사원이 시장조사 업무를 제외한 모든 업무를 수행하려면, 스페인어 자질만 추가로 갖추면 된다.
* 오 대리는 계약실무 업무를 수행할 수 있고, 최 사원과 남 대리는 시장조사 업무를 수행할 수 있다.
* 국제 감각을 갖춘 직원은 2명이다.

① 오 대리, 최 사원
② 오 대리, 남 대리
③ 최 사원, 조 사원
④ 남 대리, 조 사원

[28~29] H공사 홍보팀에 근무하는 이 대리는 사내 홍보 행사를 위해 행사 관련 준비를 진행하고 있다. 다음을 바탕으로 물음에 답하시오.

〈행사장 도면〉

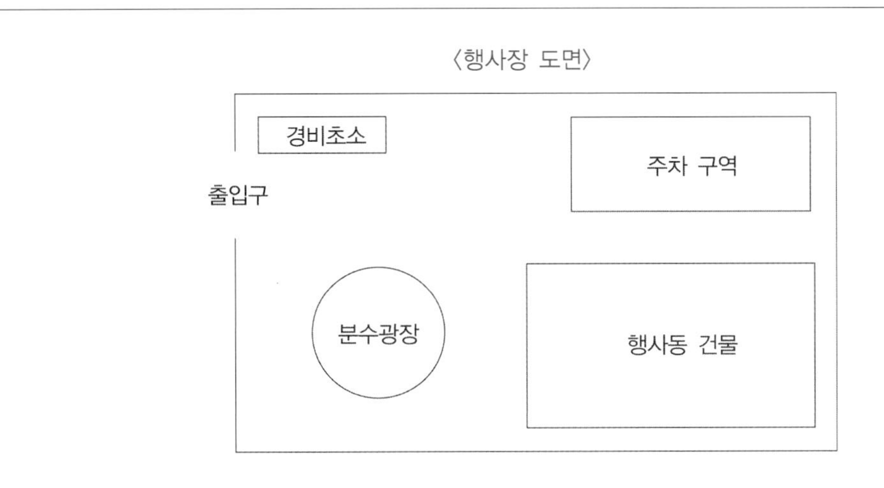

〈행사 장소〉

행사동 건물 1층 회의실

〈추가 예상 비용〉

• 금연 표지판 설치
- 단독 입식 : 45,000원
- 게시판 : 120,000원

• 쓰레기통 설치
- 단독 설치 : 25,000원/개
- 벤치 2개 + 쓰레기통 1개 : 155,000원

• 안내 팸플릿 제작

구분	단면	양면
2도 인쇄	5,000원/100장	10,000원/100장
5도 인쇄	1,300원/100장	25,000원/100장

28 행사를 위해 홍보팀에서 추가로 설치해야 할 물품이 다음과 같을 때, 추가 물품 설치에 필요한 비용은 총 얼마인가?

- 금연 표지판 설치
  - 분수대 후면 1곳
  - 주차 구역과 경비초소 주변 각 1곳
  - 행사동 건물 입구 1곳

※ 실외는 게시판 형태로 설치하고 행사장 입구에는 단독 입식 형태로 설치

- 쓰레기통
  - 분수광장 금연 표지판 옆 1곳
  - 주차 구역과 경비초소 주변 각 1곳

※ 분수광장 쓰레기통은 벤치와 함께 설치

① 550,000원 ② 585,000원
③ 600,000원 ④ 610,000원

29 이 대리는 추가 비용을 정리하여 팀장에게 보고하였다. 이를 검토한 팀장은 다음과 같이 별도의 지시사항을 전달하였다. 팀장의 지시사항에 따른 팸플릿의 총 인쇄에 소요되는 비용은 얼마인가?

"이 대리, 아무래도 팸플릿을 별도로 준비하는 게 좋겠어. 한 800명 정도 참석할 거 같으니 인원수대로 준비하고 2도 단면과 5도 양면 인쇄를 반씩 섞도록 하게."

① 99,000원 ② 100,000원
③ 110,000원 ④ 120,000원

30 업무상 발생하는 비용은 크게 직접비와 간접비로 구분하게 되는데, 그 구분 기준이 명확하지 않은 경우도 있고 간혹 기준에 따라 직접비로도 간접비로도 볼 수 있는 경우가 있다. 다음에 제시되는 글을 토대로 할 때, 직접비와 간접비를 구분하는 가장 핵심적인 기준은 어느 것인가?

- 인건비 : 해당 프로젝트에 투입된 총 인원수 및 지급 총액을 정확히 알 수 있으므로 직접비이다.
- 출장비 : 출장에 투입된 금액을 해당 오더 건별로 구분할 수 있으므로 직접비이다.
- 보험료 : 자사의 모든 수출 물품에 대한 해상보험을 연 단위 일괄적으로 가입했으므로 간접비이다.
- 재료비 : 매 건별로 소요 자재를 산출하여 그에 맞는 양을 구입하였으므로 직접비이다.
- 광고료 : 경영상 결과물과 자사 이미지 제고 등 전반적인 경영활동을 위한 것이므로 간접비이다.
- 건물관리비 : 건물을 사용하는 모든 직원과 눈에 보이지 않는 회사 업무 자체를 위한 비용이므로 간접비이다.

① 생산물과 밀접한 관련성이 있느냐의 여부
② 생산물의 생산 완료 전 또는 후에 투입되었는지의 여부
③ 생산물의 가치에 차지하는 비중이 일정 기준을 넘느냐의 여부
④ 생산물의 생산 과정에 기여한 몫으로 추정이 가능한 것이냐의 여부

06 핵심예상문제

대인관계능력

정답 및 해설 p.419

1 다음 글에서와 같이, 노조와의 갈등에 있어 최 사장이 보여 준 갈등해결방법은 어느 유형에 속하는가?

노조위원장은 임금 인상안이 받아들여지지 않자 공장의 중간관리자급들을 동원해 전격 파업을 단행하기로 하였고, 이들은 임금 인상과 더불어 자신들에게 부당한 처우를 강요한 공장장의 교체를 요구하였다. 회사의 창립 멤버로 회사 발전에 기여가 큰 공장장을 교체한다는 것은 최 사장이 단 한 번도 상상해 본 적 없는 일인지라 오히려 최 사장에게는 임금 인상 요구가 하찮게 여겨질 정도로 무거운 문제에 봉착하게 되었다. 1시간 뒤 가진 노조 대표와의 협상 테이블에서 최 사장은 임금과 부당한 처우 관련 모든 문제는 자신에게 있으니 공장장을 볼모로 임금 인상을 요구하지는 말 것을 노조 측에 부탁하였고, 공장장 교체 요구를 철회한다면 임금 인상안을 매우 긍정적으로 검토하겠다는 약속을 하게 되었다. 또한, 노조원들의 처우 관련 개선안이나 불만사항은 자신에게 직접 요청하여 합리적인 사안의 경우 즉시 수용할 것임을 전달하기도 하였다.

결국 이러한 최 사장의 노력을 받아들인 노조는 파업을 중단하고 다시 업무에 복귀하게 되었다.

① 수용형
② 경쟁형
③ 타협형
④ 통합형

2 갈등은 다음과 같이 몇 가지 과정을 거치면서 진행되는 것이 일반적인 흐름이라고 볼 때, 빈 칸의 (가), (나), (다)에 들어가야 할 말을 순서대로 올바르게 나열한 것은 어느 것인가?

1. 의견 불일치

인간은 다른 사람들과 함께 부딪치면서 살아가게 되는데, 서로 생각이나 신념, 가치관이 다르고 성격도 다르기 때문에 다른 사람들과 의견의 불일치를 가져온다. 많은 의견 불일치는 상대방의 생각과 동기를 설명하는 기회를 주고 대화를 나누다보면 오해가 사라지고 더 좋은 관계로 발전할 수 있지만, 사소한 오해로 인한 사소한 갈등이라도 그냥 내버려두면 심각한 갈등으로 발전하게 된다.

2. 대결 국면

의견 불일치가 해소되지 않으면 대결 국면으로 빠져들게 된다. 이 국면에서는 이제 단순한 해결방안은 없고 제기된 문제들에 대하여 새로운 다른 해결점을 찾아야 한다. 일단 대결국면에 이르게 되면 감정이 개입되어 상대방의 주장에 대한 문제점을 찾기 시작하고, 자신의 입장에 대해서는 그럴듯한 변명으로 옹호하면서 양보를 완강히 거부하는 상태에까지 이르게 된다. 즉, (가)은(는) 부정하면서 자기주장만 하려고 한다. 서로의 입장을 고수하려는 강도가 높아지면서 서로간의 긴장은 더욱 높아지고 감정적인 대응이 더욱 격화되어 간다.

3. 격화 국면

격화 국면에 이르게 되면 상대방에 대하여 더욱 적대적인 현상으로 발전해 나간다. 이제 의견일치는 물건너가고 (나)을(를) 통해 문제를 해결하려고 하기보다는 강압적, 위협적인 방법을 쓰려고 하며, 극단적인 경우에는 언어폭력이나 신체적인 폭행으로까지 번지기도 한다. 상대방에 대한 불신과 좌절, 부정적인 인식이 확산되면서 다른 요인들에까지 불을 붙이는 상황에 빠지기도 한다. 이 단계에서는 상대방의 생각이나 의견, 제안을 부정하고, 상대방은 그에 대한 반격으로 대응함으로써 자신들의 반격을 정당하게 생각한다.

4. 진정 국면

시간이 지나면서 정점으로 치닫던 갈등은 점차 감소하는 진정 국면에 들어선다. 계속되는 논쟁과 긴장이 귀중한 시간과 에너지만 낭비하고 이러한 상태가 무한정 유지될 수 없다는 것을 느끼고 점차 흥분과 불안이 가라앉고 이성과 이해의 원상태로 돌아가려 한다. 그러면서 (다)이(가) 시작된다. 이 과정을 통해 쟁점이 되는 주제를 논의하고 새로운 제안을 하고 대안을 모색하게 된다. 이 단계에서는 중개자, 조정자 등의 제3자가 개입함으로써 갈등 당사자 간에 신뢰를 쌓고 문제를 해결하는데 도움이 되기도 한다.

5. 갈등의 해소

진정 국면에 들어서면 갈등 당사자들은 문제를 해결하지 않고는 자신들의 목표를 달성하기 어렵다는 것을 알게 된다. 물론 경우에 따라서는 결과에 다 만족할 수 없는 경우도 있지만 어떻게 해서든지 서로 일치하려고 한다.

① 상대방의 자존심 - 업무 - 침묵
② 제3자의 존재 - 리더 - 반성
③ 조직 전체의 분위기 - 이성 - 의견의 일치
④ 상대방의 입장 - 설득 - 협상

3 **다음에 예시된 인물 중, 리더십을 갖춘 리더의 자질이 보이는 사람을 모두 고른 것은 어느 것인가?**

A부장 : 사내 윤리 규정과 행동 강령에 맞지 않는 행위를 적발하고 관리하기 위해서 조직원들이 자발적으로 노력할 수 있도록 직간접적인 영향력을 준다.
B부장 : 불합리한 사내 성과급 지급 시스템에 대한 자신의 소신을 거침없이 제안하고 직원들에 대한 격려를 아끼지 않는다.
C부장 : 조금이라도 리스크가 예상되는 프로젝트는 사전에 찾아내어 착수를 금지하며, 항상 리스크 제로 원칙을 유지해 나간다.
D부장 : 대국민 홍보를 위해 고안한 홍보대사 운영, 청년 인턴제 실시 등의 방안이 이루어지도록 기획이사와 임원진들을 설득하여 최종 승인을 얻어내었다.

① A부장, B부장
② B부장, C부장
③ A부장, B부장, C부장
④ A부장, B부장, D부장

4 다음 사례에서 나타나고 있는 리더십의 유형은?

N기업은 직원 하나하나가 더 많은 자율과 책임을 가지고 역량을 쌓을 수 있도록 '책임근무제'를 실시하고 있다. 이를 통해 따로 출·퇴근 시간을 정하지 않고 임직원 모두가 업무 시간을 탄력적으로 사용하도록 하고 인사·총무·복리후생과 관련된 결재의 70%는 직원 본인 전결로 이뤄지도록 하였다. 실례로 연차휴가를 사용하고자 할 때 상사의 결재 없이 자율적으로 신청하여 사용하면 된다. N사의 한 관계자는 자사의 서비스가 아시아 지역은 물론 유럽과 중동 지역에까지 확대되면서 해외 현지와 시간을 맞춰 일해야 하는 빈도가 늘어나고 있어 출·퇴근 자율제를 시행하게 되었다고 '책임근무제' 도입 배경을 설명하였다. 또한 홍길동 현 N사 이사회 의장은 조직의 관료화를 막기 위해 서비스 단위 조직인 '셀 제도'와 '사내독립기업'을 활성화시키고 있는 것으로 전해졌다. 이는 서비스 특성상 감각적이고 젊은 실무형 직원들이 독립적으로 조직을 구성할 수 있도록 하기 위해서이다. 여기서 각 셀 조직의 리더들은 직급에 상관없이 선정되며 연봉·보상체계·승진기준 등 모든 인사권과 더불어 '책임예산제'를 통해 각각의 서비스 프로젝트에 맞게 예산을 운영할 수 있다. 이 과정에서 역량이 입증된 셀 조직은 사내독립기업으로 선정하여 해당 리더가 실질적인 경영권을 갖게 된다. 또 다른 N사 관계자는 급변하는 모바일 시대 속에서 개별 서비스의 빠른 의사결정과 과감한 실행력을 유도하기 위해 현재 여러 가지 제도를 시행하고 있으며 특히 셀 제도를 실시하면서 신규 서비스 개발 기간이 확연히 줄어들고 있다고 전했다.

① 변혁적 리더십
② 셀프 리더십
③ 카리스마 리더십
④ 서번트 리더십

5 **다음 사례에서 이 고객의 불만유형으로 적절한 것은?**

> 훈재가 근무하고 있는 △△핸드폰 대리점에 한 고객이 방문하여 깨진 핸드폰 케이스를 보여주며 무상으로 바꿔달라고 요구하고 있다. 이 핸드폰 케이스는 이번에 새로 출시된 핸드폰에 맞춰서 이벤트 차원에서 한 달간 무상으로 지급한 것이며 현재는 이벤트 기간이 끝나 돈을 주고 구입을 해야 한다. 훈재는 깨진 핸드폰 케이스는 고객의 실수에 의한 것으로 무상으로 바꿔줄 수 없으며 새로 다시 구입을 해야 한다고 설명하였다. 하지만 이 고객은 본인은 핸드폰을 구입할 때 이미 따로 보험에 가입을 했으며 핸드폰 케이스는 핸드폰의 부속품이므로 마땅히 무상 교체를 해줘야 한다고 트집을 잡고 있다.

① 의심형
② 빨리빨리형
③ 거만형
④ 트집형

6 **다음 사례에서 이 고객에 대한 적절한 응대법으로 옳은 것은?**

> 은지는 옷가게를 운영하고 있는데 어느 날 한 여성 고객이 찾아왔다. 그녀는 매장을 둘러보면서 이 옷, 저 옷을 만져보고 입어보더니 "어머, 여기는 옷감이 좋아보이지도 않는데 가격은 비싸네.", "여긴 별로 예쁜 옷이 없네. 디자이너가 아직 경험이 부족한 것 같은데." 등의 말을 하면서 거만하게 자신도 디자이너 출신이고 아가씨가 아직 경험이 부족한 것 같아 자신이 조금 조언을 해 주겠다며 은지에게 옷을 만들 때 옷감은 어떤 걸로 해야 하고 매듭은 어떻게 지어야 한다는 등의 말을 늘어놓았다. 그러는 동안 옷가게에는 몇 명의 다른 손님들이 옷을 둘러보며 은지를 찾다가 그냥 되돌아갔다.

① 자신의 과시욕이 채워지도록 뽐내게 내버려 둔다.
② 분명한 증거나 근거를 제시하여 스스로 확신을 갖도록 유도한다.
③ 이야기를 경청하고 맞장구를 치며 치켜세우고 설득해 간다.
④ "글쎄요.", "아마"와 같은 애매한 화법을 사용하지 않는다.

7 **G사 홍보팀 직원들은 팀워크를 향상시킬 수 있는 방법에 대한 토의를 진행하며 다음과 같은 의견들을 제시하였다. 다음 중 팀워크의 기본요소를 제대로 파악하고 있지 못한 사람은 누구인가?**

> A: "팀워크를 향상시키기 위해서는 무엇보다 팀원 간의 상호 신뢰와 존중이 중요하다고 봅니다."
> B: "또 하나 빼놓을 수 없는 것은 스스로에 대한 넘치는 자아의식이 수반되어야 팀워크에 기여할 수 있어요."
> C: "팀워크는 상호 협력과 각자의 역할에서 책임을 다하는 자세가 기본이 되어야 함을 우리 모두 명심해야 합니다."
> D: "저는 팀원들끼리 솔직한 대화를 통해 서로를 이해하는 일이 무엇보다 중요하다고 생각해요."

① A
② B
③ C
④ D

8 **경영상의 위기를 겪고 있는 S사의 사장은 직원들을 모아 놓고 위기 탈출을 위한 방침을 설명하며, 절대 사기를 잃지 말 것을 주문하고자 한다. 다음 중 S사 사장이 바람직한 리더로서 직원들에게 해야 할 연설의 내용으로 적절하지 않은 것은 어느 것인가?**

① "지금의 어려움뿐 아니라 항상 미래의 지향점을 잊지 않고 반드시 이 위기를 극복하겠습니다."
② "저는 이 난관을 극복하기 위해 당면한 과제를 어떻게 해결할까 하는 문제보다 무엇을 해야 하는 지에 집중하며 여러분을 이끌어 나가겠습니다."
③ "여러분들이 해 주어야 할 일들을 하나하나 제가 지시하기보다 모두가 자발적으로 우러나오는 마음을 가질 수 있는 길이 무엇인지 고민할 것입니다."
④ "저는 어떠한 일이 있어도 위험이 따르는 도전을 거부할 것이니 모두들 안심하고 업무에 만전을 기해주시길 바랍니다."

9 **다음 사례에서 장부장이 취할 수 있는 가장 적절한 행동은 무엇인가?**

> 서울에 본사를 둔 T그룹은 매년 상반기와 하반기에 한 번씩 전 직원이 워크숍을 떠난다. 이는 평소 직원들 간의 단체생활을 중시 여기는 T그룹 회장의 지침 때문이다. 하지만 워낙 직원이 많은 T그룹이다 보니 전 직원이 한꺼번에 움직이는 것은 불가능하고 각 부서별로 그 부서의 장이 재량껏 계획을 세우고 워크숍을 진행하도록 되어있다. 이에 따라 생산부서의 장부장은 부원들과 강원도 태백산에 가서 1박 2일로 야영을 하기로 했다. 하지만 워크숍을 가는 날 아침 갑자기 예약한 버스가 고장이 나서 출발을 못한다는 연락을 받았다.

① 워크숍은 장소보다도 이를 통한 부원들의 단합과 화합이 중요하므로 서울 근교의 적당한 장소를 찾아 워크숍을 진행한다.
② 무슨 일이 있어도 계획을 실행하기 위해 새로 예약 가능한 버스를 찾아보고 태백산으로 간다.
③ 어쩔 수 없는 일이므로 상사에게 사정을 얘기하고 이번 워크숍은 그냥 집에서 쉰다.
④ 각 부원들에게 의견을 물어보고 각자 자율적으로 하고 싶은 활동을 하도록 한다.

10 **다음 사례에서 민수의 행동 중 잘못된 행동은 무엇인가?**

> 민수는 Y기업 판매부서의 부장이다. 그의 부서는 크게 3개의 팀으로 구성되어 있는데 이번에 그의 부서에서 본사의 중요한 프로젝트를 맡게 되었고 그는 세 팀의 팀장들에게 이번 프로젝트를 성공시키면 전원 진급을 시켜주겠다고 약속하였다. 각 팀의 팀장들은 민수의 말을 듣고 한 달 동안 야근을 하면서 마침내 거액의 계약을 따내게 되었다. 이로 인해 각 팀의 팀장들은 회사로부터 약간의 성과급을 받게 되었지만 정작 진급은 애초에 세 팀 중에 한 팀만 가능하다는 사실을 뒤늦게 통보받았다. 각 팀장들은 민수에게 불만을 표시했고 민수는 미안하게 됐다며 성과급 받은 것으로 만족하라는 말만 되풀이하였다.

① 상대방에 대한 이해
② 기대의 명확화
③ 사소한 일에 대한 관심
④ 약속의 불이행

11 **대인관계능력을 구성하는 하위능력 중 현재 동신과 명섭의 팀에게 가장 필요한 능력은 무엇인가?**

> 올해 E그룹에 입사하여 같은 팀에서 근무하게 된 동신과 명섭은 다른 팀에 있는 입사동기들과 외딴 섬으로 신입사원 워크숍을 가게 되었다. 그 곳에서 각 팀별로 1박 2일 동안 스스로 의·식·주를 해결하며 주어진 과제를 수행하는 임무가 주어졌는데 동신은 부지런히 섬 이 곳 저 곳을 다니며 먹을 것을 구해오고 숙박할 장소를 마련하는 등 솔선수범 하였지만 명섭은 단지 섬을 돌아다니며 경치 구경만 하고 사진 찍기에 여념이 없었다. 그리고 과제수행에 있어서도 동신은 적극적으로 임한 반면 명섭은 소극적인 자세를 취해 그 결과 동신과 명섭의 팀만 과제를 수행하지 못했고 결국 인사상의 불이익을 당하게 되었다.

① 리더십능력 ② 팀워크능력
③ 협상능력 ④ 고객서비스능력

12 **다음 사례에서 종엽이 선택한 협상전략으로 옳은 것은?**

> ⊙⊙전자에 다니는 종엽은 이번에 중소기업인 ◓◓기업과 중요한 협상을 앞두고 이를 성사시키기 위해 많은 준비를 하였다. 그 이유는 비록 자신의 회사인 ⊙⊙전자가 세계에서도 알아주는 대기업이지만 이는 하드웨어적인 분야에서 그럴 뿐 아직 소프트웨어 분야에서는 세계적인 경쟁력이 없기 때문에 소프트웨어 분야에서 경쟁력이 있는 ◓◓기업의 기술이 절실하기 때문이다. 반면 ◓◓기업은 소프트웨어 분야에서 세계적인 경쟁력과 성장가능성을 가지고 있지만 이제 막 시작한 작은 중소기업이기 때문에 막대한 자본력이 필요했다. 이러한 점을 파악한 종엽은 ◓◓기업이 ⊙⊙전자와 협상을 함으로써 얻게되는 여러 가지 이점을 어필하면서 서로 윈-윈 할 수 있는 방안을 제시하여 마침내 ◓◓기업과의 기술협상을 성사시켰다.

① 협력전략 ② 회피전략
③ 강압전략 ④ 유화전략

13 다음 사례에서 팀원들의 긴장을 풀어주기 위해 나팀장이 취할 수 있는 행동으로 가장 적절한 것은?

> 나팀장이 다니는 ▷◁기업은 국내에서 가장 큰 매출을 올리며 국내 경제를 이끌어가고 있다. 그로 인해 임직원들의 연봉은 다른 기업에 비해 몇 배나 높은 편이다. 하지만 그만큼 직원들의 업무는 많고 스트레스 또한 다른 직장인들에 비해 훨씬 높다. 매일 아침 6시까지 출근해서 2시간 동안 회의를 하고 야근도 밥 먹듯이 한다. 이런 생활이 계속되자 갓 입사한 신입직원들은 얼마 못 가 퇴사하기에 이르고 기존에 있던 직원들도 더 이상 신선한 아이디어를 내놓기 어려운 실정이 되었다. 특히 오늘 아침에는 유난히 팀원들이 긴장을 하는 것 같아 나팀장은 새로운 활동을 통해 팀원들의 긴장을 풀어주어야겠다고 생각했다.

① 자신이 신입직원이었을 당시 열정적으로 일해서 성공한 사례들을 들려준다.
② 오늘 아침 발표된 경쟁사의 신제품과 관련된 신문기사를 한 부씩 나눠주며 읽어보도록 한다.
③ 다른 직장인들에 비해 자신들의 연봉이 높음을 강조하면서 조금 더 힘내 줄 것을 당부한다.
④ 회사 근처에 있는 숲길을 천천히 걸으며 잠시 일상에서 벗어날 수 있는 시간을 마련해 준다.

14 다음 사례에서 오부장이 취할 행동으로 가장 적절한 것은?

> 오부장이 다니는 J의류회사는 전국 각지에 매장을 두고 있는 큰 기업 중 하나이다. 따라서 매장별로 하루에도 수많은 손님들이 방문하며 그 중에는 옷에 대해 불만을 품고 찾아오는 손님들도 간혹 있다. 하지만 고지식하며 상부의 지시를 중시 여기는 오부장은 이러한 사소한 일들도 하나하나 보고하여 상사의 지시를 받으라고 부하직원들에게 강조하고 있다. 그러다 보니 매장 직원들은 사소한 문제 하나라도 스스로 처리하지 못하고 일일이 상부에 보고를 하고 상부의 지시가 떨어지면 그때서야 문제를 해결한다. 이로 인해 자연히 불만고객에 대한 대처가 늦어지고 항의도 잇따르게 되었다. 오늘도 한 매장에서 소매에 단추 하나가 없어 이를 수선해 줄 것을 요청하는 고객의 불만을 상부에 보고해 지시를 기다리다가 결국 고객이 기다리지 못하고 환불요청을 한 사례가 있었다.

① 오부장이 직접 그 고객에게 가서 불만사항을 처리한다.
② 사소한 업무처리는 매장 직원들이 스스로 해결할 수 있도록 어느 정도 권한을 부여한다.
③ 매장 직원들에게 고객의 환불요청에 대한 책임을 물어 징계를 내린다.
④ 앞으로 이러한 실수가 일어나지 않도록 옷을 수선하는 직원들의 교육을 다시 시킨다.

15 다음 사례에서 유팀장이 부하직원들의 동기부여를 위해 행한 방법으로 옳지 않은 것은?

> 전자제품을 생산하고 있는 △△기업은 매년 신제품을 출시하는 것으로 유명하다. 그것도 시리즈별로 하나씩 출시하기 때문에 실제로 출시되는 신제품은 1년에 2~3개가 된다. 이렇다 보니 자연히 직원들은 새로운 제품을 출시하고도 곧바로 또 다른 제품에 대한 아이디어를 내야하고 결국 이것이 스트레스로 이어져 업무에 대한 효율성이 떨어지게 되었다. 유팀장의 부하직원들 또한 이러한 이유로 고민을 하고 있다. 따라서 유팀장은 자신의 팀원들에게 아이디어를 하나씩 낼 때마다 게시판에 적힌 팀원들 이름 아래 스티커를 하나씩 붙이고 스티커가 다 차게 되면 휴가를 보내주기로 하였다. 또한 최근 들어 출시되는 제품들이 모두 비슷하기만 할 뿐 새로운 면을 찾아볼 수 없어 뭔가 혁신적인 기술을 제품에 넣기로 하였다. 특히 △△기업은 전자제품을 주로 취급하다 보니 자연히 보안에 신경을 쓸 수밖에 없었고 유팀장은 이 기회에 새로운 보안시스템을 선보이기로 하였다. 그리하여 부하직원들에게 지금까지 아무도 시도하지 못한 새로운 보안시스템을 개발해 보자고 제안하였고 팀원들도 그 의견에 찬성하였다. 나아가 유팀장은 직원들의 스트레스를 좀 더 줄이고 업무효율성을 극대화시키기 위해 기존에 유지되고 있던 딱딱한 업무환경을 개선할 필요가 있음을 깨닫고 직원들에게 자율적으로 출퇴근을 할 수 있도록 하는 한편 사내에 휴식공간을 만들어 수시로 직원들이 이용할 수 있도록 변화를 주었다. 그 결과 이번에 새로 출시된 제품은 △△기업 사상 최고의 매출을 올리며 큰 성과를 거두었고 팀원들의 사기 또한 하늘을 찌르게 되었다.

① 긍정적 강화법을 활용한다.
② 새로운 도전의 기회를 부여한다.
③ 지속적으로 교육한다.
④ 변화를 두려워하지 않는다.

16 다음 두 사례를 읽고 하나가 가지고 있는 임파워먼트의 장애요인으로 옳은 것은?

〈사례 1〉

▽▽그룹에 다니는 민대리는 이번에 새로 입사한 신입직원 하나에게 최근 3년 동안의 매출 실적을 정리해서 올려달라고 부탁하였다. 더불어 기존 거래처에 대한 DB를 새로 업데이트하고 회계팀으로부터 전달받은 통계자료를 토대로 새로운 마케팅 보고서를 작성하라고 지시하였다. 하지만 하나는 일에 대한 열의는 전혀 없이 그저 맹목적으로 지시받은 업무만 수행하였다. 민대리는 그녀가 왜 업무에 열의를 보이지 않는지, 새로운 마케팅 사업에 대한 아이디어를 내놓지 못하는지 의아해 했다.

〈사례 2〉

◈◈기업에 다니는 박대리는 이번에 새로 입사한 신입직원 희진에게 최근 3년 동안의 매출 실적을 정리해서 올려달라고 부탁하였다. 더불어 기존 거래처에 대한 DB를 새로 업데이트하고 회계팀으로부터 전달받은 통계자료를 토대로 새로운 마케팅 보고서를 작성하라고 지시하였다. 희진은 지시받은 업무를 확실하게 수행했지만 일에 대한 열의는 전혀 없었다. 이에 박대리는 그녀와 함께 실적자료와 통계자료들을 살피며 앞으로의 판매 향상에 도움이 될 만한 새로운 아이디어를 생각하여 마케팅 계획을 세우도록 조언하였다. 그제야 희진은 자신에게 주어진 프로젝트에 대해 막중한 책임감을 느끼고 자신의 판단에 따라 효과적인 해결책을 만들었다.

① 책임감 부족
② 갈등처리 능력 부족
③ 경험부족
④ 제한된 정책과 절차

17 다음 중 직업세계에서 맞이하는 변화의 상황들에 대해 효과적으로 대처하기 위한 전략으로 옳지 않은 것은?

① 빠른 변화 속에서 자신을 재충전할 시간과 장소를 마련한다.
② 의사결정은 되도록 최대한 시간을 두고 천천히 결정한다.
③ 의사소통을 통해 목표와 역할, 직원에 대한 기대를 명확히 한다.
④ 상황을 올바르게 파악해 제어할 수 있고 타협할 수 있는 부분을 정한다.

18 **다음 사례에서 박부장이 취할 수 있는 행동으로 적절하지 않은 것은?**

> ◈◈기업에 다니는 박부장은 최근 경기침체에 따른 회사의 매출부진과 관련하여 근무환경을 크게 변화시키기로 결정하였다. 하지만 그의 부하들은 물론 상사와 동료들조차도 박부장의 결정에 회의적이었고 부정적인 시각을 내보였다. 그들은 변화에 소극적이었으며 갑작스런 변화는 오히려 회사의 존립자체를 무너뜨릴 수 있다고 판단하였다. 하지만 박부장은 갑작스런 변화가 처음에는 회사를 좀 더 어렵게 할 수는 있으나 장기적으로 본다면 틀림없이 회사에 큰 장점으로 작용할 것이라고 확신하고 있었고 여기에는 전 직원의 협력과 노력이 필요하였다.

① 직원들의 감정을 세심하게 살핀다.
② 변화의 긍정적인 면을 강조한다.
③ 주관적인 자세를 유지한다.
④ 변화에 적응할 시간을 준다.

19 **다음은 갈등을 증폭시키는 원인에 대한 사례들 중 일부이다. 다음 사례에 해당하지 않는 보기는 무엇인가?**

> ㉠ T그룹의 전대리는 직장 동료들에게 개인주의가 심하다는 말을 많이 듣는다. 그는 팀 내 목표가 주어져 동료들이 야근을 하는 와중에도 자신의 업무가 끝나면 퇴근하기 일쑤다. 전대리의 이러한 행동으로 인해 그의 팀은 올 3분기 팀 실적이 꼴찌를 기록했으며 4분기 또한 최하위권을 면치 못하게 되었다.
> ㉡ X기업의 임대리는 다른 직원들에 비해 실적이 좋은 편이다. 그는 입사한 지 10개월 만에 대리로 승진하였고 조만간 팀장으로 승진할 것이라는 소문이 은연 중에 떠돌고 있다. 하지만 임대리에 대한 다른 직원들의 평판은 그리 좋은 편이 아니다. 그 이유는 그가 협동심을 발휘하여 공통의 문제를 해결하려 하기보다 팀 동료를 누르고서라도 자신의 실적만을 쌓으려고 하기 때문이다.
> ㉢ R기업의 원과장과 윤과장은 사내에서 서로 한 마디도 하지 않는 사이이다. 얼마 전 신제품 회의 때 다툰 이후로 그 둘은 서로 접촉하는 것마저 꺼려하는 사이가 되어 버렸다. 만약 무슨 일이 있어 상대방이 필요할 경우 그들은 제3자를 통해 간접적으로 업무를 처리한다.

① 의사소통의 폭을 줄이고 서로 접촉하는 것을 꺼린다.
② 공동의 목표를 달성할 필요성을 느끼지 않는다.
③ 문제해결보다 승리하기를 원한다.
④ 팀원들은 자신의 입장에 감정적으로 묶인다.

20 **다음 사례에서 진부장과 채부장의 갈등 과정을 순서대로 바르게 나열한 것은?**

㉠ 자리로 돌아온 진부장과 채부장은 서로 상대방의 입장은 부정하면서 자기주장만 하려고 한다. 부하직원들에게도 상대방에 대한 비방을 늘어놓으며 급기야 편까지 가르기에 이르렀다.
㉡ 이렇게 진부장과 채부장이 원수관계를 맺게 된 것도 어느 덧 반년이 지났다. 두 사람이 서로 소원하게 지내는 동안 V기업의 매출은 반 토막이 났고 앞으로의 전망도 밝지 않다. 이에 두 사람의 동기인 원부장은 어느 날 두 사람을 불러 밥을 먹으며 두 사람의 사이가 벌어진 원인에 대해 서로 속마음을 털어놓게 하고 새로운 해결점을 찾도록 도와주었다.
㉢ V기업에 다니는 입사동기 진부장과 채부장은 어느 날 회의에서 신제품의 매출부진과 관련하여 의견 차이를 내보였다. 신제품의 매출부진을 서로 상대방의 탓으로 돌려세운 것이다. 자존심이 강한 두 사람은 회의 내내 서로 말이 없었고 결국 그 날 회의는 아무 결론이 나지 않은 채 끝나고 말았다.
㉣ 결국 회사의 앞날을 위해 진부장과 채부장은 자신들이 서로 협력을 해야 한다는 것을 깨달았다. 그리고 서로 조금씩 양보하면서 합의점을 찾는데 성공하였다. 물론 이 합의점에 대해 두 사람 모두 만족하는 것은 아니었다. 하지만 회사의 앞날을 위해, 그리고 두 사람의 앞으로의 우정을 위해서라도 이렇게 하지 않으면 안 된다는 것을 두 사람은 알고 있었다.
㉤ 진부장과 채부장은 나아가 상대방에 대한 있지도 않은 인신공격까지 펴 부었다. 누가 먼저라 할 것도 없이 같은 날 사내 홈페이지에 동시에 글이 올라온 것이다. 이를 보고 두 사람은 또 서로 욕을 했다. 심지어 상대방이 없어야 우리 회사가 발전할 수 있다는 둥, 그나마 자기 때문에 상대방이 지금까지 자리를 보존했다는 둥 하는 식이었다.

① ㉠㉡㉢㉣㉤
② ㉡㉣㉤㉢㉠
③ ㉢㉠㉤㉡㉣
④ ㉣㉢㉠㉤㉡

21 다음 글은 A 변호사가 현재 소송을 준비하고 있는 의뢰자 B에게 하는 커뮤니케이션의 스킬을 나타낸 것이다. 아래의 대화를 읽고 A 변호사의 커뮤니케이션 스킬에 대한 내용이 나머지 셋과 다른 하나는?

> A : 좀 꺼내기 어려운 얘기지만 방금 말씀하신 변호사 보수에 대해 저희 사무실 입장을 솔직히 말씀드려도 실례가 되지 않을까요?
> B : 네, 말씀하세요.
> A : 아마 잘 아시겠지만 통상 중형법률사무소 변호사들의 시간당 단가가 20만 원 내지 40만 원 정도입니다. 이 사건에 투입될 변호사는 3명이고 그 3명의 시간당 단가는 20만 원, 25만 원, 30만 원이며 변호사별로 약 ○○시간 동안 이 일을 하게 될 것 같습니다. 그렇다면 전체적으로 보았을 때 저희 사무실에서 투여되는 비용은 800만 원 정도인데, 지금 의뢰인께서 말씀하시는 300만 원의 비용만을 받게 된다면 저희들은 약 500만 원 정도의 손해를 볼 수밖에 없습니다.
> B : 아 그렇군요.
> A : 저희가 그 정도로 손실을 보게 되면 저는 대표 변호사님이나 선배 변호사님들께 다른 사건을 두고 왜 이 사건을 진행해서 전체적인 사무실 수익성을 악화시켰냐는 질책을 받을 수 있습니다. 어차피 법률사무소도 수익을 내지 않으면 힘들다는 것은 이해하실 수 있으시겠죠?
> B : 네, 생각해 보니 이해가 됩니다.
> A : 그래서 어느 정도 비용을 보장해 주셔야 저희 변호사들이 힘을 내서 일을 할 수 있고, 사무실 차원에서도 전폭적인 지원을 이끌어낼 수 있습니다. 이는 귀사를 위해서도 바람직할 것이라 여겨집니다.
> B : 네 그러네요.
> A : 너무 제 입장만 말씀 드린 것 같습니다. 제 의견에 대해 어떻게 생각하시는지요?
> B : 듣고 보니 맞는 말씀이네요.

① 상대에게 개방적이라는 느낌을 전달하게 된다.
② 상대에게 솔직하다는 느낌을 전달하게 된다.
③ 상대가 나의 입장과 감정을 전달해서 상호 이해를 돕는다.
④ 상대는 변명하려 하거나 반감, 저항, 공격성을 보인다.

22 실제적으로 고객과 면대면 상황에서의 커뮤니케이션은 아래의 그림과 같은 형태로 대부분 진행된다. 아래 그림은 이러한 커뮤니케이션 과정을 도식화한 것인데 이를 참조하여 설명한 내용 중 가장 옳지 않은 것을 고르면?

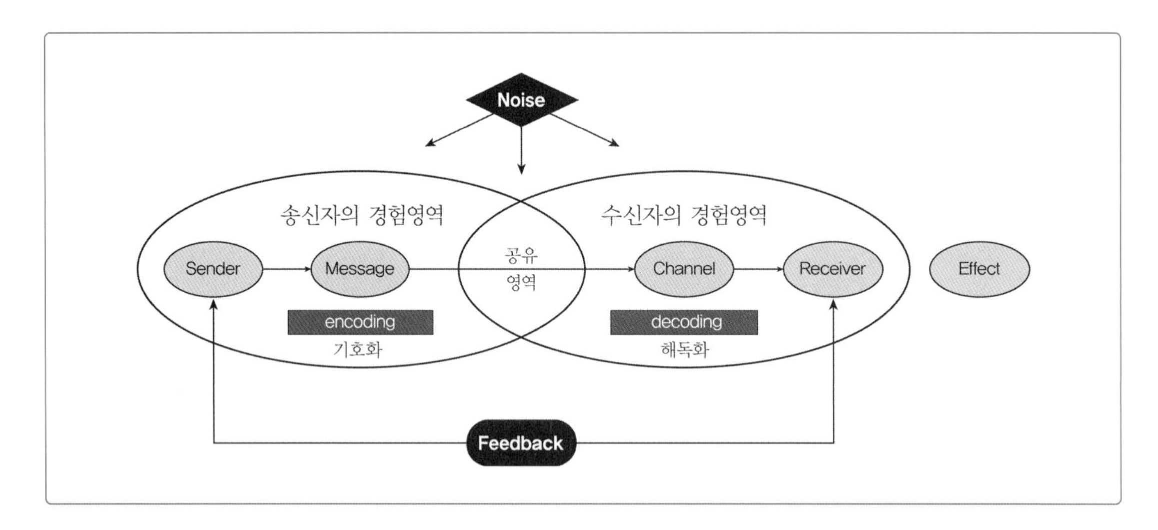

① 커뮤니케이션 과정의 효율성을 결정하는 외부현상 – 전체 커뮤니케이션 과정 중에는 해당 행위의 성공확률을 저해하는 요소들이 있다. 크게는 환경적인 요소나 문화적인 요소들이 있을 수 있고 언어적인 요소에 의해서도 생겨날 수 있다.

② 커뮤니케이션 자체가 의도한 부가효과 – 수신자는 메시지를 해독해서 받아들인다. 그리고 해당 메시지에 부합하여 무언가의 행위를 한다. 만약 그러한 행위가 발신자가 의도한 것이었다면 이번 메시지는 비효과적이었다고, 반대로 예상하지 않은 행위였다면 암호화작업이나 메시지 자체가 효과적이 되었다고 알 수 있다.

③ 행위의 도구 – 메시지는 발신자가 수신자에게 '전달하고 싶은 정보'다. 그리고 미디어는 채널 channel이라 해도 무방한, 그 정보가 전달되는 통로가 된다.

④ 커뮤니케이션 행위의 주체 – 발신자는 과정을 시작하고 메시지를 생성 및 전달하는 주체가 되고, 수신자는 메시지를 받는 사람이자 반응과 피드백을 보이는 주체가 된다.

23 아래의 내용은 설득의 기술 중 무엇에 대한 것인지 고르면?

> 상대에 대한 따뜻한 배려는 상대의 마음을 열게 하고 이는 곧 내 자신의 편으로 만들 가능성이 높아지는 것이다.

① 이심전심(以心傳心)
② 역지사지(易地思之)
③ 구곡간장(九曲肝腸)
④ 촌철살인(寸鐵殺人)

24 대인관계에 있어서의 커뮤니케이션에 대한 상황장애요인으로 바르지 않은 것을 고르면?

① 시간의 압박
② 커뮤니케이션 분위기의 문제
③ 언어적 메시지
④ 정보의 과중

25 다음 중 코칭을 실천함으로써 조직에 돌아오는 장점으로 옳지 않은 것은?

① 직원들이 동기부여를 받아 자신감이 넘친다.
② 직원들이 철저한 복종감을 갖게 된다.
③ 전반적으로 효율성과 생산성이 상승된다.
④ 제품의 질이 높아진다.

26 다음 중 협력을 장려하기 위한 노력으로 옳지 않은 것은?

① 침묵을 지키는 것에 대해 존중해야 한다.
② 모든 아이디어를 기록한다.
③ 관점을 바꾼다.
④ 상식에서 벗어난 아이디어에 대해서는 과감하게 비판한다.

27 다음 사례에 나타난 리더십 유형의 특징으로 옳은 것은?

> 이번에 새로 팀장이 된 대근은 입사 5년차인 비교적 젊은 팀장이다. 그는 자신의 팀에 있는 팀원들은 모두 나름대로의 능력과 경험을 가지고 있으며 자신은 그들 중 하나에 불과하다고 생각한다. 따라서 다른 팀의 팀장들과 같이 일방적으로 팀원들에게 지시를 내리거나 팀원들의 의견을 듣고 그 중에서 마음에 드는 의견을 선택적으로 추리는 등의 행동을 하지 않고 평등한 입장에서 팀원들을 대한다. 또한 그는 그의 팀원들에게 의사결정 및 팀의 방향을 설정하는데 참여할 수 있는 기회를 줌으로써 팀 내 행동에 따른 결과 및 성과에 대해 책임을 공유해 나가고 있다. 이는 모두 팀원들의 능력에 대한 믿음에서 비롯된 것이다.

① 질문을 금지한다.
② 모든 정보는 리더의 것이다.
③ 실수를 용납하지 않는다.
④ 책임을 공유한다.

28 다음은 엄팀장과 그의 팀원인 문식의 대화이다. 다음 상황에서 엄팀장이 주의해야 할 점으로 옳지 않은 것은?

엄팀장 : 문식씨, 좋은 아침이군요. 나는 문식씨가 구체적으로 어떤 업무를 하길 원하는지, 그리고 새로운 업무 목표는 어떻게 이룰 것인지 의견을 듣고 싶습니다.
문식 : 솔직히 저는 현재 제가 맡고 있는 업무도 벅찬데 새로운 업무를 받은 것에 대해 달갑지 않습니다. 그저 난감할 뿐이죠.
엄팀장 : 그렇군요. 그 마음 충분히 이해합니다. 하지만 현재 회사 여건상 인력감축은 불가피합니다. 현재의 인원으로 업무를 어떻게 수행할 수 있을지에 대해 우리는 계획을 세워야 합니다. 이에 대해 문식씨가 새로 맡게 될 업무를 검토하고 그것을 어떻게 달성할 수 있을지 집중적으로 얘기해 봅시다.
문식 : 일단 주어진 업무를 모두 처리하기에는 시간이 너무 부족합니다. 좀 더 다른 방법을 세워야 할 것 같아요.
엄팀장 : 그렇다면 혹시 그에 대한 다른 대안이 있나요?
문식 : 기존에 제가 가지고 있던 업무들을 보면 없어도 될 중복된 업무들이 있습니다. 이러한 업무들을 하나로 통합한다면 새로운 업무를 볼 여유가 생길 것 같습니다.
엄팀장 : 좋습니다. 좀 더 구체적으로 말씀해 주시겠습니까?
문식 : 우리는 지금까지 너무 고객의 요구를 만족시키기 위해 필요 없는 절차들을 많이 따르고 있었습니다. 이를 간소화할 필요가 있다고 생각합니다.
엄팀장 : 그렇군요. 어려운 문제에 대해 좋은 해결책을 제시해 줘서 정말 기쁩니다. 그렇다면 지금부터는 새로운 업무를 어떻게 진행시킬지, 그리고 그 업무가 문식씨에게 어떤 이점으로 작용할지에 대해 말씀해 주시겠습니까? 지금까지 문식씨는 맡은 업무를 잘 처리하였지만 너무 같은 업무만을 하다보면 도전정신도 없어지고 자극도 받지 못하죠. 이번에 새로 맡게 될 업무를 완벽하게 처리하기 위해 어떤 방법을 활용할 생각입니까?
문식 : 네. 사실 말씀하신 바와 같이 지금까지 겪어보지 못한 전혀 새로운 업무라 기분이 좋지는 않습니다. 하지만 반면 저는 지금까지 제 업무를 수행하면서 창의적인 능력을 사용해 보지 못했습니다. 이번 업무는 제게 이러한 창의적인 능력을 발휘할 수 있는 기회입니다. 따라서 저는 이번 업무를 통해 좀 더 창의적인 능력을 발휘해 볼 수 있는 경험과 그에 대한 자신감을 얻게 됐다 점이 가장 큰 이점으로 작용할 것이라 생각됩니다.
엄팀장 : 문식씨 정말 훌륭한 생각을 가지고 있군요. 이미 당신은 새로운 기술과 재능을 가지고 있다는 것을 우리에게 보여주고 있습니다.

① 지나치게 많은 정보와 지시를 내려 직원들을 압도한다.
② 어떤 활동을 다루고, 시간은 얼마나 걸리는지 등에 대해 구체적이고 명확하게 밝힌다.
③ 질문과 피드백에 충분한 시간을 할애한다.
④ 직원들의 반응을 이해하고 인정한다.

의사소통능력
수리능력
문제해결능력
자기개발능력
자원관리능력
대인관계능력
정보능력
기술능력
조직이해능력
직업윤리

29 **흔히 협상의 실패는 협상의 과정에서 일어나게 된다. 따라서 협상 시에 발생할 수 있는 실수를 방지하기 위하여 사전에 철저한 준비가 필요하게 된다. 다음 대화에 나타난 내용 중, 협상 시 주로 나타나는 실수를 보여주는 것이 아닌 것은 어느 것인가?**

① "이봐, 우리가 주도권을 잃어선 안 되네. 저쪽의 입장을 주장할 기회를 주게 되면 결국 끌려가게 되어 있어."

② "상대측 박 본부장이 평소 골프광이라고 했지? 우리 신입사원 중에 티칭 프로 출신이 있다고 들었는데, 그 친구도 이번 상담에 참석 시키게나."

③ "이게 얼마나 좋은 기회인데요. 미비한 자료는 추후 보완하면 될 테니 당장 협상에 참석해서 성과를 이루어내야 한다고 봅니다."

④ "일단 누가 됐든 협상파트너에게 다짐을 받아두면 되지 않겠나. 담당자가 약속을 했으니 거의 다 성사된 거나 다름없겠지."

30 다음 사례에서 나타나는 고객 불만의 원인으로 옳지 않은 것은?

〈사례 1〉

대학교를 입학하는 딸에게 노트북을 선물하기 위해 전자매장을 찾은 주현은 매니저에게 요즘 잘 나가는 노트북에 대해 여러 제품을 비교해 달라고 부탁하였다. 매니저는 곧 주현에게로 오더니 한 번 쓱 보고는 몇몇 제품에 대해 간략하게 설명을 하더니 주현이 잠시 생각하고 있자 이내 자리를 뜨고 말았다. 주현이 딸에게 적합한 제품을 조언받기 위해 매니저를 다시 찾았지만 매니저는 동료직원과 얘기만 할 뿐 주현에게는 관심도 없었고 이윽고 다른 매니저가 가보라고 손짓을 하자 그제야 해당 매니저는 주현에게 와서 무엇이 궁금한지 묻기 시작하였다. 주현은 매니저의 행동에 기분이 나빠 딸을 데리고 인근에 있는 다른 매장으로 향했다.

〈사례 2〉

어느 날 영재는 여자 친구와 저녁을 먹기 위해 레스토랑에 들어갔다. 만난 지 3주년을 기념하는 자리였기에 둘은 일부러 조용하고 경치 좋은 이곳으로 온 것이다. 그들은 자리에 앉아 각자 먹고 싶은 음식을 고르고 주문을 하기 위해 벨을 눌렀다. 하지만 한참이 지나도록 종업원은 나타나지 않았고 영재가 두세 번 계속해서 누른 후에야 말단 종업원이 투덜거리며 왔다. 그러면서 종업원은 지금 손님이 많아 잠시 늦었을 뿐인데 뭐가 그렇게 바빠 벨을 계속 누르냐며 핀잔을 주었고 이내 메뉴판을 들고 사라졌다. 영재와 그의 여자 친구는 이러한 종업원의 태도에 기분이 상해 그냥 나가버렸고 그날 밤 인터넷에 해당 레스토랑의 종업원에 대한 내용을 후기로 올려버렸다.

〈사례 3〉

안경알에 있는 흠을 제거하기 위해 안경점을 찾은 지영은 가게에 들어서자마자 깜짝 놀랐다. 주인이 아무 표정 없이 지영을 반겼기 때문이다. 그 주인은 마치 남의 가게를 잠시 봐주기라도 하는 듯 일에 대한 의욕이 없어 보였다. 지영은 자신이 가게를 찾은 이유를 말하며 안경알을 건네주었고 주인은 아무 말 없이 안경알을 받아 흠을 제거하기 시작하였다. 이내 흠을 제거한 주인은 아무 말 없이 안경알을 지영에게 주었고 지영이 그 자리에서 한 번 써보며 어떠냐고 묻자 그제야 안경을 얼굴에 맞게 바로 고쳐주었다. 그리고 지영이 잠시 그 자리에 그대로 서있다 결국 못 참아 "뭐 안경 수건이나 안경집 같은 건 따로 서비스로 안 주시나요?"라고 묻자 주인은 비로소 "하나 드릴까요?, 필요하세요?"라고 물으며 건네주었다. 지영은 주인의 행동에 너무 기분이 상해 결국 고맙다는 말도 없이 안경집과 수건을 받고 그곳을 나와 버렸다.

① 서비스 제공자의 불친절한 태도 ② 고객 뺑뺑이 돌리기
③ 무표정과 기계적인 서비스 ④ 고객의 요구 외면 및 무시

07 핵심예상문제

정보능력

정답 및 해설 **p.430**

1 다음 중 아래와 같은 자료를 '기록(초)' 필드를 이용하여 최길동의 순위를 계산하고자 할 때 C3에 들어갈 함수식으로 올바른 것은 어느 것인가?

	A	B	C
1	이름	기록(초)	순위
2	김길동	53	3
3	최길동	59	4
4	박길동	51	1
5	이길동	52	2
6			

① =RANK(B3,$B$2:$B$5,1)

② =RANK(B3,$B$2:$B$5,0)

③ =RANK(B3,$B$2:B5,1)

④ =RANK(B3,B2:$B$5,0)

2 워크시트에서 다음 〈보기〉의 표를 참고로 55,000원에 해당하는 할인율을 'C6'셀에 구하고자 할 때의 적절한 수식은 어느 것인가?

	A	B	C	D	E	F
1		<보기>				
2		금액	30,000	50,000	80,000	150,000
3		할인율	3%	7%	10%	15%
4						
5		금액	55,000			
6		할인율	7%			
7						

① =VLOOKUP(C5,C2:F2,C3:F3)

② =LOOKUP(C5,C2:F2,C3:F3)

③ =HLOOKUP(C5,C2:F2,C3:F3)

④ =LOOKUP(C6,C2:F2,C3:F3)

3 다음 설명을 참고할 때, 'ISBN 89 349 0490'코드를 EAN코드로 올바르게 바꾼 것은 어느 것인가?

한국도서번호란 국제적으로 표준화된 방법에 의해, 전 세계에서 생산되는 각종 도서에 부여하는 국제표준도서번호(International Standard Book Number : ISBN) 제도에 따라 우리나라에서 발행되는 도서에 부여하는 고유번호를 말한다. 또한 EAN(European Artical Number)은 바코드 중 표준화된 바코드를 말한다. 즉, EAN코드는 국내뿐만 아니라 전 세계적으로 코드체계(자리수와 규격 등)가 표준화되어 있어 소매점이 POS시스템 도입이나 제조업 혹은 물류업자의 물류관리 등에 널리 사용이 가능한 체계이다.
ISBN코드를 EAN코드로 변환하는 방법은 다음과 같다.

먼저 9자리로 구성된 ISBN코드의 맨 앞에 3자리 EAN 도서번호인 978을 추가한다. 이렇게 연결된 12자리 숫자의 좌측 첫 자리 수부터 순서대로 번갈아 1과 3을 곱한다. 그렇게 곱해서 산출된 모든 수들을 더하고, 다시 10으로 나누게 된다. 이 때 몫을 제외한 '나머지'의 값이 다음과 같은 체크기호와 대응된다.

나머지	0	1	2	3	4	5	6	7	8	9
체크기호	0	9	8	7	6	5	4	3	2	1

나머지에 해당하는 체크기호가 확인되면 처음의 12자리 숫자에 체크기호를 마지막에 더하여 13자리의 EAN코드를 만들 수 있게 된다.

① EAN 9788934904909

② EAN 9788934904908

③ EAN 9788934904907

④ EAN 9788934904906

4 수현이와 지혜는 강릉으로 가기 위해 고속버스를 이용하기로 했다. 그렇게 두 사람은 표를 예매하고 승차시간까지 기다리다 우연히 승차권의 뒷면을 보게 되었다. 이 때 다음의 그림을 보고 “운송약관 중 7번”에 대한 정보내용에서 서비스의 어떠한 측면과 가장 관련성이 있는지 추측한 내용으로 가장 올바른 것은?

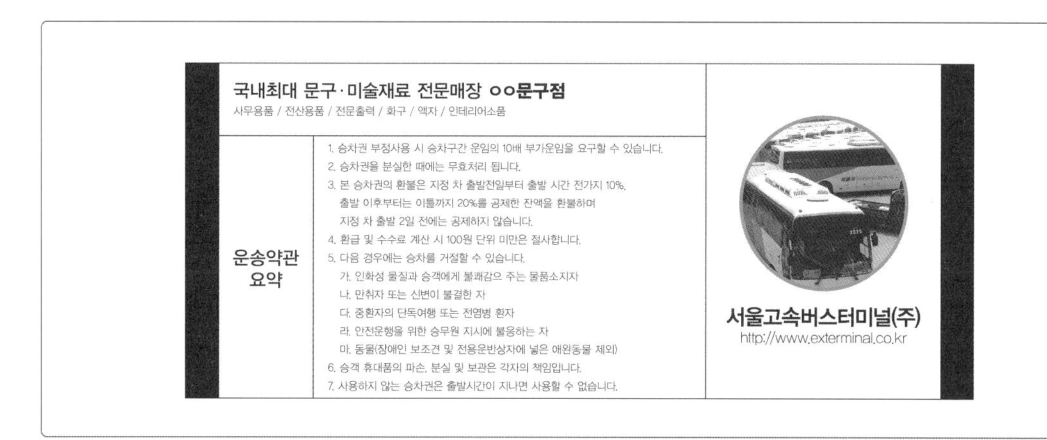

운송약관 요약

1. 승차권 부정사용 시 승차구간 운임의 10배 부가운임을 요구할 수 있습니다.
2. 승차권을 분실한 때에는 무효처리 됩니다.
3. 본 승차권의 환불은 지정 차 출발전일부터 출발 시간 전가지 10%, 출발 이후부터는 이틀까지 20%를 공제한 잔액을 환불하며 지정 차 출발 2일 전에는 공제하지 않습니다.
4. 환급 및 수수료 계산 시 100원 단위 미만은 절사합니다.
5. 다음 경우에는 승차를 거절할 수 있습니다.
   가. 인화성 물질과 승객에게 불쾌감으 주는 물품소지자
   나. 만취자 또는 신변이 불결한 자
   다. 중환자의 단독여행 또는 전염병 환자
   라. 안전운행을 위한 승무원 지시에 불응하는 자
   마. 동물(장애인 보조견 및 전용운반상자에 넣은 애완동물 제외)
6. 승객 휴대품의 파손, 분실 및 보관은 각자의 책임입니다.
7. 사용하지 않는 승차권은 출발시간이 지나면 사용할 수 없습니다.

① 서비스는 재고의 형태로 보관할 수 없다.
② 서비스는 유형의 상품에만 적용된다.
③ 서비스는 시공간적으로 분리가 가능하다.
④ 가변성으로 인해 서비스의 내용이 달라질 수 있다.

5 **대한고등학교 3학년 동창인 원모, 연철, 형일, 지훈이는 추석 명절을 맞아 부모님을 찾아뵙기 위해 열차승차권을 예매하려고 한다. 이들 네 사람 중 아래에 제시된 추석 열차편 예매 안내문을 가장 잘못 이해하고 있는 사람을 고르면?**

[2016년 추석 승차권 예매 안내]

▶ 대상기간 : 2016. 9. 13.(화)~9.15.(목, 추석)~9.18.(일), 6일간

▶ 대상승차권 : 무궁화호 이상 모든 열차승차권

▶ 예매기간 및 주요내용

<table>
<tr><th>예매일</th><th>시간</th><th>판매 매체</th><th>대상 노선</th></tr>
<tr><td rowspan="2">8.17.
(수)</td><td>06:00~12:00</td><td>홈페이지(인터넷)</td><td rowspan="2">경부, 경전, 경북, 대구, 충북,
경의, 경원, 동해선, 동해남부선</td></tr>
<tr><td>09:00~11:00</td><td>역 · 승차권 판매대리점</td></tr>
<tr><td rowspan="2">8.18.
(목)</td><td>06:00~12:00</td><td>홈페이지(인터넷)</td><td rowspan="2">호남, 전라, 장항,
중앙, 태백, 영동</td></tr>
<tr><td>09:00~11:00</td><td>역 · 승차권 판매대리점</td></tr>
</table>

※ 지정한 역 및 승차권 판매대리점에서 예매하실 수 있습니다.

※ 코레일톡(앱), 철도고객센터(ARS 포함), 자동발매기에서는 승차권을 예매하실 수 없습니다.

① 형일 : 이번 추석승차권 대상기간은 6일 동안이야.

② 원모 : 8월 17일에는 경부선과 동해남부선 예매가 가능해.

③ 지훈 : 나는 추석날에 호남선을 이용해야 하는데 아침 6시부터 인터넷 홈페이지에서 예매를 하면 되겠어.

④ 연철 : 이 기간 동안에 열차승차권 예매를 한다면 지하철 승차권도 해당되겠군.

6 가희, 나희, 다희, 라희는 이번에 ㈜○○에 새로 입사를 하게 되었고 얼마 되지 않아 프로젝트 팀에 차출되어 팀원들과 태스크 포스 팀을 이루게 되었다. 그 첫 번째로 네 사람은 차출되어 온 직원들과의 효율적인 협업을 위해 사내 메신저를 설치하게 되었다. 다음 중 아래의 그림을 보고 이들 네 사람이 모여서 이야기 한 내용으로 가장 옳지 않은 항목을 고르면?

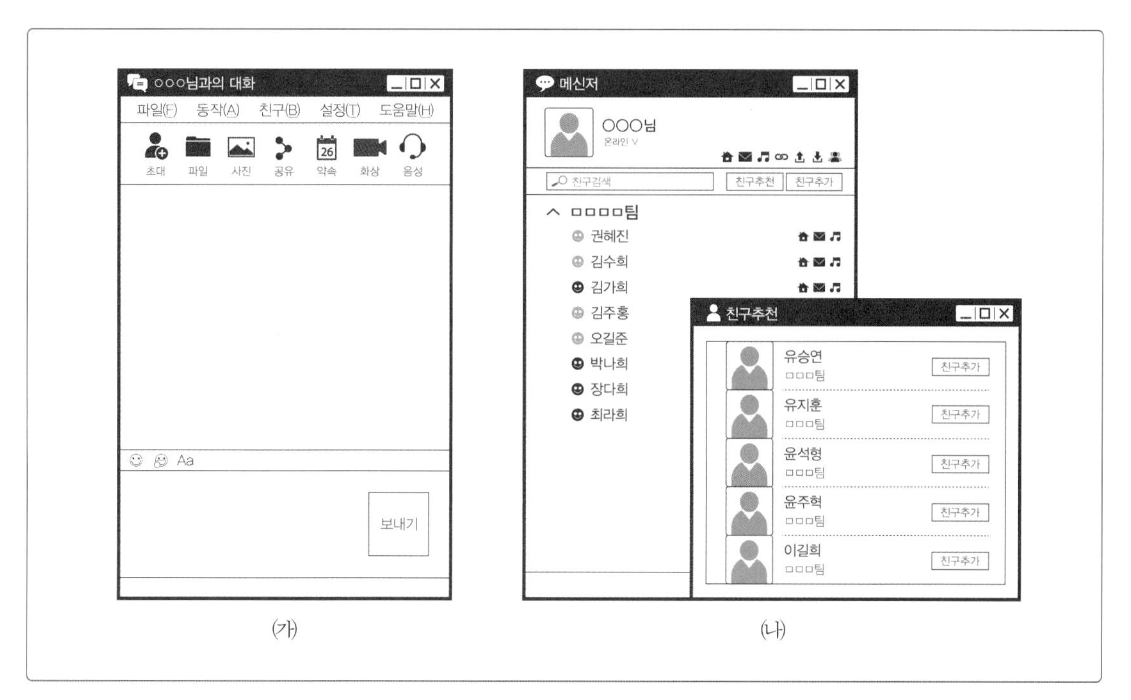

(가) (나)

① 가희 : 메신저를 사용하면 상대방이 인터넷에 접속해 있는지를 확인할 수 없어서 너무 답답해.

② 나희 : 컴퓨터로 업무를 하면서 메시지를 주고받을 수 있어.

③ 다희 : 여러 사람과의 화상채팅이나 음성채팅도 지원해 줘서 좋아.

④ 라희 : 메신저를 사용하면 회사에서 작성한 동영상 파일을 보낼 수 있어.

7 민희는 ㈜ㅁㅁ의 입사 5년차 대리이다. 회사에서 직원들과 함께 서울-강릉 KTX를 이용해 워크숍 장소에 도착했다. 잠시 일정을 체크하던 중 민희는 휴대폰 날씨를 검색하게 되었다. 현재 민희가 보고 있는 휴대폰 날씨 정보에 대한 검색 내용을 기반으로 서술된 내용 중 가장 바르지 않은 것을 고르면? (워크숍 일정 : 5/28~5/30일, 워크숍 장소 도착시간 : 5월 28일 오후 3시 기준)

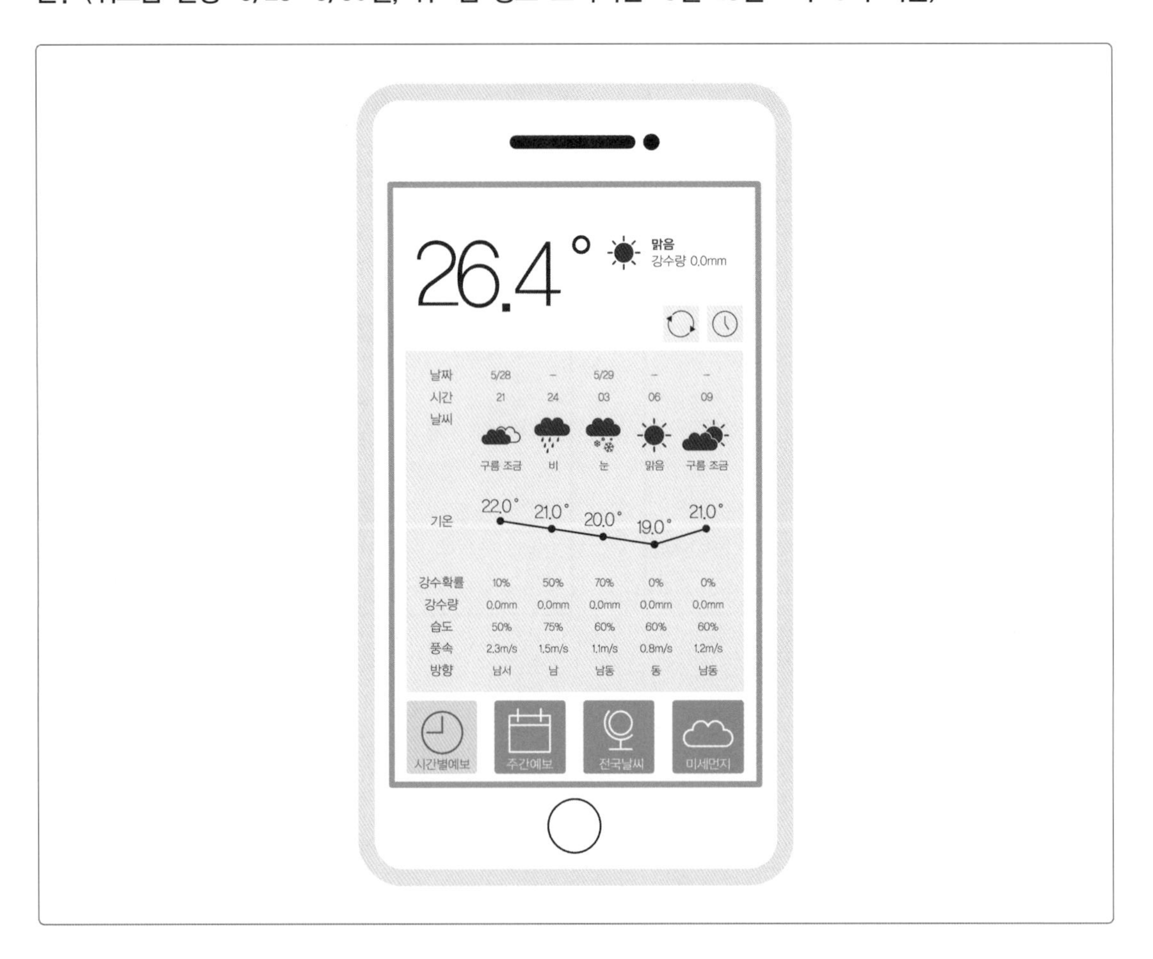

① 민희는 현재 휴대폰 날씨를 시간별 예보로 설정해서 보고 있다.

② 민희가 날씨 정보를 검색하고 있는 현재 시간의 온도는 26.4℃이며 맑은 상태를 보이고 있다.

③ 워크숍 첫날인 28일 밤 9시에는 폭설이 예상된다.

④ 민희가 날씨 정보를 검색하고 있는 현재 상태에서 비가 내리지 않음을 알 수 있다.

[8~9] 다음 사례를 읽고 물음에 답하시오.

NS그룹의 오대리는 상사로부터 스마트폰 신상품에 대한 기획안을 제출하라는 업무를 받았다. 이에 오대리는 먼저 기획안을 작성하기 위해 필요한 정보가 무엇인지 생각을 하였는데 이번에 개발하고자 하는 신상품이 노년층을 주 고객층으로 한 실용적이면서도 조작이 간편한 제품이기 때문에 우선 50~60대의 취향을 파악할 필요가 있었다. 따라서 오대리는 50~60대 고객들이 현재 사용하고 있는 스마트폰의 모델과 좋아하는 디자인, 사용하면서 불편해 하는 사항, 지불 가능한 액수 등에 대한 정보가 필요함을 깨달았고 이러한 정보는 사내에 저장된 고객정보를 통해 얻을 수 있음을 인식하였다. 오대리는 다음 주까지 기획안을 작성하여 제출해야 하기 때문에 이번 주에 모든 정보를 수집하기로 마음먹었고 기획안 작성을 위해서는 방대한 고객정보 중에서도 특히 노년층에 대한 정보만 선별할 필요가 있었다. 이렇게 사내에 저장된 고객정보를 이용할 경우 따로 정보수집으로 인한 비용이 들지 않는다는 사실도 오대리에게는 장점으로 작용하였다. 여기까지 생각이 미치자 오대리는 고객정보를 얻기 위해 고객센터에 근무하는 조대리에게 관련 자료를 요청하였고 가급적 연령에 따라 분류해 줄 것을 당부하였다.

8 **다음 중 오대리가 수집하고자 하는 고객정보 중에서 반드시 포함되어야 할 사항으로 옳지 않은 것은?**

① 연령
② 사용하고 있는 모델
③ 거주지
④ 사용 시 불편사항

9 **다음 〈보기〉의 사항들 중 위 사례에 포함된 사항은 모두 몇 개인가?**

〈보기〉

- WHAT(무엇을)
- WHEN(언제)
- WHO(누가)
- HOW MUCH(얼마나)
- WHERE(어디에서)
- WHY(왜)
- HOW(어떻게)

① 1개
② 3개
③ 5개
④ 7개

[10~12] 다음 K서점 물류 창고 책임자와 담당하고 있는 재고 상품의 코드 목록을 보고 이어지는 질문에 답하시오.

책임자	코드번호	책임자	코드번호
정수빈	11082D0200400135	김재호	11056N0401100030
허경민	12083F0200901009	최주환	11046O0300900045
박건우	11093F0200600100	정진호	11053G0401201182
김재환	12107P0300700085	박세혁	12076N0200700030
오재일	12114H0601501250	양의지	12107Q0501300045
오재원	12091C0200500835	김태형	11091B0100200770
유희관	11035L0601701005	김대한	12081B0100101012

예시

* 2016년 5월에 인천 남도 사에서 출판된 '중국 철학'의 125번째 입고 제품

→ 1605 - 4J - 04012 - 00125

출판 연월	출판지				서적 코드				입고품 수량
	출판지 코드		출판사 코드		분야 코드		세부 코드		
2011년 10월 - 1110 2009년 1월 - 0901	1	서울	A	참빛	01	요리	001	양식	00001부터 다섯 자리 시리얼 넘버가 부여됨.
			B	성호			002	한식	
			C	세영	02	참고서	003	초등	
	2	부산	D	서인당			004	중등	
			E	시대			005	고등	
	3	대구	F	바탕골			006	일반	
			G	한빛	03	라이프	007	장식	
	4	인천	H	명로			008	자동차	
			I	예명사			009	가구	
			J	남도	04	철학	010	서양	
	5	광주	K	남경사			011	동양	
			L	태인			012	중국	
			M	원우	05	아동	013	놀이	
	6	세종	N	향인사			014	심리	
			O	세종당	06	컴퓨터	015	Mac	
	7	제주	P	바다북			016	윈도우	
			Q	해명			017	도스	

10 재고 상품 중 2012년 10월 광주 '남경사'에서 출판된 고등학교 참고서의 상품 코드로 알맞은 것은 어느 것인가?

① 12105K0200500025
② 12104H0200401000
③ 12105K0400500120
④ 12104H0500210030

11 다음 중 출판물의 분야가 동일한 서적을 보관하는 물류 창고의 책임자들로 알맞게 짝지어진 것은 어느 것인가?

① 오재일, 박세혁
② 오재원, 김재호
③ 정수빈, 양의지
④ 김재환, 최주환

12 물류 창고에서, 제주도 지역에서 출판된 서적과 '라이프' 분야의 서적을 모두 찾아 본사 매장으로 보내야 한다. 이에 해당하는 서적을 보관 중인 물류 창고 책임자는 모두 몇 명인가?

① 2명
② 3명
③ 4명
④ 5명

[13~14] 다음은 H사의 물품 재고 창고에 적재되어 있는 제품 보관 코드 체계이다. 다음 표를 보고 이어지는 질문에 답하시오.

생산연월	공급처				제품 분류				입고량
	원산지 코드		제조사 코드		용품 코드		제품별 코드		
• 1209 – 2012년 9월 • 1011 – 2010년 11월	1	중국	A	All–8	01	캐주얼	001	청바지	00001부터 5자리 시리얼 넘버 부여
			B	2 Stars			002	셔츠	
			C	Facai	02	여성	003	원피스	
	2	베트남	D	Nuyen			004	바지	
			E	N–sky			005	니트	
	3	멕시코	F	Bratos			006	블라우스	
			G	Fama	03	남성	007	점퍼	
	4	한국	H	혁진사			008	카디건	
			I	K상사			009	모자	
			J	영스타	04	아웃도어	010	용품	
	5	일본	K	왈러스			011	신발	
			L	토까이			012	래시가드	
			M	히스모	05	베이비	013	내복	
	6	호주	N	오즈본			014	바지	
			O	Island	06	반려동물	015	사료	
	7	독일	P	Kunhe			016	간식	
			Q	Boyer			017	장난감	

〈예시〉

2010년 12월에 중국 '2 Stars'에서 생산된 아웃도어 신발의 15번째 입고 제품 코드

→1012 – 1B – 04011 – 00015

13 2011년 10월에 생산된 '왈러스'의 여성용 블라우스로 10,215번째 입고된 제품의 코드로 알맞은 것은?

① 1010 − 5K − 02006 − 00215

② 1110 − 5K − 02060 − 10215

③ 1110 − 5K − 02006 − 10215

④ 1110 − 5L − 02005 − 10215

14 제품 코드 0810 − 3G − 04011 − 00910에 대한 설명으로 옳지 않은 것은?

① 해당 제품의 입고 수량은 적어도 910개 이상이다.

② 중남미에서 생산된 제품이다.

③ 여름에 생산된 제품이다.

④ 캐주얼 제품이 아니다.

[15~16] S정보통신에 입사한 당신은 시스템 모니터링 업무를 담당하게 되었다. 다음의 시스템 매뉴얼을 확인한 후 제시된 상황에서 적절한 입력코드를 고르시오.

〈S정보통신 시스템 매뉴얼〉

❒ 항목 및 세부사항

항목	세부사항
Index@@ of Folder@@	• 오류 문자 : Index 뒤에 나타나는 문자 • 오류 발생 위치 : Folder 뒤에 나타나는 문자
Error Value	오류 문자와 오류 발생 위치를 의미하는 문자에 사용된 알파벳을 비교하여 오류 문자 중 오류 발생 위치의 문자와 일치하지 않는 알파벳의 개수 확인
Final Code	Error Value를 통하여 시스템 상태 판단

❒ 판단 기준 및 처리코드(Final Code)

판단 기준	처리코드
일치하지 않는 알파벳의 개수 = 0	Qfgkdn
0 < 일치하지 않는 알파벳의 개수 ≤ 3	Wxmt
3 < 일치하지 않는 알파벳의 개수 ≤ 5	Atnih
5 < 일치하지 않는 알파벳의 개수 ≤ 7	Olyuz
7 < 일치하지 않는 알파벳의 개수 ≤ 10	Cenghk

15

```
System is processing requests...
System Code is X.
Run...

Error Found!
Index GHWDYC of Folder APPCOMPAT

Final Code? __________
```

① Qfgkdn　② Wxmt
③ Atnih　④ Olyuz

16

```
System is processing requests...
System Code is X.
Run...

Error Found!
Index UGCTGHWT of Folder GLOBALIZATION

Final Code? __________
```

① Wxmt　② Atnih
③ Olyuz　④ Cenghk

[17~19] 다음은 A전자의 한 영업점에 오늘 입고된 30개의 전자제품의 코드 목록이다. 모든 제품은 A전자에서 생산된 제품이다. 다음의 코드 부여 방식을 참고하여 물음에 답하시오.

RE – 10 – CNB – 2A – 1501	TE – 34 – CNA – 2A – 1501	WA – 71 – CNA – 3A – 1501
RE – 10 – CNB – 2A – 1409	TE – 36 – KRB – 2B – 1512	WA – 71 – CNA – 3A – 1506
RE – 11 – CNB – 2C – 1503	TE – 36 – KRB – 2B – 1405	WA – 71 – CNA – 3A – 1503
RE – 16 – CNA – 1A – 1402	TE – 36 – KRB – 2B – 1502	CO – 81 – KRB – 1A – 1509
RE – 16 – CNA – 1A – 1406	TE – 36 – KRB – 2C – 1503	CO – 81 – KRB – 1A – 1412
RE – 16 – CNA – 1C – 1508	AI – 52 – CNA – 3C – 1509	CO – 83 – KRA – 1A – 1410
TE – 32 – CNB – 3B – 1506	AI – 52 – CNA – 3C – 1508	CO – 83 – KRA – 1B – 1407
TE – 32 – CNB – 3B – 1505	AI – 58 – CNB – 1A – 1412	CO – 83 – KRC – 1C – 1509
TE – 32 – CNB – 3C – 1412	AI – 58 – CNB – 1C – 1410	CO – 83 – KRC – 1C – 1510
TE – 34 – CNA – 2A – 1408	AI – 58 – CNB – 1C – 1412	CO – 83 – KRC – 1C – 1412

〈코드부여방식〉

[제품 종류] – [모델 번호] – [생산 국가/도시] – [공장과 라인] – [제조연월]

〈예시〉

WA – 16 – CNA – 2B – 1501

2015년 1월에 중국 후이저우 2공장 B라인에서 생산된 세탁기 16번 모델

제품 종류 코드	제품 종류	생산 국가/도시 코드	생산 국가/도시
RE	냉장고	KRA	한국/창원
TE	TV	KRB	한국/청주
AI	에어컨	KRC	한국/구미
WA	세탁기	CNA	중국/후이저우
CO	노트북	CNB	중국/옌타이

17 오늘 입고된 제품의 목록에 대한 설명으로 옳은 것은?

① 제품 종류와 모델 번호가 같은 제품은 모두 같은 도시에서 생산되었다.
② 15년에 생산된 제품보다 14년에 생산된 제품이 더 많다.
③ TV는 모두 중국에서 생산된다.
④ 노트북은 2개의 모델만 입고되었다.

18 중국 옌타이 제1공장의 C라인에서 생산된 제품들이 모두 부품결함으로 인한 불량품이었다. 영업점에서 반품해야 하는 제품은 총 몇 개인가?

① 1개
② 2개
③ 3개
④ 4개

19 2015년 11월 6일 한국 청주 제2공장 B라인에서 생산된 에어컨 59번 제품의 코드로 옳은 것은?

① AI – 59 – KRB – 2B – 1511
② AI – 59 – KRA – 2B – 1106
③ AI – 59 – KRB – 2B – 1506
④ AI – 59 – KRA – 2B – 1511

20 다음의 알고리즘에서 인쇄되는 S는?

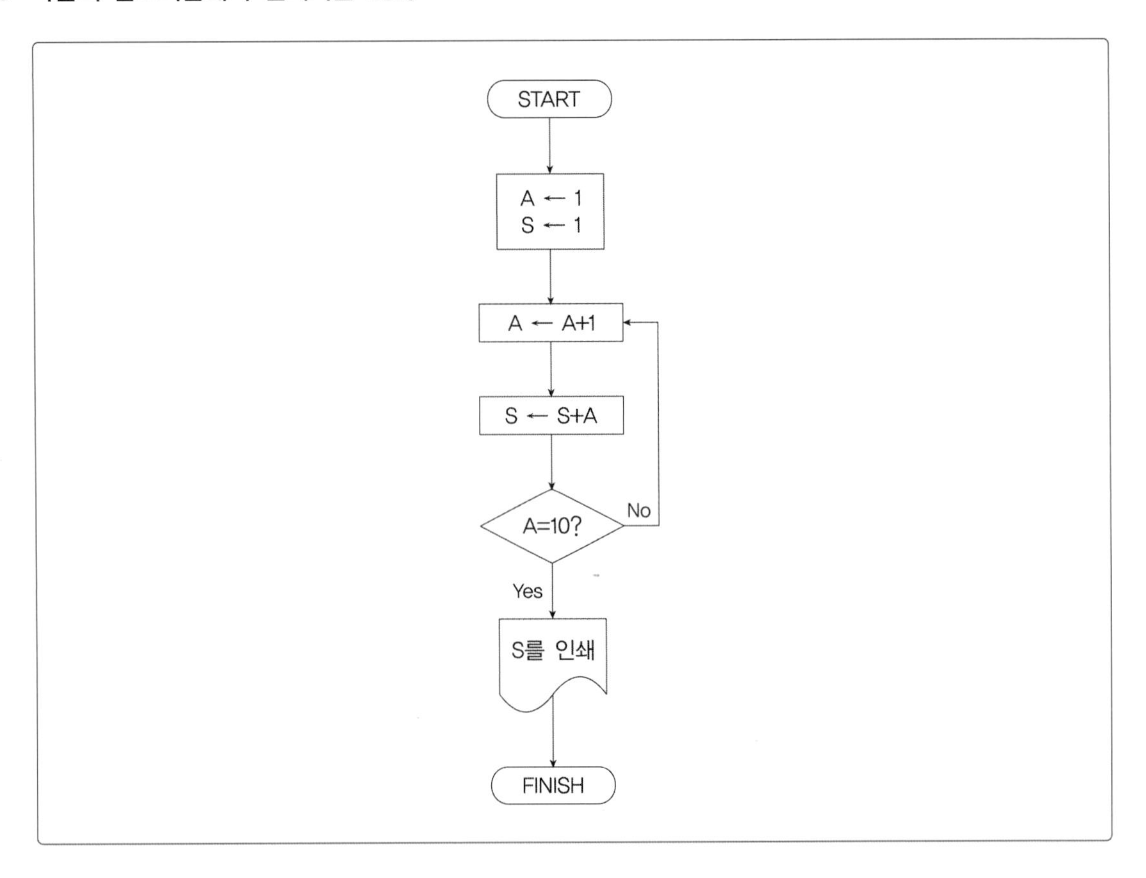

① 36
② 45
③ 55
④ 66

21 다음의 알고리즘에서 인쇄되는 S는?

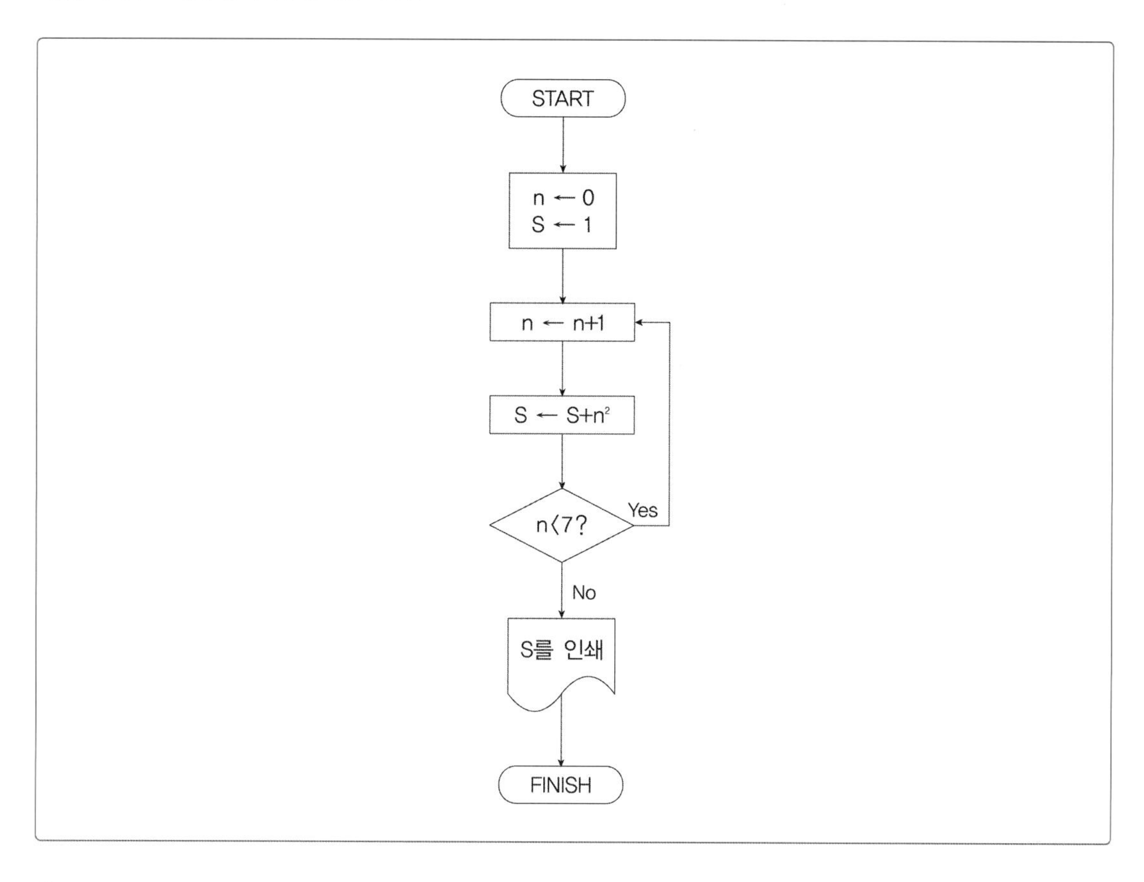

① 137 ② 139

③ 141 ④ 143

22 지민 씨는 회사 전화번호부를 1대의 핸드폰에 저장하였다. 핸드폰 전화번호부에서 검색을 했을 때 나타나는 결과로 옳은 것은? ('6'을 누르면 '5468', '7846' 등이 뜨고 'ㅌ'을 누르면 '전태승' 등이 뜬다)

구분	이름	번호
총무팀	이서경	0254685554
마케팅팀	김민종	0514954554
인사팀	최찬웅	0324457846
재무팀	심빈우	0319485575
영업팀	민하린	01054892464
해외사업팀	김혜서	01099843232
전산팀	전태승	01078954654

① 'ㅎ'을 누르면 4명이 뜬다.
② '32'를 누르면 2명이 뜬다.
③ '55'를 누르면 2명이 뜬다.
④ 'ㅂ'을 누르면 아무도 나오지 않는다.

23 다음은 오디오데이터에 대한 설명이다. ㈎, ㈏에 들어갈 용어를 바르게 짝지은 것은?

㈎	– 아날로그 형태의 소리를 디지털 형태로 변형하는 샘플링 과정을 통하여 작성된 데이터 – 실제 소리가 저장되어 재생이 쉽지만, 용량이 큼 – 파일의 크기 계산 : 샘플링 주기×샘플링 크기×시간×재생방식(모노=1, 스테레오=2)
MIDI	– 전자악기 간의 디지털 신호에 의한 통신이나 컴퓨터와 전자악기 간의 통신 규약 – 음성이나 효과음의 저장은 불가능하고, 연주 정보만 저장되므로 크기가 작음 – 시퀀싱 작업을 통해 작성되며, 16개 이상의 악기 동시 연주 가능
㈏	– 고음질 오디오 압축의 표준 형식 – MPEG-1의 압축 방식을 이용하여, 음반 CD 수준의 음질을 유지하면서 1/12정도까지 압축

	㈎	㈏
①	WAVE	AVI
②	WAVE	MP3
③	MP3	WAVE
④	MP	3AVI

24 다음 중 컴퓨터 범죄를 예방하기 위한 방법으로 옳지 않은 것은?

① 해킹 방지를 위한 보안 관련 프로그램을 보급하고, 보안 교육을 정기적으로 실시하여야 한다.
② 의심이 가는 메일이나 호기심을 자극하는 표현 등의 메일은 열어보지 않는다.
③ 백신 프로그램을 설치하고, 자동 업데이트 기능을 설정한다.
④ 사이버 공간 상에서 새로운 관계나 문화를 형성하지 않는다.

의사소통능력
수리능력
문제해결능력
자기개발능력
자원관리능력
대인관계능력
정보능력
기술능력
조직이해능력
직업윤리

25 다음 중 아래의 설명에 해당하는 용어는?

- 정보의 형태나 형식을 변환하는 처리나 처리 방식이다.
- 파일의 용량을 줄이거나 화면크기를 변경하는 등 다양한 방법으로 활용된다.

① 인코딩(encoding)
② 리터칭(retouching)
③ 렌더링(rendering)
④ 디코더(decoder)

26 박대리는 보고서를 작성하던 도중 모니터에 '하드웨어 충돌'이라는 메시지 창이 뜨자 혼란에 빠지고 말았다. 이 문제점을 해결하기 위해 할 수 있는 행동으로 옳은 것은?

① [F8]을 누른 후 메뉴가 표시되면 '부팅 로깅'을 선택한 후 문제의 원인을 찾는다.
② 사용하지 않는 Windows 구성 요소를 제거한다.
③ [Ctrl]+[Alt]+[Delete] 또는 [Ctrl]+[Shift]+[Esc]를 누른 후 [Windows 작업 관리자]의 '응용 프로그램' 탭에서 응답하지 않는 프로그램을 종료한다.
④ [시스템] → [하드웨어]에서 〈장치 관리자〉를 클릭한 후 '장치 관리자'창에서 확인하여 중복 설치된 장치를 제거 후 재설치한다.

27 다음은 한글 바로가기 단축키이다. 다음 중 잘못된 내용은?

〈바로가기 단축키〉

F1	도움말	Ctrl+A	전체 선택
F2	찾기 … ㉠	Ctrl+C	복사
F3	블록설정	Ctrl+X	잘라내기
Ctrl+Esc	[시작] 메뉴 표시	Ctrl+V	붙여넣기
Alt+Enter↵	등록 정보 표시		
Alt+F4	창 닫기, 프로그램 종료 … ㉡		
PrtSc	화면 전체를 클립보드로 복사		
Alt+PrtSc	실행 중인 프로그램을 순서대로 전환 … ㉢		
Alt+Tab	실행 중인 프로그램 목록을 보여 주면서 프로그램 전환		
Ctrl+Alt+Del	'Windows 작업관리자' 대화상자 호출(Ctrl+Shift+Esc)		
Shift	CD 삽입시 자동 실행 기능 정지 … ㉣		

① ㉠　　② ㉡

③ ㉢　　④ ㉣

[28~30] 다음은 우리나라에 수입되는 물품의 코드이다. 다음 코드 목록을 보고 이어지는 질문에 답하시오.

생산연월	생산지역	상품종류	순서
• 1602 2016년 2월 • 1608 2016년 8월 • 1702 2017년 2월	(아래 생산지역 표)	(아래 상품종류 표)	00001부터 시작하여 수입된 물품 순서대로 5자리의 번호가 매겨짐

생산지역

지역코드		고유번호	
1	유럽	A	프랑스
		B	영국
		C	이탈리아
		D	독일
2	남미	E	칠레
		F	볼리비아
3	동아시아	G	일본
		H	중국
4	동남아시아	I	말레이시아
		J	필리핀
		K	태국
		L	캄보디아
5	아프리카	M	이집트
		N	남아공
6	오세아니아	O	뉴질랜드
		P	오스트레일리아
7	중동아시아	Q	이란
		H	터키

상품종류

분류코드		고유번호	
01	가공식품류	001	소시지
		002	맥주
		003	치즈
02	육류	004	돼지고기
		005	소고기
		006	닭고기
03	농수산식품류	007	파프리카
		008	바나나
		009	양파
		010	할라피뇨
		011	후추
		012	파슬리
04	공산품류	013	의류
		014	장갑
		015	목도리
		016	가방
		017	모자
		018	신발

〈예시〉

2016년 3월 남미 칠레에서 생산되어 31번째로 수입된 농수산식품류 파프리카 코드

1603 – 2E – 03007 – 00031

28 다음 중 2016년 5월 유럽 독일에서 생산되어 64번째로 수입된 가공식품류 소시지의 코드로 맞는 것은?

① 16051A0100100034

② 16051D0200500064

③ 16054K0100200064

④ 16051D0100100064

29 다음 중 아시아 대륙에서 생산되지 않은 상품의 코드를 고르면?

① 16017Q0401800078

② 16054J0300800023

③ 14053G0401300041

④ 17035M0401400097

30 상품코드 17034L0301100001에 대한 설명으로 옳지 않은 것은 무엇인가?

① 첫 번째로 수입된 상품이다.

② 동남아시아에서 수입된 후추이다.

③ 2017년 6월 수입되었다.

④ 농수산식품류에 속한다.

기술능력

정답 및 해설 p.440

[1~3] 다음은 어느 회사 로봇청소기의 〈고장신고 전 확인사항〉이다. 이를 보고 물음에 답하시오.

확인사항	조치방법
주행이 이상합니다.	• 센서를 부드러운 천으로 깨끗이 닦아주세요. • 초극세사 걸레를 장착한 경우라면 장착 상태를 확인해 주세요. • 주전원 스위치를 끈 후, 다시 켜주세요.
흡입력이 약해졌습니다.	• 흡입구에 이물질이 있는지 확인하세요. • 먼지통을 비워주세요. • 먼지통 필터를 청소해 주세요.
소음이 심해졌습니다.	• 먼지통이 제대로 장착되었는지 확인하세요. • 먼지통 필터가 제대로 장착되었는지 확인하세요. • 회전솔에 이물질이 끼어있는지 확인하세요. • Wheel에 테이프, 껌 등 이물이 묻었는지 확인하세요.
리모컨으로 작동시킬 수 없습니다.	• 배터리를 교환해 주세요. • 본체와의 거리가 3m 이하인지 확인하세요. • 본체 밑면의 주전원 스위치가 켜져 있는지 확인하세요.
회전솔이 회전하지 않습니다.	• 회전솔을 청소해 주세요. • 회전솔이 제대로 장착이 되었는지 확인하세요.
충전이 되지 않습니다.	• 충전대 주변의 장애물을 치워주세요. • 충전대에 전원이 연결되어 있는지 확인하세요. • 충전 단자를 마른 걸레로 닦아 주세요. • 본체를 충전대에 붙인 상태에서 충전대 뒷면에 있는 리셋버튼을 3초간 눌러주세요.
자동으로 충전대 탐색을 시작합니다. 자동으로 전원이 꺼집니다.	로봇청소기가 충전 중이지 않은 상태로 아무 동작 없이 10분이 경과되면 자동으로 충전대 탐색을 시작합니다. 충전대 탐색에 성공하면 충전을 시작하고 충전대를 찾지 못하면 처음위치로 복귀하여 10분 후에 자동으로 전원이 꺼집니다.

1 **로봇청소기 서비스센터에서 근무하고 있는 L씨는 고객으로부터 소음이 심해졌다는 문의전화를 받았다. 이에 대한 조치방법으로 L씨가 잘못 답변한 것은?**

① 먼지통 필터가 제대로 장착되었는지 확인하세요.
② 회전솔에 이물질이 끼어있는지 확인하세요.
③ Wheel에 테이프, 껌 등 이물이 묻었는지 확인하세요.
④ 흡입구에 이물질이 있는지 확인하세요.

2 **로봇청소기가 충전 중이지 않은 상태로 아무 동작 없이 10분이 경과되면 자동으로 충전대 탐색을 시작하는데 충전대를 찾지 못하면 어떻게 되는가?**

① 아무 동작 없이 그 자리에 멈춰 선다.
② 처음위치로 복귀하여 10분 후에 자동으로 전원이 꺼진다.
③ 계속 청소를 한다.
④ 계속 충전대를 찾아 돌아다닌다.

3 **로봇청소기가 갑자기 주행이 이상해졌다. 고객이 시도해보아야 하는 조치방법으로 옳은 것은?**

① 충전 단자를 마른 걸레로 닦는다.
② 회전솔을 청소한다.
③ 센서를 부드러운 천으로 깨끗이 닦는다.
④ 먼지통을 비운다.

[4~6] 다음 〈보기〉는 그래프 구성 명령어 실행 예시이다. 〈보기〉를 참고하여 다음 물음에 답하시오.

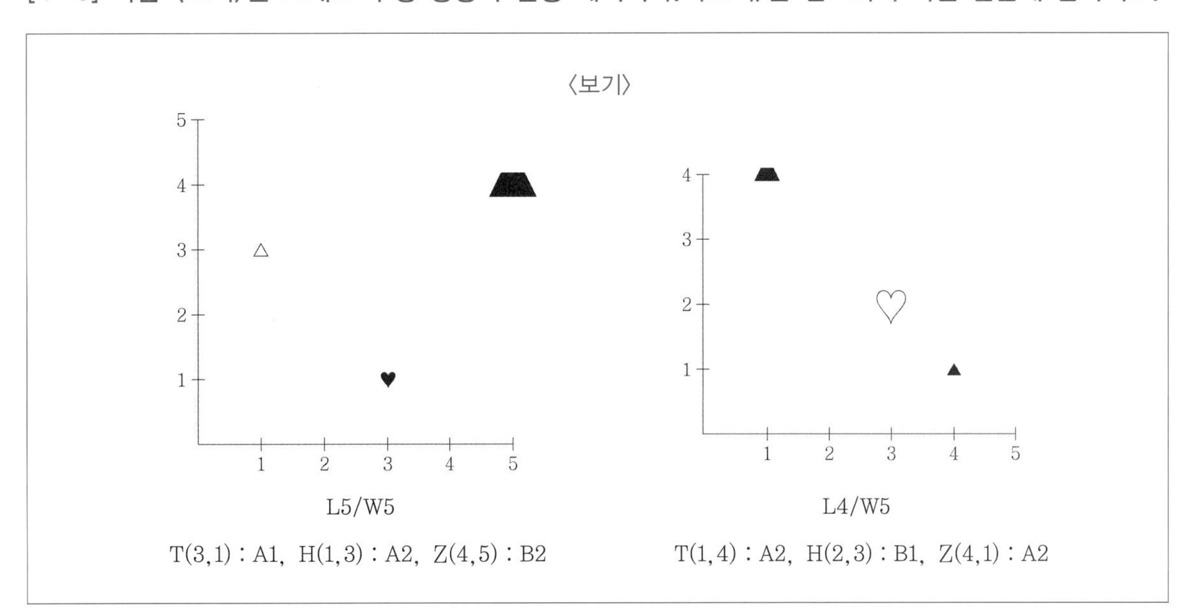

4 다음 그래프에 알맞은 명령어는 무엇인가?

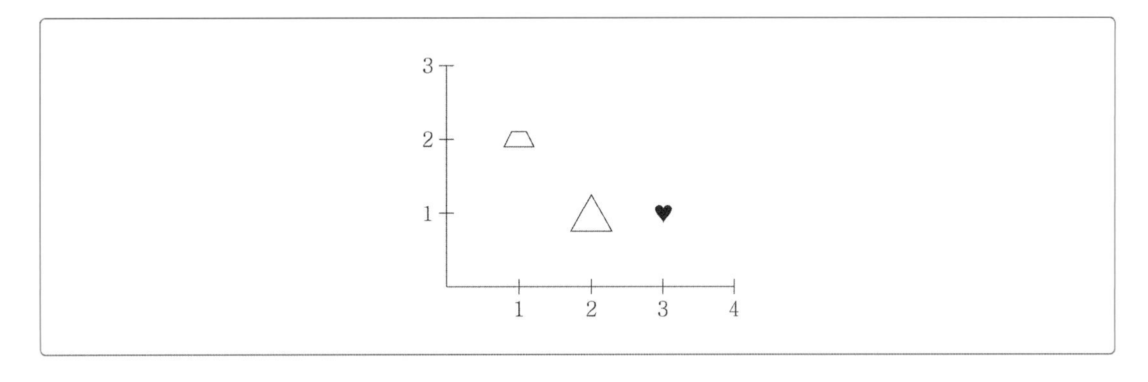

① L3/W4
T(2,1) : B1, H(3,1) : A2, Z(1,2) : A1

② L3/W4
T(1,2) : B1, H(1,3) : A2, Z(2,1) : A1

③ L4, W3
T(2,1) : B1, H(3,1) : A2, Z(1,2) : A2

④ L4/W3
T(1,2) : B2, H(1,3) : A1, Z(2,1) : A2

5 L5/W6 T(3,2) : A1, H(2,6) : B1, Z(2,5) : A2의 그래프를 산출할 때, 오류가 발생하여 다음과 같은 그래프가 산출되었다. 다음 중 오류가 발생한 값은?

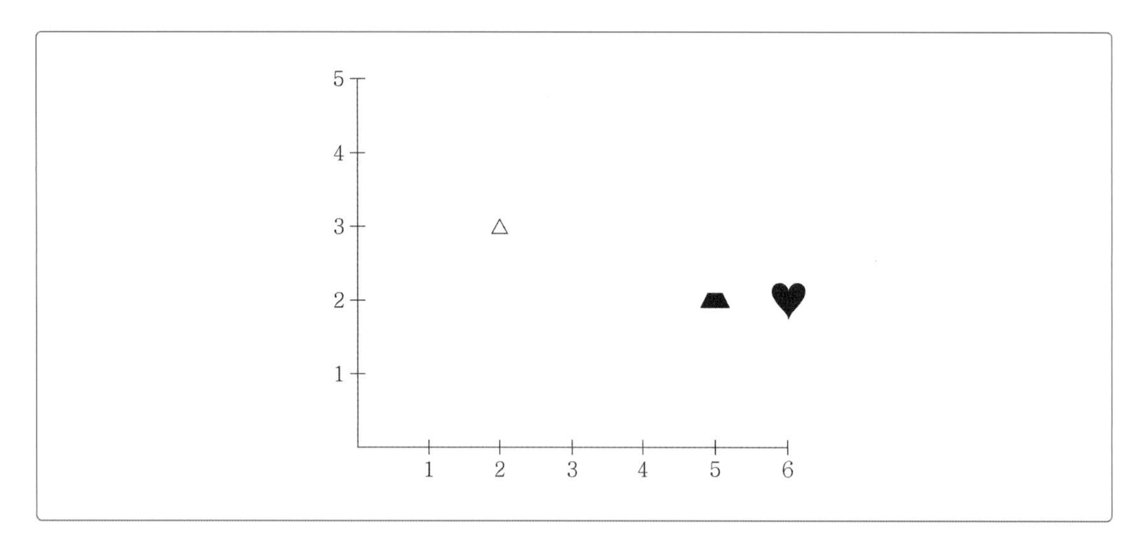

① L5/W6

② T(3,2) : A1

③ H(2,6) : B1

④ Z(2,5) : A2

6 L5/W6 T(3,1) : A2, H(4,5) : A1, Z(2,4) : B1의 그래프를 산출할 때, 산출된 그래프의 형태로 옳은 것은?

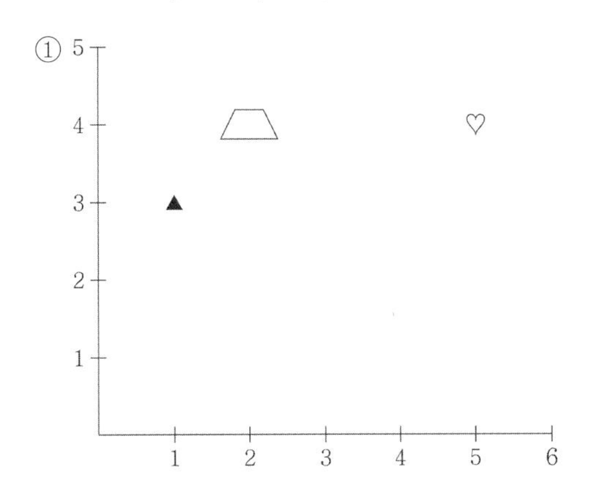

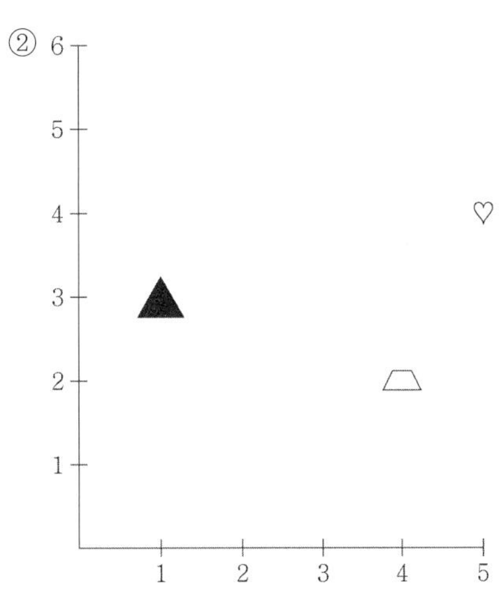

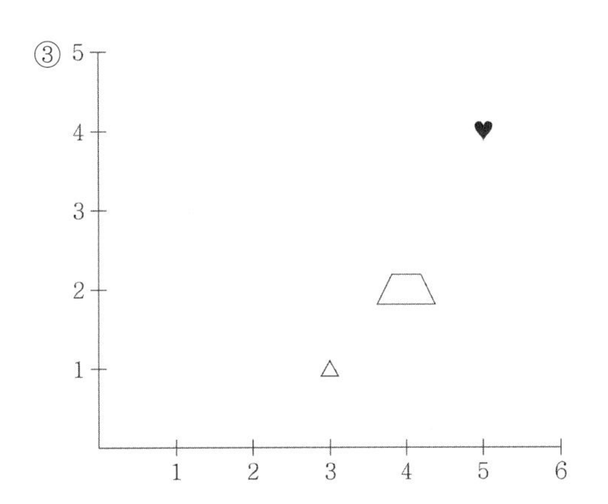

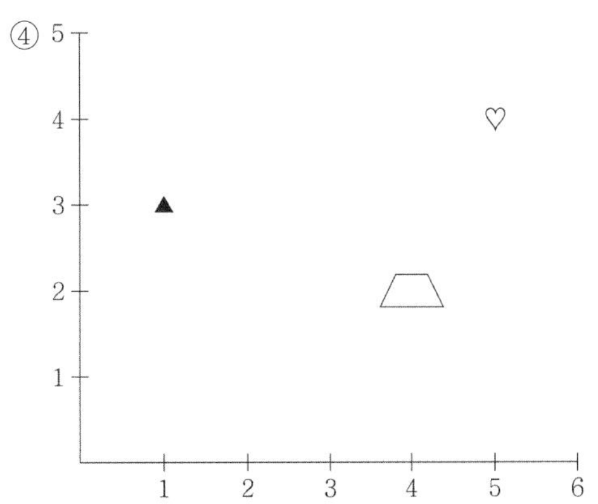

[7~9] 다음 〈보기〉는 그래프 구성 명령어 실행 예시이다. 〈보기〉를 참고하여 다음 물음에 답하시오.

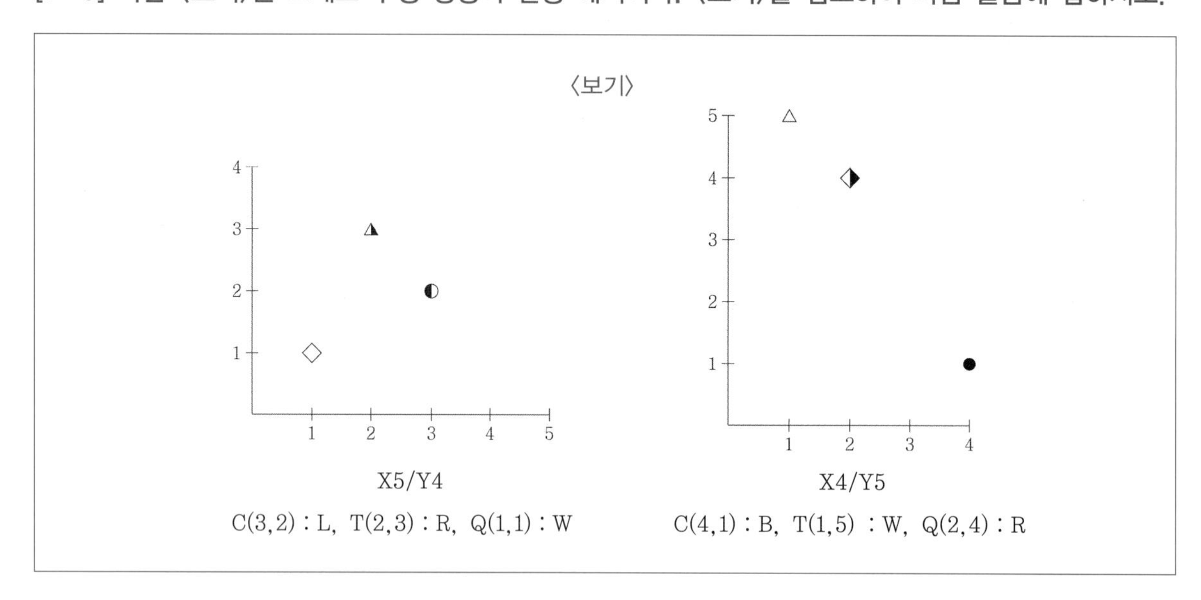

7 다음 그래프에 알맞은 명령어는?

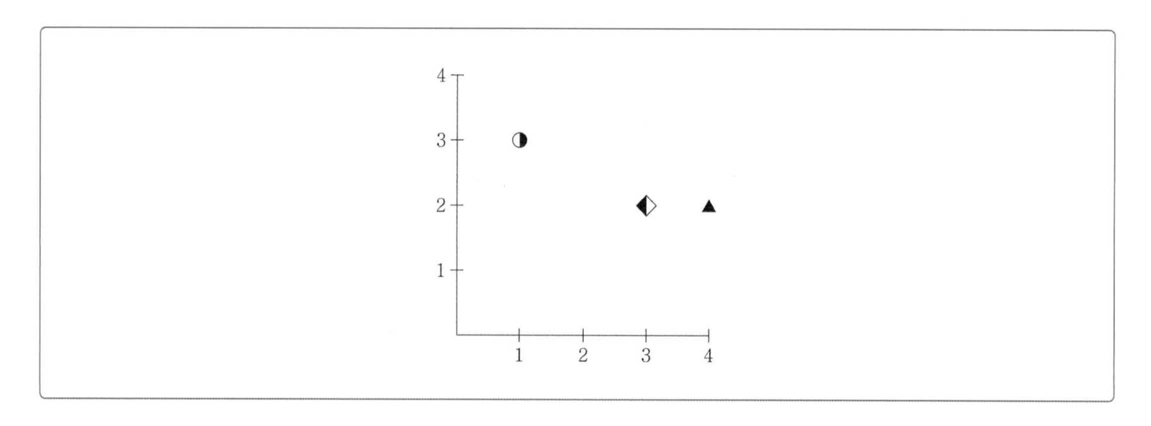

① X4/Y4
C(1,3) : R, T(4,2) : B, Q(3,2) : L

② X4/Y4
C(3,1) : R, T(2,4) : B, Q(2,3) : L

③ X4/Y4
C(1,3) : W, T(4,2) : R, Q(3,2) : R

④ X4/Y4
C(1,3) : R, T(4,2) : L, Q(3,2) : B

8 X5/Y3 C(3,1) : R, T(4,3) : B, Q(5,2) : R의 그래프를 산출할 때, 오류가 발생하여 다음과 같은 그래프가 산출되었다. 다음 중 오류가 발생한 값은?

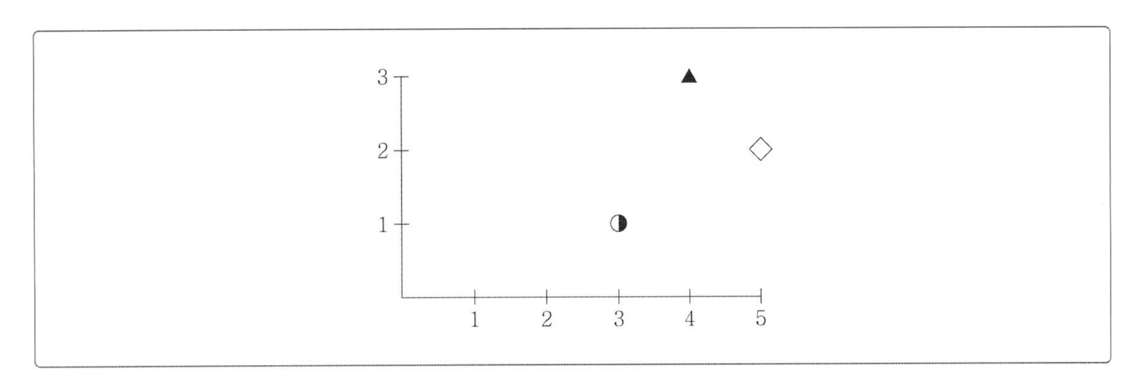

① X5/Y3
② C(3,1) : R
③ T(4,3) : B
④ Q(5,2) : R

의사소통능력
수리능력
문제해결능력
자기개발능력
자원관리능력
대인관계능력
정보능력
기술능력
조직이해능력
직업윤리

9 X6/Y6 C(3,4) : L, T(5,3) : W, Q(2,5) : R의 그래프를 산출할 때, 산출된 그래프의 형태로 옳은 것은?

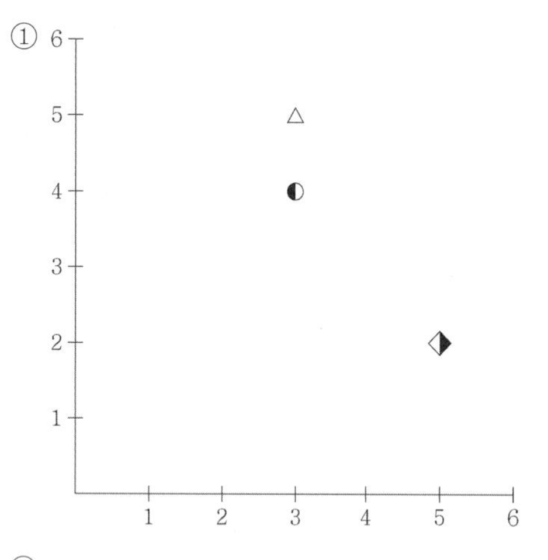

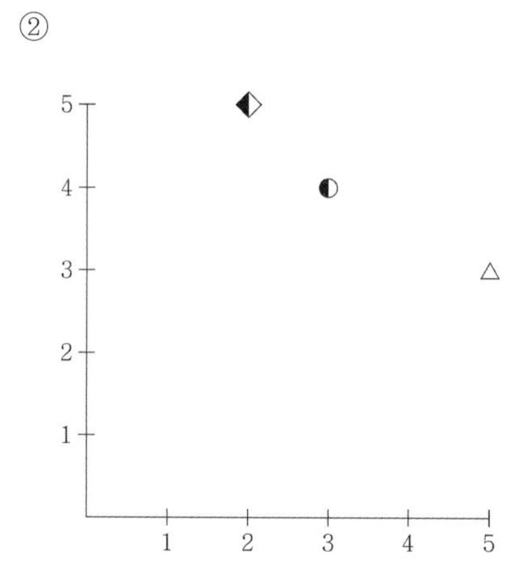

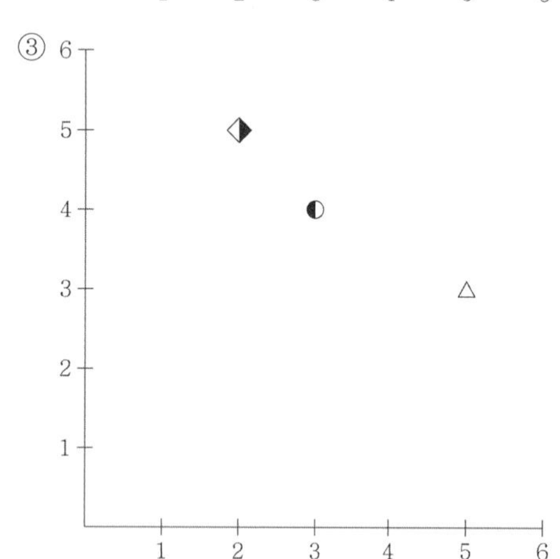

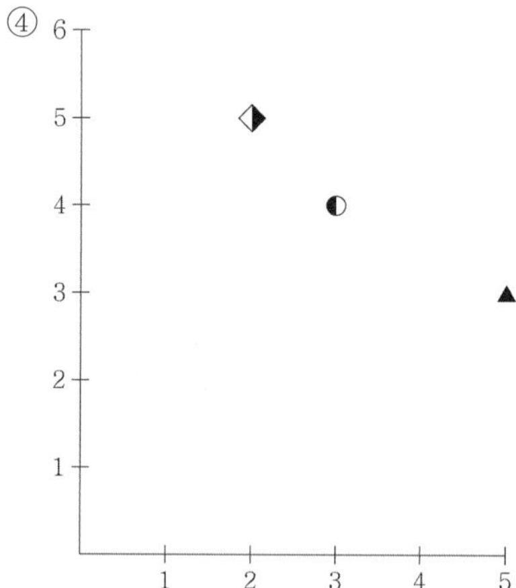

10 H회사에서 근무하는 김부장은 업무의 효율을 위해 최근에 개발된 기술을 선택하여 적용하고자 한다. 이 기술을 적용하고자 할 때 김부장이 고려해야 할 사항이 아닌 것은?

① 잠재적으로 응용 가능성이 있는가?

② 적용하려는 기술이 쉽게 구할 수 없는 기술인가?

③ 기술의 수명 주기는 어떻게 되는가?

④ 기술 적용에 따른 비용이 많이 드는가?

11 다음은 ○○기업의 기술적용계획표이다. ㉠~㉣ 중 기술적용 시 고려할 사항으로 가장 적절하지 않은 것은?

기술적용계획표	
프로젝트명	2015년 가상현실 시스템 구축

항목	평가			비교
	적절	보통	부적절	
기술적용 고려사항				
㉠ 현장 작업 담당자가 해당 시스템을 사용하길 원하는가?				
㉡ 해당 시스템이 향후 목적과 비전에 맞추어 잠재적으로 응용가능한가?				
㉢ 해당 시스템의 수명주기를 충분히 고려하여 불필요한 교체를 피하였는가?				
㉣ 해당 시스템의 기술적용에 따른 비용이 예산 범위 내에서 가능한가?				
세부 기술적용 지침				
-이하 생략-				

계획표 제출일자 : 2015년 11월 10일	부서 :
계획표 작성일자 : 2015년 11월 10일	성명 : (인)

① ㉠　　② ㉡
③ ㉢　　④ ㉣

12 **다음은 우리기업의 구직자 공개 채용 공고문이다. 현재 우리기업에서 채용하고자 하는 구직자로서 가장 적절한 유형은?**

우리기업 채용 공고문

담당업무 : 상세요강 참조	고용형태 : 정규직/경력 5년↑
근무부서 : 기술팀/서울	모집인원 : 1명
전공 : △△학과	최종학력 : 대졸 이상
성별/나이 : 무관/40~50세	급여조건 : 협의 후 결정

〈상세요강〉

(1) 직무상 우대 능력
- 기술을 기업의 전반적인 전략 목표에 통합시키는 능력
- 빠르고 효과적으로 새로운 기술을 습득하고 기존의 기술에서 탈피하는 능력
- 기술을 효과적으로 평가할 수 있는 능력
- 기술 이전을 효과적으로 할 수 있는 능력
- 기술 전문 인력을 운용할 수 있는 능력
- 크고 복잡하고 서로 다른 분야에 걸쳐 있는 프로젝트를 수행할 수 있는 능력
- 조직 내 기술 이용을 수행할 수 있는 능력

(2) 제출서류
- 이력서 및 자기소개서(경력중심으로 기술)
- 관련 자격증 사본(해당자만 첨부)

(3) 채용일정

서류전형 후 합격자에 한해 면접 실시

(4) 지원방법

본사 채용 사이트에서 이력서 및 자기소개서 작성 후 메일(fdskljl@wr.or.kr)로 전송

① 기술관리자
② 현장기술자
③ 기술경영자
④ 작업관리자

13 다음은 한 국책연구소에서 발표한 '국가 기간산업 안전진단' 보고서 중 산업재해 사고 · 사망 원인 분석 자료이다. ㉠~㉢에 들어갈 사례로 옳은 것끼리 묶인 것은?

산업재해 사고 · 사망 원인 분석 자료

원인	사례
교육적 원인(23%)	㉠
기술적 원인(35%)	㉡
작업관리상 원인(42%)	㉢

－ ○○연구소, '국가 기간산업 안전진단', 2015. 11. 12. 발표 －

	㉠	㉡	㉢
①	점검 · 정비 · 보존의 불량	안전지식의 불충분	안전수칙 미 제정
②	유해 위험 작업 교육 불충분	생산 공정의 부적당	안전관리 조직의 결함
③	작업준비 불충분	안전수칙의 오해	재료의 부적합
④	경험이나 훈련의 불충분	인원 배치 및 작업지시 부적당	구조물의 불안정

14 다음은 한 건설업체의 사고사례를 바탕으로 재해예방대책을 작성한 표이다. 다음의 재해예방대책 중 보완되어야 할 단계는 무엇인가?

사고사례	2015년 11월 6일 (주)△▽건설의 아파트 건설현장에서 작업하던 인부 박모씨(43)가 13층 높이에서 떨어져 사망한 재해임
재해예방대책	1단계 : 사업장의 안전 목표를 설정하고 안전관리 책임자를 선정하여 안전 계획 수립 후 이를 시행 · 후원 · 감독해야 한다. 2단계 : 사고 조사, 안전 점검, 현장 분석, 작업자의 제안 및 여론 조사, 관찰보고서 연구, 면담 등의 과정을 거쳐 사고 사실을 발견한다. 3단계 : 재해의 발생 장소, 재해 유형, 재해 정도, 관련 인원, 관리 · 감독의 적절성, 작업공구 · 장비의 상태 등을 정확히 분석한다. 4단계 : 안전에 대한 교육훈련 실시, 안전시설 및 장비의 결함 개선, 안전관리 감독 실시 등의 선정된 시정책을 적용한다.

① 안전관리조직
② 사실의 발견
③ 원인분석
④ 시정책의 선정

15 다음은 매뉴얼의 종류 중 어느 것에 속하는가?

> 사용 전에 꼭 알아두세요!
>
> 1. 냉장실 홈바
>   - 냉장실 홈바는 음료수 및 식료품의 간이 저장고입니다.
>   - 자주 꺼내 먹는 음료수 등을 넣으시고 쉽게 변질될 수 있는 식품, 우유나 치즈 등은 가능한 보관하지 마세요.
>   - 냉장실 홈바를 열면 냉장실 램프가 켜집니다.
> 2. 문 높이 조절방법
>   - 냉장고 좌 · 우 하단에 있는 너트와 볼트로 조절하세요.
>   - 냉동/냉장실 문 아래에 있는 볼트에 별도 포장된 렌치를 이용하여 시계 반대방향으로 조금 회전시켜 볼트와 너트의 조임을 느슨하게 하세요.
>   - 너트를 볼트의 끝까지 손으로 풀어주세요.
>   - 렌치로 볼트를 시계 반대 방향이나 시계 방향으로 돌려가며 냉동실과 냉장실의 문 높이를 맞춰 주세요.
>   - 높이차를 맞춘 후 너트를 시계 방향으로 끝까지 조여 주세요.
>   - 렌치로 볼트를 끝까지 조여 주세요.
>
> 안심하세요. 고장이 아닙니다!
>
> 1. 온도/성에/이슬
>   - 온도 표시부가 깜박여요.
>   - 문을 자주 여닫거나 뜨거운 식품을 저장했거나 청소를 했을 때 냉장고 내부 온도가 상승했을 경우 깜박입니다. 이는 일정시간이 지나 정상온도가 되면 깜박임이 멈추지만 그렇지 않을 경우 서비스 센터에 문의하세요.
> 2. 소음
>   - 물 흐르는 소리가 나요.
>   - 냉장고 내부를 차갑게 해 주는 냉매에서 나는 소리이거나 성에가 물이 되어 흐르는 소리입니다.
>   - '뚝뚝' 소리가 나요
>   - 냉장고 안이 차가워지거나 온도가 올라가면서 부품이 늘어나거나 줄어들 때 혹은 자동으로 전기가 끊어지거나 연결될 때 나는 소리입니다.

① 제품매뉴얼　　② 고객매뉴얼

③ 업무매뉴얼　　④ 기술매뉴얼

[16~17] 다음은 상태 계기판에 관한 내용이다. 물음에 답하시오.

〈조건〉

상태 계기판을 확인하고, 각 계기판이 가리키는 수치들을 표와 대조하여, 아래와 같은 적절한 행동을 취하시오.

㉠ 안전 : 그대로 둔다.

㉡ 경계 : 파란 레버를 내린다.

㉢ 경고 : 빨간 버튼을 누른다.

알림은 안전, 경계, 경고 순으로 격상되고, 역순으로 격하한다.

〈표〉

상태	허용 범위	알림
α	A와 B의 평균 ≤ 10	안전
	$10 <$ A와 B의 평균 < 20	경계
	A와 B의 평균 ≥ 20	경고
χ	$\lvert A-B \rvert \leq 20$	안전
	$20 < \lvert A-B \rvert < 30$	경계
	$30 \leq \lvert A-B \rvert$	경고
π	$3 \times A > B$	안전
	$3 \times A = B$	경계
	$3 \times A < B$	경고

16 상태 계기판이 다음과 같을 때 취해야 하는 행동은?

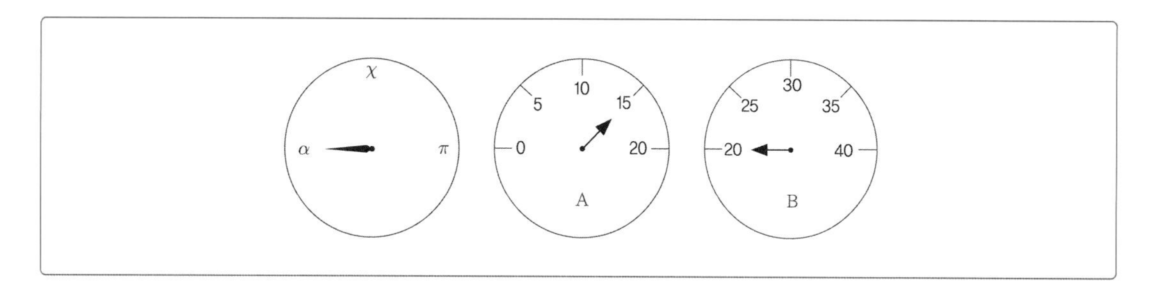

① 그대로 둔다.
② 파란 레버를 내린다.
③ 파란 레버를 올린다.
④ 빨간 버튼을 누른다.

17 상태 계기판이 다음과 같을 때 취해야 하는 행동은?

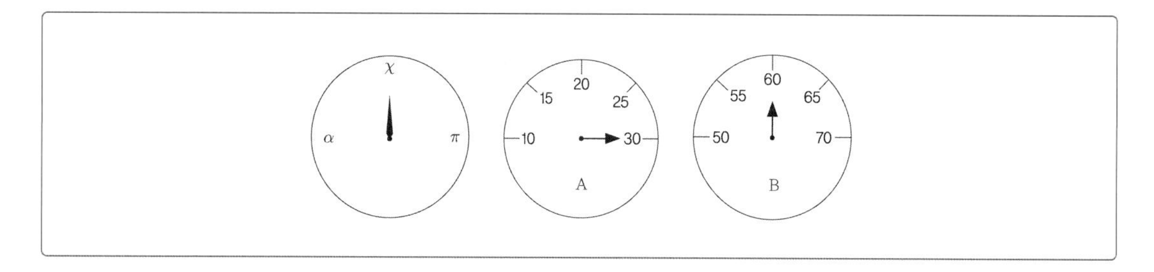

① 그대로 둔다.
② 파란 레버를 내린다.
③ 파란 레버를 올린다.
④ 빨간 버튼을 누른다.

18 다음 조건을 순차적으로 처리할 때 다음 시스템에서 취해야 할 행동은 무엇인가?

〈조건〉

① 레버 3개의 위치에 따라 다음과 같이 오류값을 선택한다. 오류값을 선택할 때에는 음영 처리가 된 오류값만 선택한다.

- 레버 3개 중 1개만 위로 올라가 있다. → 오류값 중 가장 큰 수와 가장 작은 수의 차이
- 레버 3개 중 2개만 위로 올라가 있다. → 오류값 중 가장 큰 수와 가장 작은 수의 합
- 레버 3개가 모두 위로 올라가 있다. → 오류값들의 평균값(소수 첫째자리에서 반올림)

② 오류값에 따라 다음과 같이 상황을 판단한다.

오류값 허용 범위	상황	상황별 행동
오류값 < 5	안전	아무 버튼도 누르지 않는다.
5 ≤ 오류값 < 10	경고	파란 버튼을 누른다. 단, 올라간 레버가 2개 이상이면 빨간 버튼도 함께 누른다.
10 ≤ 오류값 < 15	위험	빨간 버튼을 모두 누른다.

③ 계기판 수치가 5 이하면 무조건 안전, 15 이상이면 무조건 경고

④ 음영 처리된 오류값이 2개 이하이면 한 단계 격하, 음영 처리된 오류값이 5개 이상이면 한 단계 격상

⑤ 안전단계에서 격하되어도 안전 상태를 유지, 위험단계에서 격상되어도 위험단계를 유지

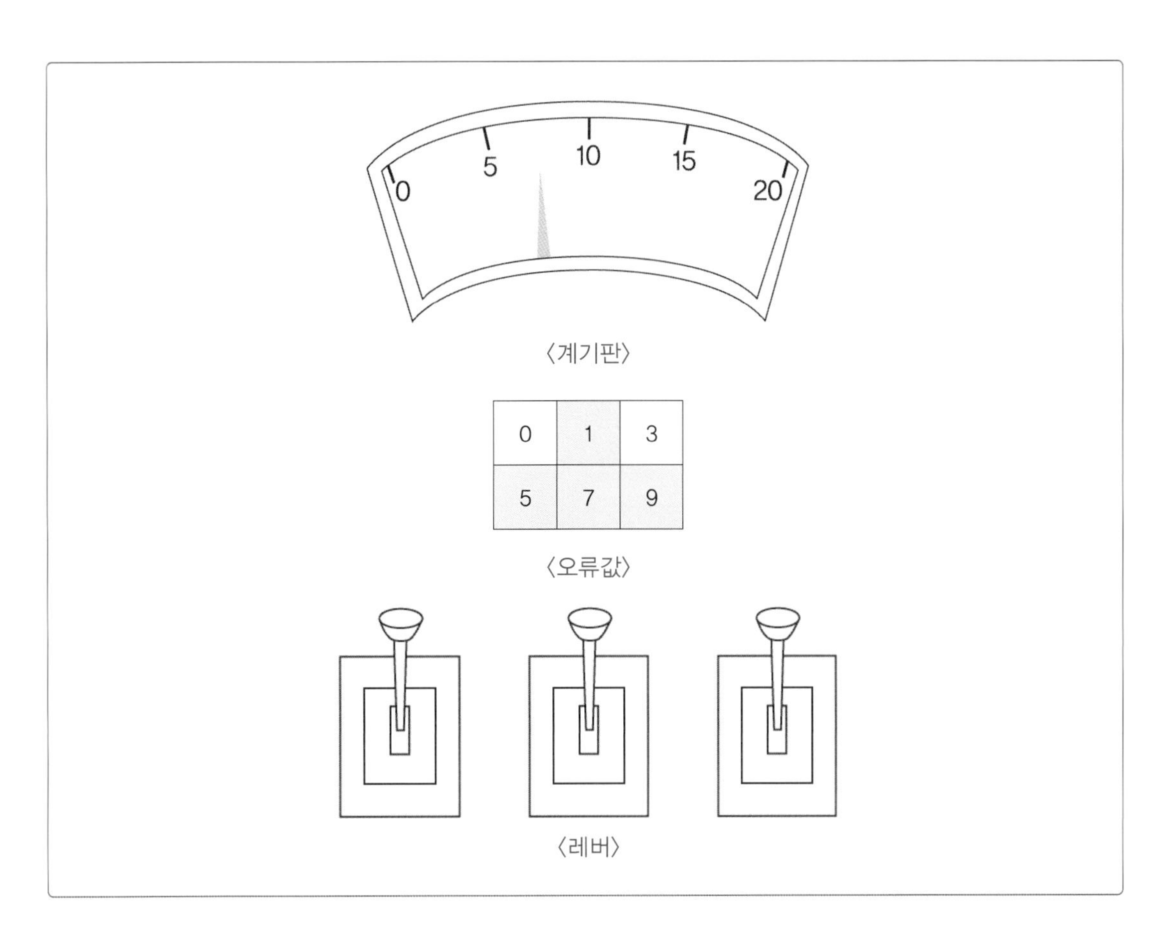

① 아무 버튼도 누르지 않는다.

② 파란 버튼을 누른다.

③ 빨간 버튼을 누른다.

④ 파란 버튼과 빨간 버튼을 모두 누른다.

19 **다음 조건을 순차적으로 처리할 때, 다음 시스템에서 취해야 할 행동으로 옳은 것은?**

〈조건〉

① 오류값 중 제일 아래 행에 있는 값들이 음영 처리된 경우, 다음과 같이 행동한다. 단, 다음 3개 중 &와 함께 음영 처리가 되면 &에 관련된 행동을 먼저 취한다.

오류값	행동
&	음영 처리 반전
0	오류값 3, 6는 무조건 음영 처리된 것으로 판단
#	오류값 2, 5는 무조건 음영 처리되지 않은 것으로 판단

② 레버 3개의 위치에 따라 다음과 같이 오류값을 선택한다. 오류값을 선택할 때, 음영 처리가 된 오류값만 선택한다.

- 레버 3개 중 1개만 아래로 내려가 있다. → 오류값들의 총합
- 레버 3개 중 2개만 아래로 내려가 있다. → 오류값 중 가장 큰 수
- 레버 3개가 모두 아래로 내려가 있다. → 오류값 중 가장 작은 수

③ 오류값에 따라 다음과 같이 상황을 판단한다.

오류값 허용 범위	상황	상황별 행동
오류값 < 5	안전	아무 버튼도 누르지 않는다.
5 ≤ 오류값 < 10	경고	노란 버튼을 누른다. 단, 내려간 레버가 2개 이상이면 초록 버튼을 누른다.
10 ≤ 오류값 < 15	위험	노란 버튼과 초록 버튼을 모두 누른다.

④ 음영 처리된 오류값이 2개 이하이면 무조건 안전, 5개 이상이면 무조건 경고

⑤ 계기판의 바늘 2개가 겹치면 한 단계 격상, 겹치지 않으면 아무 변화 없음

⑥ 계기판이 두 바늘이 가리키는 수치가 하나라도 15 이상이면 한 단계 추가 격상

⑦ 위험단계에서 격상되어도 위험상태를 유지

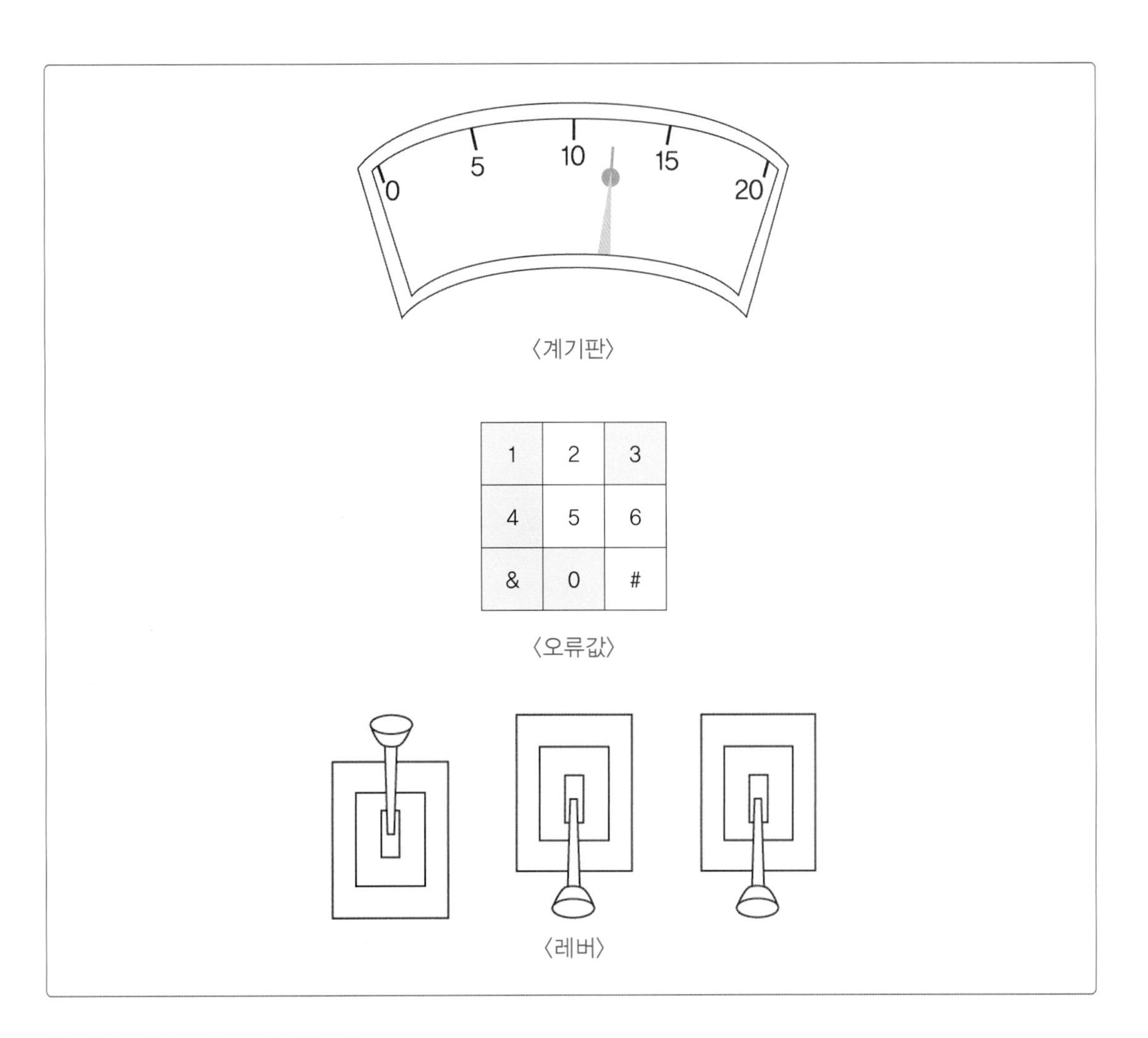

① 아무 버튼도 누르지 않는다.
② 노란 버튼을 누른다.
③ 초록 버튼을 누른다.
④ 노란 버튼과 초록 버튼을 누른다.

20 다음은 K사의 드론 사용 설명서이다. 아래 부품별 기능표를 참고할 때, 360도 회전비행을 하기 위하여 조작해야 할 버튼이 순서대로 알맞게 연결된 것은 어느 것인가?

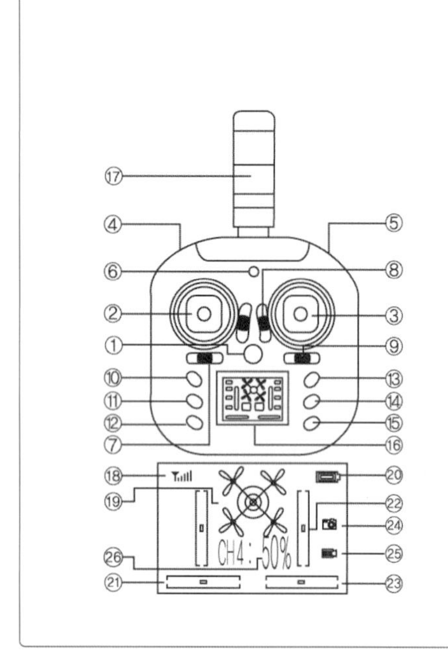

① 전원 스위치
② 상승/하강/회전 조작레버
③ 이동방향 조작 레버
④ 스피드 조절 버튼(3단)
⑤ 360도 회전비행 버튼
⑥ 전원 지시등
⑦ 좌우회전 미세조종
⑧ 전후진 미세조종
⑨ 좌우이동 미세조종
⑩ 헤드리스모드 버튼
⑪ 원키 착륙 버튼
⑫ 원키 이륙 버튼
⑬ 원키 리턴 버튼
⑭ 사진 촬영 버튼
⑮ 동영상 촬영 버튼
⑯ LCD 창
⑰ 스마트폰 거치대
⑱ 신호 표시
⑲ 기체 상태 표시
⑳ 조종기 배터리 잔량 표시
㉑ 좌우회전 미세조종 상태
㉒ 전후진 미세조종 상태
㉓ 좌우이동 미세조종 상태
㉔ 카메라 상태
㉕ 비디오 상태
㉖ 스피드 상태

360도 회전비행

팬토머는 360도 회전비행이 가능합니다.
드론이 앞/뒤/좌/우 방향으로 회전하므로
첫 회전 비행시 각별히 주의하세요.

(1) 넓고 단단하지 않은 바닥 위에서 비행하세요.
(2) 조종기의 '360도 회전비행'버튼을 누른 후, 오른쪽 이동방향 조작 레버를 앞/뒤/좌/우 한 방향으로만 움직이세요.
(3) 360도 회전비행을 위해서는 충분한 연습이 필요합니다.

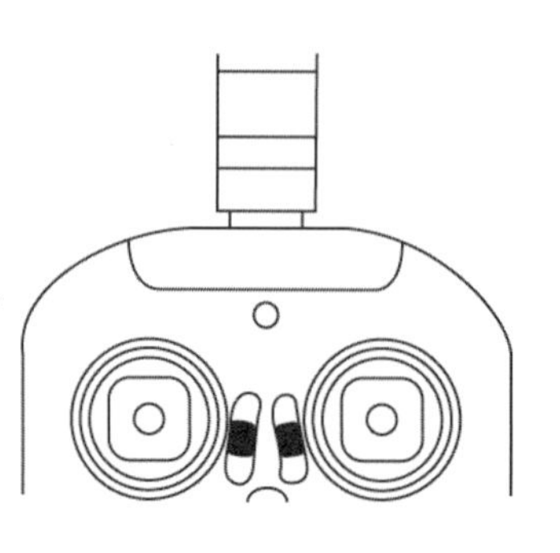

① ③번 버튼 – ⑤번 버튼
② ②번 버튼 – ⑤번 버튼
③ ⑤번 버튼 – ②번 버튼
④ ⑤번 버튼 – ③번 버튼

21 고등학교 동창인 트럼프, 시진핑, 김정은, 푸틴은 모두 한 집에 살고 있다. 이들 네 사람은 봄맞이 대청소를 하고 새로운 냉장고를 구입한 후 함께 앉아 냉장고 사용설명서를 읽고 있다. 다음 내용을 바탕으로 냉장고 사용 매뉴얼을 잘못 이해한 사람을 고르면?

1. 사용 환경에 대한 주의사항
2. 안전을 위한 주의사항

※ 사용자의 안전을 지키고 재산상의 손해 등을 막기 위한 내용입니다. 반드시 읽고 올바르게 사용해 주세요.

경고	'경고'의 의미 : 지시사항을 지키지 않았을 경우 사용자의 생명이 위험하거나 중상을 입을 수 있습니다.
주의	'주의'의 의미 : 지시사항을 지키지 않았을 경우 사용자의 부상이나 재산 피해가 발생할 수 있습니다.

전원 관련 경고	• 220V 전용 콘센트 외에는 사용하지 마세요. • 손상된 전원코드나 플러그, 헐거운 콘센트는 사용하지 마세요. • 코드부분을 잡아 빼거나 젖은 손으로 전원 플러그를 만지지 마세요. • 전원 코드를 무리하게 구부리거나 무거운 물건에 눌려 망가지지 않도록 하세요. • 천둥, 번개가 치거나 오랜 시간 사용하지 않을 때는 전원 플러그를 빼주세요. • 220V 이외에 전원을 사용하거나 한 개의 콘센트에 여러 전기제품을 동시에 꽂아 사용하지 마세요. • 접지가 잘 되어 있지 않으면 고장이나 누전 시 감전될 수 있으므로 확실하게 해 주세요. • 전원 플러그에 먼지가 끼어 있는지 확인하고 핀을 끝까지 밀어 확실하게 꽂아 주세요.
설치 및 사용 경고	• 냉장고를 함부로 분해, 개조하지 마세요. • 냉장고 위에 무거운 물건이나 병, 컵, 물이 들어 있는 용기는 올려놓지 마세요. • 어린이나 냉장고 문에 절대로 매달리지 못하게 하세요. • 불이 붙기 쉬운 LP 가스, 알코올, 벤젠, 에테르 등은 냉장고에 넣지 마세요. • 가연성 스프레이나 열기구는 냉장고 근처에 사용하지 마세요. • 가스가 샐 때에는 냉장고나 플러그는 만지지 말고 즉시 환기시켜 주세요. • 이 냉장고는 가정용으로 제작되었기에 선박용으로 사용하지 마세요. • 냉장고를 버릴 때에는 문의 패킹을 떼어 내시고, 어린이가 노는 곳에는 냉장고를 버려두지 마세요. (어린이가 들어가면 갇히게 되어 위험합니다.)

의사소통능력
수리능력
문제해결능력
자기개발능력
자원관리능력
대인관계능력
정보능력
기술능력
조직이해능력
직업윤리

① 트럼프 : 우리가 구입한 냉장고는 선박용으로 활용해서는 안 돼.

② 시진핑 : 냉장고를 임의로 분해하거나 개조하지 말라고 하는데, 이는 냉장고를 설치하거나 사용 시의 경고로 받아들일 수 있어.

③ 김정은 : '주의' 표시에서 지시사항을 제대로 지키지 않으면 생명이 위험하게 된데.

④ 푸틴 : 물에 젖은 손으로 전원플러그를 만지지 말라고 하는데, 이는 전원에 관련한 경고로 볼 수 있어.

22 다음은 A사 휴대폰의 매뉴얼 일부분을 발췌한 것이다. 이를 참조하여 판단한 내용으로 가장 옳지 않은 것을 고르면?

※ 제품보증서

수리가능	보증기간 이내	보증기간 이후
동일하자로 2회까지 고장 발생 시	무상 수리	유상수리
동일하자로 3회째 고장 발생 시	제품 교환, 무상 수리 또는 환불	
여러 부위의 하자로 5회째 고장 발생 시		

소비자 피해유형	보상내용	
	보증기간 이내	보증기간 이후
구입 후 10일 이내 중요한 수리를 요할 때	교환 또는 환불	유상수리
구입 후 1개월 이내 중요한 수리를 요할 때	제품 교환 또는 무상 수리	
교환된 제품이 1개월 이내에 중요한 수리를 요하는 경우	환불	
교환 불가능 시		

※ 유료 서비스 안내

1. 고장이 아닌 경우

고장이 아닌 경우 서비스를 요청하면 요금을 받게 되므로 사용 설명서를 읽어주세요. (수리가 불가능한 경우 별도 기준에 준함)

• 고객의 사용미숙으로 인한 서비스 건(비밀번호 분실 등) : 1회 무료

• 제품 내부에 들어간 먼지 세척 및 이물질 제거 시 : 2회부터 유료

2. 소비자의 과실로 고장 난 경우
• 사용자의 잘못 또는 취급부주의로 인한 고장(낙하, 침수, 충격, 파손, 무리한 동작 등)
• 당사의 서비스 기사 및 지정 협력사 기사가 아닌 사람이 수리하여 고장이 발생한 경우
• 소비자의 고의 또는 과실로 인한 고장인 경우
• 정품 이외의 부품이나 부속물 사용에 의한 고장이나 제품 파손의 경우
3. 그 밖의 경우
• 천재지변(화재, 수해, 이상전원 등)에 의한 고장 발생 시
• 소모성 부품의 수명이 다한 경우(배터리, 충전기, 안테나 및 각종 부착물 등)
※ 주의사항
• 부품 보유 기간(4년) 이내
• 부품보증기간 : 충전기(1년), 배터리(6개월)
• 제품의 구입일자 확인이 안 될 경우 제조연월일 또는 수입 통관일로부터 3개월이 경과한 날로부터 품질 보증기간을 계산합니다.
• 휴대전화는 가급적 0~40℃ 사이에서 사용하세요. 너무 낮거나 너무 높은 온도에서 사용 및 보관할 경우 제품파손과 오류, 또는 폭발 등의 위험이 있습니다.

① 동일한 하자로 2회까지 고장 발생 시에는 보증기간 내에 무상 수리가 가능하다.
② 제품 구입 후 10일 이내 중요한 수리를 요할 경우에 보증기간 이후이면 유상수리를 받아야 한다.
③ 제품 내부에 들어간 먼지 세척은 3회부터 유료이다.
④ 비밀번호 분실 등의 사용자 미숙으로 인한 서비스 건은 1회에 한하여 무료로 제공된다.

의사소통능력
수리능력
문제해결능력
자기개발능력
자원관리능력
대인관계능력
정보능력
기술능력
조직이해능력
직업윤리

23 甲은 얼마 전 乙로부터 丙 전자에서 새로이 출시된 전자레인지를 선물 받았다. 하지만 전자레인지 사용에 익숙하지 않은 甲은 제품사용설명서를 읽어보고 사용하기로 결심하였다. 다음 중 아래의 사용설명서를 읽고 甲이 잘못 이해하고 있는 내용을 고르면?

(가) 각 부분의 이름 및 기능

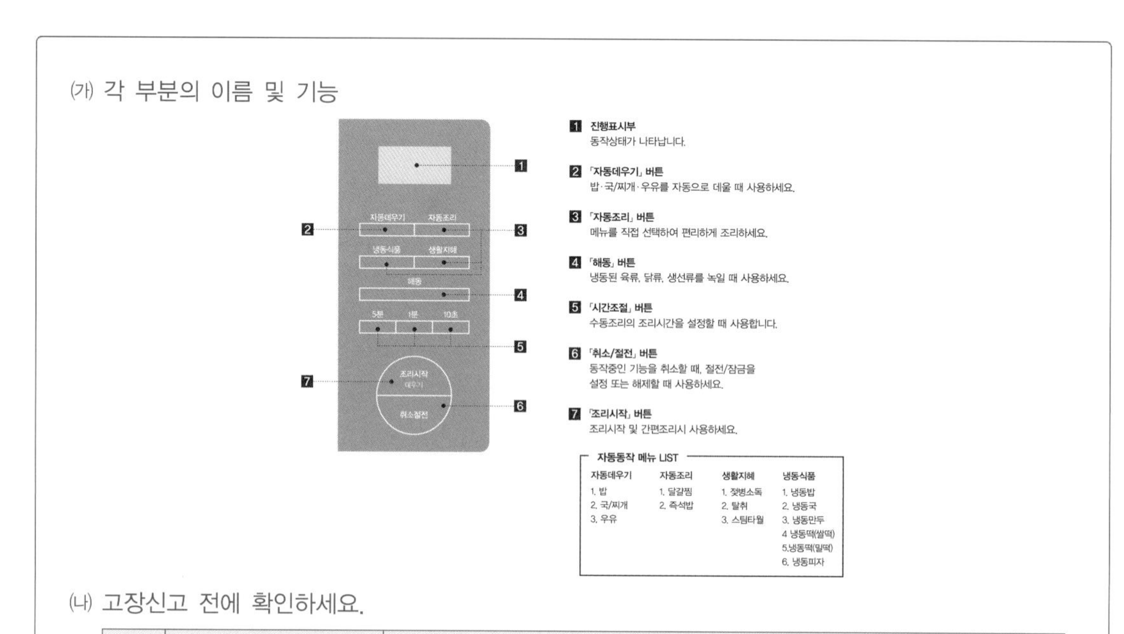

(나) 고장신고 전에 확인하세요.

	이런 증상인 경우	이렇게 조치하세요.
기계작동이상	(Q) 진행표시부에 불이 들어오지 않아요.	(A) 220 V 콘센트에 꽂혀 있는지 확인하세요. (A) 문을 열어 두거나 닫아 둔 채로 5분이 지나면 실내등과 진행표시부가 자동으로 꺼지는 절전 기능이 설정되어 있을 수 있습니다. 전자레인지 문을 열거나 「취소/절전」 버튼을 누른 후 사용하세요.
	(Q) 조리실 실내등과 진행 표시부가 꺼져요.	(A) 절전 기능이 설정되어 있습니다. 전자레인지 문을 열거나 「취소/절전」 버튼을 누른 후 사용하세요.
	(Q) 버튼을 눌러도 작동이 않아요.	(A) 전자레인지 문에 덮개 등 이물질이 끼어 있는지 확인한 후 전자레인지 문을 잘 닫고 「조리시작」 버튼을 눌러 보세요. 혹시 잠금장치 기능이 설정되어 있을 수 있습니다. 「취소/절전」 버튼을 약 4초간 누르면 잠금장치 기능이 해제됩니다. (A) 자동 조리 및 해동을 할 때에는 시간 조절이 되지 않습니다.
	(Q) 내부에서 연기나 악취가 나요.	(A) 음식찌꺼기, 기름 등이 내부에 붙어 있을 수 있습니다. 항상 깨끗이 청소해 주세요. (A) 「탈취」 기능을 사용하세요.

기계작동이상	(Q) 내부에서 연기나 악취가 나요.	(A) 음식찌꺼기, 기름 등이 내부에 붙어 있을 수 있습니다. 항상 깨끗이 청소해 주세요. (A) 「탈취」 기능을 사용하세요.
	(Q) 전자레인지 작동 시 앞으로 바람이 나와요.	(A) 본체 뒷면의 팬이 작동되어 바람의 일부가 내부 전기부품을 식혀주기 위해 앞으로 나올 수 있습니다. 고장이 아니므로 안심하고 사용하세요.
	(Q) 조리 중 회전 유리접시가 회전하지 않거나 소리가 나요.	(A) 회전 링이나 회전 유리접시가 회전축에 올바로 올려져 있는지 확인하세요. (A) 음식이나 용기가 내부 바닥면에 닿지 않도록 하세요. (A) 내부 바닥과 회전 링의 음식 찌꺼기를 제거하면 '덜커덩'거리는 소음이 없어집니다.
	(Q) 조리 중 또는 조리 후 문이나 진행 표시 부에 습기가 생겨요.	(A) 조리 중 음식물에서 나오는 증기로 인하여 습기가 맺힐 수 있습니다. 시간이 지나면 사라지므로 안심하고 사용하세요. (A) 조리 완료 후 음식물을 꺼내지 않고 방치하면 습기가 찰 수 있으므로 문을 열어 두세요. (A) 수납장이나 밀폐된 공간에서 사용 하면 배기가 잘 되지 않아 습기가 발생할 수 있습니다. 수납장이나 밀폐된 공간에서 사용하지 마세요.
조리중이상	(Q) 달걀찜 조리 시 음식이 튀어요.	(A) 소금과 물이 잘 섞이지 않으면 음식이 끓어 넘칠 수 있으므로 충분히 저어 주세요. (A) 적당한 크기의 내열용기에 담아 랩을 씌우세요.
	(Q) 조리 시 랩이 터져요.	(A) 랩을 너무 팽팽하게 싸면 조리 시 부풀어 오르면서 터질 수 있으므로 약간 느슨하게 씌우거나 구멍을 내세요.
	(Q) 조리 중에 불꽃이 일어나요.	(A) 조리실 내부에 알루미늄 호일이나 금속이 닿지 않았는지 확인하세요. (A) 금선이나 은선이 있는 그릇은 사용 하지 마세요.
	(Q) 오징어, 쥐포를 구울 때나 생선을 데울 때 '딱딱' 소리가 나요.	(A) 익거나 데워지면서 나는 소리이므로 안심하고 사용하세요.
	(Q) 조리 중 몸체 외부가 뜨거워져요.	(A) 고장이 아니므로 안심하고 사용하세요.

① 냉동된 육류나 닭류, 생선류 등을 녹일 때는 '해동' 버튼을 사용한다.

② 밥 또는 국을 데울 시에는 '자동 데우기' 버튼을 사용한다.

③ 음식 조리 중에 전자레인지 몸체 외부가 뜨거운 것은 고장이 아니다.

④ 조리 중에 불꽃이 일어나는 것은 기계 작동 이상에 해당한다.

24 다음은 A사의 식품안전관리에 관한 매뉴얼의 일부이다. 아래의 내용을 읽고 가장 적절하지 않은 항목을 고르면?

1. 식재료 구매 및 검수
※ 검수절차 및 유의사항
① 청결한 복장, 위생장갑 착용 후 검수 시작
② 식재료 운송차량의 청결상태 및 온도유지 여부 확인
③ 표시사항, 유통기한, 원산지, 중량, 포장상태, 이물혼입 등 확인
④ 제품 온도 확인
⑤ 검수 후 식재료는 전처리 또는 냉장 · 냉동보관
– 냉동 식재료 검수 방법

변색 확인	장기간 냉동 보관과 부주의한 관리로 식재료의 색상이 변색
이취 전이	장기간 냉동 보관 및 부주의한 관리로 이취가 생성
결빙 확인	냉동보관이 일정하게 이루어지지 않아 결빙 발생 및 식재료의 손상 초래
분리 확인	장기간의 냉동 보관과 부주의한 관리로 식재료의 분리 발생

– 가공 식품 검수 방법

외관 확인	용기에 손상이 가 있거나, 부풀어 오른 것
표시 확인	유통기한 확인 및 유통온도 확인
내용물 확인	본래의 색이 변질된 것, 분말 제품의 경우 덩어리 진 것은 습기가 차서 변질된 것임

2. 식재료 보관
※ 보관 방법 및 유의사항
① 식품과 비식품(소모품)은 구분하여 보관
② 세척제, 소독제 등은 별도 보관
③ 대용량 제품을 나누어 보관하는 경우 제품명과 유통기한 반드시 표시하고 보관용기를 청결하게 관리
④ 유통기한이 보이도록 진열
⑤ 입고 순서대로 사용(선입선출)
⑥ 보관 시설의 온도 15℃, 습도 50~60% 유지
⑦ 식품보관 선반은 벽과 바닥으로부터 15cm 이상 거리 두기
⑧ 직사광선 피하기
⑨ 외포장 제거 후 보관
⑩ 식품은 항상 정리 정돈 상태 유지

① 식재료 검수 시에는 표시사항, 유통기한, 원산지, 중량, 포장상태, 이물혼입 등을 확인해야 한다.
② 식재료 검수 후에 식재료는 전처리 또는 냉장 · 냉동보관을 해야 한다.
③ 식재료 보관 시의 보관 시설 온도는 10℃, 습도 45~60% 유지해야 한다.
④ 식재료 보관 시 식품보관 선반은 벽과 바닥으로부터 15cm 이상 거리를 두어야 한다.

25 다음 사례에서 나타난 기술경영자의 능력으로 가장 적절한 것은?

> 동영상 업로드 시 거쳐야 하는 긴 영상 포맷 변환 시간을 획기적으로 줄일 수는 없을까?
> 영상 스트리밍 사이트에 동영상을 업로드하면 '영상 처리 중입니다' 문구가 나온다. 이는 올린 영상을 트랜스코딩(영상 재압축) 하는 것인데 시간은 보통 영상 재생 길이와 맞먹는다. 즉, 한 시간짜리 동영상을 업로드하려면 한 시간을 영상 포맷하느라 소비해야 하는 것이다. A기업은 이러한 문제점을 해결하고자 동영상 업로드 시 포맷 변환을 생략하고 바로 재생할 수 있는 '노 컷 어댑티브 스트리밍(No Cut Adaptive Streaming)' 기술을 개발했다. 이 기술을 처음 제안한 A기업의 기술최고책임자(CTO) T는 "영상 길이에 맞춰 기다려야 했던 포맷 변환 과정을 건너뛴 것"이라며 "기존 영상 스트리밍 사이트가 갖고 있던 단점을 보완한 기술"이라고 설명했다. 화질을 유동적으로 변환시켜 끊김없이 재생하는 어댑티브 스트리밍 기술은 대부분의 영상 스트리밍 사이트에 적용되고 있다. mp4나 flv 같은 동영상 포맷을 업로드 할 경우 어댑티브 스트리밍 포맷에 맞춰 변환시켜줘야 한다. 바로 이 에어브로드 기술은 자체 개발한 알고리즘으로 변환 과정을 생략한 것이다.

① 기술을 기업의 전반적인 전략 목표에 통합시키는 능력
② 새로운 기술을 습득하고 기존의 기술에서 탈피하는 능력
③ 새로운 제품개발 시간을 단축할 수 있는 능력
④ 기술 전문 인력을 운용할 수 있는 능력

[26~27] 다음 표를 참고하여 질문에 답하시오.

스위치	기능
☆	1번, 2번 기계를 180° 회전함
★	1번, 3번 기계를 180° 회전함
◇	2번, 3번 기계를 180° 회전함
◆	2번, 4번 기계를 180° 회전함

26 처음 상태에서 스위치를 두 번 눌렀더니 다음과 같이 바뀌었다. 어떤 스위치를 눌렀는가?

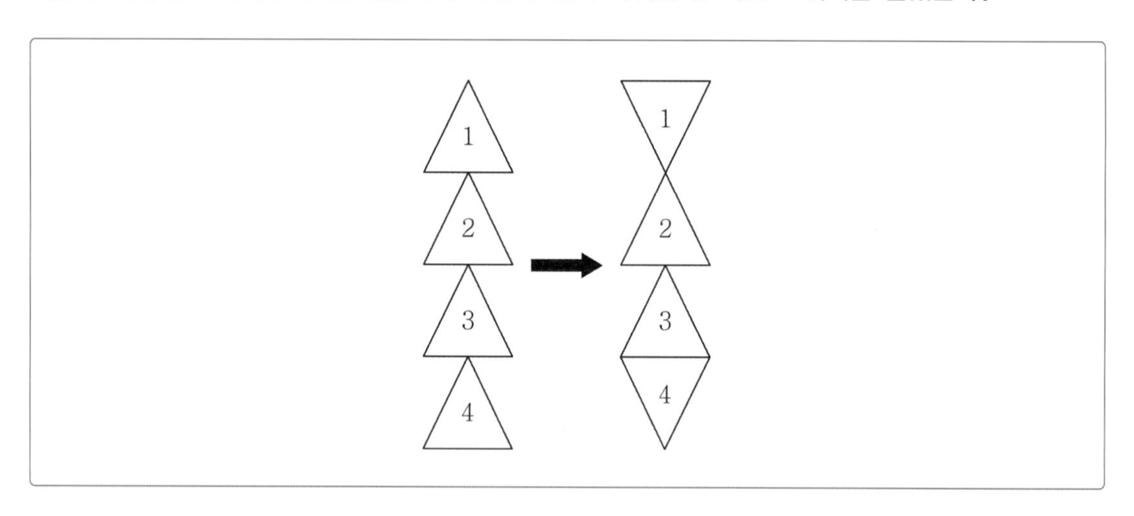

① ☆, ◆
② ☆, ◇
③ ★, ◆
④ ★, ◇

27 처음 상태에서 스위치를 세 번 눌렀더니 다음과 같이 바뀌었다. 어떤 스위치를 눌렀는가?

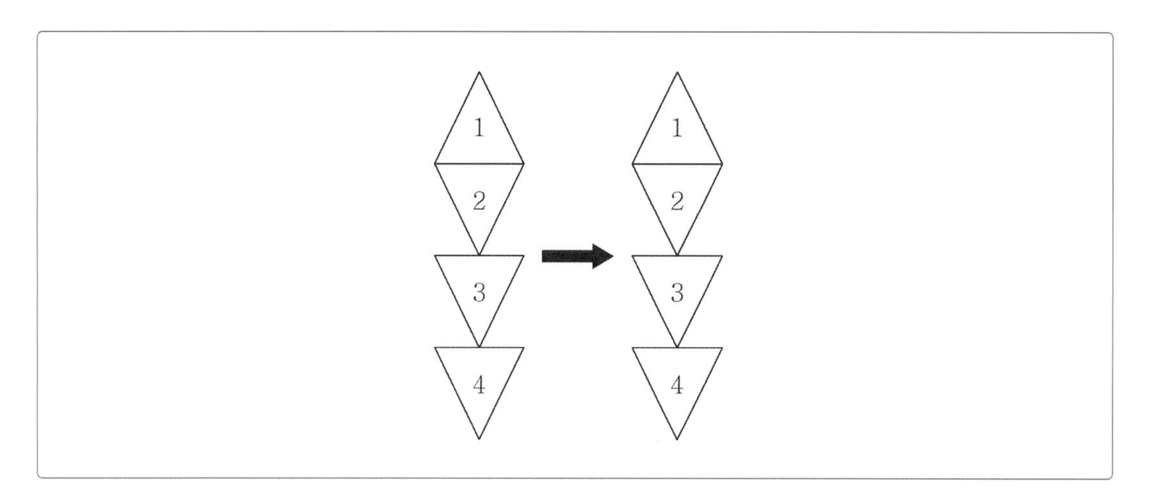

① ★, ◇, ◆
② ☆, ◇, ◆
③ ☆, ★, ◆
④ ☆, ★, ◇

[28~30] 다음 표를 참고하여 질문에 답하시오.

스위치	기능
○	1번, 2번 연산을 순방향으로 1회 진행함
●	3번, 4번 연산을 순방향으로 1회 진행함
◇	1번, 4번 연산을 역방향으로 1회 진행함
◆	2번, 3번 연산을 역방향으로 1회 진행함
□	모든 연산을 순방향으로 1회 진행함
■	모든 연산을 역방향으로 1회 진행함
순방향 : + ▶ − ▶ × ▶ ÷ / 역방향 : ÷ ▶ × ▶ − ▶ +	

28 처음 상태에서 스위치를 두 번 눌렀더니 다음과 같이 바뀌었다. 어떤 스위치를 눌렀는가?

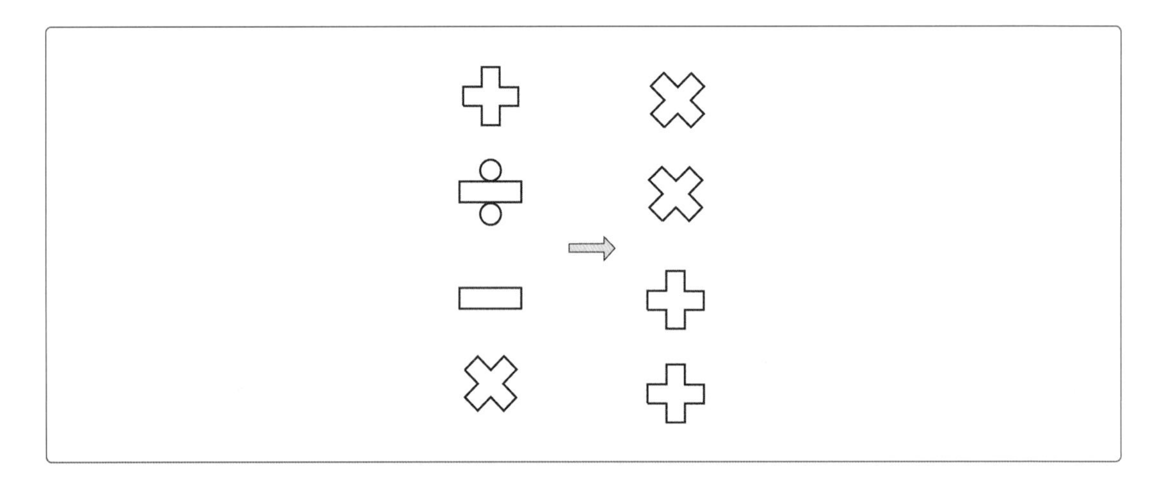

① ○, ■

② ■, ◇

③ □, ●

④ ○, ◆

29 처음 상태에서 스위치를 세 번 눌렀더니 다음과 같이 바뀌었다. 어떤 스위치를 눌렀는가?

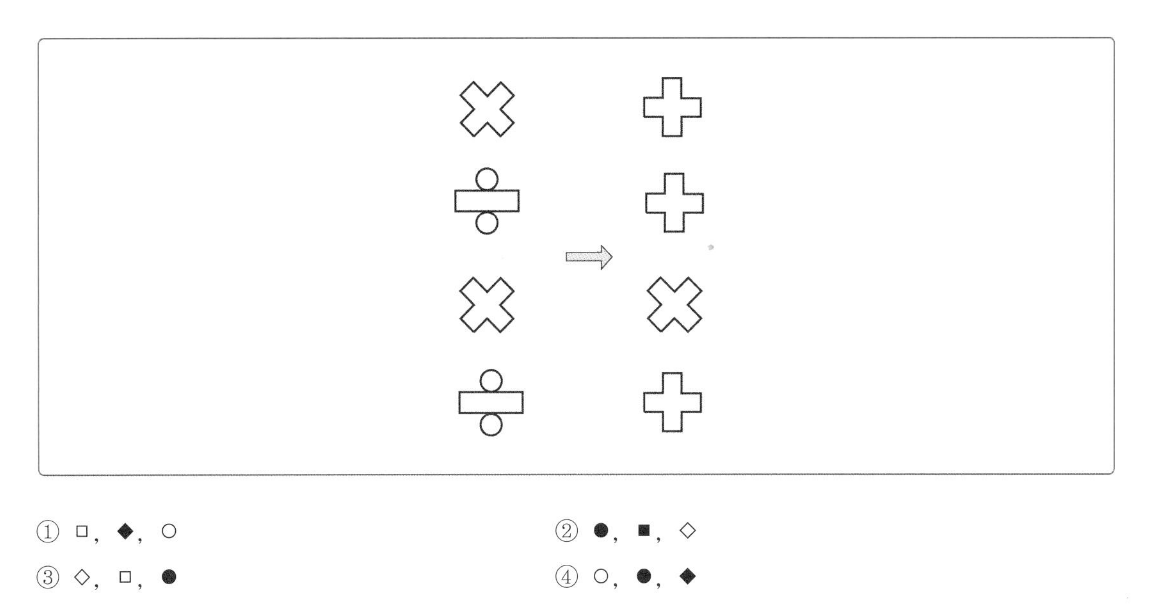

① □, ◆, ○　　② ●, ■, ◇

③ ◇, □, ●　　④ ○, ●, ◆

30 처음 상태에서 스위치를 세 번 눌렀더니 다음과 같이 바뀌었다. 어떤 스위치를 눌렀는가?

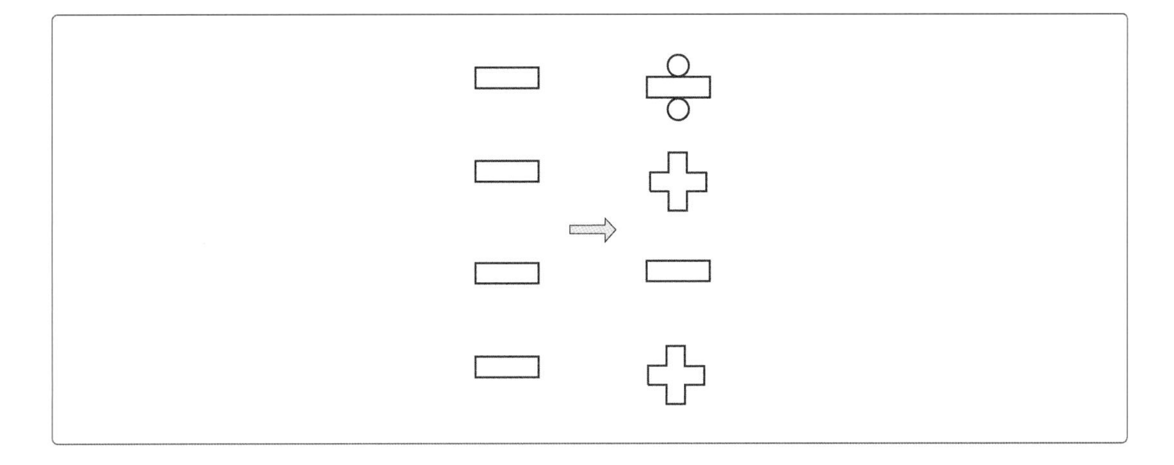

① □, □, ◆

② ○, ◆, ◇

③ ■, ◇, ●

④ ■, ●, ◆

09 핵심예상문제

조직이해능력

정답 및 해설 p.451

1　다음과 같은 '갑'사의 위임전결규칙을 참고할 때, 다음 중 적절한 행위로 볼 수 없는 것은 어느 것인가?

업무내용(소요예산 기준)	전결권자				이사장
	팀원	팀장	국장	이사	
가. 공사 도급					
3억 원 이상					○
1억 원 이상				○	
1억 원 미만			○		
1,000만 원 이하		○			
나. 물품(비품, 사무용품 등) 제조/구매 및 용역					
3억 원 이상					○
1억 원 이상				○	
1억 원 미만			○		
1,000만 원 이하		○			
다. 자산의 임(대)차 계약					
1억 원 이상					○
1억 원 미만				○	
5,000만 원 미만			○		
라. 물품수리					
500만 원 이상			○		
500만 원 미만		○			
마. 기타 사업비 예산집행 기본품의					
1,000만 원 이상			○		
1,000만 원 미만		○			

① 국장이 부재중일 경우, 소요예산 5,000만 원인 공사 도급 계약은 팀장이 전결권자가 된다.

② 소요예산이 800만 원인 인쇄물의 구매 건은 팀장의 전결 사항이다.

③ 이사장이 부재중일 경우, 소요예산이 2억 원인 자산 임대차 계약 건은 국장이 전결권자가 된다.

④ 소요예산이 600만 원인 물품수리 건은 이사의 결재가 필요하지 않다.

2 다음은 A사의 임직원 행동지침의 일부이다. 이에 대한 설명으로 올바르지 않은 것은 어느 것인가?

> 제○○조(외국 업체 선정을 위한 기술평가위원회 운영)
> - 외국 업체 선정을 위한 기술평가위원회 운영이 필요한 경우 기술평가위원 위촉 시 부패행위 전력자 및 당사 임직원 행동강령 제5조 제1항 제2호 및 제3호에 따른 이해관계자를 배제해야 하며, 기술평가위원회 활동 중인 위원의 부정행위 적발 시에는 해촉하도록 한다.
> - 외국 업체 선정을 위한 기술평가위원회 위원은 해당 분야 자격증, 학위 소지여부 등에 대한 심사를 엄격히 하여 전문성을 가진 자로 선발한다.
> - 계약관련 외국 업체가 사전로비를 하는 것을 방지하기 위하여 외국 업체 선정을 위한 기술평가위원회 명단을 외부에 공개하는 것을 금지한다.
> - 외국 업체 선정을 위한 기술평가위원회를 운영할 경우 위원의 제척, 기피 및 회피제를 포함하여야 하며, 평가의 공정성 및 책임성 확보를 위해 평가위원으로부터 청렴서약서를 징구한다.
> - 외국 업체 선정을 위한 기술평가위원회를 개최하는 경우 직원은 평가위원의 발언 요지, 결정사항 및 표결내용 등의 회의결과를 기록하고 보관해야 한다.

① 기술평가위원의 발언과 결정사항 등은 번복이나 변경을 방지하고자 기록되어진다.
② 기술평가위원이 누구인지 내부적으로는 공개된다.
③ 이해관계에 의한 불공정 평가는 엄정히 방지된다.
④ 기술평가위원에게 해당 분야의 전문성은 필수조건이다.

3 **다음 (가)~(바) 중 조직 경영에 필요한 요소에 대한 설명을 모두 고른 것은 어느 것인가?**

> (가) 조직의 목적 달성을 위해 경영자가 수립하는 것으로 보다 구체적인 방법과 과정이 담겨있다.
> (나) 조직에서 일하는 구성원으로, 경영은 이들의 직무수행에 기초하여 이루어지기 때문에 이들의 배치 및 활용이 중요하다.
> (다) 생산자가 상품 또는 서비스를 소비자에게 유통시키는 데 관련된 모든 체계적 경영활동이다.
> (라) 특정의 경제적 실체에 관해 이해관계에 있는 사람들에게 합리적이고 경제적인 의사결정을 하는 데 있어 유용한 재무적 정보를 제공하기 위한 것으로, 이러한 일련의 과정 또는 체계를 뜻한다.
> (마) 경영을 하는 데 사용할 수 있는 돈으로 이것이 충분히 확보되는 정도에 따라 경영의 방향과 범위가 정해지게 된다.
> (바) 조직이 변화하는 환경에 적응하기 위하여 경영활동을 체계화하는 것으로 목표달성을 위한 수단이다.

① (가), (다), (마)
② (나), (다), (라)
③ (가), (다), (라), (바)
④ (가), (나), (마), (바)

4 **다음 중 조직문화의 특징으로 옳지 않은 것은?**

① 조직구성원들의 조직몰입을 향상시키고 일체감을 부여한다.
② 조직구성원들의 사회화 및 일탈행동을 통제한다.
③ 조직의 안정성을 유지시킨다.
④ 개인으로서의 정체성을 상실시킨다.

5 **다음 중 경영참가제도의 문제점이 아닌 것은?**

① 의사결정이 늦어짐
② 근로자 복지의 약화
③ 경영권의 약화
④ 노동조합의 단체교섭기능 약화

6 **아래의 내용을 읽고 밑줄 친 부분과 관련된 고객의 개념을 가장 잘 나타내고 있는 것을 고르면?**

> 지난해 항공업계를 흔들었던 '땅콩회항'의 피해자인 대한항공 소속 박○○ 사무장과 김○○ 승무원이 업무에 복귀한다. 6일 대한항공에 따르면 김○○ 승무원은 오는 7일인 요양기간 만료시점이 다가오자 회사 측에 복귀의사를 밝혔다. 박○○ 사무장은 앞서 지난달 18일 무급 병 휴직 기간이 끝나자 복귀 의사를 밝힌 것으로 알려졌다. 이들 두 사람은 다른 휴직복귀자들과 함께 서비스안전교육을 이수한 후 현장에 투입될 예정이다.
> 지난 2014년 12월 5일 벌어진 '땅콩회항' 사건은 조○○ 전 대한항공 부사장이 김 승무원이 마카다미아를 포장 째 가져다줬다는 것을 이유로 여객기를 탑승 게이트로 되돌리고 박 사무장을 문책하면서 불거졌다. 이후 <u>박○○ 사무장과 김○○ 승무원</u> 모두 해당 사건으로 인한 정신적 피해를 호소하면서 회사 측에 휴직을 신청했다.
> 두 사람은 휴직 이외에도 뉴욕법원에 조 전 부사장을 상대로 손해배상소송을 제기했다. 그러나 재판부는 사건 당사자와 증인, 증거가 모두 한국에 있다는 이유로 각하됐다. 이에 대해 박 사무장만 항소의향서를 제출해 놓은 상태다. 대한항공 측은 "구체적인 복귀일정은 아직 미정"이라며 "두 승무원이 현장에 복귀해도 이전과 동일하게, 다른 동료 승무원들과도 동등한 대우를 받으며 근무하게 될 것"이라고 말했다.

① 위의 두 사람은 회사 측에서 보면 절대 고객이 될 수 없다.
② 자사에 관심을 보이고 있으며 추후에 신규고객이 될 가능성을 지니고 있는 사람들이다.
③ 두 사람은 자사의 이익 창출을 위한 매개체가 되는 직장상사 또는 부하직원 및 동료라 할 수 있다.
④ 자사의 제품 및 서비스 등을 지속적으로 구매하고 기업과의 강력한 유대관계를 형성하는 사람들이라 볼 수 있다.

7 **21세기의 많은 기업 조직들은 불투명한 경영환경을 이겨내기 위해 많은 방법들을 활용하곤 한다. 이 중 브레인스토밍은 일정한 테마에 관하여 회의형식을 채택하고, 구성원의 자유발언을 통한 아이디어의 제시를 요구해 발상의 전환을 이루고 해법을 찾아내려는 방법인데 아래의 글을 참고하여 브레인스토밍에 관련한 것으로 보기 가장 어려운 것을 고르면?**

> 전라남도는 지역 중소·벤처기업, 소상공인들이 튼튼한 지역경제의 버팀목으로 성장하도록 지원하는 정책 아이디어를 발굴하기 위해 27일 전문가 브레인스토밍 회의를 개최했다. 이날 회의는 정부의 경제성장 패러다임이 대기업 중심에서 중소·벤처기업 중심으로 전환됨에 따라 지역 차원에서 기업 지원 관련 기관, 교수, 상공인연합회, 중소기업 대표 등 관련 전문가들을 초청해 이뤄졌다. 회의에서는 중소·벤처기업, 소상공인 육성·지원과 청년창업 활성화를 위한 70여 건의 다양한 제안이 쏟아졌으며, 제안된 내용에 대해 구체적 실행 방안도 토론했다. 회의에 참석한 전문가들은 "중소·벤처기업이 변화를 주도하고, 혁신적 아이디어로 창업해 튼튼한 기업으로 성장하도록 정부와 지자체가 충분한 환경을 구축해주는 시스템의 변화가 필요하다."라고 입을 모았다.

① 쉽게 실행할 수 있고, 다양한 주제를 가지고 실행할 수 있다.
② 이러한 기법의 경우 아이디어의 양보다 질에 초점을 맞춘 것으로 볼 수 있다.
③ 집단의 작은 의사결정부터 큰 의사결정까지 복잡하지 않은 절차를 통해 팀의 구성원들과 아이디어를 공유가 가능하다.
④ 비판 및 비난을 자제하는 것을 원칙으로 하고 있으므로 집단의 구성원들이 비교적 부담 없이 의견을 표출할 수 있다는 이점이 있다.

8 D그룹 홍보실에서 근무하는 사원 민경씨는 2016년부터 적용되는 새로운 조직 개편 기준에 따라 홈페이지에 올릴 조직도를 만들려고 한다. 다음 조직도의 빈칸에 들어갈 것으로 옳지 않은 것은?

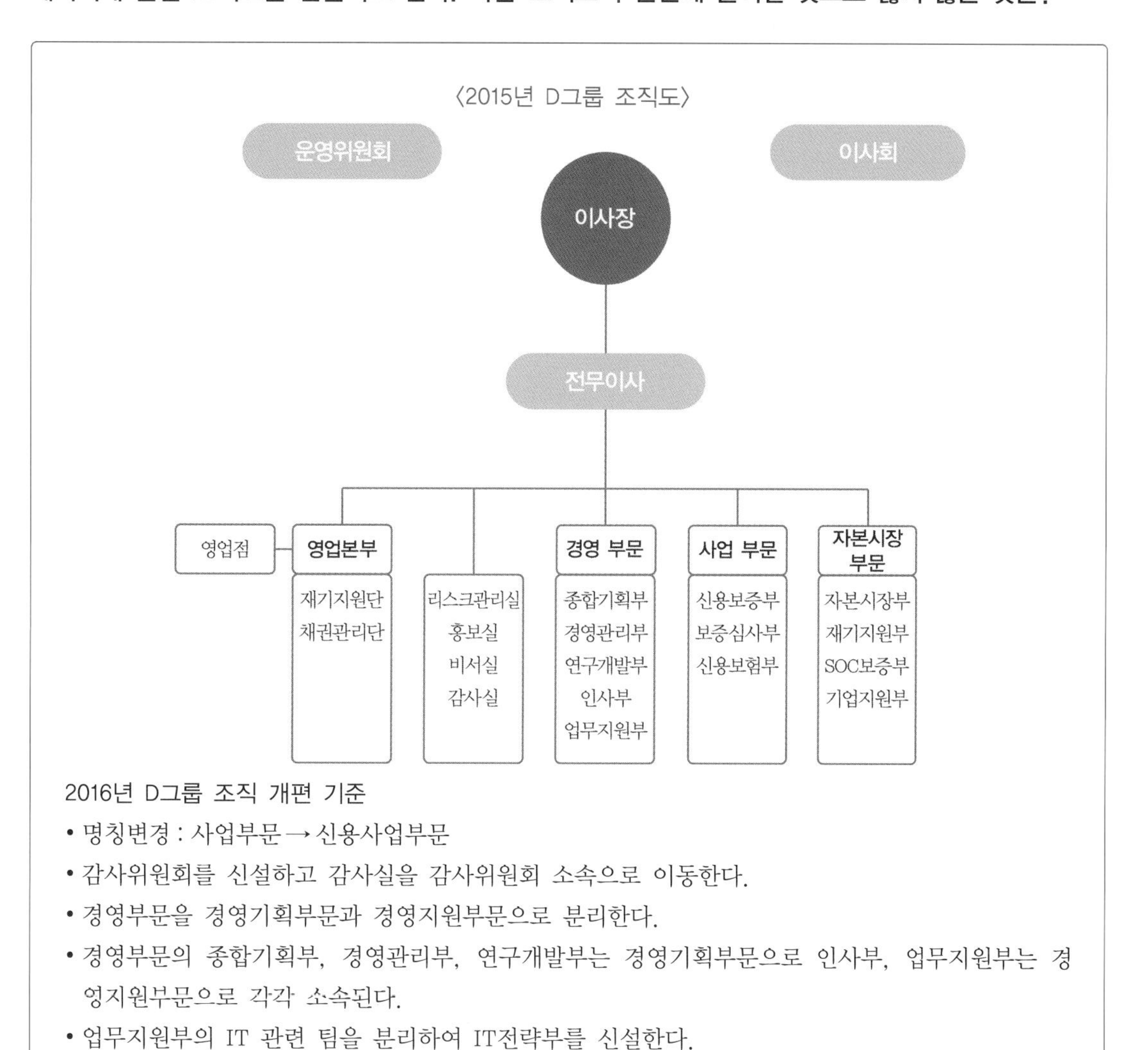

2016년 D그룹 조직 개편 기준

- 명칭변경 : 사업부문 → 신용사업부문
- 감사위원회를 신설하고 감사실을 감사위원회 소속으로 이동한다.
- 경영부문을 경영기획부문과 경영지원부문으로 분리한다.
- 경영부문의 종합기획부, 경영관리부, 연구개발부는 경영기획부문으로 인사부, 업무지원부는 경영지원부문으로 각각 소속된다.
- 업무지원부의 IT 관련 팀을 분리하여 IT전략부를 신설한다.

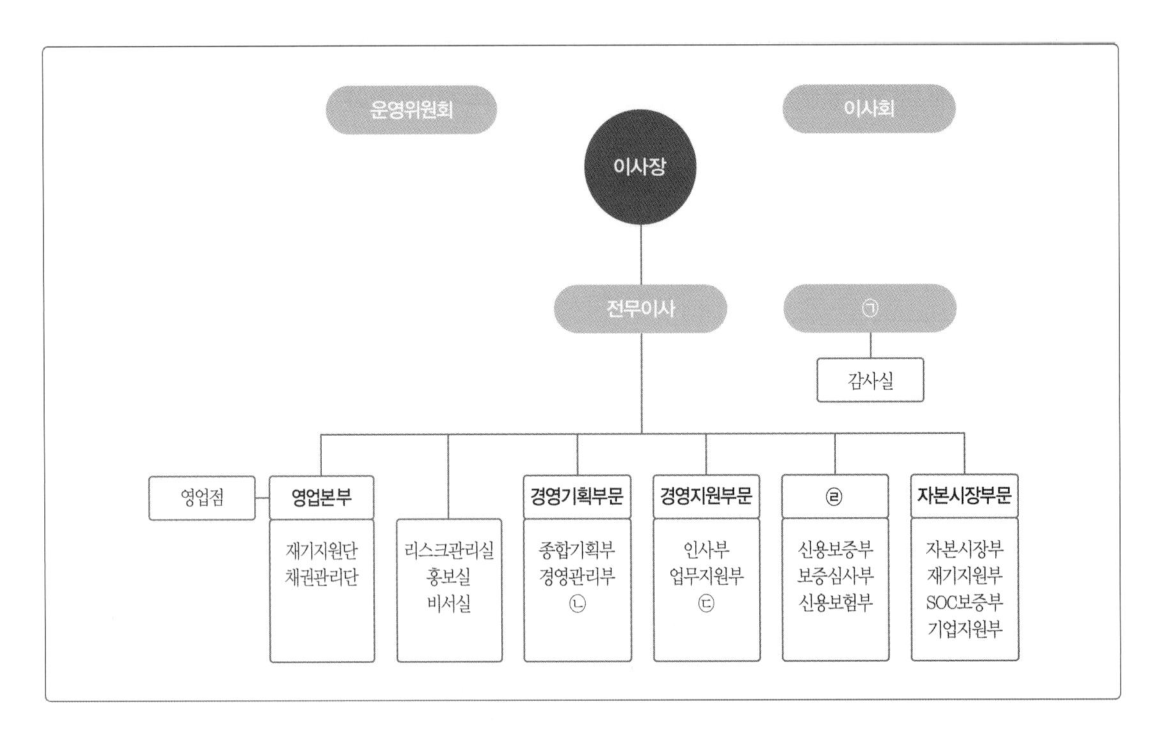

① ㉠ : 감사위원회
② ㉡ : 연구개발부
③ ㉢ : IT전략부
④ ㉣ : 사업부문

9 다음은 A기업의 조직도이다. 다음 중 총무부의 역할로 가장 적절한 것은?

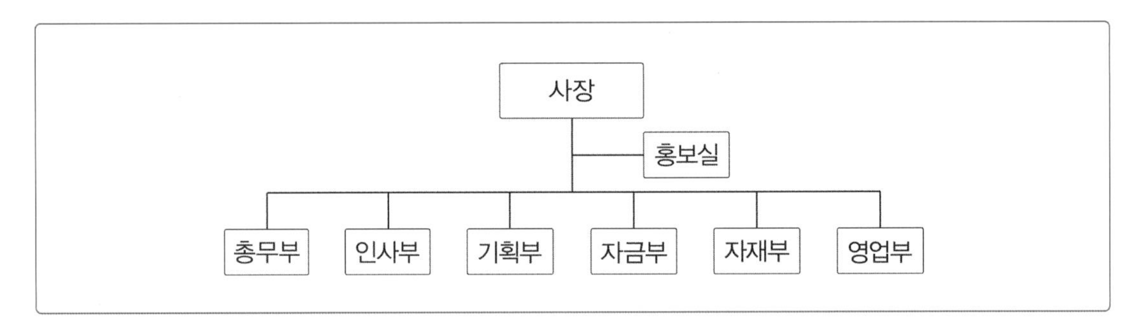

① 경영계획 및 전략 수집 · 조정 업무
② 의전 및 비서업무
③ 보험금융업무
④ 인력 확보를 위한 산학협동업무

10 다음 중 아래의 조직도를 올바르게 이해한 것은?

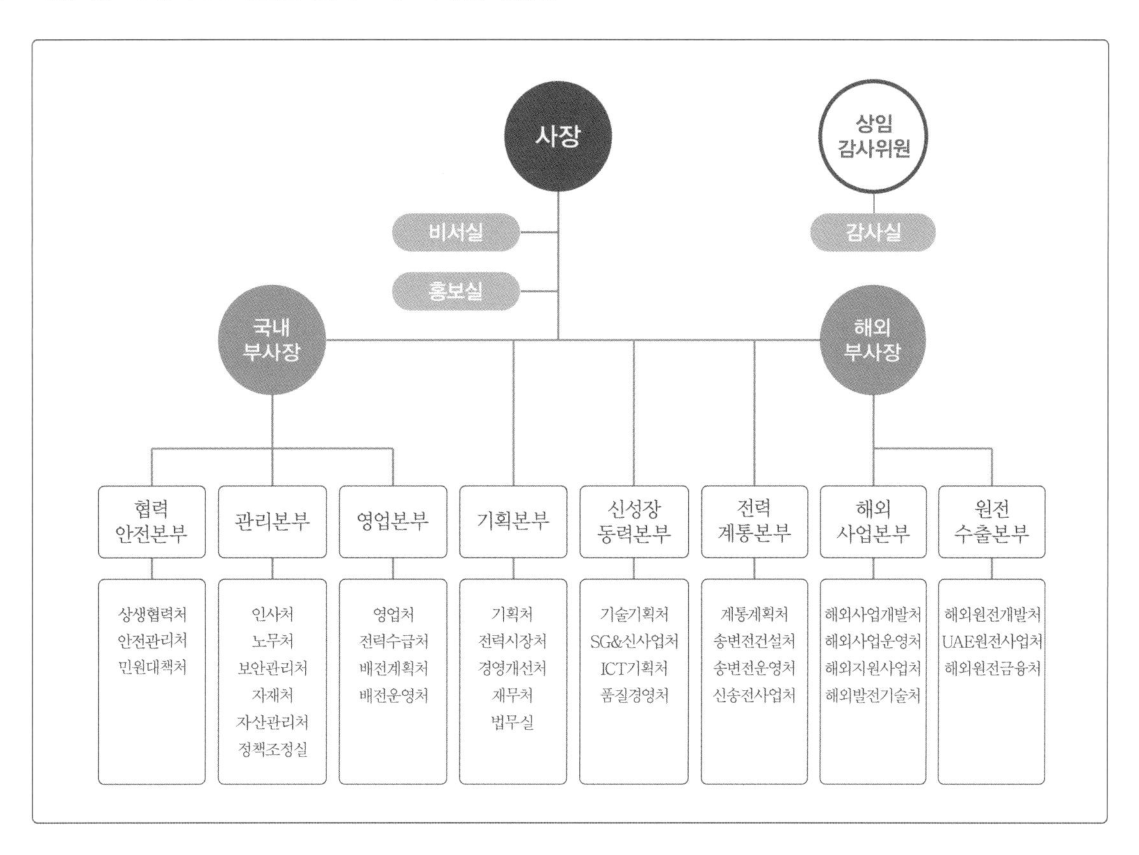

> ㉠ 사장직속으로는 3개 본부, 13개 처, 2개 실로 구성되어 있다.
> ㉡ 국내 · 해외부사장은 각 3개의 본부를 이끌고 있다.
> ㉢ 감사실은 다른 부서들과는 별도로 상임 감사위원 산하에 따로 소속되어 있다.
> ㉣ 노무처와 재무처는 서로 업무협동이 있어야 하므로 같은 본부에 소속되어 있다.

① ㉠ ② ㉢
③ ㉡, ㉢ ④ ㉢, ㉣

11 **다음은 기업용 소프트웨어를 개발 · 판매하는 A기업의 조직도와 사내 업무협조전이다. 주어진 업무협조전의 발신부서와 수신부서로 가장 적절한 것은?**

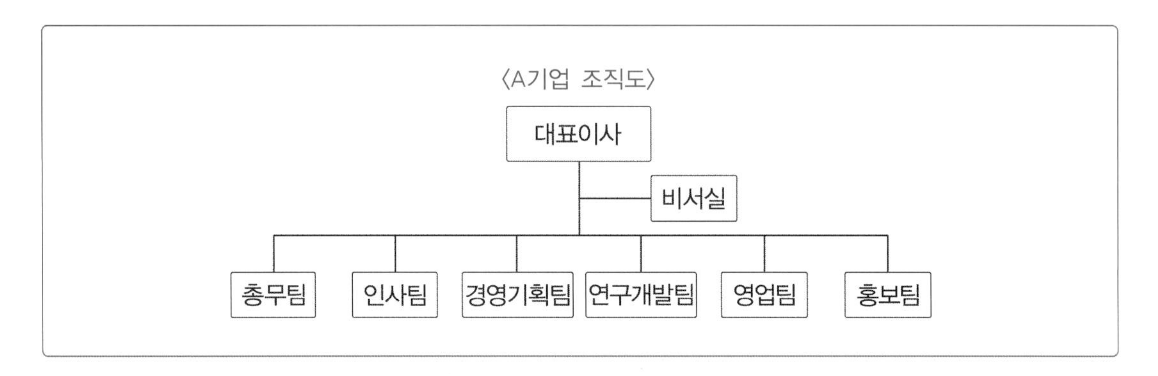

업무협조전

제목 : 콘텐츠 개발에 따른 적극적 영업 마케팅 협조

내용 : 2014년 경영기획팀의 요청으로 저희 팀에서 제작하기 시작한 업무매니저 "한방에" 소프트웨어가 모두 제작 완료되었습니다. 하여 해당 소프트웨어 5종에 관한 적극적인 마케팅을 부탁드립니다.

"한방에"는 거래처관리 소프트웨어, 직원/급여관리 소프트웨어, 매입/매출관리 소프트웨어, 증명서 발급관리 소프트웨어, 거래/견적/세금관리 소프트웨어로 각 분야별 영업을 진행하시면 될 것 같습니다.

특히나 직원/급여관리 소프트웨어는 회사 직원과 급여를 통합적으로 관리할 수 있는 프로그램으로 중소기업에서도 보편적으로 이용할 수 있도록 설계되어 있기 때문에 적극적인 영업 마케팅이 더해졌을 때 큰 이익을 낼 수 있을 거라 예상됩니다.

해당 5개의 프로그램의 이용 매뉴얼과 설명서를 첨부해드리오니 담당자분들께서는 이를 숙지하시고 영업에 효율성을 가지시기 바랍니다.

첨부 : 업무매니저 "한방에" 매뉴얼 및 설명서

	발신	수신
①	경영기획팀	홍보팀
②	연구개발팀	영업팀
③	총무팀	인사팀
④	영업팀	연구개발팀

[12~13] 다음은 J사의 2015년 조직도이다. 주어진 조직도를 보고 물음에 답하시오.

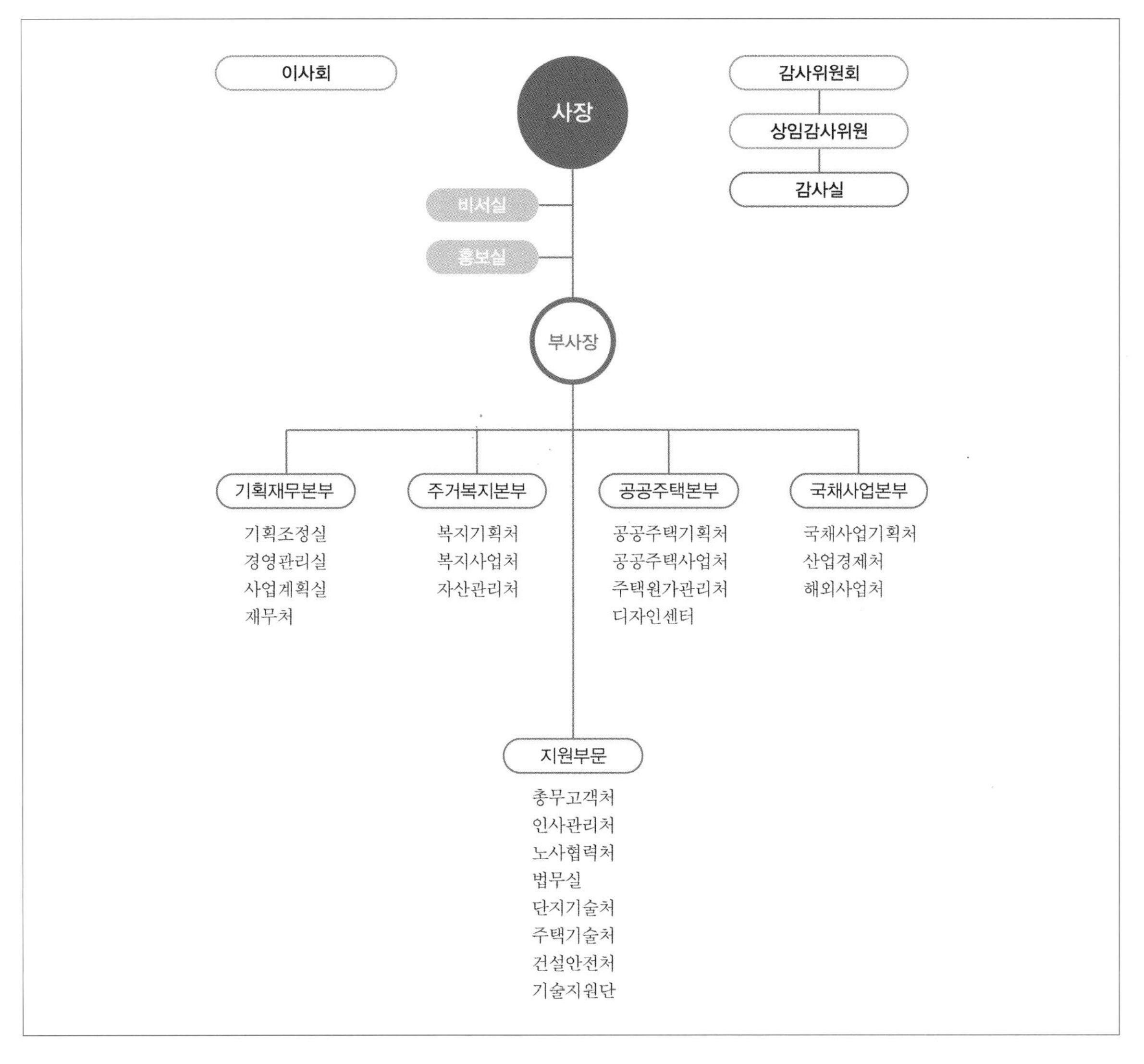

12 위 조직도를 보고 잘못 이해한 것은?

① 부사장은 따로 비서실을 두고 있지 않다.

② 비서실과 홍보실은 사장 직속으로 소속되어 있다.

③ 감사실은 공정한 감사를 위해 다른 조직들과는 구분되어 감사위원회 산하로 소속되어 있다.

④ 부사장 직속으로는 1개 부문, 1실, 6개 처, 1개의 지원단으로 구성되어 있다.

13 다음은 J사의 내년 조직개편사항과 A씨가 개편사항을 반영하여 수정한 조직도이다. 수정된 조직도를 보고 상사인 B씨가 A씨에게 지적할 사항으로 옳은 것은?

〈조직개편사항〉

- 미래기획단 신설(사장 직속)
- 명칭변경(주거복지본부) : 복지기획처 → 주거복지기획처, 복지사업처 → 주거복지사업처
- 지원부문을 경영지원부문과 기술지원부문으로 분리한다.
  - 경영지원부문 : 총무고객처, 인사관리처, 노사협력처, 법무실
  - 기술지원부문 : 단지기술처, 주택기술처, 건설안전처, 기술지원단
- 공공주택본부 소속으로 행복주택부문(행복주택계획처, 행복주택사업처, 도시재생계획처) 신설
- 중소기업지원단 신설(기술지원부문 소속)

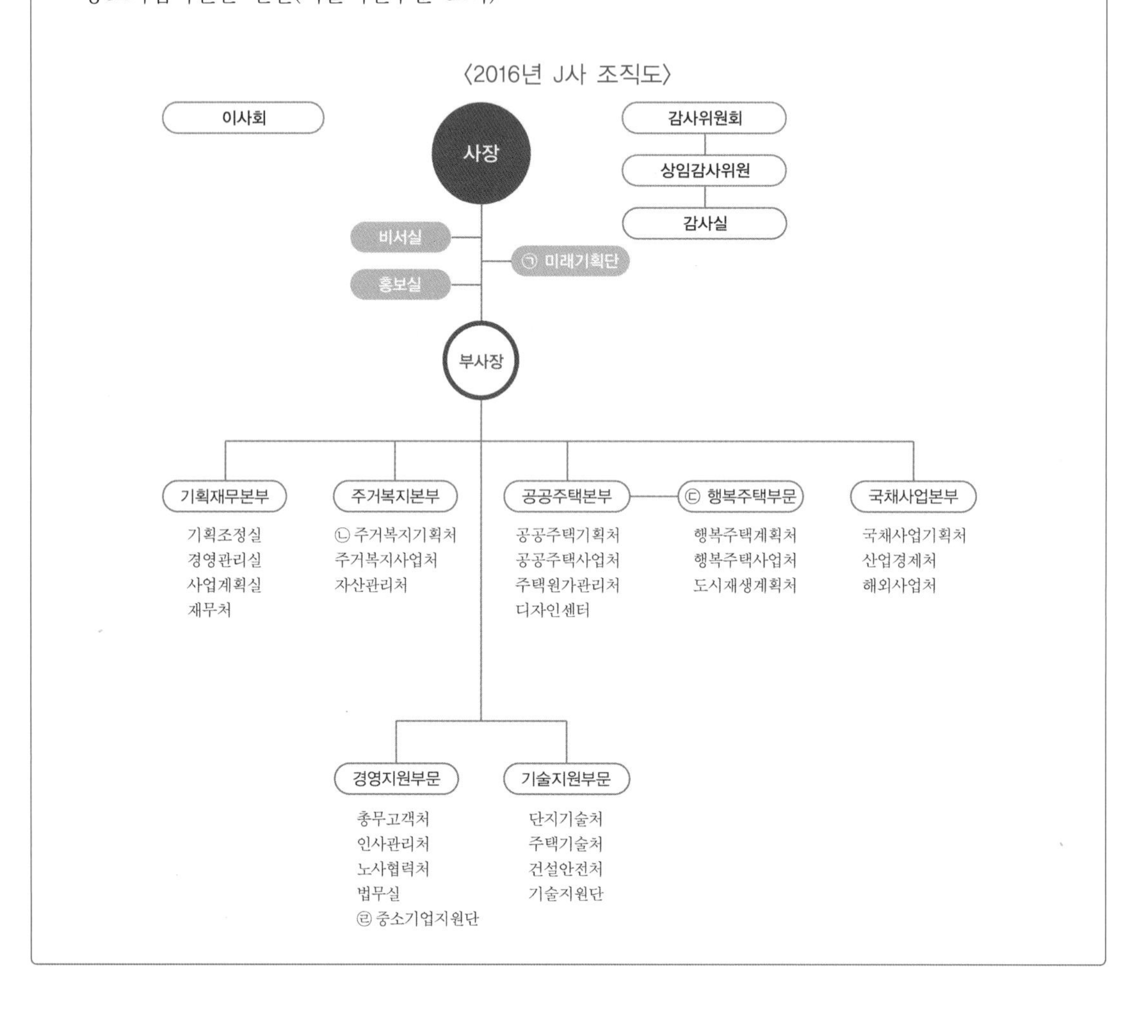

① ㉠ 미래기획단을 부사장 직속으로 이동시켜야 합니다.
② ㉡ 주거복지기획처를 복지기획처로 변경해야 합니다.
③ ㉢ 행복주택부문을 부사장 직속으로 이동해야 합니다.
④ ㉣ 중소기업지원단을 기술지원부문으로 이동해야 합니다.

[14~16] 다음은 J기업의 결재라인에 대한 내용과 양식이다. 다음을 보고 물음에 답하시오.

〈결재규정〉

- 결재를 받으려는 업무에 대하여 최고결재권자 이하 직책자의 결재를 받아야 한다.
- '전결'이라 함은 회사의 경영활동이나 관리활동을 수행함에 있어 의사결정이나 판단을 요하는 일에 대하여 최고결재권자의 결재를 생략하고, 자신의 책임 하에 최종적으로 의사결정이나 판단을 하는 행위를 말한다.
- 전결사항에 대해서도 위임 받은 자를 포함한 이하 직책자의 결재를 받아야 한다.
- 결재를 올리는 자는 전결을 위임받은 자가 있는 경우 위임받은 자의 결재란에 전결이라 표시하고 생략된 결재란은 대각선으로 표시한다.
- 결재권자의 부득이한 부재(휴가, 출장 등) 시 그 직무를 대행하는 자가 대신 결재(대결)하며 대결 시 서명 상단에 "대결"이라 쓰고 날짜를 기입한다.

〈전결사항〉

구분	내용	금액기준	결재서류	팀장	부장	이사
잡비	사무용품 등	–	지출결의서	▲		
출장비	유류비(교통비) 숙식비 등	20만 원 이하	출장계획서 법인카드신청서	■	▲	
		100만 원 이하			■	▲
교육비	내부교육비	–	기안서 지출결의서 법인카드신청서	■▲		
	외부교육비	50만 원 이하		■	▲	
		100만 원 이하			■	▲

※ 전결사항에 없는 기타 결재서류는 모두 사장이 최종결재권자이다.

※ ■ : 출장계획서, 기안서

▲ : 지출결의서, 법인카드신청서

14 인사팀의 A씨는 다음 달에 있을 전문 연수원 기술교육을 위한 서류를 만드는 중이다. 숙박비 및 강사비 등으로 20만 원 초과, 100만 원 이하로 지출될 예정일 때, A씨가 작성할 결재양식으로 옳은 것은?

①

기안서					
결재	담당	팀장	부장	이사	최종결재
	A		전결	/	

②

기안서					
결재	담당	팀장	부장	이사	최종결재
	A			전결	

③

지출결의서					
결재	담당	팀장	부장	이사	최종결재
	A		전결	/	

④

지출결의서					
결재	담당	팀장	부장	이사	최종결재
	A				

15 해외영업부 H씨는 파리출장을 계획하고 있다. 예산을 200만 원으로 잡고 있을 때, H씨가 작성할 결재양식으로 옳은 것은?

①

출장계획서					
결재	담당	팀장	부장	이사	최종결재
	H		전결	/	

②

출장계획서					
결재	담당	팀장	부장	이사	최종결재
	H			전결	

③

법인카드신청서					
결재	담당	팀장	부장	이사	최종결재
	H			전결	

④

법인카드신청서					
결재	담당	팀장	부장	이사	최종결재
	H				

16 10월 2일 J씨는 사무실에서 사용할 A4용지를 급하게 구매해야 하는데 하필 이번 주 내내 팀장님이 휴가 중이다. 팀장 부재 시에는 김갑동 과장이 팀장의 대리일 때, 결재가 다 끝난 후의 지출결의서 결재란으로 옳은 것은?

①

지출결의서					
결재	담당	팀장	부장	이사	최종결재
	J	대결 10/2 김갑동			

②

지출결의서					
결재	담당	팀장	부장	이사	최종결재
	J	전결			대결 10/2 김갑동

③

지출결의서					
결재	담당	팀장	부장	이사	최종결재
	J	대결 10/2 김갑동	전결		부장 ○○○

④

지출결의서					
결재	담당	팀장	부장	이사	최종결재
	J	대결 10/2 김갑동	부장 ○○○	전결	이사 ×××

17 다음은 어느 회사의 홈페이지 소개 페이지이다. 다음의 자료로 알 수 있는 것을 모두 고른 것은?

창조적 열정으로 세상의 가치를 건설하여 신뢰받는

BEST PARTNER & FIRST COMPANY

GLOBAL BEST & FIRST

핵심가치

GREAT INNOVATION	GREAT CHALLENGE	GREAT PARTNERSHIP
변화	최고	신뢰
창의적 발상으로 나부터 바꾸자	도전과 열정으로 최고가 되자	존중하고 소통하여 함께 성장하자

VISION 2020 GOAL

Sustainable Global Company로의 도약

수익성을 동반한 지속가능한 성장을 추구합니다.
글로벌사업 운영체계의 확립을 통해 세계 속 OO건설로 도약합니다.

2020년 경영목표 수주 35조, 매출 27조, 영업이익 2조

㉠ 회사의 목표
㉡ 회사의 구조
㉢ 회사의 문화
㉣ 회사의 규칙과 규정

① ㉠, ㉡
② ㉠, ㉢
③ ㉡, ㉢
④ ㉢, ㉣

[18~20] 다음은 L기업의 회의록이다. 다음을 보고 물음에 답하시오.

〈회의록〉

일시	2015. 00. 00 10:00~12:00	장소	7층 소회의실
참석자	영업본부장, 영업1부장, 영업2부장, 기획개발부장 불참자(1명) : 영업3부장(해외출장)		
회의제목	고객 관리 및 영업 관리 체계 개선 방안 모색		
의안	고객 관리 체계 개선 방법 및 영업 관리 대책 모색 - 고객 관리 체계 확립을 위한 개선 및 A/S 고객의 만족도 증진방안 - 자사 영업직원의 적극적인 영업활동을 위한 개선방안		
토의 내용	㉠ 효율적인 고객관리 체계의 개선 방법 • 고객 관리를 위한 시스템 정비 및 고객관리 업무 전담 직원 증원이 필요(영업2부장) • 영업부와 기획개발부 간의 지속적인 제품 개선 방안 협의 건의(기획개발부장) • 영업 조직 체계를 제품별이 아닌 기업별 담당제로 전환(영업1부장) • 고객 정보를 부장차원에서 통합관리(영업2부장) • 각 부서의 영업직원의 고객 방문 스케줄 공유로 방문처 중복을 방지(영업1부장) ㉡ 자사 영업직원의 적극적인 영업활동을 위한 개선방안 • 영업직원의 영업능력을 향상시키기 위한 교육프로그램 운영(영업본부장)		
협의사항	㉠ IT본부와 고객 리스트 관리 프로그램 교체를 논의해보기로 함 ㉡ 인사과와 협의하여 추가 영업 사무를 처리하는 전담 직원을 채용 할 예정임 ㉢ 인사과와 협의하여 연 2회 교육세미나를 실시함으로 영업교육과 프레젠테이션 기술 교육을 받을 수 있도록 함 ㉣ 기획개발부와 협의하여 제품에 대한 자세한 이해와 매뉴얼 숙지를 위해 신제품 출시에 맞춰 영업직원을 위한 설명회를 열도록 함 ㉤ 기획개발부와 협의하여 주기적인 회의를 갖도록 함		

18 다음 중 본 회의록으로 이해할 수 있는 내용이 아닌 것은?

① 회의 참석 대상자는 총 5명이었다.

② 영업본부의 업무 개선을 위한 회의이다.

③ 교육세미나의 강사는 인사과의 담당직원이다.

④ 영업1부와 2부의 스케줄 공유가 필요하다.

19 다음 중 회의 후에 영업부가 협의해야 할 부서가 아닌 것은?

① IT본부
② 인사과
③ 기획개발부
④ 비서실

20 회의록을 보고 영업부 교육세미나에 대해 알 수 있는 내용이 아닌 것은?

① 교육내용
② 교육일시
③ 교육횟수
④ 교육목적

[21~22] 다음 설명을 읽고 물음에 답하시오.

SWOT이란, 강점(Strength), 약점(Weakness), 기회(Opportunity), 위협(Threat)의 머리글자를 모아 만든 단어로 경영 전략을 수립하기 위한 도구이다. SWOT분석을 통해 도출된 조직의 외부/내부 환경 분석 결과를 통해 각각에 대응하는 전략을 도출하게 된다.

SO 전략이란 기회를 활용하면서 강점을 더욱 강화하는 공격적인 전략이고, WO 전략이란 외부환경의 기회를 활용하면서 자신의 약점을 보완하는 전략으로 이를 통해 기업이 처한 국면의 전환을 가능하게 할 수 있다. ST 전략은 외부환경의 위험요소를 회피하면서 강점을 활용하는 전략이며, WT 전략이란 외부환경의 위협요인을 회피하고 자사의 약점을 보완하는 전략으로 방어적 성격을 갖는다.

내부 / 외부	강점(Strength)	약점(Weakness)
기회(Opportunity)	SO 전략(강점-기회 전략)	WO 전략(약점-기회 전략)
위협(Threat)	ST 전략(강점-위협 전략)	WT 전략(약점-위협 전략)

21 다음은 어느 패스트푸드 프랜차이즈 기업의 SWOT분석이다. 주어진 전략 중 가장 적절한 것은?

강점(Strength)	• 성공적인 마케팅과 브랜드의 인지도 • 유명 음료 회사 A와의 제휴 • 종업원에 대한 전문적인 훈련
약점(Weakness)	• 제품 개발력 • 다수의 프랜차이즈 영업점 관리의 미비
기회(Opportunity)	• 아직 진출하지 않은 많은 해외 시장의 존재 • 증가하는 외식 시장
위협(Threat)	• 건강에 민감한 소비자의 증가 • 다양한 경쟁자들의 위협

내부 / 외부	강점(Strength)	약점(Weakness)
기회(Opportunity)	① 주기적인 영업점 방문 및 점검으로 청결한 상태 유지	② 개발부서의 전문인 경력직원을 확충하여 차별화된 제품 개발
위협(Threat)	③ 더욱 공격적인 마케팅으로 경쟁자들의 위협을 방어	④ A와의 제휴를 강조하여 소비자의 관심을 돌림

22 다음은 어느 어린이 사진관의 SWOT 분석이다. 주어진 전략 중 가장 적절한 것은?

강점(Strength)	• 경영자의 혁신적인 마인드 • 인근의 유명 산부인과 및 조리원의 증가로 좋은 입지 확보 • 차별화된 시설과 내부 인테리어
약점(Weakness)	• 회원관리능력의 부족 • 내부 회계능력의 부족
기회(Opportunity)	• 아이에 대한 관심과 투자의 증가 • 사진 시장 규모의 확대
위협(Threat)	• 낮은 출산율 • 스스로 아이 사진을 찍는 수준 높은 아마추어들의 증가

내부 / 외부	강점(Strength)	약점(Weakness)
기회(Opportunity)	① 좋은 인테리어를 활용하여 부모가 직접 사진을 찍을 수 있도록 공간을 대여해 줌	② 회원관리를 전담하는 상담직원을 채용하여 부모들의 투자를 유도
위협(Threat)	③ 인근에 새로 생긴 산부인과와 조리원에 집중적으로 마케팅하여 소비자 확보	④ 저렴한 가격정책을 내세워 소비자 확보

23 다음 중 조직에 대한 설명으로 옳지 않은 것은?

① 최근에는 다국적 기업과 같은 대규모조직이 증가하고 있다.
② 조직은 공식조직에서 비공식조직으로 발전되어 왔다.
③ 비영리조직은 정부조직을 비롯한 시민단체, 종교단체 등이 포함된다.
④ 비공식조직은 개인들의 협동과 상호작용에 따라 형성된 자발적인 조직이다.

24 다음 중 브레인스토밍을 이용하여 의사결정을 할 때 준수해야 할 규칙으로 옳지 않은 것은?

① 다른 사람이 아이디어를 제시할 때에는 비판하지 않는다.
② 문제에 대한 제안은 자유롭게 이루어질 수 있다.
③ 아이디어는 많이 나올수록 좋다.
④ 아이디어들이 제안되는 중에 이들을 결합하는 과정이 필요하다.

[25~26] 다음은 작년의 사내 복지 제도와 그에 따른 4/4분기 복지 지원 내역이다. 올 1/4분기부터 복지 지원 내역의 변화가 있었을 때, 다음의 물음에 답하시오.

〈사내 복지 제도〉

구분	세부사항
주택 지원	사택지원 (1~6동 총 6개 동 120가구) 기본 2년 (신청 시 1회 2년 연장 가능)
경조사 지원	본인/가족 결혼, 회갑 등 각종 경조사 시 경조금, 화환 및 경조휴가 제공
학자금 지원	고등학생, 대학생 학자금 지원
기타	상병 휴가, 휴직, 4대 보험 지원

〈4/4분기 지원 내역〉

이름	부서	직위	세부사항	금액(천 원)
정희진	영업1팀	사원	모친상	1,000
유연화	총무팀	차장	자녀 대학진학(입학금 제외)	4,000
김길동	인사팀	대리	본인 결혼	500
최선하	IT개발팀	과장	병가(실비 제외)	100
김만길	기획팀	사원	사택 제공(1동 702호)	-
송상현	생산2팀	사원	장모상	500
길태화	기획팀	과장	생일	50(상품권)
최현식	총무팀	차장	사택 제공(4동 204호)	-
최판석	총무팀	부장	자녀 결혼	300
김동훈	영업2팀	대리	생일	50(상품권)
백예령	IT개발팀	사원	본인 결혼	500

25 인사팀의 사원 Z씨는 팀장님의 지시로 작년 4/4분기 지원 내역을 구분하여 정리했다. 다음 중 구분이 잘못된 직원은?

구분	이름
주택 지원	김만길, 최현식
경조사 지원	정희진, 김길동, 길태화, 최판석, 김동훈, 백예령
학자금 지원	유연화
기타	최선하, 송상현

① 정희진
② 김동훈
③ 유연화
④ 송상현

26 다음은 올해 1/4분기 지원 내역이다. 변경된 복지 제도 내용으로 옳지 않은 것은?

이름	부서	직위	세부사항	금액(천 원)
김태호	총무팀	대리	장인상	1,000
이준규	영업2팀	과장	자녀 대학 등록금	4,000
박신영	기획팀	사원	생일	50(기프트 카드)
장민하	IT개발팀	차장	자녀 결혼	300
백유진	기획팀	대리	병가(실비 포함)	200
배주한	인사팀	차장	생일	50(기프트 카드)

① 경조사 지원금은 직위와 관계없이 동일한 금액으로 지원됩니다.
② 배우자 부모 사망 시 경조사비와 본인 부모 사망 시 경조사비를 동일하게 지급합니다.
③ 직원 본인 병가 시 위로금 10만 원과 함께 병원비(실비)를 함께 지급합니다.
④ 생일 시 지급되는 상품권을 현금카드처럼 사용할 수 있는 기프트 카드로 변경 지급합니다.

[27~28] 다음은 영업1팀 사원 A씨가 부서 주간 회의에 참석하여 작성한 회의록이다. 다음을 보고 물음에 답하시오.

〈회의록〉

일시	2015. 12. 15(화) 13:00~16:00	장소	10층 소회의실
참석자	영업부장 K, 영업1팀 팀장 J, 차장 L, 과장 H, 대리 P, 사원 A, X		
회의자료	올해 영업1팀 영업보고서, 영업점 리스트, 영업점 요청사항		
회의제목	영업1팀 2015년도 영업보고 및 2016년도 영업전략 수립		
회의내용	① 영업현황 보고서 제출 ㉠ J 팀장의 올해 영업보고 – 작년 대비 5% 이익 감소 ㉡ 온라인 판매부문에서 20%의 높은 성장률을 기록하였으나 기존 매출의 80%를 차지하던 지점매출이 10% 이상 감소 ② 부실 지점 정리 및 온라인 사업부 강화 ㉠ 올해 영업결과를 바탕으로 2016년도 영업방침 검토 ㉡ 적자 지점 철수 ㉢ 온라인 사업부 강화 방안 및 온라인 매출 목표액 설정 ㉣ 2차 회의를 통해 온라인 매출계획 및 전략의 세부사항 보고 ③ 신년 프로모션 건 ㉠ 1월 신년 프로모션 기간 지정(영업2팀) ㉡ 주요 경쟁사 할인 일정 및 할인율 확인(영업2팀) ㉢ 프로모션 기간 중 고객 참여 현장 이벤트 기획논의 필요(경영지원팀)		
요청사항 및 비고	• 회의 종료 후 지점별 상세 매출자료 제출 요망(영업부장 K, 금일 18시) • 2차 회의 일시 : 2015. 12. 22(화) 13시 • 영업2팀과 경영지원팀에 고객 참여 현장 이벤트에 대한 보고 및 2차 회의 참석요청(사원 X)		

27 다음 중 본 회의의 안건으로 옳지 않은 것은?

① 2015 영업현황 보고

② 신년 주요 프로모션 기획

③ 부실 지점 정리 및 온라인 사업부 강화

④ 경영지원팀과의 현장 이벤트 기획논의

28 다음 중 사원 A씨가 회의 이후 가장 먼저 해야 하는 일은?

① 영업2팀 팀장에게 회의록 전달 및 협업요청
② 영업부장에게 지점별 상세 매출자료 제출
③ 팀내 게시판에 2차 회의 일시 및 안건 작성
④ 경영지원팀에 영업1팀 2차 회의 참석 요청

29 사원 X는 고객 참여 현장 이벤트에 대한 내용을 협력부서에 메일로 보내려 한다. 다음 중 잘못 작성된 부분은?

일시	2015. 12. 16 AM 11 : 10
수신	① 경영지원팀
참조	② 영업1팀
발신	영업1팀 사원 X
제목	③ 신년 프로모션 기간 중 고객 참여 현장 이벤트

안녕하세요. 영업1팀 사원 X입니다.
영업1팀에서 2016년 1월 중에 신년 프로모션을 진행할 계획을 갖고 있습니다. 프로모션 기간과 영업2팀에서 담당하고 있는 지역의 주요 경쟁사 할인 일정 및 할인율 확인이 필요하오니 ④ 다음 주 화요일(12/22) 13시에 10층 소회의실에서 있을 회의에 팀장 또는 담당 사원의 참여를 바랍니다.
감사합니다.

30 H전자 1공장의 공장장 및 관리자들은 작년에 비해 눈에 띄게 늘어난 불량률 때문에 골머리를 앓고 있다. 마땅한 해결책이 없어 생산부원들과 함께 회의를 진행하였다. 주어진 의사결정 과정에 대한 도표의 각 과정에 대한 질문이 가장 적절하게 연결된 것은?

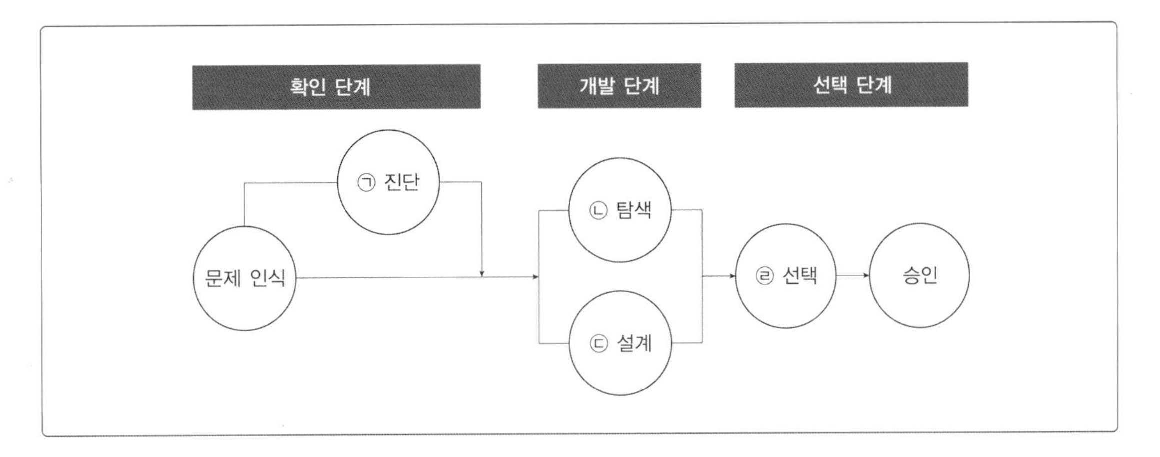

① ㉠ : 작년에 대비하여 불량률이 얼마나 증가하였는가?
② ㉡ : 불량률이 증가한 이유는 무엇인가?
③ ㉢ : 기존에 우리 공장에서 불량률을 줄이기 위해 사용했던 방안은 무엇인가?
④ ㉣ : 그 외에 새로운 방안에는 어떤 것들이 있겠는가?

의사소통능력
수리능력
문제해결능력
자기개발능력
자원관리능력
대인관계능력
정보능력
기술능력
조직이해능력
직업윤리

10 핵심예상문제

직업윤리

정답 및 해설 p.461

1 다음 중 직장에서의 소개 예절로 옳지 않은 것은?

① 나이 어린 사람을 연장자에게 소개한다.
② 신참자를 고참자에게 소개한다.
③ 반드시 성과 이름을 함께 말한다.
④ 빠르게 그리고 명확하게 말한다.

2 다음 중 성 예절을 지키기 위한 노력으로 옳은 것은?

① 성희롱 문제는 사전에 예방할 수 없기 때문에 국가와 타협을 해야 한다.
② 여성은 남성보다 높은 지위를 보장 받기 위해서 그에 상응하는 여건을 조성해야 한다.
③ 직장 내에서 여성의 지위를 인정받기 위해 남성의 지위를 없애야 한다.
④ 성역할에 대한 과거의 잘못된 인식을 타파하고 남녀공존의 직장문화를 정착하는 노력이 필요하다.

3 다음은 B공사의 윤리경영에 입각한 임직원 행동강령의 일부이다. 주어진 행동강령에 부합하는 설명이 아닌 것은 어느 것인가?

> 제○○조(금품 등을 받는 행위의 제한)
>
> ① 임직원(배우자 또는 직계 존·비속을 포함)은 직무관련자나 직무관련임직원으로부터 금전, 부동산, 선물, 향응, 채무면제, 취업제공, 이권부여 등 유형·무형의 경제적 이익을 받거나 요구 또는 제공받기로 약속해서는 아니 된다. 다만, 다음 각 호의 어느 하나에 해당하는 경우에는 그러하지 아니하다.
>
> 1. 친족이 제공하는 금품 등
> 2. 사적 거래로 인한 채무의 이행 등에 의하여 제공되는 금품 등
> 3. 원활한 직무수행 또는 사교·의례의 목적으로 제공될 경우에 한하여 제공되는 3만 원 이하의 음식물·편의 또는 5만 원 이하의 소액의 선물
> 4. 직무와 관련된 공식적인 행사에서 주최자가 참석자에게 통상적인 범위에서 일률적으로 제공하는 교통·숙박·음식물 등의 금품 등
> 5. 불특정 다수인에게 배포하기 위한 기념품 또는 홍보용품 등
> 6. 특별히 장기적·지속적인 친분관계를 맺고 있는 자가 질병·재난 등으로 어려운 처지에 있는 임직원에게 공개적으로 제공하는 금품 등
> 7. 임직원으로 구성된 직원 상조회 등이 정하는 기준에 따라 공개적으로 구성원에게 제공하는 금품 등
> 8. 상급자가 위로, 격려, 포상 등의 목적으로 하급자에게 제공하는 금품 등
> 9. 외부강의·회의 등에 관한 대가나 경조사 관련 금품 등
> 10. 그 밖에 다른 법령·기준 또는 사회상규에 따라 허용되는 금품 등
>
> ② 임직원은 직무관련자였던 자나 직무관련임직원이었던 사람으로부터 당시의 직무와 관련하여 금품 등을 받거나 요구 또는 제공받기로 약속해서는 아니 된다. 다만, 제1항 각 호의 어느 하나에 해당하는 경우는 제외한다.

① 임직원의 개인적인 채무 이행 시의 금품 수수 행위는 주어진 행동강령에 의거하지 않는다.

② 3만 원 이하의 음식물·편의 제공은 어떤 경우에든 가능하다.

③ 어떠한 경우이든 공개적으로 제공되는 금품은 문제의 소지가 현저히 줄어든다고 볼 수 있다.

④ 직원 상조회 등으로부터 금품이 제공될 경우, 그 한도액은 제한하지 않는다.

4 **다음 지문의 빈칸에 들어갈 알맞은 것을 〈보기〉에서 고른 것은?**

> 기업은 합법적인 이윤 추구 활동 이외에 자선 · 교육 · 문화 · 체육 활동 등 사회에 긍정적 영향을 미치는 책임 있는 활동을 수행하기도 한다. 이처럼 기업이 사회적 책임을 수행하는 이유는 __________________________________

〈보기〉

㉠ 기업은 국민의 대리인으로서 공익 추구를 주된 목적으로 하기 때문이다.
㉡ 기업의 장기적인 이익 창출에 기여할 수 있기 때문이다.
㉢ 법률에 의하여 강제된 것이기 때문이다.
㉣ 환경 경영 및 윤리 경영의 가치를 실현할 수 있기 때문이다.

① ㉠, ㉡
② ㉠, ㉢
③ ㉡, ㉢
④ ㉡, ㉣

5 **다음 기사 내용에서 'A씨'에게 필요한 업무 수행의 자세로 알맞은 것은?**

부실 공사 눈감아준 공무원 입건

△△경찰서는 부실공사를 알고도 준공검사를 해준 혐의로 공무원 A씨를 불구속 입건했다. 그는 수백 억 원의 예산이 투입되는 주택 건설 사업과 관련해 기존 설계도면에 문제가 있다는 것을 알면서도 설계 변경 없이 공사를 진행하도록 하고 준공검사까지 내주었다. 특히 A씨는 준공검사 때에도 현장에 가지 않고 준공검사 조서를 작성한 것으로 드러났다.

① 많은 성과를 내기 위해 관행에 따라 일을 처리해야 한다.
② 사실 확인보다는 문서의 정확성을 위해 노력해야 한다.
③ 정명(正名) 정신에 따라 사회적 책임을 완수해야 한다.
④ 인정(人情)에 의거해 업무를 처리해야 한다.

6 다음 대화의 빈칸에 들어갈 말로 가장 알맞은 것은?

> A : 공직자로서 갖추어야 할 가장 중요한 덕목은 무엇인가요?
> B : 공직자는 국민의 봉사자이므로 청렴이 가장 중요하다고 생각합니다.
> A : 그럼 경제적 사정이 어려운 친인척들이 공공 개발 계획의 정보를 미리 알려달라고 할 때에는 어떻게 해야 할까요?
> B : ________________

① 국민의 요청이므로 알 권리를 충족시켜 주어야 합니다.
② 어려운 친인척들에게 경제적 이익을 주어야 합니다.
③ 정보를 알려주되 대가를 요구하지 않아야 합니다.
④ 사익을 배제하고 공명정대하게 행동해야 합니다.

7 영업팀에서 근무하는 오 대리는 아래와 같은 상황을 갑작스레 맞게 되었다. 다음 중 오 대리가 취해야 할 행동으로 가장 적절한 것은 어느 것인가?

> 오 대리는 오늘 휴일을 맞아 평소 자주 방문하던 근처 고아원을 찾아가기로 하였다. 매번 자신의 아들인 것처럼 자상하게 대해주던 영수에게 줄 선물도 준비하였고 선물을 받고 즐거워할 영수의 모습에 설레는 마음을 감출 수 없었다.
> 그러던 중 갑자기 일본 지사로부터, 내일 방문하기로 예정되어 있던 바이어 일행 중 한 명이 현지 사정으로 인해 오늘 입국하게 되었다는 소식을 전해 들었다. 바이어가 한국 체류 시 모든 일정을 동행하며 계약 체결에 차질이 없도록 접대를 해주어야 하는 오 대리는 갑자기 공항으로 서둘러 출발해야 하는 상황에 놓이게 되었다.

① 업무상 긴급한 상황이지만, 휴일인 만큼 계획대로 영수와의 시간을 갖는다.
② 지사에 전화하여 오늘 입국은 불가하며 내일 비행기 편을 다시 알아봐 줄 것을 요청한다.
③ 영수에게 아쉬움을 전하며 다음 기회를 약속하고 손님을 맞기 위해 공항으로 나간다.
④ 손님을 맞기 위한 모든 일정에 영수를 대동하고 참석한다.

8 L병원 홍보실에서는 환자 서비스를 강화하기 위하여 내부적으로 논의를 거쳐 다음과 같은 행동수칙 항목들을 정했다. 이를 검토한 원장은 항목들을 '봉사'와 '준법'의 분야로 나누어 기재할 것을 지시하였다. 다음 중 원장의 지시에 맞게 항목들을 구분한 것은 어느 것인가?

〈의료서비스 개선을 위한 직원 행동수칙〉

1. 인간생명의 존엄성을 인식하고 박애와 봉사정신으로 환자에게 최선의 진료를 제공한다.
2. 제반 법령과 규정을 준수하며, 언제나 정직한 의료를 제공한다.
3. 환자 편익을 위해 진료절차, 진료비용 등에 대해 투명하게 설명하고 성의를 다해 안내한다.
4. 직무를 수행함에 있어서 일체의 금전이나 향응, 각종 편의를 단호히 거부한다.
5. 환자이익을 우선시하고 업무과정에서 취득한 개인정보를 제3자에게 누설하지 아니한다.
6. 특정인에게 입원 및 진료순서를 바꿔주거나 의료비 할인 등 건강 불평등을 초래하는 일체의 의료 특혜를 제공하지 아니한다.

	봉사	준법
①	1, 2, 5	3, 4, 6
②	2, 4, 5, 6	1, 3
③	1, 5, 6	2, 3, 4
④	1, 3	2, 4, 5, 6

9 다음 대화의 빈칸에 들어갈 말로 알맞은 것은?

A : 직업인으로서 지켜야 할 기본 윤리는 무엇인가요?
B : 직업인이라면 일반적으로 정직과 성실, 신의, 책임, 의무 등의 덕목을 준수해야 합니다.
A : 선생님께서 말씀하신 덕목은 모든 사람들에게 요구되는 윤리와 부합하는데, 그 이유는 무엇인가요?
B : ____________________

㉠ 모든 직업인은 직업인이기 전에 인간이기 때문입니다.
㉡ 직업은 사회적 역할 분담의 성격을 지니고 있기 때문입니다.
㉢ 직장 생활에서 사람들과 관계를 맺어야 하기 때문입니다.
㉣ 특수한 윤리가 필요한 직업은 존재하지 않기 때문입니다.

① ㉠, ㉢
② ㉡, ㉣
③ ㉠, ㉡, ㉢
④ ㉠, ㉢, ㉣

10 다음 내용에 부합하는 명장(名匠)의 요건으로 알맞은 것은?

우리나라는 명장(名匠) 제도를 실시하고 있다. 장인 정신이 투철하고 그 분야에서 최고 수준의 기능을 보유한 사람을 명장으로 선정함으로써 기능인이 긍지와 자부심을 가지고 맡은 분야에 계속 정진할 수 있도록 유도하여 국가 산업 발전에 이바지하고자 한다. 명장 제도는 기술과 품성을 모두 갖춘 훌륭하고 모범적인 기능인이 사회의 귀감이 되도록 하는 역할을 하고 있다.

① 육체노동보다 정신노동에 종사하는 사람이다.
② 사회에 기여한 바는 없지만 기술력이 탁월하다.
③ 자본주의 사회에서 효율적인 가치를 창출하는 직업에 매진한다.
④ 자신의 재능을 기부하여 지역 주민의 삶을 풍요롭게 한다.

11 빈칸에 들어갈 말로 알맞은 것은?

> 우리는 고아들과 병든 노인들을 헌신적으로 돌보는 의사나 교육에 대한 긍지를 가지고 산골이나 도서 벽지에서 학생 지도에 전념하는 교사들의 삶을 가치 있는 삶이라고 생각한다. 왜냐하면 그들은 직업 생활을 통해 ______________을 살았기 때문이다.

① 희생과 헌신 속에서 보람을 느끼는 삶

② 직업에 귀천을 따지지 않는 삶

③ 자신의 전문성을 탁월하게 발휘하는 삶

④ 사회와 국가를 위해 자신을 포기하는 삶

12 (가)의 입장에서 (나)의 A에게 해야 할 충고로 알맞은 것은?

> (가) 한 집을 봉양하기 위해서만 벼슬을 구하는 것은 옳지 않다. 예로부터 지혜가 깊은 목민관은 청렴을 교훈으로 삼고, 탐욕을 경계하였다.
>
> (나) 공무원 A는 연고지의 재개발 업무를 담당하면서 관련 사업 내용을 미리 알게 되었다. 그는 이 내용을 친인척에게 제공하여 돈을 벌게 해주고 싶은 생각에 고민하고 있다.

① 어려움에 처한 친인척을 우선적으로 도와야 한다.

② 시민의 재산권보다 업무 성과를 더 중시해야 한다.

③ 공직 생활로 얻은 재물을 사회에 환원해야 한다.

④ 업무 수행에서 얻은 정보는 공동선을 위해 사용해야 한다.

13 회사의 아이디어 공모에 평소 당신이 생각했던 것을 알고 있던 동료가 자기 이름으로 제안을 하여 당선이 된 경우 당신의 행동으로 가장 적절한 것은?

① 동료에게 나의 아이디어였음을 솔직히 말하고 설득한다.
② 모른 척 그냥 넘어간다.
③ 회사에 대대적으로 고발하여 동료를 곤경에 빠뜨린다.
④ 동료에게 감정적으로 대응하여 다시는 그러한 행동을 하지 못하도록 한다.

14 다음의 사례를 보고 직업윤리에 벗어나는 행동을 바르게 지적한 것은?

> 직장 상사인 A는 항상 회사에서 주식이나 펀드 등 자신만의 사적인 업무로 대단히 분주하다. 사적인 업무의 성과가 좋으면 부하직원들에게 친절히 대하지만, 그렇지 않은 경우 회사의 분위기는 매우 엄숙해지고 부하직원을 호되게 꾸짖는다.

① 주식을 하는 A는 한탕주의를 선호하는 사람이므로 직업윤리에 어긋난다.
② 사무실에서 사적인 재테크를 하는 행위는 직업윤리에 어긋난다.
③ 작은 것의 소중함을 잃고 살아가는 사람이므로 직업윤리에 어긋난다.
④ 자신의 기분에 따라 사원들이 조심해야 하므로 직업윤리에 어긋난다.

15 유명 외국계회사와 합병이 되면서 약 1년간 해외에서 근무할 직원으로 옆자리의 동료가 추천되었다. 그러나 해외에서의 업무가 당신의 경력에 도움이 많이 될 것 같아 해외근무를 희망하고 있던 중이었다. 당신의 행동으로 가장 적절한 것은?

① 상사에게 단도직입적으로 해외근무에 대한 강한 의지를 표명한다.
② 동료를 강제로 협박하여 해외근무를 포기하게끔 한다.
③ 동료에게 양해를 구하고 회사 내규에 따라 자신이 추천받을 수 있는 방법을 찾는다.
④ 운명이라 생각하고 그냥 체념한다.

16 상사가 당신에게는 어려운 업무만 주고 입사동기인 A에게는 쉬운 업무만 주는 것을 우연히 알게 되었다. 당신의 행동으로 가장 적절한 것은?

① 상사에게 왜 차별대우를 하는지에 대해 무작정 따진다.
② 상사에게 알고 있는 사실과 부당한 대우로 인한 불편함을 솔직히 이야기하고 해결방안을 제시한다.
③ A에 대한 인적사항을 몰래 조사하여 특혜를 받을 만한 사실이 있는지 파헤친다.
④ 직장생활의 일부라고 생각하고 꿋꿋이 참아낸다.

17 상사의 실수로 인하여 영업상 큰 손해를 보게 되었다. 그런데 부하직원인 A에게 책임을 전가하려고 한다. 당신은 평소 A와 가장 가까운 사이이며 A는 이러한 상사의 행동에 아무런 대응도 하지 않고 있다. 이럴 때 당신의 행동으로 가장 적절한 것은?

① A에게 왜 아무런 대응도 하지 않는지에 대해 따지고 화를 낸다.
② 상사가 A에게 책임을 전가하지 못하도록 A를 대신하여 상사와 맞대응한다.
③ 상사의 부적절한 책임전가 행위를 회사에 대대적으로 알린다.
④ A에게 대응하지 않는 이유를 물어보고 A가 갖고 있는 어려움에 대해 의논하여 도움을 줄 수 있도록 한다.

18 당신은 새로운 통신망의 개발을 위한 프로젝트에 합류하게 되었는데, 이 개발을 위해서는 마케팅 부서의 도움이 절실히 필요하다. 그러나 귀하는 입사한 지 얼마 되지 않았기 때문에 마케팅 부서의 사람들을 한 명도 제대로 알지 못한다. 이런 상황을 아는지 모르는지 팀장은 귀하에게 이 개발의 모든 부분을 일임하였다. 이럴 때 당신의 행동으로 가장 적절한 것은?

① 팀장에게 다짜고짜 프로젝트를 못하겠다고 보고한다.
② 팀장에게 자신의 상황을 보고한 후 마케팅 부서의 도움을 받을 수 있는 방법을 찾는다.
③ 마케팅 부서의 팀장을 찾아가 도와달라고 직접 부탁한다.
④ 마케팅 부서의 도움 없이도 프로젝트를 수행할 수 있다는 것을 보여주기 위해 그냥 진행한다.

19 당신은 △△기업의 지원팀 과장으로 협력업체를 관리하는 감독관이다. 새로운 제품의 출시가 임박하여 제대로 상품이 생산되는지를 확인하기 위하여 협력업체를 내방하였다. 그런데 생산현장에서 담당자의 작업지침이 △△기업에서 보낸 작업지침서와 많이 달라 불량품이 발생할 조짐이 현저하다. 이번 신제품에 △△기업은 사활을 걸고 있다. 이러한 상황에서 당신의 행동으로 가장 적절한 것은?

① 협력업체 대표를 불러 작업지침에 대한 사항을 직접 물어본다.

② 곧바로 회사에 복귀하여 협력업체의 무분별한 작업을 고발하고 거래를 중지해야 한다고 보고한다.

③ 협력업체 대표를 불러 작업을 중단시키고 계약을 취소한다고 말한다.

④ 협력업체 현장 담당자에게 왜 지침이 다른지 물어보고 잘못된 부분을 지적하도록 한다.

20 당신은 설계부서에서 근무를 하고 있다. 최근 수주 받은 제품을 생산하기 위한 기계를 설계하던 중 클라이언트가 요청한 부품을 구매해 줄 것을 구매부서에 요청하였으나 구매부서 담당자는 가격이 비싸다는 이유로 그와 비슷한 저가의 부품을 구매해 주었다. 이러한 상황을 뒤늦게 당신이 알게 되었다. 당신이 취할 수 있는 가장 바람직한 행동은?

① 구매부서 팀장에게 항의를 하고 원하는 부품을 요구한다.

② 클라이언트에게 알리지 않고 저가의 부품을 그냥 사용한다.

③ 클라이언트에게 양해를 구한 후 구매부서를 설득하여 부품을 교환한다.

④ 구매부서의 이러한 행동을 그대로 상부에 보고한다.

21 상사가 매일 같은 사무실에서 근무하는 동료의 외모를 비꼬아 농담을 던진다. 그런데 점점 더 수위가 높아지는 것을 알게 된 당신의 행동으로 가장 적절한 것은?

① 동료에게 조심히 성형수술을 제안한다.

② 상사의 단점을 파악하여 동료에게 알려준다.

③ 상사에게 동료에 대한 험담이 마음의 상처가 될 수 있다는 사실을 조심스럽게 전한다.

④ 그냥 무시한다.

22 다음 중 기업윤리에 대한 설명으로 가장 적절하지 않은 것은?

① 기업윤리의 준수가 단기적으로는 기업의 효율성을 저해할 수 있지만 장기적 관점에서 조직 유효성을 확보할 수 있게 한다.

② 기업윤리는 조직구성원의 행동규범을 제시하고 건전한 시민으로서의 윤리적 성취감을 충족시켜준다.

③ 기업윤리를 확립하기 위해 정부 및 공익단체의 권고와 감시활동이 필요하다.

④ 기업윤리는 사회적 규범의 체계로서 수익성을 추구하는 경영활동과는 독립된 별개의 영역이므로 경영목표나 전략에 영향을 주지 않는다.

23 직업윤리의 기본 원칙으로 알맞은 것은?

㉠ 사회적 책임
㉡ 연대의식의 해체
㉢ 전문성 제고
㉣ 천직 · 소명 의식
㉤ 협회의 강령 비판

① ㉠, ㉡, ㉢

② ㉠, ㉢, ㉣

③ ㉡, ㉢, ㉣

④ ㉡, ㉢, ㉤

24 A는 현재 한 기업의 경력 20년차 부장으로서 근무하고 있다. 최근 상부에서 기업문화 개선을 위한 방안으로 전화응대 시 서로 자신의 신분을 먼저 알리도록 하자는 지시사항이 내려왔다. 경력과 회사 내의 위치를 고려하였을 때, 전화 상대가 대부분 자신의 후배인 경우가 많은 A에게는 못마땅한 상황이다. 이러한 상황에서 A에게 해줄 수 있는 조언으로 가장 적절한 것은?

① 직장 내에서 전화를 걸거나 받는 경우 자신의 신분을 먼저 알리는 것은 부끄럽거나 체면을 구기는 일이 아니다. 또한 전화상대가 후배일 가능성만 높을 뿐, 선배일 수도 있고 외부 고객의 전화일 수도 있다.

② 전화응대 시 서로 자신의 신분을 먼저 알림으로써 친목도모 및 사내 분위기 향상의 효과가 있으며, 직원들 간의 원활한 의사소통에도 도움이 된다.

③ 비록 직급이 높은 간부들에게는 못마땅한 부분이 있을 수 있으나, 상부의 지시사항을 잘 이해함으로써 발생하는 부수적인 효과도 기대할 수 있다.

④ 직장 내 상사로서 솔선수범하여 기업문화 개선에 앞장서는 모습을 보인다면 후배 직원들에게 좋은 본보기가 되어 회사의 위계질서를 세우는 데 큰 도움이 될 수 있다.

25 회사 내에서 기업윤리 관련 업무를 담당하고 있는 당신은 상사로부터 회사 내 새로운 기업윤리 지침을 작성해보라는 지시를 받았다. 당신은 업무에 대한 근면성, 성실성, 책임성 등을 바탕으로 새로운 기업윤리 지침을 작성하였으며, 이에 대한 설명을 보충하기 위해 규정 위반 사례들을 모아 첨부하려고 한다. 다음 중 당신이 첨부할 위반 사례로 가장 적절한 것은?

① 출장 중에 회사 카드로 식사 및 숙박을 해결하는 행위

② 업무 중 모바일 메신저를 통하여 외부 사람에게 정보를 구하는 행위

③ 휴식 시간을 잘 지키지 않는 행위

④ 업무 외 시간에 불법상거래와 도박을 하는 행위

26 **당신은 잦은 철야로 인하여 몸이 몹시 피곤해 있다. 그런데 어젯밤에도 늦게까지 일하면서 처리한 일이 사고가 터지게 되었다. 이에 대해 상사가 불같이 화를 내며 심하게 꾸짖었다. 그러나 당신은 사고 관련 일뿐만 아니라 듣기 매우 거북한 인격 모독성 발언까지 듣게 되었다. 그것도 모든 사원들이 보는 자리에서 말이다. 이 상황에서 당신이 취할 수 있는 행동으로 가장 적절한 것은?**

① 그냥 가만히 고개를 숙이고 있는다.

② 왜 사람을 무시하느냐고 막 부장에게 대든다.

③ 일에 관한 것은 사과를 드리며 인격 모독성 발언에 대해 사과할 것을 요구한다.

④ 책상 위의 모든 것을 다 집어 던지고 회사를 나간다.

27 **다음은 직장 내 예절에 관한 내용 중 퇴근 시 예절에 관한 설명이다. 가장 적절하지 않은 행동은?**

① 사용했던 책상 위는 깨끗이 정리하며 비품, 서류 등을 지정된 장소에 두어야 한다.

② 다른 직원들보다 먼저 퇴근할 시에는 잔업을 하고 있는 사람에게 방해가 될 수 있으므로 조용히 사무실을 빠져나가야 한다.

③ 가장 마지막에 퇴근하는 사람의 경우에는 사무실 내의 컴퓨터 및 전등의 전원을 확인하고 문단속을 잊지 말아야 한다.

④ 상사보다 먼저 퇴근하게 될 경우에는 "지시하실 업무는 없으십니까? 없다면 먼저 퇴근 하겠습니다." 라고 인사를 해야 한다.

28 아래 차량 탑승 시의 매너에 관한 사항 중 가장 잘못 설명된 것은?

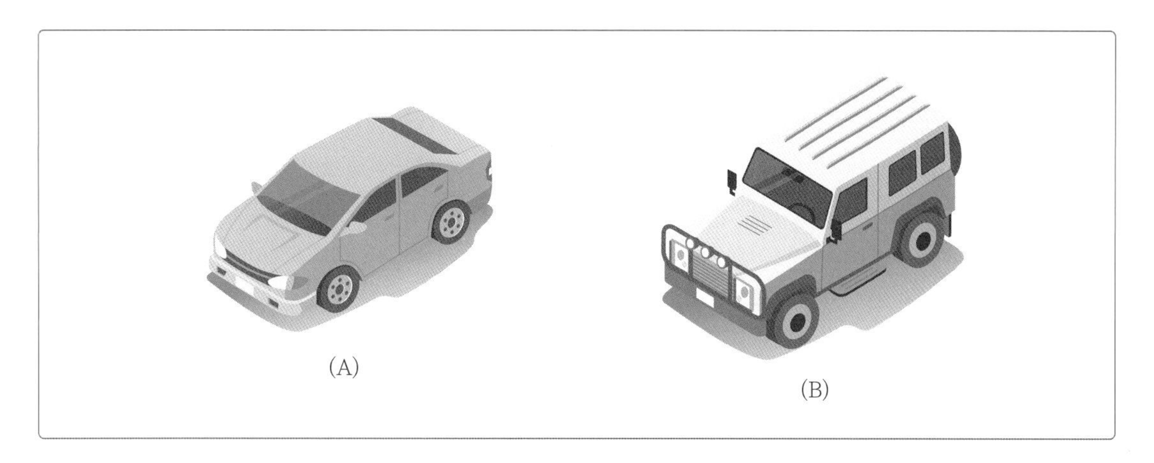
(A) (B)

① 상석의 위치에 관계없이 여성이 스커트를 입고 있을 경우에는 뒷좌석의 가운데에 앉지 않도록 배려해 주는 것이 매너이다.

② (A) 같은 승용차의 차주가 직접 운전을 할 시에 운전자의 오른 좌석에 나란히 앉아 주는 것이 매너이다.

③ (B)와 같이 Jeep류의 차종인 경우(문이 2개)에는 운전석의 뒷자리가 상석이 된다.

④ (A)와 같은 승용차에서는 윗사람이 먼저 타고 아랫사람이 나중에 타며 아랫사람은 윗사람의 승차를 도와준 후에 반대편 문을 활용해 승차한다.

29 다음의 사례는 직업인으로써 명함예절의 중요함을 새삼 느끼게 하는 내용이다. 이를 참조하여 명함을 교환하는 상황에 관한 내용으로 가장 옳지 않은 것을 고르면?

> '좌빵우물'. 왼쪽의 빵과 오른쪽의 물이 내 소유란 뜻으로 식사매너의 기본이다. 사소해 보일수도 있지만, 이 작은 매너가 취업 당락을 가를 수도 있다. 실제로 마이크로소프트 전 회장 빌 게이츠는 식사 테이블 면접에서 이를 유심히 지켜봐 점수에 반영했던 것으로 유명했다. 명함 주고받기 또한 대표적인 비즈니스 매너 중 하나다. 더군다나 명함 주고받기는 상대와 최초로 벌이는 커뮤니케이션인 만큼, 가벼운 동작 하나에 인상이 결정되어 버릴 수도 있다.

① 방문객이 먼저 명함을 드린다.

② 상대방의 명함은 양 손으로 정중히 받는다.

③ 명함을 테이블 위에 놓지 말고 반드시 손으로 건네준다.

④ 상대가 2인일 경우에는 연장자에게 먼저 드리게 되면 실례가 된다.

30 아래 그림은 A라는 사람의 아내가 세상을 떠난 상황에서 직장동료들이 문상하기 위해 방문한 것을 나타낸 것이다. 이를 참조해 해당 내용에 대한 설명을 고친 것으로 가장 바르지 않은 것을 고르면?

① 문상 1에서 빈소에 도착하면 들어와서 외투를 벗고 상제에게 큰 절을 해야 한다. → 빈소에 도착하면 문 밖에서 외투 모자 등을 벗고 상제에게 가볍게 목례 후 영정 앞으로 가야 한다.

② 문상 2에서 향에 불을 붙인 후 입으로 한 번에 불어서 불을 꺼야 한다. → 향에 불을 붙인 후 왼손으로 가볍게 부채질하듯 흔들어 불을 꺼야 한다.

③ 문상 3에서 영정에 절을 할 시에 남자는 왼손이 위로 가게 해야 한다. → 영정 앞에서 절을 할 시에 남자는 오른손이 위로 가게 해야 한다.

④ 문상 4에서 문상객의 인사말은 "상을 당하셔서 얼마나 비감하십니까?" → "얼마나 망극하십니까?"로 인사말을 해야 한다.

PART

NCS 정답 및 해설

각 영역의 문제에 대한 출제의도와 함께 자세한 해설을 달아
문제를 완벽하게 분석할 수 있도록 하였습니다.

NCS 정답 및 해설

01 의사소통능력
02 수리능력
03 문제해결능력
04 자기개발능력
05 자원관리능력
06 대인관계능력
07 정보능력
08 기술능력
09 조직이해능력
10 직업윤리

정답 및 해설 01 의사소통능력

1	2	3	4	5	6	7	8	9	10
④	③	④	④	④	③	④	④	③	④
11	12	13	14	15	16	17	18	19	20
④	②	④	④	③	②	③	④	③	①
21	22	23	24	25	26	27	28	29	30
②	④	②	①	③	④	③	①	②	④

1 ④

출제의도

안내문의 내용을 정확하게 파악하는 능력을 측정하는 문항이다.

해 설

결원이 생겼을 때에는 그대로 추가 선발 없이 채용을 마감할 수 있으며, 추가합격자를 선발할 경우 반드시 차순위자를 선발하여야 한다.

① 모든 응시자는 1인 1개 분야만 지원할 수 있다.

② 입사지원서 작성 내용과 다르게 된 결과이므로 취소 처분이 가능하다.

③ 지원자가 채용예정인원 수와 같거나 미달하더라도 적격자가 없는 경우 선발하지 않을 수 있다.

---

2 ③

출제의도

주어진 자료에 나타난 단어를 한자로 올바르게 변환시킬 수 있는지를 평가하는 문항이다.

해 설

③ '역학조사'는 '감염병 등의 질병이 발생했을 때, 통계적 검정을 통해 질병의 발생 원인과 특성 등을 찾아내는 것'을 일컫는 말로, 한자로는 '疫學調査'로 쓴다.

① '다중'은 '多衆'으로 쓰며, '삼중구조'의 '중'은 '重'으로 쓴다.

② '출연'과 '연극'의 '연'은 모두 '演'으로 쓴다.

④ '일 따위가 더디게 진행되거나 늦어짐'의 뜻을 가진 '지연'은 '遲延'으로 쓴다.

3 ④

출제의도

주어진 문서의 내용을 빠르고 정확하게 읽고, 문서의 내용을 정확하게 파악하는 능력을 측정하는 문항이다.

해 설

애완동물을 데리고 승강기에 탑승할 경우 반드시 안고 탑승해야 하며, 타인에게 공포감을 주지 말아야 한다는 규정은 있으나, 승강기 이용이 제한되거나 반드시 계단을 이용해야만 하는 것은 아니므로 잘못된 안내 사항이다.

---

4 ④

출제의도

어떤 문서의 일부를 바탕으로 작성자가 말하고자 하는 의도를 파악하고 전체의 내용을 추론하는 능력을 측정하고자 한다.

해 설

제시된 보고서에서 甲은 1인 가구의 대다수는 노인가구가 차지하고 있으며 노인가구는 소득수준이 낮은 데 반해 연료비 비율이 높다는 점을 지적하고 있다. 따라서 보기 ①~③의 내용은 甲의 언급 내용과 직접적인 연관성이 있는 근거 자료가 될 수 있으나, 과거 일정 기간 동안의 연료비 증감 내역은 반드시 근거로써 제시되어야 하는 정보라고 할 수 없다.

---

5 ④

출제의도

근거 자료를 바탕으로 상대방 주장의 옳고 그름을 판단하는 능력을 측정하는 문항이다.

해 설

7개 질병군에 대한 포괄수가제는 이미 병·의원급과 종합병원급 이상 모든 의료기관을 대상으로 적용되고 있다. 시범사업 중인 것은 신포괄수가 제도이다.

6 ③

출제의도

업무 수행 중 빈번하게 접할 수 있는 다양한 양식의 문서에 대해 얼마나 이해하고 있는지를 측정하는 문제이다.

해 설

주어진 입찰 건은 건축물 시공에 대한 입찰이 아니라 설계 및 인허가에 관한 용역 입찰이다. 따라서 추정 공사비는 설계를 위한 참고 사항으로 제시한 것으로 볼 수 있으며 설계 및 인허가 용역 응찰 업체가 공사비인 430억 원에 근접한 가격을 제시할 필요는 없다.

① 입찰의 설계내용에 제반 인허가 사항이 포함되어 있으므로 낙찰업체의 이행 과제라고 볼 수 있다.
② 건물규모가 지하 5층, 지상 18층 내외이며 주요시설로 업무시설 및 부대시설이 있음을 명시하고 있다.
④ '나'의 (1)에서 건축물의 노후화에 따른 재건축임을 명시하고 있다.

---

7 ④

출제의도

주어진 자료에 나타난 단어를 한자로 올바르게 변환시킬 수 있는지를 평가하는 문항이다.

해 설

고시(告示) : 글로 써서 게시하여 널리 알림. 주로 행정 기관에서 일반 국민들을 대상으로 어떤 내용을 알리는 경우를 이른다.
고시(古時) : 옛 시절이나 때

---

8 ④

출제의도

주어진 개요를 통해 결론이 무엇인지 파악하는 문항이다.

해 설

본론에서 생태 관광에 대한 문제점을 지적하고 그에 대한 개선 방안을 제시하였으므로 결론에서는 주장을 정리하는 '바람직한 생태 관광을 위한 노력 촉구'가 적절하다.

9 ③

출제의도

주어진 문서를 빠르고 정확하게 읽고, 문서의 내용을 정확하게 파악하는 능력을 측정하는 문항이다.

해 설

① 건강보험공단에서 지원하는 제도이다.
② 임신지원금은 임신 1회당 50만 원이나 다태아 임신 시에는 70만 원이 지급된다.
④ 지원기간은 신청에 관계없이 이용권 수령일로부터 분만예정일+60일까지이다.

---

10 ④

출제의도

주어진 지문을 읽고 문서를 올바르게 이해하고 있는지를 측정하는 문항이다.

해 설

제10조(부가운임 등) ①에서 「철도사업법」 제10조에 의하여 승차구간의 기준운임·요금과 그 기준운임의 30배 이내에 해당하는 부가운임을 징수한다고 했지만 부정승차의 원인이 회사의 귀책사유에 해당하는 경우에는 부가운임을 면제한다는 내용으로 규정되어 있음을 알 수 있다.

---

11 ④

출제의도

주어진 지문을 읽고 빠른 시간 내에 찾고자 하는 내용을 도출해낼 수 있는지를 측정하는 문항이다.

해 설

문제에서 말하고 있는 SRT의 여객운송약관 중 "운임구역"이라 함은 승차권 또는 입장권을 소지하고 출입하여야 하는 구역으로 운임경계선 안쪽, 열차를 타는 곳, 열차 내부를 말한다.

---

12 ②

해 설

② A-8 구매 고객에게는 50만 원 상당 백화점 상품권 또는 5년 소모품 무상 교체 서비스 혜택을 준다. 5년 소모품 무상 교체 이용권을 증정하는 것은 아니다.

13 ④

출제의도

주어진 공고를 읽고 그에 대한 상세 정보의 의미를 정확하게 이해, 수집하는 능력을 측정하는 문항이다.

해 설

기타사항에 3개월 인턴 후 평가(70점 이상)에 따라 정식 고용 여부를 결정한다고 명시되어 있다.

---

14 ④

출제의도

기초적인 외국어 구사능력을 평가하는 문항으로, 영어로 된 문서를 토대로 내용을 정확하게 이해했는지를 평가한다.

해 설

④ 그는 하루 동안 서울에 머무를 예정이다.

① KE 086, OZ 222을 탔다는 내용을 보아 두 편의 항공기를 이용했음을 알 수 있다.

② 4시 30분부터 6시까지 인사동 관광이 예정되어 있다.

③ 12시부터 2시까지 이사와 Seoul Branch에서 오찬약속이 있다.

---

15 ③

출제의도

특정 양식의 공문에 필수적으로 요구되는 사항에 대해 판단하는 능력을 측정하는 문제이다.

해 설

선발인원, 활동내용, 혜택 및 우대사항 등은 인원을 모집하려는 글에 반드시 포함해야 할 사항이며, 문의처를 함께 기재하는 것이 모집 공고문 작성의 일반적인 원칙이다.

③ 활동비 지급 내역 등과 같은 세부 사항은 인원 모집에 관련된 직접적인 사항이 아니므로 공고문에 반드시 포함될 필요는 없다.

16 ②

출제의도

주어진 인터뷰의 내용을 읽고 그에 대한 상세 정보의 의미를 정확하게 파악하는 능력을 측정하는 문항이다.

해 설

지성준은 사랑의 도시락 배달에 대한 정보를 얻기 위해 김혜진과 면담을 하고 있다. 그러므로 ㉡은 면담의 목적에 대한 동의를 구하는 질문이 아니라 알고 싶은 정보를 얻기 위한 질문에 해당한다고 할 수 있다.

---

17 ③

출제의도

주어진 회의 내용을 읽고 사회자의 역할을 제대로 파악했는지를 평가하는 문항이다.

해 설

본부장은 첫 번째 발언에서 회의를 하게 된 배경과 의제, 참여자들의 발언 순서를 정하고 있으며 마지막 발언에서 다음 회의 안건에 대한 예고를 하고 있다. 그러나 각 팀의 의견에 대해 보충설명을 하고 있지는 않다.

---

18 ④

출제의도

주어진 회의 내용을 분석하여 문제가 되고 있는 상황을 확인하고 그에 대한 해결방안을 올바르게 파악했는지를 평가하는 문항이다.

해 설

영업팀장은 팀별 자리배치 이동이라는 편집팀장의 의견은 수락하였으나 현실적인 이유를 들어 디자인팀장의 회의실 통화업무는 거절하였다.

19 ③

출제의도

주어진 대화 내용이 어느 의사소통 유형에 해당하는지를 구분하는 능력을 측정하는 문항이다. 의사소통은 크게 공식적인 것과 비공식적인 것으로 나뉜다.

해 설

주어진 대화는 소비자센터의 상담원과 반품문의를 물어보는 고객과의 일대일 면담으로 정보전달적 공식적 의사소통이다.

20 ①

출제의도

주어진 대화의 내용을 통해 상담원이 구사하는 말하기 방식을 정확하게 파악했는지를 평가하는 문항이다.

해 설

상담원은 반품 문제에 대한 해결방안을 요구하는 고객에게 정확한 정보를 제공하여 전달하고 있다.

21 ②

출제의도

경청하는 능력에 대해 측정하고자 하는 문제이다.

해 설

올바른 경청을 방해하는 대표적 요인 중 하나가 상대방 의견을 듣고 섣부른 판단을 하는 일이다. 직원은 고객의 의견을 듣고 다른 일까지 넘겨짚어 판단하고 있으므로 바람직한 경청의 자세에 부합되지 않는다고 볼 수 있다.

① 상대방 말의 내용을 요약하는 자세
③ 상대방의 주장을 듣고 질문하는 자세
④ 상대방의 주장에 일단 긍정하는 반응을 보이는 자세

22 ④

출제의도

주어진 자료와 개요를 비교하여 개요를 작성하는 능력을 측정하는 문항이다.

해 설

㉣은 블랙아웃의 해결책이 제시되어야 하므로 '절전에 대한 국민 홍보 강화'로 내용을 수정한다.

---

23 ②

출제의도

주어진 자료를 읽고 내용의 맥락을 이해하고 있는가를 측정하는 문항이다. 맥락을 이해하는 것은 문서의 내용을 파악하여 그에 맞는 대응을 하기 위한 필수 능력이다.

해 설

② 한 사람의 좋지 않은 행동이 집단 전체에 나쁜 영향을 미친다는 뜻으로 일부 사람들의 비윤리적 행태가 게시판 폐쇄라는 결과로 이어진 현 상황에 적절한 속담이라 볼 수 있다.

---

24 ①

출제의도

주어진 자료를 읽고 주장을 뒷받침하는 논거를 파악하는 능력을 측정하는 문항이다.

해 설

(나)는 게시판을 폐쇄하겠다는 (가)의 의견에 반박하고 있으나 악플러에게도 한 번의 용서의 기회를 주어야 한다는 의견은 찾아 볼 수 없다.

25 ③

해 설

③ 가나다정의 경우 야뇨를 피하기 위해 최종 복용시간을 오후 6시까지로 해야 한다. 식전 30분부터 복용이 가능하므로, 저녁식사 전 가나다정을 복용하려면 저녁식사는 늦어도 오후 6시 30분에는 시작해야 한다.

① 가나다정은 식사를 거르게 될 경우에 복용을 거른다.

② 가나다정을 복용할 때에는 정기적으로 혈당을 측정해야 하며, ABC정을 복용할 때에는 정기적인 혈액검사를 통해서 혈중 칼슘, 인의 농도를 확인해야 한다.

④ ABC정은 식사 중 복용할 수 있지만, 씹지 말고 그대로 삼켜서 복용해야 한다.

26 ④

해 설

④ 丁은 과학연구가 계속 진행되었을 때, 그것이 인간사회나 생태계에 미칠 영향을 예측하는 것은 만만하지 않고 그래서 인문학, 사회과학, 자연과학 등 다양한 분야의 전문가들이 함께 소통하여야 한다는 입장이다. 그러나 乙은 과학이 초래하는 사회적 문제는 과학과 관련된 윤리적 문제를 전문적으로 연구하는 윤리학자에게 맡겨두어야지 전문가도 아닌 과학자가 개입할 필요가 없다고 말한다.

27 ③

해 설

③ 셋째 문단 첫 문장에서 '총대장균군에 포함된 세균이 모두 온혈동물의 분변에서 기원한 것은 아니지만, 온혈동물의 배설물을 통해서도 많은 수가 방출되고 그 수는 병원체의 수에 비례한다'고 언급하고 있다.

① 식수가 분변으로 오염되어 있다면 분변에 있는 병원체 수와 비례하여 존재하는 비병원성 세균을 지표생물로 이용한다.

② 염소 소독과 같은 수질 정화과정에서도 병원체와 유사한 저항성을 가진다.

④ 병원체를 직접 검출하는 것은 비싸고 시간이 많이 걸릴 뿐 아니라 숙달된 기술을 요구한다.

28 ①

해 설

이 회사는 이러닝(e-learning) 시스템을 통해 교육 서비스를 제공하는 온라인 전문 교육기관으로 면대면 교육 서비스를 제공하는 것은 아니다.

29 ②

출제의도

공문서 작성능력을 측정하는 문항이다. 목적에 맞는 문서 항목 구성과 구체적인 공문서 작성 방법에 대한 이해가 요구된다.

해 설

개인정보 수집 및 이용 동의서, 개인정보 제공 동의서 등은 동의 여부를 개인정보 제공자의 자유의사로 선택할 수 있으므로 필요한 경우 작성을 요청할 수 있으나, 모집요강에 반드시 포함되어야 할 사항은 아니다.

① 2019. 4. 1~7. 15 → 2019. 4. 1.~7. 15.

③ 18시 30분~21시 → 18:30~21:00

④ 대외적으로 배포하는 안내문에서는 문의 및 연락처, 기타사항 등을 통하여 담당부서, 연락처 등을 함께 기재하는 것이 일반적이다.

---

30 ④

출제의도

문서에 주어진 정보를 파악하고 이해하는 능력을 측정하는 문항이다.

해 설

수료기준으로 60% 이상 출석을 요구하고 있다. 따라서 총 14주간의 수업이므로 9주 이상 수업에 참석하면 수료증이 수여된다.

정답 및 해설 02 수리능력

1	2	3	4	5	6	7	8	9	10
②	①	③	④	④	③	②	①	③	①
11	12	13	14	15	16	17	18	19	20
③	③	④	③	①	③	③	①	③	④
21	22	23	24	25	26	27	28	29	30
①	①	①	③	③	④	①	①	①	③

1 ②

출제의도

주어진 도표를 이해하고 분석하여 필요한 정보를 수집하고 유추해내며, 확보한 내용을 확인 및 검토하는 능력을 평가하는 문항이다.

해 설

② 2018년 6월 이스타항공을 이용하여 인천공항에 도착한 여객 수는 82,409명으로 같은 기간 인천공항에 도착한 전체 여객 수의 $\frac{82,409}{1,971,675} \times 100 =$ 약 4.2%이다.

---

2 ①

출제의도

기본적인 기초연산 및 응용수리 능력을 평가하는 문항으로 미지수가 2개인 연립방정식에 대한 이해가 필요하다.

해 설

작년의 송전 설비 수리 건수를 x, 배전 설비 수리 건수를 y라고 할 때, $x+y=238$이 성립한다. 또한 감소 비율이 각각 40%와 10%이므로 올해의 수리 건수는 $0.6x$와 $0.9y$가 되며, 이것의 비율이 5 : 3이므로 $0.6x : 0.9y = 5 : 3$이 되어 $1.8x = 4.5y(\rightarrow x = 2.5y)$가 된다.
따라서 두 연립방정식을 계산하면, $3.5y = 238$이 되어 $y = 68$, $x = 170$건임을 알 수 있다. 그러므로 올해의 송전 설비 수리 건수는 $170 \times 0.6 = 102$건이 된다.

3 ③

출제의도

업무수행과정에서 주어진 자료를 해석하여 계산을 수행하거나 결과를 정리하는 능력을 평가하는 문항이다.

해 설

3/4 분기 성과평가 점수는 (10 × 0.4) + (8 × 0.4) + (10 × 0.2) = 9.2로, 성과평가 등급은 A이다. 성과평가 등급이 A이면 직전 분기 차감액의 50%를 가산하여 지급하므로, 2/4 분기 차감액인 20만 원(∵ 2/4 분기 성과평가 등급 C)의 50%를 가산한 110만 원이 성과급으로 지급된다.

---

4 ④

출제의도

기초연산 및 응용수리 능력을 평가하는 문제로서, 미지수가 2개인 연립방정식에 대한 이해가 필요하다.

해 설

빨간색 블록의 개수를 x, 파란색 블록의 개수를 y라 하면

전체 블록의 개수가 150개이므로 $x+y=100$ ⋯ ①

빨간색 블록 x개가 넘어지는 데 걸리는 시간은 $\frac{1}{2}x$초이고

파란색 블록 y개가 넘어지는 데 걸리는 시간은 $\frac{1}{3}y$초이므로

$\frac{1}{2}x+\frac{1}{3}y=60 \Rightarrow 3x+2y=360$ ⋯ ②

①식과 ②식을 연립하여 풀면

$x=60$, $y=90$

따라서 빨간색 블록은 60개, 파란색 블록은 90개이다.

5 ④

출제의도

기초연산 및 응용수리 능력을 평가하는 문제로서, 미지수가 2개인 연립방정식에 대한 이해가 필요하다.

해 설

비밀번호의 끝 두 자리를 순서대로 x, y라 하면

a	b	c	4	2	x	y

문제에 따라 연립방정식으로 나타내어 풀면

$$\begin{cases} y=2x \\ 4+2+x+y=15 \end{cases} \Rightarrow \begin{cases} y=2x \\ x+y=9 \end{cases}$$

$x=3$, $y=6$

따라서 구하는 비밀번호는 [abc4236]이다.

6 ③

출제의도

기초연산 및 응용수리 능력을 평가하는 문제로서, 미지수가 1개인 부등식에 대한 이해가 필요하다.

해 설

x개월 후부터 누나의 저축액이 동생의 저축액보다 많아진다고 하면

$12{,}500+{,}2500x > 20{,}000+1{,}500x$

$1{,}000x > 7{,}500$

$x > \frac{15}{2}$

따라서 8개월 후부터 누나의 저금액이 동생의 저금액보다 많아진다.

7 ②

출제의도

일의 양을 계산하는 문제로 일의 효율을 판단해야 하는 상황에서 필요한 능력이다.

해 설

2개의 생산라인을 하루 종일 가동하여 3일간 525개의 레일을 생산하므로 하루에 2개 생산라인에서 생산되는 레일의 개수는 525 ÷ 3 = 175개가 된다. 이때, A라인만을 가동하여 생산할 수 있는 레일의 개수가 90개/일이므로 B라인의 하루 생산 개수는 175 − 90 = 85개가 된다.

따라서 A라인 5일, B라인 2일, A + B라인 2일의 생산 결과를 계산하면, 생산한 총 레일의 개수는 (90 × 5) + (85 × 2) + (175 × 2) = 450 + 170 + 350 = 970개가 된다.

---

8 ①

출제의도

기초연산 및 응용수리 능력을 평가하는 문제로, 미지수가 2개인 연립방정식에 대한 이해가 필요하다.

해 설

작년의 송전 설비 수리 건수를 x, 배전 설비 수리 건수를 y라고 할 때, $x+y=238$이 성립한다. 또한 감소 비율이 각각 40%와 10%이므로 올해의 수리 건수는 $0.6x$와 $0.9y$가 되며, 이것의 비율이 5 : 3이므로 $0.6x : 0.9y = 5 : 3$이 되어 $1.8x = 4.5y(\rightarrow x = 2.5y)$가 된다.
따라서 두 연립방정식을 계산하면, $3.5y = 238$이 되어 $y = 68$, $x = 170$건임을 알 수 있다.
그러므로 올 해의 송전 설비 수리 건수는 $170 \times 0.6 = 102$건이 된다.

---

9 ③

출제의도

업무교육에 참석하기 위해 걸리는 최단시간을 구할 수 있는지를 측정하기 위한 문항이다.

해 설

A~G까지의 최단거리의 경로(루트)는 A – B – D – E – G로 총 소요거리는 5 + 5 +20 +10 = 40km이다.

---

10 ①

출제의도

주어진 조건을 보고 상황에 맞게 효율적인 운송수단을 찾을 수 있는지를 측정하는 문항이다.

해 설

보완적 평가방식은 각 상표에 있어 어떤 속성의 약점을 다른 속성의 강점에 의해 보완하여 전반적인 평가를 내리는 방식을 의미한다. 한 가지 예로서 비행기의 경우 속성별 평가점수가 4, 4, 7, 9점이며, 각 속성이 평가에서 차지하는 중요도는 20, 30, 40, 50이므로, 이러한 가중치를 각 속성별 평가점수에 곱한 후에 이를 모두 더하면 930이 된다. 이러한 방식으로 계산하면 그 결과는 아래와 같다.

① 비행기 : (20 × 4) + (30 × 4) + (40 × 7) + (50 × 9) = 930
② 기차 : (20 × 5) + (30 × 4) + (40 × 5) + (50 × 8) = 820
③ 고속버스 : (20 × 4) + (30 × 5) + (40 × 7) + (50 × 5) = 760
④ 승용차 : (20 × 3) + (30 × 7) + (40 × 8) + (50 × 6) = 890
그러므로 정원이는 비행기를 교통운송 수단으로 선택하게 된다.

---

11 ③

해 설

상반기의 업무용 열 판매량의 평균 판매량(143,792)은 하반기의 업무용 열 판매량의 평균 판매량(131,917)보다 많다.
① 8월의 경우 업무용 열 판매량이 주택용 열 판매량보다 많다.
② 8월 냉수용 열 판매량의 전월 대비 증가율(46,347 − 42,638 ÷ 42,638 × 100 = 8.7%)은 공공용 열 판매량의 전월 대비 증가율(25,835 − 24,161 ÷ 24,161 × 100 = 6.9%)보다 높다.
④ 하계기간 냉수용 열 판매량의 총합(118,251)은 동계기간 냉수용 열 판매량의 총합의 5배(128,710)를 넘지 않는다.

---

12 ③

해 설

판관비를 대입하여 시기별 매출 자료를 다음과 같이 정리해 볼 수 있다.

(단위 : 억 원)

	'17. 1분기	2분기	3분기	4분기	'18. 1분기	2분기
매출액	51	61	62	66	61	58
매출원가	39.1	44.8	45.3	48.5	43.0	40.6
매출총이익	11.9	16.2	16.7	17.5	18.0	17.4
판관비	2.0	2.1	2.2	2.3	2.4	2.5
영업이익	9.9	14.1	14.5	15.2	15.6	14.9

따라서 매출총이익에서 판관비가 차지하는 비중은 2.0÷11.9×100=16.8%인 2017년 1분기가 가장 크다.
① 매출원가는 2017년 4분기가 가장 크나, 매출총이익은 2018년 1분기가 가장 크다.
② 영업이익률은 2018년 1분기가 15.6÷61×100=25.6%이며, 2018년 2분기가 14.9÷58×100=25.7%이다.
④ 2018년 1분기에는 매출총이익과 영업이익이 증가하였으나, 매출원가는 감소하였다.

13 ④

출제의도

주어진 도표와 자료를 이해하고 분석하여 필요한 정보를 수집하고 유추해내며, 확보한 내용을 확인 및 검토하는 능력을 평가하는 문제이다.

해 설

㉠ 저축률이 줄고 있는 것은 알 수 있지만, 소득이 줄고 있는지는 알 수 없다.
㉡ 주어진 자료로는 국내총생산 규모가 감소하는지 알 수 없다.

14 ③

해 설

2017년 2월에 모바일 거래액 비중이 가장 많은 것은 여행 및 교통서비스가 아닌 의복 상품군이다.
① 가전 · 전자 · 통신기기, 가방, 음 · 식료품, 농축수산물, 가구, 여행 및 교통서비스로 모두 6개 상품군이다.
② 2.6%에서 3.6%로 1%p 증가하였으므로 전년 동기 대비 (3.6−2.6)÷2.6×100=38.5% 증가하였다.
④ 가방, 음 · 식료품, 농축수산물 3개 상품군이 해당된다.

15 ①

출제의도

주어진 도표와 자료를 이해하고 분석하여 필요한 정보를 유추해내는 능력을 평가하는 문제이다.

해 설

각 회사의 조사 회답 지수를 100%로 하고 각각의 회답을 집계하면 다음과 같은 표가 된다.

구분	불만	어느 쪽도 아니다	만족	계
㈎회사	34(27.9)	38(31.1)	50(41.0)	122(100.0)
㈏회사	73(51.4)	11(7.7)	58(40.8)	142(100.0)
㈐회사	71(52.2)	41(30.1)	24(17.6)	136(100.0)
계	178(44.5)	90(22.5)	132(33.0)	400(100.0)

㉢ 어느 쪽도 아니다라고 답한 사람이 가장 적다는 것은 만족이거나 불만으로 나뉘어져 있는 것만 나타내는 것이며 노동 조건의 좋고 나쁨과는 관계가 없다.
㉣ 만족을 나타낸 사람의 수가 ㈏회사가 가장 많았으나 142명 중 58명으로 40.8%이므로 ㈎회사의 42%보다 낮다.

16 ③

해 설

③ 모든 광종의 위험도와 경제성 점수가 현재보다 각각 20% 증가했을 때의 점수는 다음과 같다.

항목 \ 광종	금광	은광	동광	연광	아연광	철광
위험도	3	4.8	3	3.24	3.6	4.2
경제성	3.6	4.2	3	3.24	4.2	4.8

따라서 위험도와 경제성 점수가 모두 3.0점을 초과하는 비축필요광종은 은광, 연광, 아연광, 철광의 4종류가 된다.

① 주시광종으로 분류되려면 위험도와 경제성 점수 중 하나는 3.0점을 초과하고 다른 하나는 2.5점 초과 3.0점 이하에 속해야 한다. 이러한 광종은 아연광 1종류이다.

② 비축필요광종으로 분류되려면 위험도와 경제성 점수가 모두 3.0점을 초과해야 한다. 이러한 광종은 은광, 철광이다.

④ 주시광종 분류기준을 위험도와 경제성 점수 중 하나는 3.0점 초과, 다른 하나는 2.5점 이상 3.0점 이하로 변경하여도 금광은 하나는 3.0점 초과의 기준을 충족하지 못하여 주시광종으로 분류되지 않는다.

17 ③

출제의도

평균, 합계 등 직장생활에서 자주 사용되는 기본적인 통계기법과 비율 계산 및 사칙연산 등을 활용하여 자료의 특성과 경향을 파악하는 능력을 평가하는 문제이다.

해 설

$$\frac{605}{x} \times 100 = 43.1$$

$$43.1x = 60{,}500$$

$$\therefore x = 1{,}404(\text{명})$$

18 ①

출제의도

평균, 합계 등 직장생활에서 자주 사용되는 기본적인 통계기법과 비율 계산 및 사칙연산 등을 활용하여 자료의 특성과 경향을 파악하는 능력을 평가하는 문제이다.

해 설

$$\frac{x}{1,422} \times 100 = 34$$

$$100x = 48,348$$

$$\therefore x = 483(\text{명})$$

19 ③

출제의도

평균, 합계 등 직장생활에서 자주 사용되는 기본적인 통계기법과 비율 계산 및 사칙연산 등을 활용하여 자료의 특성과 경향을 파악하는 능력을 평가하는 문제이다.

해 설

$$\frac{540}{852} \times 100 = 63.4(\%)$$

20 ④

출제의도

주어진 자료의 의미를 파악하고 필요한 정보를 해석하여 원하는 결과를 다양한 도표로 작성하거나 효과적으로 제시하는 능력을 평가하는 문제이다.

해 설

④ 1회의 합격자수의 수치가 표와 다르다.

21 ①

출제의도

주어진 자료의 수치를 분석하고, 그 수치가 가지는 의의를 찾아 업무에 활용할 수 있는 능력을 측정하는 문제이다.

해 설

(가) 남편과 아내가 한국국적인 경우에 해당하는 수치가 되므로 우리나라 남녀 모두 다문화 배우자와 결혼하는 경우가 전년보다 감소하였음을 알 수 있다. → ○

(나) (88,929 − 94,962) ÷ 94,962 × 100 = 약 −6.35%가 된다. 따라서 다문화 신혼부부 전체의 수는 2018년에 전년대비 감소한 것이 된다. → ×

(다) 5.0 → 6.9(남편), 32.2 → 32.6(아내)로 구성비가 변동된 베트남과 10.9 → 11.1(남편), 4.4 → 4.6(아내)로 구성비가 변동된 기타 국가만이 증가하였다. → ○

(라) 중국인과 미국인 남편의 경우 2017년이 61.1%, 2018년이 60.2%이며, 중국인과 베트남인 아내의 경우 2017년이 71.4%, 2018년이 71.0%로 두 시기에 모두 50% 이상의 비중을 차지한다. → ○

22 ①

출제의도

많은 양의 자료 중 필요한 정보를 빠르게 찾아내는 능력과 구성비의 개념 이해를 요구하는 문제이다.

해 설

일본인이 남편인 경우는 2017년에 22,448쌍 중 7.5%를 차지하던 비중이 2018년에 22,114쌍 중 6.5%의 비중으로 변동되었다. 따라서 22,448 × 0.075 = 1,683쌍에서 22,114 × 0.065 = 1,437쌍으로 변동되어 246쌍이 감소되었다.

23 ①

출제의도

업무수행과정에서 도표로 주어진 자료를 해석하여 계산을 수행하거나 결과를 정리하고 업무비용을 측정하는 능력을 평가하기 위한 문제로서, 주어진 자료에서 문제를 해결하는 데 필요한 부분을 빠르고 정확하게 찾아내는 것이 중요하다.

해 설

할부 이용시 연이율은 3%가 적용되지만, 선수금이 10% 오르는 경우 0.5% 하락하므로 초기비용으로 500만원을 지불하면 연이율은 2.5%가 적용된다.

24 ③

해 설

설치일로부터 18개월 이후 해지시 위약금은 남은 약정금액의 10%이므로
(690,000원×19회)×0.1=1,311,000원

25 ③

해 설

연 매출 1억 원, 비용 5천5백만 원인 개인사업의 과세표준구간은
1,200만 원 초과~4,600만 원 이하이므로 적용세율은 18.7%이다.

26 ④

출제의도

업무수행과정에서 도표로 주어진 자료를 해석하여 계산을 수행하거나 결과를 정리하고 업무비용을 측정하는 능력을 평가하기 위한 문제로서, 주어진 자료에서 문제를 해결하는 데 필요한 부분을 빠르고 정확하게 찾아내는 것이 중요하다.

해 설

① 500kW 사용했을 경우 기본요금 : 7,000원
② 사용요금 : 113,000원
- 1단계 : 100kWh×60원=6,000원
- 2단계 : 100kWh×120원=12,000원
- 3단계 : 100kWh×200원=20,000원
- 4단계 : 100kWh×300원=30,000원
- 5단계 : 100kWh×450원=45,000원

③ 전기요금계 : 7,000+113,000=120,000원
④ 부가가치세 : 120,000×0.1=12,000원
⑤ 전력산업기반기금 : 120,000×0.037=4,440원
⑥ 청구요금 합계=120,000+12,000+4,440=136,440원

27 ①

해 설

① 301~400kW 사용했을 경우 기본요금 : 3,000원

② 사용요금 : 56,300원

- 1단계 : 100kWh×55원=5,500원
- 2단계 : 100kWh×100원=10,000원
- 3단계 : 100kWh×150원=15,000원
- 4단계 : 61kWh×215원=13,115원

③ 전기요금계 : 3,000+43,615=46,615원

④ 부가가치세 : 46,615×0.1=4,662원(4사5입)

⑤ 전력산업기반기금 : 46,615×0.037=1,720원

⑥ 청구요금 합계=46,615+4,662+1,720=52,997원

28 ①

해 설

100W 가로등의 하루 9시간 사용 전력량 : 100×9=900W(개당 하루 소비전력)

전체 가로등(6km÷60m=100개) : 900×100=90,000W

소비전력에 따른 가격 : 가로등 전기 요금표에 따르면 가로등(갑) 기준 W당 35원이므로

90,000×35=3,150,000원

29 ①

출제의도

수치 자료의 비교 · 분석은 직장생활에서 수리능력이 요구되는 가장 흔한 상황이다.

해 설

① 점유 형태가 무상인 경우의 미달가구 비율은 시설기준 면에서 전세가 더 낮음을 알 수 있다.

② 각각 60.8%, 28.0%, 11.2%이다.

③ 15.5%와 9.1%로 가장 낮은 비율을 보이고 있다.

④ 33.4%로 45.6%보다 더 낮다.

30 ③

해 설

모두 100%의 가구를 비교 대상으로 하고 있으므로 백분율을 직접 비교할 수 있다.

- 광역시의 시설기준 미달가구 비율 대비 수도권의 시설기준 미달가구 비율의 배수는 37.9 ÷ 22.9 = 1.66배가 된다.
- 저소득층의 침실기준 미달가구 비율 대비 중소득층의 침실기준 미달가구 비율의 배수는 위와 같은 방식으로 45.6 ÷ 33.4 = 1.37배가 된다.

정답 및 해설 03 문제해결능력

1	2	3	4	5	6	7	8	9	10
②	④	②	③	④	③	④	③	③	①
11	12	13	14	15	16	17	18	19	20
③	②	③	④	③	③	②	③	④	②
21	22	23	24	25	26	27	28	29	30
④	②	②	④	②	①	④	②	④	②

1 ②

출제의도

주어진 조건을 활용하여 올바른 지문을 선택하는 능력을 측정하는 문항이다.

해 설

팀장별 순위에 대한 가중치는 모두 동일하다고 했으므로 1 ~ 4순위까지를 각각 4, 3, 2, 1점씩 부여하여 점수를 산정해 보면 다음과 같다.

갑 : 2+4+1+2=9

을 : 4+3+4+1=12

병 : 1+1+3+4=9

정 : 3+2+2+3=10

따라서 〈보기〉의 설명을 살펴보면 다음과 같다.

㉠ '을' 또는 '정' 중 한 명이 입사를 포기하면 '갑'과 '병'이 동점자이나 A팀장이 부여한 순위가 높은 '갑'이 채용되게 된다.

㉡ A팀장이 '을'과 '정'의 순위를 바꿨다면, 네 명의 순위에 따른 점수는 다음과 같아지므로 바뀌기 전과 동일하게 '을'과 '정'이 채용된다.

갑 : 2+4+1+2=9

을 : 3+3+4+1=11

병 : 1+1+3+4=9

정 : 4+2+2+3=11

㉢ 이 경우 네 명의 순위에 따른 점수는 다음과 같아지므로 '정'은 채용되지 못한다.
갑 : 2+1+1+2=6
을 : 4+3+4+1=12
병 : 1+4+3+4=12
정 : 3+2+2+3=10

2 ④

출제의도

주어진 조건을 바탕으로 논리적 오류가 없는 결론을 도출해내는 능력을 측정하는 문항이다.

해 설

이런 유형은 문제에서 제시한 상황, 즉 1명이 당직을 서는 상황을 각각 설정하여 1명만 진실이 되고 3명은 거짓말이 되는 경우를 확인하는 방식의 풀이가 유용하다. 각각의 경우, 다음과 같은 논리가 성립한다.
고 대리가 당직을 선다면, 진실을 말한 사람은 윤 대리와 염 사원이 된다.
윤 대리가 당직을 선다면, 진실을 말한 사람은 고 대리, 염 사원, 서 사원이 된다.
염 사원이 당직을 선다면, 진실을 말한 사람은 윤 대리가 된다.
서 사원이 당직을 선다면, 진실을 말한 사람은 윤 대리와 염 사원이 된다.
따라서 진실을 말한 사람이 1명이 되는 경우는 염 사원이 당직을 서고 윤 대리가 진실을 말하는 경우가 된다.

3 ②

출제의도

주어진 조건과 자료를 정확하게 파악하고 이를 토대로 계산능력을 측정하는 문항이다.

해 설

㉠ 설립방식 : {(고객만족도 효과의 현재가치) − (비용의 현재가치)}의 값이 큰 방식 선택
- ㈎ 방식 : 5억 원 − 3억 원 = 2억 원 → 선택
- ㈏ 방식 : 4.5억 원 − (2억 원 + 1억 원 + 0.5억 원) = 1억 원

㉡ 설립위치 : {(유동인구) × (20~30대 비율) / (교통혼잡성)} 값이 큰 곳 선정(20~30대 비율이 50% 이하인 지역은 선정대상에서 제외)
- 甲: 80 × 75 / 3 = 2,000
- 乙 : 20~30대 비율이 50%이므로 선정대상에서 제외
- 丙 : 75 × 60 / 2 = 2,250 → 선택

의사소통능력
수리능력
문제해결능력
자기개발능력
자원관리능력
대인관계능력
정보능력
기술능력
조직이해능력
직업윤리

4 ③

출제의도

중앙값의 개념을 이해하고 있는지를 묻는 문항이다.

해 설

항목별 비용이 고정값이 아닌 구간으로 제시되어 있으므로 중앙값을 평균으로 보아야 한다. 각 국의 항목별 중앙값과 가장 높은 나라를 구하면 다음과 같다.

구분	학비	숙박비	생활비	합계
A국	110만 원	80만 원	60만 원	250만 원
B국	110만 원	85만 원	45만 원	215만 원
C국	82.5만 원	55만 원	35만 원	172.5만 원
D국	150만 원	60만 원	55만 원	255만 원

따라서 평균 비용이 다섯 국가 중 가장 높은 항목이 한 항목도 없는 국가는 C국이다.

---

5 ④

출제의도

직장생활을 하다보면 사원들의 스케줄을 고려하여 일정을 짜야 하는 경우가 발생한다.

해 설

날짜를 따져 보아야 하는 유형의 문제는 아래와 같이 달력을 그려서 살펴보면 어렵지 않게 정답을 구할 수 있다.

일	월	화	수	목	금	토
	1	2	3	4	5	6
7	8	9	10	11	12	13
14	15	16	17	18	19	20
21	22	23	24	25	26	27
28	29	30	31			

1일이 월요일이므로 정 대리는 위와 같은 달력에 해당하는 기간 중에 출장을 가려고 한다. 3박 4일 일정 중 출발과 도착일 모두 휴일이 아니어야 한다면 월~목요일, 화~금요일, 금~월요일 세 가지의 경우의 수가 생기는데, 현지에서 복귀하는 비행편이 화요일과 목요일이므로 월~목요일의 일정을 선택해야 한다. 회의가 셋째 주 화요일이라면 16일이므로 그 이후 가능한 월~목요일은 두 번이 있으나, 마지막 주의 경우 도착일이 다음 달로 넘어가게 되므로 조건에 부합되지 않는다. 따라서 출장 출발일로 적절한 날은 22일이며 일정은 22~25일이 된다.

6 ③

출제의도

주어진 조건과 점수표를 바탕으로 문제를 해결하는 능력을 측정하는 문항으로, 기초연산능력을 요구하는 문항이다.

해 설

5점을 맞힌 화살의 개수가 동일하다고 했으므로 5점의 개수에 따라 점수를 정리하면 다음과 같다.

	1개	2개	3개	4개	5개	6개	7개
박과장	5+18=23	10+15=25	15+12=27	20+9=29	25+6=31	30+3=33	35+0=35
김과장	5+21=26	10+18=28	15+15=30	20+12=32	25+9=34	30+6=36	35+3=38

7 ④

출제의도

주어진 평가기준과 자료를 올바르게 파악하여 문제를 해결하는 문항으로 기초연산능력이 요구된다.

해 설

업체별 평가기준에 따른 점수는 다음과 같으며 D업체가 65점으로 선정된다.

	시장매력도	정보화수준	접근가능성	합계
A	15	0	40	55
B	15	30	0	45
C	0	15	20	35
D	30	15	20	65

8 ③

출제의도

주어진 규정과 자료를 올바르게 파악하여 주어진 규정에 적합하도록 공공기관을 구분할 수 있는지를 평가하는 문항이다.

해 설

③ C는 정원이 50명이 넘으므로 기타공공기관이 아니며, 자체수입비율이 55%이므로 자체수입액이 총수입액의 2분의 1 이상이기 때문에 공기업이다. 시장형 공기업 조건에 해당하지 않으므로 C는 준시장형 공기업이다.

9 ③

출제의도

주어진 조건에 적합하도록 자리 배정하는 문항으로, 논리적 사고력이 요구되는 문항이다.

해 설

조건에 따라 배정한 결과는 다음과 같으며 1번 자리는 봉숙이가 앉게 된다.

1	2	3	4	5
봉숙	가영	세경	분이	혜진

10 ①

출제의도

주어진 조건을 올바르게 파악하여 문제 상황에 적합한 답을 도출하는 문항으로 논리적 사고력이 요구되는 문항이다.

해 설

	소윤	홍미	효진	선정
감기(A)	×	×	×	○
배탈(C)	○	×	×	×
치통(B)	×	○	×	×
위염(D)	×	×	○	×

11 ③

출제의도

건폐율과 용적률은 직장생활 중 자주 접할 수 있는 개념이다. 인 · 허가 등의 상황에서 이 개념을 활용한 능력이 요구된다.

해 설

A씨 소유 대지의 면적은 $15 \times 20 = 300m^2$이며, 제2종 일반주거지역이므로 최대 60%의 건폐율과 250%의 용적률이 적용된다. 건물의 한 면 길이가 18m로 주어져 있으므로 나머지 한 면의 길이를 x라 할 때, 제시된 산식에 의하여 건폐율 $60 \geqq (18 \times x) \div 300 \times 100$이 되므로 $x \geqq 10$이다. 따라서 A씨는 최대 $18m \times 10m$의 건축물을 지을 수 있으므로 건축물의 면적은 $180m^2$가 된다.

다음으로 지상층 연면적을 y라고 할 때, 용적률 산식에 대입해 보면 $250 \geqq y \div 300 \times 100$이므로 $y \geqq 750$이다. 따라서 $750 \div 180 = 4.1666\cdots$이므로 최대 층수는 4층이 된다.

12 ②

출제의도

건폐율과 용적률 개념을 바탕으로 계산능력을 측정하고자 한다.

해 설

건폐율과 용적률의 범위를 벗어나는 건축물의 면적과 층수를 찾으면 된다. 제시된 보기의 면적이 모두 허용 최대 건폐율인 60%(180㎡)를 충족하고 있다. 따라서 최대 허용 용적률에 의해 연면적이 750㎡를 초과하지 않아야 하므로 보기 ②가 정답이 된다.

13 ③

출제의도

주어진 기준과 자료를 올바르게 파악하고 계산하는 능력을 측정하는 문항이다.

해 설

㉠ 우선분배

- S사 : 200억 원×0.05=10억 원
- H사 : 600억 원×0.05=30억 원

㉡ 나중분배[200−40(우선분배금)=160억 원]

- S사 : 연구개발비+광고홍보비=100억 원+250억 원=350억 원
- H사 : 연구개발비+광고홍보비=300억 원+150억 원=450억 원

→ 나중분배는 7 : 9로 나누어야 하므로 S사는 70억 원, H사는 90억 원을 분배받게 된다.

∴ S사는 총 80억 원, H사는 120억 원을 분배받는다.

14 ④

출제의도

주어진 기준과 자료를 올바르게 파악할 수 있는 능력을 측정하고, 변경된 조건에 의한 변화를 묻는 문항이다.

해 설

판매관리비가 각 50억 원씩 감축되어도 나중분배를 위한 분배기준이 변화하지 않는다. 순 이익도 이전과 같았으므로 두 회사의 총 이익분배금은 이전과 변화가 없다.

15 ③

출제의도

알고 있는 정보만으로 누락된 정보를 추론해 낼 수 있는 능력을 측정하는 문제이다.

해 설

- ㈑를 통해 일본은 ㉠~㉦의 일곱 국가 중 4번째인 ㉣에 위치한다는 것을 알 수 있다.
- ㈎와 ㈏를 근거로 ㉠~㉢은 스웨덴, 미국, 한국이, ㉤~㉦은 칠레, 멕시코, 독일이 해당된다는 것을 알 수 있다.
- ㈐에서 20%p의 차이가 날 수 있으려면, 한국은 ㉠이 되어야 한다. ㉠이 한국이라고 할 때, 일본을 제외한 ㉡, ㉢, ㉤, ㉥, ㉦ 국가의 조합으로 20%p의 차이가 나는 조합을 찾으면, (68 + 25)와 (46 + 27)뿐이다. 따라서 ㉢은 스웨덴, ㉥은 칠레, ㉦은 멕시코임을 알 수 있다.
- ㈎와 ㈏에 의하여 남은 ㉡은 미국, ㉤은 독일이 된다.

---

16 ③

출제의도

SWOT 분석을 이해하고 있는지 측정하기 위한 문항이다.

해 설

제시된 글을 통해 알 수 있는 D사의 SWOT 요인은 다음과 같다.

- S : 경영진의 우수한 역량과 다년간의 경험, 안정적인 거래 채널, 독점적 기술력, 직원들의 열정
- W : 생산설비 노후화, 종업원들의 고령화, 더딘 연구 개발, 수익성 악화
- O : 시장의 빠른 성장 속도, 새로운 고객군 등장
- T : 급속도로 출현하는 경쟁자, 시장점유율 하락, 불리한 무역규제와 제도적 장치, 경기 침체 ST 전략은 외부 환경의 위협을 회피하기 위해 강점을 사용하는 전략이다. 따라서 외부의 위협 요인인 '자사에 불리한 규제'를 벗어날 수 있는 새로운 영역을 자사의 강점인 '독점 기술과 경영진의 경험'으로 창출하는 ③이 적절한 ST 전략이라고 볼 수 있다.

17 ②

출제의도

주어진 자료를 활용하여 문제를 해결하는 능력을 측정하는 문항이다. 여러 가지 조건들을 시간 순으로 정리하여 한 눈에 들어오는 차트(간트차트)로 그려보면 쉽게 문제를 해결할 수 있다.

해 설

② 최단 기간에 업무를 끝내기 위해 필요한 최소 인력은 8명이다.

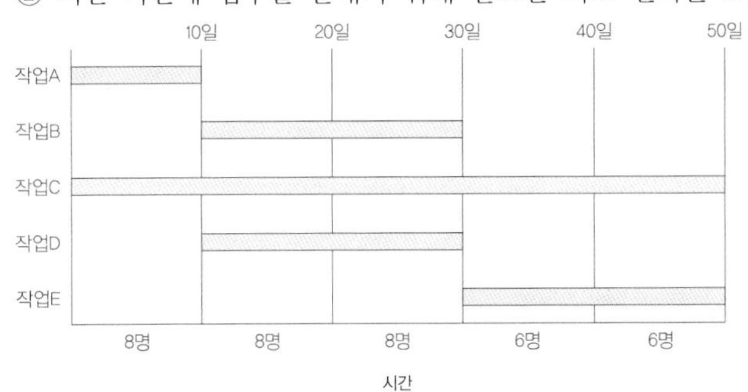

작업장 사용료 : 50일×50만 원=2,500만 원

인건비 : {(8인×30일)+(6인×20일)}×10만 원=3,600만 원

---

18 ③

해 설

A는 7호선을 탔으므로 D는 1호선을 탔고 따라서 B도 1호선을 탔다. F와 G는 같은 호선을 이용하지 않았으므로 두 사람 중 하나는 1호선을 탔고, 이로써 B, D와 함께 1호선을 탄 사람은 세 사람이 되었다. 따라서 H는 지하철 1호선을 탈 수 없다.

19 ④

해 설

조류경보 발령을 위해서는 이전 단계인 조류주의보 시보다 최대 10배의 남조류세포 수 증식이 필요하지만, 조류대발생경보 발령을 위해서는 이전 단계인 조류경보 시보다 200배 이상의 남조류세포 수 증식이 필요할 수 있다.

① C유역은 남조류세포뿐만 아니라 클로로필a의 농도도 조류대발생경보의 조건을 충족하지 못하므로 올바르지 않은 설명이다.

② 조류예보 발령의 근거 기준은 2회 채취 시의 결과이다.

③ 해제경보는 조류주의보 수준보다 낮은 결과 수치가 나와야 발령이 가능하다.

20 ②

해 설

D유역과 B유역 모두 조류주의보 단계에 해당된다. 또한 1차와 2차 수질검사 자료만으로 D유역의 수질이 B유역보다 양호하다고 판단할 수는 없다.

① 그래프에서 제시된 수치를 보면 A, B, C, D유역이 각각 조류대발생경보, 조류주의보, 조류경보, 조류주의보 상태임을 알 수 있다.

③ 수영이나 낚시가 금지되는 것은 조류대발생경보 시이므로 A유역 1곳에 해당된다.

④ A유역은 조류대발생경보 지역이므로 수면관리자의 흡착제 살포를 통한 조류제거 작업이 요구된다.

21 ④

출제의도

업무 수행 중 빈번하게 일어날 수 있는 장소 예약과 관련된 내용이다. 날짜, 시간은 물론 사용료 등을 상황에 맞게 종합적으로 고려하는 능력이 필요하다.

해 설

오전 9시부터 2시간 무대 준비를 하고 나면, 본 행사까지 2시간 동안 시설 사용 없이 대기하여야 하므로 본 공연 기본 사용료의 30%가 추가 징수된다. 따라서 900,000원에 270,000원이 추가되어야 한다.

① 공연 종류별 사용료가 다르며, 오전보다 오후, 오후보다 야간의 사용료가 더 비싸다.

② 1층과 2층이며, 10:00~18:00까지로 명시되어 있다.

③ 토요일은 30% 가산되므로 150,000 × 1.3 = 195,000원이 된다.

22 ②

출제의도

상사의 지시를 정확하게 이해하고 판단하는 능력을 측정하는 문제이다.

해 설

요일별 총 사용료를 계산해 보면 다음과 같다.

- 금요일 : 창립기념식(대공연장, 오후, 일반행사, 1시간 연장) 90 + 10 = 100만 원
  연극 공연(아트 홀, 야간) 16만 원
- 토요일 : 사진전(전시실, 토요일 30% 가산) 19.5만 원
  클래식 기타 연주회(아트 홀, 야간, 토요일 30% 가산) 20.8만 원

총 합계 : 100 + 16 + 19.5 + 20.8 = 156.3만 원이 된다.

① 전시를 1개 층에서만 한다고 했으므로 적절한 의문 사항이라고 볼 수 있다.

③ 전시실 사용료에는 전기 · 수도료가 포함되어 있다고 명시되어 있다.

④ 사진전은 가산금 포함하여 19.5만 원, 연극 공연은 16만 원의 시설 사용료가 발생한다.

---

23 ②

출제의도

제시된 조건과 지도를 이용하여 문제를 해결하는 능력을 파악하는 문항이다.

해 설

동문 · 서문 · 남문 앞에 설치하는 배너는 실외용이고 고급배너를 사용하므로
(25,000+30,000)×3=165,000원이고, 2관 내부에 설치하는 배너는 실내용이고 일반배너를 사용하므로
(20,000+25,000)×2=90,000원이므로 165,000+90,000=255,000(원)이다.

24 ④

출제의도

주어진 조건을 바탕으로 논리적 오류가 없는 결론을 도출해 내는 능력을 측정하고자 하는 문항이다. 제시된 조건의 내용을 모두 만족하되, 조건과 모순되는 결론은 아닌지를 재차 확인하는 것이 요구된다.

해 설

둥그런 탁자에 직원과 인턴사원이 한 명씩 짝을 지어 앉아 있는 경우를 가정하고 제시된 조건을 하나씩 적용해 나가면 다음과 같다.

- B 인턴을 맡고 있는 직원은 다 직원의 왼편에 앉아 있다. → 우선 B 인턴의 자리를 임의로 정한다. 조건에서 B 인턴을 맡고 있는 직원이 다 직원의 왼편에 앉아 있다고 하였으므로, 다 직원은 B 인턴을 맡고 있는 직원의 오른편에 앉아 있음을 알 수 있다.

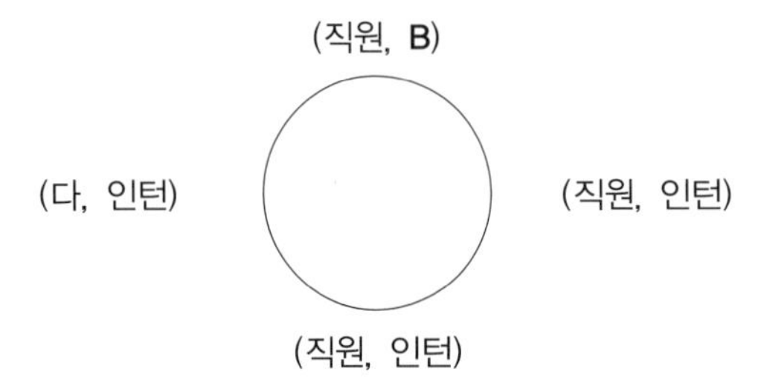

- A 인턴을 맡고 있는 직원 맞은편에는 B 인턴을 맡고 있는 직원이 앉아 있다. → A 인턴의 자리는 B 인턴의 맞은편이 된다.

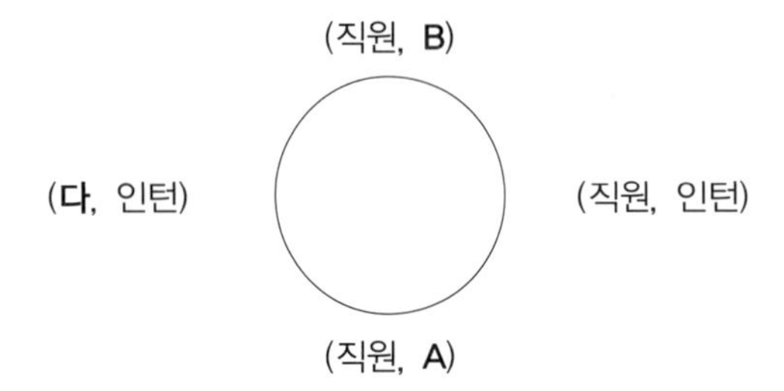

- 라 직원은 다 직원 옆에 앉아 있지 않으나, A 인턴을 맡고 있는 직원 옆에 앉아 있다. → 다 직원 옆이 아니면서 A 인턴을 맡고 있는 직원 옆이 라 직원의 자리이다.

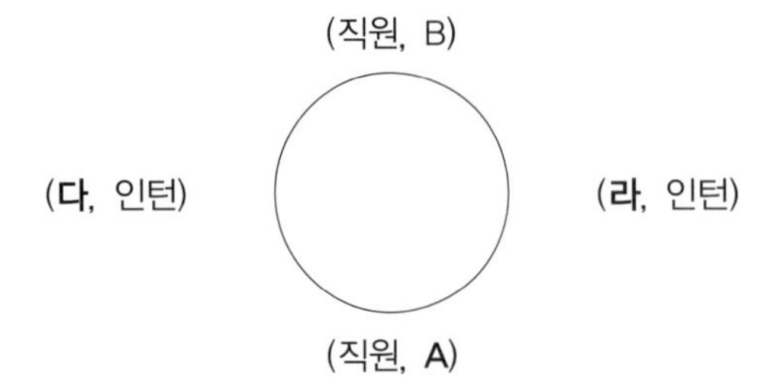

• 나 직원은 가 직원 맞은편에 앉아 있으며, 나 직원의 오른편에는 라 직원이 앉아 있다. → 나 직원의 오른편에는 라 직원이 앉아 있다고 하였으므로, 나 직원의 자리는 라 직원의 왼편이고 남은 자리가 가 직원의 자리가 된다. 여기서 직원 4명의 자리가 모두 결정된다.

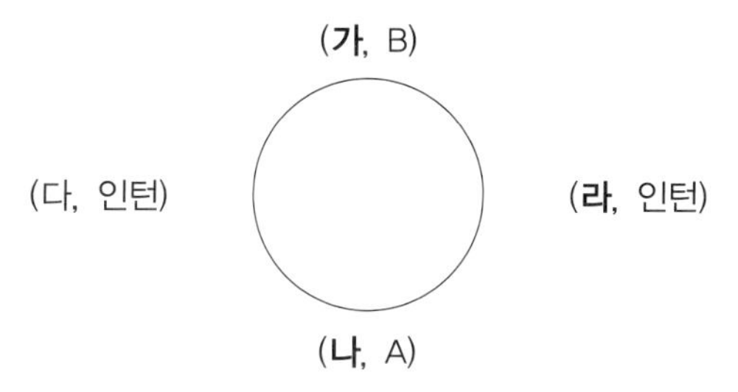

• 시계 6시 방향에는 다 직원이 앉아있으며, 맞은편에는 D 인턴을 맡고 있는 사원이 있다. → 시계 6시 방향에 다 직원이 앉아있다는 조건에 따라 위에서 임의로 정한 위치를 수정하고(참고로 이 조건을 먼저 고려하여 자리를 배치해 나간다면 위치를 수정하는 과정 없이 빠르게 문제를 해결할 수 있다), 다 직원의 맞은편에 D 인턴을 배치하면 C 인턴의 자리는 자연스럽게 남은 한 자리가 된다. 여기서 직원과 인턴사원 8명의 자리가 모두 정해진다.

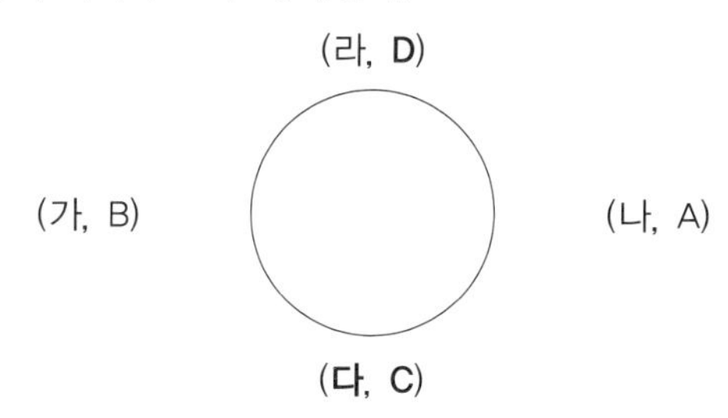

---

25 ②

해 설

B팀은 자신들이 제작한 K부서 정책홍보책자를 서울에 모두 배포하거나 부산에 모두 배포한다는 지침에 따라 배포하였는데, B팀이 제작·배포한 K부서 정책홍보책자 중 일부를 부산에서 발견하였으므로, B팀의 책자는 모두 부산에 배포되었다.

A팀이 제작·배포한 책자 중 일부를 서울에서 발견하였지만, A팀은 자신들이 제작한 K부서의 모든 정책홍보책자를 서울이나 부산에 배포한다는 지침에 따라 배포하였으므로, 모두 서울에 배포되었는지는 알 수 없다.

따라서 항상 옳은 평가는 ㉢뿐이다.

26 ①

출제의도

주어진 환경을 파악하고 이를 분석하여 올바른 전략이나 대안을 제시하는 능력을 측정하는 문항이다.

해 설

② 취업경쟁이 심화되고 있으나 전공이해도가 높은 것은 ST전략에 해당한다.
③ 나이나 학력 등의 스펙을 보지 않는 기업이 많아져 취업 진입장벽이 낮아지는 것은 WO전략에 해당한다.
④ 취업경쟁의 심화 속에서도 긍정적인 마인드로 극복해나가는 것은 ST전략에 해당한다.

---

27 ④

출제의도

주어진 시간자원 정보를 토대로 시간을 효율적으로 활용할 수 있는지를 평가하는 문항이다.

해 설

가팀, 다팀을 연결하는 방법은 2가지가 있는데,
㉠ 가팀과 나팀, 나팀과 다팀 연결 : 3+1=4시간
㉡ 가팀과 다팀 연결 : 6시간
즉, 1안이 더 적게 걸리므로 4시간이 답이 된다.

---

28 ②

출제의도

주어진 시간자원 정보를 토대로 시간을 효율적으로 활용할 수 있는지를 평가하는 문항이다.

해 설

다팀, 마팀을 연결하는 방법은 2가지가 있는데,
㉠ 다팀과 라팀, 라팀과 마팀 연결 : 3+1=4시간
㉡ 다팀과 마팀 연결 : 2시간
즉, 2안이 더 적게 걸리므로 2시간이 답이 된다.

29 ④

출제의도

주어진 시간자원 정보를 파악하여 실제 업무상황에서 시간자원을 어떻게 활용하고 할당하는지를 평가하는 문항이다.

해 설

현수막을 제작하기 위해서는 라, 다, 마가 선행되어야 한다. 그렇기 때문에 최소한 6일이 소요된다.
∴ 세미나 기본계획 수립(2일)+세미나 발표자 선정(1일)+세미나 장소 선정(3일)

30 ②

출제의도

주어진 시간자원 정보를 파악하여 실제 업무상황에서 시간자원을 어떻게 활용하고 할당하는지를 평가하는 문항이다.

해 설

동시에 작업이 가능한 일도 있지만 최대 시간을 구하라 했으므로 다 더한 값인 11일이 답이 된다.

정답 및 해설 04 자기개발능력

1	2	3	4	5	6	7	8	9	10
④	②	②	③	④	②	④	③	③	④
11	12	13	14	15	16	17	18	19	20
②	③	①	③	③	②	②	④	②	①
21	22	23	24	25	26	27	28	29	30
④	①	②	①	③	④	①	②	③	④

1 ④

출제의도

해당 지문의 내용을 바탕으로 자기브랜드 실천 전략의 어느 용어에 관련되어 있는지를 측정하는 문항이다.

해 설

자신을 브랜드화하기 위한 전략으로 친근감, 열정, 책임감을 들 수 있다.
친근감이란 오랜 기간 관계를 유지한 브랜드에 대한 친숙한 느낌으로, 자신을 브랜드화하기 위해서는 친근감을 주기 위한 노력이 필요하다. 따라서 다른 사람과의 관계를 돈독히 유지하기 위해 노력하고, 자신의 내면을 관리하여 긍정적인 마인드를 가지도록 한다. 또한 브랜드 PR을 통하여 지속적으로 자신을 다른 사람에게 알려 친근해지도록 한다.
열정은 브랜드를 소유하거나 사용해보고 싶다는 동기를 유발하는 욕구이며, 자신을 브랜드화 하여 사람들로부터 자신을 찾게 하기 위해서는 다른 사람과 다른 차별성을 가질 필요가 있다. 다른 사람과 다른 차별성을 가지기 위해서는 시대를 앞서 나가 다른 사람과 구별되는 능력을 끊임없이 개발해야 한다. 즉, 최신의 중요한 흐름을 아는 것과 이에 대한 자기개발의 열정이 요구된다.
책임감은 소비자가 브랜드와 애정적 관계를 유지하겠다는 약속으로 소비자에게 신뢰감을 주어 지속적인 소비가 가능하도록 하는 것이다. 자신을 브랜드화하기 위해서는 자신이 할 수 있는 일이 어떤 것인지를 명확하게 파악하고 자신이 할 수 있는 범위에서 최상의 성과를 내어 소비자에게 제공해야 한다. 또한 지속적인 자기개발이 이루어질 수 있도록 장단기 계획을 수립하고, 시간약속을 지키는 등의 책임 있는 노력을 해야 한다.

2 ②

출제의도

경력개발이 필요한 이유와 유형에 대한 지문을 바탕으로 경력개발의 유형 중 어디에 해당하는지를 알고 있는가를 측정하는 문항이다.

해 설

주어진 설명에서와 같이 경력개발은 경력계획과 경력개발로 이루어지며, 이 중 선택지 ②의 내용은 경력계획단계의 설명이며 나머지 내용은 경력관리단계의 설명이다.

3 ②

출제의도

해당 지문이 자아인식에 관련된 내용 중 어느 용어에 관련되어 있는지를 확인하는 문항이다.

해 설

직업인으로서 자아인식은 직업생활에서 자신의 요구를 파악하고 자신의 능력 및 기술을 이해하여 자신의 가치를 확신하는 것으로 개인과 팀의 성과를 높이는데도 필수적으로 요구된다. 올바른 자아인식을 통하여 자아정체감을 확인할 수 있고, 성장욕구를 증가시킬 수 있으며, 자기개발의 방법을 결정할 수 있다.

4 ③

출제의도

주어진 상황에서 자기개발을 방해하는 요인을 찾는 문항이다. 사례가 주어지는 경우에는 문제 속에 답이 있으므로 사례를 꼼꼼히 읽어보는 것이 좋다.

해 설

신입사원 S씨는 잘해보고 싶은 마음을 가지고 있지만 S씨가 속한 팀 내에서의 환경이 S씨를 방해하고 있는 요인으로 작용하고 있다.

5 ④

출제의도

일생동안의 경력개발 과정을 각 단계별로 구분할 수 있는가를 측정하는 문항이다. 경력개발 단계에 대한 많은 모형들이 있지만 경력이 일정한 단계를 거치면서 점진적으로 성숙된다는 것은 비슷하므로 대략적인 구조를 익혀두는 것이 좋다.

해 설

④ 자신이 그동안 성취한 것을 재평가하는 하는 것은 4단계 경력중기에서 해야 할 일이다.

---

6 ②

출제의도

경력개발 과정의 특징을 사례와 연결시킬 수 있는가를 측정하는 문항이다. 경력개발 과정의 특징을 이론적으로 알고 있을 뿐만 아니라 사례와 연결시켜는 능력이 필요하다.

해 설

B씨는 현재 학교를 졸업하고 자신이 선택한 경력분야에서 원하는 조직의 일자리를 얻었으므로 2단계 조직입사 단계에 해당한다. 이 단계는 일반적으로 18~25세에 발생되나, 각각의 교육정도나 상황에 따라 조직입사시기가 다를 수 있기 때문에 유동적이다.

---

7 ④

출제의도

사례를 통해 자기개발의 하위 능력인 자아인식능력, 자기관리능력, 경력개발능력을 구분할 수 있는가를 측정하는 문항으로 주어진 상황에서 H대리에게 부족한 능력이 무엇인지 찾으면 답을 구할 수 있다.

해 설

자기관리능력은 자신의 행동 및 업무 수행을 통제하고 관리하며, 합리적이고 균형적으로 조정하는 능력이다. H대리는 이러한 능력이 부족하기 때문에 자신을 관리하지 않으면 변화하는 환경 속에서 적응하지 못할 수도 있다.

8 ③

출제의도

직장인에게 닥치는 많은 일들을 긴급도와 중요도에 따라 우선순위를 설정할 수 있는가를 측정하는 문항이다. 1순위와 4순위부터 우선 정하고 나서 2순위와 3순위를 비교하면 쉽게 답을 구할 수 있다.

해 설

③ 대인관계 구축은 2순위에 해당된다.

---

9 ③

출제의도

직장에서 업무수행 성과를 높이기 위한 전략을 측정하는 문항이다. 성과가 중요시되고 있는 사회에서 자신만의 창의적인 방법을 구축하여야 한다.

해 설

③ 다른 사람이 일하는 방식과 다른 방식으로 생각하다 보면 의외로 다른 사람들이 발견하지 못한 더 좋은 해결책이 나올 수 있으므로 창의적인 방법을 생각해본다.

---

10 ④

출제의도

경력개발이 필요한 이유를 환경변화 측면, 조직요구 측면, 개인요구 측면으로 나눌 수 있는지를 측정하는 문항이다. 주어진 보기를 측면에 대입했을 때 적절하지 않은 것을 고르면 된다.

해 설

㉣ 능력주의 문화는 조직요구 측면에 해당한다.

11 ②

출제의도

자아인식의 상황에서 자신에게 할 수 있는 질문을 묻는 문항이다. 타인이 나에게 하는 질문과 구별하면 답을 도출할 수 있다.

해 설

② 동료가 나를 처음 보고 어떤 느낌이 들었는지는 '타인이 생각하는 나'를 확인할 수 있는 질문이다.

12 ③

출제의도

인간이 끊임없는 노력을 통해 자기개발을 할 수 있다는 것을 이해하고 있는지를 묻는 문항이다.

해 설

제시된 내용은 환경의 변화에 따른 자기개발의 중요성에 대해 설명하고 있다. 사람들은 변화하는 환경에 대해서 서로 다른 태도를 가지고 있으며, 허와 같이 문제를 해결하고 목표를 성취하기 위해서 노력하는 사람이 있는 반면, 헴과 같이 변화에 적응하지 못하여 결국 목표를 성취하지 못하는 사람이 있을 수 있다. 이처럼 환경의 변화에 적응을 하기 위해서 지속적인 자기개발이 필요하며 자기개발을 통해 자신의 목표를 성취할 수 있음을 알 수 있다.

13 ①

출제의도

글에서 제시된 공통적인 사항을 보기의 내용과 연결시켜 사고할 수 있는지를 측정하는 문항이다.

해 설

㉠~㉤의 내용들은 공통적으로 매슬로우 욕구이론의 5단계인 자아실현의 욕구를 표현하고 있다. 이러한 5단계 자아실현의 욕구는 은퇴 및 자녀들의 출가로 인해 자칫 무료해질 수 있는 삶을 또 다른 생활(교육, 스포츠, 여행 등)을 통해 자신의 잠재 가능성을 개발해 감을 알 수 있다.

14 ③

출제의도

주어진 제시문을 읽고 A 부장이 스스로의 개발을 통해 조직에서 인정받은 요소를 찾아낼 수 있는지를 측정하는 문항이다.

해 설

A 부장이 스스로의 개발을 통해 사내에서 인정받고 성공한 사람이라고 평가받을 수 있었던 요소는 본인 스스로의 개발에 대한 계획을 수립하기 위해서 장단기 계획을 세우고, 인간관계를 고려하며, 현재의 직무를 고려하여야 함을 알 수 있다.

③ A 주장은 부하직원을 대할 때에도 명령하달식의 관계가 아니라 부하직원의 의사를 존중해주려고 노력한다.

15 ③

출제의도

자기개발을 하기 위한 글 중에서 글의 함축적 의미를 잘못 파악한 것을 골라낼 수 있는지를 묻는 문항이다.

해 설

㉢의 사례는 사람들이 자신이 생각하는 것만을 가지고 전체 사물 또는 상황 등을 전부라고 판단할 수 있음을 알려주는 내용이다. 따라서 보다 객관적으로 어떤 사물이나 현상을 인식하기 위해서는 다양한 각도에서 살펴보려는 노력이 요구되며, 이러한 원리는 자기를 인식하는 데에 있어서도 적용된다.

16 ②

출제의도

자기개발을 하기 위한 방법 중 하나인 스스로의 내면을 관리할 수 있는지의 능력을 측정할 수 있는지를 묻는 문항이다.

해 설

자신의 내면을 관리하여 인내심이나 긍정적인 마음을 가지는 것이 인생의 성공과 직무스트레스를 줄이는 데 상당히 중요하다는 것을 알 수 있다.

17 ②

출제의도

합리적인 의사결정 과정을 정확히 알고 있는가를 측정하는 문항이다.

해 설

합리적 의사결정 과정 순서 … ㉡ 문제의 근원을 파악한다. → ㉤ 의사결정 기준과 가중치를 정한다. → ㉦ 의사결정에 필요한 정보를 수집한다. → ㉠ 가능한 모든 대안을 탐색한다. → ㉢ 각 대안을 분석 및 평가한다. → ㉥ 최적 안을 선택한다. → ㉣ 의사결정 결과를 평가하고 피드백 한다.

---

18 ④

출제의도

자기탐색과 환경탐색을 구분할 줄 아는가를 측정하는 문항이다. 보기의 내용이 '자신'에 관련된 것인지 '환경'에 관련된 것인지를 판단하여야 한다.

해 설

④ 특정직무와 직업에 대한 설명 자료는 환경탐색을 하는 데 유용한 방법이다.

---

19 ②

출제의도

자기개발능력을 위해 기본적으로 자기개발의 특징을 알고 있는가를 측정하는 문항이다. 직장생활을 둘러싸고 있는 환경은 끊임없이 변화하고 있으므로 지속적으로 학습할 것을 요구하고 있기 때문에 자기개발은 장기적으로 이루어져야 한다.

해 설

② 자기개발은 일시적인 것이 아니라 평생에 걸쳐서 이루어지는 과정이다.

20 ①

출제의도

해당 지문이 경력개발과 관련된 이슈 중 어느 용어에 관련되어 있는지를 묻는 문항이다. 현대사회를 살아가는 직장인으로서 경력개발에 관한 기본적인 이슈들은 알고 있어야 한다.

해 설

지식과 정보의 폭발적인 증가로 새로운 기술개발에 따라 직업에서 요구되는 능력도 변화하고 있으며, 지속적인 능력개발이 필요한 시대가 되었기 때문에 평생 학습해야 하는 사회가 도래하였다.

21 ④

출제의도

성공적인 경력개발을 위한 전략을 묻는 문항이다. 경력개발은 직장 외 장소에서 하는 것이 아니라 직장에서 업무시간에 하는 것이 효율적이라는 것을 유의해야 한다.

해 설

④ 기업에는 외부에서 얻는 것보다 더 풍부한 자원이 많이 있기 때문에 직장에서 업무시간에 경력개발을 한다.

22 ①

출제의도

경력개발 수행 단계의 내용과 각 단계별 해야 할 일을 정확히 알고 있는가를 측정하는 문항이다. 경력개발 단계별로 대략적인 내용은 알아두되, 단계가 명확하게 구분되는 것은 아니며 중복적으로 이루어질 수 있음에 유의한다.

해 설

② 3단계 경력목표 설정
③ 5단계 실행 및 평가
④ 2단계 자신과 환경이해

23 ②

출제의도

자기브랜드 실천 전략에 대해 묻는 문항이다. 직장인은 능력도 중요하지만 자신을 '브랜드'화 시켜 가치를 부여하는 것도 중요하기 때문에 전략을 알아 둘 필요가 있다.

해 설

② 직업을 옮겨 다니는 것보다 경험은 한 분야에서 5년 혹은 10년 정도 쌓는 것이 중요하다. 이러한 집중적인 노력과 추구하는 목표가 접목될 때 제대로 된 특별한 전문서비스를 만들어낼 수 있다.

---

24 ①

출제의도

주어진 사례에서의 행동을 분석하여, 그 행동이 어느 방법에 해당하는지를 묻는 문항이다. 이러한 문항은 사례 속에 답이 숨어 있기 때문에 쉽게 답을 도출할 수 있다.

해 설

마인드 컨트롤을 통해 자신을 의식적으로 관리하는 방법을 깨닫게 되면 문제 상황을 해결할 수 있게 된다. 실제로 이러한 자기마음의 관리는 학습능력 향상, 잠재능력 개발, 집중력 향상, 발표력 향상 및 다양한 심리치료에 효과적으로 적용되고 있다.

---

25 ③

출제의도

자아를 인식하는 방법 중 해당 지문은 어느 방법에 속하는지를 묻는 문항이다. 자아를 인식하는 방법은 '내가 아는 나를 확인하기', '다른 사람과의 커뮤니케이션', '표준화된 검사 도구'가 있다.

해 설

표준화된 검사 도구는 객관적으로 자아특성을 다른 사람과 비교해 볼 수 있는 척도를 제공하며 최근에는 인터넷을 통해 표준화된 검사 도구를 손쉽게 이용할 수 있다.

26 ④

출제의도

자기관리 5단계의 내용과 단계별로 필요한 질문이 무엇인지 묻는 문항이다. 직장인은 자신을 지속적으로 관리하지 않으면 도태될 수 있기 때문에 자기관리능력에 대한 내용을 알아둘 필요가 있다.

해 설

④ 5단계 반성 및 피드백 단계에서 필요한 질문이다.

27 ①

출제의도

사례의 내용을 자기관리의 각 단계에 대입할 수 있는지를 묻는 문항이다.

해 설

주어진 질문들은 비전과 목표가 정립되고 난 후에 과제 발견 단계에서 하는 질문들이다. 역할들을 도출한 후에는 이 역할들에 상응하는 활동목표를 설정하게 된다.

28 ②

출제의도

경력개발에 관련된 용어들의 의미를 정확하게 파악하고 있는가를 측정하는 문항이다. 경력개발은 자기개발의 중요한 하위 능력인 만큼 기본적은 의미는 익히고 있어야 한다.

해 설

㉠에 알맞은 용어는 경력관리이며, 경력관리는 규칙적으로 지속적으로 이루어져야 한다. 잘못된 정보나 이에 대한 이해가 부족하여 경력 목표를 잘못 설정하는 경우가 있으므로 계속적이고 적극적인 경력관리를 통해 이를 수정해 나가야 한다.

29 ③

출제의도

해당 지문이 자기개발에 관련된 이슈 중 어느 용어에 관련되어 있는지를 묻는 문항이다. 현대사회를 살아가는 직장인으로서 자기개발에 관한 기본적인 이슈들은 알고 있어야 한다.

해 설

WLB(Work－Life Balance) … 근로자가 일과 생활을 모두 잘 해내고 있다고 느끼는 상태를 말하며 이를 위해 설계된 제도를 WLB프로그램이라고 한다. 가족친화적 제도(Family－friendly Policy)라고도 부른다.

---

30 ④

출제의도

주어진 사례가 경력개발 5단계 중 어디에 해당하는지를 묻는 문항이다. 경력개발 5단계는 명확하게 구분되는 것이 아니라 중복적으로 이루어질 수 있음에 유의하여야 한다.

해 설

주어진 사례에서 甲은 수립한 경력개발 전략을 실행하고 있다. 이 단계에서는 자신이 수립한 전략이 경력목표를 달성하기에 충분한지를 검토하고, 경력목표 자체가 달성될 가능성이 있는 것인지를 검토해야 한다.

정답 및 해설 05 자원관리능력

1	2	3	4	5	6	7	8	9	10
③	③	②	①	①	③	②	③	②	④
11	12	13	14	15	16	17	18	19	20
④	④	①	④	①	②	④	②	②	①
21	22	23	24	25	26	27	28	29	30
②	③	④	②	③	②	②	④	④	④

1 ③

출제의도

주어진 자료를 바탕으로 이익이 되는 자원과 그렇지 않은 자원을 비교, 분석하는 능력을 확인하는 문항이다.

해 설

각 제품의 점수를 환산하여 총점을 구하면 다음과 같다. 다른 기능은 고려하지 않는다 했으므로 제시된 세 개 항목에만 가중치를 부여하여 점수화한다.

구분	A	B	C	D
크기	153.2×76.1×7.6	154.4×76×7.8	154.4×75.8×6.9	139.2×68.5×8.9
무게	171g	181g	165g	150g
RAM	4GB	3GB	4GB	3GB
저장 공간	64GB	64GB	32GB	32GB
카메라	16Mp	16Mp	8Mp	16Mp
배터리	3,000mAh	3,000mAh	3,000mAh	3,000mAh
가격	653,000원	616,000원	599,000원	549,000원
가중치 부여	20×1.3+18×1.2+20×1.1=69.6	20×1.3+16×1.2+20×1.1=67.2	18×1.3+18×1.2+8×1.1=53.8	18×1.3+20×1.2+20×1.1=69.4

따라서 가장 가중치 점수가 높은 것은 A제품이며, 가장 낮은 것은 C제품이므로 정답은 A제품과 C제품이 된다.

2 ③

출제의도

주어진 자료를 토대로 시간과 과정을 확인하고 이를 적절하게 계산하고 할당하여 시간자원을 활용하는 능력을 측정하는 문항이다.

해 설

출발시각을 한국 시간으로 먼저 바꾼 다음 소요시간을 더해서 도착 시간을 확인해 보면 다음과 같다.

	출발시각(현지시간)	출발시각(한국시간)	소요시간	도착시간
H상무	12월 12일 17:20	12월 13일 01:20	13시간	12월 13일 14:20
P전무	12월 12일 08:30	12월 12일 22:30	14시간	12월 13일 12:30
E전무	12월 12일 09:15	12월 13일 01:15	11시간	12월 13일 12:15
M이사	12월 12일 22:30	12월 13일 04:30	9시간	12월 13일 13:30

따라서 도착 시간이 빠른 순서는 E전무 – P전무 – M이사 – H상무가 된다.

3 ②

출제의도

주어진 자료를 바탕으로 분석 · 계산하여 이용할 수 있는 자원이 무엇인지를 이해하고 있는지를 측정하는 문항이다.

해 설

재작년과 작년에 적립된 마일리지를 구하면 다음과 같다.

재작년 : 45×12=540, 540×40=21,600

작년 : 65×12=780, 780×50=39,000

총 60,600마일리지

따라서 올해의 카드 결제 금액이 월 평균 60만 원이라면, 60×12=720, 720×50=36,000이 되어 총 96,600마일리지가 되므로 120,000마일리지가 필요한 광주 일등석을 이용할 수 없다.

① 80×12=960, 960×70=67,200마일리지이므로 총 127,800마일리지로 제주 일등석을 이용할 수 없다.

③ 60,600마일리지가 되므로 울산 일반석을 이용할 수 없다.

④ 70×12=840, 840×70=58,800마일리지이므로 총 119,400마일리지로 제주 프레스티지석 이용이 가능하다.

4 ①

출제의도

업무수행에 필요한 인적자원이 얼마나 필요한지를 확인하고, 이용 가능한 인적자원을 최대한 수집하여 실제 업무에 어떻게 활용할 것인지를 계획하고, 할당하는 능력을 묻는 문항이다.

해 설

모든 사람이 한 국가 이상 출장을 가야 한다고 했으므로 김과장은 꼭 중국을 가야 하며, 장과장은 꼭 일본을 가야 한다. 또한 영국으로 4명이 출장을 가야 되고, 출장 가능 직원도 4명이므로 이과장, 신과장, 류과장, 임과장이 영국을 가야한다. 4국가 출장에 필요한 직원은 12명인데 김과장과 장과장이 1국가 밖에 못가므로 나머지 5명이 2국가씩 출장가야 한다는 것에 주의한다.

	출장가는 직원		출장가는 직원
미국(1명)	이과장	중국(3명)	김과장, 최과장, 류과장
영국(4명)	류과장, 이과장, 신과장, 임과장	일본(4명)	장과장, 최과장, 신과장, 임과장

5 ①

해 설

각 신용카드별 할인혜택을 통해 갑이 할인받을 수 있는 내역은 다음과 같다.

신용카드	할인금액
A	• 버스 · 지하철, KTX 요금 20% 할인(단, 한도 월 2만원) → 2만원 • 외식비 주말 결제액 5% 할인 → 2,500원 • 학원 수강료 15% 할인 → 3만원 ※ 최대 총 할인한도액은 없고 연회비 1만 5천원이 부과되므로 줄어드는 금액은 총 37,500원이다.
B	• 버스 · 지하철, KTX 요금 10% 할인(단, 한도 월 1만원) → 1만원 • 온라인 의류구입비 10% 할인 → 1만 5천원 • 도서구입비 권당 3천우너 할인(단, 정가 1만 2천원 이상 적용) → 9,000원 ※ 연회비는 없지만, 최대 총 할인한도액이 월 3만원이므로 줄어드는 금액은 총 3만원이다.
C	• 버스 · 지하철, 택시 요금 10% 할인(단, 한도 월 1만원) → 1만원 • 카페 지출액 10% 할인 → 5,000원 • 재래시장 식료품 구입비 10% 할인 → 5,000원 • 영화관람료 회당 2천원 할인(월 최대 2회) → 4,000원 ※ 최대 총 할인한도액은 월 4만원이고 연회비가 없으므로 줄어드는 금액은 총 24,000원이다.

6 ③

출제의도

주어진 공정표를 토대로 이용 가능한 시간자원과 인적자원을 활용하여 최대의 수익을 낼 수 있는 능력을 측정하는 문항이다.

해 설

30일 동안 최대 수익을 올릴 수 있는 진행공정은 다음과 같다.

<table>
<tr><td colspan="3">F(20일, 70명)</td><td rowspan="2">C(10일, 50명)</td></tr>
<tr><td>B(10일, 30명)</td><td>A(5일, 20명)</td><td></td></tr>
</table>

F(85억)+B(20억)+A(15억)+C(40억)=160억

7 ②

출제의도

주어진 자료를 토대로 업무에 필요한 시간과 과정을 확인하고, 이를 적절하게 할당하여 가장 최소한의 시간 안에 효율적으로 업무를 수행할 수 있는지 확인하는 문제이다.

해 설

<table>
<tr><td colspan="2">A(7일)</td><td colspan="2" rowspan="2">C(4일)</td><td colspan="2">F(3일)</td><td rowspan="3">H(2일)</td></tr>
<tr><td rowspan="2">B(5일)</td><td>D(2일)</td><td rowspan="2">G(2일)</td><td rowspan="2"></td></tr>
<tr><td colspan="2">E(4일)</td><td></td></tr>
</table>

8 ③

출제의도

주어진 자료에서 조건이 변동되었을 때 시간자원을 얼마나 단축할 수 있는가를 측정하는 문항이다.

해 설

<table>
<tr><td>A(3일)</td><td colspan="2">C(4일)</td><td colspan="2" rowspan="2">F(3일)</td><td rowspan="2"></td><td rowspan="3">H(2일)</td></tr>
<tr><td colspan="2" rowspan="2">B(5일)</td><td>D(2일)</td></tr>
<tr><td colspan="2">E(4일)</td><td colspan="2">G(2일)</td></tr>
</table>

총 13일이 소요되므로 전체일정은 3일이 단축된다.

9 ②

해 설

차량 가격에서 초기 납입금을 제외한 나머지 80% 금액과 30개월 사용료를 비교하여 80%의 금액이 더 큰 차종을 선택하면 된다. 따라서 다음 표와 같이 계산할 수 있으며, B차종이 정답이 된다.

차종	차량 가격(원)	초기 납입금 20%(원)	잔액(원)	총 사용료(원)
A종	27,500,000	5,500,000	22,000,000	750,000×30=22,500,000
B종	20,400,000	4,080,000	16,320,000	537,000×30=16,110,000
C종	25,850,000	5,170,000	20,680,000	751,600×30=22,548,000
D종	15,750,000	3,150,000	12,600,000	480,300×30=14,409,000

10 ④

해 설

보기에 제시된 것 중 총 절감액이 큰 것을 고르면 되므로, 각각의 총 절감액을 계산해 보면 다음과 같다.

① ㉠+㉢+㉣ → (22,000+21,000+20,000)×1.15=72,450원

② ㉠+㉡+㉢ → (22,000+18,000+21,000)×1.25=76,250원

③ ㉡+㉢+㉣ → (18,000+21,000+20,000)×1.15=67,850원

④ ㉡+㉢+㉤ → (18,000+21,000+25,000)×1.2=76,800원

따라서 ④가 정답이 된다.

11 ④

해 설

㉠ 09:22에 D구역에 있었던 산양 21마리에서 09:32에 C구역으로 1마리, 09:50에 B구역으로 1마리가 이동하였고 09:52에 C구역에서 3마리가 이동해 왔으므로 09:58에 D구역에 있는 산양은 21 − 1 − 1 + 3 = 22마리이다.

㉡ 09:10에 A구역에 있었던 산양 17마리에서 09:18에 C구역에서 5마리가 이동해 왔고 09:48에 C구역으로 4마리가 이동하였으므로 10:04에 A구역에 있는 산양은 17 + 5 − 4 = 18마리이다.

㉢ 09:30에 B구역에 있었던 산양 8마리에서 09:50에 D구역에서 1마리가 이동해 왔고, 10:05에 C구역에서 2마리가 이동해 왔으므로 10:10에 B구역에 있는 산양은 8 + 1 + 2 = 11마리이다.

㉣ 09:45에 C구역에 있었던 11마리에서 09:48에 A구역에서 4마리가 이동해 왔고, 09:52에 D구역으로 3마리, 10:05에 B구역으로 2마리가 이동하였으므로 10:15에 C구역에 있는 산양은 11 + 4 − 3 − 2 = 10마리이다.

12 ④

해 설

○○목장에서 키우는 산양의 총 마리 수는 22 + 18 + 11 + 10 = 61마리이다.

13 ①

출제의도

주어진 데이터를 가지고 물적자원(트럭)에 대한 적재율, 실제가동률, 실차율을 구할 수 있는지를 측정하는 문항이다.

해 설

적재율, 실제가동률, 실차율을 구하면 각각 다음과 같다.

㉠ 적재율이란, 어떤 운송 수단의 짐칸에 실을 수 있는 짐의 분량에 대하여 실제 실은 짐의 비율이다. 따라서 기준용적이 10㎥인 2.5톤 트럭에 대하여 1회 운행당 평균용적이 8㎥이므로 적재율은 $\frac{8}{10} \times 100 = 80\%$이다.

㉡ 실제가동률은 누적실제차량수에 대한 누적실제가동차량수의 비율이다. 따라서 $\frac{340}{400} \times 100 = 85\%$이다.

㉢ 실차율이란, 총 주행거리 중 이용되고 있는 좌석 및 화물 수용 용량 비율이다. 따라서 누적주행거리에서 누적실제주행거리가 차지하는 비율인 $\frac{30,000}{40,000} \times 100 = 75\%$이다.

14 ④

출제의도

주어진 상황과 필요한 물적 자원의 양과 종류를 검토하고 필요한 예산을 계산하여 가장 저렴한 방법으로 물적 자원을 구할 수 있는지와 기초연산능력을 평가하는 문항이다. 업무 수행 시 비용 계산을 통해 예산을 절약할 수 있는 방법을 선택하는 능력이 요구된다.

해 설

① 1,000원(체감비용) + 27,000원 = 28,000원

② 20,000원(토너) + 8,000원(A4용지) = 28,000원

③ 5,000원(체감비용) + 24,000원 = 29,000원

④ 10,000원(A4용지) + 1,000원(체감비용) + 16,000원(토너) = 27,000원

15 ①

출제의도

주어진 여러 시간정보를 수집하여 실제 업무 상황에서 시간자원을 어떻게 활용할 것인지 계획하고 할당하는 능력을 측정하는 문항이다.

해 설

① 도보로 버스정류장까지 이동해서 버스를 타고 가게 되면 도보(30분), 버스(50분), 도보(5분)으로 1시간 25분이 걸리지만 버스가 정체될 수 있으므로 1시간 45분으로 계산하는 것이 바람직하다. 민기씨는 1시 30분에 출발할 수 있으므로 3시 15분에 도착하게 되고 입장은 할 수 있으나 늦는다.

※ 소요시간 계산

㉠ 도보-버스 : 도보(30분), 버스(50분), 도보(5분)이므로 총 1시간 25분(정체 시 1시간 45분) 걸린다.
㉡ 도보-지하철 : 도보(20분), 지하철(1시간), 도보(10분)이므로 총 1시간 30분 걸린다.
㉢ 택시-버스 : 택시(10분), 버스(50분), 도보(5분)이므로 총 1시간 5분(정체 시 1시간 25분) 걸린다.
㉣ 택시-지하철 : 택시(5분), 지하철(1시간), 도보(10분)이므로 총 1시간 15분 걸린다.

---

16 ②

출제의도

주어진 정보를 수집하여 실제 업무 상황에서 자원을 어떻게 활용할 것인지 계획하고 할당하는 능력을 측정하는 문항이다.

해 설

1분기의 km당 연료비는 휘발유 100원, 경유 60원이다.

㉠ 갑 지역 이동(집화터미널-A허브-갑 지역)
집화터미널-A허브(60km) : 100원 × 60km × 5회 = 30,000원
A허브-갑 지역(50km) : 60원 × 50km × 5회 = 15,000원

㉡ 정 지역 이동(집화터미널-B허브-정 지역 또는 집화터미널-C허브-정 지역)
집화터미널-B허브(50km) : 100원 × 50km × 5회 = 25,000원
B허브-정 지역(70km) : 60원 × 70km × 5회 = 21,000원
또는
집화터미널-C허브(100km) : 100원 × 100km × 5회 = 50,000원
C허브-정 지역(40km) : 60원 × 40km × 5회 = 12,000원

∴ 총 연료비는 91,000원이다(∵ 정 지역 이동시 B허브 이용).

17 ④

해 설

2분기의 km당 연료비는 휘발유 140원, 경유 90원이다.

㉠ 정 지역으로 가는 방법

집화터미널–B허브(50km) : 140원 × 50km = 7,000원

B허브–정 지역(70km) : 90원 × 70km = 6,300원

또는

집화터미널–C허브(100km) : 140원 × 100km = 14,000원

C허브–정 지역(40km) : 90원 × 40km = 3,600원

∴ 13,300원(∵ 정 지역 이동시 B허브 이용)

㉡ 무 지역으로 이동 후 정 지역으로 가는 방법

집화터미널–C허브(100km) : 140원 × 100km = 14,000원

C허브–무 지역(60km) : 90원 × 60km = 5,400원

무 지역–정 지역(100km) : 90원 × 100km = 9,000원(∵ 무 지역과 정 지역은 C허브로 연결)

∴ 28,400원

∴ 15,100원 손해이다.

---

18 ②

해 설

3분기의 km당 연료비는 휘발유 120원, 경유 75원이다.

집화터미널–A허브(60km) : 120원 × 60km = 7,200원

A허브–을 지역(50km) : 75원 × 50km = 3,750원

또는

집화터미널–B허브(50km) : 120원 × 50km = 6,000원

B허브–을 지역(70km) : 75원 × 70km = 5,250원이므로

을 지역은 A허브를 통해 이동하는 것이 더 저렴하다(10,950원)

∴ 총 4회 왕복 가능하다(∵ 1회 왕복 연료비 21,900원).

19 ②

출제의도

주어진 대화와 일정표를 토대로 이용 가능한 물적자원을 확보하여 이를 정확하게 안내할 수 있는 능력을 측정하는 문항이다. 대화에서 고객 P씨가 제공하는 정보를 정확하게 파악하고 최선의 선택이 불가능할 경우 차선의 자원을 제시해야 한다.

해 설

8~9일, 15~16일 모두 "국"실은 모두 예약이 완료되었다. 워크숍 인원이 15~18명이라고 했으므로 "매"실 또는 "난"실을 추천해주는 것이 좋다. 8~9일에는 "난"실, 15~16일에는 "매"실의 예약이 가능하다.

20 ①

해 설

8~9일로 예약하겠다고 했으므로 예약 가능한 방은 "난"실이다. 1월은 성수기이지만 비수기 가격으로 해주기로 했으므로 비수기 주말 가격인 기본 30만 원에 추가 3만 원으로 안내해야 한다.

21 ②

출제의도

업무수행에 있어서 필요한 인적자원을 관리하는 능력을 측정하는 문항이다.

해 설

11월 12일 황보경(3조)은 오전근무이다. 1조는 바로 전날 야간근무를 했기 때문에 대체해줄 수 없다. 따라서 이가희가 아닌 우채원(3조 조장)이 황보경의 업무를 대행한다.

22 ③

해 설

11월 20일 김희원(3조)는 야간근무이다. 1조는 바로 다음 날 오전근무를 해야 하기 때문에 대체해줄 수 없다. 따라서 임채민이 아닌 우채원(3조 조장)이 김희원의 업무를 대행한다.

23 ④

해 설

④ PPT작성이 도표작성보다 더 먼저 끝나므로 PPT를 작성한 사람이 발표원고를 작성하는 것이 일을 더 빨리 끝낼 수 있다.

---

24 ②

출제의도

남아있는 자원을 파악하고 현재 가장 필요한 자원이 무엇인지 파악하는 능력을 확인하는 문항이다.

해 설

물티슈의 재고는 1개로 가장 적게 남아있다.

---

25 ③

출제의도

주어진 예산자원을 물적자원으로 변환하는 능력을 확인하는 문항이다.

해 설

③ $(2,000 \times 10) + (1,600 \times 8)$

$= 20,000 + 12,800$

$= 32,800$

---

26 ②

출제의도

인적자원개발의 의미를 바탕으로 인적자원에 대해 이해하고 있는지 측정하는 문제이다.

해 설

인적자원개발은 개인과 조직의 공동 목표 달성을 위해 진행되는 것이라고 이해할 수 있으므로 개인의 경력개발을 중심으로 전개된다는 것은 타당하지 않다.

① 인적자원개발은 학습을 통한 교육과 훈련이 핵심이므로 추상적이고 복합적인 개념이라고 할 수 있다.

③④ 기존의 조직 내 인력의 양성 차원을 넘어 근로자, 비근로자, 중고령자, 지역 인재 등으로까지 확대 적용되는 것이 인적자원개발의 의의라고 판단할 수 있다.

27 ②

해 설

주어진 설명에 의해 4명의 자질을 정리하면 다음과 같다.

	오 대리	최 사원	남 대리	조 사원
스페인어	O		O	
국제 감각	O			O
설득력		O	O	O
비판적 사고		O	O	
의사 전달력	O	O	X	O

이러한 자질에 따라 4명의 직원이 수행할 수 있는 업무는
오 대리 : 계약실무, 현장교육
최 사원 : 시장조사
남 대리 : 협상, 시장조사
조 사원 : 현장교육
이며 필요한 4가지 업무를 모두 수행하기 위해서는 오 대리와 남 대리 2명이 최종 선발되어야만 함을 알 수 있다.

28 ④

해 설

장소별로 계산해 보면 다음과 같다.

- 분수광장 후면 1곳(게시판) : 120,000원
- 주차 구역과 경비초소 주변 각 1곳(게시판) : 120,000원 × 2 = 240,000원
- 행사동 건물 입구 1곳(단독 입식) : 45,000원
- 분수광장 금연 표지판 옆 1개(벤치 2개 + 쓰레기통 1개) : 155,000원
- 주차 구역과 경비초소 주변 각 1곳(단독) : 25,000 × 2 = 50,000원

따라서 총 610,000원의 경비가 소요된다.

29 ④

해 설

참석인원이 800명이므로 800장을 준비해야 한다. 이 중 400장은 2도 단면, 400장은 5도 양면 인쇄로 진행해야 하므로 총 인쇄비용은 (5,000 × 4) + (25,000 × 4) = 120,000원이다.

---

30 ④

출제의도

직접비와 간접비의 개념을 이해하고 구분할 수 있는지를 확인하는 문항이다.

해 설

인건비, 출장비, 재료비 등은 비용 총액을 특정 제품이나 서비스의 생산에 기여한 몫만큼 배분하여 계산할 수 있기 때문에 해당 제품이나 서비스의 직접비용으로 간주할 수 있는 것이다. 반면, 보험료, 광고료, 건물관리비 등 공통적인 비용으로 계산될 수밖에 없는 비용들은 간접비로 분류한다. 제시된 내용들은 모두 이러한 비용들의 기여도별 분배가 가능한 것인지의 여부에 따라 구분되고 있다고 볼 수 있다.

정답 및 해설 06 대인관계능력

1	2	3	4	5	6	7	8	9	10
④	④	④	②	④	①	②	④	①	④
11	12	13	14	15	16	17	18	19	20
②	①	④	②	③	①	②	③	④	③
21	22	23	24	25	26	27	28	29	30
④	②	②	③	②	④	④	①	②	②

의사소통능력
수리능력
문제해결능력
자기개발능력
자원관리능력
대인관계능력
정보능력
기술능력
조직이해능력
직업윤리

1 ④

출제의도

갈등 과정과 해결방법에 대해 이해하고 각 유형과 사례를 올바르게 연결시킬 수 있는지를 측정하는 문항이다.

해 설

최 사장은 공장장 교체 요구를 철회시켜 자신에게 믿음을 보여 준 직원을 계속 유지시킬 수 있었고, 노조측은 처우 개선과 임금 인상 요구를 관철시켰으므로 'win-win'하였다고 볼 수 있다. 통합형은 협력형(collaborating)이라고도 하는데, 자신은 물론 상대방에 대한 관심이 모두 높은 경우로서 '나도 이기고 너도 이기는 방법(win-win)'을 말한다. 이 방법은 문제해결을 위하여 서로 간에 정보를 교환하면서 모두의 목표를 달성할 수 있는 윈윈 해법을 찾는다. 아울러 서로의 차이를 인정하고 배려하는 신뢰감과 공개적인 대화를 필요로 한다. 통합형이 가장 바람직한 갈등해결 유형이라 할 수 있다.

---

2 ④

출제의도

갈등 과정의 절차를 묻는 문제로 각 절차에 대한 충분한 이해가 있는지를 측정하는 문항이다.

해 설

대결 국면에서의 핵심 사항은 상대방의 입장에 대한 무비판적인 부정이며, 격화 국면에서는 설득이 전혀 효과를 발휘할 수 없게 된다. 진정 국면으로 접어들어 비로소 협상이라는 대화가 시작되며 험난한 단계를 거쳐 온 갈등은 이때부터 서서히 해결의 실마리가 찾아지게 된다.

3 ④

출제의도

리더로서 갖추어야 할 바람직한 행동들을 이해하고 있는지를 확인하는 문항이다.

해 설

리더십의 일반적인 개념에는 다음과 같은 것들이 있다.

1. 조직성원들로 하여금 조직목표를 위해 자발적으로 노력하도록 영향을 주는 행위
2. 목표달성을 위하여 어떤 사람이 다른 사람에게 영향을 주는 행위
3. 어떤 주어진 상황 내에서 목표달성을 위해 개인 또는 집단에 영향력을 행사하는 과정
4. 자신의 주장을 소신 있게 나타내고 다른 사람들을 격려하는 힘

따라서 A부장, B부장, D부장이 리더십을 갖춘 리더의 경우라 할 수 있고, C부장은 리더가 아닌 관리자의 경우이다. 유지 지향적이고 리스크를 회피하려는 태도는 전형적인 관리자의 태도이며, 리더의 모습이라고 할 수 없다.

---

4 ②

출제의도

리더십의 유형에 대한 문제로 각 유형별 리더십의 특징을 이해하고 있어야 한다.

해 설

② 셀프 리더십 : 자율적 리더십 또는 자기 리더십이라고도 하며 타인이 리더가 아니라 자기 자신 스스로가 자신의 리더가 되어 스스로 통제하고 행동하는 리더십을 말한다.

① 변혁적 리더십 : 부하들에게 스스로 일할 수 있도록 창의력을 길러주고 권한 위임을 부여함으로써 스스로 열심히 일할 수 있도록 이끌어 주는 리더십을 말한다.

③ 카리스마 리더십 : 리더가 강력한 카리스마를 바탕으로 부하들에게 비전 및 목표를 제시하고 이끌어 가는 리더십을 말한다.

④ 서번트 리더십 : 부하에게 목표를 공유하고 부하들의 성장을 도모하면서 리더와 부하간의 신뢰를 형성시켜 궁극적으로 조직성과를 달성하게 하는 리더십을 말한다.

---

5 ④

출제의도

고객의 불만유형을 묻는 문제로 각 유형별 특징을 파악하고 있어야 한다.

해 설

위의 사례에서 고객은 자신의 잘못으로 핸드폰 케이스가 깨졌는데도 불구하고 무상 교체를 해줘야 한다고 트집을 잡고 있으므로 트집형 고객임을 알 수 있다.

---

6 ①

출제의도

불만고객에 대한 응대법을 묻는 문제로 각 불만유형별 고객 대처방법을 파악하고 있어야 한다.

해 설

위 사례의 여성고객은 거만형에 해당하는 고객이다.

※ 거만형 고객에 대한 응대법

㉠ 정중하게 대하는 것이 좋다.

㉡ 자신의 과시욕이 채워지도록 뽐내게 내버려 둔다.

㉢ 의외로 단순한 면이 있으므로 일단 호감을 얻게 되면 득이 될 경우도 있다.

---

7 ②

해 설

'내가'라는 자아의식의 과잉은 팀워크를 저해하는 대표적인 요인이 될 수 있다. 팀워크는 팀 구성원이 공동의 목적을 달성하기 위해 상호 관계성을 가지고 서로 협력하여 일을 해나가는 것인 만큼 자아의식이 강하거나 자기중심적인 이기주의는 반드시 지양해야 할 요소가 된다.

---

8 ④

해 설

바람직한 리더에게는 위험을 회피하기보다 계산된 위험을 취하는 진취적인 자세가 필요하다. 위험을 회피하는 것은 리더가 아닌 관리자의 모습으로, 조직을 이끌어 갈 수 있는 바람직한 방법이 되지 못한다.

① 새로운 상황을 창조하며 오늘보다는 내일에 초점을 맞춘다.

② 어떻게 할까보다는 무엇을 할까를 생각한다.

③ 사람을 관리하기보다 사람의 마음에 불을 지핀다.

9 ①

출제의도

예상치 못한 상황에서 리더의 적절한 행동에 대해 묻는 문제다. 리더의 입장에서 적절한 행동이 무엇인지 파악해야 한다.

해 설

T그룹에서 워크숍을 하는 이유는 직원들 간의 단합과 화합을 키우기 위해서이고 또한 각 부서의 장에게 나름대로의 재량권이 주어졌으므로 위 사례에서 장부장이 할 수 있는 행동으로 가장 적절한 것은 ①번이다.

---

10 ④

출제의도

평소 리더로서 갖추어야 할 바람직한 행동들에 대해 이해하고 있어야 한다.

해 설

민수는 각 팀장들에게 프로젝트 성공 시 전원 진급을 약속하였지만 결국 그 약속을 이행시키지 못했으므로 정답은 ④이다.

---

11 ②

출제의도

대인관계능력을 구성하는 하위능력에 대해 묻는 문제로 각 하위능력별 특징을 이해하고 있어야 한다.

해 설

현재 동신과 명섭의 팀에게 가장 필요한 능력은 팀워크능력이다.

---

12 ①

출제의도

협상전략에 대해 묻는 문제로 협상전략의 종류와 각 종류별 적절한 사용 시기를 충분히 이해하고 있어야 한다.

해 설

① 협상 당사자들 간에 협동과 통합으로 문제를 해결하고자 하는 협력적 문제해결전략이다.
② 무 행동전략으로 협상으로부터 철수하는 철수전략이다. 협상을 피하거나 잠정적으로 중단한다.

③ 경쟁전략으로 자신이 상대방보다 힘에서 우위에 있을 때 자신의 이익을 극대화하기 위한 공격적인 전략이다.
④ 양보전략으로 상대방이 제시하는 것을 일방적으로 수용하여 협상의 가능성을 높이려는 전략이다.

13 ④

출제의도

올바른 스트레스 관리법에 대한 문제다. 평소 기업현장에서 실제로 실행할 수 있는 스트레스 관리법에 대해 생각해 보는 것도 문제를 푸는 데 도움이 된다.

해 설

나팀장의 팀원들은 매일 과도한 업무로 인해 스트레스가 쌓인 상태이므로 잠시 일상에서 벗어나 새롭게 기분전환을 할 수 있도록 배려해야 한다. 그러기 위해서는 조용한 숲길을 걷는다든지, 약간의 수면을 취한다든지, 사우나를 하면서 몸을 푸는 것도 좋은 방법이 될 수 있다.

14 ②

출제의도

리더의 임파워먼트(권한위임)에 대한 문제로 임파워먼트의 특징을 충분히 숙지하고 있어야 한다.

해 설

위 사례에서 불만고객에 대한 대처가 늦어지고 그로 인해 항의가 잇따르고 있는 이유는 사소한 일조차 상부에 보고해 그 지시를 기다렸다가 해결하는 업무체계에 있다. 따라서 오부장은 어느 정도의 권한과 책임을 매장 직원들에게 위임하여 그들이 현장에서 바로 문제를 해결할 수 있도록 도와주어야 한다.

15 ③

출제의도

동기부여와 관련된 문제로 사례에서 어떤 동기부여를 행했는지 파악하는 능력이 중요하다.

해 설

① 유팀장은 스티커를 이용한 긍정적 강화법을 활용하였다.
② 유팀장은 지금까지 아무도 시도하지 못한 새로운 보안시스템을 개발해 보자고 제안하며 부하직원들에게 새로운 도전의 기회를 부여하였다.
④ 유팀장은 부하직원들에게 자율적으로 출퇴근할 수 있도록 하였고 사내에도 휴식공간을 만들어 자유롭게 이용토록 하는 등 업무환경의 변화를 두려워하지 않았다.

16 ①

출제의도

임파워먼트의 장애요인에 대한 문제로 각각의 요인에 대해 확실하게 이해하고 있어야 한다.

해 설

〈사례 2〉에서 희진은 자신의 업무에 대해 책임감을 가지고 일을 했지만 〈사례 1〉에 나오는 하나는 자신의 업무에 대한 책임감이 결여되어 있다.

---

17 ②

출제의도

실제 업무현장에서 맞이하게 되는 변화와 관련하여 이를 효과적으로 대처하기 위한 전략을 묻는 문제다.

해 설

직업세계에서 맞이하는 변화의 상황들에 대해 효과적으로 대처하기 위한 12가지 전략

㉠ 우리의 생각을 명확히 할 '5가지 행동의 선택'에 관한 질문을 활용한다.
- 우리가 이 변화를 활용해야 하는 이유는 무엇인가?
- 이 변화는 언제 일어날 것인가?
- 어떻게 이 변화를 다룰 것인가?
- 다른 사람에게 이 변화는 무엇을 의미하는가?
- 이 변화는 어떤 사람에게 영향을 미치는가?

㉡ 변화에 대처하는 속도를 높인다.
㉢ 신속히 의사결정을 한다.
㉣ 업무를 혁신한다.
㉤ 자기 자신을 책임진다.
㉥ 상황을 올바르게 파악해 제어할 수 있고 타협할 수 있는 부분을 정한다.
㉦ 가치를 추구한다.
㉧ 고객 서비스 기법을 연마한다.
㉨ 빠른 변화 속에서 자신을 재충전할 시간과 장소를 마련한다.
㉩ 스트레스를 해소한다.
㉪ 의사소통을 통해 목표와 역할, 직원에 대한 기대를 명확히 한다.
㉫ 주변 환경의 변화에 주목한다.

18 ③

출제의도

변화에 대해 소극적인 직원들을 효과적으로 이끌기 위한 올바른 리더의 행동을 묻는 문제다.

해 설

변화에 소극적인 직원들을 성공적으로 이끌기 위한 방법
㉠ 개방적인 분위기를 조성한다.
㉡ 객관적인 자세를 유지한다.
㉢ 직원들의 감정을 세심하게 살핀다.
㉣ 변화의 긍정적인 면을 강조한다.
㉤ 변화에 적응할 시간을 준다.

19 ④

출제의도

갈등을 증폭시키는 원인에 대해 이해하고 있어야 하며 각 원인과 사례를 올바르게 연결시킬 수 있어야 한다.

해 설

①-㉢, ②-㉠, ③-㉡

20 ③

출제의도

갈등 과정의 절차를 묻는 문제로 각 절차에 대한 충분한 이해가 필요하다.

해 설

㉢ 의견불일치-㉠ 대결국면-㉤ 격화국면-㉡ 진정국면-㉣ 갈등의 해소

21 ④

출제의도

대인관계에서 나타나게 되는 커뮤니케이션 스킬 중 I-Message, You-Message의 개념을 구분하여 적용할 수 있는지를 묻는 문항이다.

해 설

대화에서 보면 A변호사는 I-Message의 대화 스킬을 활용하고 있다. ①②③번은 I-Message 형태로 내용을 전달하고 있지만, ④번의 경우에는 I-Message가 아닌 You-Message에 대한 설명이다. 또한, 상대에게 일방적으로 강요, 공격, 비난하는 느낌을 전달하게 되면 상대는 변명하려 하거나 또는 반감, 저항, 공격성 등을 보이게 된다.

22 ②

출제의도

대인관계에서의 커뮤니케이션 과정을 측정하는 문항이다.

해 설

② 커뮤니케이션 자체가 의도한 부가효과 – 수신자는 메시지를 해독해서 받아들인다. 그리고 그 메시지에 부합하여 무언가의 행위를 한다. 그러한 행위가 발신자가 의도한 것이었다면 이번 메시지는 효과적이었다고, 반대로 예상하지 않은 행위였다면 암호화작업이나 메시지 자체가 잘못되었다고 알 수 있다.

23 ②

출제의도

대인관계에서의 설득 능력에 관련한 개념을 측정하는 문항이다.

해 설

역지사지(易地思之)는 타인을 비난하거나 또는 강요하기 전에 자기 자신을 먼저 낮추고 상대의 마음을 헤아리는 모습을 보여주는데, 이렇듯 타인에 대한 따뜻한 배려는 상대방의 마음을 열게 하고 내 편으로 만들 가능성이 높아지게 하는 것을 의미한다.

24 ③

출제의도

커뮤니케이션 상황장애요인을 이해하고 있는지를 측정하는 문항이다.

해 설

대면적인 의사소통에서는 언어적 메시지 및 비언어적 메시지를 함께 사용한다.

※ 커뮤니케이션에 대한 상황장애요인

- ㉠ 정보의 과중 : 수신자에게 그가 수용할 수 있는 이상의 과중한 메시지가 전달되게 되면 의사소통의 유용성은 감소된다.
- ㉡ 어의 상의 문제 : 동일한 단어가 서로 다른 사람들에게 아주 다른 의미를 가질 시에 나타나게 되며, 특히 송신자가 상당히 추상적인 인용어나 또는 고도의 전문용어를 사용할 경우에 수신자가 그 말뜻을 이해하지 못할 시에 효과적인 커뮤니케이션은 기대하기 어렵다.
- ㉢ 시간의 압박 : 시간의 부족으로 인해 대화가 피상적인 것이 되어버리는 경우에 이러한 의사소통의 피상성은 커뮤니케이션의 정확성을 저해하게 된다.
- ㉣ 비언어적 메시지 : 대면의사소통에서는 언어적 메시지 및 비언어적 메시지 등을 함께 사용하는데, 이러한 언어적 메시지 및 비언어적 메시지의 불일치는 커뮤니케이션의 유효성을 감소시키게 된다.
- ㉤ 커뮤니케이션 분위기의 문제 : 평소에 개방성 및 신뢰성 등이 낮은 조직에서는 커뮤니케이션의 의도가 부정적으로 왜곡되기 쉽다.

---

25 ②

출제의도

코칭을 함으로써 얻게 되는 장점에 대해 묻는 문제로 조직에서 코칭을 왜 하는지 전반적인 이해가 필요하다.

해 설

② 직원들이 철저한 책임감을 갖게 된다.

26 ④

출제의도

협력을 장려하기 위해 어떤 노력이 필요한지 묻는 문제로 각각의 노력들이 협력을 이끌어 내는데 끼치는 영향을 파악할 필요가 있다.

해 설

④ 상식에서 벗어난 아이디어에 대해서 비판을 하지 말아야 한다.

---

27 ④

출제의도

리더십 유형의 특징에 대한 문제로 해당 사례가 리더십의 유형 중 어떤 유형에 속하는지 파악하는 능력이 중요하다.

해 설

해당 사례는 파트너십 유형에 대한 사례이다.

①②③ 전형적인 독재자 유형의 특징이다.

※ 파트너십 유형의 특징

㉠ 평등

㉡ 집단의 비전

㉢ 책임 공유

---

28 ①

출제의도

코칭에 대해 묻는 문제로 코칭을 할 때 주의해야 할 점에 대해 숙지할 필요가 있다.

해 설

위 상황은 엄팀장이 팀원인 문식에게 코칭을 하고 있는 상황이다. 따라서 코칭을 할 때 주의해야 할 점으로 옳지 않은 것을 고르면 된다.

① 지나치게 많은 정보와 지시로 직원들을 압도해서는 안 된다.

※ 코칭을 할 때 주의해야 할 점

㉠ 시간을 명확히 알린다.

㉡ 목표를 확실히 밝힌다.

㉢ 핵심적인 질문으로 효과를 높인다.
㉣ 적극적으로 경청한다.
㉤ 반응을 이해하고 인정한다.
㉥ 직원 스스로 해결책을 찾도록 유도한다.
㉦ 코칭과정을 반복한다.
㉧ 인정할 만한 일은 확실히 인정한다.
㉨ 결과에 대한 후속 작업에 집중한다.

29 ②

해 설

②와 같은 경우는 협상 시 상대방 관심 분야의 전문가를 투입함으로써 설득력을 높일 수 있는 매우 효과적인 전략으로 볼 수 있다. 나머지 보기의 경우는 협상 시 주로 나타나는 다음과 같은 실수의 유형이 된다.
① 협상의 통제권을 잃을까 두려워하는 것
③ 준비되기도 전에 협상을 시작하는 것
④ 잘못된 사람과의 협상

30 ②

출제의도

고객 불만의 원인을 이해하고 각각의 원인이 실제 사례에 어떻게 적용되는지를 파악해야 풀 수 있는 문제다.

해 설

①-사례 2, ③-사례 3, ④-사례 1
고객 불만의 원인으로는 서비스 제공자의 불친절한 태도, 고객에 대한 무관심, 고객의 요구 외면 및 무시, 건방떨기, 무표정과 기계적인 서비스, 규정핑계, 고객 뺑뺑이 돌리기 등이 있다.

정답 및 해설 07 정보능력

1	2	3	4	5	6	7	8	9	10
①	②	②	①	④	①	③	③	④	①
11	12	13	14	15	16	17	18	19	20
④	②	③	③	③	②	④	②	①	③
21	22	23	24	25	26	27	28	29	30
③	②	②	④	①	④	③	④	④	③

1 ①

출제의도

가장 보편적으로 사용되는 스프레드시트인 엑셀의 여러 가지 기능을 활용하는 능력을 측정하는 문항이다.

해 설

RANK 함수는 지정 범위에서 인수의 순위를 구할 때 사용하는 함수이다. 결정 방법은 수식의 맨 뒤에 0 또는 생략할 경우 내림차순, 0 이외의 값은 오름차순으로 표시하게 되면, 결괏값에 해당하는 필드의 범위를 지정할 때에는 셀 번호에 '$'를 앞뒤로 붙인다.

---

2 ②

출제의도

가장 보편으로 사용되는 스프레드시트인 엑셀의 활용능력을 측정하는 문항이다.

해 설

LOOKUP 함수에 대한 설명이다. LOOKUP 함수는 찾을 값을 범위의 첫 행 또는 첫 열에서 찾은 후 범위의 마지막 행 또는 열의 같은 위치에 있는 값을 구하는 것으로, 수식은 '=LOOKUP(찾을 값, 범위, 결과 범위)'가 된다.

3 ②

출제의도

출판물에 부여하는 ISBN 코드에 대한 이해와 구성 체계에 대한 이해 정도를 측정하는 문항이다.

해 설

ISBN코드의 9자리 숫자는 893490490이다. 따라서 다음과 같은 단계를 거쳐 EAN코드의 체크기호를 산출할 수 있다.

1. 978 & 893490490 → 978893490490
2. (9×1) + (7×3) + (8×1) + (8×3) + (9×1) + (3×3) + (4×1) + (9×3) + (0×1) + (4×3) + (9×1) + (0×3) = 132
3. 132 ÷ 10 = 13 ⋯ 2
4. 나머지 2의 체크기호는 8

따라서 13자리의 EAN코드는 EAN 9788934904908이 된다.

---

4 ①

출제의도

주어진 자료로부터 서비스에 대한 특징을 이해하고 있는지를 묻는 문항이다.

해 설

문제에서는 서비스의 특징 중 '소멸성'에 대해 묻고 있다. 소멸성은 판매되지 않은 서비스는 사라지며 이를 재고로 보관할 수 없다는 것을 말한다. 설령, 구매되었다 하더라도 이는 1회로서 소멸을 하고, 더불어 이에 따르는 서비스의 편익도 사라지게 되는 것이다. 문제에서 보면, 운송약관 7번은 '사용하지 않은 승차권은 출발시간이 지나면 사용할 수 없습니다.'인데 이것은 제공되는 서비스를 해당 시점에서 즉각적으로 이용하지 못할 경우에 다음 날 같은 차량, 좌석번호가 일치하더라도 사용하지 못하는 즉, 해당 시점에서 사용하지 못한 서비스는 재고로 보관할 수 없다는 것을 의미한다.

---

5 ④

출제의도

열차예매 안내문을 읽고 얻고자 하는 정보를 올바르게 취득할 수 있는지를 측정하는 문항이다.

해 설

대상승차권은 무궁화호 이상의 모든 열차승차권을 의미한다. 하지만 지하철에 대한 내용은 언급되어 있지 않다.

6 ①

출제의도

제시된 메신저가 사용자에게 제공 가능한 정보 및 특징을 이해하고 있는지를 측정하는 문항이다.

해 설

(나)의 그림에서 가운데 상단을 보면 나의 접속 상태가 '온라인'으로 표시가 되어 있으며 그 아래에는 상대방이 인터넷에 연결되었는지 또는 연결되어 있지 않은지가 표시되어 있다.

---

7 ③

출제의도

휴대전화에 나타난 정보를 바르게 수집하여 이해하고 있는지를 측정하는 문항이다.

해 설

워크숍 첫날인 28일 밤 9시에는 '구름 조금'이라고 명시되어 있음을 내용을 통해 알 수 있다.

---

8 ③

출제의도

기업에서 제품을 생산하는데 있어 반영해야 할 고객정보로는 무엇이 있는지 묻는 문제다.

해 설

오대리가 수집하고자 하는 고객정보에는 고객의 연령과 현재 사용하고 있는 스마트폰의 모델, 좋아하는 디자인, 사용하면서 불편해 하는 사항, 지불 가능한 액수 등에 대한 정보가 반드시 필요하다.

---

9 ④

출제의도

사례의 내용을 통해 정보활용의 전략적 기획(5W2H)을 효과적으로 찾아내는지 확인하는 문제다.

해 설

정보활용의 전략적 기획(5W2H)

㉠ WHAT(무엇을) : 50~60대 고객들이 현재 사용하고 있는 스마트폰의 모델과 좋아하는 디자인, 사용하면서 불편해 하는 사항, 지불 가능한 액수 등에 대한 정보

㉡ WHERE(어디에서) : 사내에 저장된 고객정보
㉢ WHEN(언제) : 이번 주
㉣ WHY(왜) : 스마트폰 신상품에 대한 기획안을 작성하기 위해
㉤ WHO(누가) : 오대리
㉥ HOW(어떻게) : 고객센터에 근무하는 조대리에게 관련 자료를 요청
㉦ HOW MUCH(얼마나) : 따로 정보수집으로 인한 비용이 들지 않는다.

---

10 ①

해 설

출판연월은 1210이며, 출판지와 출판사 코드는 5K, 고등학교 참고서는 02005가 된다. 뒤의 시리얼 넘버는 지정하지 않았으므로 12105K0200500025가 정답이 된다.

---

11 ④

해 설

출판물의 분야를 의미하는 코드는 알파벳 바로 다음인 일곱 번째와 여덟 번째 자릿수이므로, 이것이 모두 '03 라이프' 분야로 동일하게 짝지어진 김재환과 최주환이 정답임을 알 수 있다.
① 오재일, 박세혁 : 컴퓨터, 참고서
② 오재원, 김재호 : 참고서, 철학
③ 정수빈, 양의지 : 참고서, 아동

---

12 ②

해 설

제주에서 출판된 서적에는 다섯 번째 상품 코드가 7로 기재되어 있으며, '라이프' 분야 서적에는 일곱 번째와 여덟 번째 상품 코드가 03으로 기재되어 있다. 따라서 다섯 번째 상품 코드로 7을 가진 상품을 담당하는 책임자는 김재환, 양의지이며, 일곱 번째와 여덟 번째 상품 코드로 03을 가진 상품을 담당하는 책임자는 김재환, 최주환이므로 모두 3명이 된다.

13 ③

해 설

2011년 10월 생산품이므로 1110의 코드가 부여되며, 일본 '왈러스' 사는 5K, 여성용 02와 블라우스 해당 코드 006, 10,215번째 입고품의 시리얼 넘버 10215가 제품 코드로 사용되므로 1110 – 5K – 02006 – 10215가 된다.

14 ③

해 설

2008년 10월에 생산되었으며, 멕시코 Fama의 생산품이다. 또한, 아웃도어용 신발을 의미하며 910번째로 입고된 제품임을 알 수 있다.

15 ③

해 설

Index 뒤에 나타나는 문자가 오류 문자이므로 이 상황에서 오류 문자는 'GHWDYC'이다. 오류 문자 중 오류 발생 위치의 문자와 일치하지 않는 알파벳은 G, H, W, D, Y 5개이므로 처리코드는 'Atnih'이다.

16 ②

해 설

Index 뒤에 나타나는 문자가 오류 문자이므로 이 상황에서 오류 문자는 'UGCTGHWT'이다. 오류 문자 중 오류 발생 위치의 문자와 일치하지 않는 알파벳은 U, C, H, W 4개이므로 처리코드는 'Atnih'이다.

17 ④

출제의도

주어진 정보를 해석하고 처리하는 능력을 측정하는 문항이다.

해 설

① 노트북 83번 모델은 한국 창원공장과 구미공장 두 곳에서 생산되었다.
② 15년에 생산된 제품이 17개로 14년에 생산된 제품보다 4개 더 많다.
③ TV 36번 모델은 한국 청주공장에서 생산되었다.

18 ②

출제의도

주어진 정보를 해석하고 불량품을 정확하게 확인하는 능력을 측정하는 문항이다.

해 설

중국 옌타이 제1공장의 C라인은 제품 코드의 "CNB – 1C"으로 알 수 있다. 에어컨 58번 모델 두 개를 반품해야 한다.

19 ①

출제의도

주어진 정보에 맞는 제품의 코드를 생성하는 능력을 측정하는 문항이다.

해 설

[제품 종류] – [모델 번호] – [생산 국가/도시] – [공장과 라인] – [제조연월]

AI(에어컨) – 59 – KRB(한국/청주) – 2B – 1511

20 ③

출제의도

알고리즘을 이해하고 주어진 정보로 알고리즘에 맞게 결과를 도출하는 능력을 측정하는 문항이다.

해 설

$A=1,\ S=1$

$A=2,\ S=1+2$

$A=3,\ S=1+2+3$

…

$A=10,\ S=1+2+3+\cdots+10$

∴ 출력되는 S의 값은 55이다.

21 ③

출제의도

알고리즘을 이해하고 주어진 정보로 알고리즘에 맞게 결과를 도출하는 능력을 측정하는 문항이다.

해 설

$n=0$, $S=1$

$n=1$, $S=1+1^2$

$n=2$, $S=1+1^2+2^2$

…

$n=7$, $S=1+1^2+2^2+\cdots+7^2$

∴ 출력되는 S의 값은 141이다.

---

22 ②

출제의도

주어진 정보에서 필요한 정보를 정확하고 빠르게 확인할 수 있는 능력을 측정하는 문항이다.

해 설

① 'ㅎ'을 누르면 2명이 뜬다(민하린, 김혜서).

③ '55'를 누르면 3명이 뜬다(0254685554, 0514954554, 0319485575).

④ 'ㅂ'을 누르면 1명이 뜬다(심빈우).

---

23 ②

출제의도

컴퓨터에서 사용하는 주요 오디오데이터 각각의 특성에 대해 바르게 이해하고 있는지 묻는 질문이다.

해 설

㈎는 WAVE, ㈏는 MP3에 관한 설명이다.

24 ④

해 설

정보사회로 들어서면서 사회 전반의 능률과 생산성이 증대되거나 시간과 공간의 제약에서 벗어나 새로운 관계를 형성할 수 있게 되었지만 정보기술을 이용한 사생활 침해 및 새로운 범죄가 발생하게 되었다. 이러한 범죄를 예방하기 위해서는 보안 관련 프로그램 다운 및 백신 프로그램을 설치하고 의심이 가는 메일이나 호기심을 자극하는 표현 등의 메일은 열어보지 않아야 한다.

④ 사이버 공간 상에서 새로운 관계나 문화를 형성하는 것은 정보사회의 순기능이라 볼 수 있다.

25 ①

해 설

파일의 용량을 줄이거나 화면크기를 변경하는 등 정보의 형태나 형식을 변환하는 처리 방식을 인코딩이라 한다.

26 ④

출제의도

윈도우를 사용하는 중 종종 나타나는 오류에 대한 해결 방법을 묻는 문항이다. IT 직종이 아니더라도 컴퓨터는 대부분의 직장인들이 사용하므로 간단한 오류 해결방법들은 숙지하고 있는 것이 좋다.

해 설

① 부팅이 안 될 때 문제해결을 위한 방법이다.
② 디스크 용량 부족 시 대처하는 방법이다.

27 ③

출제의도

조직의 업무 중 상당 부분을 차지하는 것이 문서작업이다. 워드프로세서와 한글은 그 중 가장 많이 사용되는 문서작업 소프트웨어이다. 단축키는 한글에서 뿐만 아니라 컴퓨터의 대다수의 프로그램에서 사용된다. 단축키를 이용함으로서 문서작업의 속도를 높이고 업무 효율을 높일 수 있다. 본 문항은 그러한 단축키의 기능을 제대로 숙지하고 사용할 수 있는지에 대해 묻는 문항이다.

해 설

Alt+PrtSc : 활성창을 클립보드로 복사

Alt+Esc : 실행 중인 프로그램을 순서대로 전환

28 ④

출제의도

제시된 정보들을 효과적으로 활용할 수 있는지 확인하는 문제다.

해 설

코드 1605(2016년 5월), 1D(유럽 독일), 01001(가공식품류 소시지) 00064(64번째로 수입)가 들어가야 한다.

29 ④

출제의도

주어진 정보(코드)로 필요한 정보를 추출할 수 있는지 확인하는 문항이다.

해 설

④는 아프리카 이집트에서 생산된 장갑의 코드번호이다.

① 중동 이란에서 생산된 신발의 코드번호

② 동남아시아 필리핀에서 생산된 바나나의 코드번호

③ 일본에서 생산된 의류의 코드번호

30 ③

출제의도

주어진 정보(코드)로 필요한 정보를 추출할 수 있는지 확인하는 문항이다.

해 설

1703(2017년 3월), 4L(동남아시아 캄보디아), 03011(농수산식품류 후추), 00001(첫 번째로 수입)

정답 및 해설 08 기술능력

1	2	3	4	5	6	7	8	9	10
④	②	③	②	③	④	①	④	③	②
11	12	13	14	15	16	17	18	19	20
①	③	②	④	①	②	④	④	③	④
21	22	23	24	25	26	27	28	29	30
③	③	④	③	②	①	④	②	①	③

1 ④

출제의도

주어진 사용설명서를 이해하고 고객의 질문에 적절하게 답변할 수 있는가를 측정하는 문항이다.

해 설

④는 흡입력이 약해졌을 때의 조치방법이다.

---

2 ②

출제의도

주어진 사용설명서를 이해하고 해당 제품의 작동 방법을 제대로 이해하고 있는지를 측정하는 문항이다.

해 설

로봇청소기가 충전 중이지 않은 상태로 아무 동작 없이 10분이 경과되면 자동으로 충전대 탐색을 시작한다. 충전대 탐색에 성공하면 충전을 시작하고 충전대를 찾지 못하면 처음위치로 복귀하여 10분 후에 자동으로 전원이 꺼진다.

3 ③

출제의도

주어진 사용설명서를 이해하고 문제 상황에 직면했을 때 적절하게 대처할 수 있는지를 측정하는 문항이다.

해 설

① 충전이 되지 않을 때의 조치방법이다.
② 회전솔이 회전하지 않을 때의 조치방법이다.
④ 흡입력이 약해졌을 때의 조치방법이다.

---

4 ②

출제의도

주어진 그래프 구성 명령어 실행 예시를 통해 조건을 파악하여 이를 다른 그래프에 적용할 수 있는가를 측정하는 문항이다.

해 설

- L은 세로축 눈금의 수, W는 가로축 눈금의 수
- T는 삼각형, H는 하트, Z는 사다리꼴
- 괄호 안의 숫자는 (세로축 좌표, 가로축 좌표)
- 괄호 옆의 알파벳은 도형의 크기(A는 도형의 작은 모양, B는 큰 모양)
- 알파벳 옆의 수는 도형의 색깔(1은 흰색, 2는 검정색)

따라서 위의 그래프는 세로축 눈금 3, 가로축 눈금이 4이므로 L3/W4이고 삼각형 좌표는 세로축이 1, 가로축이 2, 큰 모양, 흰색이므로 T(1,2) : B1이다. 하트 좌표는 세로축이 1, 가로축이 3, 작은모양, 검정색이므로 H(1,3) : A2이다. 사다리꼴 좌표는 세로축이 2, 가로축이 1, 작은모양, 흰색이므로 Z(2,1) : A1이다.

5 ③

출제의도

주어진 조건을 파악한 후, 그래프에 나타난 오류값을 찾아낼 수 있는가를 측정하는 문항이다.

해 설

올바르게 산출된 그래프는 다음과 같다.

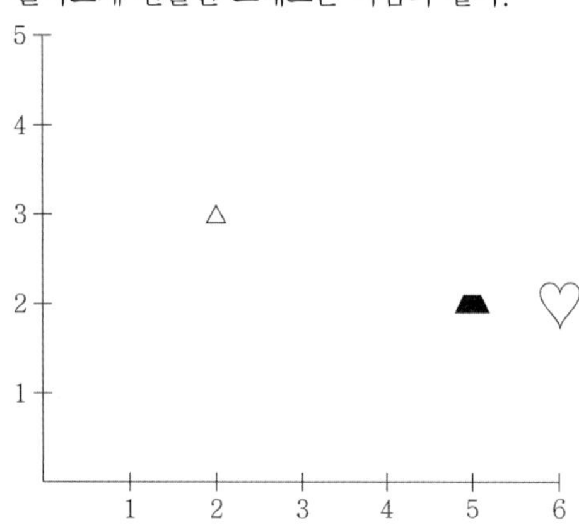

---

6 ④

출제의도

주어진 조건을 파악한 후, 그 조건에 해당하는 값을 정확하게 산출할 수 있는가를 측정하는 문항이다.

해 설

① Z(2,4) : B1의 출력이 잘못되었다.

② H(4,5) : A1의 출력만 옳고, 나머지의 출력이 잘못되었다.

③ T(3,1) : A2, H(4,5) : A1의 출력이 잘못되었다.

7 ①

출제의도

주어진 그래프 구성 명령어 실행 예시를 통해 조건을 파악하여 이를 다른 그래프에 적용할 수 있는가를 측정하는 문항이다.

해 설

- X는 가로축 눈금의 수, Y는 세로축 눈금의 수
- C는 원, T는 삼각형, Q는 마름모
- 괄호 안의 숫자는 (가로축 좌표, 세로축 좌표)
- 괄호 옆의 알파벳은 도형의 색깔(L은 왼쪽 절반만 색을 칠하고, R은 오른쪽 절반만 색을 칠하고, W는 흰색, B는 검정색)

따라서 위의 그래프를 보면 가로축의 눈금은 4개, 세로축의 눈금은 4이므로 X4/Y4이다. 원은 가로축이 1, 세로축이 3, 오른쪽 절반만 색이 칠해져 있으므로 C(1,3) : R이다. 삼각형은 가로축이 4, 세로축이 2, 검정색이므로 T(4,2) : B이다. 마름모는 가로축이 3, 세로축이 2, 왼쪽 절반만 색이 칠해져 있으므로 Q(3,2) : L이다.

---

8 ④

출제의도

주어진 조건을 파악한 후, 그래프에 나타난 오류값을 찾아낼 수 있는가를 측정하는 문항이다.

해 설

올바르게 산출된 그래프는 다음과 같다.

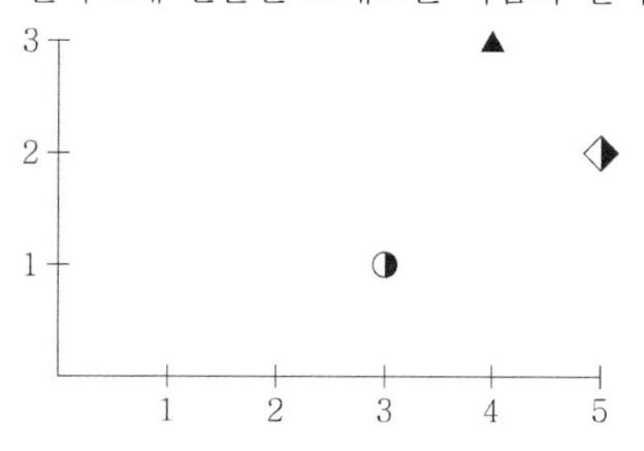

9 ③

출제의도

주어진 조건을 파악한 후, 그 조건에 해당하는 값을 정확하게 산출할 수 있는가를 측정하는 문항이다.

해 설

① T(5,3):W, Q(2,5):R이 잘못 출력되었다.
② X6/Y6, Q(2,5):R이 잘못 출력되었다.
④ X6/Y6, T(5,3):W가 잘못 출력되었다.

---

10 ②

출제의도

기술을 이해하고 선택했다고 하여 모두 적용할 수 있는 것은 아니기 때문에 기술 적용 시 고려사항을 알고 있는가를 측정하는 문항이다.

해 설

②는 기술선택을 위한 우선순위를 결정할 때 고려해야 하는 사항이다.

---

11 ①

출제의도

기술적용 시 고려할 사항에 대해 묻는 문제로 각 사항에 대해 파악하고 이를 실제 현장에서 적용할 수 있어야 한다.

해 설

기술적용 시 고려해야 할 사항으로 잠재적 응용 가능성, 수명주기, 비용, 전략적 중요도 등을 들 수 있다.

---

12 ③

출제의도

기술경영자와 기술관리자에게 각각 필요한 능력은 무엇인지 묻는 문제로 각 능력에 대한 이해는 물론이고 서로 구분할 수도 있어야 한다.

해 설

해당 공고문의 직무상 우대 능력은 기술경영자로서 필요한 능력을 제시하고 있기 때문에 현재 우리기업에서 채용하고자 하는 구직자로서 가장 적절한 유형은 기술경영자라 할 수 있다.

---

13 ②

출제의도

제시된 표를 보고 산업재해의 각 원인을 구분할 수 있는지 묻는 문제다. 산업재해의 원인은 여러 가지가 있으므로 이들을 혼동하지 않는 것이 중요하다.

해 설

② ㉠-유해 위험 작업 교육 불충분, ㉡-생산 공정의 부적당, ㉢-안전관리 조직의 결함

---

14 ④

출제의도

산업재해의 예방대책에 대해 묻는 문제로 각 단계별로 철저한 이해와 구분이 필요하고 이를 실제 현장에서 적용할 수 있는 능력이 필요하다.

해 설

1단계-안전관리조직, 2단계 - 사실의 발견, 3단계 - 원인분석, 4단계 - 시정책 적용 및 뒤처리

※ 산업재해의 예방대책 … 안전관리조직 → 사실의 발견 → 원인분석 → 시정책의 선정 → 시정책 적용 및 뒤처리

---

15 ①

출제의도

매뉴얼의 종류에 대해 묻는 문제로 매뉴얼은 사용용도에 따라 여러 가지 종류로 나뉘므로 각 용도별 매뉴얼의 종류를 이해하고 있어야 한다.

해 설

① 사용자를 위해 제품의 특징이나 기능 설명, 사용방법과 고장 조치방법, 유지보수 및 A/S, 폐기 등 제품과 관련된 모든 서비스에 대해 소비자가 알아야 할 모든 정보를 제공한 매뉴얼이다.

16 ②

해 설

α상태이므로, A와 B의 평균은 $\frac{15+20}{2}=17.5$이다.

10 < A와 B의 평균 < 20이므로 경계에 해당한다.

따라서 파란 레버를 내린다.

17 ④

해 설

χ상태이므로, $|A-B|=|30-60|=30$

$30 \le |A-B|$이므로 경고에 해당한다.

따라서 빨간 버튼을 누른다.

18 ④

해 설

레버가 모두 올라가 있으므로 오류값들의 평균값을 구해야 한다.

$\frac{1+5+7+9}{4}=5.5$

반올림을 하므로 6이 되어 경고→파란 버튼을 누른다.

그러나 올라간 레버가 2개 이상이므로 빨간 버튼도 함께 눌러야 한다.

19 ③

해 설

&와 0이 음영 처리가 되어 있는데 〈조건〉에서 보면 가장 먼저 행동을 취해야 하므로

음영 반전이 되면 2, 5, 6, #에 음영이 처리된다.

#은 2, 5는 무조건 음영 처리 되지 않은 것으로 판단하므로 오류값은 6, #이 된다.

레버 3개 중 2개만 아래로 내려가 있으면 오류값 중 가장 큰 수를 취하므로 6이 된다.

6이면 경고에 해당하는데 음영 처리된 오류값이 2개 이하이면 무조건 안전이 된다.

그런데 계기판이 두 바늘이 겹쳐져 있으므로 한 단계 격상이 된다.

그러므로 경고가 되어 노란 버튼을 눌러야 하지만, 내려간 레버가 2개 이상이므로 초록 버튼을 눌러야 한다.

20 ④

해 설

360도 회전비행을 위해서는 360도 회전비행을 먼저 눌러야 하며 부품별 기능표의 ⑤번 버튼이 이에 해당된다. 다음으로 오른쪽 이동방향 조작 레버를 원하는 방향으로 조작하여야 하므로 ③번 버튼을 조작해야 한다.

21 ③

출제의도

주어진 제품 사용설명서(매뉴얼)를 명확하게 이해하고 있는지를 묻는 문항이다.

해 설

제시된 주의사항에서 '주의'의 의미는 해당 지시사항을 지키지 않았을 시에 이를 사용하는 사용자의 부상 또는 재산상의 피해가 발생할 수 있다고 명시되어 있다. 하지만 '경고'의 의미는 지시사항을 따르지 않을 경우 이를 사용하는 사용자의 생명이 위험에 처하게 되거나 또는 중상을 입을 수 있음을 나타내고 있다. 보기에서 김정은이 말하고 있는 것은 '주의'가 아닌 '경고'의 의미를 이해하고 있는 것이다.

22 ③

출제의도

주어진 제품에 대한 매뉴얼을 읽고 정확한 내용을 찾는 것을 측정하는 문항이다.

해 설

유료서비스 안내의 1번에서 '제품 내부에 들어간 먼지 세척 및 이물질 제거 시 : 2회부터 유료'라고 명시되어 있다.

23 ④

출제의도

제품 매뉴얼을 읽고 정확하게 사용방법을 활용하는지에 대한 능력을 측정하는 문항이다.

해 설

조리 중에 불꽃이 일어나는 것은 기계 작동의 이상이 아닌 조리 중에 발생하는 이상 증상이다.

24 ③

출제의도

주어진 매뉴얼의 내용을 보고 각 항목에 적용시켜 보았을 시에 옳고 그름을 판별할 수 있는지를 측정하는 문항이다.

해 설

제시된 내용에서 보면 2. 식재료 보관의 ⑥번에서 '식재료 보관 시의 보관 시설의 온도는 15℃, 습도는 50~60%를 유지해야 한다.'고 명시되어 있다.

---

25 ②

출제의도

기술경영자의 역할을 이해하고 그 중 사례에서 나타난 기술경영자의 능력을 파악할 수 있는지를 묻는 문항이다.

해 설

주어진 보기는 모두 기술경영자에게 필요한 능력이지만 자료는 A기업 기술최고책임자(CTO) T가 기존의 기술이 갖고 있던 단점을 보완하여 새로운 기술을 개발해 낸 사례이기 때문에 가장 적절한 답은 ②가 된다.

※ 기술경영자에게 필요한 능력

- ㉠ 기술을 기업의 전반적인 전략 목표에 통합시키는 능력
- ㉡ 빠르고 효과적으로 새로운 기술을 습득하고 기존의 기술에서 탈피하는 능력
- ㉢ 기술을 효과적으로 평가할 수 있는 능력
- ㉣ 기술 이전을 효과적으로 할 수 있는 능력
- ㉤ 새로운 제품개발 시간을 단축할 수 있는 능력
- ㉥ 크고 복잡하고 서로 다른 분야에 걸쳐 있는 프로젝트를 수행할 수 있는 능력
- ㉦ 조직 내의 기술 이용을 수행할 수 있는 능력
- ㉧ 기술 전문 인력을 운용할 수 있는 능력

---

26 ①

해 설

처음 상태와 나중 상태를 비교해 보았을 때, 기계의 모양이 바뀐 것은 1번과 4번이다. 스위치가 두 번 눌러서 1번과 4번의 모양만 바꾸기 위해서는 1번, 2번 기계를 회전(☆)시키고 다시 2번, 4번 기계를 회전(◆)시키는 스위치를 누르면 된다.

27 ④

해 설

스위치를 세 번 눌러 처음 상태와 나중 상태에서 모양이 변화한 기계가 없으므로 1번, 2번 기계를 회전(☆)하고, 1번, 3번 기계를 회전(★)하면 1번 기계는 원래대로 돌아가서 2번, 3번 기계는 처음 상태에서 회전되어 있는 상태이므로 2번, 3번 기계를 회전(◇)시켜주면 처음과 똑같은 상태가 된다.

28 ②

해 설

■, ◇을 누르면 다음과 같은 순서로 변화하게 된다.

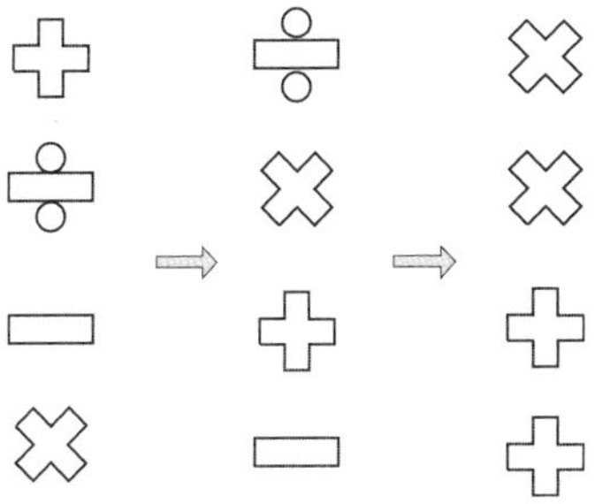

29 ①

해 설

□, ◆, ○을 누르면 다음과 같은 순서로 변화하게 된다.

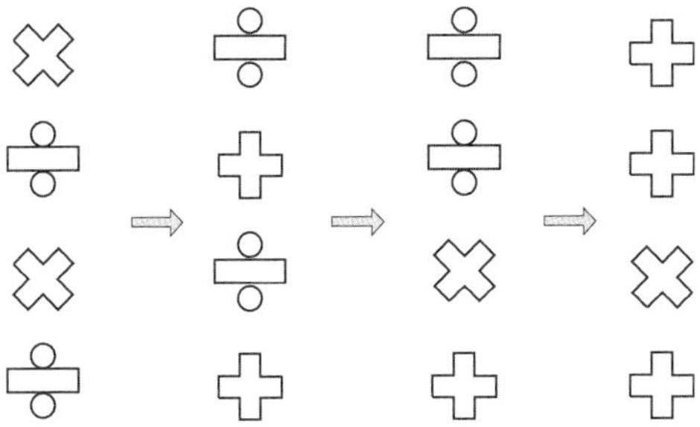

30 ③

해 설

■, ◇, ●을 누르면 다음과 같은 순서로 변화하게 된다.

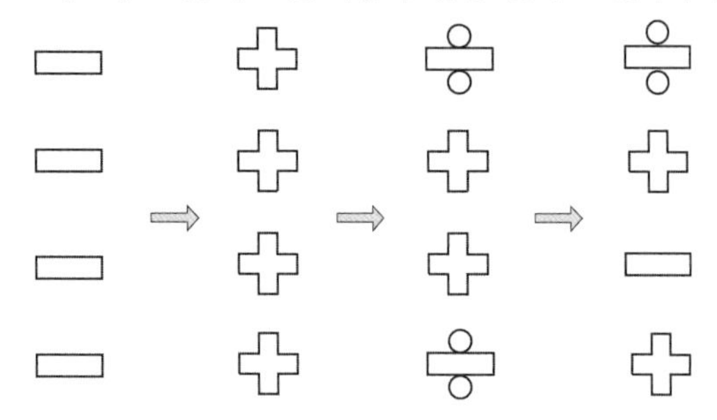

정답 및 해설 09 조직이해능력

1	2	3	4	5	6	7	8	9	10
③	②	④	④	②	③	②	④	②	②
11	12	13	14	15	16	17	18	19	20
②	④	④	①	④	②	②	③	④	②
21	22	23	24	25	26	27	28	29	30
③	②	②	④	④	①	④	②	①	①

1 ③

출제의도

주어진 결재규정을 통해 결재업무를 파악하고 이에 맞는 결재체계를 이해하는지를 묻는 문항이다.

해 설

차상위자가 전결권자가 되어야 하므로 이사장의 차상위자인 이사가 전결권자가 되어야 한다.

① 차상위자가 전결권을 갖게 되므로 팀장이 전결권자가 되며, 국장이 업무 복귀 시 반드시 사후 결재를 득하여야 한다.

---

2 ②

출제의도

제시된 임직원 행동지침에 나타난 내용을 이해하고 조직의 업무를 제대로 파악하고 있는지 측정하는 문항이다.

해 설

제시된 임직원 행동지침에서는 기술평가위원 명단의 사전 외부 공개를 금지한다고 되어 있으나 내부적으로도 금지 원칙은 기본적으로 따르는 것이다. 다만, 기술평가위원 선정 자체가 사내의 일이므로 공식 공개가 아니더라도 비공식 루트로 정보 누수가 있을 수도 있다는 의미를 포함한다고 볼 수 있다.

3 ④

출제의도

조직을 이해하기 위한 가장 기본적인 개념인 조직 경영에 대한 개념을 이해하고 있는지를 측정하는 문항이다.

해 설

조직 경영에 필요한 4대 요소는 경영목적, 인적자원, 자금, 경영전략이다. 이에 대한 설명은 다음과 같다.
㈎ 경영목적, ㈏ 인적자원, ㈒ 자금, ㈓ 경영전략
㈐는 마케팅에 관한 설명이며, ㈑는 회계관리를 설명하고 있다.

---

4 ④

출제의도

조직문화의 개념과 기능을 이해하고 이를 바탕으로 조직문화에 잘 적응할 수 있는지에 대해 묻는 문항이다.

해 설

조직문화 … 조직구성원들의 공유된 생활양식이나 가치로 한 조직체의 구성원들이 모두 공유하고 있는 가치관과 신념, 이데올로기와 관습, 규범과 전통 및 지식과 기술 등을 포함한 종합적인 개념으로 조직구성원들에게 일체감과 정체성을 부여하고, 조직몰입을 향상시키며, 조직구성원들의 행동지침이 된다(사회화 및 일탈행동 통제). 이로써 조직의 안정성을 유지시킨다.

---

5 ②

출제의도

조직원들이 주인의식을 가지고 조직의 의사결정과정에 참여할 수 있도록 조직에서 활발히 활용하고 있는 경영참가제도의 장 · 단점을 묻는 문항이다.

해 설

경영참가제도 … 근로자 또는 노동조합과의 협력적 노사관계를 통해 이들을 조직의 경영의사결정 과정에 참여시키는 제도로 경영참가, 이윤참가, 자본참가 등의 유형으로 나타난다.

6 ③

출제의도

조직을 이해하기 위한 가장 기본적 척도인 고객의 개념을 이해하고 있는지를 측정하는 문항이다.

해 설

문제에서는 내부고객의 개념을 묻고 있다. 내부고객은 자사의 이익 창출을 위한 매개체가 되는 직장상사 또는 부하직원 및 동료 등의 실제적인 조직의 구성원을 의미하는데, 이들은 일선에서 실제 매출을 발생시키는 외부고객들에 대해서 자사의 이미지와 발전가능성을 제시하는 선두에 있는 고객들이다. 하지만, 자사에 대한 이들 내부 고객(상사, 종업원 등)의 실망은 고객 서비스의 추락으로 이어지며, 이들을 포함한 외부고객들 또한 자사로부터 등을 돌리게 되는 결과를 초래하게 될 것이다.

7 ②

출제의도

기업 조직의 아이디어 찾는 방법 중 하나인 브레인스토밍의 특징을 이해하고 있는지를 묻는 문항이다.

해 설

브레인스토밍 기법은 아이디어의 질보다 양에 초점을 맞춘 것으로서 집단 구성원들은 즉각적으로 생각나는 아이디어를 제시할 수 있으며, 그로 인해 브레인스토밍은 다량의 아이디어를 도출해낼 수 있다. 또한, 구성원들은 자신이 가지고 있던 기존 아이디어를 개선해 더욱 더 발전된 형태의 아이디어를 창출할 수 있는데, 이는 다른 사람의 의견을 참고해서 창의적으로 조합할 수 있기 때문이다.

8 ④

출제의도

조직도를 보고 조직의 체계를 이해하고 있는 지와, 조직 간의 관계를 이해하는 능력을 묻는 문항이다.

해 설

④ 사업부문은 신용사업부문으로 명칭이 변경되어야 한다.

9 ②

출제의도

조직도와 부서의 명칭을 보고 개략적인 부서의 소관 업무를 분별할 수 있는지를 묻는 문항이다.

해 설

① 기획부 ③ 자금부 ④ 인사부

※ 총무부의 주요 업무

㉠ 문서 및 직인관리
㉡ 주주총회 및 이사회개최 관련 업무
㉢ 의전 및 비서업무
㉣ 사무실 임차 및 관리
㉤ 차량 및 통신시설의 운영
㉥ 국내외 출장 업무 협조
㉦ 사내외 행사 관련 업무(경조사 포함)
㉧ 기타 타부서에 속하지 않는 업무 등

---

10 ②

출제의도

조직도를 보고 조직의 체계를 이해하는지를 묻는 문항이다.

해 설

㉠ 사장직속으로는 3개 본부, 12개 처, 3개 실로 구성되어 있다.
㉡ 해외부사장은 2개의 본부를 이끌고 있다.
㉣ 노무처는 관리본부에, 재무처는 기획본부에 소속되어 있다.

---

11 ②

출제의도

조직도와 부서의 명칭을 보고 개략적인 부서의 소관 업무를 분별할 수 있는지와 서류 이해능력을 묻는 문항이다.

해 설

발신부서는 소프트웨어를 제작하는 팀이므로 연구개발팀이고, 발신부서는 수신부서에게 신제품 개발에 대한 대략적인 내용과 함께 영업 마케팅에 대한 당부를 하고 있으므로 수신부서는 영업팀이 가장 적절하다.

12 ④

출제의도

조직도를 보고 조직의 체계를 이해하는지를 묻는 문항이다.

해 설

지원부문뿐만 아니라 4개의 본부과 그 소속 부서들이 모두 부사장 직속으로 구성되어 있다. 따라서 옳게 수정하면 4개 본부, 1개 부문, 4개 실, 16개 처, 1개 센터와 1개 지원단으로 구성되어 있다.

---

13 ④

출제의도

조직도를 보고 조직의 체계를 이해하고 있는 지와, 조직 간의 관계를 이해하는 능력을 묻는 문항이다.

해 설

㉠㉡㉢은 모두 조직개편사항에 맞는 옳은 내용이고, 중소기업지원단은 기술지원부문에 신설된 것이므로 조직도를 수정해야 한다.

---

14 ①

출제의도

주어진 결재규정을 통해 결재업무를 파악하고 이에 맞는 결재서류를 조직하고 계획하는 능력을 측정하는 문항이다.

해 설

100만 원 이하 외부교육비의 기안서는 부장 전결, 지출결의서는 이사 전결사항이다. 따라서 A씨가 작성할 결재양식은 다음과 같다.

기안서					
결재	담당	팀장	부장	이사	최종결재
	A		전결	/	

지출결의서					
결재	담당	팀장	부장	이사	최종결재
	A			전결	

15 ④

해 설

출장비는 100만 원 이하인 경우에만 전결처리 할 수 있으므로 H씨는 최종적으로 사장에게 결재 받아야 한다.

16 ②

해 설

사무실에서 사용하는 A4용지는 사무용품에 해당되어 잡비로 구분된다. 따라서 이에 대한 지출결의서는 팀장 전결사항이다. 팀장이 부재중이므로 최종 결재는 대리인 김갑동 과장이 해야 한다.

17 ②

출제의도

회사의 목표, 구조, 문화 및 규칙과 규정의 의미를 올바르게 파악하고, 주어진 회사 조직의 소개를 보고 자신이 속한 조직의 정보를 파악하는 능력을 묻는 문항이다.

해 설

주어진 자료의 VISION 2020(경영목표)을 통해 조직이 달성하려는 장래의 상태, 즉 회사의 목표를 알 수 있으며 핵심가치를 통해 창의, 도전과 열정, 존중과 소통 등을 강조하는 회사의 문화를 알 수 있다.

18 ③

출제의도

회의록을 통해서 업무를 올바르게 이해할 수 있는지를 묻는 문항으로서 조직이해능력 중에 업무이해능력을 묻는 문항이다.

해 설

직원 교육에 대한 업무는 인사과에서 담당하기 때문에 교육세미나에 대해 인사과와 협의해야하지만 영업교육과 프레젠테이션 기술 교육을 인사과 직원이 직접 하는 것은 아니다.

19 ④

해 설

협의 사항 중 비서실과 관련된 내용은 없다.

20 ②

해 설

① 영업교육과 프레젠테이션 기술 교육
③ 연 2회
④ 영업직원의 영업능력 향상

21 ③

출제의도

경영 전략을 수립하는 도구인 SWOT분석을 통해 주어진 환경을 파악하고 이를 분석하여 조직을 경영하는데 있어서 올바르게 적용하는 능력을 측정하는 문항이다.

해 설

이미 성공적인 마케팅으로 높인 인지도(강점)를 더욱 강화하여 다른 경쟁자들(위협)을 방어하는 것은 적절한 ST 전략이라고 할 수 있다.

22 ②

해 설

회원관리능력의 부족이라는 약점을 전담 상담직원 채용을 통해 보완하고 이를 통해 부모들의 높은 아이에 대한 관심과 투자를 유도하는 것은 적절한 WO 전략이라 할 수 있다.

23 ②

출제의도

조직은 그 공식화 정도, 영리성 정도에 따라 여러 모양으로 나눠진다. 본 문항은 여러 가지 조직의 유형과 그 발전과정에 대해 묻는 문항이다.

해 설

조직은 공식화 정도에 따라 공식조직과 비공식조직으로 나뉜다. 공식조직은 조직의 구조, 기능 규정 등이 조직화되어 있는 조직이며, 비공식조직은 개인들의 협동과 상호작용에 따라 형성된 자발적인 조직이다. 조직이 발달해 온 역사를 보면 비공식조직으로부터 공식화가 진행되어 공식조직으로 발전해 왔다.

24 ④

출제의도

조직 내에서 단독이 아닌 집단으로 의사결정을 할 때 구성원의 다양한 견해로 문제에 접근할 수 있다. 이때 사용하는 방법 중 브레인스토밍에 대한 개념을 묻는 문항이다.

해 설

④ 브레인스토밍을 통해 모든 아이디어들이 제안되고 나면 이를 결합하고 해결책을 마련한다.

25 ④

출제의도

주어진 자료를 통해 조직 내에서 시행되는 사내 복지 제도를 파악하고 세부사항에 맞게 내역을 구분하고 정리하는 능력을 측정하는 문항이다.

해 설

송상현 사원의 1/4분기 복지 지원 사유는 장모상이었다. 이는 본인/가족의 경조사에 포함되므로 경조사 지원에 포함되어야 한다.

26 ①

해 설

작년 4/4분기 지원 내역을 보더라도 직위와 관계없이 같은 사유의 경조사 지원금은 동일한 금액으로 지원되었음을 알 수 있으므로 이는 변경된 복지 제도 내용으로 옳지 않다.

27 ④

해 설

요청사항 및 비고란을 참고해 볼 때 경영지원팀과의 고객 참여 현장 이벤트에 대한 기획논의는 2차 회의에 있을 안건으로 볼 수 있다.

28 ②

출제의도

주어진 회의록을 통해 업무의 우선순위를 파악할 수 있는지를 확인하는 문항이다.

해 설

회의 종료 후 18시까지 지점별 상세 매출자료를 제출하라는 영업부장 K의 지시가 있었으므로 이를 가장 먼저 처리해야 한다.

29 ①

출제의도

회의의 이해도와 부서들 간의 협업과 그 과정을 이해하고 확인할 수 있는지 측정하는 문항이다.

해 설

사원 X는 영업2팀과 경영지원팀에 신년 프로모션에 대한 보고와 회의 참석을 요청하는 메일을 보내야 한다. 메일의 내용에는 영업2팀에 요청하는 내용이 들어있으므로 수신인은 경영지원팀이 아닌 영업2팀이 되어야 한다.

30 ①

출제의도

조직의 체제 내에서의 의사결정에서 사용되는 점진적 의사결정 모형의 개념을 이해하고, 각 단계별로 필요한 의문점과 해결점을 찾을 수 있는지를 파악하는 문항이다.

해 설

② 진단 ③ 탐색 ④ 설계

※ 의사결정의 과정

㉠ 확인 단계

- 문제인식 : 의사결정이 필요한 문제를 인식한다. 이는 외부 환경이 변화하거나 내부에서 문제가 발생했을 때에 발생한다.
- 진단 : 문제를 인식하면 이를 구체화하기 위하여 정보를 얻는 단계이다. 진단단계는 문제의 심각성에 따라서 체계적으로 이루어지기도 하며, 비공식적으로 이루어지기도 한다. 또한 문제를 신속히 해결할 필요가 있는 경우에는 진단시간을 줄이고 즉각적인 대응이 필요하다.

㉡ 개발 단계

- 탐색 : 먼저 조직 내의 기존 해결 방법 중에서 새로운 문제의 해결 방법을 찾는 과정. 이는 조직 내 관련자와의 대화나 공식적인 문서 등을 참고하여 이루어질 수 있다.
- 설계 : 이전에 없었던 새로운 문제의 경우 이에 대한 해결안을 설계해야 한다. 이 경우에는 의사결정자들이 모호한 해결방법만을 가지고 있기 때문에 다양한 의사결정 기법을 통하여 시행착오적 과정을 거치면서 적합한 해결방법을 찾아나간다.

㉢ 선택 단계

- 선택 : 해결방안을 마련하면 실행가능한 해결안을 선택한다. 선택을 위한 방법은 3가지로 이루어질 수 있다. 이는 한 사람의 의사결정권자의 판단에 의한 선택, 경영과학 기법과 같은 분석에 의한 선택, 이해관계집단의 토의와 교섭에 의한 선택이 있다.
- 승인 : 조직 내에서 공식적인 승인절차를 거친 후 실행된다.

정답 및 해설 10 직업윤리

1	2	3	4	5	6	7	8	9	10
④	④	②	④	③	④	③	④	③	④
11	12	13	14	15	16	17	18	19	20
①	④	①	②	③	②	④	②	④	③
21	22	23	24	25	26	27	28	29	30
③	④	②	①	④	③	②	③	④	④

의사소통능력
수리능력
문제해결능력
자기개발능력
자원관리능력
대인관계능력
정보능력
기술능력
조직이해능력
직업윤리

1 ④

출제의도

직장인으로서의 직업윤리 중 하나인 소개 예절을 이해하고 있는지를 측정하는 문항이다.

해 설

소개

- 나이 어린 사람을 연장자에게 소개한다.
- 내가 속해 있는 회사의 관계자를 타 회사의 관계자에게 소개한다.
- 신참자를 고참자에게 소개한다.
- 동료임원을 고객, 손님에게 소개한다.
- 비임원을 임원에게 소개한다.
- 소개받는 사람의 별칭은 그 이름이 비즈니스에서 사용되는 것이 아니라면 사용하지 않는다.
- 반드시 성과 이름을 함께 말한다.
- 상대방이 항상 사용하는 경우라면, Dr. 또는 Ph.D. 등의 칭호를 함께 언급한다.
- 정부 고관의 직급명은 퇴직한 경우라도 항상 사용한다.
- 천천히 그리고 명확하게 말한다.
- 각각의 관심사와 최근의 성과에 대하여 간단한 언급을 한다.

2 ④

출제의도

직장인으로서의 직업윤리 중 하나인 성 예절에 대한 개념을 이해하고 있는지를 측정하는 문항이다.

해 설

성 예절을 지키기 위한 자세 : 직장에서 여성의 특징을 살린 한정된 업무를 담당하던 과거와는 달리 여성과 남성이 대등한 동반자 관계로 동등한 역할과 능력발휘를 한다는 인식을 가질 필요가 있다.

㉠ 직장 내에서 여성이 남성과 동등한 지위를 보장받기 위해서 그만한 책임과 역할을 다해야 하며, 조직은 그에 상응하는 여건을 조성해야 한다.

㉡ 성희롱 문제를 사전에 예방하고 효과적으로 처리하는 방안이 필요한 것이다.

㉢ 남성 위주의 가부장적 문화와 성역할에 대한 과거의 잘못된 인식을 타파하고 남녀공존의 직장문화를 정착하는 노력이 필요하다.

---

3 ②

출제의도

직업인이라면 반드시 지켜야 할 임직원 행동강령이 실제 상황에서는 어떻게 발현되는지에 대한 이해를 측정하는 문항이다.

해 설

'원활한 직무수행 또는 사교 · 의례의 목적으로 제공될 경우에 한하여 제공되는 3만 원 이하의 음식물 · 편의 또는 5만 원 이하의 소액의 선물'이라고 명시되어 있으며, 부정한 이익을 목적으로 하는 경우는 3만 원 이하의 금액에 대해서도 처벌이 가능하다고 해석될 수 있다.

① 사적 거래로 인한 채무의 이행 등에 의하여 제공되는 금품은 '금품 등을 받는 행위의 제한' 사항의 예외로 규정되어 있다.

③ 공개적인 경우 문제의 소지가 현저히 줄어든다고 볼 수 있다.

④ 상조회로부터의 금품에 대한 한도액과 관련한 규정은 제시되어 있지 않다.

4 ④

출제의도

기업윤리에 대한 이해와 사회적 책임을 파악하고 있는지 확인하는 문제이다.

해 설

기업은 환경 경영, 윤리 경영과 노동자를 비롯한 사회 전체의 이익을 동시에 추구하며 그에 따라 의사 결정 및 활동을 하는 사회적 책임을 가져야 한다.
㉠ 기업은 이윤 추구를 주된 목적으로 하는 사적 집단이다.

---

5 ③

출제의도

공직자가 지녀야 할 올바른 업무 수행의 자세를 추론하는 문제이다.

해 설

③ 사회적으로 문제가 되는 공직자의 비리, 부정부패는 책임 윤리의 부재에서 비롯된 것이다. 이러한 문제를 해결하기 위해서는 사회적 지위에 맞게 역할을 수행해야 한다는 정명(正名) 정신이 필요하다.

---

6 ④

출제의도

공직자가 갖추어야 할 덕목이 실제 상황에서 어떻게 발현되어야 하는지 묻는 문제이다.

해 설

④ 청렴은 성품과 행실이 고결하고 탐욕이 없다는 뜻으로 국민의 봉사자인 공직자가 지녀야 할 중요한 덕목이다. 공직자는 어떠한 상황에서도 사익을 배제하고 공명정대하게 행동해야 한다.

---

7 ③

해 설

제시된 상황은 직업윤리와 개인윤리가 충돌하는 대표적 상황이라고 할 수 있다. 직무에 따르는 업무적 책임 사항은 반드시 근무일에만 적용된다고 판단하는 것은 올바르지 않으며, 불가피한 경우 휴일에도 직무상 수행 업무가 발생할 수 있음을 감안하는 것이 바람직한 직업윤리의식일 것이다. 따라서 이러한 경우 직업윤리를 우선시하는 것이 바람직하다.

8 ④

해 설

'봉사'는 고객에게 서비스 정신을 발휘하는 행동 등 자신보다 남을 위하는 것이며, '준법'은 법을 지키는 일뿐만 아니라 규정 준수나 약속 지키기 등을 포함한 민주 시민으로서 기본적으로 지켜야 할 의무이자 생활 자세이다. 제시된 행동수칙에서는 사내 규정이나 약속 등 강제하는 규율이 있는 것에 해당하는 것이 준법, 직원 스스로가 의지를 가지고 고객을 위해 행동하는 자발적인 것이 봉사의 의미로 볼 수 있다.

---

9 ③

출제의도

직업의 의미와 직업윤리에 대한 올바른 이해가 필요하다.

해 설

㉣ 주어진 내용은 직업윤리의 일반성과는 거리가 멀다. 사회구조의 변화와 정보 사회로의 진전에 따른 전문 직종의 증가와 분화로 해당 직업의 특성에 알맞은 윤리가 요구되고 있는데, 이를 직업윤리의 특수성이라 한다. 특수한 윤리가 필요한 직업은 점점 늘어나고 있는 추세이나 이런 특수성은 보편적인 윤리의 토대 위에 정립되어야 한다.

---

10 ④

출제의도

직업인이 갖추어야 할 덕목과 장인으로서의 특성에 대한 이해가 필요하다.

해 설

④ 명장은 자신의 재능을 기부하여 지역 주민의 삶을 풍요롭게 하는 등 사회적 책임감을 수행하는 사람이다.

---

11 ①

출제의도

다양한 직업의식에 대해 바르게 이해하고 있는지 묻는 문제이다.

해 설

① 의사와 교사는 자신의 직업 생활을 통해 인간에 대한 사랑을 실천하고 희생과 헌신 속에서 보람을 느끼는 삶을 살았다.

12 ④

출제의도

공직자로서의 직업인의 특성을 파악하고 있어야 한다.

해 설

(가)는 공직자들이 갖추어야 할 덕목의 하나로 청렴을 강조한 내용이다. 공직자는 국민보다 우월한 지위를 가지므로, 그런 권위와 권한을 이용하여 사익을 추구하려는 유혹에 빠질 수 있기 때문이다. 따라서 (나)의 공무원 A에게는 업무 수행에서 얻은 정보는 공동선을 위해 사용해야 한다는 충고가 알맞다.

13 ①

출제의도

근로윤리를 바탕으로 직장생활에서 발생하는 여러 가지 상황에 적절하게 대응할 수 있어야 한다.

해 설

① 기업윤리와 직장생활의 안정을 도모하기 위해 동료에게 나의 아이디어였음을 솔직히 말하고 설득하는 것이 가장 적절하다.

14 ②

해 설

② A가 직장에서 사적인 업무로 컴퓨터를 사용하고, 업무시간에 개인적인 용무를 보는 행위는 직업윤리에 어긋난다.

15 ③

해 설

③ 직업윤리에 어긋나지 않는 선에서 동료에게 먼저 양해를 구하고, 회사의 합법적인 절차에 따라 자신이 추천받을 수 있는 방법을 모색하는 것이 가장 적절하다.

16 ②

해 설

② 개인적인 감정은 되도록 배제하면서 알고 있는 사실과 현재의 상황에 대해 설명하고 불편함을 개선해나가는 것은 직업윤리에 어긋나지 않는다.

17 ④

해 설

④ 가까운 동료가 가지고 있는 어려움을 파악하여 스스로 원만한 해결을 이룰 수 있도록 돕는 것이 가장 적절하다.

18 ②

해 설

② 자신이 처한 상황에 대한 판단이 우선시 되어야 하며, 혼자서 해결하기 어려운 업무에 대해서는 상사에게 문의하여 조언을 얻거나 도움을 받을 수 있는 방법을 찾는 것이 적절하다.

19 ④

해 설

④ 계열사 또는 협력업체와의 관계는 일방적이기보다는 상호보완적인 형태가 바람직하다. 따라서 협력업체 현장 담당자에게 작업지침에 대한 사항을 문의하고 해결방안을 찾도록 하는 것이 적절하다.

20 ③

해 설

① 구매부서 팀장에게 직접 항의하는 것보다는 직원을 먼저 설득하는 것이 바람직하다.
② 설령 저가의 부품을 사용하더라도 클라이언트에게 알리지 않는 것은 바람지하지 않다.
④ 비록 다른 부서의 부당한 업무행위이더라도 아무런 절차 없이 상부에 그대로 보고하는 것은 바람직하지 못하다.

21 ③

해 설

직장생활에서 개인적으로 혹은 주관적으로 다른 사람을 비방하거나 험담하는 것은 직업윤리에 어긋나는 행위이므로 상사에게 예의를 갖추어 동료에 대한 지나친 농담과 험담이 부당함을 전한다.

22 ④

출제의도

기업윤리에 대한 올바른 이해가 필요하다.

해 설

기업윤리는 기업을 올바르게 운영하는 기준 및 기업의 도덕적 책임도 포함되는 것으로 기업의 경영 방식 및 경영 정책에 영향을 준다.

23 ②

출제의도

직업윤리에 대한 기본적인 개념을 파악하고 있어야 한다.

해 설

㉡ 연대의식의 해체는 직장에서의 인간관계를 어렵게 하고, 직업의 사회적 의미를 퇴색시킨다.
㉤ 협회의 강령을 잘 준수하는 것도 훌륭한 직업인의 자세이다.

24 ①

출제의도

근로윤리를 바탕으로 직장생활에서 발생하는 여러 가지 상황에 적절하게 대응할 수 있어야 한다.

해 설

높은 직급의 간부로서 이행해야 하는 불편하고 번거로운 지시사항에 대해 불만스러움이 있는 상황이므로 이를 해결해줄 수 있는 조언으로 적절한 것은 ①이다.

25 ④

해 설

④ 직장 밖에서나 업무 외 시간에 불법상거래 및 도박을 하는 것은 기업윤리에 어긋나며 회사에도 안 좋은 영향을 미친다.

26 ③

해 설

③ 개인적인 불만이 있더라도 감정적인 부분은 되도록 배제하고 업무적인 부분에 대해 사과하는 것이 현명한 방법이다. 또한 자신이 느낀 인격적인 모독감에 대해서는 상사에게 사과를 요구하는 것이 합당하다.

27 ②

출제의도

직장생활에서의 퇴근예절을 명확하게 인지하고 있는지를 측정하는 문제이다.

해 설

타 직원들보다 먼저 퇴근을 할 경우에는 잔무처리를 하는 사람들에게 "먼저 들어가 보겠습니다."라고 인사를 건네야 한다.

※ 퇴근 시의 직장예절

㉠ 상사, 선배 및 동료는 물론이거니와 후배 등에게도 인사를 잊지 않도록 한다.
㉡ 업무상의 보안을 위해서 책상 서랍, 캐비닛 등에 대한 잠금 장치를 해야 한다.
㉢ 상사보다 먼저 퇴근하는 경우에는 "이제 용무는 없습니까? 없다면 퇴근 하겠습니다."라고 정중하게 인사를 한다.
㉣ 책상 위는 깨끗하게 정리하고 사무용품, 비품, 서류 등을 지정되어진 장소에 두도록 한다.
㉤ 다른 사람들보다 먼저 퇴근할 때에는 잔무를 처리를 하고 있는 사람에게 "먼저 가겠습니다."라고 인사를 건넨다.
㉥ 가장 늦게 퇴근하는 사람은 전등과 컴퓨터 등의 전원을 점검 및 확인하고 창문 및 사무실의 문단속을 잊지 않아야 한다.

28 ③

출제의도

직장생활에서의 차량 탑승 시의 예절을 이해하고 있는지를 측정하는 문항이다.

해 설

Jeep류의 차종인 경우(문이 2개)에는 운전석의 옆자리가 상석이 된다.

29 ④

출제의도

직장인으로서의 직업윤리 중 하나인 명함예절에 대해 이해하고 있는지를 측정하는 문항이다.

해 설

④ 명함 교환 시에 상대가 2인일 경우에는 연장자에게 먼저 드려야 한다.

※ 명함 교환의 방법

㉠ 명함을 준비한다.
㉡ 방문객이 먼저 명함을 드린다.
㉢ 상대에게 명함을 내밀면서 이름을 말한다.
㉣ 상대방의 명함은 양 손으로 정중히 받는다.
㉤ 상대가 2인일 경우 연장자에게 먼저 드린다.
㉥ 명함을 테이블 위에 놓지 말고 반드시 손으로 건네준다.

30 ④

출제의도

직장생활에서 겪는 일 중 하나인 문상예절에 관해 이해하고 있는지를 측정하는 문항이다.

해 설

문제에서는 A라는 사람의 아내가 세상을 떠난 상황이다. 통상적으로 보면, 상제의 아내인 경우 "위로드릴 말씀이 없습니다."로 바꾸는 것이 옳다. "얼마나 망극하십니까?"에서의 망극(罔極)이란 말은 부모상에만 쓰인다는 것을 기억해야 한다. 또한, 평상시에 절을 할 때 남자는 왼손이 위로 가게하고, 여자는 오른손이 위로 가지만, 빈소 방문 시에는 남, 녀의 손 위치는 반대가 된다.

PART

NCS 모의고사

시행기관마다 문항수와 시간의 차이가 있지만 모의고사 100문항을 수록하여
실전에 대비할 수 있도록 하였습니다.

NCS 모의고사

01 NCS 모의고사

02 정답 및 해설

정답 및 해설 P.546

NCS 모의고사

※ 시행기관마다 문항수가 다를 수 있습니다.

1 다음 출국 시 유의사항에 대해 바르게 이해하지 못한 것은?

> 출국 시 유의사항
>
> 우리나라에서는 출국 시 가지고 나가는 물건에 대해서는 세금을 징수하지 않습니다. 다만, 일시 입국하는 자가 입국할 때 재반출조건으로 면세통관한 물품을 출국 시에 반출하지 않는 경우에 한하여 면세받은 세금 및 가산세를 추징하고 있습니다.
> 거주자인 여행자가 해외여행 중에 사용하고 재반입할 고가의 귀중품 등은 출국 시 세관에 신고하여 확인증을 받아두었다가 입국 시 제출해야만 면세를 받을 수 있습니다.
> 또한 출국 시 별도로 작성하여 제출하는 세관신고서는 없으나 반출금지 · 제한물품을 가지고 나갈 때에는 반드시 세관직원에게 구두로 신고하여 사후에 불이익을 당하는 사례가 없도록 하시기 바랍니다.
>
> -반출금지 및 제한물품-
>
> 술, 담배, 향수, 외화 등은 여행대상국에서 엄격히 규제하는 경우가 있으므로 여행사 또는 항공기(선박)승무원의 안내를 받아 상대국 규정을 숙지하여 성실히 신고함으로써 예상치 않은 벌금납부 또는 국위손상의 사례가 없도록 각별히 유의하시기 바랍니다.

① 반출금지 · 제한물품을 가지고 나갈 때에는 반드시 세관직원에게 신고서 작성하여 제출해야 한다.
② 일시 입국하는 자가 입국할 때 재반출조건으로 면세통관한 물품을 출국 시에 반출하지 않으면 면세 받은 세금 및 가산세를 추징한다.
③ 여행자가 해외여행 중에 사용하고 재반입할 고가의 귀중품 등은 출국 시 세관에 신고하여 확인증을 받아 두어야 한다.
④ 출국 시 별도로 세관신고서를 작성하지 않아도 된다.

2 다음 〈보기〉는 임주환 대리에게 온 상사로부터의 SNS이다. 아래와 같은 지시사항을 받은 후 임대리가 수행해야 할 업무의 우선순위를 나열한 것으로 가장 적절한 것은?

〈보기〉

11월 14일 (월) 오전 11시
오늘 오후 급하게 비행기로 울산에 다녀와야겠어요. 재무팀 김상무님하고 장팀장님이 같이 갈 거니까 3시 이후 일정으로 알아보고, 예약되면 연락주세요. 그리고 내일 오전에 회의하고 돌아올 예정이니, 숙소도 같이 예약해주세요.

11월 14일(월) 오전 12시
아참, 내일 있을 회의 자료는 20부 정도 필요하니까 준비해주세요. 그리고 내일 오전에 만나기로 한 거래처 정사장님께는 전화해서 약속을 변경하도록 해주세요.

㉠ 항공편 예약
㉡ 숙박시설 예약
㉢ 거래처 정사장에게 전화
㉣ 회의자료 정리 후 울산지사로 e-mail 전송
㉤ 울산지사에 전화하여 회의실 신청

① ㉠㉡㉢㉣㉤
② ㉤㉠㉡㉢㉣
③ ㉠㉡㉤㉢㉣
④ ㉢㉠㉡㉣㉤

3 다음 중 유아인 대리가 회의 전 후 취해야 할 행동 중 가장 우선순위가 낮은 것은?

> 홍보팀 유아인 대리는 국내 방송사 기자와의 인터뷰 일정을 최종 점검 중이다. 다음은 기자와의 통화 내용이다.
>
> 유대리 : 김강우 기자님 안녕하세요. 저는 ○○공사 홍보팀 대리 유아인입니다. 인터뷰일정 확인 차 연락드립니다. 지금 통화가능하세요?
> 김기자 : 네, 말씀하세요.
> 유대리 : 인터뷰 예정일이 7월 10일 오후 2시인데 변동사항이 있나 확인하고자 합니다.
> 김기자 : 네, 예정된 일정대로 진행 가능합니다. 인터뷰는 ○○공사 회의실에서 하기로 했죠?
> 유대리 : 맞습니다. 인터뷰 준비와 관련해서 저희 측에서 더 준비해야 하는 사항이 있나요?
> 김기자 : 카메라 기자와 함께 가니 회의실 공간이 좀 넓어야 하겠고, 회의실 배경이 좀 깔끔해야 할 텐데 준비가 가능할까요?

① 총무팀에 연락해서 회의실 주변 정리 및 회의실 예약을 미리 해 놓는다.
② 인터뷰 내용을 미리 받아보아 정확한 답변을 할 수 있도록 자료를 준비한다.
③ 인터뷰 당일 늦어질 수 있는 점심식사 약속은 되도록 잡지 않도록 한다.
④ 기자에게 인터뷰 방영일자를 확인하여 인터뷰 영상내용을 자료로 보관하도록 한다.

4 다음은 사내게시판에 올라온 상담내용이다. 응답한 내용 중 적절하지 않은 것을 고르면?

① Q : 제가 말을 직설적으로 해서 그런지 몰라도 팀원들과의 갈등이 잦은 편이에요.
  A : 대인관계를 원만히 쌓아가기 위해서는 서로 이해하고 배려하는 마음이 전제되어야 해요. 원만한 의사소통을 위해서 서로의 입장에서 생각해보고 조금 말을 둥글게 하는 게 어떨까요?

② Q : 이번 프로젝트의 발표를 맡게 되었습니다. 앞에 나서서 말을 잘 못하는 편이라 걱정이 됩니다.
  A : 자신의 일을 묵묵히 잘 하는 것도 중요하지만 그것을 남들 앞에서 얼마나 잘 표현하느냐도 사회인이 갖춰야 할 필요역량입니다. 적극적으로 의견을 펼쳐 보여주는 것이 중요합니다.

③ Q : 팀원들이 회의 시에 방관하고 소극적인 자세로 임해서 걱정입니다.
  A : 집단 의사소통의 상황에서는 목적을 분명하게 제시해주고 적극적인 방법으로 이끌어주려는 노력이 필요해요. 필요하다면 자극적인 경쟁의 방법을 통해서라도 확실히 회의에 임할 수 있게 하는 것이 필요합니다.

④ Q : 제가 사람들과 잘 대화를 나누지 못해요.
  A : 주변사람들과 대화할 때 상대의 관련 정보를 종합적으로 고려하여 상대방의 처지를 이해하면서 상호작용하려는 노력이 필요합니다.

5 다음은 '직장인들의 자격증 열풍에 관한 실태조사' 자료이다. 〈보기〉를 활용해 보고서를 쓰려고 할 때 적절하지 않은 것은?

> (가) 연구 보고 자료
> 취업자 10명 중 6명은 직장을 잃을 수 있거나 옮겨야 하는 불안감에 시달리는 것으로 나타났다. 이러한 이유는 직장인들의 자격증 취득 열풍에 영향을 미치는 것으로 밝혀졌다.
>
> (나) 신문 기사 자료
> 1. 국가공인자격증은 모두 5천 종이 넘는 것으로 밝혀졌으며 연간 자격증 발급건수는 80만 건이 넘는다.
> 2. 경기불황 속에서도 자격증 관련 학원과 도서는 꾸준한 매출 증가를 보이고 있다.
>
> (다) 인터뷰 자료
> "직장생활 틈틈이 자격증 획득을 위해 공부하고 있어요. 일에 도움이 될 까 해서 공부하는 부분도 있고 혹시 이직할 때 도움이 되지 않을까 기대하는 부분도 있고요."
> – 회사원 ○○○씨
>
> (라) 설문조사 결과 자료
> 직장인 1,000명을 대상으로 설문조사 한 결과 87.1%가 직장 생활 중 자격증 취득 준비 계획이 있다고 밝혔다.

① (가)를 직장인들의 자격증 취득 열풍의 원인으로 제시해야겠어.
② (나)-1을 제시하면 직장인들의 자격증 취득 열풍에 관한 부작용을 설명할 수 있을 거야.
③ (다)를 활용함으로 자격증 취득의 긍정적 측면에 대해 언급할 수 있을 거야.
④ (라)를 제시하면 직장인들의 자격증 취득 열풍을 부각하는 데 도움이 될 거야.

6 다음은 홍보팀 김부장이 회의에 들어간 사이 남겨진 메모이다. 다음 밑줄 친 글을 순화한 결과 적절치 않은 것은?

〈메모 1〉	〈메모 2〉
해외사업팀 지수현 대리 메일 확인 요망. 해당 어젠다에 관한 코멘트는 해외사업팀 김우빈 팀장 메일로 회신바람	전략팀 최태욱 부장 어닝시즌에 발표할 홍보팀의 마스터플랜을 오늘 오후 6시까지 전략팀 이정재 사원에게 제출바람

① 어젠다 → 안건
② 코멘트 → 답변
③ 어닝시즌 → 실적 발표 기간
④ 마스터플랜 → 조감도

7 다음 규정에서 잘못 쓰인 글자의 개수는?

제93조(취업규칙의 작성 · 신고)
상시 10명 이상의 근노자를 사용하는 사용자는 다음 각 호의 사항에 관한 취업규칙을 작성하여 고용노동부장관에게 신고하여야 한다. 이를 변경하는 경우에도 또한 같다.
1. 업무의 시작과 종료 시각, 휴계시간, 휴일, 휴가 및 교대 근로에 관한 사항
2. 임금의 결정 · 계산 · 지급 방법, 임금의 산정기간 · 지급시기 및 승급에 관한 사항
3. 가족수당의 계산 · 지급 방법에 관한 사항
4. 퇴직에 관한 사항
5. 「근로자퇴직급여 보장법」 제4조에 따라 설정된 퇴직급여, 상여 및 최저임금에 관한 사항
6. 근로자의 식비, 작업 용품 등의 부담에 관한 사항
7. 근로자를 위한 교육시설에 관한 사항
8. 출산전후휴가 · 육아휴직 등 근로자의 모성 보호 및 일 · 가정 양립 지원에 관한 사항
9. 안전과 보건에 관한 사항
9의2. 근로자의 성별 · 연령 또는 신체적 조건 등의 특성에 따른 사업장 환경의 개선에 관한 사항
10. 업무상과 업무 외의 재해부조에 관한 사항
11. 표창과 제재에 관한 사항
12. 그 밖에 해당 사업 또는 사업장의 근로자 전체에 적용될 사항

① 2개 ② 3개

③ 4개 ④ 5개

8 다음과 같이 상사 앞으로 팩스 전송된 심포지엄 초청장을 수령하였다. 상사는 현재 출장 중이며 2월 26일 귀국 예정이다. 이와 관련된 대처로 적절하지 않은 것은?

> 1. 일　　시 : 2016년 2월 25일(목) 13:30－17:00
> 2. 장　　소 : 미래창조과학부 5층 회의실
> 3. 발표주제 : 역동적인 혁신경제를 위한 공기업의 주체별 역할
>   A. 국 가 : 미래성장국가로 가는 길(미래창조과학부 김주원 사무관)
>   B. 기 업 : 신성장사업을 위한 민관협업(S연구소 정지훈 이사)
>   C. 창조지식인의 역할과 육성방안(M대학교 이진욱 교수)
> 4. 문의 및 연락처 : 김희연 대리(전화 02-3780-8025)

① 상사의 일정을 확인한 후 상사에게 연락하여 심포지엄 내용을 보고 한다.
② 김희연 대리에게 연락하여 참여인원 제한여부 등 심포지엄 관련 정보를 수집한다.
③ 상사가 다른 일정이 있어 김희연 대리에게 상사가 참석 불가능하다고 알린다.
④ 상사에게 대리참석여부를 확인하여 관련자에게 상사의 의사가 전달될 수 있도록 한다.

9 다음 업무일지를 바르게 이해하지 못한 것은?

[2016년 5월 4일 업무보고서]

편집팀 팀장 박서준

시간	내용	비고
09:00~10:00	편집팀 회의	- 일주일 후 나올 신간 논의
10:00~12:00	통상업무	
12:00~13:00	점심식사	
13:00~14:30	릴레이 회의	- 편집팀 인원충원에 관해 인사팀 김서현 대리에게 보고 - 디자인팀에 신간 표지디자인 샘플 부탁
14:30~16:00	협력업체 사장과 미팅	- 내일 오전까지 인쇄물 400부 도착
16:00~18:00	서점 방문	- 지난 시즌 발간한 서적 동향 파악

① 5월 11일 신간이 나올 예정이다.
② 편집팀은 현재 인력이 부족한 상황이다.
③ 저번 달에도 신간을 발간했다.
④ 내일 오전 인쇄물 400부가 배송될 예정이다.

10 다음 문장을 공문서 작성 요령에 맞게 수정하고자 할 때 옳지 않은 것은?

① 우리 모두 내일 오전 10시에 회의를 갖도록 하자. → 우리 모두 내일 오전 10시에 회의를 하도록 하자.
② 우리 공사는 전주혁신도시에 위치하고 있습니다. → 우리 공사는 전주혁신도시에 있습니다.
③ 새로운 기획팀에는 유연한 정책에 대한 대응의 자세가 요구된다. → 새로운 기획팀은 유연한 정책대응 자세가 요구된다.
④ 전기절약은 아무리 강조해도 지나치지 않는다. → 항상 전기절약을 하자.

11 **무게의 단위 관계를 잘못 나타낸 것은?**

① 200t=200,000kg
② 3.6t=3,600kg
③ 27,000kg=2.7t
④ 50t=50,000kg

12 **마을에 350ha의 과수원과 10km^2의 논이 있다. 과수원과 논의 합은 몇 km^2인가?**

① 10.35km^2
② 13.5km^2
③ 45km^2
④ 10.035km^2

13 **하마의 무게는 꼬마의 무게의 몇 배인가?**

하마 : 4.5t	꼬마 : 30kg

① 1.5배
② 15배
③ 150배
④ 1,500배

14 **보트를 타고 길이가 30km인 강을 왕복하였는데, 거슬러 올라갈 때에는 1시간 30분이 걸렸고, 내려올 때에는 1시간이 걸렸다. 강물의 속력은?**

① 시속 3km
② 시속 4km
③ 시속 5km
④ 시속 6km

15 다음은 주요국의 5G 스마트폰 도입률 전망에 관한 자료이다. 다음 자료를 올바르게 해석한 것을 〈보기〉에서 골라 짝지은 것은 어느 것인가?

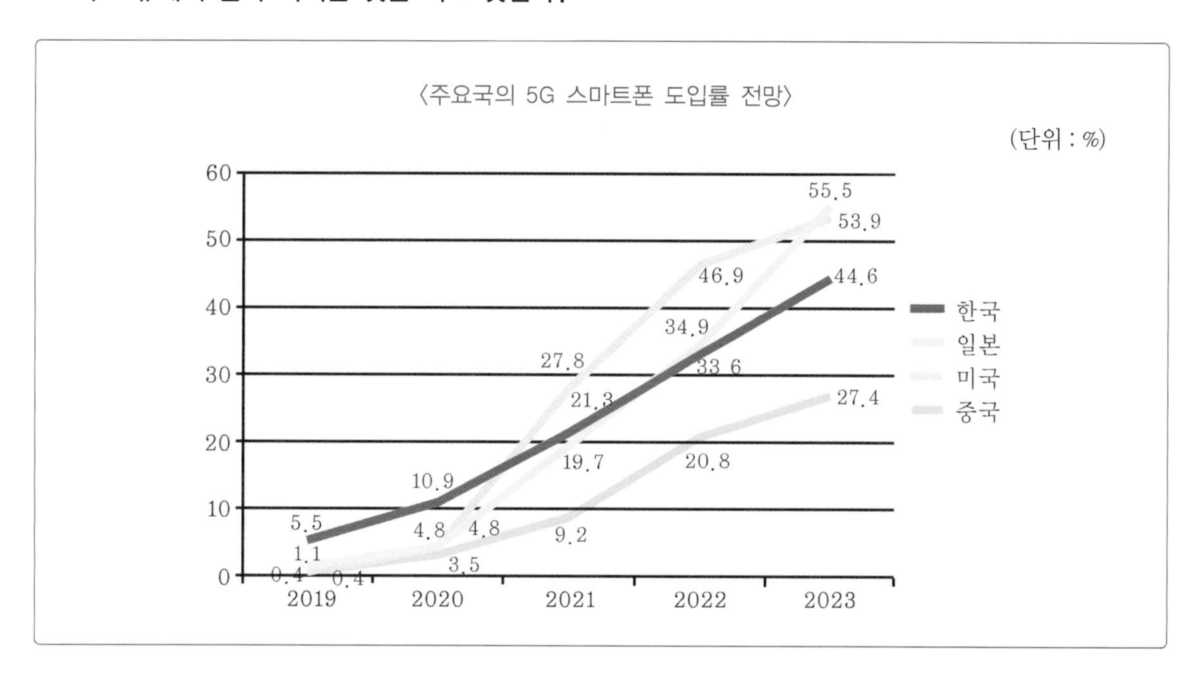

〈보기〉

(가) 2019년 대비 2023년의 도입률의 증가율은 중국이 가장 낮다.
(나) 2023년의 전년대비 도입률의 증가율은 한국이 가장 높다.
(다) 2020~2022년의 기간 동안 가장 성장세가 가파른 국가는 미국이다.
(라) 2020년 이후 도입률 전망치의 순위가 전년도와 동일한 해는 없다.

① (가), (나)
② (가), (다)
③ (나), (라)
④ (다), (라)

16 다음 자료를 통해 알 수 있는 사항을 올바르게 설명하지 못한 것은 어느 것인가?

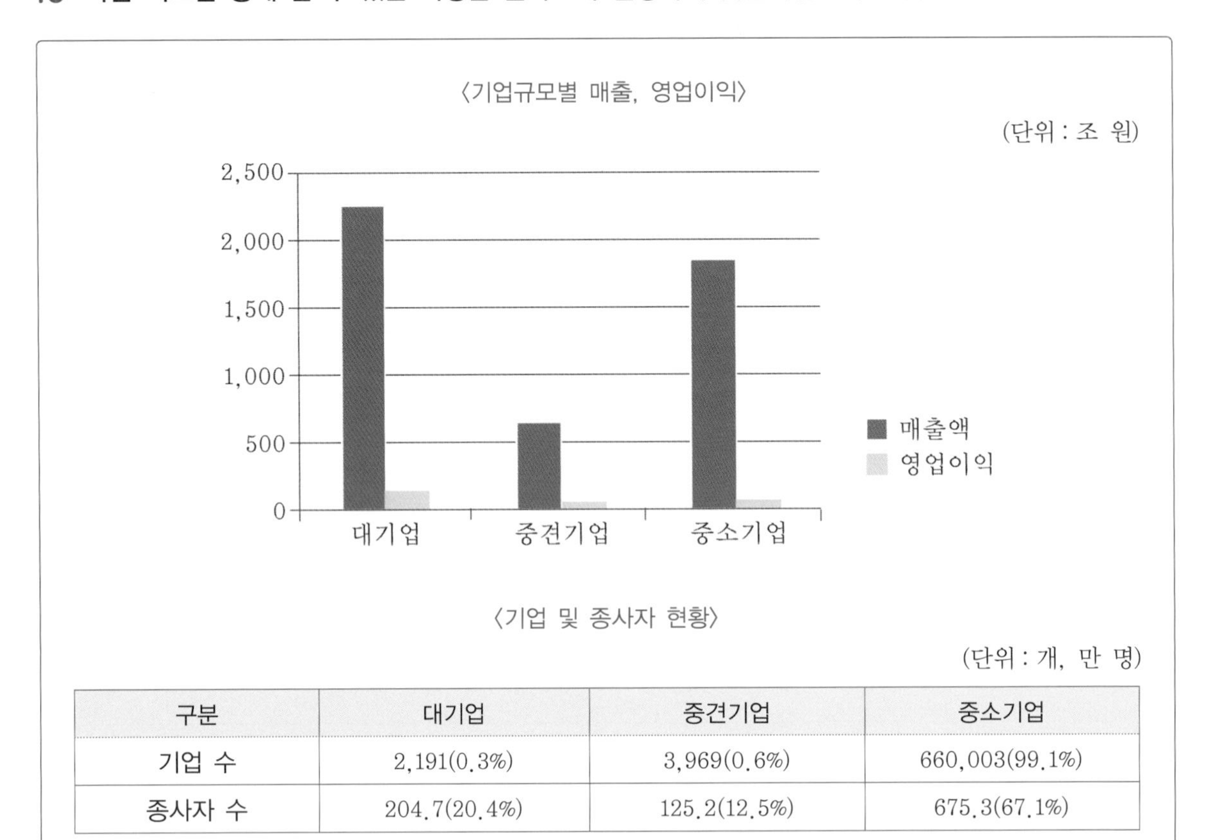

〈기업 및 종사자 현황〉

(단위 : 개, 만 명)

구분	대기업	중견기업	중소기업
기업 수	2,191(0.3%)	3,969(0.6%)	660,003(99.1%)
종사자 수	204.7(20.4%)	125.2(12.5%)	675.3(67.1%)

① 1개 기업당 매출액과 영업이익 실적은 대기업에 속한 기업이 가장 우수하다.

② 기업규모별 매출액 대비 영업이익률은 대기업, 중견기업, 중소기업 순으로 높다.

③ 전체 기업 수의 약 99%에 해당하는 기업이 전체 매출액의 40% 이상을 차지한다.

④ 전체 기업 수의 약 1%에 해당하는 기업이 전체 영업이익의 70% 이상을 차지한다.

17 다음 표는 2009~2010년 지역별 직장인들의 자기개발에 관해 조사한 내용을 정리한 것이다. 이에 대한 분석으로 옳은 것은?

(단위 : %)

연도 / 구분 / 지역	2009				2010			
	자기개발 하고 있음	자기개발 비용 부담 주체			자기개발 하고 있음	자기개발 비용 부담 주체		
		직장 100%	본인 100%	직장50%+본인50%		직장 100%	본인 100%	직장50%+본인50%
충청도	36.8	8.5	88.5	3.1	45.9	9.0	65.5	24.5
제주도	57.4	8.3	89.1	2.9	68.5	7.9	68.3	23.8
경기도	58.2	12	86.3	2.6	71.0	7.5	74.0	18.5
서울시	60.6	13.4	84.2	2.4	72.7	11.0	73.7	15.3
경상도	40.5	10.7	86.1	3.2	51.0	13.6	74.9	11.6

① 2009년과 2010년 모두 자기개발 비용을 본인이 100% 부담하는 사람의 수는 응답자의 절반 이상이다.
② 자기개발을 하고 있다고 응답한 사람의 수는 2009년과 2010년 모두 서울시가 가장 많다.
③ 자기개발 비용을 직장과 본인이 각각 절반씩 부담하는 사람의 비율은 2009년과 2010년 모두 서울시가 가장 높다.
④ 2009년과 2010년 모두 자기개발을 하고 있다고 응답한 비율이 가장 높은 지역에서 자기개발비용을 직장이 100% 부담한다고 응답한 사람의 비율이 가장 높다.

18 다음 자료를 보고 주어진 상황에 대해 물음에 답하시오.

〈근로소득에 대한 간이 세액표〉

월 급여액(천 원) [비과세 및 학자금 제외]		공제대상 가족 수				
이상	미만	1	2	3	4	5
2,500	2,520	38,960	29,280	16,940	13,570	10,190
2,520	2,540	40,670	29,960	17,360	13,990	10,610
2,540	2,560	42,380	30,640	17,790	14,410	11,040
2,560	2,580	44,090	31,330	18,210	14,840	11,460
2,580	2,600	45,800	32,680	18,640	15,260	11,890
2,600	2,620	47,520	34,390	19,240	15,680	12,310
2,620	2,640	49,230	36,100	19,900	16,110	12,730
2,640	2,660	50,940	37,810	20,560	16,530	13,160
2,660	2,680	52,650	39,530	21,220	16,960	13,580
2,680	2,700	54,360	41,240	21,880	17,380	14,010
2,700	2,720	56,070	42,950	22,540	17,800	14,430
2,720	2,740	57,780	44,660	23,200	18,230	14,850
2,740	2,760	59,500	46,370	23,860	18,650	15,280

※ 갑근세는 제시되어 있는 간이 세액표에 따름

※ 주민세=갑근세의 10%

※ 국민연금=급여액의 4.50%

※ 고용보험=국민연금의 10%

※ 건강보험=급여액의 2.90%

※ 교육지원금=분기별 100,000원(매 분기별 첫 달에 지급)

박OO 사원의 5월 급여내역이 다음과 같고 전월과 동일하게 근무하였으며 차량지원금으로 100,000원을 받게 된다면, 6월에 받게 되는 급여는 얼마인가? (단, 원 단위 절삭)

(주) 서원플랜테크 5월 급여내역			
성명	박OO	지급일	5월 12일
기본급여	2,240,000	갑근세	39,530
직무수당	400,000	주민세	3,950
명절 상여금		고용보험	11,970
특별수당	20,000	국민연금	119,700
차량지원금		건강보험	77,140
교육지원		기타	
급여계	2,660,000	공제합계	252,290
		지급총액	2,407,710

① 2,443,910
② 2,453,910
③ 2,463,910
④ 2,473,910

19 **주요 전기 요금 제도에 관한 다음 자료를 보고 물음에 답하시오.**

▶ 주택용 전력(저압)

주거용 고객(아파트 고객 포함), 계약전력 3kW 이하의 고객

독신자 합숙소(기숙사 포함) 또는 집단거주용 사회복지시설로서 고객이 주택용 전력의 적용을 희망하는 경우 적용

주거용 오피스텔(주택은 아니지만 실제 주거용도로 이용되는 오피스텔) 고객

기본요금(원/호)		전력량 요금(원/kWh)	
100kWh 이하 사용	400	처음 100kWh까지	60
101~200kWh 사용	900	다음 100kWh까지	120
201~300kWh 사용	1,500	다음 100kWh까지	200
301~400kWh 사용	3,600	다음 100kWh까지	300
401~500kWh 사용	7,000	다음 100kWh까지	450
500kWh 초과 사용	12,000	500kWh 초과	700

▶ 주택용 전력(고압)

고압으로 공급받는 가정용 고객에게 적용

기본요금(원/호)		전력량 요금(원/kWh)	
100kWh 이하 사용	400	처음 100kWh까지	55
101~200kWh 사용	700	다음 100kWh까지	100
201~300kWh 사용	1,200	다음 100kWh까지	150
301~400kWh 사용	3,000	다음 100kWh까지	215
401~500kWh 사용	6,000	다음 100kWh까지	320
500kWh 초과 사용	10,000	500kWh 초과	600

▶ 가로등

일반 공중의 편익을 위하여 도로 · 교량 · 공원 등에 조명용으로 설치한 전등이나 교통 신호등 · 도로표시등 · 해공로(海空路) 표시등 및 기타 이에 준하는 전등(소형기기를 포함)에 적용

구분	기본요금(원/kW)	전력량 요금(원/kWh)
갑(정액등)	W당 35(월 최저요금 1,000원)	
을(종량등)	6,000	80

* 가로등은 공급조건에 따라 가로등(갑), (을)로 구분한다.
  가로등(갑)은 사용설비용량이 1kW 미만이거나 현장여건상 전기계기의 설치가 곤란한 교통신호등, 도로표시등, 공원산책로용, 조명용 전등에 한하여 적용하고 정액제로 요금을 계산하며 가로등(을)은 가로등(갑) 이외의 고객에게 적용하며 전기계기를 설치하여 사용전력량에 따라 요금을 계산한다.

〈별첨〉

제5조(설치기준) 가로등 · 보안등의 설치는 다음 각 호의 기준에 따른다.

1. 설치공사는 「전기공사업법」 및 본 규정이 정하는 바에 따라야 한다.
2. 시공업체는 반드시 전기공사업 면허 1 · 2종 업체로 한다.
3. 소요자재는 K.S표시품, 규격품, 승인품을 사용하여야 한다.
4. "등"은 절전형을 사용하여야 하며 지상 5미터 이상에 적합 용량의 것을 사용하며, 광전식이나 자동점멸기를 설치하여야 한다. 단, 부득이한 장소에는 수동스위치를 사용할 수 있다.
5. 가로등의 설치간격은 60미터 이상, 보안등의 설치간격은 4미터 이상으로 한다. 단, 곡선부에는 예외로 한다.

▶ 전기요금 청구액 계산방법

① 기본요금(원 단위 미만 절사)
② 사용량요금(원 단위 미만 절사)
③ 전기요금계=①+②-복지할인
④ 부가가치세(원 단위 미만 4사5입)=③×10%
⑤ 전력산업기반기금(10원 미만 절사)=③×3.7%
⑥ 청구요금 합계(10원 미만 절사)=③+④+⑤

동네에 공원이 만들어지면서 산책로에 가로등을 설치하기로 하였다. 공원의 산책로는 총 1.2km의 직선코스이고, 가로등 하나의 소비전력은 150W이며 하루에 14시간 점등한다고 한다. 산책로 양쪽에 가로등을 최소간격으로 설치한다고 할 때, 하루 전력사용비용은 얼마인가? (단, 산책로의 양끝에는 가로등을 반드시 설치한다.)

① 3,086,000원　　② 3,087,000원
③ 3,088,000원　　④ 3,089,000원

20 주어진 자료를 보고 물음에 답하시오.

▶ 타이어 치수 및 호칭 표기법

205	55	R	16	91	V
단면폭	편평비	레이디얼	림내경	하중지수	속도계수

① 단면폭 : 타이어가 지면에 닿는 부분(mm)

② 편평비 : 타이어 단면의 폭에 대한 높이의 비율로서 시리즈라고도 한다. 과거에는 주로 100(높이와 폭이 같음)이었으나 점차 70, 60, 50, 40 등으로 낮아지고 있다. 고성능 타이어일수록 단면높이가 낮아진다. 편평비가 낮으면 고속주행시 안정감이 높고, 편평비가 높을수록 승차감이 좋지만 안정감이 떨어진다.

$$편평비(\%) = \frac{단면높이(H)}{단면폭(W)} \times 100$$

③ 레이디얼구조

Z : 방향성 및 고속 주행 타이어

R : 레이디얼 타이어

④ 림내경 : 타이어 내경(인치)

⑤ 하중지수 : 타이어 1개가 최대로 지탱할 수 있는 무게

하중지수	kg	하중지수	kg	하중지수	kg	하중지수	kg
62	265	72	355	82	475	92	630
63	272	73	365	83	487	93	650
64	280	74	375	84	500	94	670
65	290	75	387	85	515	95	690
66	300	76	400	86	530	96	710
67	307	77	412	87	545	97	730
68	315	78	425	88	560	98	750
69	325	79	437	89	580	99	775
70	335	80	450	90	600	100	800
71	345	81	462	91	615	101	825

⑥ 속도기호 : 타이어의 최대속도를 표시하는 기호를 말하며 속도기호에 상응하는 속도는 아래 표와 같다.

속도기호	Q	S	H	V	W	Y
속도(km/h)	160	180	210	240	270	300

다음과 같은 차량의 제원을 고려하여 타이어를 구매하려고 할 때, 구매해야 될 타이어 규격으로 적당한 것은?

차량 최대 속도	250km/h
휠 사이즈	20inch
최적 편평비	50
공차중량	2,320kg

① 225/55/ZR 20 88 Y
② 245/50/ZR 20 94 W
③ 235/55/R 19 91 W
④ 단면폭이 230mm이고, 단면높이가 138mm인 타이어

21 **T회사에서 사원 김씨, 이씨, 정씨 3인을 대상으로 승진시험을 치렀다. 다음 〈보기〉에 따라 최고득점자 1명이 승진한다고 할 때 승진하는 사람은?**

〈보기〉

- T회사에서 김씨, 이씨, 정씨 세 명의 승진후보자가 시험을 보았으며, 상식은 20문제, 영어는 10문제가 출제되었다.
- 각 과목을 100점 만점으로 하되 상식은 정답을 맞힌 개수 당 5점씩, 틀린 개수 당 −3점씩을 부여하고, 영어의 경우 정답을 맞힌 개수 당 10점씩, 틀린 개수 당 −5점씩을 부여한다.
- 채점 방식에 따라 계산했을 때 100점 이하면 승진 대상자에서 탈락된다.
- 각 후보자들이 정답을 맞힌 문항의 개수는 다음과 같고, 그 이외의 문항은 모두 틀린 것이다.

	상식	영어
김씨	14	7
이씨	10	9
정씨	18	4

① 김씨
② 이씨
③ 정씨
④ 모두 탈락

22 **다음은 카지노를 경영하는 사업자에 대한 관광진흥개발기금 납부에 관한 규정이다. 카지노를 경영하는 甲은 연간 총매출액이 90억 원이며 기한 내 납부금으로 4억 원만을 납부했다. 다음 규정에 따를 경우 甲의 체납된 납부금에 대한 가산금은 얼마인가?**

카지노를 경영하는 사업자는 아래의 징수비율에 해당하는 납부금을 '관광진흥개발기금'에 내야 한다. 만일 납부기한까지 납부금을 내지 않으면, 체납된 납부금에 대해서 100분의 3에 해당하는 가산금이 1회에 한하여 부과된다(다만, 가산금에 대한 연체료는 없다).

〈납부금 징수비율〉

- 연간 총매출액이 10억 원 이하인 경우 : 총매출액의 100분의 1
- 연간 총매출액이 10억 원을 초과하고 100억 원 이하인 경우 : 1천만 원+(총매출액 중 10억 원을 초과하는 금액의 100분의 5)
- 연간 총매출액이 100억 원을 초과하는 경우 : 4억 6천만 원+(총매출액 중 100억 원을 초과하는 금액의 100분의 10)

① 30만 원　　② 90만 원
③ 160만 원　　④ 180만 원

23 A모직은 4~50대를 대상으로 하는 맞춤 수제정장을 주력 상품으로 판매하고 있다. 다음은 2~30대 청년층을 대상으로 하는 캐주얼 정장 시장에 진입을 시도해보자는 안건으로 진행된 회의 내용을 3C 분석표로 나타낸 것이다. 표를 보고 A모직에서 결정할 수 있는 사항으로 가장 옳지 않은 것은?

구분	내용
고객/시장(Customer)	• 시니어 정장 시장은 정체 및 감소되는 추세이다. • 캐주얼 정장 시장은 매년 급성장 중이다. • 청년들도 기성복이 아닌 맞춤 수제정장을 찾는 경우가 있다.
경쟁사(Competitor)	• 2~30대 캐주얼 정장 시장으로 진출할 경우 경쟁사는 외국 캐주얼 정장 기업, 캐주얼 전문 기업 등의 의류 기업 등이 포함된다. • 이미 대기업들의 캐주얼 정장시장은 브랜드 인지도, 유통, 생산 등에서 차별화된 경쟁력을 갖고 있다. • 또한 공장 대량생산화를 통해 저렴한 가격으로 제품을 판매하고 있으며 스마트시대에 따른 디지털마케팅을 구사하고 있다.
자사(Company)	• 디지털마케팅 역량이 미흡하고, 신규 시장 진출 시 막대한 마케팅 비용이 들 것으로 예상된다. • 기존 시니어 정장에 대한 이미지를 탈피하기 위한 노력이 필요하다. • 오래도록 품질 좋은 수제 정장을 만들던 기술력을 보유하고 있다.

① 2~30대를 대상으로 맞춤 수제정장에 대한 설문조사를 진행한다.
② 경쟁사의 전략이 막강하고 자사의 자원과 역량은 부족하므로 진출하지 않는 것이 바람직하다.
③ 청년들도 맞춤 수제정장을 찾는 수가 많아지고 있으므로 소비되는 마케팅 비용보다 새로운 시장에서의 수입이 더 클 것으로 전망된다.
④ 대량생산되는 기성복과의 차별화를 부각시킬 수 있는 방안을 생각한다.

[24~25] 지현씨는 A기업의 기획업무부 신입사원으로 입사했다. 전화를 쓸 일이 많아 선임 기찬씨에게 다음과 같은 부서 연락망을 받았다. 연락망을 보고 물음에 답하시오.

기획팀(대표번호 : 1220)		지원팀(대표번호 : 2220)		영업팀(대표번호 : 3220)	
고길동 팀장	1200	전지효 팀장	2200	한기웅 팀장	3200
최유식 대리	1210	김효미	2222	허수연 대리	3210
이나리	1222	이탄	2221	최한수	3220
이기찬	1221	박효숙	2220		
김지현	1220				

〈전화기 사용법〉

- 당겨받기 : 수화기 들고 #버튼 두 번
- 사내통화 : 내선번호
- 외부통화 : 수화기 들고 9버튼+외부번호
- 돌려주기 : 플래시버튼+내선번호+연결 확인 후 끊기
- 외부 전화 받았을 때 : "감사합니다. 고객에게 사랑받는 A기업, ○○팀 ○○○입니다. 무엇을 도와드릴까요."
- 내부 전화 받았을 때 : "네, ○○팀 ○○○입니다."

24 **부서 연락망을 보던 중 지현씨는 다음과 같은 규칙을 찾았다. 옳지 않은 것은?**

① 첫째 자리 번호 : 팀 코드
② 둘째 자리 번호 : 부서 코드
③ 셋째 자리 번호 : 회사 코드
④ 넷째 자리 번호 : 사원 구분 코드

25 **지현씨는 기찬씨에게 걸려온 외부 전화가 자리를 비운 최유식 대리님에게 걸려온 전화가 울리는 것으로 착각하고 전화를 당겨 받았다. 다음 중 지현씨가 해야 할 것으로 가장 적절한 것은?**

① #버튼을 두 번 누른 후 기찬씨의 내선번호를 눌러 연결한다.
② 수화기를 든 채로 기찬씨의 내선번호를 눌러 연결한다.
③ 플래시 버튼을 누른 후 기찬씨의 내선번호를 눌러 연결한다.
④ 9버튼을 누른 후 기찬씨의 내선번호를 눌러 연결한다.

26 설리, 수지, 지은, 지연이가 면접장에 입장한 순서를 파악하였더니 다음과 같은 사항을 알게 되었다. 다음 중 네 번째로 면접장에 참석한 사람은 누구인가?

- 설리보다 일찍 온 사람은 두 명이다.
- 지은보다 지연이가 일찍 도착했다.
- 설리는 수지보다 늦게 도착했다.

① 지연　② 수지
③ 지은　④ 설리

27 다음은 B기업 집단 토론 면접상황이다. 다음 중 한 팀이 될 수 있는 사람들은 누구인가?

- A, B, C, D, E, F의 여섯 명의 신입사원들이 있다.
- 신입사원들은 모두 두 팀 중 한 팀에 속해야 한다.
- 한 팀에 3명씩 두 팀으로 나눠야 한다.
- A와 B는 한 팀이 될 수 없다.
- E는 C 또는 F와 한 팀이 되어야 한다.

① A, B, F　② A, C, E
③ A, C, F　④ B, D, E

[28~30] 다음 지문을 읽고 주어진 질문의 답을 고르시오.

당신은 사내교육을 마치고 배치를 받은 신입사원으로 외근을 하며 들러야 할 지점은 다음과 같다. 금일 내로 아래 목록의 업체에 모두 방문해야 하는데 교통수단으로는 지하철을 타고 이동하고, 지하철로 한 정거장을 이동할 때는 3분이 소요된다. 환승할 경우 환승하는 시간은 10분이다. 또한 한 정거장을 이동할 때마다 요금은 1,000원이 소요되고 환승할 경우 추가 요금은 없다.

• 방문할 업체

a. 인쇄소
  주소 : 경기도 안양시 만안구 경수대로 1267
  연락처 : 1633-xxxx

b. 마트
  주소 : 경기도 안산시 단원구 연수원로 104-14
  연락처 : 031-361-xxxx

c. 출판사
  주소 : 인천광역시 남동구 예술로 149
  연락처 : 032-312-xxxx

d. 증권사
  주소 : 경기도 수원시 장안구 율전로 113
  연락처 : 031-169-xxxx

e. 연구소
  주소 : 경기도 부천시 소사구 경인로 1185번길 27
  연락처 : 031-954-xxxx

f. 본사
  주소 : 인천광역시 연수구 선학로 19
  연락처 : 032-823-xxxx

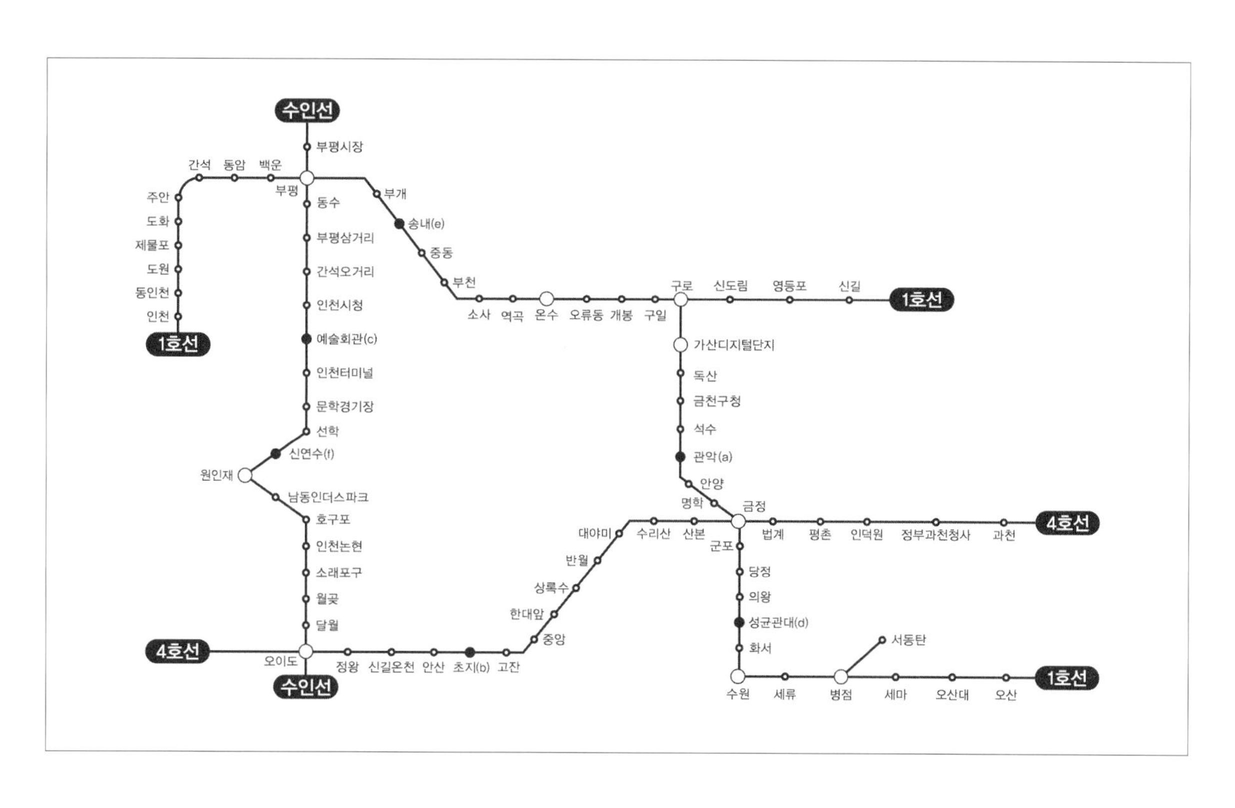

28 당신은 과천역에서 9시 30분에 출발하여 먼저 f 본사에 들러 서류를 받은 후 e 연구소에 전달해야 한다. 이동마다 소요시간을 고려할 때 가장 효율적으로 이동할 수 있는 순서를 고르시오.

① f − e − b − d − c − a
② f − e − c − b − a − d
③ f − e − c − a − b − d
④ f − e − b − c − d − a

29 부천역에서부터 개봉역까지 사고로 인하여 1호선으로 해당구간 이동이 불가능한 상황이다. 그런데 b 마트에 방문하여 인쇄할 원본을 받아서 a 인쇄소로 이동하였다가, 인쇄물을 보고 c 출판사에서 수정방향을 검토하기로 했다. b에서 출발하여 c에서 퇴근한다면, 이 구간을 이동할 때 최소 몇 분이 소요되겠는가?

① 153분
② 152분
③ 151분
④ 150분

30 당신이 b 마트에서 출발하여 a 인쇄소를 거쳐 c 출판사에서 퇴근할 경우 지하철 비용은 최소 얼마인가? (단, 전 구간 이동이 가능하다)

① 31,000원
② 32,000원
③ 33,000원
④ 34,000원

31 G무역회사에 근무하고 있는 김대리는 지금 하고 있는 일에 너무 익숙해져버려서 뭔가 변화를 주어야겠다는 느낌을 받고 자기개발을 하려고 한다. 김대리는 일본과의 무역에서 기초적인 일본어 회화가 가능하지만, 고급 일본어를 구사하고 싶어 일본어를 공부하기로 마음 먹었다. 다음은 김대리가 목표와 계획을 작성해 본 것이다. 이를 본 김대리의 상사인 장과장의 반응으로 옳지 않은 것은?

〈자기개발 계획〉

- 목표 : 고급 일본어회화 공부하기
- 계획 : 일주일에 3일 고급 일본어 수강하기
- 방법 : 퇴근하고 화, 목, 토요일 저녁 8~9시에 I학원 고급 일본어를 수강한다.

〈I학원 수강일정표〉

시간	월	화	수	목	금	토
07:00~08:00	고급 일본어	초급 중국어	고급 일본어	초급 중국어	고급 일본어	초급 중국어
20:00~21:00	초급 중국어	고급 일본어	초급 중국어	고급 일본어	초급 중국어	고급 일본어

① 목표를 장 · 단기로 나눠서 구체적으로 정하는 것이 더 좋을 거 같은데.
② 우리 회사의 특성상 야근이 많을 수 있으므로 퇴근 후 보다는 퇴근 전에 학원을 가는 것이 좋지 않겠나?
③ 김대리는 일본어 기본적인 대화는 가능하니까, 이참에 중국어를 배워보는 것이 어떻겠나?
④ 자기개발은 현재의 직무를 고려해야 하는 것인데 현재의 직무를 고려하지 않은 것이 흠이구려.

32 ○○회사에 같이 입사한 신입사원 M씨와 N씨가 있다. M씨는 이 회사에 들어온 것에 대해 만족하고 자기 적성과도 잘 맞는 것 같다며 즐겁게 일하고 있다. 반면 N씨는 자신의 흥미와 적성과는 맞지 않는다는 생각이 자꾸 들어서 그만둬야 하나 망설이고 있다. 이에 대해 M씨는 어렵게 들어온 회사인데 급하게 결정하는 것보다는 상황과 업무에 맞춰 흥미나 적성을 개발하는 노력을 해보라고 타이르고 있다. M씨가 알려준 노력으로 옳지 않은 것은?

① '나는 지금 주어진 일이 적성에 맞는다'라고 자기 암시를 해보세요.
② 자신이 맡은 일이 현재 잘할 수 있는 일이 아니라고 판단된다면 상사에게 다른 일을 달라고 하세요.
③ 일을 할 때에 너무 큰 단위보다는 작은 단위로 조금씩 성취감을 느껴보세요.
④ 흥미와 적성을 개발하기 위해서 문화와 풍토에 대한 이해를 바탕으로 이를 활용해보세요.

33 다음 중 자기개발을 하게 된 이유가 다른 나머지 한 명은 누구인가?

① 생산부서에서 근무하던 K씨는 갑작스럽게 관리부서로 이동되었다. 컴퓨터를 잘 다룰 줄 몰랐던 K씨는 컴퓨터를 배우기 시작했다.
② 무역회사에 다니는 S씨는 일본어에 능통하였으나, 최근 중국과의 교역이 많아지면서 중국어를 배우기 시작했다.
③ 디자인팀에서 일하는 J씨는 보통 일러스트로 작업하지만, 켈리그라피에 관심이 생겨 학원에 다니기 시작했다.
④ 인사부에서 근무하는 A과장은 승진적체로 인해 승진을 못하고 있자, 자기만의 능력을 개발하려고 계획을 세우고 있다.

34 입사 10년차인 입사동기 O과장과 C과장이 있다. O과장은 묵묵히 자기가 맡은 일을 하는 편이고, 자기개발도 열심히 하고 있어 일에 관련된 자격증도 취득하기도 하고 외국어 공부를 위해 학원도 다니고 있다. O과장은 C과장에 비해 능력이 모자란 것도 아닌데, 회사 내에서는 C과장의 능력이 우수한 것만 부각되고 있다. 이에 대해 O과장은 자기 PR을 하지 않으면 사람들이 자기를 알아봐 주지 않는다는 것을 깨닫고 자기 브랜드를 PR하기로 하였다. 그가 취한 행동으로 옳지 않은 것은?

① 소셜 네트워크를 활용하여 자기 자신을 표현한다.
② 자기 자신에 대한 긍정적인 말을 전하는 지지자를 확보하여 인간관계를 잘 관리한다.
③ 자신의 이름이 박힌 전형적인 명함을 만들어서 자신을 PR한다.
④ 자신의 전문적인 능력이나 경력개발을 나타낼 수 있는 경력 포트폴리오를 만든다.

35 △△회사의 인사부 J부장은 신입사원을 모아놓고 교육시키고 있는 중이다. 자기개발의 필요성에 대한 교육을 하던 중 신입사원 A씨는 왜 자기개발을 해야 하는지 모르겠다며 자기개발이 왜 필요한지에 대해 묻고 있다. 이에 대한 J부장의 대답으로 옳지 않은 것은?

① 자기개발은 업무의 성과를 향상시키기 위해서 필요합니다.
② 자기개발은 개인적인 목표보다는 조직적인 목표를 달성하기 위해서 필요합니다.
③ 자기개발은 개인적으로 보람된 삶을 영위하기 위해서 필요합니다.
④ 자기개발은 변화하는 환경에 적응하기 위해서 필요합니다.

36 직장인들이 많은 업무스트레스에 시달리고 있는 상황에서 감정을 통제하고 긍정적인 마음을 가지는 것도 자기관리의 일부로 볼 수 있다. 다음 중 부정적인 사고를 긍정적인 사고로 바꾼 것으로 알맞지 않은 사람은?

① L씨 : 상사가 불공평하게 나만 업무가 어려운 걸 분배해 주는 것 같아 → 내가 능력이 있어서 나를 신뢰해서 그러는 걸 거야.
② S씨 : 상사가 너무 잔소리를 많이 해 → 나를 성장시키고 싶은 마음에서 그러는 걸 거야. 업무적으로 많이 배워서 얼른 성장해야겠어.
③ T씨 : 상사가 야근을 너무 많이 시키는 것 같아 → 야근을 통해 업무 경험도 늘어나고 내 능력이 더 신장될 수 있는 기회이기도 하고 야근 수당도 받으니까 좋아.
④ J씨 : 상사가 자기만 열심히 하면 되지 하부직원들을 귀찮게 해 → 나는 경력만 채우면 이직할거니까 상관없어. 조금만 참으면 돼.

37 다음 사례에서 D부장의 행동에 대한 판단으로 옳지 않은 것은?

> 소규모 출판회사의 사장은 오늘 D부장을 불러 새로운 제안을 했다. 소규모 출판회사 간부들만 모이는 소모임이 있는데 그 소모임의 회장 자리를 맡아 달라는 것이었다. D부장은 갑작스러운 제안에 생각해보겠다고 하였으나, 사장은 'D부장은 충분히 할 수 있는 일이야. 하는 일도 별로 없고 소모임 가지는 날에만 조금 신경 써주면 돼' 라며 회장을 맡아달라고 거듭 부탁하는 것이었다. D부장은 사장이 부탁하는 일이라 거절하기가 어려워 그 회장 자리에 대해 알아보지도 않고 하겠다고 하였다. 며칠이 지나서야 D부장은 사실은 그 자리가 소모임 주최할 때 식당 예약도 해야 하고 소모임 홍보뿐만 아니라 모임에 참가하는 간부들에게 연락하는 등 해야 할 일이 많음을 알게 되었다. 그때야 D부장은 이 자리를 받아들인 것에 대해서 후회를 하기 시작하였다.

① D부장은 사장과의 관계를 생각해서 거절하지 못한 걸 거야.
② D부장은 정확한 정보 없이 내린 결정에 대해 후회하고 있어.
③ D부장은 그 결정으로 초래되는 결과를 예상해보지도 않고 결정을 해버렸어.
④ D부장은 이른 시간 안에 합리적인 의사결정을 했다고 봐.

38 민원 관련하여 공공기관 방문이 많은 △△부서에 일하고 있는 C씨는 실장의 지시가 있으면 구청을 방문하곤 한다. 오늘도 어김없이 구청을 방문하고 복귀하는데 회사에 거의 다 온 시점에 실장으로부터 전화가 왔다. 실장이 말하길 '아까 지시 못한 일이 있는데 검찰청에 들러서 일을 처리하고 오라'고 하는 것이었다. C씨는 구청 근처에 검찰청이 있었기 때문에 다시 돌아가는 수밖에 없었고 C씨는 짜증이 났다. 오늘 뿐만 아니라 여태까지 실장이 일을 지시하는 방법은 이러했기 때문이다. 실장이 개선해야 하는 행동은?

① 직원이 창의적인 사고를 가질 수 있도록 다른 사람과 다른 방식으로 지시해야 한다.
② 직원에게 지시하지 말고 실장이 직접 구청과 검찰청에 방문해야 한다.
③ 비슷한 업무가 있을 때에는 한 번에 처리하도록 지시하여 다시 같은 곳을 반복해서 가지 않도록 해야 한다.
④ 회사와 팀의 업무 지침을 무시하지 말고 따르도록 해야 한다.

39 다음 사례에서 목표 달성에 실패하지 않으려면 Y씨에게 필요한 것은 무엇인가?

> Y씨는 최근 외국과의 거래가 많아지면서 영어를 공부하기로 결심하고선 퇴근 후에 회사 앞에 있는 학원에서 1시간 동안 영어회화 강의를 수강하기로 하였다. 처음 일주일은 학원을 잘 다녔으나 어느 날은 쉬고 싶은 마음에 학원을 안 가기도 하고, 직장 동료들이 함께 밥을 먹자는 제안에 동료들과 친해지고 싶은 마음에 학원을 안 가기도 하였다. 그러다 보니 Y씨의 목표는 흐지부지되고 말았다.

① 시간 분배
② 인간의 욕구와 감정 통제
③ 문화적인 장애 극복
④ 리더십 개발

40 R회사의 입사동기인 G대리와 K대리는 입사 7년차이다. G대리와 K대리 중에서 전반적인 능력을 평가해 과장으로 승진시킨다는 말을 들은 G대리는 '지피지기(知彼知己)면 백전백승(百戰百勝)'을 떠올리며 자기 자아를 인식하려고 한다. 다음은 G대리가 자아를 내면적 자아와 외면적 자아로 나눈 것이다. 내면적 자아의 괄호 안에 들어갈 내용으로 알맞지 않은 것은?

구분	내용
내면적 자아	• 자신의 내면을 구성하는 요소 • 측정하기 어려운 특징을 가짐 • ( ), ( ), ( ), ( ) 등
외면적 자아	• 자신의 외면을 구성하는 요소 • ( ), ( ) 등

① 가치관
② 흥미
③ 성격
④ 나이

41 다음 상황에서 총 순이익 200억 중에 Y사가 150억을 분배 받았다면 Y사의 연구개발비는 얼마인가?

X사와 Y사는 신제품을 공동개발하여 판매한 총 순이익을 다음과 같은 기준에 의해 분배하기로 약정하였다.

- 1번째 기준 : X사와 Y사는 총 순이익에서 각 회사 제조원가의 10%에 해당하는 금액을 우선 각자 분배 받는다.
- 2번째 기준 : 총 순수익에서 위의 1번째 기준에 의해 분배 받은 금액을 제외한 나머지 금액에 대한 분배는 각 회사가 연구개발을 지출한 비용에 비례하여 분배액을 정한다.

〈신제품 개발과 판례에 따른 연구개발비용과 총 순이익〉

(단위 : 억 원)

구분	X사	Y사
제조원가	200	600
연구개발비	100	(　　)
총 순이익	200	

① 200억 원　② 250억 원

③ 300억 원　④ 350억 원

[42~43] D회사에서는 1년에 1명을 선발하여 해외연수를 보내주는 제도가 있다. 김부장, 최과장, 오과장, 홍대리 4명이 지원한 가운데 〈선발 기준〉과 〈지원자 현황〉은 다음과 같다. 다음을 보고 물음에 답하시오.

〈선발 기준〉

구분	점수	비고
외국어 성적	50점	
근무 경력	20점	15년 이상이 만점 대비 100%, 10년 이상 15년 미만이 70%, 10년 미만이 50%이다. 단, 근무경력이 최소 5년 이상인 자만 선발 자격이 있다.
근무 성적	10점	
포상	20점	3회 이상이 만점 대비 100%, 1~2회가 50%, 0회가 0%이다.
계	100점	

〈지원자 현황〉

구분	김부장	최과장	오과장	홍대리
근무 경력	30년	20년	10년	3년
포상	2회	4회	0회	5회

※ 외국어 성적은 김부장과 최과장이 만점 대비 50%이고, 오과장이 80%, 홍대리가 100%이다.

※ 근무 성적은 최과장이 만점이고, 김부장, 오과장, 홍대리는 만점 대비 90%이다.

42 위의 선발기준과 지원자 현황에 따를 때 가장 높은 점수를 받은 사람이 선발된다면 선발되는 사람은?

① 김부장
② 최과장
③ 오과장
④ 홍대리

43 회사 규정의 변경으로 인해 선발기준이 다음과 같이 변경되었다면, 새로운 선발기준 하에서 선발되는 사람은? (단, 가장 높은 점수를 받은 사람이 선발된다)

구분	점수	비고
외국어 성적	40점	
근무 경력	40점	30년 이상이 만점 대비 100%, 20년 이상 30년 미만이 70%, 20년 미만이 50%이다. 단, 근무경력이 최소 5년 이상인 자만 선발 자격이 있다.
근무 성적	10점	
포상	10점	3회 이상이 만점 대비 100%, 1~2회가 50%, 0회가 0%이다.
계	100점	

① 김부장
② 최과장
③ 오과장
④ 홍대리

44 다음은 특정 시점 우리나라의 주택유형별 매매가격 대비 전세가격 비율을 나타낸 도표이다. 다음 자료에 대한 올바른 설명을 〈보기〉에서 모두 고른 것은 어느 것인가? (비교하는 모든 주택들은 동일 크기와 입지조건이라고 가정함)

(단위 : %)

구분	전국	수도권	지방
종합	65	68	65
아파트	75	74	75
연립주택	66	65	69
단독주택	48	50	46

〈보기〉

(가) 수도권의 아파트가 지방의 아파트보다 20% 높은 매매가이고 A평형 지방의 아파트가 2.5억 원일 경우, 두 곳의 전세가 차이는 2천만 원이 넘는다.
(나) 연립주택은 수도권이, 단독주택은 지방이 매매가 대비 전세가가 더 낮다.
(다) '종합'의 수치는 각각 세 가지 유형 주택의 전세가 지수의 평균값이다.
(라) 수도권의 연립주택이 지방의 연립주택보다 20% 높은 매매가이고 A평형 지방의 연립주택이 2억 원일 경우, 두 곳의 전세가 차이는 2천만 원이 넘지 않는다.

① (나), (다), (라)
② (가), (나), (라)
③ (가), (다), (라)
④ (가), (나), (다)

45 다음 사례에 대한 분석으로 옳은 것은?

프리랜서로 일하고 있는 갑순이는 컴퓨터로 작업을 하고 있다. 수입은 시간당 7천 원이고 작업하는 시간에 따라 '피로도'라는 비용이 든다. 갑순이가 하루에 작업하는 시간과 그에 따른 수입(편익) 및 피로도(비용)의 정도를 각각 금액으로 환산하며 다음과 같다.

(단위 : 원)

시간	3	4	5	6	7
총 편익	21,000	28,000	35,000	42,000	49,000
총 비용	13,000	18,000	24,000	28,000	37,000

* 순편익=총 편익-총 비용

① 갑순이는 하루에 7시간 일하는 것이 가장 합리적이다.
② 갑순이가 1시간 더 일할 때마다 추가로 발생하는 비용은 일정하다.
③ 갑순이는 프리랜서로 하루에 최대로 얻을 수 있는 순편익이 14,000원이다.
④ 갑순이가 1시간 더 일할 때마다 추가로 발생하는 편익은 증가한다.

46 다음은 직장인 도씨가 작성한 보고서의 일부이다. 보기를 참고하여 각 투자유형과 사례가 알맞게 연결된 것은?

〈해외 투자의 유형별 목적과 사례〉

투자유형	투자목적	사례
자원개발형	광물, 에너지 등의 천연자원과 농산물의 안정적인 공급원 확보	
시장확보형	규모가 큰 시장 진출 및 빠르게 성장하는 시장 선점	
비용절감형	국내 생산으로는 가격 경쟁력이 낮은 제품의 해외 생산을 통한 비용 절감	
습득형	기업 인수, 경영 참가 등을 통한 생산 기술 및 마케팅 전문성 습득	

〈보기〉

(가) ▽▽기업은 값싼 노동력을 확보하기 위해 동남아시아에 생산 공장을 설립하였다.
(나) ○○기업은 우주개발 연구를 위해 미국에 연구소를 설립하였다.
(다) △△기업은 중국의 희토류 광산 개발에 투자하였다.
(라) ◁▷기업은 우리나라가 유럽연합과 FTA를 체결하자 유럽 각국에 스마트폰 공장을 설립하였다.

	자원개발형	시장확보형	비용절감형	습득형
①	(가)	(나)	(다)	(라)
②	(다)	(라)	(가)	(나)
③	(나)	(다)	(라)	(가)
④	(라)	(가)	(나)	(다)

47 F회사에 입사한지 3개월이 된 사원 A씨는 주어진 일에 대해 우선순위 없이 닥치는 대로 행하고 있다. 그렇다 보니 중요하지 않은 일을 먼저 하기도 해서 상사로부터 꾸중을 들었다. 그런 A씨에게 L대리는 업무를 시간관리 매트릭스에 따라 4단계로 구분해보라고 조언을 하였다. 다음은 〈시간관리 매트릭스〉와 A씨가 해야 할 일들이다. 연결이 잘못 짝지어진 것은?

〈시간관리 매트릭스〉

	긴급함	긴급하지 않음
중요함	제1사분면	제2사분면
중요하지 않음	제3사분면	제4사분면

〈A씨가 해야 할 일〉

㉠ 어제 못 본 드라마보기
㉡ 마감이 정해진 프로젝트
㉢ 인간관계 구축하기
㉣ 업무 보고서 작성하기
㉤ 회의하기
㉥ 자기개발하기
㉦ 상사에게 급한 질문하기

① 제1사분면 : ㉡, ㉦
② 제2사분면 : ㉢, ㉥
③ 제3사분면 : ㉣, ㉤
④ 제4사분면 : ㉠

[48~49] 다음은 W기업의 신입사원 채용 공고이다. 매뉴얼을 보고 물음에 답하시오.

신입사원 채용 공고

• 부서별 인원 TO

기획팀	HR팀	재무팀	총무팀	해외사업팀	영업팀
0	1	2	2	3	1

• 공통 요건
1. 지원자의 지원부서 외 타부서에서의 채용 불가
2. 학점 3.8 이상 / TOEIC 890 이상 우대
3. 4년제 수도권 대학 졸업 우대

• 부서별 요건
1. 해외사업팀 – 3개 국어 가능자
2. 영업팀 – 운전가능자

48 다음 신입사원 채용 매뉴얼로 보아 입사가능성이 가장 높은 사람은?

	이름	지원부서	학점	TOEIC	외국어 회화	운전면허
①	정재형	기획팀	4.3	910	프랑스어	무
②	이적	영업팀	3.9	830	영어, 이탈리아어	무
③	김동률	해외사업팀	4.1	900	독일어	유
④	유희열	총무팀	4.0	890	일본어, 중국어	무

49 다음 보기의 내용 중 적절하지 않은 것을 고르면?

① W기업은 올해 총 9명의 신입사원을 채용할 계획이다.
② TOEIC 890 이하인 지원자는 입사가 불가하다.
③ 가장 TO가 많은 부서는 해외사업팀이다.
④ 공통요건에 해당하더라도 지원부서의 요건에 맞지 아니하면 합격이 불가하다.

50 다음은 S공사의 지역본부 간 인사이동과 관련된 자료이다. 이에 대한 〈보고서〉의 내용 중 옳지 않은 것은?

〈2015년 직원 인사이동 현황〉

전출 \ 전입	A지역본부	B지역본부	C지역본부	D지역본부
A지역본부		190명	145명	390명
B지역본부	123명		302명	260명
C지역본부	165명	185명		110명
D지역본부	310명	220명	130명	

※ 인사이동은 A~D지역본부 간에서만 이루어진다.

※ 2015년 인사이동은 2015년 1월 1일부터 12월 31일까지 발생하며 동일 직원의 인사이동은 최대 1회로 제한된다.

※ 위 표에서 190은 A지역본부에서 B지역본부로 인사이동하였음을 의미한다.

〈2015~2016년 지역본부별 직원 수〉

지역본부 \ 연도	2015년	2016년
A지역본부	3,232명	3,105명
B지역본부	3,120명	3,030명
C지역본부	2,931명	(　　)명
D지역본부	3,080명	(　　)명

※ 직원 수는 매년 1월 1일 0시를 기준으로 한다.

※ 직원 수는 인사이동에 의해서만 변하며, 신규로 채용되거나 퇴사한 직원은 없다.

〈보고서〉

S공사의 지역본부 간 인사이동을 파악하기 위해 2015년의 전입·전출을 분석한 결과 총 2,530명이 근무지를 이동한 것으로 파악되었다. S공사의 4개 지역본부 가운데 ① 전출직원 수가 가장 많은 지역본부는 A이다. 반면, ② 전입직원 수가 가장 많은 지역본부는 A, B, D로부터 총 577명이 전입한 C이다. 2015년 인사이동 결과, ③ 2016년 직원이 가장 많은 지역본부는 D이며, ④ 2015년과 2016년의 직원 수 차이가 가장 큰 지역본부는 A이다.

51 다음 각 사례에서 甲, 乙, 丙, 丁의 대인관계 향상 방법으로 올바르게 짝지은 것은?

〈사례 1〉

생산팀의 팀장인 甲은 어느 날 그의 팀원 중 한 명인 A의 셔츠가 많이 해졌다는 사실을 발견했다. 그러고 보니 A는 평소 과중한 업무로 인해 야근을 밥 먹듯이 했으며 집에서 옷 한 번 제대로 갈아입고 온 적이 없었다. 이러한 사실을 알게 되자 甲은 A에게 새 셔츠를 하나 선물하며 오늘은 집에 일찍 가서 푹 쉬라고 말하였다.

〈사례 2〉

乙은 어릴 때부터 부모로부터 지키지 못할 약속은 절대로 하지 말라는 말을 귀에 못이 박히도록 들어 그 말을 자신의 삶의 철학으로 삼게 되었고 스스로도 그것을 지키려고 많은 노력을 하였다. 하지만 그가 나이가 들어 직장생활을 하게 되면서 점점 사람들과 약속을 지키지 못하는 상황이 발생하게 되자 乙은 불가피할 경우 상대방에게 연락하여 자신의 상황을 자세하게 말하고 약속을 연기해 줄 것을 정중하게 부탁하였다.

〈사례 3〉

丙이 근무하는 인사팀은 최근 본사의 신입사원 채용과 관련하여 눈코 뜰 사이 없이 바쁜 하루를 보내고 있다. 그런데 어느 날 그의 팀원 중 한 명인 B가 출근을 하지 않고 월차를 쓴 것을 가지고 다른 팀원들이 수군대고 있는 것을 우연히 듣게 된 丙은 다른 팀원들에게 B의 아내가 오늘 출산을 하는 바람에 불가피하게 B가 병원에 가게 됐다며 이해를 해 줄것을 당부하였다.

〈사례 4〉

제약회사에서 부장으로 있는 丁은 지금까지 오랫동안 회사생활을 하면서 말과 행동이 일치하지 않아 대인관계에 실패한 동료들을 여럿 보면서 자신은 그와 같은 과오를 저지르지 않겠다고 다짐하였다. 그리하여 그는 말하기 전에 다시 한 번 생각하고 일단 한 번 내뱉은 말은 무슨 일이 있어도 행동으로 옮기려고 노력하였다. 그러자 직장동료들은 그를 신뢰하게 되었고 간혹 그가 잘못을 하여도 이해를 해주었다.

① 甲-언행일치
② 乙-사소한 일에 대한 관심
③ 丙-상대방에 대한 이해심
④ 丁-약속의 이행

52 다음 사례 중 불필요한 갈등에 해당하지 않는 것은?

(가) 은지는 주류회사인 진이슬의 회장 딸로 현재 본부장을 맡고 있다. 그녀는 이제 막 경영을 시작하였기 때문에 무엇보다도 자신의 존재를 회사 임직원들에게 알릴 필요가 있었다. 그래서 그녀는 이번에 젊은 층을 타겟으로 새로 출시되는 자몽향 맥주 프로젝트에 자신의 모든 것을 쏟았고 그 프로젝트가 성공하기 위해서는 어느 정도의 합성첨가물의 사용이 불가피하다는 것을 인지하였다. 하지만 오래 전부터 천연 그대로의 향을 지향해 온 그의 아버지 진회장은 합성첨가물의 사용은 절대 있을 수 없다고 강력하게 주의를 주었고 은지는 아버지 몰래 합성첨가물을 넣은 자몽향 맥주를 만들다가 이 사실이 알려지면서 본부장 자리에서 해임되었다.

(나) 중국은 예부터 협상이나 거래를 하는데 있어서 알게 모르게 관계와 연줄을 중시 여겼다. 이러한 관습은 현대까지 이어져 정원그룹은 이를 이용해 수많은 중국기업과 거래를 성사시켰고 그 결과 오늘날 국내 굴지의 기업으로 성장하였다. 강전무 또한 이렇게 성공하여 부하직원들에게도 중국과의 거래가 있으면 어느 정도의 관계와 연줄을 사용해도 무방하다고 늘 강조하였다. 하지만 허팀장은 시대가 시대인 만큼 이러한 관습이 언젠가 회사에 큰 위험으로 다가올 수 있기 때문에 근절되어야 한다고 주장하였고 급기야 감독기관에 알리겠다고 나섰다. 이렇게 강전무와 허팀장이 서로 싸우고 있는 사이 이러한 소문이 중국 기업에까지 흘러 들어가게 되자 기존에 거래를 해 오던 중국기업들도 잇달아 거래를 취소하였고 정원그룹은 막대한 손해를 입게 되었다. 그 결과 강전무는 지방으로 좌천되었고 허팀장은 회사를 그만두었다.

(다) U그룹의 노조에서 근로시간 개선을 요구하는 파업을 진행하고 있는 가운데 노사협의에서 노동자 측은 노동자들이 과도한 근로시간으로 인해 피로감이 쌓였고 그로 인해 성과가 저조함을 내세워 근로시간을 단축할 경우 효율성이 증대되어 일의 성과가 더 높을 수 있다고 주장하는 반면 사측은 오히려 현재 근로시간이 적기 때문에 성과가 없는 것이라며 근로시간을 연장할 경우 성과가 더 높아진다고 주장하였다. 이로 인해 노사협의는 타협을 이루지 못했고 장기간의 파업으로 인해 U그룹은 막대한 손해를 입게 되었다.

(라) W기업에 다니는 회사원 경록이는 최근 로또에 당첨되어 이 돈을 어떻게 사용해야 할 지 고민하고 있던 차에 직장동료인 준호의 말에 따라 이제 막 개발을 하기 시작한 동남아시아나 아프리카와 같은 개발도상국에 투자하기로 마음먹었다. 하지만 미국 연방준비이사회에서 조만간 미국 금리를 인상한다는 소문이 퍼지자 개발도상국에 투자하였던 많은 자금들이 미국으로 빠져나갔고 이 사실을 모르고 있던 경록이는 결국 개발도상국에 투자했던 돈을 모두 날려 막대한 손해를 입게 되었다. 이로 인해 경록이는 준호를 사기죄로 고소하였고 그 둘은 아직까지도 법정다툼을 하고 있다.

① (가)
② (나)
③ (다)
④ (라)

53 다음 사례들 중에서 갈등해결 방법으로 제시되지 않은 것은?

〈사례 1〉

어느 날 R건설회사에서 근무조건 개선에 대한 노사합의가 진행되고 있었다. 회사 측은 처음에는 노조에서 왜 근무조건 개선을 앞세워 파업을 했는지 이해를 할 수가 없었다. 오히려 자신들은 노동자들을 위해 사내에 여러 가지 복지시설들을 갖춰 놓고 마음껏 이용하라며 홍보까지 하고 있다. 하지만 노조 측은 자신들은 오전 7시에 출근해서 오후 6시까지 쉬는 시간이라곤 고작 점심시간 1시간과 중간 중간에 담배 태우는 시간 10분이 전부라고 하였다. 그러면서 사내에 비치된 여러 복지시설들은 노동자들을 위한 것이라기보다 회사 임직원들을 위한 것이라며 노동자들에게 실질적으로 필요한 개선책을 마련해 달라고 요구하였다. 그러면서 낡고 다 떨어진 보호 장구들을 내 놓았다. 이에 사측은 그들에게 필요한 보호 장구들을 새것으로 교체해 주고 중간 중간에 쉬는 시간도 조금씩 늘려주었다. 또한 위험한 작업을 하는 인부에게는 그에 맞은 위험수당을 추가로 지급하였다.

〈사례 2〉

O제약회사에 다니는 판매사원 기철은 자사의 이번 신제품이 암이나 뇌종양을 치료하는데 획기적인 제품이라는 것을 알고 있다. 따라서 이를 다른 외국으로 수출하기 위해 여러 나라의 바이어들을 만나 설득을 하고 있다. 하지만 외국 바이어들은 제약업계에서 많이 알려지지 않은 O제약회사의 신제품에 관심이 없었고 오히려 다른 경쟁사의 제품에 눈길을 돌렸다. 이에 기철은 외국 바이어들을 자신의 회사에 초대해 여러 관련 연구소들을 구경시키면서 제품의 생산과정을 직접 보여주었다. 또한 해당 제품을 이용하여 얻어낸 연구결과들을 제출하면서 제품에 대한 확신을 심어주자 외국 바이어들은 조금씩 마음이 움직였고 결국 O제약회사는 신제품을 해외로 수출하여 제약업계에 이름을 알렸다.

〈사례 3〉

Q기업에 다니는 공대리는 이번 인사에서 팀장으로 승진하면서 영업 3팀으로 발령을 받았다. 승진도 하였고 팀도 새로 바꾼 공팀장은 의욕이 충만해져 팀원들에게 많은 업무를 지시하였고 그만큼의 성과를 기대하였다. 하지만 팀원들은 이를 충족시키지 못했고 이로 인해 공팀장과 팀원들 간에는 보이지 않는 불협화음이 생기기 시작하였다. 그러던 어느 날 우연히 휴게실에서 팀원들끼리 얘기하는 것을 듣게 되었는데 그것은 공팀장에 대한 팀원들의 고충이었다. 이에 공팀장은 회식자리에서 먼저 팀원들에게 다가가 자신의 속마음을 전달하였다. 그러면서 자신의 솔직한 심정과 함께 팀원들에게 부족했던 자신에 대해 사과를 했고 팀원들 각자가 가지고 있는 불만과 고충을 허심탄회하게 얘기해 보라고 하였다. 처음에는 머뭇거리던 팀원들이 하나 둘 이야기를 시작하자 공팀장을 그것을 빠짐없이 메모하며 이러한 고충들을 개선해 나가겠다고 약속하였다. 그리고 다음 날부터 공팀장은 그 약속을 지켰고 이러한 팀장의 모습을 본 팀원들도 공팀장을 헌신적으로 돕기 시작하였다.

① 마음을 열어놓고 적극적으로 경청한다.
② 다른 사람들의 입장을 이해한다.
③ 논쟁하고 싶은 유혹을 떨쳐낸다.
④ 어려운 문제는 피하지 말고 맞선다.

54 다음 사례에서 팀워크에 도움이 안 되는 사람은 누구인가?

> ◎◎기업의 입사동기인 영재와 영초, 문식, 윤영은 이번에 처음으로 함께 프로젝트를 수행하게 되었다. 이는 이번에 나온 신제품에 대한 소비자들의 선호도를 조사하는 것으로 ◎◎기업에서 이들의 팀워크 능력을 알아보기 위한 일종의 시험이었다. 이 프로젝트에서 네 사람은 각자 자신이 잘 할 수 있는 능력을 살려 업무를 분담했는데 평소 말주변이 있고 사람들과 만나는 것을 좋아하는 영재는 직접 길거리로 나가 시민들을 대상으로 신제품에 대한 설문조사를 실시하였다. 그리고 어릴 때부터 일명 '천재소년'이라고 자타가 공인한 영초는 자신의 능력을 믿고 다른 사람들과는 따로 설문조사를 실시하였고 보고서를 작성하였다. 한편 대학에서 수학과를 나와 통계에 자신 있는 문식은 영재가 조사해 온 자료를 바탕으로 통계를 내기 시작하였고 마지막으로 꼼꼼한 윤영이가 깔끔하게 보고서를 작성하여 상사에게 제출하였다.

① 영재
② 영초
③ 문식
④ 윤영

55 다음 사례에 나오는 마부장의 리더십은 어떤 유형인가?

○○그룹의 마부장은 이번에 새로 보직 이동을 하면서 판매부서로 자리를 옮겼다. 그런데 판매부서는 ○○그룹에서도 알아주는 문제가 많은 부서 중에 한 곳으로 모두들 이곳으로 옮기기를 꺼려한다. 그런데 막상 이곳으로 온 마부장은 이곳 판매부서가 비록 직원이 3명밖에 없는 소규모의 부서이지만 세 명 모두가 각자 나름대로의 재능과 경험을 가지고 있고 단지 서로 화합과 협력이 부족하여 성과가 저조하게 나타났음을 깨달았다. 또한 이전 판매부장은 이를 간과한 채 오직 성과내기에 급급하여 직원들을 다그치기만 하자 팀 내 사기마저 떨어지게 된 것이다. 이에 마부장은 부원들의 단합을 위해 매주 등산 모임을 만들고 수시로 함께 식사를 하면서 많은 대화를 나눴다. 또한 각자의 능력을 살릴 수 있도록 업무를 분담해 주고 작은 성과라도 그에 맞는 보상을 해 주었다. 이렇게 한 달, 두 달이 지나자 판매부서의 성과는 눈에 띄게 높아졌으며 직원들의 사기 역시 높게 나타났다.

① 카리스마 리더십
② 독재자형 리더십
③ 변혁적 리더십
④ 거래적 리더십

56 다음 중 4가지 협상전략과 사례가 바르게 연결된 것은?

㉠ V기업은 소규모 중소기업으로 대기업인 L기업으로부터 물품을 구매해 되팔고 있다. 지금까지 V기업은 L기업으로부터 개당 5,000원에 물품을 구매해 왔는데 내년 1월부터 물품의 가격을 개당 5,500원으로 올리겠다고 공지를 보내왔다. 이에 V기업은 임직원 회의를 통해 L기업의 공지를 받아들이기로 하였다. 단기적으로 약간의 손해는 불가피하지만 장기적으로 봤을 때 L기업과의 관계가 더 중요했기 때문이다.

㉡ J그룹의 과장인 성근은 신제품 생산과 관련하여 K그룹과 부품가격에 대한 협상을 진행 중이다. 하지만 K그룹은 별 반응이 없었고 협상 자체에 큰 관심을 가지지 않는 듯 보였다. 그리고 성근 또한 많은 시간과 노력을 들여 K그룹과 협상을 할 이유가 없다고 생각하고 있었다. 이에 성근은 과감하게 K그룹과의 협상을 중단하고 다른 기업을 알아보았다.

㉢ T그룹은 오랜 경험과 지식을 바탕으로 최근 획기적인 전투기를 개발하였다. 스텔스 기능을 장착하여 적의 레이더에 걸리지 않으며 반대로 다중 레이더 시스템을 이용하여 먼 거리에서도 적의 물체를 식별할 수 있었다. 또한 정확한 물체 판별 시스템을 도입하여 수백 km 밖에서도 적의 주요 기지를 초토화시킬 수 있었다. 이러한 이유로 이 전투기는 현존하는 최고의 전투기로 손꼽히며 많은 나라에서 러브콜을 해 왔다. 그 중에는 B나라도 포함되어 있었고 T그룹은 B나라와 전투기 판매 협상을 가졌다. B나라는 비록 T그룹의 전투기가 좋은 전투기지만 T그룹이 너무 비싼 값을 부르고 있다고 생각하고 해당 가격에는 전투기 구입이 어렵다고 거절의사를 밝혔다. 하지만 T그룹은 B나라가 항상 내전과 쿠데타로 골머리를 앓아 왔다는 사실을 알고 정 그렇다면 상대편에게 전투기를 팔 수 밖에 없다고 엄포를 놓았다. 결국 T그룹은 비싼 가격을 받고 B나라에 전투기를 팔 수 있었다.

㉣ 북 · 남미 진출로 큰 재미를 본 O그룹은 이제 유럽 쪽으로 눈을 돌렸다. 유럽은 EU라는 시스템으로 인해 여러 나라가 하나의 나라처럼 경제가 통합되어 있다. 따라서 이곳 또한 북 · 남미 못지않게 경제적 규모에서 보면 큰 시장임을 O그룹은 알고 있다. 하지만 아직 유럽에서는 북 · 남미만큼 O그룹에 대한 인지도가 높은 편은 아니었다. 이에 O그룹은 유럽에서의 기업홍보 방안을 생각한 끝에 유럽에서는 축구가 인기 있는 스포츠임을 감안해 유명한 축구팀인 D팀에 스폰서 제의를 신청하였다. D팀은 우선 역사가 깊고, 현재 유럽의 여러 리그들 중 한 리그인 프리미어리그에서 매년 상위권에 오르며 많은 팬들을 확보하고 있다. 또한 유럽은 비록 여러 리그로 나뉘어져 있지만 각 리그별 상위팀들끼리 다시 경기를 치르는 여러 대회가 마련되어 있어 유럽 사람들은 1년 중 반년 이상을 축구경기를 보며 지낸다. 반면 D팀은 O그룹이라는 대기업의 후원으로 넉넉한 자금 확보는 물론 그만큼 좋은 선수들과 좋은 환경에서 경기를 치를 수 있게 되었다. 결국 O그룹은 D팀을 통해 보이지 않게 유럽 사람들에게 자사를 홍보하였으며 이로 인해 유럽에서의 매출 또한 상승하게 되었다.

	협력전략	유화전략	회피전략	강압전략
①	㉠	㉡	㉢	㉣
②	㉡	㉢	㉣	㉠
③	㉢	㉣	㉠	㉡
④	㉣	㉠	㉡	㉢

57 **다음 사례 중 동기유발의 방법으로 적절하지 않은 것은?**

㉠ J기업에서는 매년 신입직원들에게 1회에 한해 세 달간 집중적인 신입직원 교육을 시킨다.
㉡ F그룹에서는 성과가 좋은 직원이 있거나 회사에 큰 기여를 한 직원에게 추가 보너스와 함께 감사패를 전달하는 전통이 있다.
㉢ U기업의 우팀장은 팀원들이 어떤 문제에 직면하였을 때 항상 해결책은 여러 가지가 있으며 그 중에서 어떤 것은 '가장 나은 것'이고 또 어떤 것은 '가장 최선의 것'임을 인지시켜 팀원들이 다양한 해결책을 찾을 수 있도록 유도한다.
㉣ H그룹의 곽사장은 사내 새로운 분위기 전환을 위해 다양한 변화를 도입하였다. 매주 마니또를 하기도 하고 그룹 내규에 위반되지 않는 범위 내에서 복장 및 업무 시간의 자율화를 도입하였다.

① ㉠
② ㉡
③ ㉢
④ ㉣

58 **다음의 각 설명과 리더가 효과적인 변화관리를 하기 위한 세 가지 단계를 바르게 연결한 것은?**

㉠ 리더는 변화에 대처하려는 직원들을 어떻게 도울 것인가를 고민하기에 앞서 변화와 관련한 몇 가지 공통 기반을 마련하고 변화 과정에 어떤 것들이 있는지를 파악해야 한다. 그리고 변화의 실상을 정확하게 파악한 다음 익숙했던 것들을 버리는 데서 오는 감정과 심리적 상태를 어떻게 다룰 것인가에 대해 고민해야 한다.
㉡ 리더는 왜 변화가 일어나야 하는지를 직원들에게 상세하게 설명하고 변화를 위한 직원들의 노력에 아낌없이 지원해야 한다. 또한 부정적인 행동을 보이는 직원들에게는 개별 면담을 통해 늘 관심을 가지고 있다는 사실과 언제든지 대화를 나눌 준비가 되었음을 주지시키는 반면 변화에 스스로 대처하려는 직원들에게는 스스로 동기를 부여하도록 신념이 담긴 말을 해 줘야 한다. 그리고 시간을 내어 변화와 관련해 자주 논의하고 직원들이 자신의 생각이나 제안을 직접 말할 수 있는 분위기를 조성하는데 최선을 다해야 한다.
㉢ 리더는 직원들에게 변화와 관련된 상세한 정보를 제공하여 직원들 개개인이 스스로 변화를 직접 주도하고 있다는 마음이 들도록 이끌어야 한다.

	변화이해	변화인식	변화수용
①	㉢	㉠	㉡
②	㉡	㉠	㉢
③	㉢	㉡	㉠
④	㉠	㉢	㉡

59 상대방을 설득시키는 방법 중 호혜관계 형성 전략에 대한 설명으로 옳은 것은?

① 사람은 어떤 과학적 이론보다 자신의 동료나 이웃의 말이나 행동에 의해 쉽게 설득된다.
② 협상 당사자 간에 어떤 혜택들을 주고받은 관계가 형성되어 있으면 그 협상과정상의 갈등해결이 용이하다.
③ 협상과정상 갈등상태가 발생했을 때 갈등을 야기한 사람과 관리자를 연결하면 갈등해결이 용이해진다.
④ 협상 당사자들끼리 기대하는 바에 대해 일관성 있고 헌신적으로 부응하여 행동하면 협상과정상 갈등해결이 용이해진다.

60 다음은 고객 불만 처리 프로세스의 각 단계별 사례 중 일부이다. 다음 중 정보파악에 해당하는 사례는?

㉠ Y 고객센터에 근무하는 한용은 센터를 방문한 한 고객에게 나름대로 최선의 해결방법을 제시하여 주었지만 고객은 모두 거절하였다. 고객에 대한 최선의 해결방법을 찾기 어렵게 된 한용은 결국 고객에게 직접 어떻게 해주면 만족스러운지 물어보고 고객의 요구대로 문제를 해결해 주었다.
㉡ N 서비스센터에 어느 날 한 통의 전화가 걸려왔다. 그 전화는 며칠 전 N기업의 제품을 산 한 고객이 건 것으로 그는 해당 제품의 성능이 생각보다 좋지 못하다는 불만을 가지고 있었다. 이에 센터장인 윤영은 고객이 불만을 가진 상황에 대해 관심을 갖고 공감하면서 최대한 빠른 문제해결을 약속하였다.
㉢ E기업은 최근 발생한 고객 불만 사례를 메일 및 사내 게시판으로 회사 및 전 직원들에게 알려 동일한 문제가 다시 발생하지 않도록 각별히 주의시키고 특히 신입직원들에 대해서는 교육을 통해 다시 강조하였다.
㉣ 과자를 생산하고 있는 W그룹은 얼마 전 과자에서 이물질이 나온 것과 관련해 사회적으로 큰 이슈가 되자 홈페이지에 이와 관련한 문제에 대해 인정하고 잘못된 부분을 개선하겠다는 등의 사과문을 올렸다.

① ㉠ ② ㉡
③ ㉢ ④ ㉣

[61~62] 다음 자료는 O회사 창고에 있는 전자기기 코드 목록이다. 다음을 보고 물음에 답하시오.

BL－19－JAP－1C－1501	HA－07－PHI－3A－1402	BB－37－KOR－3B－1502
HA－32－KOR－2B－1409	CO－17－JAP－2A－1401	BB－37－PHI－1B－1502
MP－14－PHI－1A－1408	TA－18－CHA－2A－1411	CO－17－JAP－2A－1409
TA－18－CHA－2C－1503	BL－19－KOR－2B－1407	EA－22－CHA－3A－1412
MP－14－KOR－2B－1501	EA－22－CHA－3A－1409	EA－22－CHA－3A－1403
EA－22－CHA－2C－1402	TA－18－KOR－2B－1405	BL－19－JAP－1C－1505
EA－22－CHA－2B－1408	MP－14－KOR－2B－1405	CO－17－JAP－2A－1410
BB－37－CHA－1A－1408	BB－37－CHA－2A－1502	BB－37－KOR－2B－1502
BL－19－KOR－2B－1412	CO－17－JAP－2A－1411	TA－18－KOR－2B－1407
CO－17－JAP－2A－1412	EA－22－CHA－3A－1410	BB－37－PHI－1A－1408
TA－18－PHI－3B－1407	HA－07－KOR－2B－1402	TA－18－PHI－2B－1405
EA－22－CHA－3A－1404	TA－18－PHI－3B－1411	CO－17－JAP－2A－1401

〈코드 부여 방식〉

[기기 종류]－[모델 번호]－[생산 국가]－[공장과 라인]－[제조연월]

〈예시〉

NO－10－KOR－3A－1511

2015년 11월에 한국 3공장 A라인에서 생산된 노트북 10번 모델

기기 종류 코드	기기 종류	생산 국가 코드	생산 국가
NO	노트북	CHA	중국
CO	데스크톱pc	KOR	한국
TA	태블릿pc	JAP	일본
HA	외장하드	PHI	필리핀
MP	MP3		
BL	블루투스		
BB	블랙박스		
EA	이어폰		
BA	보조배터리		

61 **위의 코드 부여 방식을 참고할 때 옳지 않은 것은?**

① 창고에 있는 기기 중 데스크톱pc는 모두 일본 2공장 A라인에서 생산된 것들이다.
② 창고에 있는 기기 중 한국에서 생산된 것은 모두 2공장 B라인에서 생산된 것들이다.
③ 창고에 있는 기기 중 이어폰은 모두 2014년에 생산된 것들이다.
④ 창고에 있는 기기 중 외장하드는 있지만 보조배터리는 없다.

62 **O회사에 다니는 K대리는 전자기기 코드 목록을 파일로 불러와 검색을 하고자 한다. 다음의 결과로 옳은 것은?**

① K대리는 창고에 있는 기기 중 일본에서 생산된 것이 몇 개인지 알기 위해 'JAP'를 검색한 결과 7개임을 알았다.
② K대리는 '07'이 들어가는 코드를 알고 싶어서 검색한 결과 '07'이 들어가는 코드가 5개임을 알았다.
③ K대리는 창고에 있는 데스크톱pc가 몇 개인지 알기 위해 'CO'를 검색한 결과 7개임을 알았다.
④ K대리는 '15' 검색을 통해 창고에 있는 기기 중 2015년에 생산된 제품이 9개임을 알았다.

[63~66] 글로벌기업인 K회사는 한국, 일본, 중국, 필리핀에 지점을 두고 있으며 주요 품목인 외장하드를 생산하여 판매하고 있다. 다음 규정은 외장하드에 코드를 부여하는 방식이라 할 때, 다음을 보고 물음에 답하시오.

제조연월일
2014년 11월 11일 제조→141111 2015년 12월 20일 제조→151220

생산라인			
국가코드		공장 라인	
1	한국	A	제1공장
		B	제2공장
		C	제3공장
		D	제4공장
2	일본	A	제1공장
		B	제2공장
		C	제3공장
		D	제4공장
3	중국	A	제1공장
		B	제2공장
		C	제3공장
		D	제4공장
4	필리핀	A	제1공장
		B	제2공장
		C	제3공장
		D	제4공장

제품종류			
분류코드		용량번호	
01	xs1	001	500GB
		002	1TB
		003	2TB
02	xs2	001	500GB
		002	1TB
		003	2TB
03	oz	001	500GB
		002	1TB
		003	2TB
04	스마트S	001	500GB
		002	1TB
		003	2TB
05	HS	001	500GB
		002	1TB
		003	2TB

완성된 순서
00001부터 시작하여 완성된 순서대로 번호가 매겨짐 1511번째 품목 →01511

〈예시〉

2015년 2월 12일에 한국 제3공장에서 제조된 스마트S 500GB 500번째 품목

→150212－1C－04001－00500

63 2015년 10월 9일에 필리핀 제1공장에서 제조된 xs1 모델로 용량이 2TB인 1584번째 품목 코드로 알맞은 것은?

① 1501093A0100201584

② 1510094B0200301584

③ 1510094D0100315840

④ 1510094A0100301584

64 상품코드 1412222D0500201799에 대한 설명으로 옳지 않은 것은?

① 2014년 12월 22일에 제조되었다.
② 완성된 품목 중 1799번째 품목이다.
③ 일본 제4공장에서 제조되었다.
④ 스마트S 1TB이다.

65 이 회사에 입사한지 1개월도 안된 신입사원은 상품 코드에 익숙해지기 위해 코드 읽는 연습을 하고 있는데 상사가 다가오더니 잘못된 부분이 있다며 수정해 주었다. 상사가 잘못 수정한 부분은?

> 1501193B0300101588
> →2015년 1월 9일 제조
> →일본 제2공장
> →oz 1TB
> →15880번째 완성 품목

① 2015년 1월 9일 제조→2015년 1월 19일 제조
② 일본 제2공장→중국 제2공장
③ oz 1TB→oz 2TB
④ 15880번째 완성 품목→1588번째 완성 품목

66 기계결함으로 인해 코드번호가 다음과 같이 잘못 찍혔다. 사원 J씨가 수동으로 수정하려고 할 때 올바르게 수정한 것은?

> 2015년 9월 7일 한국 제4공장에서 제조된 xs2 2TB 13698번째 품목
> 1509071D0200213698

① 제조연월일 : 150907→150917
② 생산라인 : 1D→2D
③ 제품종류 : 02002→02003
④ 완성된 순서 : 13698→13699

67 T그룹에서는 이번에 뇌파와 심박동을 이용하여 개개인의 건강을 체크할 수 있는 새로운 기술을 스마트워치에 적용하고자 한다. 그리하여 연구소에 근무하는 B 연구원은 검색엔진을 사용하여 인터넷에서 뇌파와 심박동에 대해 연구한 각각의 자료들을 모두 수집하려고 한다. 정보검색 연산자를 사용할 때 가장 적절한 검색식은 무엇인가? (단, 사용하려는 검색엔진은 AND 연산자로 '*', OR 연산자로 '+', NOT 연산자로 '!'를 사용한다.)

① 뇌파+심박동 ② 건강!심박동
③ 뇌파*심박동 ④ 뇌파+건강

68 다음은 H회사의 승진후보들의 1차 고과 점수 및 승진시험 점수이다. "생산부 사원"의 승진시험 점수의 평균을 알기 위해 사용해야 하는 함수는 무엇인가?

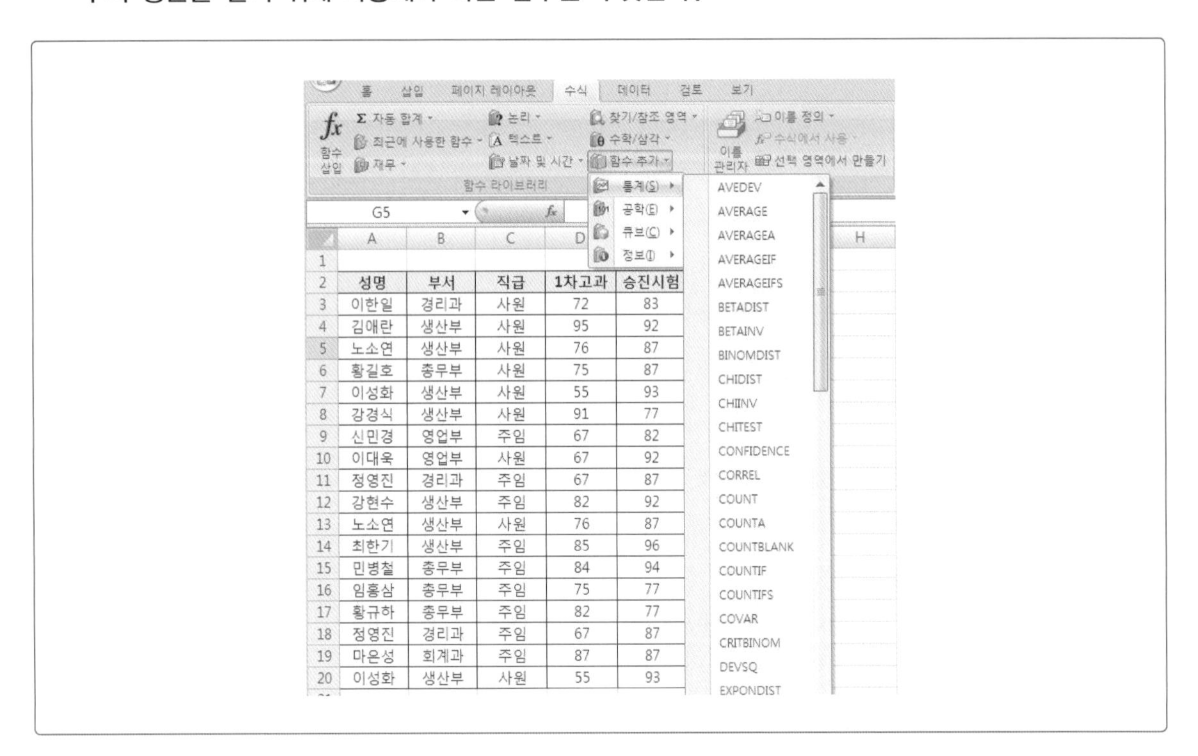

	A	B	C	D	E
1					
2	성명	부서	직급	1차고과	승진시험
3	이한일	경리과	사원	72	83
4	김애란	생산부	사원	95	92
5	노소연	생산부	사원	76	87
6	황길호	총무부	사원	75	87
7	이성화	생산부	사원	55	93
8	강경식	생산부	사원	91	77
9	신민경	영업부	주임	67	82
10	이대욱	영업부	사원	67	92
11	정영진	경리과	주임	67	87
12	강현수	생산부	주임	82	92
13	노소연	생산부	사원	76	87
14	최한기	생산부	주임	85	96
15	민병철	총무부	주임	84	94
16	임홍삼	총무부	주임	75	77
17	황규하	총무부	주임	82	77
18	정영진	경리과	주임	67	87
19	마은성	회계과	주임	87	87
20	이성화	생산부	사원	55	93

① AVERAGE ② AVERAGEA
③ AVERAGEIF ④ AVERAGEIFS

69 다음은 H전자의 서비스센터이다. 한 열에 주소가 모두 들어가 있던 것을 아래와 같이 수정하고자 할 때 사용해야 하는 기능은?

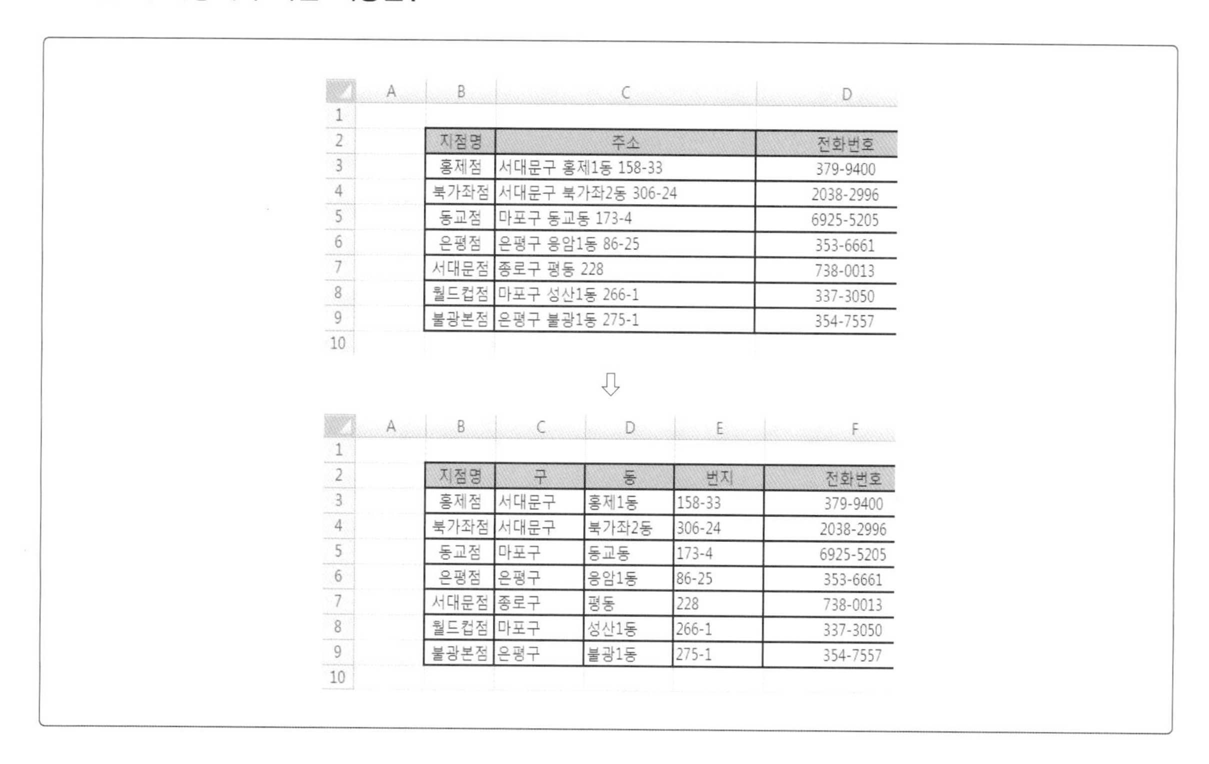

지점명	주소	전화번호
홍제점	서대문구 홍제1동 158-33	379-9400
북가좌점	서대문구 북가좌2동 306-24	2038-2996
동교점	마포구 동교동 173-4	6925-5205
은평점	은평구 응암1동 86-25	353-6661
서대문점	종로구 평동 228	738-0013
월드컵점	마포구 성산1동 266-1	337-3050
불광본점	은평구 불광1동 275-1	354-7557

⇩

지점명	구	동	번지	전화번호
홍제점	서대문구	홍제1동	158-33	379-9400
북가좌점	서대문구	북가좌2동	306-24	2038-2996
동교점	마포구	동교동	173-4	6925-5205
은평점	은평구	응암1동	86-25	353-6661
서대문점	종로구	평동	228	738-0013
월드컵점	마포구	성산1동	266-1	337-3050
불광본점	은평구	불광1동	275-1	354-7557

① 텍스트 나누기
② 수식 채우기
③ 정렬
④ 하이퍼링크

70 다음의 알고리즘에서 인쇄되는 A는?

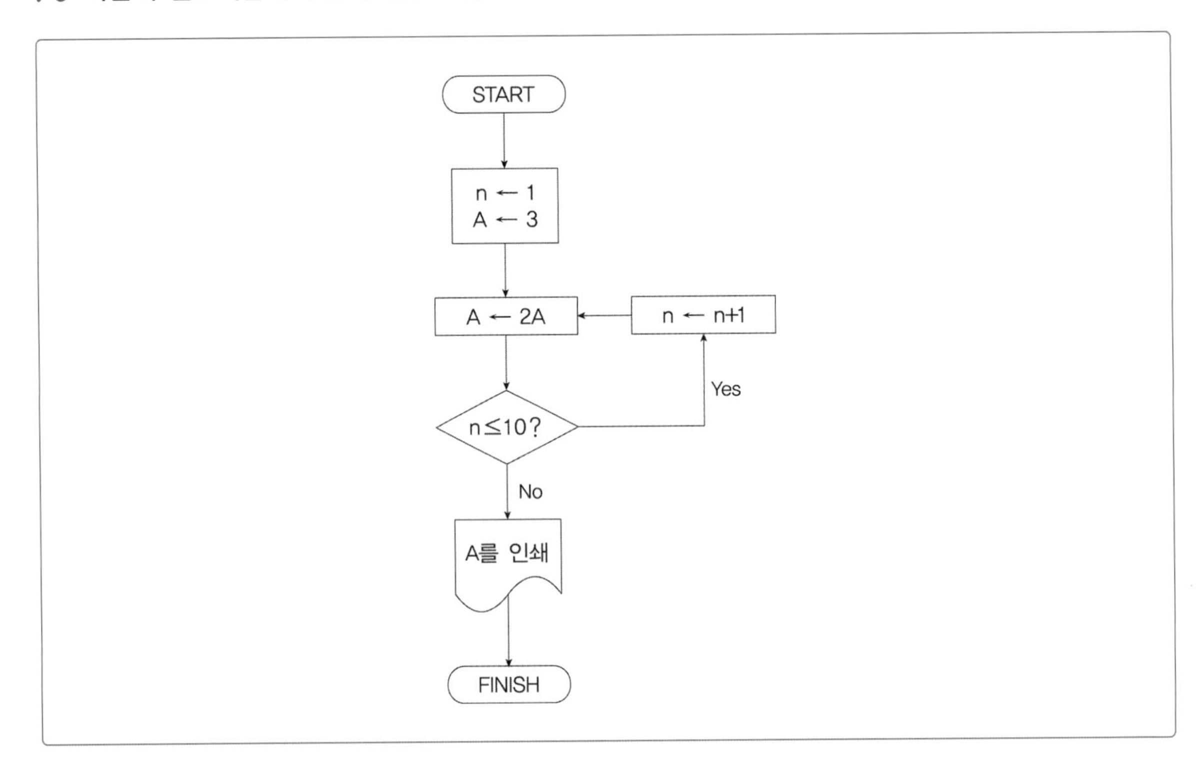

① $2^8 \cdot 3$
② $2^9 \cdot 3$
③ $2^{10} \cdot 3$
④ $2^{11} \cdot 3$

[71~73] 다음은 △△회사의 식기세척기 사용설명서 중 〈고장신고 전에 확인해야 할 사항〉의 일부 내용이다. 다음을 보고 물음에 답하시오.

이상증상	확인사항	조치방법
세척이 잘 되지 않을 때	식기가 서로 겹쳐 있진 않나요?	식기의 배열 상태에 따라 세척성능에 차이가 있습니다. 사용설명서의 효율적인 그릇배열 및 주의사항을 참고하세요.
	세척날개가 회전할 때 식기에 부딪치도록 식기를 수납하셨나요?	국자, 젓가락 등 가늘고 긴 식기가 바구니 밑으로 빠지지 않도록 하세요. 세척노즐이 걸려 돌지 않으므로 세척이 되지 않습니다.
	세척날개의 구멍이 막히진 않았나요?	세척날개를 청소해 주세요.
	필터가 찌꺼기나 이물로 인해 막혀 있진 않나요?	필터를 청소 및 필터 주변의 이물을 제거해 주세요.
	필터가 들뜨거나 잘못 조립되진 않았나요?	필터의 조립상태를 확인하여 다시 조립해 주세요.
	세제를 적정량 사용하셨나요?	적정량의 세제를 넣어야 정상적으로 세척이 되므로 적정량의 세제를 사용해 주세요.
	전용세제 이외의 다른 세제를 사용하진 않았나요?	일반 주방세제나 베이킹 파우더를 사용하시면 거품으로 인해 정상적 세척이 되지 않으며, 누수를 비롯한 각종 불량 현상이 발생할 수 있으므로 전용세제를 사용해 주세요.
동작이 되지 않을 때	문을 확실하게 닫았나요?	문 중앙을 딸깍 소리가 날 때까지 눌러 확실하게 닫아야 합니다.
	급수밸브나 수도꼭지가 잠겨 있진 않나요?	급수밸브와 수도꼭지를 열어주세요.
	단수는 아닌가요?	다른 곳의 수도꼭지를 확인하세요.
	물을 받고 있는 중인가요?	설정된 양만큼 급수될 때까지 기다리세요.
	버튼 잠금 표시가 켜져 있진 않나요?	버튼 잠금 설정이 되어 있는 경우 '헹굼/건조'와 '살균' 버튼을 동시에 2초간 눌러서 해제할 수 있습니다.

이상증상	확인사항	조치방법
운전 중 소음이 날 때	내부에서 달그락거리는 소리가 나나요?	가벼운 식기들이 분사압에 의해 서로 부딪혀 나는 소리일 수 있습니다.
	세척날개가 회전할 때 식기에 부딪치도록 식기를 수납하셨나요?	동작을 멈춘 후 문을 열어 선반 아래로 뾰족하게 내려온 것이 있는지 등 식기 배열을 다시 해주세요.
	운전을 시작하면 '웅~' 울림 소음이 나나요?	급수 전에 내부에 남은 잔수를 배수하기 위해 배수펌프가 동작하는 소리이므로 안심하고 사용하세요.
	급수시에 소음이 들리나요?	급수압이 높을 경우 소음이 발생할 수 있습니다. 급수밸브를 약간만 잠가 급수압을 약하게 줄이면 소리가 줄어들 수 있습니다.
냄새가 나는 경우	타는 듯한 냄새가 나나요?	사용 초기에는 제품 운전시 발생하는 열에 의해 세척모터 등의 전기부품에서 특유의 냄새가 날 수 있습니다. 이러한 냄새는 5~10회 정도 사용하면 냄새가 날아가 줄어드니 안심하고 사용하세요.
	세척이 끝났는데 세제 냄새가 나나요?	문이 닫힌 상태로 운전이 되므로 운전이 끝난 후 문을 열게 되면 제품 내부에 갇혀 있던 세제 특유의 향이 날 수 있습니다. 초기 본 세척 행정이 끝나면 세제가 고여 있던 물은 완전히 배수가 되며, 그 이후에 선택한 코스 및 기능에 따라 1~3회의 냉수 헹굼과 고온의 가열헹굼이 1회 진행되기 때문에 세제가 남는 것은 아니므로 안심하고 사용하세요.
	새 제품에서 냄새가 나나요?	제품을 처음 꺼내면 새 제품 특유의 냄새가 날 수 있으나 설치 후 사용을 시작하면 냄새는 없어집니다.

71 △△회사의 서비스센터에서 근무하고 있는 Y씨는 고객으로부터 세척이 잘 되지 않는다는 문의전화를 받았다. Y씨가 확인해보라고 할 사항이 아닌 것은?

① 식기가 서로 겹쳐 있진 않습니까?
② 세척날개의 구멍이 막히진 않았습니까?
③ 타는 듯한 냄새가 나진 않습니까?
④ 전용세제 이외의 다른 세제를 사용하진 않았습니까?

72 식기세척기가 동작이 되지 않을 때의 조치방법으로 옳지 않은 것은?

① 문이 안 닫힌 경우에는 문 중앙을 딸깍 소리가 날 때까지 눌러 확실하게 닫는다.
② 급수밸브와 수도꼭지가 잠긴 경우에는 급수밸브와 수도꼭지를 열어준다.
③ 물을 받고 있는 경우에는 설정된 양만큼 급수될 때까지 기다린다.
④ 젓가락 등이 아래로 빠진 경우에는 식기배열을 다시 한다.

73 버튼 잠금 설정이 되어 있는 경우 이를 해제하려면 어떤 버튼을 눌러야 되는가?

① [세척]+[동작/정지]
② [헹굼/건조]+[살균]
③ [헹굼/건조]+[예약]
④ [살균]+[예약]

[74~75] 다음은 전화 응대 매뉴얼이다. 이를 읽고 물음에 답하시오.

〈전화응대 매뉴얼〉

1. 전화 응대의 중요성
전화 응대는 직접 응대와 달리 목소리만으로 응대하기 때문에 더욱 신중을 기해야 한다. 목소리의 감정과 높낮이에 따라 회사의 이미지도 결정되기 때문이다.
2. 전화걸 때 매뉴얼
 1) 준비사항
  • 준비물 – 메모지/펜, 전화번호(내선목록, 전화번호부)
 2) 전화거는 요령
  • 용건은 6하 원칙으로 정리하여 메모합니다.
  • 전화번호를 확인 후 왼손으로 수화기를 들고 오른손으로 다이얼을 누릅니다.
 3) 전화 응대 요령
  • 상대방이 나오면 자신을 밝힌 후 상대방을 확인합니다.
  • 간단한 인사말을 한 후 시간, 장소, 상황을 고려하여 용건을 말합니다.
 4) 전화 응대 종료
  • 용건이 끝났음을 확인한 후 마무리 인사를 합니다.
  • 상대방이 수화기를 내려놓은 다음 수화기를 조심스럽게 내려놓습니다.
3. 전화 받을 때 매뉴얼

구분	응대방법
준비된 응대(1단계)	• 전화기는 왼쪽에, 펜과 메모지는 오른쪽에 둔다. • 밝은 톤의 목소리로 명랑하고 경쾌하게 받는다.
정중한 응대(2단계)	• 전화벨이 3번 이상 울리기 전에 받는다. –“감사합니다. ○○○팀 ○○○입니다.” –“늦게 받아 죄송합니다. ○○○팀 ○○○입니다.” • 상대방의 말을 가로막지 않는다.
성의있는 응대(3단계)	• 밝고 정중한 어투로 받는다. –“전화주셔서 감사합니다.” –“○○○에 관한 말씀 주셨는데 더 궁금하신 내용은 없으십니까?” –“더 필요하신 사항 있으시면 언제든지 전화 주십시오.” • 말끝을 흐리지 않고 경어로 마무리 한다. –“네↗ ○○○에 관한 내용이시군요.” –“네↗ ○○○ 과장 찾으십니까?” –“잠시만 기다려 주십시오(정확하게 연결)” • 상대방이 찾는 사람이 부재 중인 경우 성의있게 응대하여 메모를 받아 놓는다. 이때 메모 사항은 복창하여 확인한다. –“자리에 안 계시는데 메모 남겨드리겠습니다.”
성실한 응대(4단계)	• 고객이 끊고 난 후 수화기를 살며시 내려놓는다.(응대완료)

74 다음 전화 응대 매뉴얼에 따른 바르지 못한 행동을 한 사람은?

① 민영 – 과장님께서 회의에 들어가셔서 전화거신 분께 메모 남겨 드리겠다고 말씀드렸어.
② 희우 – 용건을 확인하기 위해 귀찮아 하셨지만 6하 원칙으로 여쭤보아 메모했어.
③ 찬영 – 내 담당업무가 아니어서 담당자분을 연결해 드리겠다고 하고 연결해 드렸어.
④ 주희 – 급하게 부장님이 찾으셔서 나중에 전화드리겠다고 말씀드리고 끊었어.

75 다음은 상황별 전화 응대 매뉴얼의 예시문이다. 적절하지 않은 예시문은?

상황	추가내용
① 전화감이 좋지 않을 때	"죄송합니다만, 전화감이 멀어서 잘 못 들었습니다. 다시 한번 말씀해 주시겠습니까?"
② 찾는 사람이 다른 전화 중일 때	"통화가 길어질 것 같습니다. 연락처를 주시면 전화를 드리라고 하겠습니다."
③ 잘못 연결된 전화일 때	"전화 잘못 거셨습니다"
④ 담당자가 부재 중일 때	"죄송합니다만 지금 외출(교육, 출장, 회의) 중입니다."

[76~77] 다음은 위니어에어컨의 사용설명서이다. 이를 읽고 물음에 답하시오.

제품에 이상이 생겼을 경우에는 서비스센터에 의뢰하기 전에 아래사항을 먼저 확인해주세요

증상	확인	조치사항
운전이 전혀 되지 않아요	• 주전원 스위치가 내려져 있지 않습니까? • 전압이 너무 낮지 않습니까? • 리모컨에 이상이 없습니까? • 정전이 되지 않았습니까? • 실외기 주위 온도가 너무 높지 않습니까?	• 주전원 스위치를 올려주세요. • 정격전압 220V인가를 한국전력에 문의하세요. • 건전지를 교환하거나 극성을 맞게 다시 넣으세요. • 다른 전기기구를 확인해 보세요. (전기가 들어오면 다시 운전시키세요)
찬바람이 연속으로 나오지 않아요	• 실외기 주위 온도가 너무 높지 않습니까? • 제품을 정지한 후 곧바로 운전시키지 않았습니까? • 희망온도가 실내온도보다 높게 설정되어 있지 않습니까? • 인공지능 제습 절전모드 운전 아닙니까?	• 실외기 주변을 환기시켜 주세요. • 실외기가 막혀 있으면 장애물을 제거해 주세요. • 실외기의 압축기 보호 장치가 동작하였습니다. 약 3분 후에 찬바람이 나옵니다. • 희망온도를 실내온도보다 낮게 설정하세요.
배출구에 이슬이 맺혔어요	• 실내의 습도가 너무 높지 않습니까?	• 공기 중의 습기가 이슬로 맺히는 자연현상이며 고장은 아닙니다.(마른 수건으로 닦아 주세요.)
정상보다 시원하지 않아요	• 햇빛이 실내로 직접 들어오지 않습니까? • 제품의 냉방 가능 면적이 방면적보다 작지는 않습니까? • 실내에 인원이 너무 많지 않습니까? • 찬 공기가 실외로 빠져나가고 있지 않습니까? • 실내기 · 실외기 · 흡입구 또는 배출구가 막혀 있지 않습니까? • 필터에 먼지 등이 끼어 더러워지지 않았습니까?	• 커튼 등으로 햇빛을 막아주세요. • 적절한 냉방능력의 제품을 사용하고 있는지 확인하세요. • 실내에 인원이 많으면 냉방효과가 떨어질 수도 있습니다. • 열어둔 창문을 닫고 틈새를 막아주세요. • 실내기 · 실외기 · 흡입구 또는 배출구의 장애물을 제거해주세요. • 필터를 깨끗이 세척하세요.

76 에어컨을 사용하다가 찬바람이 연속적으로 나오지 않을 때 해결할 수 있는 방법으로 적절하지 않은 것은?

① 인공지능 절전 제습 모드 운전이 아닌지 살펴본다.
② 실외기 주위의 온도가 너무 높지 않은지 살펴본다.
③ 희망온도를 실내온도보다 낮게 설정한다.
④ 실내의 습도가 너무 높지 않은지 살펴본다.

77 과장님께서 에어컨을 틀었는데도 사무실이 너무 덥다고 역정을 내신다. 신입사원인 당신이 취할 수 있는 조치가 아닌 것은?

① 혹시 열어둔 창문이 있는 건 아닌지 살펴본다.
② 실내에 인원이 너무 많아서 그렇다며 다른 사원들에게 외근을 종용한다.
③ 강한 햇빛이 막아지도록 과장님 근처의 창문에 커튼을 친다.
④ 필터를 깨끗이 세척해서 다시 설치한다.

[78~80] 다음 표를 참고하여 질문에 답하시오.

스위치	기능
☆	1번, 2번 기계를 180° 회전함
★	1번, 3번 기계를 180° 회전함
◇	2번, 3번 기계를 180° 회전함
◆	2번, 4번 기계를 180° 회전함
◓	1번, 3번 기계의 작동상태를 바꿈 (동작 → 정지, 정지 → 동작)
◒	2번, 4번 기계의 작동상태를 바꿈
○	모든 기계의 작동상태를 바꿈
: 동작, : 정지	

78 처음 상태에서 스위치를 세 번 눌렀더니 다음과 같이 바뀌었다. 어떤 스위치를 눌렀는가?

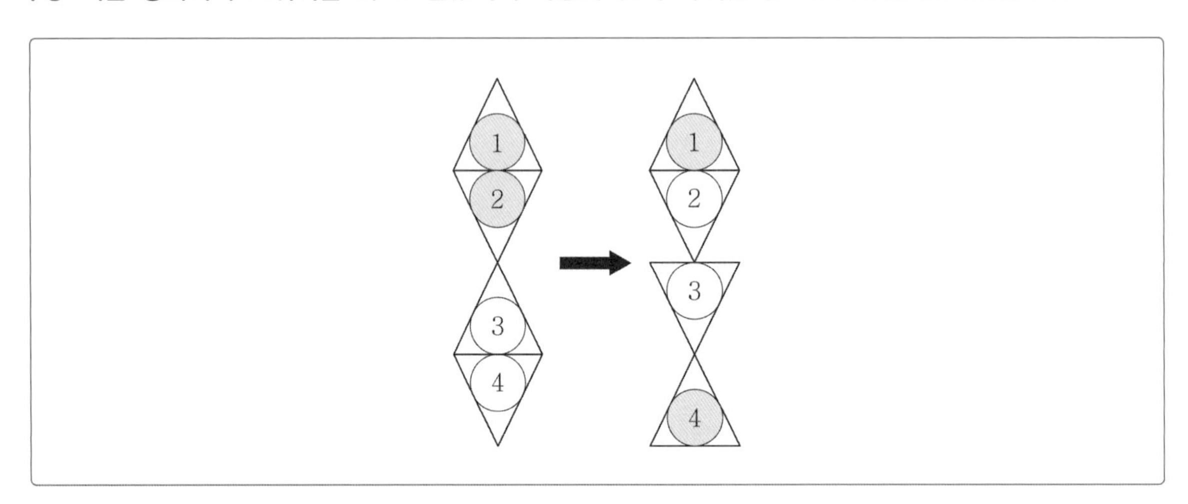

① ☆, ★, ◒ ② ☆, ★, ◓

③ ◇, ◆, ◒ ④ ◇, ◆, ◓

79 처음 상태에서 스위치를 세 번 눌렀더니 다음과 같이 바뀌었다. 어떤 스위치를 눌렀는가?

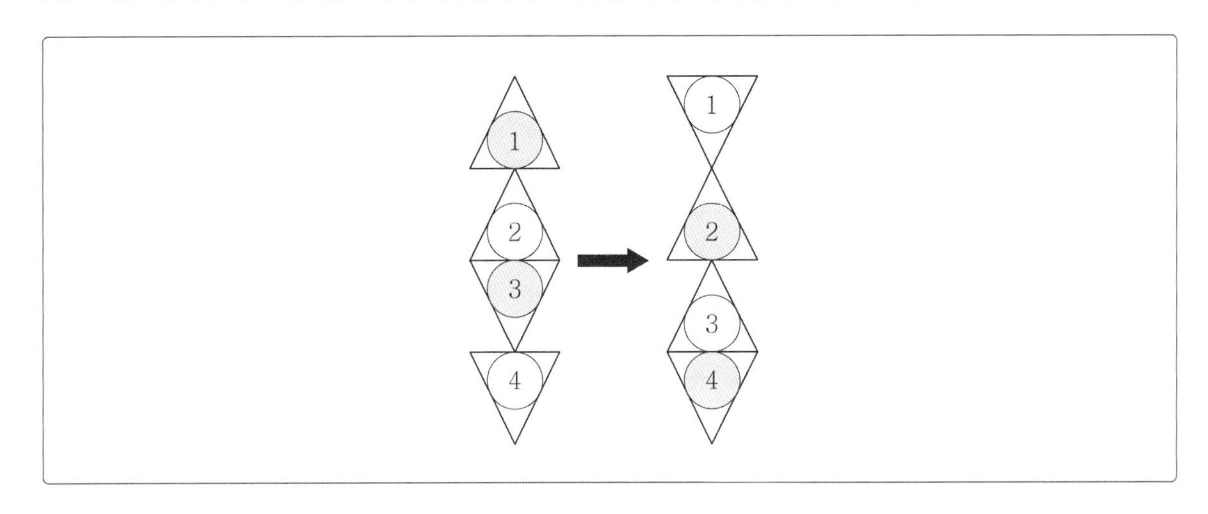

① ◆, ◓, ◒
② ★, ◇, ○
③ ◇, ◓, ◒
④ ☆, ◇, ○

80 처음 상태에서 스위치를 네 번 눌렀더니 다음과 같이 바뀌었다. 어떤 스위치를 눌렀는가? (단, 회전버튼과 상태버튼을 각 1회 이상씩 눌러야 한다)

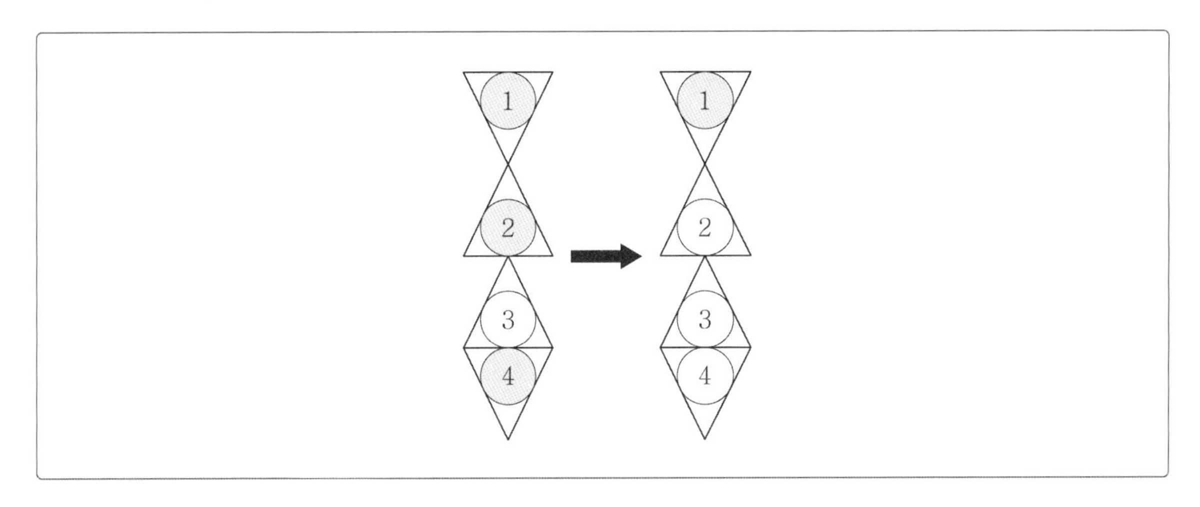

① ◇, ◆, ○, ◓
② ☆, ★, ◇, ◒
③ ★, ◇, ◆, ◒
④ ★, ★, ○, ◒

81 다음 중 업무수행 시 단계별로 업무를 시작해서 끝나는 데까지 걸리는 시간을 바 형식으로 표시하여 전체 일정 및 단계별로 소요되는 시간과 각 업무활동 사이의 관계를 볼 수 있는 업무수행 시트는?

① 간트 차트
② 워크 플로 시트
③ 체크리스트
④ 퍼트 차트

[82~83] 다음은 인사부에서 각 부서에 발행한 업무지시문이다. 업무지시문을 보고 물음에 답하시오.

업무지시문(업무협조전 사용에 대한 지시)

수신 : 전 부서장님들께

참조 :

제목 : 업무협조전 사용에 대한 지시문

업무 수행에 노고가 많으십니다.

부서 간의 원활한 업무진행을 위하여 다음과 같이 업무협조전을 사용하도록 결정하였습니다. 업무효율화를 도모하고자 업무협조전을 사용하도록 권장하는 것이니 본사의 지시에 따라주시기 바랍니다. 궁금하신 점은 ___㉠___ 담당자(내선 : 012)에게 문의해주시기 바랍니다.

-다음-

1. 목적
   (1) 업무협조전 이용의 미비로 인한 부서 간 업무 차질 해소
   (2) 발신부서와 수신부서 간의 명확한 책임소재 규명
   (3) 부서 간의 원활한 의견교환을 통한 업무 효율화 추구
   (4) 부서 간의 업무 절차와 내용에 대한 근거확보
2. 부서 내의 적극적인 사용권장을 통해 업무협조전이 사내에 정착될 수 있도록 부탁드립니다.
3. 첨부된 업무협조전 양식을 사용하시기 바랍니다.
4. 기타 : 문서관리규정을 회사사규에 등재할 예정이오니 업무에 참고하시기 바랍니다.

2015년 12월 10일

S통상

___㉠___장 ○○○ 배상

82 다음 중 빈칸 ㉠에 들어갈 부서로 가장 적절한 것은?

① 총무부
② 기획부
③ 인사부
④ 영업부

83 업무협조전에 대한 설명으로 옳지 않은 것은?

① 업무협조전 사용 시 부서 간의 책임소재가 분명해진다.
② 업무 협업 시 높아진 효율성을 기대할 수 있다.
③ 업무 절차와 내용에 대한 근거를 확보할 수 있다.
④ 부서별로 자유로운 양식의 업무협조전을 사용할 수 있다.

[84~85] 다음 설명을 읽고 물음에 답하시오.

SWOT이란, 강점(Strength), 약점(Weakness), 기회(Opportunity), 위협(Threat)의 머리글자를 모아 만든 단어로 경영 전략을 수립하기 위한 도구이다. SWOT분석을 통해 도출된 조직의 외부/내부 환경을 분석 결과를 통해 각각에 대응하는 전략을 도출하게 된다.
SO 전략이란 기회를 활용하면서 강점을 더욱 강화하는 공격적인 전략이고, WO 전략이란 외부환경의 기회를 활용하면서 자신의 약점을 보완하는 전략으로 이를 통해 기업이 처한 국면의 전환을 가능하게 할 수 있다. ST 전략은 외부환경의 위험요소를 회피하면서 강점을 활용하는 전략이며, WT 전략이란 외부환경의 위협요인을 회피하고 자사의 약점을 보완하는 전략으로 방어적 성격을 갖는다.

내부 / 외부	강점(Strength)	약점(Weakness)
기회(Opportunity)	SO 전략(강점-기획 전략)	WO 전략(약점-기회 전략)
위협(Threat)	ST 전략(강점-위협 전략)	WT 전략(약점-위협 전략)

84 다음은 국내 아이스크림 회사의 SWOT분석이다. 주어진 전략 중 가장 적절한 것은?

구분	내용
강점(Strength)	• 고급스럽고 부드러운 제품의 이미지 • 웰빙시대에 발맞춘 건강한 아이스크림
약점(Weakness)	• 타 아이스크림 회사에 비해 인지도가 낮음 • 높은 제품의 가격 • 타 브랜드보다 확연히 적은 가맹점의 수
기회(Opportunity)	• 고급 아이스크림에 대한 선호도 증가 • 자연친화적이고 건강한 아이스크림을 찾는 소비자의 증가
위협(Threat)	• 기존 수입브랜드와의 경쟁 • 경기침체로 인한 소비 위축

내부 / 외부	강점(Strength)	약점(Weakness)
기회(Opportunity)	① 고급스러운 이미지를 부각시킨 광고를 통해 소비자의 관심을 유도	② 가맹점을 모집하여 수를 늘려 기존의 브랜드들과 경쟁한다.
위협(Threat)	③ 고급스럽지만 부담 없는 가격을 책정하여 소비자의 기대에 부응	④ 국산 브랜드임을 강조한 마케팅을 통해 긍정적인 이미지를 유도

85 다음은 국내 건강식품회사의 SWOT분석이다. 주어진 전략 중 가장 적절한 것은?

강점(Strength)	• 높은 재구매율 • 다양한 유통저널
약점(Weakness)	• 남성 중심의 이미지 • 낮은 시장점유율
기회(Opportunity)	• 남녀노소를 불문한 건강에 대한 관심 증가 • 국내 건강기능식품의 해외 관심 증가
위협(Threat)	• 대기업들의 시장 진입 • 건강식품에 대한 소비자의 불신

내부 / 외부	강점(Strength)	약점(Weakness)
기회(Opportunity)	① 다양한 유통저널을 이용하여 대기업의 공격적인 마케팅에 대응	② 건강문제에 관심이 특히 많은 갱년기 여성을 위한 제품 개발과 집중 마케팅
위협(Threat)	③ 온라인 숍을 이용한 해외 고객들의 구매 유도	④ 기존의 고객들을 더욱 확실하게 관리하여 대기업 방어

86 다음은 영업부 사원 H씨가 T대리와 함께 거래처에 방문하여 생긴 일이다. H씨의 행동 중 T대리가 지적할 사항으로 가장 적절한 것은?

> 거래처 실무 담당인 A씨와 그 상사인 B과장이 함께 나왔다. 일전에 영업차 본 적이 있는 A씨에게 H씨는 먼저 눈을 맞추며 반갑게 인사한 후 먼저 상의 안쪽 주머니의 명함 케이스에서 명함을 양손으로 내밀며 소속과 이름을 밝혔다. B과장에게도 같은 방법으로 명함을 건넨 후 두 사람의 명함을 받아 테이블 위에 놓고 가볍게 이야기를 시작했다.

① 명함은 한 손으로 글씨가 잘 보이도록 여백을 잡고 건네야 합니다.
② 소속과 이름은 명함에 나와 있으므로 굳이 언급하지 않아도 됩니다.
③ 고객이 2인 이상인 경우 명함은 윗사람에게 먼저 건네야 합니다.
④ 명함은 받자마자 바로 명함케이스에 깨끗하게 넣어두세요.

87 민츠버그는 경영자의 역할을 대인적, 정보적, 의사결정적 역할으로 구분하였다. 다음에 주어진 경영자의 역할을 올바르게 묶은 것은?

㉠ 조직의 대표자	㉡ 변화전달
㉢ 정보전달자	㉣ 조직의 리더
㉤ 문제 조정	㉥ 외부환경 모니터
㉦ 대외적 협상 주도	㉧ 상징자, 지도자
㉨ 분쟁조정자, 자원배분자	㉩ 협상가

	대인적 역할	정보적 역할	의사결정적 역할
①	㉠, ㉢, ㉥	㉡, ㉣, ㉦, ㉧	㉤, ㉨, ㉩
②	㉡, ㉤, ㉧	㉠, ㉢, ㉨	㉣, ㉥, ㉦, ㉩
③	㉠, ㉢, ㉣, ㉧	㉡, ㉥, ㉦	㉤, ㉨, ㉩
④	㉠, ㉣, ㉧	㉡, ㉢, ㉥	㉤, ㉦, ㉨, ㉩

88 **다음의 빈칸에 들어갈 말을 순서대로 나열한 것은?**

> 조직의 (㉠)은/는 조직 내의 부문 사이에 형성된 관계로 조직목표를 달성하기 위한 조직구성원들의 상호작용을 보여준다. 이는 결정권의 집중정도, 명령계통, 최고경영자의 통제, 규칙과 규제의 정도에 따라 달라지며 구성원들의 업무나 권한이 분명하게 정의된 기계적 조직과 의사결정권이 하부구성원들에게 많이 위임되고 업무가 고정적이지 않은 유기적 조직으로 구분될 수 있다. (㉡)은/는 이를 쉽게 파악할 수 있다. 구성원들의 임무, 수행하는 과업, 일하는 장소 등을 파악하는데 용이하다.
> 한편 조직이 지속되게 되면 조직구성원들 간 생활양식이나 가치를 공유하게 되는데 이를 조직의 (㉢)라고 한다. 이는 조직구성원들의 사고와 행동에 영향을 미치며 일체감과 정체성을 부여하고 조직이 (㉣)으로 유지되게 한다. 최근 이에 대한 중요성이 부각되면서 긍정적인 방향으로 조성하기 위한 경영층의 노력이 이루어지고 있다.

	㉠	㉡	㉢	㉣
①	구조	조직도	문화	안정적
②	목표	비전	규정	체계적
③	미션	핵심가치	구조	혁신적
④	직급	규정	비전	단계적

[89~90] 다음 H항만회사의 조직도를 보고 물음에 답하시오.

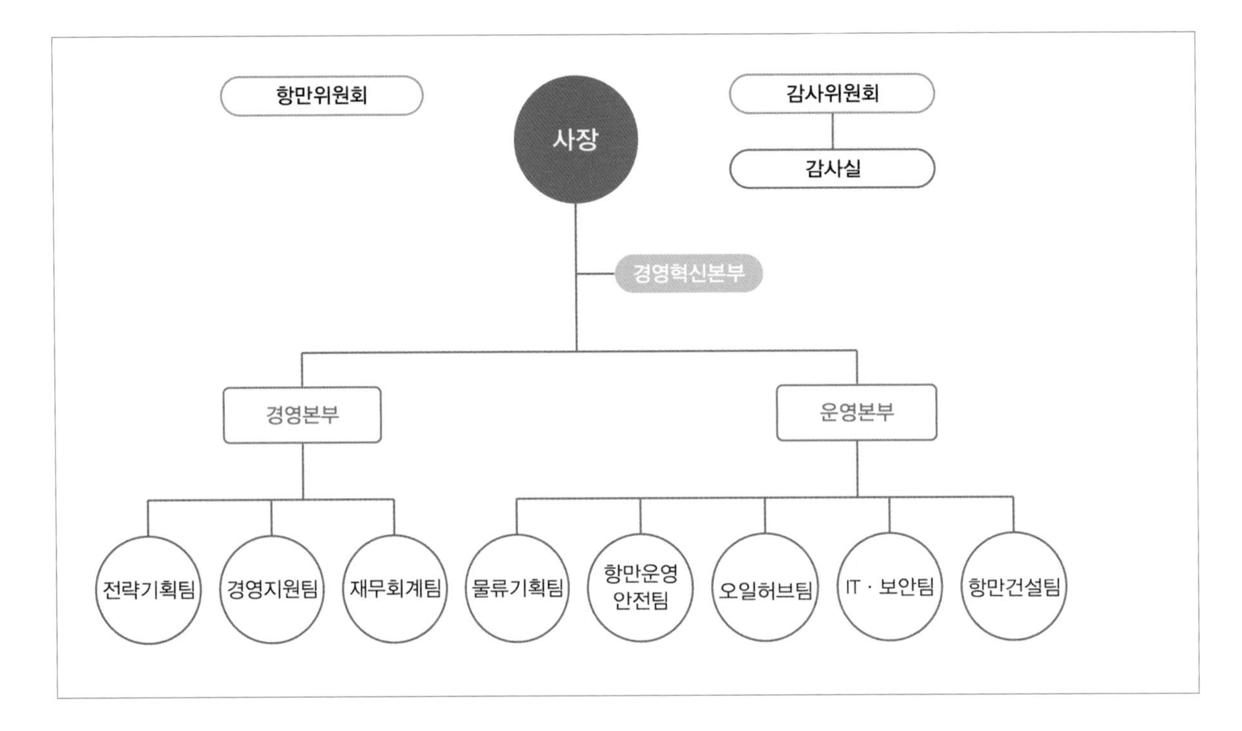

89 H항만회사는 내년부터 주요 사업들에 대하여 식스시그마를 적용하려고 한다. 다음 중 식스시그마를 주도적으로 담당하기에 가장 적절한 부서는?

① 경영혁신본부
② 감사팀
③ 경영지원팀
④ 항만위원회

90 다음 중 조직도에 대한 설명으로 옳지 않은 것은?

① 3본부, 8팀과 별도의 2위원회로 구성되어 있다.
② 자금 수급 상황에 따른 자금계획 및 관리 업무 등은 재무회계팀에서 관리한다.
③ 3본부 중 경영혁신본부만이 사장직속으로 편제되어 있다.
④ 조직과 별도로 감사위원회를 구성하여 내부 통제를 강화하고 있다.

91 다음은 기업의 윤리경영에 관한 사례를 나타낸 것이다. 이와 같은 윤리경영 지침을 준수하는 자세로서 가장 적절하지 않은 것은?

> 몇 년 전 한 기업에서 명절을 앞두고 대표이사가 직접 "3불문하고 명절선물을 받지 말라"라는 지시를 내려서 화제가 된 적이 있다. '3불문'이란 금액불문, 유형불문, 이유불문이다. 고유한 미풍양속이라는 그럴듯한 이유를 내세워 거래관계가 있거나 향후 거래를 희망하는 업체로부터 선물을 받는 것은 윤리경영을 해치는 길이기 때문에 내린 조치일 것이다.

① 거래처로부터 선물을 받았을 때에는 정중하게 거절하고 사과의 말씀을 드린다.
② 거래처 담당자가 선물을 몰래 놓고 갔을 경우에는 담당자에게 연락하여 돌려주고 상사에게는 보고하지 않아도 된다.
③ 직장 동료가 거래처로부터 선물을 받은 사실을 알게 되었을 경우 감사부서에 통보하기 전 상사나 직장 선배와 의논한다.
④ 거래처 직원이 부서에서 나누어 먹으라고 가져온 케이크는 상사에게 말씀드리고 의견을 따른다.

92 다음 중 기업윤리와 사회적 책임에 대한 설명으로 가장 적절하지 않은 것은?

① 기업의 사회적 책임은 법과 주주들이 요구하는 것을 넘어서 사회 전체에서 바람직한 장기적 목표를 추구할 의무까지 포함한다.
② 정부에서는 소비자 보호법, 제조물책임법, 공정거래법 등을 제정하여 기업의 윤리행위에 영향을 주고 있다.
③ 현재 기업의 사회적 책임은 윤리적 측면에서만 문제가 되고 법적 강제사항은 아니던 것이 법제화되는 사례가 많아지고 있다.
④ 기업의 사회적 책임에는 산업재해예방, 복리후생향상과 같은 대외적 윤리와 환경보호, 소비자만족경영과 같은 대내적 윤리가 있다.

93 **다음의 설명 중에서 근로윤리를 위배한 사항이 아닌 것은?**

> 직장인 A씨는 업무 추진능력이 뛰어나서 일에 집중을 하면 성과를 높이기는 하지만, 자기중심적이고, 게으르며, 시간을 지키지 않는다. 따라서 다른 직업인들에게 사기를 저하시키면서 팀 분위기를 해친다.

① 규정시간 위반
② 업무 추진능력
③ 자기중심적 성향
④ 근무태만

94 **다음은 직업윤리에 대한 강좌에서 강사와 수강생들의 대화이다. 강사의 질문에 대한 답변으로 옳은 것만을 모두 고른 것은?**

> 수강생 A : 직업 일반 윤리는 직업을 가지고 있는 모든 사람이 지켜야 할 도리입니다.
> 수강생 B : 직업별 윤리는 각각의 직업에 종사하는 직업인에게 요구되는 윤리적 규범을 말합니다.
> 강사 : 그럼 직업별 윤리에는 어떤 것들이 있을까요?

> ㉠ 봉사, 책임 등의 공동체 윤리
> ㉡ 노사 관계 안에서의 근로자 및 기업가의 윤리
> ㉢ 직종별 특성에 맞는 법률, 규칙, 선언문, 윤리 요강

① ㉠
② ㉡
③ ㉠, ㉢
④ ㉡, ㉢

95 신입사원들과 대표이사와의 간담회 자리에서 갑, 을, 병, 정 4명의 신입사원들이 말한 다음과 같은 의견이 의미하는 직업윤리의 덕목을 순서대로 바르게 나열한 것은?

> 갑 : "제가 수행하는 업무는 누구나 할 수 있는 게 아니라 교육을 통한 지식과 경험을 갖추어야만 가능한 것이라고 믿습니다."
> 을 : "저는 제가 수행하는 일이 나에게 딱 맞는다는 긍정적인 생각을 갖고 업무 수행을 하는 것이 매우 중요하다고 생각합니다."
> 병 : "제가 이 회사에서 일할 기회를 갖게 된 것은, '저에게 주어진 업무가 하늘이 제게 맡긴 중요한 업무다.'라고 생각합니다."
> 정 : "자신의 일이 사회 전체에 있어 중요한 역할을 수행하는 것이라는 생각이야말로 무엇보다 중요하다고 봅니다."

① 전문가의식, 천직의식, 소명의식, 직분의식
② 천직의식, 직분의식, 전문가의식, 소명의식
③ 소명의식, 전문가의식, 소명의식, 직분의식
④ 직분의식, 소명의식, 전문가의식, 천직의식

96 다음에서 A가 지니고 있는 직업관으로 알맞은 것은?

> 바나나 재배법 발명 특허로 신지식 농업인에 선정된 A는 국내 최대 규모의 시설을 갖춘 농장을 운영하고 있다. 그는 수많은 시행착오를 거쳐 자연 상태와 가장 유사한 생육 환경을 찾아내 인공적으로 바나나를 재배할 수 있는 방법을 개발하였다. 바나나 재배에 대한 끊임없는 도전과 노력 속에서 그는 무엇인가 새로운 것을 찾아내는 것이 재미있으며, 그때마다 자신이 가지고 있는 그 무언가가 성장하고 있는 느낌이 든다고 하였다.

① 직업은 부와 명예를 획득하는 수단이다.
② 직업은 다른 사람들과 국가에 대한 봉사이다.
③ 직업은 일차적으로 생계를 유지하기 위한 것이다.
④ 직업은 자신의 능력과 소질을 계발하기 위한 것이다.

97 다음 대화의 빈칸에 들어갈 말로 알맞게 짝지어진 것은?

학생 : 직업인으로서 지켜야 할 기본 윤리는 무엇인가요?
선생님 : 직업인이라면 일반적으로 정직과 성실, 신의, 책임, 의무 등의 덕목을 준수해야 합니다.
학생 : 선생님께서 말씀하신 덕목은 모든 사람들에게 요구되는 윤리와 상통한데, 그 이유는 무엇인가요?
선생님 : ____________________

〈보기〉

㉠ 모든 직업인은 직업인이기 전에 인간이기 때문입니다.
㉡ 특수한 윤리가 필요한 직업은 존재하지 않기 때문입니다.
㉢ 직장 생활에서 사람들과 관계를 맺어야 하기 때문입니다.
㉣ 직업은 사회적 역할 분담의 성격을 가지고 있기 때문입니다.

① ㉠, ㉢
② ㉡, ㉣
③ ㉠, ㉢, ㉣
④ ㉡, ㉢, ㉣

98 다음과 같은 직업 생활에 요구되는 자세로 가장 알맞은 것은?

인간의 삶터가 직장을 중심으로 이루어진다고 할 때 우리는 직장을 통하여 많은 사람들과 교제한다. 같은 직장 내에서 뿐만 아니라 직장 외부에서도 일과 관련된 사람들을 수시로 접촉한다. 이때, 인간관계가 원만하면 직장 생활이 즐거운 반면, 그렇지 못하면 항상 긴장과 스트레스 속에서 갈등하게 된다.

① 상사의 명령에 무조건 복종하는 자세를 갖는다.
② 화합하고 협동하는 인간관계를 맺기 위해 노력한다.
③ 경제적 효율성을 중시하는 공동체 문화를 확립한다.
④ 공정한 기회를 제공하는 수평적 조직 체계를 수립한다.

99 다음과 같은 상황에 대하여 A에게 해줄 수 있는 조언으로 알맞은 것은?

> 대학을 졸업한 A는 여러 차례 구직 활동을 하였지만 마땅한 직업을 찾지 못하고 있다. A는 힘들고, 더럽고, 위험한 일에는 종사하고 싶은 마음이 없기 때문이다.

> ㉠ 명예와 부를 획득하기 위해서 어떠한 직업도 마다해선 안 된다.
> ㉡ 생업이 없으면 도덕적 마음도 생길 수 없다.
> ㉢ 예(禮)를 통해 나누어지는 사회적 신분에 성실히 응해야 한다.
> ㉣ 힘든 일이라도 소명 의식을 갖고 신의 부름에 응해야 한다.

① ㉠, ㉡
② ㉠, ㉢
③ ㉡, ㉢
④ ㉡, ㉣

100 A, B, C의 직업에 대한 관점으로 옳은 것은?

> A : 나의 능력과 소질을 실현할 수 있는 직업을 갖고 싶다.
> B : 사회와 국가에 봉사하고 헌신할 수 있는 직업을 갖고 싶다.
> C : 돈을 많이 벌어 부유한 생활을 유지할 수 있는 직업을 갖고 싶다.

① A는 생계를 유지하기 위해 소득을 얻는 수단으로 간주한다.
② B는 사회적 역할을 분담하여 의무를 이행하는 것으로 본다.
③ C는 적성과 잠재성을 계발하는 터전으로 생각한다.
④ A와 C는 사회에 기여하는 보람을 얻는 활동으로 생각한다.

정답 및 해설

1	2	3	4	5	6	7	8	9	10
①	③	④	③	②	④	①	③	③	③
11	12	13	14	15	16	17	18	19	20
③	②	③	③	④	③	①	④	②	②
21	22	23	24	25	26	27	28	29	30
①	①	③	③	③	③	②	②	④	③
31	32	33	34	35	36	37	38	39	40
④	②	③	③	②	④	④	③	②	④
41	42	43	44	45	46	47	48	49	50
③	②	①	②	③	②	①	④	②	②
51	52	53	54	55	56	57	58	59	60
③	①	③	②	③	④	①	④	②	①
61	62	63	64	65	66	67	68	69	70
②	②	④	④	③	③	①	④	①	④
71	72	73	74	75	76	77	78	79	80
③	④	②	④	③	④	②	③	④	②
81	82	83	84	85	86	87	88	89	90
①	③	④	①	②	③	④	①	①	③
91	92	93	94	95	96	97	98	99	100
②	④	②	④	①	④	③	②	④	②

1 ①

출제의도

주어진 유의사항을 읽고 그에 대한 상세 정보의 의미를 정확하게 이해하는 능력을 측정하는 문항이다.

해 설

반출금지 · 제한물품을 가지고 나갈 때에는 반드시 세관직원에게 구두로 신고하여야 한다.

---

2 ③

출제의도

효율적인 업무 처리를 위한 상사의 지시사항을 정확하게 파악, 수행하는 능력을 측정하는 문항이다.

해 설

울산에서의 회의 참석 일정이므로 울산으로의 항공편 예약이 가장 시급하며, 그 이후 숙박시설을 예약해야 한다. 이 두 가지를 완료한 후 회의를 하기 위한 회의실을 신청한 후 회의 자료의 경우 내일 회의에서 사용하는 것으로 여유가 있기 때문에 가장 마지막에 행하도록 한다.

---

3 ④

출제의도

주어진 대화 정보를 토대로 내용을 파악하고 조합할 수 있는 능력을 측정하는 문항이다.

해 설

방영일자를 확인하고 인터뷰 영상을 보관하는 것은 모든 인터뷰가 끝나고 난 이후의 상황이므로 가장 나중에 확인하도록 한다.

---

4 ③

출제의도

상대 질문의 내용을 파악하여 그에 맞는 대응을 적절하게 할 수 있는지를 평가하는 문항이다.

해 설

집단적 의사소통상황에서는 협력적 상호작용이 중요하므로 중재자가 참여자 간의 의견이 자유롭게 오갈 수 있는 환경을 만들어 주는 것이 중요하다.

5 ②

출제의도

주어진 자료를 바탕으로 보고서를 올바르게 작성하는 능력을 측정하는 문항이다. 보고서 작성시에는 작성 목적에 따라 주어진 자료를 적절하게 활용하여야 한다.

해 설

(나)-1의 자료는 부작용이 아닌 자격증 취득 열풍을 간접적으로 보여주고 있는 자료이다.

---

6 ④

출제의도

주어진 메모를 읽고 외국어 또는 외래어를 우리말로 순화시킬 수 있는지를 평가하는 문항이다.

해 설

마스터플랜 → 종합 계획

---

7 ①

출제의도

주어진 규정을 빠르고 정확하게 읽고 틀린 부분을 찾아내는 능력을 측정하는 문항이다. 직장생활에서 수많은 문서를 읽고 업무처리를 해야 하기 때문에 신속하고 정확하게 읽는 능력이 필요하다.

해 설

근노자 (→ 근로자)
휴계시간 (→ 휴게시간)

---

8 ③

출제의도

상사 출장 시, 상사에게 온 문서를 수령하였을 때 업무를 적절하게 처리할 수 있는지를 측정하는 문항이다.

해 설

일정의 최종 결정권한은 상사에게 있으므로 스스로 독단적으로 처리해서는 안 된다.

9 ③

출제의도

주어진 업무일지를 읽고 그에 대한 상세 정보의 의미를 정확하게 이해, 파악하는 능력을 측정하는 문항이다.

해 설

③ 지난 시즌이라고만 명시했지 구체적으로 언제 발간했는지 밝혀지지 않았다.

---

10 ③

출제의도

공문서 작성 요령을 숙지하고 있는지와 올바르게 수정할 수 있는지의 능력을 평가하는 문항이다.

해 설

'요구된다'는 영어식 표현이므로 '필요하다'로 바꾸는 것이 좋다.

① '갖도록 하자'는 영어식 표현이다.

② '위치한다'는 영어식 표현이다.

④ '아무리 강조해도 지나치지 않는다.'는 영어식 표현이다.

---

11 ③

출제의도

기본적인 단위환산 능력을 평가하는 문제로서, 무게를 재는 단위에 대한 이해가 요구된다.

해 설

③ 1,000kg=1t이므로 27,000kg=27t이다.

---

12 ②

출제의도

기본적인 단위환산 능력을 평가하는 문제로서, 넓이를 나타내는 단위를 알고 기초적인 연산을 할 줄 알아야 한다.

해 설

$100\text{ha} = 1\text{km}^2$이므로 $350\text{ha} + 10\text{km}^2 = 3.5\text{km}^2 + 10\text{km}^2 = 13.5\text{km}^2$이다.

13 ③

출제의도

기본적인 단위환산 능력을 평가하는 문제로서, 무게 단위의 변환 및 배수 비교 계산능력이 요구된다.

해 설

4.5t=4,500kg=30kg×150배

---

14 ③

출제의도

기초연산 및 응용수리 능력을 평가하는 문제로서, 미지수가 2개인 연립방정식에 대한 이해가 필요하다.

해 설

배와 강물의 속력을 각각 시속 $x$km, $y$km라 하면

(거리)=(속력)×(시간)에서

강을 거슬러 올라갈 때에는 1시간 30분이 걸렸으므로 $1.5\times(x-y)=30$

강을 내려올 때에는 1시간이 걸렸으므로 $x+y=30$

두 식을 연립하여 풀면 $\begin{cases} 1.5(x-y)=30 \\ x+y=30 \end{cases} \Rightarrow \begin{cases} 1.5x-1.5y=30 \\ 1.5x+1.5y=45 \end{cases}$

$x=25$, $y=5$

따라서 강물의 속력은 시속 5km이다.

---

15 ④

출제의도

그래프를 바탕으로 증가 추이를 파악하고 증감률을 계산하는 능력을 측정하는 문항이다.

해 설

㈎ 4국의 2019년 대비 2023년의 도입률 증가율을 구하면 다음과 같다.

한국	$\frac{44.6-5.5}{5.5}\times100=710.9$	미국	$\frac{53.9-0.4}{0.4}\times100=13,375$
일본	$\frac{55.5-1.1}{1.1}\times100=4,945.5$	중국	$\frac{27.4-0.4}{0.4}\times100=6,750$

따라서 2019년 대비 2023년의 도입률의 증가율은 미국 > 중국 > 일본 > 한국 순이다.

㈏ 4국의 2023년의 전년대비 도입률 증가율을 구하면 다음과 같다.

한국	$\frac{44.6-33.6}{33.6}\times 100=32.7$	미국	$\frac{53.9-46.9}{46.9}\times 100=14.9$
일본	$\frac{55.5-34.9}{34.9}\times 100=59$	중국	$\frac{27.4-20.8}{20.8}\times 100=31.7$

따라서 2023년의 전년대비 도입률 증가율은 일본 > 한국 > 중국 > 미국 순이다.

㈐ 그래프의 기울기는 증가율이다. 따라서 증가율을 구하지 않아도 그래프의 기울기와 주어진 수치의 변화로도 확인할 수 있다.

㈑ 년도별 4국의 도입률 전망치의 순위변동을 보면 다음과 같다.

구분	2019년	2020년	2021년	2022년	2023년
1위	한국	한국	미국	미국	일본
2위	일본	일본/미국	한국	일본	미국
3위	미국/중국	–	일본	한국	한국
4위	–	중국	중국	중국	중국

16 ③

출제의도

그래프를 바탕으로 시장 상황 등을 파악하는 능력을 측정하는 문항이다.

해 설

③ 전체 기업 수의 약 99%에 해당하는 기업은 중소기업이며, 중소기업의 매출액은 1,804조 원으로 전체 매출액의 1,804 ÷ 4,760 × 100 = 약 37.9%를 차지하여 40%를 넘지 않는다.

① 매출액과 영업이익을 각 기업집단의 기업 수와 비교해 보면 계산을 하지 않아도 쉽게 확인할 수 있다.

② 매출액 대비 영업이익률은 영업이익 ÷ 매출액 × 100으로 구할 수 있다. 각각을 구하면 대기업이 177 ÷ 2,285 ×100 = 약 7.7%로 가장 높고, 그 다음이 40 ÷ 671 × 100 = 약 6.0%의 중견기업, 마지막이 73 ÷ 1,804 × 100 = 약 4.0%인 중소기업 순이다.

④ 전체 기업 수의 약 1%에 해당하는 대기업과 중견기업이 전체 영업이익인 290조 원의 약 74.8%(= 217 ÷ 290 × 100)를 차지한다.

17 ①

출제의도

주어진 도표와 자료를 이해하고 분석하여 필요한 정보를 유추해내는 능력을 평가하는 문제이다.

해 설

② 지역별 인원수가 제시되어 있지 않으므로, 각 지역별 응답자 수는 알 수 없다.
③ 2009년에는 경상도에서, 2010년에는 충청도에서 가장 높은 비율을 보인다.
④ 2009년과 2010년 모두 '자기 개발을 하고 있다'고 응답한 비율이 가장 높은 지역은 서울시이며, 2010년의 경우 자기개발 비용을 직장이 100% 부담한다고 응답한 사람의 비율이 가장 높은 지역은 경상도이다.

18 ④

출제의도

업무상 계산을 수행하거나 결과를 정리하고 업무비용을 측정하는 능력을 평가하기 위한 문제로서, 주어진 자료에서 문제를 해결하는 데 필요한 부분을 빠르고 정확하게 찾아내는 것이 중요하다.

해 설

기본급여	2,240,000	갑근세	46,370
직무수당	400,000	주민세	4,630
명절 상여금		고용보험	12,330
특별수당		국민연금	123,300
차량지원금	100,000	건강보험	79,460
교육지원		기타	
급여계	2,740,000	공제합계	266,090
		지급총액	2,473,910

19 ②

출제의도

업무수행과정에서 도표로 주어진 자료를 해석하여 계산을 수행하거나 결과를 정리하고 업무비용을 측정하는 능력을 평가하기 위한 문제로서, 주어진 자료에서 문제를 해결하는 데 필요한 부분을 빠르고 정확하게 찾아내는 것이 중요하다.

해 설

150W 가로등의 하루 14시간 사용 전력량 : 150×14=2,100W(개당 하루 소비전력)

전체 가로등[{(1.2km÷60)+1}×2=42개] : 2,100×42=88,200W

소비전력에 따른 가격 : 가로등 전기 요금표에 따르면 가로등(갑) 기준 W당 35원이므로

88,200×35=3,087,000원

---

20 ②

출제의도

업무수행과정에서 도표로 주어진 자료를 해석하여 계산을 수행하거나 결과를 정리하고 업무비용을 측정하는 능력을 평가하기 위한 문제로서, 주어진 자료에서 문제를 해결하는 데 필요한 부분을 빠르고 정확하게 찾아내는 것이 중요하다.

해 설

① 하중지수 88을 kg으로 환산하면 2,240kg이므로 공차중량보다 가볍다.

③ 림내경이 맞지 않다.

④ 편평비가 60으로 제원을 고려하였을 때 적당하지 않다.

---

21 ①

출제의도

주어진 여러 자료를 올바르게 파악하고 조건에 부합하는 답을 도출하는 문항으로 기초연산능력이 요구되는 문항이다.

해 설

① 김씨 : (14×5)−(6×3)+(7×10)−(3×5)=107

② 이씨 : (10×5)−(10×3)+(9×10)−(1×5)=105

③ 정씨 : (18×5)−(2×3)+(4×10)−(6×5)=94(승진 대상에서 탈락)

22 ①

출제의도

주어진 규정을 올바르게 파악하여 이를 실제 업무 상황에 적용시킬 수 있는지를 평가하는 문항이다.

해 설

주어진 규정에 따를 경우 甲이 납부해야 하는 금액은 4억 1천만 원이다. 甲이 4억 원만을 납부했으므로 나머지 1천만 원에 대한 가산금을 계산하면 된다. 1천만 원의 100분의 3은 30만 원이다.

---

23 ③

출제의도

과제 해결에 앞서 실시된 환경 분석의 결과를 검토하여 주요 과제를 도출할 수 있는지를 묻는 문항이다.

해 설

청년들도 기성복이 아닌 맞춤 수제정장을 찾는 경우가 있다고 제시되어 있으나 그 수요가 얼마나 될지 정확하게 알 수 없으며 디지털마케팅에 대한 역량이 부족하여 막대한 마케팅 비용이 들 것으로 예상된다고 제시되어 있으므로 A모직에서 결정할 수 있는 사항으로 가장 옳지 않은 것은 ③이다.

---

24 ③

해 설

③ 같은 직급끼리 같은 것으로 보아 셋째 자리 번호는 직급 코드로 볼 수 있다.

---

25 ③

해 설

③ 전화를 돌리기 위해서는 플래시 버튼을 누른 후에 내선번호를 눌러야 한다.

26 ③

출제의도

주어진 조건을 조합하여 문제 상황에 적합한 대안을 제시할 수 있는지를 평가하는 문항이다.

해 설

'지연 – 수지 – 설리 – 지은' 혹은 '수지 – 지연 – 설리 – 지은'의 순으로 도착하였다.
따라서 네 번째로 면접장에 참석한 사람은 지은이다.

---

27 ②

출제의도

주어진 조건을 결합하여 그 조건에 부합하는 여러 대안을 제시할 수 있는지를 평가하는 문항이다.

해 설

우선 A와 B를 다른 팀에 배치하고 C, D, E, F를 두 명씩 각 팀에 배치하되 C, E, F는 한 팀이 될 수 없고 C와 E 또는 E와 F가 한 팀이 되어야 하므로 (A, C, E / B, D, F), (B, C, E / A, D, F), (A, E, F / B, C, D), (B, E, F / A, C, D)의 네 가지 경우로 나눌 수 있다.

---

28 ②

출제의도

제시된 조건과 지도를 이용하여 가장 효과적인 방법을 찾아내는지 확인하는 문항이다.

해 설

f 본사에 가서 서류를 받아야 하므로 f 본사와 e 연구소를 먼저 방문한다. 그리고 다음으로 가장 효율적으로 이동하기 위해서는 이동하는 거리 상 가까운 곳을 우선적으로 알아봐야 하는데 주어진 지하철 노선 상으로도 알 수 있듯이 ④ b-c-d-a는 가장 먼 거리로 이동하기 때문에 비효율적인 방법이다. 따라서 e에서 c로 이동하여 c에서 b로 이동한 다음 b에서 a로 이동하고 마지막으로 a에서 d로 이동하는 것이 가장 효율적인 방법이라 할 수 있다.

29 ④

출제의도

돌발 상황이 발생했을 때 해당 문제를 어떻게 해결하는지 묻는 문항이다.

해 설

b-a-c로 이동하는데, b에서 a구역은 왕복하게 되므로 편도로 계산한 후 2를 곱해주고 이어서 c로 이동하는 구간을 계산하면 된다.

(12개의 정거장×3분)×2+16개의 정거장×3분+3번의 환승×10분=150분이다.

30 ③

출제의도

제시된 상황에서 가장 효율적인 방법을 찾는지 묻는 문항이다.

해 설

총 33개의 정거장을 거쳐야 하므로 33×1,000원=33,000원이다.

31 ④

출제의도

자기개발의 계획 수립과 그 방법, 목표와의 관계를 묻는 문항이다.

해 설

④ 김대리는 현재 무역회사에 다니고 있으므로, 일본과의 무역에 필요한 일본어를 배우겠다는 것은 현재의 직무를 고려한 자기개발이다.

32 ②

출제의도

직장을 그만둬야 하나 망설이고 있는 상황에서 흥미나 적성을 개발하는 노력을 찾는 문항이다. 주어진 상황에 적용하여 가장 바람직하지 않은 노력을 찾으면 된다.

해 설

② 흥미나 적성은 선천적으로 형성되는 것이기도 하지만 후천적으로 개발되어야 되는 측면도 있다. 현재 잘할 수 있는 일이 아니어도 꾸준히 노력하면 어느 정도 능력 발휘가 가능하기 때문에 경험을 통해 자신의 흥미나 적성을 발견하고 이를 적극적으로 개발하려는 노력이 필요하다.

33 ③

출제의도

자기개발을 하는 이유를 파악하고 이를 유형에 따라 구분하는 능력을 측정하는 문항이다.

해 설

①②④는 조직이나 국제 환경의 변화로 인해 자기개발을 하는 경우이고, ③은 개인의 성장하려는 욕구 때문에 자기개발을 하는 경우이다.

34 ③

출제의도

직장인 경력 노하우 중에 직장에서의 자기 브랜드 PR방법을 측정하는 문항이다. 자신을 좀 더 차별적으로 표현하는 방법이 아닌 것을 고르면 된다.

해 설

③ 명함은 자신의 얼굴이자 강력한 마케팅 도구가 될 수 있으므로 기존의 전형적인 틀의 명함보다는 자신만의 명함을 만들어 PR하는 것이 좋다.

35 ②

출제의도

자기개발의 필요성에 대해 알고 있는가를 측정하는 문항이다. 자기개발이라는 용어를 주변에서 쉽게 들을 수 있지만, 그 필요성을 정확하게 짚고 자기개발을 하려는 노력을 하여야 한다.

해 설

② 자기개발은 자신이 달성하고자 하는 목표를 성취하기 위해서 필요하다.

36 ④

출제의도

직장생활에서의 스트레스를 관리하여 긍정적인 사고를 할 수 있는지를 평가하는 문항이다.

해 설

직업인은 자신의 내면을 다스리고 긍정적인 마음을 가질 수 있을 때 성공을 가져올 수 있다. 긍정적인 마음을 갖기 위해서는 자기 자신을 긍정하고 어려움 속에서도 성장할 수 있다는 가능성을 믿어야 한다. 따라서 ④에서는 상사의 그러한 점을 긍정적으로 생각하여 그렇게 하는 이유가 있을 것이라고 판단하여야 한다. 예를 들어 상사가 하부직원을 귀찮게 하는 행동으로 인해 열정적인 상사 밑에서 배울 점이 참 많다 라든가, 팀의 수행성과 향상으로 개인의 수행성과 향상도 가져와서 좋다는 식으로 바꾸면 된다.

---

37 ④

출제의도

주어진 사례를 토대로 합리적인 의사결정과 거절의 의사표시에 대해 묻는 문항이다. 거절을 분명하게 결정하고 표현하는 것은 쉬운 일이 아니기 때문에 이를 주저하다가 후회하는 일이 발생하게 된다.

해 설

합리적인 의사결정은 문제의 근원을 파악하고, 의사결정 기준과 가중치를 정하며, 필요한 정보를 수집하고, 가능한 대안을 탐색하여, 장단점을 분석하고, 최적 안을 결정하여, 이를 평가하고 피드백하는 과정으로 이루어지는데 D부장은 이러한 과정 없이 결정을 내렸고, 그 결정에 대해 후회하고 있다.

---

38 ③

출제의도

주어진 사례를 통해 업무 상황에서 개선해야 할 점을 파악하는 능력을 측정하는 문항이다.

해 설

③ 실장은 일의 지시를 비효율적으로 하고 있다. 구청과 검찰청이 가까울 경우에 두 기관을 함께 방문하도록 지시했어야 하는데 구청을 방문하고 돌아오는 길에 전화를 해서 다시 검찰청으로 가라고 하고 있다. 따라서 실장은 비슷한 업무를 한꺼번에 처리하도록 지시하여야 한다.

39 ②

출제의도

주어진 사례를 통해 자기개발에 어려움을 주는 원인을 파악하는 능력을 측정하는 문항이다.

해 설

자기개발을 할 때에는 인간의 욕구와 감정이 작용하여 자기개발에 대한 태도를 형성한다. 제시된 사례에서의 Y씨는 욕구와 감정을 합리적으로 통제하지 못했기 때문에 자기개발 목표 달성에 실패하고 말았다.

---

40 ④

출제의도

자아인식 과정에서 내면적 자아와 외면적 자아를 구분할 수 있는지를 평가하는 문항이다. 자아를 구성하고 있는 구성요소는 학자들마다 다양하게 제시하고 있지만 대표적으로 내면적 자아와 외면적 자아로 구분할 수 있다.

해 설

내면적 자아 : 적성, 흥미, 성격, 가치관 등
외면적 자아 : 외모, 나이 등

---

41 ③

출제의도

주어진 예산정보를 토대로 연구개발비의 예산을 측정하는 문항으로 기초연산을 통해 해결해야 하는 문항이다.

해 설

1번째 기준에 의해 X사는 200억의 10%인 20억을 분배 받고, Y사는 600억의 10%인 60억을 분배 받는다. Y가 분배 받은 금액이 총 150억이라고 했으므로 X사가 분배 받은 금액은 50억이다. X사가 두 번째 기준에 의해 분배 받은 금액은 30억이고, Y사가 두 번째 기준에 의해 분배 받은 금액은 90억이다. 두 번째 기준은 연구개발비용에 비례하여 분배 받은 것이므로 X사의 연구개발비의 3배로 계산하면 300억이다.

42 ②

출제의도

주어진 기준을 올바르게 파악하여 필요한 인적자원을 선발하는 능력을 측정하는 문항이다. 주어진 기준을 토대로 기초연산을 수행하여 해결하는 문항이다.

해 설

	김부장	최과장	오과장	홍대리
외국어 성적	25점	25점	40점	근무경력이 5년 미만이므로 선발 자격이 없다.
근무 경력	20점	20점	14점	
근무 성적	9점	10점	9점	
포상	10점	20점	0점	
계	64점	75점	63점	

43 ①

출제의도

주어진 기준과 자료를 올바르게 파악할 수 있는 능력을 측정하고, 변경된 조건에 의한 변화를 묻는 문항이다.

해 설

	김부장	최과장	오과장	홍대리
외국어 성적	20점	20점	32점	근무경력이 5년 미만이므로 선발 자격이 없다.
근무 경력	40점	28점	20점	
근무 성적	9점	10점	9점	
포상	5점	10점	0점	
계	74점	68점	61점	

44 ②

해 설

(가) 지방의 아파트가 2.5억 원일 경우 수도권의 아파트는 3억 원이므로 전세가는 각각 1.875억 원과 2.22억 원이 되어 차이가 2천만 원을 넘게 된다.

(나) 연립주택은 수도권이 매매가 대비 전세가가 65%로 더 낮고, 단독주택은 지방이 46%로 더 낮다.

(다) '종합'의 수치는 각각 세 가지 유형 주택의 전세가 지수의 단순 평균값이 아니다. 지역별 주택유형의 실제 수량에 근거한 수치이므로 해당 지역의 주택유형 분포 비율에 따라 평균값과 다르게 나타난다.

(라) 지방의 연립주택이 2억 원일 경우 수도권의 연립주택은 2.4억 원이므로 전세가는 각각 1.38억 원과 1.56억 원이 되어 차이가 2천만 원을 넘지 않게 된다.

45 ③

출제의도

제시된 표는 인적자원에 대한 내용을 금액으로 환산하여 나타낸 표로 표를 올바르게 이해한다면 쉽게 풀 수 있는 문제다.

해 설

① 순편익은 6시간 일할 때 최대(14,000원)가 되므로 갑순이는 하루에 6시간 일하는 것이 가장 합리적이다.

② 1시간 더 일할 때마다 추가로 발생하는 비용은 일정하지 않다.

④ 1시간 더 일할 때마다 추가로 발생하는 편익은 일정하다.

46 ②

출제의도

기업에서 행하는 투자유형의 목적을 이해하고 각각의 투자유형을 실례에 올바르게 적용시킬 수 있는지 확인하는 문제다.

해 설

(다)-자원개발형, (라)-시장확보형, (가)-비용절감형, (나)-습득형

47 ①

출제의도

주어진 일들을 중요도와 긴급도에 따른 시간관리 매트릭스에서 우선순위를 구분할 수 있는가를 측정하는 문항이다.

해 설

㉦은 제3사분면에 들어가야 할 일이다.

---

48 ④

해 설

① 정재형은 모든 조건에 만족하나 기획팀은 인원 TO가 없으므로 합격이 어렵다.
② 이적은 영업팀을 지원했으나 운전면허가 없으므로 합격이 어렵다.
③ 김동률은 해외사업팀을 지원했으나 2개 국어만 가능하므로 합격이 어렵다.

---

49 ②

해 설

학점 3.8 이상 / TOEIC 890 이상, 4년제 수도권 대학 졸업은 우대사항이지 필수사항이 아니다.

---

50 ②

해 설

② 전입직원 수가 가장 많은 지역부터 순서대로 나열하면 D(760) > A(598) > B(595) > C(577)이다.
① 전출직원 수가 가장 많은 지역본부부터 순서대로 나열하면 A(725) > B(685) > D(660) > C(460)이다.
③ 2016년 직원이 가장 많은 지역부터 순서대로 나열하면 D(3,180) > A(3,105) > C(3,048) > B(3,030)이다.
④ 2015년과 2016년의 직원 수 차이가 가장 큰 지역부터 순서대로 나열하면 A(127명 감소) > C(117명 증가) > D(100명 증가) > B(90명 감소)이다.

51 ③

출제의도

대인관계 향상방법(감정은행계좌를 적립하기 위한 여섯 가지 주요 예입 수단)에 대한 문제로 각 사례에서 어떤 방법을 사용했는지 파악하는 것이 중요하다.

해 설

甲-사소한 일에 대한 관심, 乙-약속의 이행, 丁-언행일치

※ 대인관계 향상방법(감정은행계좌를 적립하기 위한 여섯 가지 주요 예입 수단)

㉠ 상대방에 대한 이해와 양보
㉡ 사소한 일에 대한 관심
㉢ 약속의 이행
㉣ 칭찬하고 감사하는 마음
㉤ 언행일치
㉥ 진지한 사과

52 ①

출제의도

제시된 사례에서 갈등의 두 가지 유형 중 '불필요한 갈등'에 해당하지 않는 것을 고르는 문제로 갈등의 두 가지 유형을 확실하게 이해하고 그 유형들을 각기 독립적으로 다루면 문제를 쉽게 풀 수 있다.

해 설

① 목표와 욕망, 가치, 문제를 바라보는 시각과 이해하는 시각의 차이에서 발생하는 갈등으로 이는 해결할 수 있는 갈등의 한 사례이다.
② 편견 때문에 발생한 의견 불일치로 적대적인 감정이 생겼고 그 결과 불필요한 갈등이 유발되었다.
③ 개개인이 저마다 문제를 다르게 인식하면서 불필요한 갈등이 유발되었다.
④ 정보의 부족으로 인해 불필요한 갈등이 유발되었다.

※ 갈등의 두 가지 유형

- 불필요한 갈등 : 개개인이 저마다 문제를 다르게 인식하거나 정보가 부족한 경우, 편견 때문에 발생한 의견 불일치로 적대적 감정이 생길 때 일어난다.
- 해결할 수 있는 갈등 : 목표와 욕망, 가치, 문제를 바라보는 시각과 이해하는 시각이 다를 경우에 일어날 수 있는 갈등이다.

53 ③

출제의도

제시된 사례에 적용되지 않은 갈등해결 방법을 보기에서 찾는 문제로 갈등해결 방법을 숙지하고 각 사례별로 어떤 방법을 사용했는지 파악할 수 있어야 한다.

해 설

〈사례 1〉-다른 사람들의 입장을 이해한다.
〈사례 2〉-어려운 문제는 피하지 말고 맞선다.
〈사례 3〉-마음을 열어놓고 적극적으로 경청한다.

54 ②

출제의도

팀워크에 대한 올바른 이해와 함께 일상적인 업무 상황에서 이를 적용할 수 있는 능력이 필요하다.

해 설

팀워크는 팀이 협동하여 행하는 동작이나 또는 그들 상호 간의 연대를 일컫는다. 따라서 아무리 개인적으로 능력이 뛰어나다 하여도 혼자서 일을 처리하는 사람은 팀워크가 좋은 사람이라고 볼 수 없다. 따라서 정답은 ②번이다.

55 ③

출제의도

리더십의 유형을 묻는 문제로 사례를 통해 특정 리더십을 파악할 수 있어야 한다.

해 설

③ 조직구성원들이 신뢰를 가질 수 있는 카리스마와 함께 조직변화의 필요성을 인지하고 그러한 변화를 나타내기 위해 새로운 비전을 제시하는 능력을 갖춘 리더십을 말한다.

56 ④

출제의도

협상전략의 4가지 방법과 각 사례를 바르게 연결한 보기를 고르는 문제로 각 방법의 특징을 숙지하고 이를 사례에 적용할 수 있는 능력이 요구된다.

해 설

㉣-협력전략, ㉠-유화전략, ㉡-회피전략, ㉢-강압전략

57 ①

출제의도

제시된 사례를 보고 적절하지 않은 동기유발 방법을 고르는 문제로 각각의 방법을 확실하게 이해하고 있다면 쉽게 풀 수 있는 문제다.

해 설

① 한시적으로 교육하기보다 지속적으로 교육한다.
② 긍정적 강화법을 사용한 사례이다.
③ 창의적인 문제해결법을 사용한 사례이다.
④ 과감한 변화를 도입한 사례이다.

58 ④

출제의도

리더가 효과적인 변화관리를 하기 위해 거쳐야 할 세 가지 단계에 대한 문제로 각 단계별 특징을 이해해야 풀 수 있는 문제다.

해 설

㉠-변화이해, ㉢-변화인식, ㉡-변화수용
※ 리더가 효과적인 변화관리를 하기 위한 세 가지 단계 … 변화이해 → 변화인식 → 변화수용

59 ②

출제의도

상대방을 설득시키기 위한 전략으로는 여러 가지 방법이 있다. 각각의 설득전략에 대한 이해와 함께 사례에 적용할 수 있는 능력이 필요하다.

해 설

① 사회적 입증 전략
③ 연결 전략
④ 헌신과 일관성 전략

---

60 ①

출제의도

고객 불만 처리 프로세스의 각 단계별 특징을 이해하고 이를 실제 사례에 적용할 수 있어야 풀 수 있는 문제로 단계별 순서는 다음과 같다.

경청 → 감사와 공감표시 → 사과 → 해결약속 → 정보파악 → 신속처리 → 처리확인과 사과 → 피드백

해 설

② 해결약속, ③ 피드백, ④ 사과

※ 고객 불만 처리 프로세스 각 단계별 특징

㉠ 경청
- 고객의 항의를 경청하고 끝까지 듣는다.
- 선입관을 버리고 문제를 파악한다.

㉡ 감사와 공감표시
- 일부러 시간을 내서 해결의 기회를 준 것에 감사를 표시한다.
- 고객의 항의에 공감을 표시한다.

㉢ 사과 : 고객의 이야기를 듣고 문제점에 대한 인정과 잘못된 부분에 대해 사과한다.

㉣ 해결약속 : 고객이 불만을 느낀 상황에 대해 관심과 공감을 보이며 문제의 빠른 해결을 약속한다.

㉤ 정보파악
- 문제해결을 위해 꼭 필요한 질문만 하여 정보를 얻는다.
- 최선의 해결방법을 찾기 어려우면 고객에게 어떻게 해주면 만족스러운지를 묻는다.

㉥ 신속처리 : 잘못된 부분을 신속하게 시정한다.

㉦ 처리확인과 사과 : 불만처리 후 고객에게 처리 결과에 만족하는지를 물어본다.

㉧ 피드백 : 고객 불만 사례를 회사 및 전 직원에게 알려 다시는 동일한 문제가 발생하지 않도록 한다.

61 ②

출제의도

정보처리능력을 측정하는 문항으로 주어진 정보를 올바르게 분석하고 처리할 수 있는지를 평가하는 문항이다.

해 설

② 재고목록에 BB-37-KOR-3B-1502가 있는 것으로 보아 한국에서 생산된 것들 중에 3공장 B라인에서 생산된 것도 있다.

62 ②

출제의도

색인 활용을 통해 검색하고자 하는 정보를 올바르게 찾아낼 수 있는지를 평가하는 문항이다.

해 설

① 일본에서 생산된 제품은 8개이다.
③ 창고에 있는 데스크톱pc는 6개이다.
④ 2015년에 생산된 제품은 8개이다.

63 ④

출제의도

정보처리능력을 측정하는 문항으로서 주어진 정보를 분석하여 의미 있는 정보를 찾아낼 수 있는지를 평가하는 문항이다.

해 설

2015년 10월 9일 : 151009
필리핀 제1공장 : 4A
xs1 2TB : 01003
1584번째 품목 : 01584

64 ④

출제의도

주어진 정보를 분석하여 의미 있는 정보를 찾아내고 이를 업무 수행에 적절히 활용할 수 있는지를 평가하는 문항이다.

해 설

④ 05002이므로 HS 1TB이다.

---

65 ③

출제의도

분석한 정보를 토대로 오류값을 찾아내어 올바르게 수정할 수 있는지를 평가하는 문항이다.

해 설

③ 03001이므로 oz 500GB로 수정해야 한다.

---

66 ③

출제의도

분석한 정보를 토대로 오류값을 찾아내어 올바르게 수정할 수 있는지를 평가하는 문항이다.

해 설

2015년 9월 7일 제조 : 150907
한국 제4공장 : 1D
xs2 2TB : 02003
13698번째 품목 : 13698

---

67 ①

출제의도

제시된 조건을 참고하여 실제 인터넷 정보검색 시 이를 올바르게 활용할 수 있는지 확인하는 문제다.

해 설

뇌파와 심박동에 대해 연구한 각각의 자료들을 모두 검색하는 것이므로 '뇌파'와 '심박동'이라는 단어가 하나라도 들어있는 웹문서는 모두 검색해야 한다. 따라서 OR 연산자를 사용하면 된다.

68 ④

출제의도

가장 보편적으로 사용되는 스프레드시트인 엑셀의 함수 활용능력을 측정하는 문제이다.

해 설

구하고자 하는 값은 "생산부 사원"의 승진시험 점수의 평균이다. 주어진 조건에 따른 평균값을 구하는 함수는 AVERAGEIF와 AVERAGEIFS인데 조건이 1개인 경우에는 AVERAGEIF, 조건이 2개 이상인 경우에는 AVERAGEIFS를 사용한다.

[=AVERAGEIFS(E3:E20,B3:B20,"생산부",C3:C20,"사원")]

E21 =AVERAGEIFS(E3:E20,B3:B20,"생산부",C3:C20,"사원")

	A	B	C	D	E
1					
2	성명	부서	직급	1차고과	승진시험
3	이한일	경리과	사원	72	83
4	김애란	생산부	사원	95	92
5	노소연	생산부	사원	76	87
6	황길호	총무부	사원	75	87
7	이성화	생산부	사원	55	93
8	강경식	생산부	사원	91	77
9	신민경	영업부	주임	67	82
10	이대욱	영업부	사원	67	92
11	정영진	경리과	주임	67	87
12	강현수	생산부	주임	82	92
13	노소연	생산부	사원	76	87
14	최한기	생산부	주임	85	96
15	민병철	총무부	주임	84	94
16	임홍삼	총무부	주임	75	77
17	황규하	총무부	주임	82	77
18	정영진	경리과	주임	67	87
19	마은성	회계과	주임	87	87
20	이성화	생산부	사원	55	93
21	생산부 사원 승진시험 평균				88.16667

69 ①

출제의도

간편하게 셀을 수정하는 엑셀편집 활용능력을 측정하는 문제이다.

해 설

텍스트 나누기 … 한 셀에 입력된 데이터를 여러 셀로 나누는 것

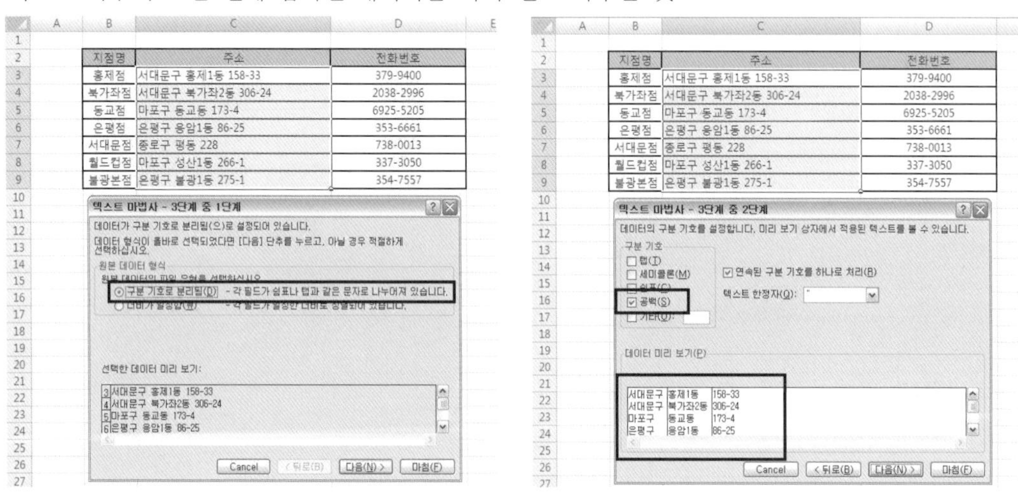

② 연속된 셀로 같은 값의 데이터를 채우는 것(셀의 오른쪽 하단의 까만 네모를 누르고 드래그)

③ 무작위로 섞여있는 열을 기준에 맞춰 정렬하는 기능(오름차순 정렬, 내림차순 정렬 등)

④ 하이퍼텍스트 문서 내의 요소를 그 하이퍼텍스 내의 다른 요소와 연결한 것(웹페이지, 그림, 전자메일 등)

70 ④

출제의도

알고리즘을 이해하고 주어진 정보로 알고리즘에 맞게 결과를 도출하는 능력을 측정하는 문항이다.

해 설

$n=1,\ A=3$

$n=1,\ A=2\cdot 3$

$n=2,\ A=2^2\cdot 3$

$n=3,\ A=2^3\cdot 3$

…

$n=11,\ A=2^{11}\cdot 3$

∴ 출력되는 A의 값은 $2^{11}\cdot 3$이다.

71 ③

출제의도

주어진 사용설명서를 이해하고 고객의 질문에 적절하게 답변할 수 있는가를 측정하는 문항이다.

해 설

③은 냄새가 나는 경우 확인해봐야 하는 사항이다.

72 ④

출제의도

주어진 사용설명서를 이해하고 문제 상황에 직면하였을 때 적절하게 대처할 수 있는가를 측정하는 문항이다.

해 설

④는 세척이 잘 되지 않는 경우의 조치방법이다.

73 ②

출제의도

주어진 사용설명서를 이해하고 해당 제품의 작동 방법을 제대로 알고 있는가를 측정하는 문항이다.

해 설

버튼 잠금 설정이 되어 있는 경우 '헹굼/건조'와 '살균' 버튼을 동시에 2초간 눌러서 해제할 수 있다.

74 ④

출제의도

보기 중에서 전화 응대 매뉴얼로 옳지 않은 행동을 고르는 문제다. 표가 제시되어 있지만 전화 응대 매뉴얼은 기업 현장에서 뿐만 아니라 일상생활에서도 가장 기본적인 예절 중 하나이므로 평소 바른 전화예절 방법을 알고 있다면 쉽게 풀 수 있다.

해 설

전화응대 시 상대방의 용건이 끝났음을 확인한 후 마무리 인사를 해야 한다. 정말 부득이한 경우에는 상대방에게 양해를 구한 후 동의를 받으면 다시 연락 드리겠다고 말한다.

75 ③

출제의도

상황별 전화 응대 매뉴얼에 대한 문제로 전화 응대 매뉴얼은 상황에 따라 여러 가지로 나눌 수 있다. 따라서 각 상황별 적절한 전화 응대법을 숙지하고 있어야 한다.

해 설

"전화 잘못 거셨습니다"라고 응대하는 것은 적절하지 않은 대응책이다. 잘못 연결된 전화일 때는 바로 끊지 않고 연결하려던 부서를 물어봐 원하는 곳으로 전화를 돌려준다.

---

76 ④

출제의도

제시된 표를 보고 해당 상황에 맞는 해결 방법을 찾는 문제로 이러한 문제는 제시된 표를 꼼꼼하게 확인해야 풀 수 있다.

해 설

④ 실내의 습도가 높지 않은지 살펴보는 것은 배출구에 이슬이 맺혔을 때의 조치사항이다.

---

77 ②

출제의도

제시된 표에서 각 상황별로 적절한 조치사항을 바르게 찾을 수 있어야 한다. 이런 문제에서는 다른 상황의 조치사항이 보기로 나오거나 해당 상황에 대한 조치사항을 변형시켜 보기로 내놓기 때문에 보기를 세심하게 확인해야 한다.

해 설

실내에 인원이 많은 것은 에어컨이 정상보다 시원하지 않는 것의 원인이 될 수 있다. 하지만 그렇다고 다른 사원들에게 외근을 종용하는 것은 바람직하지 않다.

---

78 ③

해 설

처음 상태와 나중 상태를 비교해 보았을 때, 2번, 4번 기계의 작동상태가 변화했고, 3번, 4번 기계가 회전되어 있는 상태이다. ◇와 ◆ 스위치로 3번, 4번 기계를 회전시킨 후 ◒로 2번, 4번 기계의 작동상태를 변화시키면 된다.

79 ④

해 설

처음 상태와 나중 상태를 비교해 보았을 때, 모든 기계의 작동상태가 변화했고, 1번, 3번 기계가 회전되어 있는 상태이다. 위와 같이 변화하기 위해서는 다음과 같은 두 가지 방법이 있다.

㉠ 1번, 3번 기계를 회전(★)시킨 후 ◓와 ◒으로 1~4번 기계의 작동 상태를 바꾸는 방법

㉡ 1번, 2번 기계를 회전(☆)시키고 2번, 3번 기계를 회전(◇)시킨 후 ○로 모든 기계의 작동 상태를 바꾸는 방법

80 ②

해 설

처음 상태와 나중 상태를 비교해 보았을 때, 2번, 4번 기계의 작동상태가 변화했고, 회전은 없었다. 위와 같이 변화하기 위해서는 다음과 같은 방법이 있다.

㉠ ☆, ★, ◇를 누르면 1-2회전, 1-3회전, 2-3회전으로 회전 변화가 없고, ◒로 2번, 4번 작동상태를 바꾸는 방법

㉡ 아무 회전버튼이나 같은 버튼을 두 번 누른 후, ○로 1~4번의 작동상태를 모두 바꾸고 ◓로 1번, 3번 작동상태를 바꾸는 방법

81 ①

출제의도

업무수행 계획을 수립할 때 간트 차트, 워크 플로 시트, 체크리스트 등의 수단을 이용하면 효과적으로 계획하고 마지막에 급하게 일을 처리하지 않고 주어진 시간 내에 끝마칠 수 있다. 본 문항은 그러한 수단이 되는 차트들의 이해도를 묻는 문항이다.

해 설

② 일반적으로 일의 절차 처리의 흐름을 표현하기 위해 기호를 써서 도식화한 것으로 일의 흐름을 동적으로 보여주는 데 효과적이다. 특히 각기 다른 도형들을 통해 주된 작업과 부차적인 작업, 혼자 할 수 있는 일과 협조가 필요한 일 등을 구분하여 표현할 수 있다.

③ 업무 결과를 점검하기 위해 작성하는 것으로 시간의 흐름을 표현하는 데에는 한계가 있으나 업무를 세부적으로 나누고 각 활동별로 수행수준을 달성했는지를 확인하는 데 효과적이다.

④ 통계적 방법을 이용한 계획 수립 및 관리기법으로 하나의 사업을 수행하는 데 필요한 다수의 세부 사업을 단계와 활동으로 세분하여 관련된 계획 공정으로 묶고, 각 활동의 소요시간을 낙관시간, 최가능시간, 비관시간 등 세 가지로 추정하고 이를 평균하여 기대시간을 추정한다.

82 ③

출제의도

기업 내의 각 조직마다 업무의 종류와 범위가 다르다. 자신이 속한 부서 외의 타 부서 업무까지 이해하고 있어야 효과적으로 업무를 수행할 수 있다. 본 문항은 각 부서의 업무의 개념, 종류, 특성 등을 구분할 수 있는가를 측정하는 문항이다.

해 설

조직기구의 업무분장 및 조절 등에 관한 사항은 인사부에서 관리한다.

※ 인사부의 업무

㉠ 조직기구의 개편 및 조정
㉡ 업무분장 및 조정
㉢ 인력수급계획 및 관리
㉣ 직무 및 정원의 조정 종합
㉤ 노사관리, 평가관리, 상벌관리
㉥ 인사발령
㉦ 교육체계 수립 및 관리
㉧ 임금 · 복리후생제도 및 지원업무
㉨ 퇴직관리 등

---

83 ④

출제의도

조직 내에서 사용되는 서류에 대한 이해도를 묻는 문항이다.

해 설

업무지시문에 첨부된 업무협조전 양식을 사용하여야 한다.

---

84 ①

출제의도

경영 전략을 수립하는 도구인 SWOT분석을 통해 주어진 환경을 파악하고 이를 분석하여 조직을 경영하는데 있어서 올바르게 적용하는 능력을 측정하는 문항이다.

해 설

소비자의 고급 아이스크림에 대한 선호도 증가라는 기회를 기존의 고급스럽고 부드러운 제품의 이미지를 부각시킨 광고로 소비자의 관심을 유도하는 것은 적절한 SO 전략이라 할 수 있다.

---

85 ②

출제의도

경영 전략을 수립하는 도구인 SWOT분석을 통해 주어진 환경을 파악하고 이를 분석하여 조직을 경영하는데 있어서 올바르게 적용하는 능력을 측정하는 문항이다.

해 설

남성 중심의 이미지를 탈피하기 위해 특별히 건강에 관심이 많은 여성 고객층을 대상으로 한 제품개발과 마케팅은 적절한 WO 전략이라 할 수 있다.

---

86 ③

출제의도

직장생활을 하며 필요한 일반적인 매너(명함수수법)를 이해하고 업무상황에서 올바르게 활용할 수 있는지 묻는 문항이다.

해 설

① 명함을 건넬 때는 양손으로 명함의 여백을 잡고 고객이 바로 볼 수 있도록 건넨다.
② 소속과 이름을 정확하게 밝히며 명함을 건넨다.
④ 명함을 받자마자 바로 넣는 것은 예의에 어긋나는 행동이다. 명함을 보고 가벼운 대화를 시작하거나 테이블 위에 바르게 올려두는 것이 좋다.

※ 명함 수수법
㉠ 명함을 동시에 주고받을 때는 오른손으로 주고 왼손으로 받는다.
㉡ 혹시 모르는 한자가 있는 경우 "실례하지만, 어떻게 읽습니까?"라고 질문한다.
㉢ 면담예정자 한 사람에 대하여 최소 3장 정도 준비한다.
㉣ 상대편의 여러 사람에게 건넬 때는 윗사람부터 건낸다.
㉤ 다른 회사를 방문한 경우에는 상대방보다 먼저 건낸다.
㉥ 선 자세로 교환하는 것이 예의이다.

87 ④

출제의도

경영자는 조직의 전략, 관리 및 운영활동을 주관하고, 조직구성원들과 의사결정을 통해 조직이 나아갈 바를 제시하고 조직의 유지와 발전에 대해 책임지는 사람이다. 조직의 규모기 커지게 되면 경영자의 역할을 구분하여 수행하게 되는데 이러한 경영자의 역할을 올바르게 구분할 수 있는지를 측정하는 문항이다.

해 설

민츠버그의 경영자 역할

㉠ 대인적 역할 : 상징자 혹은 지도자로서 대외적으로 조직을 대표하고 대내적으로 조직을 이끄는 리더로서의 역할

㉡ 정보적 역할 : 조직을 둘러싼 외부 환경의 변화를 모니터링하고, 이를 조직에 전달하는 정보전달자로서의 역할

㉢ 의사결정적 역할 : 조직 내 문제를 해결하고 대외적 협상을 주도하는 협상가, 분쟁조정자, 자원배분자로서의 역할

---

88 ①

출제의도

조직은 목적과 목표를 가지고 있으며, 이를 달성하기 위해 다양한 조직구조를 사용한다. 이렇게 조직이 형성되고 발전되면 조직구성원들이 공유하는 가치관, 신념, 규범 등의 조직문화가 형성되게 된다. 또한 조직의 효율성을 높이기 위해서 규칙과 규정을 제정하고 업무를 분화한다. 본 문항은 한 조직의 구성원으로서 조직의 구조와 목적, 체제 구성요소, 규칙, 규정 등 자신이 속한 조직의 체제를 제대로 이해하고 있는지에 대해 묻는 문항이다.

해 설

조직체제 구성요소

㉠ 조직목표 : 조직이 달성하려는 장래의 상태로 조직이 존재하는 정당성과 합법성을 제공한다. 전체 조직의 성과, 자원, 시장, 인력개발, 혁신과 변화, 생산성에 대한 목표가 포함된다.

㉡ 조직구조 : 조직 내의 부문 사이에 형성된 관계로 조직목표를 달성하기 위한 조직구성원들의 상호작용을 보여준다. 조직구조는 결정권의 집중정도, 명령계통, 최고경영자의 통제, 규칙과 규제의 정도에 따라 달라지며 구성원들의 업무나 권한이 분명하게 정의된 기계적 조직과 의사결정권이 하부 구성원들에게 많이 위임되고 업무가 고정적이지 않은 유기적 조직으로 구분될 수 있다. 조직의 구성은 조직도를 통해 쉽게 파악할 수 있는데, 이는 구성원들의 임무, 수행하는 과업, 일하는 장소 등을 파악하는데 용이하다.

㉢ 조직문화 : 조직이 지속되게 되면서 조직구성원들 간에 공유되는 생활양식이나 가치로 조직구성원들의 사고와 행동에 영향을 미치며 일체감과 정체성을 부여하고 조직이 안정적으로 유지되게 한다. 최근 조직문화에 대한 중요성이 부각되면서 긍정적인 방향으로 조성하기 위한 경영층의 노력이 이루어지고 있다.

㉣ 조직의 규칙과 규정 : 조직의 목표나 전략에 따라 수립되어 조직구성원들의 활동범위를 제약하고 일관성을 부여하는 기능을 하는 것으로 인사규정, 총무규정, 회계규정 등이 있다. 특히 조직이 구성원들의 행동을 관리하기 위하여 규칙이나 절차에 의존하고 있는 공식화 정도에 따라 조직의 구조가 결정되기도 한다.

---

89 ①

출제의도

식스시그마에 대한 이해와 조직 내 부서들의 역할을 이해하고 있는지를 묻는 문항이다.

해 설

식스시그마란 모든 프로세스에 적용할 수 있는 전방위 경영혁신 운동으로, 1987년 미국의 마이클 해리가 창안한 품질경영 혁신기법이다. 이는 결점을 제로에 가깝게 줄이는 목표를 가리키며 식스시그마의 목적은 제공하는 제품이나 서비스가 고객 요구를 만족시키거나 혹은 그것을 초과 달성하도록 하는데 있다. 따라서 사장 직속의 경영혁신본부에서 담당하는 것이 가장 적절하다.

---

90 ③

출제의도

조직도를 보고 조직의 체계를 이해하고 있는 지와, 조직 간의 관계를 이해하는 능력을 묻는 문항이다.

해 설

경영혁신본부, 경영본부, 운영본부 모두 사장직속으로 편제되어 있다.

91 ②

출제의도

기업윤리를 바탕으로 직장생활에서 윤리경영을 실천하는 올바른 방법에 대해 묻는 문제이다.

해 설

거래처 담당자가 선물을 몰래 놓고 갔을 경우에는 담당자에게 연락하여 돌려주고 반드시 상사에게도 보고하여야 한다.

92 ④

출제의도

기업윤리를 이해하고 사회적 책임에 대해 올바르게 파악하고 있는지 확인하는 문제이다.

해 설

기업의 사회적 책임 유형

㉠ 대외적 윤리 : 대리인 문제, 소비자에 대한 윤리 문제, 정부와 사회에 대한 책임

㉡ 대내적 윤리 : 종업원에 대한 공정한 대우, 노조에 대한 책임 등

93 ②

출제의도

근로윤리에 대한 기본적인 개념을 파악하고 있어야 한다.

해 설

주어진 설명에서 뛰어난 업무 추진능력으로 성과를 높인다고 하였으므로 이를 근로윤리를 위배한 것이 아니다.

94 ④

출제의도

직업윤리에 대한 올바른 이해와 직업별 윤리에 대한 이해를 측정하는 문항이다.

해 설

직업별 윤리에는 노사 관계에서의 근로자 및 기업가의 윤리, 공직자의 윤리, 직종별 특성에 맞는 법률, 법령, 규칙, 윤리 요강, 선언문 등의 행위 규범이 있다.

95 ①

출제의도

직업관 및 직업의식에 대한 이해를 확인하는 문항이다.

해 설

각자가 말한 직업관은 다음과 같은 의미로 해석할 수 있다.

- 소명의식 : 자신이 맡은 일은 하늘에 의해 맡겨진 일이라고 생각하는 태도
- 천직의식 : 자신의 일이 자신의 능력과 적성에 꼭 맞는다 여기고 그 일에 열성을 가지고 성실히 임하는 태도
- 직분의식 : 자신이 하고 있는 일이 사회나 기업을 위해 중요한 역할을 하고 있다고 믿고 자신의 활동을 수행하는 태도
- 전문가의식 : 자신의 일이 누구나 할 수 있는 것이 아니라 해당 분야의 지식과 교육을 밑바탕으로 성실히 수행해야만 가능한 것이라 믿고 수행하는 태도

96 ④

출제의도

자기계발을 위한 직업관에 대해 묻는 문제이다.

해 설

주어진 내용에서 A는 바나나 재배에 관한 끊임없는 도전과 노력 그 자체에서 직업 생활의 보람을 찾고 있다.

97 ③

출제의도

직업인이라면 반드시 지켜야 할 공통적인 윤리규범으로서의 직업윤리에 대한 이해가 필요하다.

해 설

㉡ 직업윤리의 특수성에 대한 내용으로, 특수한 윤리가 필요한 직업은 점차 늘어나고 있는 추세이나 이런 특수성은 보편적인 윤리를 바탕으로 정립되어야 한다.

---

98 ②

출제의도

직장생활에 필요한 공동체윤리를 실천하는 방법에 대한 이해가 필요하다.

해 설

제시문은 직장에서의 원만한 인간관계에 대한 내용으로, 이를 위해서는 화합하고 협동하는 자세가 필요하다.

---

99 ④

출제의도

직업의식에 대한 올바른 이해가 필요하다.

해 설

㉠ 직업은 명예와 부를 획득하기 위한 수단적 행위로 보기 어렵다.

㉢ 예를 통해 나누어지는 사회적 역할을 강조하는 것은 주어진 상황의 A에 대한 조언으로 알맞지 않다.

100 ②

출제의도

직업관 및 직업의식에 대한 이해를 확인하는 문제이다.

해 설

① 소득을 획득하여 생계유지 수단으로 생각하는 것은 C의 직업관이다.

③ C는 수단적 직업관을 가지고 있으며, 직업을 출세나 생계유지와 같은 명예와 부를 획득하는 수단으로 여기고 있다.

④ 사회에 기여하고자 보람을 얻는 활동으로 생각하는 것은 B의 직업관이다.

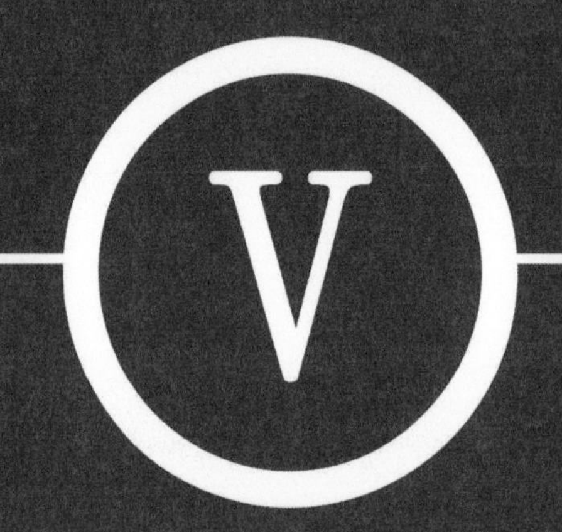

PART V

부록

최신기출문제를 자세한 해설과 함께 수록하여
최신경향 파악 및 출제유형을 확인할 수 있습니다.

부록

NCS 직업기초능력평가 기출문제분석

NCS 직업기초능력평가 기출문제분석

〈IBK기업은행〉

1 갑과 을이 가입한 금융 상품에 대한 설명으로 옳은 것은? (단, ㈎, ㈏는 각각 단리와 복리 중 하나에 해당한다)

> • 갑은 3년 전 100만 원으로 3년 만기의 연 4% 약정된 ㈎이자가 적용되는 △△은행의 정기 예금 상품에 가입하여 1,123,864원을 받을 예정이다.
> • 을은 3년 전 100만 원으로 3년 만기의 연 4% 약정된 ㈏이자가 적용되는 ㅁㅁ은행의 정기 예금 상품에 가입하여 1,120,000원을 받을 예정이다.
>
> ※ 갑, 을의 정기 예금 가입 기간 중 연간 물가 상승률은 5%임
> ※ 세금 및 거래 비용은 고려하지 않음

① ㈎는 원금에 대해서만 이자를 계산하는 방식이다.
② ㈏는 원금뿐만 아니라 발생한 이자에 대해서도 이자를 계산하는 방식이다.
③ 갑이 가입한 상품은 을이 가입한 상품과 달리 입출금이 자유로운 예금이다.
④ 갑과 을이 가입한 금융 상품의 만기가 5년으로 늘어난다면 만기에 받을 수 있는 원리금의 격차는 커진다.
⑤ 을이 가입한 상품은 정부, 주식회사, 지방자치단체가 발행하는 상품이다.

해 설

단리는 원금에 대해서만 이자를 계산하는 방법이고, 복리는 발생한 이자와 원금 모두에 대해서 이자를 계산하는 방법이다. 갑이 가입한 상품은 연 4%의 복리 이자가 적용되는 것으로 3년 만기 시 받을 수 있는 금액은 100만원$\times(1+0.04)^3$으로 1,124,864원이다. 을이 가입한 상품은 연 4%의 단리 이자가 적용되는 것으로 3년 만기 시 받을 수 있는 금액은 1,120,000원이다. 만약 금융 상품의 만기가 5년으로 늘어난다면 갑은 100만원$\times(1+0.04)^5$로 약 1,216,653원을 받을 수 있고, 을은 1,200,000원을 받을 수 있다. 이 경우가 만기가 3년인 경우보다 갑과 을이 받을 수 있는 원리금의 격차는 더 커진다.

① 갑이 가입한 상품은 복리로 이자가 적용되는 금융 상품이다.
② 을이 가입한 상품은 단리로 이자가 적용되는 금융 상품이다.
③ 갑과 을은 모두 정기 예금 상품에 가입하였다. 이는 저축성 예금으로 입출금이 자유로운 보통 예금(요구불 예금)과 그 성격이 다르다.
⑤ 정부, 주식회사, 지방자치단체가 발행하는 상품은 채권이다.

〈경북문화재단〉

2 아래의 글에서 밑줄 친 용어 ㉠을 대체할 수 있는 말로 가장 적절한 것은?

> 20세기 미술의 특징은 무한한 다원성에 있다. 어떤 내용을 어떤 재료와 어떤 형식으로 작품화하건 미술적 창조로 인정되고, ㉠ 심지어 창작 행위가 가해지지 않는 것도 작품의 자격을 얻을 수 있어서, '미술'과 '미술 아닌 것'을 객관적으로 구분해 주는 기준이 존재하지 않게 된 것이다. 단토의 '미술 종말론'은 이러한 상황을 설명하기 위한 미학 이론 중 하나이다. 단어가 주는 부정적 어감과는 달리 미술의 '종말'은 결과적으로 모든 것이 미술 작품이 될 수 있게 된 개방적이고 생산적인 상황을 뜻한다.

① 게다가
② 더하여
③ 상당히
④ 부단히
⑤ 하물며

해 설

심지어는 '더욱 심하다 못하여 나중에는'이라는 의미로 쓰이며, 대체할 수 있는 말은 더더욱, 하물며이다.
① 게다가는 '그러한 데다가'의 의미로 쓰인다.
② 더하여는 '더 보태어 늘리거나 많게 하는' 의미로 쓰인다.
③ 상당히는 '수준이나 실력이 꽤 높다'는 의미로 쓰인다.
④ 부단히는 '꾸준한, 끊임없이'라는 의미로 쓰인다.

Answer 1.④ 2.⑤

〈코레일네트웍스〉

3 귀하는 코레일네트웍스에서 아래의 공모전을 준비하고 있는 담당자이다. 공모전의 공고문을 보고 나눈 대화로 옳지 않은 것은?

> 제9회 어(語)울림 공모전 시행을 알려드립니다.
> 1. 공모기간 : 2020.08.03.(월) ~ 08.14.(금) 18:00
> 2. 주제 : '가을'을 주제로 감동, 희망, 행복을 주는 글
> 3. 시상내역 : 당선작 1작품(상금 20만 원), 가작 5작품(상금 각 10만 원)
> 4. 응모문안 : 개인창작 문안으로 한글 자수 30자 이내, 띄어쓰기 불포함
> 5. 접수방법 : 이메일(○○○@korailnetworks.com)
> 6. 제출자료 : 응모 신청서(첨부)
>
> 〈창작작품 서약사항〉
>
> ○ 제출한 작품은 미발표된 순수 창작물이며 작품과 모든 제출 문서는 허위 사실이 없음
> ○ 차후 문제가 발생할 경우 관련된 일체의 법적·도덕적 책임은 본인에게 있음
> ○ 접수된 작품은 반환되지 않아도 이의를 제기하지 않으며 접수된 작품에 대한 저작권 등 지적재산권 및 일체의 권리는 코레일네트웍스(주)에 귀속됨

① 부장 : 공고문에 참여대상이 나와 있지 않은데요?
담당자 : 참여대상은 국민 누구나 참여 가능하며 이 내용을 반영하여 별도의 포스터를 배포할 예정입니다.

② 부장 : 서약사항은 어떻게 확보할 예정입니까?
담장자 : 응모 신청서의 별지로 첨부하여 서명을 받겠습니다.

③ 부장 : 접수 기간이 2주가 안되는데 많은 사람들이 신청을 할지 의문입니다.
담당자 : 9회째 공모전을 시행하고 있으므로 상당 수 국민들에게 홍보가 되어 있다고 생각합니다.

④ 부장 : 응모문안이 이해가 안 될 수 있을 것 같은데 예시를 들어주는 건 어떨까요?
담당자 : "가을은 코스모스의 계절, 아름다운 가을을 맞이하여 KTX를 타고 떠나는 가을 여행을 만끽해보세요"

⑤ 부장 : 다음 공모전 때는 시상내역을 확대하는 방안을 검토해보세요.
담당자 : 현재 편성된 예산은 총 70만 원이나, 차기 공모전은 예산을 확보해보도록 하겠습니다.

해 설

제9회 어(語)울림 공모전의 응모문안은 개인창작 문안으로 한글 자수 30자 이내(띄어쓰기 불포함)이다. 담당자가 예시한 문안은 30자를 초과하여 예시문으로 부적절하다.

〈성남도시개발공사〉

4 다음 괄호 안에 들어갈 말로 알맞은 것은?

(　　　　　　)은/는 경력 발전 등을 위해 한 구성원이 여러 직무를 차례로 경험하도록 하여 능력과 자질을 높이고자 하는 인사관리 방법을 말한다. 이는 조직구성원의 배치를 단순하게 바꾸는 것을 말하는 것이 아니라, 구성원의 배치전환을 계획적으로 수행하는 인사관리 수단이다. 오랫동안 특정한 직무 영역에 종사하게 되면 전문성은 높아질 수 있으나 시야가 좁아질 우려가 있기에, 특히 폭넓은 시야와 판단을 필요로 하는 관리자의 양성 방법으로 많이 사용된다.

① 다운사이징
② 조직개편
③ 직무순환
④ 리더십
⑤ 관료제

해 설

직무순환은 구성원의 경력 발전 등을 위해 배치전환을 계획적으로 수행하는 인사 관리 수단이다. 직무순환을 통해 여러 직무를 차례로 경험함으로써 능력과 자질을 함양시킬 수 있는 장점이 있다.

Answer 3.④ 4.③

〈한국사학진흥재단〉

5 다음의 글을 읽고 물음에 답하시오.

1 고대 중국에서 '대학'은 교육 기관을 가리키는 말이었다. 이 '대학'에서 가르쳐야 할 내용을 전하고 있는 책이 「대학」이다. 유학자들은 「대학」의 '명명덕(明明德)'과 '친민(親民)'을 공자의 말로 여기지만, 그 해석에 있어서는 차이가 있다. 경문 해석의 차이는 글자와 문장의 정확성을 따지는 훈고(訓詁)가 다르기 때문이기도 하지만 해석자의 사상적 관심이 다르기 때문이기도 하다.

2 주희와 정약용은 '명명덕'과 '친민'에 대해 서로 다르게 해석한다. 주희는 '명덕(明德)'을 인간이 본래 지니고 있는 마음의 밝은 능력으로 해석한다. 인간이 올바른 행동을 할 수 있는 것은 명덕을 지니고 있어서인데 기질에 가려 명덕이 발휘되지 못하게 되면 잘못된 행동을 하게 된다. 따라서 도덕적 실천을 위해서는 명덕이 발휘되도록 기질을 교정하는 공부가 필요하다. '명명덕'은 바로 명덕이 발휘되도록 공부한다는 뜻이다. 반면, 정약용은 명덕을 '효(孝), 제(第), 자(慈)'의 덕목으로 해석한다. 명덕은 마음이 지닌 능력이 아니라 행위를 통해 실천해야 하는 구체적 덕목이다. 어떤 사람을 효자라고 부르는 것은 그가 효를 실천할 수 있는 마음의 능력을 가지고 있어서가 아니라 실제로 효를 실천했기 때문이다. '명명덕'은 구체적으로 효, 제, 자를 실천하도록 한다는 뜻이다.

3 유학자들은 자신이 먼저 인격자가 될 것을 강조하지만 궁극적으로는 자신뿐 아니라 백성 또한 올바른 행동을 할 수 있도록 이끌어야 한다는 생각을 원칙으로 삼는다. 주희도 자신이 명덕을 밝힌 후에는 백성들도 그들이 지닌 명덕을 밝혀 새로운 사람이 될 수 있도록 가르쳐야 한다고 본다. 백성을 가르쳐 그들을 새롭게 만드는 것이 바로 신민(新民)이다. 주희는 「대학」을 새로 편찬하면서 고본(古本) 「대학」의 '친민'을 '신민'으로 고쳤다. '친(親)'보다는 '신(新)'이 백성을 새로운 사람으로 만든다는 취지를 더 잘 표현한다고 보았던 것이다. 반면, 정약용은 친민을 신민으로 고치는 것은 옳지 않다고 본다. 정약용은 '친민'을 백성들이 효, 제, 자의 덕목을 실천하도록 이끄는 것이라 해석한다. 즉 백성들로 하여금 자식이 어버이를 사랑하여 효도하고 어버이가 자식을 사랑하여 자애의 덕행을 실천하도록 이끄는 것이 친민이다. 백성들이 이전과 달리 효, 제, 자를 실천하게 되었다는 점에서 새롭다는 뜻은 있지만 본래 글자를 고쳐서는 안 된다고 보았다.

4 주희와 정약용 모두 개인의 인격 완성과 인륜 공동체의 실현을 이상으로 하였다. 하지만 그 이상의 실현 방법에 있어서는 생각이 달랐다. 주희는 개인이 마음을 어떻게 수양하여 도덕적 완성에 이를 것인가에 관심을 둔 반면, 정약용은 당대의 학자들이 마음 수양에 치우쳐 개인과 사회를 위한 구체적인 덕행의 실천에는 한 걸음도 나아가지 못하는 문제를 바로잡고자 하는 데 관심이 있었다.

윗글을 읽고 추론한 내용으로 가장 적절한 것은?

① '대학'은 백성을 가르치기 위해 공자가 건립한 교육 기관이다.
② 주희는 사람들이 명덕을 교정하지 못하여 잘못된 행위를 한다고 보았다.
③ 주희와 정약용의 경전 해석에서 글자의 훈고에 대해서는 언급되지 않았다.
④ 주희와 정약용 모두 도덕 실천이 공동체 차원으로 확장되어야 한다고 보았다.
⑤ 정약용의「대학」해석에는 마음 수양의 중요성에 대한 그의 관심이 반영되었다.

해 설

3문단에서 '유학자들은 자신이 먼저 인격자가 될 것을 강조하지만 궁극적으로는 자신뿐 아니라 백성 또한 올바른 행동을 할 수 있도록 이끌어야 한다는 생각을 원칙으로 삼는다.'고 제시되어 있다. 여기서 유학자들에는 주희와 정약용이 포함되며, 인격자와 올바른 행동은 모두 도덕 실천에 해당한다는 것을 추론할 수 있다. 결론적으로 주희와 정약용은 모두 자신이 인격자가 되는 개인적인 도덕 실천을 백성 또한 올바른 행동을 할 수 있도록 이끌어야 한다고 보는 것이다. 즉 도덕 실천(올바른 행동)이 공동체 차원(백성들)으로 확장되어야 한다고 보는 것이다.

① 1문단을 포함한 지문 전체에서 공자를 언급한 부분은 '유학자들은「대학」의 명명덕과 친민을 공자의 말로 여긴다'는 것 뿐이다. 이 내용만으로 공자가 '대학'을 건립했는지는 알 수 없다.
② 2문단에서는 명덕은 사람들이 본래 가지고 있는 밝은 능력인데 기질, 즉 성격 때문에 발휘되지 못할 때 잘못된 행동을 하게 된다고 제시되어 있다.
③ 3문단의 친민에 대한 해석 부분에서는 주희와 정약용 모두 '친'과 '신'이라는 글자의 정확성을 따지는 훈고를 언급했다.
⑤ 4문단에 따르면 마음 수양의 중요성에 대해 관심을 가진 것은 정약용이 아니라 주희임을 알 수 있다. 정약용의 관심은 구체적인 덕행의 실천을 하지 못하는 문제를 바로잡고자 하는 데 있다.

Answer 5.④

〈한국산업단지공단〉

6 다음 글의 내용과 일치하지 않는 것은?

산업단지는 우리나라 수출산업의 전진기지다. 1967년 구로1공단(한국수출산업공업단지)을 시작으로 조성된 국가산업단지는 47개에 이른다.
올해 2월 기준 한국산업단지공단이 관할하는 65개 산업단지 생산액은 39조원 규모다. 전월보다 6.4% 감소했고 수출도 7% 감소한 122억 달러, 고용은 0.2% 감소한 103만 명, 가동률은 0.2%p 감소한 76.6%로 위축됐다.
3월부터 코로나19 글로벌 확산이 본격화하면서 2분기 이후 산업단지 입주기업에 직접적인 피해 발생이 불가피한 상황이다.
주요 산업단지별로 보면 서울디지털산업단지는 소프트웨어(SW) · 정보통신업은 다소 긍정적이지만 전기전자와 섬유는 둔화했다. 생산은 2.15% 증가한 1조227억 원, 수출 1.2% 증가한 3억1천600만 달러, 고용 0.1% 감소한 14만6천 명, 가동률은 0.4%p 증가한 56.8%를 기록했다.
반월 · 시화는 수출과 가동률이 각각 1.2%와 1.1%p 증가한 7억7천200만 달러와 68.9%로 나타났다. 생산과 고용은 각각 0.2%와 0.1% 감소한 4조9천482억 원과 23만8천 명을 기록했다.
구미는 신규 휴대폰 출시로 수출이 40.6% 늘어난 15억2천200만 달러를 기록했고 생산과 가동률도 10% 내외 증가했다. 고용은 2.6% 감소한 8만 명으로 나타났다.
여수는 수요급감과 유가 하락으로 가동 중단과 감산이 불가피했다. 생산과 수출이 10% 내외 감소했다. 2분기에도 석유화학업종의 불황 체감도는 1분기보다 높아질 전망이다.
창원은 생산, 수출, 고용이 감소했다. 2분기에도 자동차 · 조선 · 건설 등 전방산업 부진과 수요급감으로 기계산업 전반에 부진이 예상된다.
울산 · 온산은 2월부터 석유화학 · 조선 · 자동차 등 주력산업 침체가 본격화하는 등 다른 산업단지에 비해 생산과 수출 감소세가 빠르게 진행 중이다.
정부는 코로나19 사태로 인한 피해를 최소화하고 조기에 극복하기 위해 산업단지 주력업종을 중심으로 동향을 파악하고 위험 요인을 점검 · 관리하는 등 기업 애로를 발굴해 해결한다는 계획이다. 특히, 수급차질, 물류 · 통관 애로, 법적 분쟁 등 산업단지 현장에서 겪는 애로를 발굴해 '수급대응지원센터', 수출전문 지원기관과 연계한 현장 밀착형 지원에 나섰다.
산업단지 통계자료를 분석해 수출입 규모와 특정 품목 및 국가 의존도 등을 종합적으로 고려해 수출중소기업이 신흥시장 개척을 위한 전략계획을 세울 수 있도록 지원할 계획이다.
또 특정국에 부품 의존도가 높은 산업을 분석해 신남방, 소부장 선진국을 중심으로 신규 글로벌 공급망을 확보하고 핵심부품과 소재를 조기 국산화할 수 있도록 지원한다.
산업부는 산업단지 주력산업 · 업종별 특성을 고려해 코로나19 피해복구 차원의 일시적 긴급 지원과 포스트 코로나를 대비한 산업 경쟁력 강화 기반을 마련할 수 있도록 지원할 계획이다.
산업부는 또 지난달 업무연속성계획(BCP) 가이드라인을 개정 · 배포했다. 산업단지 기업성장지원단, 수출지원단 등 현장 자원 중심의 전문가를 활용해 BCP를 자체적으로 수립하고 적용할 수 있도록 지원한다는 방침이다.

① 2월 기준 한국산업단지공단이 관할하는 산업단지의 평균 생산액은 600억이다.
② 생산, 수출, 고용이 모두 감소한 곳은 창원이다.
③ 반월과 시화의 수출과 가동률 대비 생산과 고용의 감소율 차이는 모두 1% 미만이다.
④ 구미의 생산과 가동률 증가율의 합은 수출 증가율보다 낮게 나타난다.
⑤ 수급대응지원센터, 수출 전문 지원기관과 연계한 현장 밀착형 지원이 추진중이다.

해 설

반월과 시화의 수출과 가동률은 각각 1.2%, 1.1% 증가하였고, 생산과 고용은 0.2%, 0.1% 감소하여 차이는 공통적으로 1.0%다.

① 2월 기준 한국산업단지공단이 관할하는 65개 산업단지 생산액은 39조원이므로 평균 생산액은 600억이다.
② 생산, 수출, 고용이 모두 감소한 곳은 창원으로 명시되어 있다.
④ 수출 증가율은 40.6%로 매우 높게 나타나며 생산과 가동률은 10% 내외로 증가하였다.
⑤ 수급 차질, 물류·통관 애로, 법적 분쟁 등 산업단지 현장에서 겪는 애로를 발굴해 '수급대응지원센터', 수출 전문 지원기관과 연계한 현장 밀착형 지원이 추진중이다.

Answer 6.③

〈한국해양과학기술원〉

7 다음 글을 읽고 평가한 것으로 적절하지 않은 것은?

해양수산부와 한국해양과학기술원은 해양수산부 연구개발(R&D) 사업으로 개발된 수중건설로봇(Remotely Operated Vehicle)이 7월 말 경남 거제시 해저 상수관 매설공사에 투입된다고 밝혔다.

해양수산부와 한국해양과학기술원은 수중건설로봇 제작 기술의 국산화를 위해 2013년부터 '해양개발용 수중건설로봇 개발사업'을 추진하여 2018년에 수중건설로봇 3종*을 개발하였다. 이후 2019년 5월 민간기업에 기술을 이전하고, 성능 개선과 현장 실적 확보를 위해 '수중건설로봇 실증 및 확산 사업('19~'22)'을 추진하여 국내외 건설시장 진출을 위한 시장 경쟁력 확보에도 박차를 가하고 있다.

* 경작업용 로봇(URI-L : Underwater Robot It's Light work class ROV), 중작업용 로봇(URI-T : Underwater Robot It's Trencher), 트랙기반 중작업용 로봇(URI-R : Underwater Robot It's Rocker)

그동안 해저관로 매설공사를 할 때 잠수사가 직접 들어가 배관 매설, 해저면 정리, 사석 고르기 등의 작업을 했으나, 강한 조류, 어구, 선박의 앵커 등으로 인해 잠수사 투입이 어려워 공사가 지연되는 경우가 자주 있었고, 잠수사의 안전을 보장하기 어려운 상황도 종종 발생하였다.

반면, 수중건설로봇은 강한 조류 시에도 투입이 가능하고, 어구나 선박 앵커 등 장애물도 쉽게 치울 수 있어 그간의 문제점들을 해결할 수 있으며, 수중환경을 실시간으로 전송하는 360도 영상 촬영기능 등이 있어 더욱 신속하고 정확한 작업이 가능하다. 또한, 잠수사의 감각에 의존하여 해저관로를 매설하는 것과는 달리 수중로봇에 탑재된 센서 등 첨단장비를 활용하면 공사의 정확도와 품질을 크게 높일 수 있게 된다.

이번 경남 거제시 해저 상수관 매설공사*에는 수중건설로봇 URI-T, URI-R 등이 투입되어 일운면 미조리부터 지심도까지 2.3km 구간의 매설공사를 진행할 예정이다.

* 발주처 : 거제시청 / 금액 : 16억 원 / 기간 : 2020.7.~10. / 물량 : 상수관로(이중관) 4.6km 매설

URI-T는 우수한 정밀제어 및 정밀항법기능 등을 갖춰 해외 경쟁사 제품보다 매설속도가 약 2배 빠르며*, 이번 공사 외에 베트남 송유관 매설 공사에도 투입(2020. 8.~)될 예정인 바, 해외건설 현장에도 진출하는 성과를 달성하게 되었다. URI-R은 세계 최초로 암파쇄기와 트랜칭 커터** 등 여러 작업기구를 교체할 수 있는 기능을 보유하고 있어 매설속도와 깊이***에서 뛰어난 성능을 자랑한다.

* URI-T : 최대 1시간에 2km 매설 / 영국 P사 T800 : 최대 1시간에 1km 매설

** 암파쇄기 : 단단한 암반을 깰 수 있는 작업 기구 / 트랜칭 커터 : 단단한 흙이나 암반을 도랑 형태로 파낼 수 있는 쇠톱 형태의 작업 기구

*** (매설속도, 깊이) URI-R : 300m/1시간, 2.5m / 영국 S사 CBT800 : 250m/1시간, 2m

해양수산부는 "수중건설로봇의 현장 투입은 우리 수중로봇기술이 단순 연구개발(R&D) 수준을 넘어 실제 산업현장에서 상용화되는 첫 걸음이라 할 수 있으며, 본격적으로 보급되면 연간 100억 원 이상의 해외장비 임대비용을 절감하게 될 것으로 기대된다."라며, "앞으로도 수중로봇을 비롯한 각종 첨단해양 무인장비들이 성공적으로 상용화될 수 있도록 적극 지원하겠다."라고 말했다.

① A : 수중건설로봇은 외국과의 기술제휴를 바탕으로 2018년 3종을 개발하였는데, 경작업용 로봇, 중작업용 로봇, 트랙기반 중작업용 로봇이다.

② B : 수중건설 로봇 개발로 잠수사의 안전을 보장하는 데 기여할 수 있을 것이다.

③ C : 수중건설 로봇은 360도 영상 촬영 기능을 통해 인간의 감각에 의존하는 한계를 극복할 수 있다.

④ D : 영국 P사 T800이 최대 1시간에 1km 매설할 수 있는 것에 비해 URI-T는 최대 1시간에 2배를 매설할 수 있다.

⑤ E : 수중건설로봇의 개발 및 현장 투입으로 연간 100억 원 이상의 해외장비 임대비용을 절감하게 될 것이라는 관측이 있다.

해 설

해양수산부와 한국해양과학기술원은 수중건설로봇 제작 기술의 국산화를 위해 2013년부터 '해양개발용 수중건설로봇 개발사업'을 추진하여 2018년에 수중건설로봇 3종을 개발하였다. 즉, 외국과의 기술제휴가 아닌 기술의 국산화를 위한 것이다.

Answer 7.①

〈한국공항공사〉

8 한국공항공사의 SWOT분석에 대한 A~E의 평가로 적절한 것은?

강점(Strength)	약점(Weakness)
굳건한 항공 네트워크 산업의 협력 체계 공익성을 고려한 균형 성장	저비용 항공사 지원 열악 국내선 위주의 항로 운영
기회(Opportunity)	**위협(Threat)**
저비용 항공사 취항 증가 단거리 국제선 수요 요구 증가	아시아 공항업계의 심화된 경쟁 고속철도의 급부상

① A : 고객의 안전과 편의를 위해 24시간 깨어 있는 공항서비스를 제공할 수 있는 인프라는 강점보다는 기회이다.

② B : 지역별 특성과 공익성을 고려한 성과 창출은 한국공항공사의 강점이다.

③ C : 지방공항에서의 저비용 항공사가 상대적으로 적은 운항횟수로 고가의 조업료를 부담하고 있는 것은 약점보다는 위협이다.

④ D : 글로벌 항공산업이 지속적인 성장세를 보이는 것은 강점이다.

⑤ E : 단기리 국제선 수요의 김포공항 사용 요구 여론은 약점이다.

해 설

① A : 고객의 안전과 편의를 위해 24시간 깨어 있는 공항서비스를 제공할 수 있는 인프라는 강점이다.

③ C : 지방공항에서의 저비용 항공사가 상대적으로 적은 운항횟수로 고가의 조업료를 부담하고 있는 것은 약점이다.

④ D : 글로벌 항공산업이 지속적인 성장세를 보이는 것은 위협이다.

⑤ E : 단거리 국제선 수요의 김포공항 사용 요구 여론은 기회이다.

〈부산시설공단〉

9 다음 글의 밑줄 친 ㉠에 대한 설명으로 옳지 않은 것은?

> 부산시설공단은 관리중인 도시기반시설(7개 분야 28개 사업)을 대상으로 연구개발(R&D) 제안창구를 운영한다고 밝혔다. 시설공단은 우선, 시설물 노후화와 한정된 예산범위에서 효율적인 시설물 유지관리를 위해 로봇, 드론, 가상현실, 3D프린팅, 디오라마, 스마트시티, 자율주행, 클라우드, 모바일, 사물인터넷(IoT), ㉠ 빅데이터, 인공지능(AI) 등 4차 산업혁명 시대의 첨단기술 도입에 박차를 가한다. 공단은 공공 인프라의 성능검증을 통해 지역기업의 우수신기술에 대한 판로개척을 지원하는 등 시설물 유지관리 분야의 변화와 혁신을 선도하는 부산대개조에도 적극 동참하기로 했다.

① 디지털 환경에서 생성되는 데이터로 그 규모가 방대하다.
② 생성 주기가 길고, 형태도 수치 데이터뿐 아니라 문자와 영상 데이터를 포함한다.
③ PC와 인터넷, 모바일 기기 이용이 생활화되면서 사람들이 도처에 남긴 데이터는 기하급수적으로 증가하고 있다
④ 빅데이터의 특징은 3V로 요약할 수 있는데, 데이터의 양(Volume), 데이터 생성 속도(Velocity), 형태의 다양성(Variety)이다.
⑤ 빅데이터에 기반한 분석방법론은 과거에 불가능했던 일을 가능하게 만들고 있다.

해 설

빅데이터란 디지털 환경에서 생성되는 데이터로 그 규모가 방대하고, 생성 주기도 짧고, 형태도 수치 데이터뿐 아니라 문자와 영상 데이터를 포함하는 대규모 데이터를 말한다. 빅데이터 환경은 과거에 비해 데이터의 양이 폭증했다는 점과 함께 데이터의 종류도 다양해져 사람들의 행동은 물론 위치정보와 SNS를 통해 생각과 의견까지 분석하고 예측할 수 있다.

Answer 8.② 9.②

〈서울특별시농수산식품공사〉

10 다음은 코로나 19예방을 위한 음식점 생활방역수칙이다. ㉠~㉤에 대한 부적절한 설명은?

음식점 소비자
* ㉠ 음식은 개인접시에 덜어 먹기
* 다른 사람들과 가급적 간격을 띄워 앉기
* ㉡ 식당, 카페 등에 머무는 시간 최소화

외식업 종사자
* 종사자 마스크 착용
* ㉢ 출입구 손잡이, 테이블, 의자 등 매일 1회 이상 소독
* 개인 접시와 국자, 집게 등 제공
* ㉣ 대기손님은 번호표 활용 또는 1m 간격을 두고 대기 하도록 안내
* ㉤ 탁자간격은 2m(최소 1m) 이상 두거나 테이블 간 칸막이 설치, 마주보는 배치 등 거리두기 방법 마련

① ㉠
② ㉡
③ ㉢
④ ㉣
⑤ ㉤

해 설

탁자간격은 2m(최소 1m) 이상 두거나 테이블 간 칸막이 설치, 마주보는 배치가 아니라 지그재그 배치 등 거리두기 방법을 마련해야 한다.

〈한국철도공사(코레일)〉

11 다음은 코레일의 사회적 가치 창출을 위한 기사문이다. 이를 읽고 평가한 의견으로 가장 적절하지 않은 것은?

> 코레일은 5일 올해 상반기 시행한 공공운임 할인 확대로 전년 상반기 31만7,000명보다 60% 증가한 51만8,000명이 혜택을 입은 것으로 집계됐다고 밝혔다.
> 코레일은 지난 1월부터 무임으로 이용할 수 있는 유아연령을 만 4세 미만에서 6세 미만으로 늘리고, KTX 운임 할인을 받을 수 있는 다자녀 가족의 기준을 3명에서 2명으로 낮추는 등 공공운임 할인 수혜 대상을 확대했다. 또 4월부터 다자녀 가족 할인 혜택을 받을 때 역에 방문해 사전 등록할 필요 없이 행정안전부 시스템과 연계해 실시간으로 대상자 확인이 가능하도록 공공할인 인증절차 간소화 시스템도 구축했다.
> 이에 따라 상반기 동반유아 할인 이용객은 48만 명으로 전년 31만3,000명 대비 약 1.5배 증가했으며, 다자녀 행복 할인을 받은 사람은 3만8,000명으로 전년 동기 4,300명보다 9배 가량 크게 늘었다.
> 한편 코레일은 공공할인 혜택 확대를 위해 9월부터 기초생활수급자 할인 상품의 이름을 '기차누리'로 새롭게 정하고 인증절차 간소화 시스템을 연내 도입한다. 또 임산부가 일반실 운임으로 특실을 이용할 수 있는 상품인 '맘 편한 KTX'도 현장에서 바로 확인 가능하도록 시스템을 구축할 예정이다.
> 코레일은 "사회적 가치 창출에 앞장서는 공기업으로서의 책임을 다하고자 공공혜택 대상을 확대했다"며 "누구나 쉽고 편하게 철도를 이용할 수 있도록 공공성 강화에 앞장서겠다"고 말했다.

① 사회 · 경제 · 환경 · 문화 등 모든 영역에서 공공의 이익과 공동체의 발전에 기여할 수 있는 가치를 나타낸다.
② 사회보장법에 따라 사회권을 실질화하기 위한 가치이며, 경제적 · 환경적 · 문화적 가치를 포괄하는 상위 가치이다.
③ 사회적 약자에 대한 기회제공을 통해 사회통합에 기여하고자 하는 가치이다.
④ 경제활동을 통한 이익이 지역에 순환되는 지역경제 공헌에 이바지할 것을 내용으로 한다.
⑤ 공동체 통합에 기여, 시민참여 확대, 윤리적 생산과 유통을 포함한다.

해 설

사회적 가치는 헌법적 가치로서 사회권을 실질화하기 위한 가치이며, 경제적 · 환경적 · 문화적 가치를 포괄하는 상위 가치다. 헌법이 지향하는 가치 중 사회의 재생과 건전한 발전을 위한 가치로서 인권, 노동권, 안전, 사회적 약자 배려, 민주적 의사결정과 참여의 실현 등 공동체와 사회 전체에 편익을 제공하는 가치를 포함한다.

Answer 10.⑤ 11.②

〈중소벤처기업진흥공단〉

12 귀하는 중소벤처기업진흥공단에 입사하였다. 아래의 경영전략을 바탕으로 혁신성장 사업부서 담당자로써 경영전략을 구체화시켜야 한다. 가장 옳은 역할은?

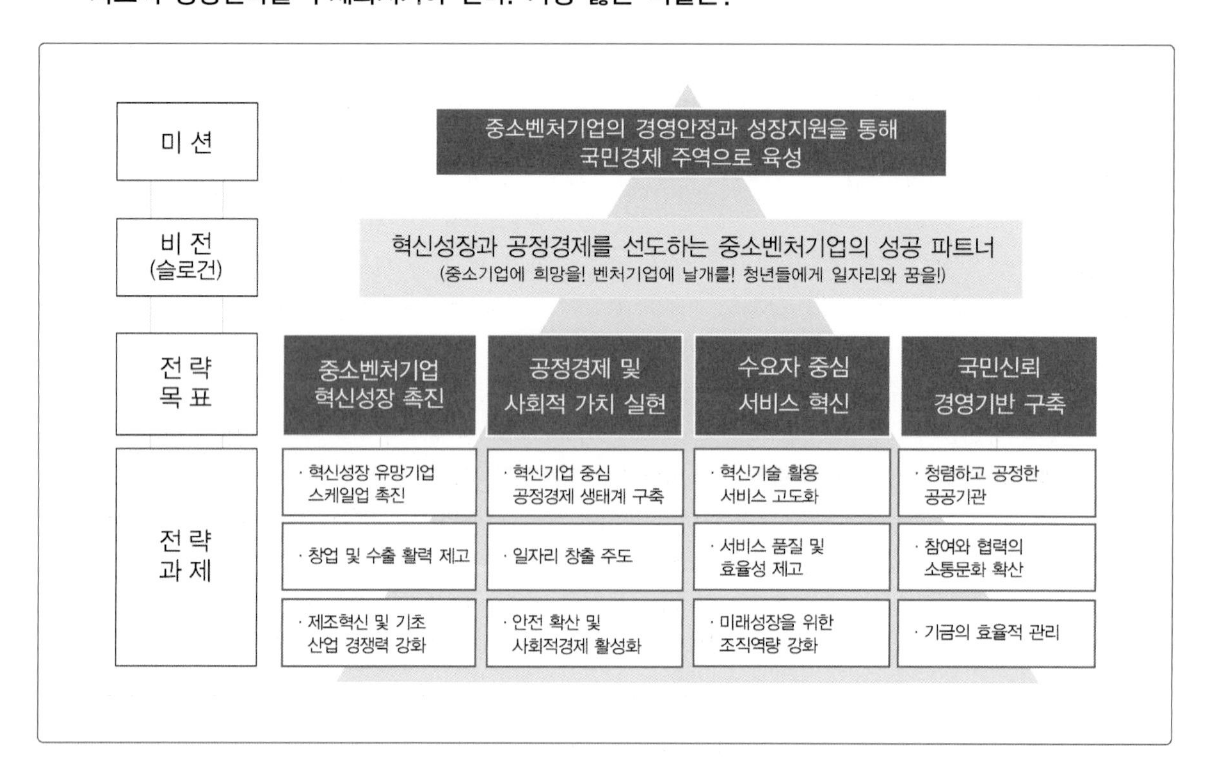

① 사회적 경제기업 및 예비 사회적 기업, 마을기업 사업선정 시 우대할 수 있는 방안을 구체화한다.

② 정례회, 강연회, 견학회 등 회의를 중심으로 운영하며, 회원기업 간의 경영, 기술 정보를 교환하는 데 주력한다.

③ 해외 홍보 및 판로개척에 어려움을 겪고 있는 중소기업에 상품페이지 제작 및 온라인수출 홍보마케팅을 강화한다.

④ 중소벤처기업의 구인난을 해결하기 위한 인력 채용부터 연수를 통한 전문인력 육성 계획을 수립한다.

⑤ 업종전문가가 진단을 통해 기업애로를 분석 후, 해결책을 제시하고, 애로 해결을 위한 정책사업을 연계 지원할 수 있는 방안을 검토한다.

해 설

혁신성장 담당자로써 전략 목표는 혁신성장을 촉진하고 전략 과제는 세 가지가 제시되어 있다. 이중 해외 홍보 및 판로개척에 어려움을 겪고 있는 중소기업에 대한 홍보마케팅 강화는 창업 및 수출 활력 제고에 부합한다.

Answer 12.③

당신의 꿈은 뭔가요?

MY BUCKET LIST !

꿈은 목표를 향해 가는 길에 필요한 휴식과 같아요.
여기에 당신의 소중한 위시리스트를 적어보세요. 하나하나 적다보면 어느새 기분도
좋아지고 다시 달리는 힘을 얻게 될 거예요.

- [ ] ______
- [ ] ______
- [ ] ______
- [ ] ______
- [ ] ______
- [ ] ______
- [ ] ______
- [ ] ______
- [ ] ______
- [ ] ______
- [ ] ______
- [ ] ______
- [ ] ______
- [ ] ______
- [ ] ______
- [ ] ______
- [ ] ______
- [ ] ______
- [ ] ______
- [ ] ______
- [ ] ______
- [ ] ______
- [ ] ______
- [ ] ______
- [ ] ______
- [ ] ______
- [ ] ______
- [ ] ______
- [ ] ______
- [ ] ______
- [ ] ______
- [ ] ______
- [ ] ______
- [ ] ______
- [ ] ______
- [ ] ______
- [ ] ______
- [ ] ______
- [ ] ______
- [ ] ______
- [ ] ______
- [ ] ______
- [ ] ______
- [ ] ______
- [ ] ______
- [ ] ______
- [ ] ______
- [ ] ______
- [ ] ______
- [ ] ______
- [ ] ______
- [ ] ______
- [ ] ______
- [ ] ______

창의적인 사람이 되기 위해서

정보가 넘치는 요즘, 모두들 창의적인 사람을 찾죠.
정보의 더미에서 평범한 것을 비범하게 만드는 마법의 손이 필요합니다.
어떻게 해야 마법의 손과 같은 '창의성'을 가질 수 있을까요. 여러분께만 알려 드릴게요!

01. 생각나는 모든 것을 적어 보세요.

아이디어는 단번에 솟아나는 것이 아니죠. 원하는 것이나, 새로 알게 된 레시피나, 뭐든 좋아요.
떠오르는 생각을 모두 적어 보세요.

02. '잘하고 싶어!'가 아니라 '잘하고 있다!'라고 생각하세요.

누구나 자신을 다그치곤 합니다. 잘해야 해. 잘하고 싶어.
그럴 때는 고개를 세 번 젓고 나서 외치세요. '나, 잘하고 있다!'

03. 새로운 것을 시도해 보세요.

신선한 아이디어는 새로운 곳에서 떠오르죠. 처음 가는 장소, 다양한 장르에 음악, 나와 다른 분야의 사람.
익숙하지 않은 신선한 것들을 찾아서 탐험해 보세요.

04. 남들에게 보여 주세요.

독특한 아이디어라도 혼자 가지고 있다면 키워 내기 어렵죠.
최대한 많은 사람들과 함께 정보를 나누며 아이디어를 발전시키세요.

05. 잠시만 쉬세요.

생각을 계속 하다보면 한쪽으로 치우치기 쉬워요. 25분 생각했다면 5분은 쉬어 주세요.
휴식도 창의성을 키워 주는 중요한 요소랍니다.